12⁹⁵
J132

CHRISTOPHE
COLOMB

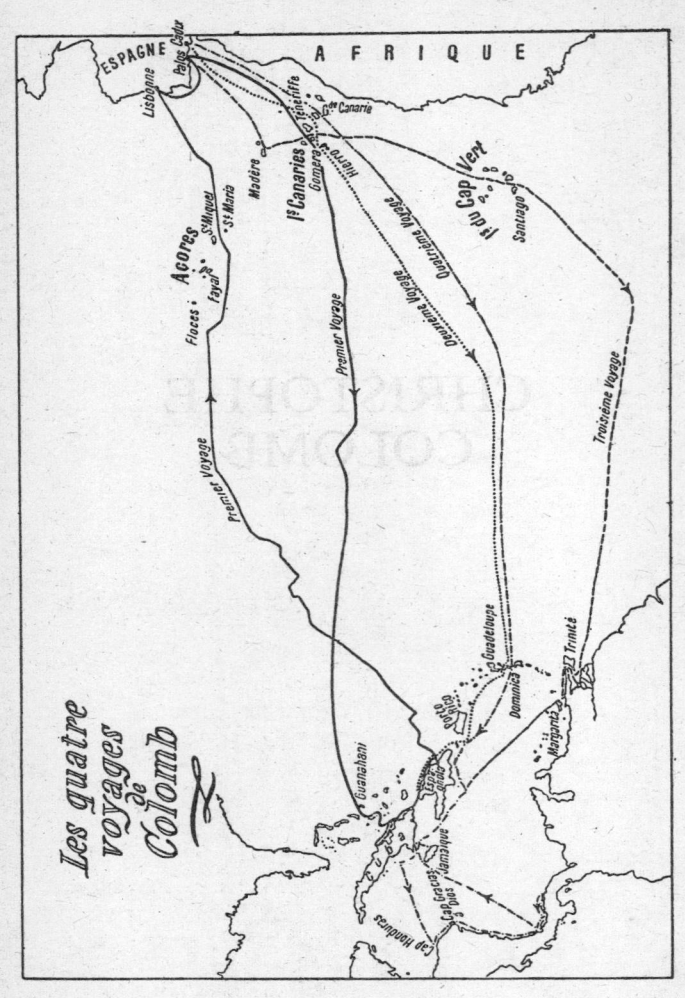

SALVADOR DE MADARIAGA

CHRISTOPHE COLOMB

(CHRISTOPHER COLUMBUS)

Traduit de l'anglais par
RENÉ GUYONNET

CALMANN-LÉVY

La loi du 11 mars 1957 n'autorisant aux termes des alinéas 2 et 3 de l'article 41, d'une part, que les *copies ou reproductions strictement réservées à l'usage privé du copiste et non destinées à une utilisation collective*, et, d'autre part, que les analyses et les courtes citations dans un but d'exemple ou d'illustration, *toute représentation ou reproduction intégrale ou partielle, faite sans le consentement de l'auteur ou de ses ayants droit ou ayants cause*, est illicite (alinéa 1er de l'article 40). Cette représentation ou reproduction, par quelque procédé que ce soit, constituerait donc une contrefaçon sanctionnée par les articles 425 et suivants du Code pénal.

© Éditions Calmann-Lévy, 1952.
ISBN : 2-266-04727-2

PROLOGUE

CHAPITRE PREMIER

LA CROIX ET LA BANNIÈRE

> ... Cette année 1492 où le deuxième jour de janvier, après que Vos Altesses eurent mis fin à la guerre des Maures dans la grande ville de Grenade, j'ai vu les Bannières royales de Vos Altesses hissées sur les tours de l'Alhambra...
>
> CRISTÓBAL COLÓN.

Le 2 janvier 1492, le Roi Ferdinand s'avançait à cheval sous le ciel ensoleillé de l'Andalousie vers la ville de Grenade, dernier joyau de sa couronne resté aux mains des infidèles, et qui depuis plus d'un siècle était le rêve et l'obsession de ses prédécesseurs. Vêtu de riches vêtements aux couleurs voyantes, son cheval couvert d'or et de brocart rouge, il allait au pas, à la tête du plus brillant escadron qu'on eût vu à cette époque en Espagne ou ailleurs : les ducs, les grands maîtres des ordres militaires, les marquis et les comtes qui pendant plus de dix années l'avaient aidé à conquérir pas à pas, château par château, ville par ville, le riche royaume de Grenade dont il allait maintenant recevoir la capitale des mains tremblantes de Boabdil le Jeune. A ses côtés chevauchaient le Cardinal d'Espagne, Pedro Gonzalez de Mendoza, un des grands esprits de ce siècle austère ; le puissant grand maître de l'ordre de Saint-Jacques, les Ducs de Medina-Sidonia et de Cádiz, Don Alonso de Aguilar, le Marquis de Villená, le Comte d'Ureña, le fameux Comte de Cabra, terreur des Maures, et beaucoup d'autres chevaliers et prélats, masse vivante de pourpre, de soie et de brocart, éblouissante d'or et d'argent, qui s'avançait au rythme gracieux des chevaux arabes et andalous à l'ombre d'une forêt d'étendards, de bannières et d'oriflammes au-dessus desquels s'élevaient triomphalement une croix d'or et la bannière royale de Castille.

La capitulation avait été signée le 30 décembre. Après un siège de huit mois, les Maures avaient cédé à la famine et s'étaient déclarés disposés à livrer les forteresses à condition que leur foi et leurs biens fussent respectés. C'étaient là les conditions auxquelles les villes maures s'étaient généralement rendues pendant la campagne, car Ferdinand était un de ces esprits sagaces qui préfèrent un traité passable à un combat brillant, et elles avaient toujours été scrupuleusement respectées par Ferdinand et Isabelle. La reddition de la place devait avoir lieu le 6 janvier ; mais Boabdil, craignant le succès croissant d'un agitateur qui essayait de soulever ses sujets contre lui, fit prier Ferdinand d'avancer la date de son entrée à Grenade.

La Reine Isabelle, accompagnée du Prince Don Juan, alors âgé de quatorze ans, et de l'Infante Juana, dont le fils Charles V allait hériter de toute cette splendeur et bien plus encore, regardaient le spectacle du haut d'une colline voisine. A leurs pieds, le Genil coulait vers la Vega, encore meurtrie des dévastations d'une guerre de dix ans. Santa-Fé, la ville de brique et mortier bâtie par la Reine pour remplacer le quartier général brûlé six mois auparavant par la négligence d'une des demoiselles de service, avait l'air d'un échiquier rouge-gris de poussière sur brun de boue, gaîment décoré de drapeaux, grouillant d'une foule de mules, d'ânes et de chevaux, encombré des chariots de munitions, des charrettes de l'intendance et des hôpitaux. Plus haut, sur les plaines du coteau, s'élevaient à pic les murs de l'Alhambra, « la Rouge », hérissée de la garnison, et de la foule des Maures, hommes, femmes et enfants, qui attendaient l'heure fatale avec des sentiments mélangés, puisque c'était l'heure de la triste défaite, mais aussi celle de la délivrance, et qui, malgré la gravité du moment, étaient, bons Orientaux, captivés par la splendeur de la scène.

Un cortège moins voyant descendait en même temps de « la Rouge » vers le Genil. C'était Boabdil le Jeune qu'accompagnait une suite maigre et désolée, et qui voyait ainsi la fin de sept siècles de domination maure sur l'Espagne et l'Europe. La petite troupe s'avançait au pas tremblant de ses chevaux faméliques, et les burnous blancs, qui naguère battaient l'air comme des ailes au rythme de leurs joyeux galops, pendaient maintenant comme des suaires aux flancs des bêtes mélancoliques. Ils s'avançaient dans un silence de mort. Boabdil soupirait, lourd de sa responsabilité, ruminant avec amertume le souvenir de ces guerres civiles où il avait gaspillé le meilleur des énergies de son peuple pendant les dernières années de son triste règne.

En attendant son adversaire vaincu, Ferdinand observait sans doute sur l'homme brisé qui s'avançait vers lui les ravages de neuf années de guerre, de dangers et de privations; car c'était neuf ans plus tôt, en 1483, que le puissant Roi chrétien avait eu le Prince maure à sa merci dans sa ville de Cordoue et l'avait remis en liberté, le croyant plus utile à sa cause, s'il était le chef libre d'un des groupes rivaux dans la guerre civile qui divisait les infidèles, que prisonnier victime des chrétiens. C'est alors que le Roi, pressé par les capitaines de forcer Boabdil à lui baiser la main, en vassal, avait répondu magnanime : *Je le ferais certainement s'il était libre dans son royaume; mais pas maintenant qu'il est prisonnier dans le mien*. L'un et l'autre songèrent peut-être à cet épisode lorsque Boabdil, s'arrêtant avec sa suite devant l'escadron étincelant des chrétiens, voulut descendre de cheval pour baiser la main du vainqueur; mais Ferdinand n'y consentit point et le Maure, de son cheval s'inclinant très bas, embrassa la manche brodée d'or de Ferdinand et mit entre ses mains les clés de Grenade.

Tous ceux qui ont vu le chef-d'œuvre de Velázquez, *la Reddition de Bréda* imagineront aisément le geste de généreuse courtoisie avec lequel le Roi chrétien reçut les clés : ce n'était pas les clés d'une quelconque ville prise à l'ennemi, après Baza, Malaga, Loza et tant d'autres, mais celles de cette agrafe inestimable où venait enfin se fermer la chaîne d'or de ses royaumes et seigneuries.

Ferdinand prit les clés et les confia au Comte de Tendilla, membre de cette noble maison de Mendoza qui donnait depuis longtemps à la Castille ses meilleurs hommes de guerre, d'Église et d'État, et dont le père était un des plus grands poètes de la langue castillane. Aussitôt Tendilla, suivi du Commandeur général de León, Don Gutiérrez de Cardona, et d'une foule bariolée de chevaliers et d'ecclésiastiques, et précédés de la Croix du Christ et de la Bannière de Castille, prit le chemin de l'Alhambra. Moment d'intense émotion pour les Maures comme pour les chrétiens : des milliers d'yeux, dans un silence tendu, suivirent cette montée finale de la Croix et de la Bannière vers la dernière forteresse de l'Islam. Et bientôt, cependant que les rois d'armes proclamaient : *Grenade, Grenade pour le Roi Ferdinand et la Reine Isabelle*, la Croix d'abord, la Bannière ensuite, montèrent dans le ciel bleu au-dessus de la tour de Comares. Pas de trompettes, pas de tambours, pas de cette musique de cour que la Reine aimait tant, mais dans le silence, les chanteurs de la troupe de la Reine, qui s'étaient groupés autour d'elle, entonnèrent les accents solennels de l'action de grâces des chrétiens : *Te Deum Laudamus*, et la Reine tomba à genoux et se mit à pleurer.

Elle avait quarante et un ans. Nous pouvons nous faire une idée de son physique et de son caractère en relisant le portrait que nous a laissé son secrétaire confidentiel Hernando del Pulgar :

« Cette Reine était de taille moyenne, bien faite de sa personne et dans la proportion de ses membres ; très blanche et blonde ; les yeux entre verts et bleus ; le regard gracieux et honnête ; les traits du visage bien partagés ; la mine très belle et gaie. Elle était mesurée dans le maintien et les mouvements de sa personne, ne buvait pas de vin ; elle était très bonne et elle aimait à s'entourer de femmes âgées de bonne disposition et de bon lignage. Elle élevait dans son palais des demoiselles nobles, filles des grands de ses royaumes, ce que nous n'avons lu dans aucune chronique d'aucune autre reine. Elle les faisait garder avec grande diligence ainsi que les autres femmes de son palais ; elle les dotait magnifiquement et leur faisait de grandes faveurs afin de les bien marier. Elle détestait fort les mauvaises femmes. Elle était très courtoise en ses paroles. Elle avait une telle maîtrise sur son visage que même en couches elle cachait ses sentiments et s'efforçait de ne rien montrer de la douleur qu'en ces moments-là sentent et expriment les femmes. Elle aimait fort le Roi son mari et en était jalouse au-delà de toute mesure. Elle avait de l'esprit et du bon sens, ce qui ne se voit que rarement dans une même personne ; elle parlait très bien et avait une intelligence si excellente qu'elle se donna la peine d'apprendre les lettres latines en sus de toutes les affaires, et si difficiles, qu'elle avait dans le gouvernement de ses royaumes ; et dans l'espace d'une année elle atteignit une telle connaissance qu'elle comprenait n'importe quels conversation ou écrit en latin. Elle était catholique et dévote ; elle faisait des aumônes secrètes dans les lieux qu'il fallait ; elle honorait les maisons de prière ; elle visitait volontiers les monastères et les maisons religieuses, en particulier celles où elle savait que l'on menait une vie honnête, et elle les dotait magnifiquement. Elle haïssait étrangement les sortilèges et les devins et toutes les personnes qui s'adonnaient à de semblables arts et inventions. Elle goûtait fort le commerce des personnes religieuses et de vie honnête, avec lesquelles elle tenait souvent conseil ; et quoiqu'elle écoutât leur avis et celui des autres lettrés qu'elle avait auprès d'elle, dans la plupart des cas elle agissait à sa guise. Elle semble avoir été heureuse dans tout ce qu'elle a entrepris. Elle était fort apte à rendre justice, au point qu'on lui reprochait de suivre plus volontiers la voie de la rigueur que celle de la pitié ; et elle agissait ainsi afin de porter remède à la grande corruption de crimes qu'elle avait trouvée dans le royaume à son avènement. Elle tenait à ce que ses lettres et ses ordres fussent exécutés avec diligence. Ce fut cette Reine qui extirpa l'hérésie qui sévissait dans les royaumes de Castille et d'Aragon, due à quelques chrétiens d'ascendance juive qui revenaient au judaïsme, et les força à vivre en bons chrétiens. Dans la provision des sièges ecclésiastiques, elle fit preuve d'un jugement si sévère, que, surmontant toute préférence personnelle, elle proposa toujours au Pape des hommes généreux et de grands lettrés de vie honnête ; ce que l'on ne lit d'aucun autre Roi passé au même degré. Elle honorait les prélats et les grands de ses royaumes dans l'étiquette des paroles et des sièges, en donnant à chacun son rang selon la qualité de sa personne et de sa charge. Elle était femme de grand cœur ; elle cachait la colère et la dissimulait ; et à cause de ce trait qui était connu, les grands du royaume et les autres craignaient de provoquer son indignation. De son penchant naturel, elle était véridique et désirait tenir sa parole ; cependant les mouvements des guerres et d'autres hauts faits qui eurent lieu de son temps dans ses royaumes ainsi que certains changements d'attitude de quelques personnes, la contraignirent parfois d'y manquer. Elle était fort laborieuse de sa personne, comme il apparaîtra dans cette chronique. Elle était ferme en ses décisions et ne s'en démettait qu'avec grande difficulté. On lui reprochait de manquer de générosité, parce qu'elle ne distribuait pas les domaines du patrimoine royal à ceux qui en ce temps-là la servaient. Et certes, elle gardait les biens de la couronne royale avec un si grand soin que nous ne lui avons vu faire que peu de concessions de villes et de terres, car elle en avait trouvé beaucoup d'aliénées. Mais autant elle était stricte en matière de terres, autant elle était franche et libérale dans la distribution des dépenses permanentes et des grands présents qu'elle faisait. Elle disait que les rois doivent conserver leurs terres car s'ils s'en démettent à d'autres, ils perdent les rentes dont ils auraient pu faire des présents pour être aimés, et perdent aussi la puissance dont ils ont besoin pour être craints. Elle était cérémonieuse en ses habits et ornements et dans le service de sa personne ; et tenait à se faire servir par des hommes grands et nobles avec grand respect et soumission. On ne lit d'aucun Roi de jadis qu'il ait eu des dignitaires de si grande noblesse. Et bien que ce fait lui ait été reproché comme la marque d'une pompe excessive, nous croyons qu'il n'y a pas de cérémonie si haute en cette vie qui ne reste en dessous de ce qui est dû aux rois, dont l'État est unique et suprême dans le royaume et doit avoir une splendeur au-dessus des autres, puisqu'ils ont une autorité divine sur la terre. C'est par la sollicitude de cette Reine que fut commencée et par sa diligence continuée, la guerre contre les Maures jusqu'à la conquête de tout le royaume de Grenade. Et c'est la vérité devant Dieu que nous avons su et connu quelques grands seigneurs et capitaines de ses royaumes qui, fatigués, perdaient tout espoir de la gagner, considérant la grande difficulté qu'on éprouvait à la continuer ; mais par sa grande constance et par la diligence et l'activité qu'elle déploya au service de l'approvisionnement, et les autres forces qu'elle y mit au prix d'une grande fatigue pour son esprit, cette Reine mena à bien une conquête qu'elle semblait avoir commencée sous l'inspiration de la volonté divine. »

Cette femme à l'âme si haute versant des larmes de joie à la vue de la Croix sur les tours de « la Rouge » vivait un de ces hauts moments de l'existence qui semblent concentrer en eux toute la lumière de la vie pour la faire rayonner sur les zones de sombre labeur qui les séparent. Elle pouvait alors se rappeler les longues années passées à lutter sans relâche contre l'atroce anarchie qui sévissait dans ses royaumes à la mort de son prédécesseur et frère, Henri l'Impuissant. Partie de la maison royale, elle-même déshonorée par les mœurs scandaleuses du Roi et par les adultères excusables mais non moins scandaleux de la Reine, la pourriture rongeait les entrailles de ce royaume jadis si viril et si discipliné par la croisade permanente où il avait vécu ; en sorte que les grands, les prélats et les parvenus hissés au pouvoir par la faveur du Roi vicieux se taillaient des territoires et des privilèges aux dépens de la couronne, tandis que des bandits de toute espèce terrorisaient la campagne, ruinaient les marchands et dépouillaient les paysans. Cette honte n'était plus, grâce à l'étroite collaboration entre la Reine et le Roi, qui était restée la clé de voûte du règne malgré les efforts faits pour la détruire par les ennemis du dehors et du dedans.

Le Roi victorieux venait alors d'avoir quarante ans. Un chroniqueur contemporain, Bernáldez, nous apprend que Ferdinand V était né le vendredi 2 mars 1452 à « dix heures du matin, alors que sa planète ou son signe était sur un grand triomphe de bonne fortune selon les astrologues ». Pulgar a laissé un portrait magistral de ce prince fortuné :

« Ce Roi était un homme de taille moyenne, il avait les membres bien proportionnés, les traits bien composés, les yeux rieurs, les cheveux foncés et plats, et de bon teint. Il avait le parler égal, ni pressé ni trop lent. Il était de bon entendement et très tempéré dans sa nourriture et sa boisson et dans les mouvements de sa personne, car ni la colère ni le plaisir ne l'affectaient. Il chevauchait fort bien, en selle haute ou basse ; il jouait librement et avec tant d'adresse que personne ne le dépassait en ses royaumes. Il était grand chasseur d'oiseaux, capable d'effort et très actif à la guerre. De son naturel, il était enclin à rendre justice et il était aussi compatissant et s'apitoyait sur les misérables qu'il voyait dans l'angoisse. Et il avait un don singulier pour se faire aimer de tous ceux qui lui parlaient et se les attacher, car il était d'un commerce très agréable. Il prenait volontiers l'avis d'autrui, notamment celui de la Reine sa femme, car il connaissait sa grande capacité ; dès l'enfance, il avait été élevé à la guerre, dans la vie dure et le danger fréquent. Et comme il dépensait tous ses revenus aux choses de la guerre et qu'il était constamment dans le besoin, nous ne pouvons dire de lui qu'il était libéral. Il était homme véridique, quoique les situations difficiles où le plaçaient les guerres le fissent parfois manquer à la vérité. Il aimait tous les jeux, la balle, les échecs et les tables, et y dépensait plus de temps qu'il n'aurait dû ; et quoiqu'il aimât beaucoup la Reine, il se donnait à d'autres femmes. C'était un homme très affable envers tous, surtout avec ses serviteurs permanents. Ce Roi conquit et gagna le royaume de Grenade. »

L'heureuse combinaison de ces deux esprits d'élite, dans une collaboration loyale, intime même, avait réussi à élever la couronne à un niveau d'autorité morale qu'elle n'avait jamais connu depuis que, sept siècles plus tôt, les royaumes chrétiens s'étaient repris à vivre, après l'invasion musulmane qui avait couvert presque toute la Péninsule.

Dans leur enfance, on leur avait fait lire à tous les deux les pages classiques où leur ancêtre, le Roi-astronome-poète, Alphonse X, avait écrit : *l'Éloge de l'Espagne et comment elle regorge de tous les biens*, ces pages fières, ingénieuses et naïves, dont les dernières lignes sont aujourd'hui d'une douloureuse actualité.

« Et chaque pays du monde et chaque province fut honoré par Dieu à sa façon et reçut ses dons de Lui ; mais parmi tous les pays, celui qu'Il honora le plus fut l'Espagne de l'Occident ; car Il la combla de tout ce que l'homme convoite. Car depuis que les Goths erraient par tous les pays, les mettant à l'épreuve des guerres et des batailles, conquérant de nombreuses provinces en Asie et en Europe, essayant mainte demeure en chacune et considérant bien et choisissant parmi toutes la plus avantageuse, ils trouvèrent que l'Espagne était la meilleure de toutes et l'estimèrent plus que les autres, car, plus que toutes, l'Espagne est une terre d'abondance et de richesses. En outre, elle est fermée sur tout son pourtour. Oui, cette Espagne que nous disons est semblable au paradis de Dieu, car elle est arrosée de cinq grands fleuves. L'Espagne a des moissons abondantes, des fruits délicieux, des poissons variés, des laits et des fromages savoureux, elle regorge de gibier et de bétail ; heureuse dans ses maisons, bien assise sur ses mulets, à l'abri dans ses nombreux châteaux, animée par ses bons vins, bien nourrie grâce au pain abondant, elle est riche en métaux : plomb, étain, vif argent, fer, cuivre, argent, or, et en pierres précieuses ; elle a des carrières de marbre, les sels de la mer et de ses mines et les autres ressources de son sol : pierre bleue, ocre, argile, alun, et bien d'autres encore ; elle s'enorgueillit de sa soie et de ses soieries, s'égaye de son safran, s'éclaire de sa cire ; elle a le miel et le sucre, et l'huile en abondance. L'Espagne est ingénieuse entre toutes, hardie et forte à la lutte, légère au travail, loyale envers le Seigneur, persévérante à l'étude, courtoise en son parler, riche de qualités ; il n'est pas de pays au monde qui rivalise avec elle pour l'abondance ou l'égale pour le nombre des forteresses ; il en est peu qui soient aussi grands qu'elle. L'Espagne les dépasse tous par sa grandeur et, de tous, c'est elle la plus prisée pour sa loyauté. Ah ! Espagne ! Il n'est pas de langue ni d'esprit pour dire tes mérites.

« Et c'est ce royaume si noble, si riche, si puissant, si plein d'honneur qui d'un seul coup fut dévasté par la discorde de ses fils qui prirent les armes les uns contre les autres, comme s'ils n'avaient pas eu d'ennemis ; et c'est ainsi qu'ils perdirent tout, car toutes les cités de l'Espagne tombèrent aux mains des Maures, et furent détruites par eux. »

L'Espagne dut payer de sept siècles d'efforts cette discorde que déplorait son Roi-savant. Et il échut à Ferdinand et à Isabelle de couronner la lutte sept fois séculaire par la chute de Grenade. Ils avaient l'un et l'autre pleinement mérité cet honneur du Destin, car ils avaient visé ce but en pleine conscience, avec la volonté et l'intelligence d'hommes d'État. Leur méthode avait consisté à faire preuve toujours et partout de la plus grande fermeté envers les grands comme envers les humbles ; à administrer la justice scrupuleusement et, au besoin en donnant de leurs personnes, à exiger le respect le plus pointilleux de l'autorité et des privilèges royaux ; par-dessus tout, à poursuivre sans répit la croisade contre l'Infidèle, ce qui avait l'avantage de tenir toujours en haleine les grands seigneurs, absorbés dans une haute tâche d'unification nationale.

« Un des avantages que les rois voisins vous envient, écrivait Hernando del Pulgar à la Reine, c'est d'avoir dans vos frontières un peuple contre lequel vous pouvez faire une guerre non seulement juste mais sainte, grâce à laquelle vous pouvez occuper et exercer les nobles de vos royaumes : or il ne faudrait pas que Vos Altesses n'y voient qu'un petit avantage. » Le Roi et la Reine savaient parfaitement à quoi s'en tenir et faisaient de la guerre sainte un puissant instrument de discipline nationale. Mais tout cela, ce n'était que des moyens. Le ressort principal de leur succès, c'était le couple royal lui-même, et l'entente parfaite d'un Roi sage et actif et d'une Reine courageuse et ferme.

Ce matin-là, sous le soleil de l'hiver andalou qui étincelait sur les neiges cristallines de la Sierra Nevada, Ferdinand et Isabelle, sur un des sommets du paysage de leur vie, pouvaient regarder leur passé avec fierté et leur avenir avec espoir. Cette minute glorieuse leur avait coûté dix ans, dix ans pendant lesquels le Roi avait vécu sous le harnais six mois par an, chef indispensable et toujours présent, et pendant lesquels la Reine s'était mise à la tête des services d'approvisionnement et de santé de ses troupes. La présence de la Reine, son existence même, redonnaient l'assurance, le courage, la foi aux grands chefs comme aux simples fantassins. Son historiographe Hernando del Pulgar raconte comment la mauvaise humeur et le mécontentement devinrent tels au siège de Baza que tous désiraient que la Reine y vînt voir « les combats continuels, les morts et les blessures... les aventures et les dangers... et les maigres résultats ». Et il ajoute : « Ce fut un cas digne d'admiration de voir le changement subit... car nous qui y étions et l'avons vu, nous témoignons devant Dieu qui le sait, et devant les hommes qui l'ont vu, que, dès que la Reine fut entrée dans le camp, il sembla que les souffrances du combat, le découragement, les inimitiés et les querelles s'atténuaient et disparaissaient. » Bernáldez a laissé une charmante description de son arrivée au camp lors de la prise d'Illora :

« Le vendredi, jour où les Maures quittèrent Illora pour Grenade, le Marquis-Duc de Cádiz et l'Adelantado d'Andalousie sortirent du camp royal pour aller au rocher des Amoureux recevoir la Reine Doña Isabelle, qui venait visiter le camp et voir une partie de la victoire et de la fortune de son mari le Roi ; la Reine venait avec une suite de pas moins de quarante personnes à cheval, sans compter ceux qui étaient allés au-devant d'elle, et où il y avait dix femmes. On lui fit une réception fort remarquable ; le Duc de l'Infantado, qui était venu à la guerre en personne, très puissant et glorieux, le Pennon de Séville avec ses hommes et le Prieur de Saint-Jean, allèrent au-devant d'elle jusqu'à une lieue et demie du quartier royal ; un bataillon était rangé sur le côté gauche du chemin, comme prêt à entrer en action ; à son arrivée, la Reine fit une révérence au Pennon de Séville et lui donna ordre de venir à sa droite et tout le monde se mit à courir vers elle avec grande joie, ce dont Son Altesse éprouva le plus vif plaisir ; ensuite, tous les bataillons et toutes les bannières du quartier royal vinrent lui rendre hommage, et tous les drapeaux s'abaissèrent sur le passage de la Reine ; puis le Roi vint pour la recevoir avec beaucoup de Grands de Castille, et, avant de s'embrasser, le Roi et la Reine se firent la révérence trois fois, et, ce faisant, la Reine se découvrit la tête, ne gardant que la coiffe, le visage nu ; le Roi s'approcha et l'embrassa et lui baisa le visage ; puis le Roi s'approcha de l'Infante sa fille, l'embrassa et la baisa sur la bouche et lui donna la bénédiction : la Reine montait une mule alezane sellée d'une selle à porteur garnie d'argent doré et couverte d'un drap cramoisi ; les fausses rênes et le harnais de la mule étaient ouvrés en soie avec des lettres d'or taillées et les ourlets brodés d'or ; et la Reine portait un corsage de velours, des jupes de brocart et un manteau à capuchon de drap, le tout orné à la mauresque, et un chapeau noir garni de brocart sur les bords ; l'Infante venait sur une autre mule alezane harnachée d'argent blanc, la bordure étant d'or ; elle était vêtue d'un corsage de brocart noir et d'un manteau à capuchon noir garni comme celui de sa mère.

« Le Roi portait une jaquette de velours et un gilet de soie jaune, et, par-dessus, une robe de brocart et une cuirasse de brocart ; il avait une riche épée mauresque à la ceinture, et une toque sous son chapeau, et il montait un cheval alezan magnifiquement harnaché ; la parure des grands était merveilleuse, riche et variée, les uns avec leur tenue de fête, les autres leur tenue de guerre. »

Il y avait un Anglais dans le cortège, un *Comte des Schelles*, dont le nom figure dans plus d'une chronique du temps. Il s'agissait de Lord Scales, Comte de Rivers ; son nom toutefois, n'a pas autant souffert des trahisons des traducteurs que celui d'un de ses compatriotes, qui dans une chronique de l'époque figure sous le nom *Milor Tamerlant*, et qui n'est d'autre que Lord Stanley.

Ce Comte des Schelles se battit à la satisfaction des grands de Castille, à tel point que Pulgar en fait mention spéciale et raconte comment le Roi vint lui rendre visite sous sa tente, où il se refaisait de ses blessures et notamment de la perte de deux dents, et voulut bien lui dire qu'il devait être heureux puisque sa vertu lui avait fait perdre deux dents que l'âge ou les infirmités lui auraient peut-être ôtées et qu'étant donné le lieu et le moment où il les avait perdues, cela le rendait plus beau au lieu de le défigurer. Sur quoi le Comte répondit courtoisement qu'il remerciait le Seigneur et la Vierge glorieuse sa mère de cette visite du plus puissant Roi de la chrétienté, et qu'il ne se souciait guère de la perte de deux dents au service de Celui qui les lui avait données.

Il était aussi bon cavalier que courtisan. « A la suite du Roi, dit Bernáldez, se présenta pour faire accueil à la Reine et à l'Infante, le Comte d'Angleterre, en grande pompe, armé de blanc, les étriers bas sur un cheval alezan aux parements tombant jusqu'au sol, tous de soie bleue, avec une bande de soie blanche, large comme la main, étoilés d'or et entourés de drap de Ceuta ; lui-même portait une petite robe française en brocart noir sur son armure, un chapeau français à plumes et sur le bras gauche un petit bouclier rond à bandes d'or et un cimier très pompeux fait de façon si nouvelle qu'il parut fort bien à tous ; il avait avec lui cinq chevaux caparaçonnés montés par leurs pages tous habillés de soie et de brocart ; il vint faire révérence au Roi, et pendant un bon moment fit à tous des courtoisies, faisant sauter son cheval avec grande maîtrise, sous les regards de leurs Altesses qui y prenaient grand plaisir. »

Mais la Reine n'était pas femme à se complaire à des souvenirs de luxe et de parade alors qu'elle voyait enfin réalisé sous ses yeux, par ce beau matin andalou, le rêve de sa vie. Elle était d'un dur métal et d'un esprit austère. Il est probable qu'à ce moment-là, elle revoyait plutôt les scènes d'horreur et de misère dont la guerre féroce l'avait abreuvée pendant dix longues années. Les campagnes avaient été cruelles et guère moins les périodes d'accalmie militaire. Les temps étaient durs et même impitoyables, en Espagne comme ailleurs. Les prisonniers chrétiens qui tombaient entre les mains des Maures se voyaient infliger d'épouvantables souffrances. La Reine se rappelait sans doute l'émotion qu'elle avait ressentie en voyant la pitoyable théorie de chrétiens libérés par le Roi son mari lors de la prise de Málaga.

« Et alors, dit Bernáldez, le Roi fit venir les prisonniers chrétiens qui étaient à Málaga et fit dresser une tente à la porte de Grenade, afin de les recevoir avec la Reine et l'Infante leur fille ; et les Maures les amenèrent : ils n'étaient pas moins de six cents, hommes et femmes (...). En arrivant auprès de Leurs Altesses, ils s'humiliaient tous, se jetant aux pieds de Leurs Altesses et voulant les leur embrasser, mais Leurs Altesses n'y consentaient pas et leur donnaient la main. Tous ceux qui voyaient cela louaient Dieu et versaient des larmes de joie avec les prisonniers qui arrivaient maigres et pâles, presque morts de faim, des chaînes aux mains et au cou, et un boulet aux pieds, tous avec de longs cheveux et de longues barbes (...). Sur-le-champ, le Roi ordonna qu'on leur donne à manger, qu'on leur ôte leurs fers, qu'on les habille et qu'on leur donne de quoi retourner chez eux, ce qui fut fait. Il y en avait parmi eux pour qui de fortes rançons avaient déjà été payées ; des personnes qui étaient restées dix, quinze et vingt ans en captivité, et d'autres moins. »

Ce cauchemar était fini. Le pays était enfin uni sous les deux monarques. Le monde n'avait jamais vu une transformation aussi rapide et profonde que celle qui en dix-sept ans avait fait passer la Castille de la corruption et l'anarchie du règne précédent à l'ordre, la puissance et la splendeur de 1492.

Lorsqu'en 1485, le Roi et la Reine avaient envoyé le Comte de Tendilla comme ambassadeur extraordinaire auprès du Pape, alors que le Saint-Siège était en guerre avec le Roi de Naples, ce haut personnage castillan demanda et obtint des deux parties comme un hommage dû naturellement à ses souverains, qu'un armistice fût conclu pendant qu'il s'acquittait de sa mission — il s'en acquitta du reste si bien qu'il eut tôt fait de transformer l'armistice en paix permanente.

La Reine pouvait donc regarder l'avenir avec confiance. Elle avait l'armée, admirablement entraînée par la guerre permanente contre l'Infidèle ; elle avait les métiers et industries de guerre bien montés par son propre effort personnel, puisqu'il y avait dix ans qu'elle avait pris en mains les services d'approvisionnement et de santé de ses armées ; elle avait confiance en ses artisans, charrons, charpentiers, artilleurs et forgerons, qu'elle avait elle-même formés et organisés ; elle avait son général en chef, le Roi son mari qui avait fait ses preuves jusque dans la défaite, dont il savait tirer un enseignement, de même qu'il prenait conseil de ses capitaines et techniciens, hommes courageux qui n'avaient point peur de lui parler franc, comme le Marquis de Cádiz et Mosén Diego de Valera le lui avaient prouvé après l'échec du premier siège de Loja ; elle avait la tradition, sept fois séculaire ; elle avait le but, clair comme le ciel bleu au-dessus des neiges blanches de la Sierra, défini déjà par le même Diego de Valera dans les lettres où il essayait de persuader Ferdinand d'introduire un peu de méthode et de stratégie dans ce qui était encore conçu beaucoup trop comme une aventure médiévale, glorieuse et chevaleresque. « Il est clair, écrivait-il au roi en 1485, que le Seigneur se propose de réaliser ce qui a été prophétisé il y a des siècles (...) : non seulement vous soumettrez ces Espagnols à votre sceptre royal, mais aussi vous subjuguerez les pays au-delà des mers (...) » ; l'on voit encore ici le mot *Espagne* figurer avec le sens qu'il avait souvent dans l'antiquité, désignant non seulement la Péninsule mais aussi le Maroc. La Reine avait également la maîtrise des mers : sous son œil vigilant le détroit de Gibraltar était toujours resté ouvert à ses forces et fermé à celles des Maures, et sa marine avait souvent coopéré à la campagne terrestre, comme pour le siège et la prise de Málaga. Diego de Valera et son fils Charles avaient organisé et commandé la flotte de guerre sur laquelle il écrivait souvent au Roi.

Tous les courants historiques convergeaient donc vers l'Afrique. Réunies sous la direction magistrale de Ferdinand et d'Isabelle, les forces de l'Espagne allaient franchir le détroit et déverser leur énergie sur les côtes africaines de la Méditerranée. Regardant la Croix et la Bannière élevées par leurs efforts conjoints au sommet de l'Espagne européenne, le Roi et la Reine pouvaient rêver, ils rêvaient certainement, de porter ces deux symboles du Christ et de l'Empire en cette Espagne d'outre-mer qu'était l'Afrique ; là-bas, ces capitaines que l'Espagne produisait si volontiers, iraient implanter la religion de leurs ancêtres et le langage de la Castille, ce langage qui, vers cette même époque, donnait au monde avec *Melibea* un chef-d'œuvre shakespearien, un siècle avant Shakespeare. Autour de la mer latine, leurs armées et leurs flottes prolongeraient les victoires des dernières dix années, et le long de la côte africaine et de l'Asie Mineure, la poussée castillane irait rejoindre la poussée aragonaise-catalane déjà victorieuse à Naples et en Sicile et qui en Grèce même avait créé le duché catalan de Néopatrie, dont le titre figurait au blason de Ferdinand et Isabelle. Et c'est ainsi que, dans la suite des temps, des Espagnes nouvelles surgiraient au Maroc, à Tunis, en Algérie, et que la Méditerranée deviendrait une mer espagnole.

Mais il n'en fut pas ainsi. Car, perdu dans la foule, enveloppé de mystère, l'âme ravie en extase, un homme obscur avait cloué son regard magnétique sur cette Croix et sur cette Bannière, et, par un miracle de volonté indomptable, il allait s'en emparer, et les porter au-delà des mers, mais non pas au Sud : à l'Ouest.

CHAPITRE II

CRISTÓBAL : LA CROIX
COLÓN : LA BANNIÈRE

Qui était cet homme mystérieux dont la seule volonté changea le cours de l'histoire, détourna une nation puissante de son chemin naturel, doubla les dimensions du monde physique de l'homme et élargit son horizon intellectuel au-delà des espérances les plus échevelées, créa en fait les conditions de cette conception humaniste dont la séduction a fait depuis que l'homme, ce « sur-singe », rêve d'être un demi-dieu ?

Des images que nous ont laissées de ce personnage les écrits contemporains, pâlis et peut-être déformants, trois traits ressortent essentiellement. Le mystère l'enveloppe. L'orgueil le raidit. Le sentiment d'avoir été élu pour une mission l'exalte. Personne ne sait qui il est, d'où il vient, ce qu'il veut faire exactement. Personne ne peut l'intimider, le forcer à une précision ou décision quelconque, le faire rabattre d'un pouce sur ce qu'il s'est fixé. Personne ne peut rester insensible à l'assurance que lui confère l'idée dont il est possédé, la mission dont il croit avoir la charge. Comment s'étonner de son succès ?

Voici le portrait que nous a laissé de lui Las Casas.

« Le temps étant arrivé... où dans ces parties de la terre (déjà semé le verbe de la vie, le fruit était mûr pour la récolte...) le divin Maître Suprême choisit parmi les fils d'Adam qui à cette époque habitaient la terre, l'illustre et grand Colón c'est-à-dire, de nom comme d'œuvre, le premier colonisateur, pour confier à sa vertu, à son esprit, à son zèle, à ses travaux, à ses connaissances et à sa sagesse, un des exploits divins les plus grandioses qu'Il désirait réaliser dans son monde; et comme la Providence Suprême pourvoit d'ordinaire à chaque chose suivant la condition naturelle... et comme cette entreprise allait être si haute, ardue et divine... il faut croire que c'est pour cela que Dieu doua Son ministre et premier apôtre dans ces Indes de telles qualités naturelles et acquises... L'élu de Dieu était génois d'origine, ou d'un autre endroit de la province de Gênes; en quel lieu était-il né, quel était le nom de ce lieu, nous n'avons pas de renseignements qui permettent de l'établir, sauf qu'avant d'atteindre le haut rang qu'il atteignit, il s'appelait Cristóbal Columbo de Terra-Rubia, ainsi que son frère Bartolomé Colón... Une chronique portugaise écrite par un sieur Juan de Barros sous le nom d'*Asia*, au livre troisième, chapitre II de la première décade... ne dit que ceci : que tout le monde dit que ce Cristóbal était d'origine génoise. Ses parents étaient des personnes notables, jadis riches, dont la profession, à ce qu'il dit lui-même dans une de ses lettres, devait être celle de la mer; en d'autres temps ils ont dû être pauvres, à cause des guerres et des luttes constantes en Lombardie. Son lignage est, dit-on, noble et fort ancien, et remonte à ce Colón dont Cornelius Tacitus dit dans son livre XII qu'il emmena Mithridate prisonnier à Rome, ce qui lui valut les insignes consulaires et autres privilèges que lui octroya la gratitude du peuple romain. Et il faut savoir que jadis le premier nom de ce lignage était *Colón*, puis que, dans la suite des temps, les successeurs de ce *Colón*, romain et capitaine de Romains, prirent le nom de *Colombo*; et ce sont ces *Colombo* qui sont mentionnés par Antonio Sabellico... lorsqu'il parle de deux Génois illustres qui s'appelaient Colombo, comme nous le verrons ci-après. Mais cet homme illustre renonçant au nom établi par la coutume, voulut s'appeler Colón, retournant au mot ancien, moins, peut-être, parce que c'était son nom d'origine que, pouvons-nous croire, mû par la volonté divine qui l'avait choisi pour réaliser ce que son nom et son prénom signifiaient. La Providence divine veut que les personnes qu'Elle désigne pour servir reçoivent des noms et prénoms en accord avec la tâche qui leur est confiée, ainsi qu'on le vit dans maints endroits de l'Écriture et dans le « *Philosophe* », au chapitre IV de sa *Métaphysique*, où il est dit : « Les noms doivent être adaptés aux qualités et aux usages des choses. » Il reçut donc comme prénom Cristóbal, c'est-à-dire *Christum ferens*, qui veut dire porteur de Jésus-Christ, et c'est ainsi qu'il signa souvent ; car, en vérité, il fut le premier à ouvrir les portes de l'océan pour y faire passer notre Sauveur Jésus-Christ jusqu'à ces pays et royaumes lointains jusqu'alors inconnus... Son nom fut Colón, qui veut dire *repeupleur*, nom qui convient à celui grâce à qui tant d'âmes, par la prédication de l'Évangile, sont allées repeupler la cité glorieuse du ciel. Il lui convient aussi pour autant qu'il fut le premier à faire venir des gens d'Espagne (quoique pas ceux qu'il aurait fallu) pour fonder des *colonies* ou populations nouvelles qui, s'établissant à côté des anciens habitants... constituent une... nouvelle république heureuse et chrétienne.

« Quant à sa personne et à son physique, il était plutôt grand ; le visage long et noble ; le nez aquilin ; les yeux bleus ; le teint pâle et parfois enflammé ; la barbe et les cheveux blonds dans son jeune âge, quoique tôt devenus blancs dans l'adversité ; il était vif et gai dans son parler et, comme le dit la chronique portugaise, éloquent et glorieux en parlant de ses affaires ; il était grave avec modération ; affable envers les tiers ; doux et aimable envers les gens de sa maison... d'une conversation fort discrète et qui lui gagnait l'affection de tous ceux qui le voyaient. Finalement sa personne et son maintien vénérable révélaient quelqu'un de grand état et autorité et digne de révérence ; il était sobre dans ses repas et sa boisson, modéré dans ses vêtements et ses chaussures ; il disait souvent dans la gaîté comme dans la colère : *Entre vous et Dieu, ne pensez-vous pas ceci ou cela ?* ou *Pourquoi as-tu fait ceci ou cela ?* Dans les choses de la religion chrétienne, il était sans doute catholique et de grande dévotion ; presque toujours devant chaque chose qu'il disait ou faisait ou allait faire, il disait : *Au nom de la Sainte Trinité, je ferai ceci,* ou *ceci viendra,* ou *j'espère cela* ; il mettait en tête de toute lettre ou écrit : *Jesus cum Maria sit nobis in via* ; de ces écrits de sa main, j'en ai actuellement beaucoup en ma possession. Son serment était parfois : *Je jure par saint Ferdinand*. Il observait scrupuleusement les jeûnes de l'Église ; il se confessait souvent et communiait ; il priait à toutes les heures canoniques, comme les ecclésiastiques ou religieux ; très grand ennemi des blasphèmes et jurons, il était très dévot de Notre-Dame et du Père séraphique saint François ; il montrait une grande gratitude à Dieu des faveurs qu'il recevait de la divine main, et c'était presque proverbe en lui que de dire à tout bout de champ que Dieu lui avait accordé de grandes faveurs, comme David. Lorsqu'on lui apportait de l'or ou des pierres précieuses, il entrait dans son oratoire et il s'agenouillait, invitant les personnes présentes à faire de même, et il disait : *Remercions le Seigneur qui nous a faits dignes de découvrir tant de biens* ; il avait le plus grand soin de l'honneur divin ; avide et désireux de convertir les gens et de voir partout semer et propager la foi de Jésus-Christ ; et spécialement attaché et dévoué à ce que Dieu le rendît digne de contribuer en quoi que ce fût au rachat du Saint-Sépulcre ; et avec cette dévotion et la confiance qu'il avait que Dieu le guiderait dans la découverte de ce monde qu'il promettait, il pria la Reine Isabelle de faire vœu de consacrer toutes les richesses que Leurs Altesses tireraient de la découverte au rachat de la terre et de la maison sainte de Jérusalem, ce que la Reine fit comme il est dit ci-après. C'était une grande âme et un homme courageux, de hautes pensées, naturellement enclin à entreprendre des actions mémorables ; patient et sachant supporter la souffrance ; capable de pardonner les injures, et ne désirant rien d'autre que de voir ceux qui l'offensaient reconnaître leur erreur et les coupables se réconcilier avec lui ; très ferme et très patient dans les incroyables travaux et adversités qu'il eut à affronter et à ce que je sais et tiens de mon père, toujours profondément fidèle au Roi et à la Reine. »

L'Évêque Las Casas était plus jeune que Colón et ne l'avait connu[1] qu'alors que l'Amiral avait déjà justifié sa confiance et légitimé sa fierté — bien qu'il n'eût

---

1. Il n'est même pas certain qu'il l'ait connu personnellement.

aucunement dissipé le mystère qui l'entourait, ce qu'il ne fit jamais ni personne après lui. Las Casas était un homme fougueux, facilement emporté par la passion, en sorte que ses vues sur Colón changent selon les circonstances. De ce chapitre quelque peu verbeux et grandiloquent de son histoire des Indes, se dégagent déjà les trois traits qui distinguent cet homme singulier : le mystère de son origine, la hauteur de ses vues, la ténacité de son âme ; nous y voyons déjà Christoferens — la Croix, et Colón — la Bannière ; l'homme qui savait qu'il avait été élu pour élargir les limites de la civilisation sous ses deux aspects, spirituel et matériel.

Il y avait une fois, dit une vieille histoire espagnole, un paysan qui décrivait en termes si chaleureux la beauté de son amie que son confident, aussi jeune et aussi fougueux que lui, ne put se retenir de lui demander : « Où demeure-t-elle ? » Le premier répondit : « Elle s'est défilée. » Cette histoire vient naturellement à l'esprit de qui lit la vie et les papiers de Colón, car, comme la sèche, il sécrète autour de lui un nuage d'encre qui couvre et cache sa vie. Et cette encre, multipliée par le labeur inlassable de ses biographes et critiques, n'a fait que rendre plus noir et plus opaque le mystère qui l'enveloppe.

Où est-il né ? Quand est-il né ? Quel était son nom ? Où a-t-il étudié ? Où a-t-il voyagé ? Que savait-il ? Quel était son projet ? Jusqu'à quel point ce projet était-il arrêté dans son esprit lorsqu'il le soumit au Roi de Portugal ? Et au Roi d'Espagne ? Autant de points sur lesquels, après quatre cents ans et quatre cents volumes de recherches, il reste toujours matière à doute et à discussion. Bernáldez, l'historien du règne, qui l'a bien connu et l'a reçu chez lui, le décrit comme « un homme du pays de Gênes, nommé Christophe Colón, de haut esprit, très versé dans l'art de la cosmographie et connaissant bien la forme de la Terre. » García Hernández, le docteur du monastère de La Rábida, où Colón demanda l'hospitalité lors de son arrivée en Espagne, raconte comment Fraï Juan Pérez, « voyant qu'il (Colón) avait l'air d'un homme d'un autre pays ou royaume, et d'être étranger dans sa langue, lui demanda qui il était et d'où il venait, et ledit Christophe Colón lui répondit qu'il venait de la cour de Son Altesse », (c'est-à-dire qu'il « s'était défilé »).

Ses contemporains, plongés dans la fébrile activité de la phase finale de la guerre de la Reconquête, devaient probablement se poser tout un essaim de questions au sujet de ce mystérieux étranger. D'abord son âge. Pourquoi ces cheveux blancs avec des yeux si jeunes et si avides ? Puis, si, comme ses amis génois le prétendaient, ce n'était qu'un ouvrier tisserand, qui tenait un cabaret pour aider le métier, pourquoi cet air de dignité ? Et encore, s'il était vraiment génois, à ce que d'autres disaient, pourquoi en faisait-il mystère, et pourquoi ne se servait-il jamais de la langue italienne ni pour parler ni pour écrire même à des Italiens ? Et pourquoi parlait-il toujours en castillan, et avec un accent portugais ? Et si, comme il disait volontiers, il avait vécu constamment en mer, depuis l'enfance, quand donc avait-il appris son latin et sa cosmographie ? Et s'il était aussi bon chrétien qu'il paraissait être, toujours à ses dévotions et le nez dans son bréviaire, pourquoi recherchait-il donc la société des Maures et des juifs, et s'enlisait-il dans une affaire de cœur avec une jeune fille de Cordoue, à qui il avait fait un bâtard tout comme un grand d'Espagne ou un archevêque de Lisbonne ? Et s'il était si savant, pourquoi tous les cosmographes et navigateurs souriaient-ils, riaient-ils même, de ses opinions sur la petitesse de la Terre et de l'existence d'îles qu'il se vantait d'aller découvrir « comme s'il les avait sous clé dans sa chambre » ? Et si tout cela était si ridicule, comment se faisait-il que le Roi et la Reine, si occupés, le gardassent auprès d'eux à la cour et au camp devant les villes assiégées, au lieu de le laisser aller son chemin suivant le conseil que leur donnait le saint homme Fraï Hernando de Talavera, confesseur de la Reine ? Et s'il n'était qu'un simple aventurier, comment pouvait-il montrer une lettre du Roi de Portugal l'appelant « mon grand ami » ? Et s'il était le « grand ami » du Roi de Portugal, pourquoi se voyait-il réduit à offrir son plan grandiose à la Reine de Castille alors que le Portugal était le pays des découvertes maritimes ? Et, surtout, comment un malheureux Génois, marchand de livres et gribouilleur de cartes marines, aux souliers éculés et à la cape en haillons, pouvait-il demander à l'avance, comme prix de sa découverte, des privilèges et des titres exorbitants comme ceux dont jouissait l'Amiral de Castille, charge alors réservée à des princes du sang ? Et, comble de l'étonnement, comment se faisait-il que le Roi et la Reine consentissent à écouter des demandes aussi extravagantes ?

Or, l'histoire de la découverte de l'Amérique par Colón, ou Colomb comme on s'obstine à l'appeler contre sa volonté expresse, ne commence qu'à son arrivée en Castille ; mais l'histoire du grand Cristóbal Colón et du véritable itinéraire de cette âme peu commune demande une étude aussi exacte que possible de l'origine et des premières années du navigateur, car c'est dans les circonstances de sa naissance, de sa race, de sa nature et de son milieu social que nous pourrons trouver la clé d'un des personnages les plus singuliers de l'histoire humaine.

Mais les circonstances semblent s'être complu à entourer la vie de Colón de tout le mystère qu'il aurait lui-même désiré. Ce n'est pas exactement faute d'informations concrètes, mais plutôt parce que celles qui nous sont parvenues sont contradictoires. Il est impossible de résoudre le casse-tête de la vie de Colón si l'on accepte tels quels tous les faits que lui-même rapporte et tous les documents découverts et classés sous les auspices du gouvernement italien et de la ville de Gênes pour prouver l'origine génoise du navigateur. Le rejet de la thèse génoise, que soutiennent quelques auteurs, n'est pas admissible ; ces documents ne sauraient être des faux, car une grande nation et une grande ville ne sauraient commettre ce crime contre l'histoire ; et, du reste, si les documents avaient été fabriqués de toutes pièces, ils s'accorderaient mieux avec les faits déjà connus par ailleurs ; ce qui fait l'intérêt de la biographie de Colón, c'est précisément que les documents génois et les faits signalés par Colón lui-même créent par leurs discordances des problèmes restés jusqu'ici insolubles. Deux solutions ont été adoptées plus ou moins explicitement :

on rejette les documents génois ou, même en les admettant, on déclare que le Christoforo Colombo des documents de Gênes n'est pas le Cristóbal Colón qui a découvert l'Amérique ; c'est la solution de ceux qui voient en Colón un Espagnol. Cette solution est inadmissible parce que ces deux personnages ont beaucoup de points communs ; ou bien, on rejette tout ce que dit Colón de lui-même, en le déclarant génois mais menteur. C'est la solution de nombreux biographes de Colón, et des mieux qualifiés. Or, si Colón était fort capable de rester en-deçà de la vérité, par méfiance, ou de s'envoler au-delà d'elle, par imagination, c'est faire preuve d'un singulier manque de subtilité à l'égard non seulement de Colón mais aussi de la nature humaine en général, que de trouver une prédisposition au mensonge là où la loi du moindre effort engage dans la plupart des cas à dire la vérité. Non. Les contradictions entre Christoforo Colombo et Cristóbal Colón restent entières ; il ne s'agit pas de les escamoter mais de les résoudre. Établissons donc d'abord les points sur lesquels s'accordent les découvertes des historiens et les faits qu'il affirme de lui-même ou qui découlent de sa vie publique ; nous examinerons ensuite les différences ; prudemment nous essayerons de résoudre ce qui reste toujours l'énigme centrale de sa vie — qui était Cristóbal Colón ?

PREMIÈRE PARTIE

CHRISTOPHE COLOMB PREND LA MER

CHAPITRE III

LES COLOMBO DE GÊNES

Au début du XVe siècle, vivait un Giovanni Colombo, d'une vie peut-être heureuse, gaie et prospère, peut-être sombre, triste et dure, allant et venant du plaisir au travail, mangeant et buvant, faisant de bons mots, pleurant ou riant aux éclats, sur cette Riviera génoise si ensoleillée, si pleine de la joie de vivre. Mais ce papillon humain, voltigeant dans l'air lumineux des jours disparus, s'est évanoui pour toujours et tout ce qu'il en reste, ce sont deux ou trois ombres sauvées par l'oubli de la mort où toute vie va finir. Les papiers poussiéreux nous disent qu'il plaça son fils Domenico comme apprenti-tisserand en 1429 et qu'il mourut en 1444. C'est à peu près tout. Les métiers étaient en ces jours-là bien plus constants et traditionnels qu'aujourd'hui, en sorte qu'il est loisible de penser sans grand risque d'erreur que Giovanni était lui-même tisserand. Il était originaire du village de Moconesi, dans la vallée de Fontavabuona, et il s'était établi à Quinto, petite ville située un peu à l'est de Gênes, par laquelle elle a été finalement absorbée. Il avait deux fils, Antonio et Domenico, et une fille, Battistina. On ne sait rien de Battistina, dont il ne sera pas nécessaire de troubler la paix qu'elle a gagnée dans l'oubli. Antonio eut quatre fils, tous tisserands ou tailleurs, et qui reparaîtront dans cette histoire ; Domenico quatre fils et une fille ; c'est l'aîné de ceux-ci qui découvrit l'Amérique.

Ce Domenico, alors qu'il avait onze ans environ, fut l'objet d'un acte devant notaire grâce auquel nous connaissons l'existence de son père Giovanni, et sa date de naissance à lui ; car le 21 février 1429, Johannes de Columbo (notez ce *de Columbo* en latin) promet solennellement à « Guglielmo de Brabante, d'Allemagne », c'est-à-dire à un tisserand flamand, que son fils Domenico restera chez lui comme pensionnaire-apprenti afin d'apprendre le métier. Lorsque les papiers qui nous sont parvenus parlent à nouveau de lui, le jeune apprenti de 1429 a déjà atteint l'âge mûr et la maîtrise, et il loue une maison avec un terrain dans le Vico dell'Olivella, ruelle depuis disparue, mais qui était alors un lieu de passage fort fréquenté dans le voisinage du Palazzo di Pammatone, dans le quartier de Portoria, et menait à l'est vers cette porte connue sous le nom de Porte de Saint-André. Les propriétaires de la maison étaient les moines de Saint-Etienne, qui, dit l'acte, *capitulariter congregati sono campanule*, se rassemblèrent au son des cloches dans le chapitre, pour accorder le bail. Sept ans plus tard, le 4 février 1447, alors que Domenico avait vingt-neuf ans, l'illustre et excellent Seigneur Giano Campofregoso, Doge des Génois (ou, comme on dirait aujourd'hui, Duce), par la grâce de Dieu, à ce que, du moins, il croyait, ou désirait faire croire aux Génois, élisait « son bien-aimé Domenico de Columbo aux fonctions de gardien de la tour et Porte dell'Olivella durant le bon plaisir dudit illustre Doge, avec les émoluments et privilèges habituels sans exception ».

Les émoluments et le bon plaisir de l'illustre Doge n'avaient guère de valeur, car nous lisons que le tisserand-gardien de la Porte recevait par trimestre vingt et une livres génoises, à raison de sept par mois « pour lui et ses compagnons ». Nous savons d'autre part que de nouvelles lettres de nomination lui furent octroyées le 10 novembre 1450, limitées cette fois-ci à treize mois, période qui semble avoir été le maximum auquel l'illustre Doge Campofregoso estimait sa constance envers son bien-aimé Domenico Columbo. Aussi ne nous étonnons-nous pas de lire les lettres patentes du 25 septembre 1451, par lesquelles le même excellent et volage Seigneur accorde la Porte dell'Olivella à son non moins aimé Agostino de Bogliasco, pour un « bon plaisir » aussi estimé à treize mois, « à compter de la fin des treize mois déjà accordés à Domenico Colombo ».

A peu près à la même époque, Antonio, le frère de Domenico, qui semble avoir possédé au même degré que son frère la vocation de tisser draps et toiles et de garder tours et portes, obtenait du Doge le poste de gardien de la tour du Cap du Phare (Capo di Faro), à l'autre bout de la Cité ; en sorte que, durant les années 1449-1451, la Cité de Gênes était gardée du côté mer par Antonio et du côté terre par Domenico Colombo. C'est alors, au moment où les deux tisserands-portiers gardaient les deux tours de Gênes, que naquit Christoforo. Mais, quoique son domaine dût être la mer, il ne naquit pas d'Antonio, le gardien de la tour de la Mer, mais de Domenico, le gardien de la tour de la Terre, qui regardait vers l'Orient. C'est là, à la Porte de Saint-André ou dell'Olivella, que naquit en 1451 le plus grand tisserand de rêves et le plus grand veilleur de tours que le monde ait jamais connu.

Sa mère était Susanna Fontanarossa, dont on sait fort peu de chose. Au mois d'août 1473, lorsqu'elle donne son accord pour que son mari vende le bail du Vico dell'Olivella, elle a deux fils assez grands pour que leur consentement soit aussi enregistré dans l'acte ; ces deux fils sont Christoforo et Giovanni Pellegrino, ce dernier si indifférent à la gloire que le Destin lui accordait en le faisant naître au sein d'une si illustre famille, qu'il quitta ce monde sans même attendre la sensationnelle découverte de son frère.

Alors que cet acte prouve que la famille Colombo tenait toujours le bail de Vico dell'Olivella en 1473, un autre acte de 1455 nous montre qu'elle avait loué une autre maison aux moines de Saint-Étienne, car ces bons frères semblent avoir possédé le talent habituel chez les religieux de combiner le mépris des biens de ce monde et la propriété urbaine. Cette deuxième maison était située dans le Vico Dritto di Ponticello. Était-ce là signe de progrès ou de recul ? Il est probable que ces déplacements de résidence ainsi que les changements d'occupations du père de famille étaient dus à des difficultés financières et à un médiocre succès dans le métier de tisserand qui, à travers toutes les vicissitudes de son sort, restera, officiellement du moins, sa profession. Il semble, toutefois, avoir été un membre influent de son corps de métier, car en 1470 il est envoyé par ses compagnons à Savone négocier un tarif commun avec les tisserands du lieu; il trouva Savone à son goût et finit par s'y établir, mais non sans avoir d'abord connu la prison de Gênes, où il passa une période de repos forcé l'année même de son retour de Savone. Cet épisode semble avoir quelque rapport avec un procès que lui intente Gerolamo del Porto, et à la suite duquel Domenico et *son fils Christoforo* se virent condamnés à payer à del Porto la somme de trente livres génoises. Pour la première fois, Christoforo apparaît associé à son père dans une obligation concrète; et si l'on tient compte que le jeune homme avait alors dix-neuf ans, le fait aurait dû retenir l'attention de ses critiques et biographes. Domenico, à cinquante-deux ans, se voit sauvé d'un mauvais pas par son jeune fils de dix-neuf ans. Nous retrouvons ensuite Domenico Colombo à Savone, toujours tisserand, mais en même temps cabaretier car, malgré les efforts de quelques biographes délicats pour nous le dépeindre comme un « hôtelier » distingué, ou même un tisserand prenant des hôtes payants, l'acte du 2 mars 1470 nous décrit Domenico comme un « tabernarius ».

Cette même année 1470, un acte du 31 octobre donne dix-neuf ans à Christoforo. C'est le document le plus précis que nous ayons pour établir la date de naissance de Christophe Colón.

La famille est maintenant établie à Savone, petite ville aux confins de la République de Gênes, à l'ouest de Gênes, sur la côte. L'exil ne semble pas lui avoir apporté une grande prospérité, car, de temps en temps, le jeune Christoforo se voit forcé d'endosser des responsabilités financières pour soulager son père de fardeaux trop lourds, soit en signant des traites pour régler les achats de vin, soit en garantissant des achats de tissus.

Des enfants continuent d'arriver. En 1461, Bartholomeo, qui sera un jour le brillant second de son frère, vient enrichir la famille de vie et d'honneur plutôt que de biens matériels. Nous manquons de documents pour fixer l'année de sa naissance, du moins dans le dossier Colombo-Gênes ; mais plusieurs actes de cette famille nous parlent d'un fils Bartholomeo dont l'âge ne serait pas en conflit avec celui qui est accepté sur la foi de documents non génois. En 1484, nous trouvons dans le dossier génois un « Giacomo Colombo, fils de Domenico, citoyen de Gênes, qui s'engage et se lie volontairement comme apprenti... afin d'apprendre le métier de tisserand ».

A cette date, la famille était revenue à Vico Dritto, à Gênes, guère plus riche, puisque le 27 janvier 1483, Domenico signe un acte sous-louant à Giovanni Battista Vella, savetier, sa boutique au rez-de-chaussée et la cuisine du premier étage, le second et le jardin. Voilà qui n'est guère un signe de prospérité et qui ne rend que trop vraisemblables les fréquents appels que Domenico se voyait forcé de faire à la bourse ou aux ressources de son fils aîné.

Sur le rang social des Colombo, nous avons de nombreux documents, grâce à la vocation de témoin devant notaire que tous — sauf Bartholomeo — semblent avoir eue au plus haut point. Giacomo, le futur Don Diego, est témoin d'un acte daté 1487, comme tisserand de Gênes, fils de Domenico. Le futur Amiral des Indes, « lainier de Gênes », et Domenico Vigne, tailleur, tous deux « citoyens de Gênes », signent comme témoins un testament en mars 1472. En 1479, un acte devant notaire, enregistré à Gênes, constate que Christoforo Colombo a été envoyé à Madère acheter du sucre par Paolo Dinegro ; l'acte le dit présent et il déclare sous serment que, l'année précédente (1478), Dinegro et lui étaient ensemble à Lisbonne ; il affirme qu'il doit quitter Gênes le lendemain pour se rendre à Lisbonne et qu'il a environ vingt-sept ans. L'authenticité de ce document a été mise en doute. S'il est authentique, combiné à l'acte ci-dessus mentionné, où il est dit que Christoforo avait plus de dix-neuf ans, il réduit la marge de choix pour la naissance de Colón à la période 26 août-31 octobre 1451. Quoique les arguments de ceux qui prétendent ce document apocryphe ne manquent pas de poids, un détail semblerait le marquer du sceau de la vérité psychologique. Comme on lui demandait... laquelle des deux parties il désirait voir gagner, il répondit... : « celle qui a le bon droit pour elle. » Voilà du plus pur Colón. « Il s'était défilé. »

Le 30 septembre 1494, son père est aussi témoin d'un testament pour un de ses voisins, qui vivait à la Porte de l'Arche, près du Vico Dritto. L'autre témoin est un cordonnier. A cette date Christoforo est déjà Amiral Mayor de la Mer Océane, Vice-Roy des Indes, et Magnifique Seigneur Don Cristóbal Colón.

Cette émigration de Christoforo et de ses deux frères, des métiers à tisser, maisons de tailleurs et tavernes de Gênes et de Savone, vers les Eldorados de l'Espagne, se reflète discrètement dans les papiers génois : d'abord en 1489, lorsque, à l'occasion d'un litige avec un marchand de fromage sur le prix de la maison, Domenico, déjà veuf, agit comme l'administrateur légal de ses trois fils, Christoforo, Bartholomeo et Giacomo ; puis, en 1501, lorsque plusieurs citoyens de Gênes déclarent sous serment que Christoforo, Bartholomeo et Giacomo, fils et héritiers de Domenico, sont « absents depuis longtemps de cette cité et de la juridiction de Savone, au-delà de Pise et de Nice en Provence, et qu'ils habitent le pays d'Espagne, comme cela est bien connu ».

Quelle que fût donc la grandeur des châteaux qu'ils bâtirent en Espagne grâce au génie de leur aîné, les trois *Colón* espagnols, Amiral, Adelantado et Gouverneur, étaient issus d'une famille de tisserands, et cousins de tailleurs, voisins de marchands de fromage et de savetiers, et enfants d'un cabaretier peu doué pour les affaires, enclin plus que la moyenne à changer de résidence et de profession, et gardien amateur de portes et de tours.

Ces images fugitives de Colón que nous glanons dans les documents génois reçoivent une confirmation, somme toute, satisfaisante, des écrits laissés par ses compatriotes contemporains. Le plus important de ces chroniqueurs génois de Colón est sans nul doute Antonio Gallo, chancelier de la Banque de Saint-Georges, qui était à la République de Gênes ce que la Banque de France est à la République française. Gallo fut en outre l'historiographe officiel de Gênes depuis 1477 jusqu'à sa mort. Son témoignage est particulièrement important, d'abord en lui-même, et ensuite parce qu'il a servi de base à deux autres écrits génois sur Colón, qui suivent presque mot à mot celui de Gallo, qui est resté inédit jusqu'en 1723. Voici le passage essentiel de ce récit : « Christoforo et Bartholomeo, frères de nationalité ligurienne, issus de parents génois plébéiens, et qui subvenaient à leurs besoins en travaillant comme lainiers (car le père était tisserand et les fils cardeurs d'occasion) acquirent alors une grande renommée dans toute l'Europe par un exploit de la plus grande hardiesse et d'une remarquable nouveauté dans les affaires humaines. Quoiqu'ils n'eussent reçu que peu d'instruction dans leur enfance, dès qu'ils eurent atteint l'âge de la puberté, ils s'adonnèrent à la navigation suivant l'habitude de leur race. Mais, à la fin, Bartholomeo, le cadet, s'établit à Lisbonne, en Portugal, où il gagnait sa vie en peignant des cartes à l'usage des marins, sur lesquelles sont représentés en leurs proportions exactes les mers, les ports, les côtes, les baies et les îles. Chaque année, pendant quarante ans, des expéditions partirent de Lisbonne vers les côtes occidentales de l'Afrique et s'en retournèrent révélant des terres et des peuples inconnus à nos ancêtres. Mais Bartholomeo, sous l'empire des cartes qu'il étudiait, et des histoires, qu'il connaissait bien, rapportées par ceux qui revenaient ainsi des parties lointaines de la Terre, s'ouvrit à son frère, plus versé que lui dans les choses de la mer, d'arguments et de pensées qui le portaient à croire que si quelqu'un partait des côtes méridionales de l'Afrique et se dirigeait vers le large, à sa droite, vers l'ouest, il serait forcé de découvrir quelque part un continent. »

En 1499, Seranega, contemporain de Gallo et, pendant quelque temps, son collègue comme Ambassadeur de Gênes à Milan, alors sous Louis XII, écrivit aussi un texte sur Colombo ; mais son récit, calqué sur celui de Gallo, n'apporte rien de nouveau, si ce n'est qu'il parle plus nettement de Christoforo Colombo, *Génois*.

Giustiniani n'est pas plus original. Ce savant évêque publia en 1516 un *Psautier polyglote* en latin, grec, hébreu, arabe et chaldéen. Dans ce livre rare, en guise de commentaire à un vers du psaume XIX — *et in fines mundi verbae orum*, — Giustiniani donne un résumé du récit de Gallo. Lui aussi déclare explicitement que Christoforo Colombo était génois *(patria Genuensis)* et aussi qu'il était d'origine plébéienne *(vilibus ortus parentibus)*.

Ces autorités, qu'il faut respecter d'autant plus que, sauf Giustiniani, elles sont restées inédites et inconnues jusqu'au XVIIIe siècle, prouvent donc, non seulement que vers 1450-1490 il y avait à Gênes une famille de Colombo dont les prénoms coïncident avec ceux du découvreur de l'Amérique, de ses deux frères et de son père, mais que c'était une famille de tisserands, cardeurs et tailleurs, et que deux jeunes garçons de cette famille avaient pris la mer dès la puberté, s'étaient établis à Lisbonne et avaient découvert l'Amérique, en sorte que « leurs paroles sont allées jusqu'aux confins du monde ».

Comment se fait-il donc que ces faits historiques, si solidement établis par des documents juridiques et littéraires contemporains, se heurtent à une résistance encore tenace ?

D'abord, sans doute, parce que l'orgueil et les préjugés nationaux viennent troubler le problème et empêchent trop souvent une interprétation impartiale des documents. En outre, comme si les faiblesses nationales des Espagnols, des Portugais et des Italiens ne suffisaient pas à embrouiller le débat, l'histoire de Colón vient encore se corser des préjugés religieux et historiques qui s'attachent à l'histoire d'Espagne avec encore plus de vigueur et de fougue qu'à celle d'autres pays. C'est ainsi que les opinions préconçues et même cultivées par les protestants, les catholiques, les juifs, les réactionnaires, les révolutionnaires, ont fleuri à tel point sur ce sol fertile que l'énoncé du fait le plus simple et le plus naturel choque souvent comme une hérésie ou une élucubration fantaisiste.

Mais, tout ceci étant reconnu et accordé, il reste encore que l'histoire de Christoforo Colombo et celle de Christophe Colón diffèrent sur tant de points précis, que ce fait suffirait à expliquer, sinon à justifier, les nombreuses « solutions », « clés » et identités qui ont été proposées pour rendre intelligible le mystère Colón. Or, alors que la plupart de ces difficultés peuvent être résolues de façon satisfaisante, il en est au moins une que l'école « génoise » n'a pas expliquée du tout : et cette difficulté est si grave que, si elle restait insoluble, elle suffirait à elle seule à renverser tout l'édifice bâti sur les documents de Gênes.

CHAPITRE IV
COLOMBO CONTRE COLÓN

La première difficulté vient de ce que Colón, qui a écrit si abondamment sur lui-même, n'a rien laissé de sa main où il soit dit qu'il est originaire de Gênes. Certes, il se reconnaissait souvent « étranger », mais à l'époque, en Castille, ce mot s'appliquait aussi bien à des Catalans ou des Aragonais qu'à des Génois ou des Florentins. En 1485, le siège épiscopal de Séville étant devenu vacant, le Pape nomma archevêque le Cardinal Don Rodrigo de Borja, celui-là même qui allait plus tard devenir Pape sous le nom d'Alexandre VI, fondateur de la fameuse maison de *Borgia*. Le Cardinal Borja était de Valence, sujet de Ferdinand le Catholique, Roi d'Aragón. Mais ce même Ferdinand, en sa qualité de Roi consort de Castille avec Isabelle, déclara au Nonce et écrivit au Pape que « cette église (de Séville) était une des plus importantes de nos royaumes et proche des terres de Maures ; et qu'il n'était pas raisonnable de la faire pourvoir par une personne étrangère, qui n'était pas née en Castille ». La notion d'étranger n'était du reste pas aussi rigide alors qu'elle l'est devenue de nos jours, car nous voyons surtout dans l'État la nation, alors que l'idée n'était pas en ce temps-là tout à fait dissociée de celle de patrimoine du Roi. Lorsque Colón se disait étranger, loin donc de se révéler génois, il se cachait sous un terme aussi vague que possible.

C'est à une impression non moins vague qu'aboutit la lecture des premiers biographes et chroniqueurs qui se soient occupés de lui, et, notamment, de ceux qui l'ont le mieux connu. Pierre Martyr, le Saint-Simon de l'époque, Italien naturalisé, tuteur du Prince héritier, parfois ambassadeur, toujours colporteur de nouvelles et de racontars de cour, l'appelle en ses lettres *Colonus ligur*; et l'on remarquera qu'il latinise son nom en partant de sa forme espagnole Colón, sans trace de ce *mb* qui paraît dans toutes les formes latines postérieures *Colombus, Columbus*. Trivigiano, jeune Vénitien installé en Espagne, qui connut Christophe Colón personnellement, traduisit en vénitien les lettres de Pierre Martyr et les fit imprimer au grand courroux de leur auteur, en 1504, commence son livre par les mots : « Christoforo Colôbo Zenoese. » Ce témoignage d'un homme que Colón avait autorisé à copier une partie de sa correspondance officielle avec les Rois Catholiques, est d'une valeur toute spéciale. Mais aussitôt après nous retombons dans le vague. Las Casas, dans le portrait que nous avons cité, semble se complaire à couvrir de doutes et de réserves l'origine génoise de Colón qu'il vient d'affirmer au début; et les lignes de Barros qu'il cite à ce sujet sont de nature à affaiblir plutôt qu'à renforcer notre conviction. Oviedo, un des historiens des « Indes » les mieux renseignés, nous dit que Colón, « d'après ce que j'ai appris de gens de son pays, était originaire de la province de Ligurie, en Italie, où se trouvent la cité et la seigneurie de Gênes; les uns prétendent qu'il est de Savone, d'autres d'un petit village appelé Nervi, qui est du côté du Levant, sur la côte de la mer, à deux lieues de la cité de Gênes, mais l'on croit plus certain qu'il était d'un endroit nommé Cugureo. »

Quant à Don Fernando Colón, son ingéniosité à couvrir de nuages de doute les pâles lueurs qu'il consent à laisser filtrer sur le lieu de naissance de son père dépasse tout ce que ses contemporains ont su faire en la matière; mais il trahit le souci — nous dirions aujourd'hui de *snobisme* — qui, du moins en partie, explique le mystère, en écrivant : « Il y a des gens qui d'une certaine façon veulent obscurcir sa renommée, et c'est ainsi qu'ils disent qu'il était de Nervi; d'autres de Cugureo; d'autres de Bugiasco, petits villages côtiers près de Gênes; d'autres, désireux de le hausser davantage, disent qu'il était de Savone; et d'autres, génois, et d'autres, qui ont encore moins peur de l'inexactitude, le veulent né à Plaisance, où il y a des personnes, fort honorables, de sa famille, et des tombeaux aux armes et avec des épitaphes de Colombo. » Quel texte étrange sous la plume du fils même de l'homme dont on discute la ville natale ! Ferdinand Colón couronne cette curieuse réserve d'un commentaire des plus significatifs sur ce qu'il appelle les « erreurs » de Giustiniani; qui, dit-il, ne l'étonnent pas « dans cette affaire qui est obscure ». Et comme si cela ne suffisait pas, il déclare tout net que ses recherches personnelles sur place ne lui ont permis de trouver trace de la famille de son père ni à Gênes ni dans la région.

Voilà qui donne une mine d'arguments à ceux qui rejettent en bloc la thèse génoise pour faire Colón Catalan, Galicien, Portugais, voire Français ou Turc. Toutefois, l'examen objectif du problème montre que le témoignage de Colón et de ses biographes contemporains confirme dans l'ensemble les documents du « groupe de Gênes » sur ce point précis, la ville natale.

Que dit, somme toute, le groupe de documents provenant de Colón et des personnes qui l'ont connu en Espagne ? Première constatation : du vague et des réserves; deuxième constatation : ce nuage de vague et de réserves ne s'étend pas sur toute l'Europe; il flotte nettement sur l'Italie, voire sur la région de Gênes. Il est donc raisonnable de conclure que, puisque Colón était issu d'une famille qui, pour diverses raisons, était un obstacle à ses ambitions espagnoles, il était forcé de la couvrir d'obscurité; mais que, puisque, après tout, il était de Gênes et que la vérité finit par prévaloir, ce nuage de doute qu'il faisait planer sur sa famille allait de lui-même se poser sur Gênes. En dernière analyse, tout ce que l'on savait en Espagne sur ses origines, le vrai comme le faux, ou le vague, tout venait de Colón lui-même. Lorsqu'on l'interrogeait, il devait rester évasif, ou donner tantôt un nom, tantôt un autre afin de laisser, pour ainsi dire, la question pendante.

La première difficulté, par conséquent disparaît.

*
**

La deuxième naît de la comparaison entre l'âge des trois frères *Colombo* et celui des trois frères *Colón*. Christoforo Colombo, est né entre le 26 août et le 31 octobre 1451. Si nous prenons Bernáldez au mot, Cristóbal Colón était né en 1436 ; « lequel Amiral Don Cristóbal Colón de merveilleuse et noble mémoire, né dans la province de Milan, alors qu'il était à Valladolid en 1506, au mois de mai, mourut en *senectute bona*, inventeur des Indes, à l'âge de soixante-dix ans à peu près ». On croit généralement que Bernáldez, qui connut Colón personnellement et l'hébergea, écrivit soixante *(sesenta)* au lieu de soixante-dix *(setenta)*, qui serait une erreur typographique. Colón serait alors né en 1446, date qui concorde fort bien avec plusieurs autres indices tirés des écrits de l'amiral ; sans entrer dans une ennuyeuse discussion de détail, il est loisible d'affirmer que, si « Christoforo Colombo » n'avait pas existé, c'est-à-dire s'il ne fallait pas tenir compte du « groupe de Gênes », tout le monde serait d'accord pour adopter 1446-1448 comme la date de naissance de Colón. Mais Christoforo Colombo est né en 1451, et le problème consiste en ceci ; y a-t-il compatibilité du point de vue de la date de naissance entre Christoforo Colombo et Cristóbal Colón ? Ou, en d'autres termes, le « groupe d'Espagne » permet-il d'adopter pour Cristóbal Colón la date de naissance 1451 ?

Le 21 décembre 1492, Colón écrit dans son Journal de bord qu'il a « passé vingt-trois ans en mer, sans jamais s'en éloigner vraiment ». Laissons de côté pour le moment le problème que posent ces mots sur sa véritable profession pendant les premières années de sa vie. Il affirme avoir navigué pendant vingt-trois ans. Or, il ne pouvait guère compter comme des années de mer les six ou sept années passées en Castille avant la découverte ; en sorte que, si l'on adopte 1484 comme la date de son arrivée en Castille, il aurait commencé sa vie de marin en 1461.

En 1501, Colón écrit : « De très bonne heure, je suis parti sur la mer, et j'ai toujours navigué depuis ; son métier même incite l'homme qui s'y consacre à connaître les secrets de ce monde ; voici plus de quarante ans que je m'y efforce. J'ai navigué jusqu'à ce jour sur tout ce qui peut tenir la mer. » Il ne dit pas précisément, comme on le lui fait dire, qu'il a été quarante ans en mer ; ce qu'il dit, c'est qu'il s'efforce depuis quarante ans de connaître les secrets de ce monde. La conclusion pratique est cependant la même. Il en résulte trois certitudes : il était tout jeune lorsqu'il a commencé à naviguer ; il y avait quarante ans de cela ; il avait navigué sur tout ce qui pouvait à l'époque tenir la mer. Puisqu'il dit tout cela en 1501, la deuxième de ces trois affirmations concorde avec celle qu'il avait faite en 1492 ; toutes deux aboutissent à 1461 comme date de ses débuts de marin.

Mais le point le plus discuté est celui qu'il a soulevé en affirmant qu'il avait vingt-huit ans lorsqu'il est venu servir. C'est dans sa fameuse lettre de la Jamaïque écrite au Roi et à la Reine le 7 juillet 1503 que se trouve cette affirmation précise qui a fait couler tant d'encre. Un être humain n'est pourtant pas une machine, et il lui arrive de donner les mêmes noms à des choses différentes et des noms différents à des choses identiques. « Venir servir » peut avoir plus d'un sens sous la plume de Colón et donc se référer à des dates différentes. Nous connaissons très exactement la date à laquelle il considérait être entré officiellement au service de l'État castillan : « Depuis que je suis à leur service, il y aura sept ans de cela le vingt de ce mois... », écrit-il le 14 janvier 1493. D'après lui donc, son service avait commencé le 20 janvier 1486. Mais il était « venu servir » avant cette date puisqu'il écrit en 1500 : « Il y a dix-sept ans que je suis venu servir ces princes avec l'entreprise des Indes », c'est-à-dire, qu'il y avait dix-sept ans en 1500 qu'il était venu *rendre* aux Rois Catholiques *le service* de leur offrir l'affaire des Indes. Qu'importe qu'il fît erreur sur cette date ? L'essentiel, c'est qu'il lui arrivait de penser que son arrivée en Espagne avait eu lieu en 1483.

Laissons maintenant les papiers et revenons à la chair et à l'esprit. Voici cet homme écrivant au Roi Catholique une lettre rapide et même échevelée, sous l'effet d'une de ces tempêtes qui soufflent sur l'âme au jour de la tourmente ; il écrit « je suis venu servir à l'âge de... » et il se met à imaginer le passé, à l'évoquer, afin de remplir le vide du chiffre. Il pense, bien entendu, à reculons. C'est en 1504 qu'il écrit. Le premier chiffre qui lui vient à l'esprit pour l'année où il est « venu servir », c'est 1483 ; puis pour calculer son âge en 1483 il se reporte en 1453, ce qui lui donne un chiffre rond : 30. « Mais, se dit-il, je suis né en 1451. » Alors ces deux années de différence, que peut-il en faire ? Comme il pense à reculons, la plume en l'air, il se trompe de signe et, au lieu de les ajouter, il les retranche. Il aurait dû écrire trente-deux, il écrit vingt-huit.

Ici encore, il suffit de se rendre compte que Colón était un être humain, de chair et d'os, pour que la difficulté s'évanouisse.

Il existe une difficulté analogue, venant de ce que Colón dit, dans une lettre citée par son fils, avoir commencé à naviguer à l'âge de quatorze ans. Or, dit-on, Gallo affirme que Christoforo et Bartolomeo avaient commencé à naviguer dès leur puberté — comme si quatorze ans, l'âge de la Juliette de Shakespeare, n'était pas l'âge de la puberté pour des jeunes Génois ; et puis, chiffres en main, on fait valoir que s'il avait commencé sa vie de marine à quatorze ans, et s'il avait navigué vingt-trois ans en 1484, il était né en 1447, et non en 1451. Mais, encore une fois, n'y a-t-il pas ici une difficulté plutôt verbale que réelle ? Que veut dire Colón par « naviguer » et par « partir sur la mer » ? Si, lorsqu'il a dix ans, il va et vient sur des voiliers pour apprendre un peu le métier au hasard des occasions et des amitiés du port, et si, à quatorze ans, il s'embarque pour de bon pour la première fois, n'a-t-il pas le droit de parler de 1461 ou de 1465 comme l'année de ses débuts, selon ce qu'il pense au moment d'écrire ? Ici encore, il ne semble pas que les dates fournissent à un esprit objectif des arguments suffisants pour débouter ceux qui maintiennent que Colón était de Gênes.

Mais voici deux autres obstacles que soulèvent à la fois

ceux qui rejettent la thèse génoise comme étant incompatible avec les assertions de Colón, et ceux qui n'hésitent pas à prétendre que Colón était un incorrigible menteur parce que ses assertions ne concordent pas avec la thèse génoise. Il s'agit de la campagne pour le Roi René et du combat naval de Saint-Vincent. Quelque importants qu'ils soient du point de vue des dates, ces deux épisodes de la vie de Colón ne sauraient être discutés sans mettre en cause l'attitude subjective de Colón envers Gênes. Sous réserve de ce qu'il en sera dit ci-dessous, nous pourrons dès maintenant conclure que, tout bien pesé, et sans prendre des libertés illicites avec les textes, Christoforo Colombo et Cristóbal Colón sont parfaitement compatibles en ce qui concerne les dates.

Qu'il soit permis d'ajouter que la date de naissance du découvreur de l'Amérique, après avoir ainsi oscillé entre seize choix différents, entre 1430 et 1456, vient se fixer dans la période 26 août-31 octobre 1451, c'est-à-dire à une date exactement intermédiaire entre la date de naissance d'Isabelle (22 avril 1451) et celle de Ferdinand (2 mars 1452). Ceux qui, comme Colón lui-même, sont sensibles à la possibilité d'influences stellaires sur la vie humaine trouveront peut-être de quoi nourrir leur méditation dans ce fait si singulier.

Rien ne s'oppose dans les papiers génois à ce que Bartholomeo Colombo soit né à la date donnée par Bartolomé Colón au cours du fameux procès qui opposa les héritiers de l'Amiral et la couronne de Castille. Il y déclare avoir « cinquante ans ou davantage ». Il était donc né en 1462, ou à une date antérieure. Le silence des documents génois sur Bartholomeo viendrait confirmer les deux informations que nous donne Gallo à son sujet : qu'il avait commencé à naviguer très jeune ; et qu'il s'était établi à Lisbonne avant son frère aîné. Christophe Colón arrive à Lisbonne en 1476. Si donc Gallo dit vrai (ce que Ferdinand Colón nie), Bartolomé serait arrivé à Lisbonne au plus tard vers 1475, c'est-à-dire à quatorze ans. Il en résulte que Bartolomé a dû naître avant 1462. En tout cas ses « cinquante ans *ou davantage* » donnent une marge de cinq ans qui permettent de calculer son âge au moment où il s'installe à Lisbonne entre treize et dix-sept ans.

Il y a lieu de signaler ici, et nous aurons l'occasion de revenir sur ce point, que cette émigration à Lisbonne d'un garçon si jeune semblerait suggérer l'existence de relations de famille ou autres en Portugal ; d'autre part, l'homme vieillissait plus vite qu'il ne le fait aujourd'hui ; des garçons de quinze ans étaient déjà presque des hommes ; des hommes de quarante ans étaient presque des vieillards. Lorsque les auteurs de notre siècle d'or écrivent en tête de leur comédie « Don Pedro, vieillard », ils entendent que Don Pedro était un homme de quarante ans, c'est-à-dire, un être cassé, édenté et asthmatique, avec vingt-cinq ans de vie aventureuse derrière lui.

C'est dans cette perspective qu'il faut envisager une autre objection que l'on soulève parfois contre la thèse génoise. Giacomo Colombo était né en 1468. Le 21 juillet 1512, Don Diego Colón écrit au Roi Ferdinand pour se plaindre d'un ordre royal qui le prive de trois cents Indiens, et il ajoute : « Il est vrai que Hernando de Vega a servi et sert bien Votre Altesse ; mais les services que l'Amiral mon frère a rendus à Votre Altesse et à la couronne royale et au royaume pourraient bien m'être comptés, à moi son frère qui suis vieux, pauvre et malade... » Or, cette année-là, Giacomo Colombo avait quarante-quatre ans ; les critiques de la thèse génoise font valoir qu'il ne pouvait être Don Diego, puisqu'on n'est pas « vieux » à quarante-quatre ans. C'est un anachronisme psychologique.

Ici donc, encore une fois, nous concluons que, en ce qui concerne les dates, rien n'empêche d'identifier Giacomo Colombo à Don Diego Colón.

Passons maintenant à l'examen des objections soulevées au titre des métiers ou professions exercés par Colombo d'une part et par Colón de l'autre. L'un serait ouvrier cardeur et même marchand de vin ; l'autre marin dès son plus jeune âge. Il y a des « colonistes » qui, sur la foi des papiers de Gênes, rejettent comme pure invention tout ce que Colón lui-même affirme au sujet de sa profession, et soutiennent que le découvreur de l'Amérique est resté attaché aux métiers et aux comptoirs paternels jusqu'à l'âge de vingt-deux ans. Cette façon d'écrire la biographie d'un homme en faisant abstraction de tout ce qu'il en dit lui-même est inadmissible. Le fait bien connu que Colón ne se soit jamais servi de l'italien comme langue écrite — un fait dont l'importance exige qu'on le discute à part — suffirait pour condamner comme absurde cette façon de comprendre la jeunesse de Colón. Nous savons du reste non seulement par Colón, mais aussi par Gallo, que les deux frères Christoforo et Bartholomeo avaient commencé à naviguer de très bonne heure. Mais il y a mieux : à notre avis, les documents génois dont on fait état pour « prouver » que Christoforo Colombo ait été tisserand et tavernier ne prouvent rien de tel ; tout au contraire, ils viennent confirmer que Christoforo, comme dit Colón, était « parti sur la mer de très bonne heure ».

Tout d'abord, ces documents se gardent bien de nous dire que Christoforo Colombo ait été *tisserand*. Le seul fils de Domenico qui y soit mentionné comme tisserand, c'est Giacomo. Christoforo y figure soit sans mention de métier, soit comme « lainier », *lanerius*. Un des actes de notaire ci-dessus analysés, celui d'août 1472, va même plus loin : il exclut explicitement Christoforo des deux qualificatifs appliqués à son père : *Dominicus Colombus lanerius, habitator Savone et Christoforus, eius filius* ; c'est-à-dire que Christoforo n'est, en 1472, ni lainier ni citoyen de Savone. Certes, en mars 1472, nous lisons, dans un testament dont il est témoin, qu'il est « lainier de Gênes », mais nous savons fort bien que lorsqu'un notaire se met en tête de faire suivre d'un métier le nom d'un témoin qui d'aventure en a plusieurs, les uns plus aisés à définir que d'autres, il en prendra un quelconque, le plus présentable ou plausible, même si ce n'est pas celui que le témoin exerce au moment d'écrire, car après tout les documents juridiques se payent au mot et *lainier* vaut autant que *marin*, ou même que *corsaire* ou *pirate*.

Voici donc ce que l'examen attentif des documents de Gênes permet d'affirmer au sujet des trois frères Colombo : Christoforo n'a pas exercé son métier de

« lainier » ou « cardeur » avec assez de continuité pour devenir tisserand, et on fait parfois mention de lui d'une manière qui autorise à conclure qu'il n'était plus ni lainier et ne résidait plus sur le territoire de la République ; Bartholomeo n'a pas été lainier et n'a jamais, ou presque jamais, habité Gênes ou Savone ; Giacomo est le seul qui ait exercé le métier de tisserand, le seul, donc, qui soit resté lainier assez longtemps pour atteindre la maîtrise. Ces documents des archives de Gênes confirment donc les faits que nous connaissons d'après les deux autres sources :

a) Gallo, qui nous dit que Domenico était tisserand, mais ses deux fils seulement des cardeurs d'occasion ; que les deux fils s'étaient embarqués dès la puberté et que Bartholomeo s'était installé très jeune à Lisbonne ;

b) Colón lui-même, qui dit s'être embarqué de très bonne heure.

Mais nous n'avons pas encore épuisé les révélations que nous apportent ces documents de Gênes si souvent et si mal utilisés. Comment se fait-il que ce Christoforo à qui l'on veut faire partager les occupations de son père, que l'on veut faire tisserand et cabaretier comme lui, courant les mêmes risques commerciaux que lui, vendant le même vin et le même drap que lui, comment se fait-il que cet associé de dix-neuf ans soit en mesure de tirer son père des mauvais pas financiers où le place le négoce, si ce négoce leur est commun ? Car c'est bien cela que nous disent les documents de Gênes. Ils ne prétendent pas que Christoforo était tisserand ou tavernier, ou associé de son père ; mais ils déclarent que, dès l'âge de dix-neuf ans, il tirait d'affaire le vieux Domenico lorsqu'il y avait crise financière au foyer paternel. La solution de cette énigme ne saurait être plus claire : si le jeune Christoforo jouissait d'un meilleur crédit que son père, il est évident qu'il gagnait sa vie par des moyens différents, c'est-à-dire qu'il exerçait une autre profession. Cette profession n'était pas de celles que l'on crie sur les toits, puisque dans les documents officiels, ou bien on la passait sous silence, ou bien on la cachait sous des noms aussi vagues qu'inexacts, tels que « lainier ».

Si, du reste, nous nous arrêtons un moment aux dates

des documents sur lesquels on a bâti cette légende
« scientifique » d'un Christoforo Colombo tisserand-
cabaretier jusqu'à vingt-deux ans, nous constatons avec
étonnement qu'elles se réduisent aux cinq suivantes :

22 septembre 1470. Gênes
31 octobre 1470. Gênes
20 mars 1472. Savone
26 août 1472. Savone
7 août 1473. Savone

Tout ce que prouvent ces documents, c'est que, de
1470 à 1473, Christoforo Colombo s'est trouvé à Gênes à
cinq reprises, pour des périodes plus ou moins longues ;
mais ils ne suffisent nullement à révoquer en doute les
conclusions auxquelles nous avons abouti sur la foi de
renseignements convergents. Christoforo Colombo n'a
pas résidé de façon permanente à Savone ni à Gênes
après 1461.

Il en résulte que ces documents de Gênes, lus avec
attention et interprétés avec bon sens, loin de prouver
que Christoforo Colombo fut lainier-tavernier jusqu'à
vingt-deux ans, viennent confirmer qu'il avait commencé
à naviguer dès 1461 et que vers 1470 il exerçait une
« profession marine » — reste à savoir laquelle — assez
lucrative pour lui permettre de secourir son père lorsque
le besoin s'en faisait sentir.

Or, tout ceci concorde à la perfection avec les renseignements que nous donne Colón lui-même, quoi
qu'en disent les érudits qui le traitent de menteur ; et,
dans ce cas comme dans d'autres que nous verrons par la
suite, la véracité de l'Amiral sort triomphante de l'étude
attentive des documents qui ont été le plus souvent
brandis contre lui. Il y a donc lieu de faire preuve de la
plus grande prudence avant de se joindre à ceux — trop
nombreux — qui rejettent comme une pure invention la
plus célèbre aventure des débuts maritimes de Colón,
racontée par lui-même dans une lettre au Roi Catholique.

« Un jour, le Roi René, que Dieu a maintenant rappelé à lui, m'avait envoyé à Tunis m'emparer de la galéasse *Fernandina*; or, comme nous approchions de l'île Saint-Pierre, en Sardaigne, j'appris par une sétie qu'il y avait deux nefs et une caraque avec la galéasse; l'équipage s'agita alors et décida de ne pas continuer le voyage, mais de retourner à Marseille chercher un autre navire et des renforts. Moi, voyant que je ne pouvais pas forcer sa volonté sans un artifice, j'acquiesçai à sa demande, et changeant l'amorce de l'aiguille, je mis à la voile à la tombée de la nuit, et le lendemain, à l'aube, nous nous trouvions près du Cap de Carthagène alors qu'ils étaient tous certains que nous allions à Marseille. »

Il s'agit dans cet épisode de René d'Anjou, l'un des princes à qui les Catalans avaient offert la couronne à tour de rôle lors de leur rébellion contre Jean II d'Aragón, père du Roi Ferdinand le Catholique, à qui la lettre était adressée. L'histoire de cette rébellion suffit pour établir que l'épisode dont parle Colón n'a pu avoir lieu qu'en 1472-1473. Cette année-là, Christoforo Colombo avait vingt et un ou vingt-deux ans. « Il ne s'agit donc pas de Colón », s'écrient en triomphe ceux qui veulent faire du découvreur un Espagnol; « Colón est donc un menteur et un vaniteux », ripostent ceux qui s'obstinent à en faire un tisserand-cabaretier. Mais si Colón était « parti sur la mer » dès 1461 et s'il était, comme cela est hors de doute, un homme d'exception, pourquoi n'aurait-il pas commandé un navire à vingt et un ans ? L'histoire est pleine de jeunes capitaines et si Napoléon fut général en chef à vingt-cinq ans, on ne voit pas pourquoi Colón n'aurait pu être capitaine de vaisseau à vingt et un.

Du reste, tous les efforts de ses critiques les plus sévères pour prouver que l'aventure qu'il nous rapporte était impossible n'ont abouti qu'à la faire paraître comme seulement possible à la faveur d'un ensemble de circonstances heureuses. D'autre part, cet épisode révèle une combinaison d'audace dans la conception des buts, et de précaution, et même d'astuce, dans le choix des moyens à tel point typique de Colón qu'elle suffit à créer une forte présomption d'authenticité. Il en est ainsi en particulier de la ligne qui donne la clé de l'aventure : « Moi, voyant que je ne pouvais pas forcer sa volonté sans un artifice, j'acquiesçai à sa demande. » C'est du plus pur Colón.

Finalement, cette fenêtre que Colón nous ouvre ainsi brusquement sur son passé marin nous le montre dans un rôle de chef de gens de mer et de corsaires puisqu'il est clair que c'est comme corsaire au service de René d'Anjou qu'il naviguait alors. Or, ce détail vient aussi s'insérer à sa place dans l'histoire du découvreur de l'Amérique, car lorsque nous le retrouvons ensuite, c'est aux côtés d'un corsaire-amiral français qui, du moins en Espagne, portait le même nom que lui, et en lutte contre Gênes.

CHAPITRE V

LA CLÉ DU MYSTÈRE

Voici donc Christoforo Colombo, jeune Génois né au sein d'une famille de tisserands et de tailleurs besogneux, rongé par cette faim d'espace qui est le signe certain de l'ambition et de la grandeur d'âme. Sans se révéler à son être conscient — car les faits les plus intimes de notre propre existence sont trop près de nous pour que nous nous en rendions pleinement compte — cette faim d'espace le mène à la mer immense, la mer bleue qu'il entendait battre constamment les plages et les rochers de sa Gênes natale ; en sorte que, dès l'âge de dix ans, il commence à déserter les métiers paternels pour fréquenter les pêcheurs du port et se faire inviter à des promenades en mer. Son enfance est pleine de rumeurs, alarmes et escarmouches qui agitèrent Gênes au cours du duel prolongé qui opposa René d'Anjou et Alphonse d'Aragón et de Sicile au sujet de la couronne de Naples. La petite république génoise, sans doute embarquée malgré elle dans ce drame historique, se voyait interdire, pour des raisons géographiques, de suivre le sage conseil de Sancho Panza : « Ne mets jamais tes pouces entre deux meules » ; elle prenait donc parti comme elle pouvait, tantôt d'un côté, tantôt de l'autre, suivant la fortune des armes ou les vicissitudes de la politique intérieure. A la naissance de Christoforo, Gênes revenait vers Alphonse après avoir donné son appui à René ; mais l'année où le futur Amiral des Indes avait sept ans, sa petite patrie repassait une fois encore du côté français et acceptait le gouverneur que lui proposait Charles XII, le Prince Jean d'Anjou, fils et héritier du Roi René. L'enfant à l'imagination ardente, qui courait du métier familial aux barques du port, buvait sans doute de ses yeux avides tous les spectacles dramatiques et voyants que ces changements amenaient; les défilés notamment, tantôt français, tantôt aragonais, qui coulaient comme des rivières de couleur et de musique sous la Porte de Saint-André, que gardait son père, et le long de Vico dell'Olivella, tandis que les marins peuplaient de voiles blanches la baie magnifique.

A la mort d'Alphonse, Charles XII et son lieutenant Jean d'Anjou essayèrent à nouveau d'obtenir la couronne de Naples en faisant la guerre à Ferrante, fils bâtard et héritier (pour Naples) du Roi d'Aragón. L'opinion génoise se divisa et le foyer du jeune Christoforo, alors âgé de neuf ans, dut passer des journées d'émotion intense, car les Français mirent précisément les Aragonais en déroute à Savone. Mais la domination angevine sur la république génoise fut de courte durée, et le parti aragonais faisait des progrès si rapides que Jean et René d'Anjou, malgré leur hâte à venir au secours de leurs compatriotes, ne purent empêcher un massacre de Français, alors que Christoforo comptait à peine dix ans. Jean d'Anjou continua cette guerre pendant quatre ans encore, quoique de façon un peu intermittente : il est ainsi fort probable que le jeune Christoforo, qui commençait déjà à naviguer, ait participé à des épisodes mineurs de la lutte sur les eaux du golfe de Gênes.

Voilà donc la vraie école où s'est formé le futur Amiral : la mer, une guerre presque endémique, des exemples fréquents de courage et de risque, et d'aventure, scène bien différente de ces métiers et de ces tavernes qu'une lecture par trop littérale des textes de Gênes avait rendus pour ainsi dire officiels.

Après quatre ou cinq années d'apprentissage comme mousse, Christoforo finit par adopter la profession de marin et s'embarqua probablement sur l'un des navires corsaires armés par les Angevins contre les Aragonais. Il dut ainsi cumuler, suivant les mœurs de son temps, le métier de commerçant avec celui de corsaire et même, au besoin, celui de pirate, si la prise en valait la peine et si la victime était infidèle ou tout simplement adversaire. C'est ainsi, notamment, que s'expliqueraient la connaissance de Chio qu'il montre dans ses lettres et Journaux de bord, ainsi que cette expérience de la mer qui le fait capitaine à vingt et un ans. Mais alors, demande-t-on, où donc apprit-il les mathématiques, l'astronomie et le latin ? La belle question ! Où donc en effet ? Car, si nous rejetons comme une pieuse illusion filiale les dires de son fils Ferdinand qui nous parle d'études à l'Université de Pavie, comment un homme qui n'a jamais été à l'Université peut-il savoir quoi que ce soit ? La naïveté de ce point de vue n'empêche pas qu'il ait été adopté de façon tacite ou expresse par plus d'un biographe de Colón, comme s'il n'y avait d'autres moyens d'apprendre que l'école officielle ou que nous manquions de preuves pour affirmer que Colón était un autodidacte.

Or, il se trouve que Colón, qui était très rusé, était aussi très candide. Point de contradiction : candide par nature, rusé par nécessité. C'est donc avec un charme singulier qu'il nous fait part de ses dons et de ses connaissances en des lignes qui valent mieux que des tonnes de papiers génois pour quiconque est sensible au ton de la vérité : « Je trouvai le Seigneur très favorable à mon désir, et à cette fin, Il me donna de l'esprit et de l'intelligence. Il fit de moi un marin très instruit en astrologie. Il me donna les connaissances suffisantes tant en géométrie qu'en arithmétique, et de l'habileté dans l'âme et dans les mains pour dessiner cette sphère, et sur elle, les cités, rivières et montagnes, îles et ports, tout à sa vraie place. En ce temps, j'ai vu et je me suis appliqué à étudier toutes sortes d'écrits, des cosmographies, des histoires, des chroniques, des ouvrages de philosophie et d'autres arts. » Voilà ce que Colón lui-même écrivait au Roi Catholique. Las Casas, qui rapporte la lettre, y ajoute un commentaire qui en augmente la valeur comme document de première main sur l'éducation de Colón : « Il dit : *suffisante*, parce que c'est en fréquentant des hommes doctes en astrologie qu'il en apprit ce dont il avait besoin pour compléter ce qu'il savait de l'art de la mer, mais non en faisant des études d'astrologie. »

En tenant compte du fait qu'ici « astrologie » veut

dire « astronomie » (sans doute avec plus ou moins d'astrologie, aussi, car les deux notions n'en faisaient encore qu'une), ces deux textes viennent confirmer de leur candide autorité tout ce que nous savons sur le grand navigateur, soit du côté « Colombo », soit du côté « Colón ». Le mousse amateur, qui commence à aller en mer à dix ans et à naviguer à quatorze, acquiert ses premières notions astronomiques tout en travaillant aux cordages. Il ne se pose pas comme un Ptolémée ; il dit que Dieu lui donna des connaissances suffisantes, rien de plus, en astronomie, et son ami et confident explique qu'il tenait ce qu'il savait de la fréquentation des savants. Les hommes dont la vie vaut la peine d'être racontée sont évidemment des êtres hors série, capables d'apprendre plus rapidement que le commun, surtout dans les domaines où s'exerce principalement leur curiosité. Il n'y a donc pas de problème. La vie du marin n'est pas faite que de tempêtes ; sur la mer ensoleillée, le loisir ouvre parfois de larges horizons. C'est en pleine Méditerranée, sous le ciel bleu, sur la mer bleue, qu'il faut voir l'Université du jeune Colombo. Il est probable que des almanachs et d'autres livres d'« astrologie » traînaient dans la cabine du capitaine et que, dans le cas contraire, le jeune homme avide de savoir cherchait sans relâche à se les procurer auprès de ces Maures et juifs qu'il aimait à fréquenter. C'est là un point qui, comme celui de son latin, devra retenir plus tard notre attention ; en attendant, il suffira de constater que rien, du point de vue des études et des connaissances du personnage, ne s'oppose à ce que nous fassions du grand Amiral de la Mer Océane et du fils du tisserand-cabaretier de Gênes un seul et même personnage. Comme dans les cas examinés ci-dessus, tout s'éclaire dès que nous prêtons aux paroles de Colón lui-même la foi qu'elles méritent.

Car elles méritent notre foi, même si nous croyons aussi le chroniqueur portugais Ruy de Pina qui dit de lui : « Ledit Amiral allait toujours au-delà des bornes de la vérité dans le récit de ses affaires » ; c'est là une faiblesse bien naturelle chez les hommes doués d'une haute imagination — *muy alto ingenio* — comme Bernàldez disait de Colón. Tous les vieux chroniqueurs qui l'ont connu nous donnent l'impression d'une personnalité bien définie et précise, aux traits aussi vivants que vigoureux : il avait une « haute imagination » ; ses pieds se posaient bien à plat sur le sol de la vérité, mais son imagination lui faisait dépasser « les bornes de la vérité dans le récit de ses affaires ». C'était chez lui un trait constant, une espèce d'énergie rebondissante qui le portait à faire de la vérité le tremplin de sa haute fantaisie. De même Shelley, par exemple, et avec eux bien des découvreurs de continents, géographiques ou poétiques. Mais quels pitoyables commentaires et interprétations dès que leurs mots ailés tombent, pétrifiés par l'âge, sous la dent des rongeurs de bibliothèque !

Voici, par exemple, la dramatique arrivée de Colón en Portugal. Le récit nous en est parvenu par les deux premiers chroniqueurs de ses exploits, ses deux historiographes intimes qui, croit-on à juste titre, ont pu profiter non seulement de ses papiers personnels, mais aussi de ses confidences, son fils Ferdinand et l'Évêque Las Casas. D'après Las Casas, l'heure de la découverte de l'Amérique approchait, il était donc nécessaire que le Seigneur s'occupât de faire passer Colón en Espagne. Le bon moine-historien se met donc en devoir de nous dire comment s'y prit pour cela le Seigneur. « Comme Colón était très adonné aux choses et à l'exercice de la mer, et qu'en ce temps-là, il y avait en mer un homme fameux, le plus grand des corsaires de l'époque, de même nom et lignée que lui, qui se nommait Colombo Junior, pour le distinguer d'un autre connu et renommé avant lui, et que ledit Junior menait une grande flotte en mer contre les Infidèles et les Vénitiens, et autres ennemis de sa nation, Cristóbal Colón décida d'aller en mer avec lui, et il resta en sa compagnie pendant longtemps. Ce Colombo Junior, ayant su que quatre galéasses appartenant à des Vénitiens étaient allées en Flandres, les attendit à leur retour entre Lisbonne et le Cap Saint-Vincent pour les attaquer à l'abordage. » Las Casas décrit longuement la bataille : il raconte en particulier comment le navire où se trouvait Colón et une galéasse avec laquelle il s'était lié dans un embrassement aussi étroit que ceux de l'amour prirent feu ensemble, ainsi qu'il arrive aussi dans l'amour, et comment la plupart des hommes « choisirent la mort par l'eau plutôt que la mort par le feu ». Cristóbal Colón était très bon nageur et put saisir un aviron, sur lequel il s'appuya par moments pour se reposer, et c'est ainsi qu'il put arriver jusqu'à la côte, qui était à un peu plus de deux lieues de l'endroit où les navires avaient dérivé dans leur combat aveugle et acharné.

Las Casas, pour renforcer son récit, se réfère au chroniqueur italien Sabellico; mais la version de Sabellico diffère de la sienne et de celle de Ferdinand Colón sur des points importants : chez Sabellico, il n'y a pas de feu, pas d'abordage, pas de désastre, simplement l'arrivée à Lisbonne de Colombo Junior victorieux, avec les galéasses vénitiennes qu'il avait capturées ; et, ce qui est plus grave, le combat qu'il décrit eut lieu en 1485, alors que Cristóbal Colón était déjà en Espagne. Quelle occasion superbe de dénoncer Colón comme un menteur et d'expliquer les mots « Colombo, de même nom et lignée que lui » comme un vantardise issue de son imagination mégalomane. Pour comble de malheur, la science historique n'eut guère de difficulté à découvrir que ce fameux Colombo Junior n'était pas du tout un Colombo, puisque son vrai nom était Georges Byssipat, dit Georges le Grec, corsaire au service du Roi de France. Il était donc loisible aux critiques de prendre argument de ce fait pour rejeter toute l'histoire, y compris la bataille, le feu, la nage et l'aviron.

Mais il en est de la science historique comme de toute autre : de nouvelles découvertes ne tardent pas à renverser les conclusions établies par les anciens. Voici que deux écrivains espagnols, le Portugais Ruy de Pina et le Castillan Alonso de Palencia parlent tous les deux d'une bataille de Saint-Vincent qui avait eu lieu le 13 août 1476, au cours de laquelle un corsaire-amiral français, Guillaume de Casenove-Coullon, connu en Italie sous le nom de *Colombo* et en Espagne sous celui de *Colón*, avait attaqué quelques navires génois en des circonstances et avec des péripéties qui coïncident exactement avec celles que rapportent les deux biographes de Christophe Colón.

Pauvre Colón ! Comme il lui est difficile de faire croire à sa parole même quatre siècles après sa mort ! Alors que des papiers poussiéreux si souvent brandis contre lui soudain jaillit une carte en sa faveur, les critiques se refusent à le croire parce qu'ils ont décidé en leur esprit « qu'il faut » que les choses se soient passées autrement. Quoique la date, l'Amiral, les détails du combat concordent, Colón, nous dit-on *ex cathedra*, n'a pu se battre comme il le dit aux côtés d'un Amiral de son nom parce que Coullon se battait contre les Génois et que Christoforo Colombo était un Génois si patriote qu'il n'aurait jamais pu lutter contre son pays.

Or, tout cela est peut-être fort bien raisonné, mais les faits s'en moquent. Il se trouve que cette première bataille de Saint-Vincent fait aussi l'objet d'un chapitre de la chronique de Diego de Valera qui semble avoir échappé jusqu'ici à l'attention des érudits. Ce chapitre, le XXIe, a précisément pour titre :

> *Du cas arrivé au Capitaine de la Flotte française nommé Colón au Cap de Sainte-Marie, qui est à trente-six lieues de la ville de Cádiz.*

C'est là, notons-le en passant, la première fois qu'une chronique espagnole mentionne un Amiral Colón ; et le Roi Ferdinand le Catholique, en réponse à une lettre où Diego de Valera l'informait de la bataille en des termes presque identiques à ceux de sa chronique, et du reste, à ceux du récit de Las Casas, écrit lui-même pour la première fois ce nom qui va devenir historique, parlant du corsaire français dont Cristóbal Colón se disait le parent ; observons-le, dès 1476, alors que Cristóbal Colón était encore Christoforo Colombo et n'avait pas encore « repris » son ancien nom de Colón ni écrit : « Je ne suis pas le premier Amiral de ma famille. »

Laissons pour une discussion ultérieure le problème du nom du découvreur et de sa possible parenté avec Casenove-Coullon, et retenons pour le moment que ce récit de Diego de Valera, le chef indiscuté des forces navales du Sud de la Castille à l'époque, et le gardien du détroit de Gibraltar, suffit pour condamner comme une simple extravagance l'opinion de ceux qui s'obstinent à vouloir que Colón ait combattu à Saint-Vincent du côté génois ; car les navires génois, nous dit Valera, rebroussèrent chemin pour rentrer à Cádiz, alors qu'il tombe sous le sens que, puisque Colón put rejoindre à la nage la côte portugaise, il luttait du côté du Portugal, c'est-à-dire, du côté de l'autre Colón (Coullon), du côté qu'il dit lui-même. Ainsi son récit, une fois purgé des erreurs que ses deux historiographes y ont greffées, est-il corroboré par trois sources contemporaines indépendantes : il s'est battu aux côtés d'un amiral qui portait son nom ; son bateau a pris feu au moment où il était aux prises avec un navire génois ; et il a pu s'évader à la nage vers la côte portugaise avec l'aide d'un aviron qu'il avait parfaitement le droit de considérer comme la main secourable de la Providence.

Mais sous les pas de cet homme mystérieux fleurissent les énigmes. Comment se fait-il que ce marin génois se batte contre des navires génois ? Rien d'étonnant que l'opinion qui se refuse à voir la même personne en Colón et Colombo ait la vie si dure. Toutefois, elle doit disparaître. Si Colón n'était pas Colombo, quelle meilleure occasion de le prouver qu'en ce moment, alors qu'il arrivait en Portugal, rescapé d'une bataille contre les Génois ? Et cependant nous savons que c'est précisément sous le nom de *Colombo*, qui en fait un Génois, qu'il est connu à Lisbonne, du moins au début de son séjour en Portugal. Le chapitre où Ruy de Pina, écrivain contemporain, rend compte de la découverte de l'Amérique a pour titre : *Découverte des Isles de la Castille par Colombo*, et, dans le corps du chapitre l'auteur appelle Colón « Christovam Colombo Italiano ». L'histoire, qui est de la vie, se joue de la logique, et surtout de *notre* logique ; nous ne saurions écrire à l'avance les règles auxquelles doivent s'ajuster des vies comme celle de Colón ; c'est la méthode précisément inverse qu'il nous faut suivre : d'abord, le fait, puis son explication, si nous sommes en mesure de la donner. Tout ce que nous pouvons dire jusqu'à présent, c'est que Christoforo Colombo, corsaire génois, se battit contre les Génois au cap Saint-Vincent en 1476. Quant à son amour — ou son manque d'amour — pour Gênes, eh! bien, qu'on s'en tire comme on pourra.

Cette conclusion est, bien entendu, de la plus haute importance; car, sur la foi de documents irrécusables qui, du reste, concordent à la perfection avec les renseignements fournis par le découvreur lui-même, nous trouvons que *Christophe Colôn, quoique génois, n'était pas un Génois patriote*. Il importe de considérer ce point comme parfaitement établi. Nul papier ou parchemin ne saurait être invoqué là contre : il n'existe aucune déclaration irréfutable de sa part affirmant sa loyauté ou son amour envers Gênes. La lettre à la Banque de Saint-Georges, elle-même, document fort discuté, reste une phrase vague et réservée, qui ne fait pas mention explicite de Gênes : « Quoique le corps soit ici, le cœur est là-bas continuellement »; c'est tout; et en langue castillane!

Du reste, cet homme qui a découvert un continent dans son imagination et qui en est sûr comme s'il l'avait déjà enfermé chez lui sous clé, cet homme né dans un des centres marins les plus importants de l'époque, ne songe pas un instant à offrir sa découverte à sa patrie et à cette Banque de Saint-Georges qui aurait pu lui avancer sans sourciller le million de maravédis castillans nécessaires à son expédition; puis, le continent trouvé, le marin génois élevé au faîte de la gloire et de la puissance, se faisant appeler le Très Magnifique Seigneur, ne songe pas davantage à rendre visite à Gênes, la cité où résidait sa famille, pour que ses compatriotes s'écrient : *Voilà Christoforo, le fils du tisserand-cabaretier qui gardait jadis la Porte dell'Olivella*; ni lui ni ses frères, l'Adelantado Don Bartolomé, ou le pâle et délaissé Giacomo-Diego rejeté dans l'ombre de ses deux puissants frères, incapable de tirer de cette loterie historique le moindre siège épiscopal pour satisfaire ses ambitions ecclésiastiques. Qui sont donc ces Génois qui, à peine arrivés en Espagne, laissent tomber leur « Colombo », deviennent « Colón » et, tournant pour de bon le dos à leur Gênes natale, prétendent l'oublier jusqu'au moment où, leurs corps connaissant le repos éternel, des papiers poussiéreux surgissent de leurs sépulcres, des bibliothèques et des archives notariales et veulent les ramener à leur métier et leur taverne ? Qui est ce Génois qui « parti sur la mer de très bonne heure », au lieu de servir sous le drapeau de Gênes, se bat contre sa patrie à Saint-Vincent, et offre la plus belle gloire de la mer au Roi et à la Reine de Castille ?

***

Un fait est certain : ce Génois s'exprimait en langue castillane. Avec la précipitation que sa nature impatiente, passionnée et emportée semble susciter chez ses critiques, il en est qui affirment que Colón ne savait pas l'italien. Certes, pas un mot ne reste de sa main — pourtant si féconde en écrits — qui puisse être considéré comme de l'italien, puisque la seule et unique note citée parfois à cet égard n'est qu'un comique galimatias, ragoût d'italien, castillan et portugais, où les mots italiens ne sont même pas en majorité. Ce texte étrange — cinquante-sept mots en tout — est si extraordinaire que, s'il n'est pas apocryphe, il ne peut s'expliquer que comme le fruit d'un instant passager d'aberration mentale. Il s'agit de la vingt-troisième note inscrite en marge de son exemplaire de l'*Histoire naturelle* de Pline. Encore une énigme : ce livre est une traduction italienne (fait oublié par ceux qui affirment que Colón ne savait pas l'italien) et cependant, à l'exception de l'avant-dernière, qui est écrite en ce jargon absurde, et la dernière, simple inscription dévote en latin, *toutes les notes inscrites en marge de ce livre italien par son lecteur italien sont en castillan.*

Si les lettres de Colón à la Banque de Saint-Georges et à Nicolo Oderigo, ambassadeur de Gênes en Castille, sont authentiques, elles présentent la même énigme sous une forme nouvelle : ce Génois, écrivant à des Génois, écrit en castillan. Sans doute est-il déjà un grand personnage à la Cour de Castille et se considère-t-il comme un sujet castillan ; toutefois, il aurait semblé naturel qu'au moment où il écrivait à la grande banque de Gênes une lettre où il déclarait que son cœur était « là-bas continuellement », il exprimât ces sentiments dans la langue du pays où était son cœur.

Mais ce n'est pas tout : la correspondance entre Colón et le Père Gorricio, son homme de confiance, est aussi rédigée en langue castillane, et dans les deux sens, car le Père Gorricio répond aussi en castillan. Or, ce moine était italien, et, par conséquent, le fait qu'il écrivît à Colón en espagnol prouve que cette langue était à toutes fins utiles la langue de Colón. Enfin, c'est en espagnol que Colón écrivait à son fils Diego et à son frère Bartolomé, qui n'était pas moins génois que lui.

Cet ensemble de faits constitue l'obstacle le plus sérieux contre la conception « génoise » et suffit à lui seul à justifier la floraison de nombreuses « solutions » différentes de l'énigme Colón ; d'autant plus que jusqu'ici, l'école « génoise » a été incapable de proposer une quelconque explication de cette curieuse difficulté. La plupart des écrivains qui acceptent le Colón tisserand génois des papiers de Gênes se contentent d'un commentaire embarrassé ; quelques-uns se hasardent à suggérer vaguement que Colón peut avoir oublié sa langue natale en séjournant dans des pays étrangers, et nous demandent d'accepter cette « explication » alors qu'ils soutiennent avec intransigeance la thèse d'un Christoforo Colombo entraîné aux métiers et aux caves paternelles jusqu'à sa vingt-troisième année, comme si une langue parlée exclusivement jusqu'à vingt-trois ans pouvait s'effacer en dix ans de la mémoire et de l'habitude. L'énigme ainsi définie est déjà assez déconcertante ; mais elle se corse encore de deux faits qu'il faut maintenant signaler.

Le premier est que *Colón parlait et écrivait en castillan avant d'arriver en Castille* ; et même, avant d'arriver en Castille, il se servait du castillan comme de la seule langue moderne pour exprimer ses pensées, même à son usage personnel. La preuve en est fournie par une note de sa main inscrite en marge d'un livre qu'il a littéralement couvert de notes : l'*Historia rerum ubique gestarum* du Pape érudit Pie II. Dans cette note, Colón se livre à un calcul de l'âge du monde selon les juifs, et à cette fin, il additionne les âges des patriarches successifs depuis Adam, puis d'autres périodes de l'histoire juive jusqu'au « moment présent, qui est l'année 1481 de Notre-Seigneur », date qu'il répète en récapitulant pour conclure que, « depuis le commencement du monde jusqu'à 1481, cela fait 5 241 ans ». Quelle que soit notre opinion sur les vues de Colón au sujet de l'âge du monde, cette note révèle qu'il écrivait ses notes personnelles en castillan trois ans avant son arrivée en Castille, fait qu'il est impossible d'ignorer ou de passer sous silence.

Il n'est du reste pas isolé, car le latin de Colón n'est pas moins énigmatique que son castillan. Quand l'avait-il appris ? Ce n'est pas du très bon latin, nous dit-on ; mais il le connaissait assez bien pour en faire sa seule langue personnelle avec le castillan. Nombre de ses notes, dont quelques-unes aussi longues que de vrais essais, sont en latin. Il était du reste lecteur assidu de livres scientifiques, qui, en ce temps-là, étaient tous en latin. Or, il se trouve que toutes les fois que son latin est défectueux, c'est précisément à la façon castillane ; tous ses barbarismes sont des hispanismes. Un des spécialistes italiens les plus éminents des études colombistes, le grand pontife de l'école de Gênes, a constaté le fait, qu'il a été le premier à observer, avec autant de sincérité que de confusion, et il a même signalé plus d'un exemple de solécisme qui ne pouvait se produire que sous la plume d'un Espagnol.

La conclusion qui semblerait s'imposer serait que Colón avait appris son latin en Espagne. C'est bien entendu celle qu'adoptent d'emblée tous les auteurs qui se refusent à admettre la thèse génoise ; et nous aurions mauvaise grâce à les en blâmer tant que nous n'aurons pas expliqué comment un Christoforo Colombo né à Gênes, et élevé à Gênes et à Savone comme tisserand pour n'en sortir qu'à vingt-trois ans, n'écrit jamais en italien, même à des Italiens, utilise l'espagnol même pour rédiger ses notes personnelles et fait en latin des fautes spécifiquement espagnoles.

Commençons par éliminer la seule explication qui ait

été jusqu'ici mise en avant : Colón aurait appris son espagnol et son latin pendant son séjour en Portugal, où la langue espagnole jouissait à l'époque d'un très grand prestige. Certes, la langue de Castille avait déjà conquis dans toute la Péninsule une situation hors pair ; mais cela ne saurait suffire à expliquer qu'un homme venant d'Italie pour s'installer en Portugal, où il se marie et fait souche, utilise le castillan à l'exclusion et de celle de son pays d'origine et de celle de son pays d'adoption.

Et puis, il y a son latin. Malgré ses fautes, ce latin était beaucoup trop correct et facile pour avoir été appris si tard ; car Colón avait vingt-cinq ans lors de son arrivée en Portugal. Or, il y a des notes latines de sa main auxquelles il est impossible d'attribuer une date ultérieure à 1480-1481 ; d'autre part, nous savons que Colón naviguait encore en 1479, si le dernier des documents génois est authentique : donc, il a dû apprendre son latin en mer. Cette idée répugne, bien entendu, à ceux qui se souviennent de leurs randonnées en mer comme des périodes de vacances qui leur faisaient oublier leurs versions et leurs thèmes ; mais contemplons encore cette âme où brûlait l'ambition, regardant les étoiles pendant les nuits claires de la Méditerranée, broyant d'obscurs problèmes dans son esprit d'illettré, se demandant comment diriger un navire, comment calculer les distances, comment pénétrer les secrets de la nature dont il nous dit que dès son plus jeune âge il avait la hantise ; et essayons de deviner la réaction de sa volonté d'acier lorsqu'il se rendit compte que les livres qui dévoilaient ces secrets étaient tous écrits en latin. Eut-il un maître ? Travailla-t-il tout seul ? Qu'importe ? Sur terre ou sur mer, à la maison pour passer quelques jours, semaines ou mois de repos, s'en allant à Chio chercher du mastic, ou à Tunis se battre pour le Roi René, nous pouvons être sûrs que Christoforo Colombo apprenait son latin avec ténacité.

Mais alors, pourquoi faisait-il des fautes d'espagnol ?

Résumons les données du problème : Christoforo Colombo était un jeune autodidacte de Gênes, ouvrier cardeur devenu marin, qui :

1° Lisait l'italien, mais ne l'écrivait pas ;

2° Parlait et écrivait l'espagnol pour son usage personnel avant d'arriver en Espagne ;

3° Savait le latin comme le saurait un Espagnol, quoiqu'il l'eût appris avant d'arriver en Portugal.

Ces prémisses ne comportent qu'une seule conclusion :

Christoforo Colombo était un Génois dont l'italien n'était pas présentable et dont la langue de culture était l'espagnol.

Or, il n'y a qu'une manière raisonnable d'expliquer cet ensemble de faits : les Colombo étaient des juifs espagnols établis à Gênes, qui, suivant les traditions de leur peuple, étaient restés fidèles à la langue de leur pays d'origine.

CHAPITRE VI

COLOMBO. COLOMO. COLOM. COLÓN

Christoforo Colombo était un Génois d'origine hispano-juive. Nous avons abouti à cette conclusion parce que c'est la seule manière de rendre compte d'un ensemble de faits qui ont jusqu'ici découragé toutes les explications. Devant ces faits, l'armée des biographes de Colón s'est divisée en deux groupes irréconciliables, ceux qui le prétendent Génois et ceux qui le disent Espagnol; mais bien qu'ils soutiennent des vues opposées, leurs méthodes sont identiques : ils rejettent la moitié des faits, soit en déclarant ouvertement que ces faits sont inexacts, soit en les éliminant tranquillement et subrepticement. Il est difficile de concilier *tous* les faits et de leur accorder la place qu'ils méritent autrement qu'en adoptant l'hypothèse que nous venons de dire. Né à Gênes, Colombo était d'origine hispano-juive; bilingue dès le début, il parlait une sorte de dialecte génois populaire et fut élevé par sa famille dans une atmosphère espagnole. C'était donc un juif espagnol.

Il reste à soumettre cette théorie à deux épreuves :
1° Comment s'accorde-t-elle avec ce que nous savons déjà de lui ?
2° Comment s'accorde-t-elle avec les autres événements de sa vie ?

Sur le premier point, non seulement cette théorie s'accorde avec les faits, mais sans elle, les faits eux-mêmes ne s'accorderaient pas ; sur le second, nous aurons souvent l'occasion de montrer que si l'hypothèse juive ne nous avait pas été imposée par l'étude de la langue de Colón, ses manières, son caractère et ses écrits auraient conduit n'importe quel observateur impartial à la même conclusion.

Lorsque nous avons parlé de son lieu de naissance, nous avons fait remarquer que la modestie de la condition et des occupations de sa famille pouvait expliquer — au moins en partie — ses curieuses réticences sur ce point important. Mais nous avons pris soin de dire : « au moins en partie. » Car en réalité, Colón n'a jamais caché qu'il était d'humble origine. C'est une chose que l'on oublie souvent, et un point sur lequel ceux qui veulent faire de lui un Espagnol ont commis de graves erreurs. On attache une importance capitale au fait que sur son passeport le Roi et la Reine le disent noble, *nobilem virum*, et que dans la lettre royale du 24 mai 1493, ses armes étaient « rehaussées », ce qui implique naturellement qu'il avait déjà un blason. On aurait économisé beaucoup d'encre si l'on avait lu ce que dit l'Amiral lui-même. Dans sa lettre à l'Aya du Prince Don Juan, parlant du Roi et de la Reine, il écrit : « ...qui de rien m'ont élevé à un si grand honneur. » En outre, sur la première page de son rapport sur la découverte, Colón écrit avec sa franchise habituelle : « En sorte que (...) ce même mois de janvier, Vos Altesses m'ont ordonné d'aller dans les dites parties de l'Inde avec une flotte suffisante ; et pour cette fin, ils m'ont fait de grandes faveurs et m'ont anobli, m'autorisant dès lors à me faire appeler Don », ce qui est prouvé sur pièces par la lettre royale le nommant Amiral, Vice-Roy et Gouverneur, et où le découvreur est simplement mentionné sous le nom de *Cristóbal Colón* et est explicitement autorisé plus loin à se faire appeler *Don Cristóbal Colón*.

Il s'ensuit que si l'humble origine de sa famille peut expliquer en partie les réticences de Colón sur Gênes (car les actions des hommes ont comme les arbres de nombreuses racines et comme eux de nombreuses branches), on ne peut admettre qu'elle en est la seule cause, car il reconnaissait plus volontiers « s'être élevé de rien » qu'être venu de Gênes.

Mais si sa famille n'était pas seulement pauvre et humble, mais aussi juive à une époque où la race juive se heurtait en Espagne à des persécutions telles qu'il faudra attendre l'Allemagne nazie pour en retrouver de semblables, ses réticences sur le lieu exact de sa naissance et le domicile exact de sa famille et son refus de donner de plus amples précisions sur elle deviennent immédiatement explicables.

De même son curieux comportement anti-génois. Nous avons vu son indifférence pour les liens du patriotisme, indifférence qui se manifesta « passivement » tout au long de sa vie, et « activement » en deux occasions : lorsqu'il combattit pour le Roi René à une époque où ce Prince était considéré par Gênes comme un ennemi ; et lorsque, à la bataille de Saint-Vincent, il attaqua une flotte génoise alors qu'il servait sous Casenove-Coullon. Sur ce point encore, les *génoïstes* s'efforcent de nier les faits et déclarent que Colón était un menteur et qu'il servait pour Gênes ; tandis que les *hispanistes* triomphent des génoïstes en montrant que la thèse génoise est ici infirmée. Mais nous savons que Colombo-Colón était né à Gênes, et nous savons qu'à Saint-Vincent il a attaqué les Génois — plutôt lâchement il faut bien le dire. N'est-il pas dès lors démontré que Gênes était indifférente à Colón, qu'il était un Génois mal assimilé, non un authentique citoyen profondément enraciné dans le sol, mais un oiseau de passage, prêt à faire ailleurs son nid, et même dans les continents inconnus qu'il situait au-delà des mers de ses rêves ?

Un Colón juif résout le problème. Remarquez son extrême mobilité et celle de son frère Bartolomé. En soi, ce fait n'est qu'une simple indication. L'Espagne et le Portugal étaient à l'époque couverts de Génois, qui restaient des Génois. Colón fut portugais au Portugal et castillan en Castille. « Colón était devenu un vassal naturel de ce pays par son mariage », écrit Oviedo ; et Fernando Colón : « Se tenant pour un sujet de ces royaumes, qui sont la patrie de ses enfants... » Bartolomé montrera les mêmes facultés d'adaptation. Remarquez leur singulière indifférence à l'égard de Gênes, leur empressement à se transplanter, à aller vivre sur un autre sol, servir un autre drapeau, même contre Gênes. Alors l'explication juive s'imposera à vous.

Il vaut en effet la peine de noter que cette explication ne concorde pas simplement avec les faits : elle est nécessaire si l'on veut les faire concorder entre eux. Ni les difficultés linguistiques, ni les réticences de Colón sur Gênes, ni son attitude de corsaire à l'égard de sa patrie n'ont été expliquées d'une manière satisfaisante. Elles ne deviennent intelligibles que si l'on considère Colón comme un juif espagnol né à Gênes.

Deux objections sont possibles :

1° Le docteur de La Rábida, dans le récit où il décrit l'arrivée de Colón au monastère dit que Fraï Juan Pérez, « voyant qu'il avait l'air d'un homme d'un autre pays ou d'un autre Royaume et qu'il parlait une autre langue »...

2° Las Casas dit de lui : « Il me semble que sa langue naturelle n'est pas le castillan, car il saisit mal le sens des mots et la manière dont on le parle. »

A ces deux objections, il est facile de répondre. Colón venait de l'étranger et donnait l'impression d'être un étranger. La langue qu'il parlait n'était pas l'espagnol du XVe siècle, mais celui du XIVe ; elle n'avait pas évolué dans cette branche isolée et transplantée à Gênes vers 1390, et avait sans aucun doute absorbé bien des italianismes.

La citation de Las Casas, en outre, doit être lue avec attention. « Il *semble* que sa langue naturelle ne soit pas le castillan », écrit cet ami intime de la famille, qui nous a dit nettement que Colón était génois. Alors, pourquoi ce « il *semble* » ? Comme à l'ordinaire, Las Casas ne peut cacher qu'il n'est pas très sûr qu'il n'y ait pas quelque part un mystère dans la vie de Colón. Que ces soupçons soient fondés peut se prouver non seulement par l'attitude analogue du bon Évêque à l'égard du lieu de naissance de Colón, mais aussi par ses étranges remarques sur la religion de Colón, remarques si étranges qu'elles appellent plus ample discussion :

« En ce qui concerne la religion chrétienne, il était *sans doute (sin duda)* catholique et d'une grande dévotion. » Pourquoi « sans doute » ? Ceci encore : « Ayant tout dit sur l'origine, la patrie, le lignage, les parents et même l'aspect et les manières (...) de Cristóbal Colón, et aussi sur ce qu'on savait de son christianisme... » Ceci enfin : « ... Qui, se rendant compte qu'il était un très faible chrétien, *et il l'était certainement*, il reçut les sacrements avec une grande dévotion », expression qui est en espagnol encore plus curieuse que dans la traduction. Pourquoi cette réticence que j'ai soulignée à chaque fois, brusquement, lorsqu'on parle de son christianisme ? Et chez un homme qui était au mieux avec ses frères ? Tout cependant devient clair dans l'hypothèse d'un Colón juif.

*
**

Nous arrivons à des conclusions semblables si nous étudions le problème de son nom. Ce n'est pas par hasard que son fils Fernando écrit : « Pour l'adapter à la patrie où il alla vivre et prendre un nouvel état, il élima le mot à la ressemblance de l'ancien et se fit ainsi appeler *Colón* ; cela me pousse à croire que, de même que presque tout ce qu'il faisait était entouré de mystère, de même dans ce qui touche à son changement de nom et de prénom, il doit sûrement y avoir du mystère. » C'est un mystère assez transparent ! Colón, dit son propre fils, est venu dans sa patrie quand il est venu en Espagne, et il a repris le nom de Colón pour reprendre l'ancien nom de sa famille.

Quels changements ferait subir à son nom un simple *Colombo* génois s'il venait servir en Espagne ? Aucun. *Colombo* est une forme parfaitement espagnole, et il y a aujourd'hui des milliers d'Espagnols qui ont des noms similaires, tels que *Pombo*. Il existe de nos jours en Amérique du Sud des milliers de *Colombo* qui n'ont pas cru nécessaire de toucher à leur nom, car la sonorité en est conforme au génie de la langue castillane ; en Espagne même, on sait que le nom de *Colombo* se rencontre au moins depuis le XVIIe siècle. Si même *Colombo* avait été un nom italien, sans rien d'espagnol, l'Espagne était à l'époque pleine d'Italiens, parmi lesquels de nombreux Génois, qui continuaient à s'appeler de leurs noms italiens, même ceux qui, comme Juanoto Berardi, avaient de fréquentes transactions avec la couronne.

Quel besoin avait donc Colombo de changer son nom en Colón ? Les hispanistes répondent : « Parce qu'il ne s'est jamais appelé *Colombo*. » Nous ne pouvons admettre ce point de vue, entre autres raisons parce que des preuves sur pièces peuvent être fournies de toutes les phases de l'évolution Colombo-Colomo-Colom-Colón. Or, cette évolution n'est ni nécessairement ni linguistiquement inévitable ; *Colón* n'est en aucune façon la transposition phonétique ou somatique de *Colombo* en espagnol. De même que *Palumbus* donne *Palomo*, patronyme espagnol bien connu, de même Colombo aurait dû donner *Colomo*. Donc l'évolution *Colombo-Colón* a dû être orientée par quelque idée préconçue. Une force psychologique a dû exister, assez forte pour produire ces deux effets : *a)* un changement de nom qui en lui-même n'avait rien de nécessaire ; *b)* l'attirance d'une autre idée étrangère au sens original, qui a déterminé en réalité non pas une adaptation, mais un changement complet. Pouvons-nous faire remarquer à quel point cela est juif ? Les hommes du peuple errant sont si souvent contraints de changer de conditions d'existence que, chez eux, le changement de nom est devenu une habitude pratiquement inconnue au reste de l'humanité. Nous connaissons tous le *Friedmann* qui devient *Freeman*, et le *Levy* qui devient *Lewis* par une sorte de jeu de mots conscient qui donne un sens intellectuel à ce qui serait autrement pure et simple adaptation. Le nombre des changements de nom chez les juifs espagnols du xve siècle est trop grand pour qu'on les cite. Le simple fait que, de tous les Génois que nous connaissons en Espagne à l'époque, Colón soit le seul qui fasse subir à son nom quatre transformations, de *Colombo* à *Colón*, aurait dû suffire à faire soupçonner aux historiens sa véritable race. Étant arrivé à partir de prémisses tout à fait différentes à la conclusion que Colón était juif, nous sommes en droit de considérer sa décision de changer de nom comme une confirmation frappante de notre hypothèse.

Mais pourquoi *Colón* ? Revenons aux explications données sur ce point par ses deux historiographes. Trois déclarations ressortent dans le portrait de l'Amiral que nous a laissé Las Casas :

1° « Ses parents étaient des notables, jadis riches (...), mais ruinés par les guerres et la lutte qui sévissaient continuellement en Lombardie. »

2° « Naguère, le premier nom de la lignée était (...) Colón, puis, à mesure que le temps passait, les successeurs de ce Colón (...) en vinrent à se faire appeler Colombo (...) ; mais cet homme illustre, abandonnant le nom fixé par la coutume, décida de s'appeler Colón, revenant à l'ancien nom, moins peut-être parce que c'était son nom originel... »

3° « ... que par la volonté divine qui l'avait élu pour accomplir ce que son nom et son prénom impliquaient. (...) Son nom signifie "repeupleur" (...) il fut le premier (..) à fonder des colonies. »

A dire vrai, Las Casas greffe sur tout cela deux mensonges nés de la mégalomanie de Don Fernando : un consul romain et les deux amiraux de Sabellico. Mais encore une fois, lorsque des gens à l'imagination forte fabriquent des légendes, ils ne les fabriquent pas à partir de rien. Il y a toujours une racine à la fleur de la fantaisie. Ce n'est que justice de retenir du récit du vertueux Évêque que selon toutes probabilités :

1° La famille Colón avait été riche à une certaine époque, et avait été ruinée soit par la guerre civile sévissant en Lombardie soit pour une autre raison.

2° Le nom de Colón avait été *Colón* avant de devenir *Colombo*, et il s'est contenté d'y revenir lorsqu'il est venu en Espagne. En outre, il y avait dans la famille une tradition selon laquelle les Colombo avaient été des Colón avant de devenir des Colombo.

3° C'est pour diverses raisons que Colón a repris l'ancienne forme de son nom ; l'une d'elles étant la tradition de famille, et une autre l'attrait du sens du mot.

Ces conclusions qui découlent tout naturellement des déclarations faites par les deux hommes qui le touchaient de plus près, lui et sa famille, s'accordent admirablement avec les faits.

On ne sait rien et on n'a rien retrouvé en Italie sur la famille qui remonte au-delà de Giovanni Colombo, grand-père de Christoforo. Or, pour des raisons qui deviendront claires plus tard, l'émigration de la famille a dû avoir lieu vers 1390, c'est-à-dire vers l'époque où naquit Giovanni.

Le fait qu'avant de devenir tisserands les Colombo aient eu une plus haute position sociale s'accorde parfaitement avec le port très digne, la haute stature et la personnalité impérieuse que les contemporains sont d'accord pour reconnaître à Colón.

Mais quelle était la tradition de famille concernant l'ancien nom de Colón, ou en d'autres termes, quelle était la forme espagnole originelle de *Colombo?* La disparition de la dernière syllabe, ce que Fernando Colón appelle l'« élimage du nom », ne peut avoir eu lieu que par la forme intermédiaire catalane *Colom*. L'influence de l'idée de colonisation sur cette évolution du nom de Colón nous est connue par Las Casas. *Mais le fait même de l'existence de cette évolution prouve de façon incontestable que le nom de famille traditionnel était Colom*; en confirmation de quoi, nous pouvons attirer l'attention sur deux faits :

1º Un *Colón* émigrant en Italie aurait pu changer son nom en *Colono* ou *Colonna*, ou même aurait pu le laisser tel quel, mais il n'avait aucune raison d'en faire *Colombo*.

2º Deux historiens, Oviedo, contemporain espagnol, et Barros, Portugais écrivant peu de temps après, ont toujours appelé le découvreur *Colom*, ce qui serait totalement inexplicable chez des auteurs non catalans s'ils n'avaient de bonnes raisons d'employer cette orthographe.

De ce *Colom* traditionnel, la transition à Colón était facile, suggérée qu'elle était par deux forces psychologiques :

1º L'idée de colonisation contenue dans le mot.

2º L'avantage de la forme castillane sur la forme catalane à une époque où la Castille était déjà le premier royaume de la Péninsule.

Les Colombo seraient donc des juifs catalans. Colom était et est encore un nom fréquent dans l'Espagne catalane, y compris Mayorque. Et à ce point, deux faits nouveaux viennent s'insérer d'eux-mêmes dans le tableau. Le premier est que dans la forêt des Colom qui habitaient en Catalogne à cette époque, il y avait de nombreuses familles juives ; on trouve un Aaron Colom et sa famille à Saragosse au XIVe siècle, et en 1479, quatre ou cinq ans avant que Colón se fixe en Espagne, un certain Andreu Colom, juif catalan, était brûlé comme hérétique à Tarragone par l'Inquisition. (Remarquez qu'un certain Vincenzo Colombo était pendu comme pirate à Gênes en 1492, l'année même de la découverte : Christoforo, corsaire génois à Gênes, juif catalan en Espagne était contraint à une navigation difficile entre le bûcher et l'échafaud.) En 1461, alors que Christoforo Colombo (ou Colom) avait dix ans, l'Inquisition de Valence (institution beaucoup plus vieille que l'Inquisition castillane) poursuivait un certain Thomé Colom et sa femme Léonor, leur fils Joan Colom et leur bru Aldonza pour avoir enterré la belle-mère de Thomé selon les rites juifs. C'étaient tous des *conversos (neofiti)*. En 1489, alors que Colón négociait déjà avec le Roi et la Reine de Castille, André Colom, Blanca Colom et Francisca Colom, *conversos*, étaient condamnés par l'Inquisition de Saragosse pour avoir observé des rites juifs. Plus tard, on trouve à Amsterdam une famille de juifs sephardi du nom de Colom.

Mais les historiens catalans présentent un autre argument, tiré cette fois de la science héraldique. Quand le Roi et la Reine anoblirent Colón, ils se montrèrent très magnanimes avec lui sur la question de ses armes ; pour le premier et le second quartier de son blason, ils ne lui accordèrent rien de moins que les armes royales de Castille et León, le château et le lion ; son troisième quartier devait être « de quelques îles et vagues de la mer » et le dernier « les armes que vous avez accoutumé de porter ». « Accoutumé de porter » est naturellement une expression plutôt élastique, et nous ne devons point en conclure, comme l'ont fait témérairement les tenants de l'école Colón-était-un-Espagnol que le Roi Ferdinand, qui connaissait bien son Italie et qui était fourré jusqu'au cou dans les affaires de Gênes, n'était pas au courant des quartiers de noblesse du *nobilis vir* qu'il envoyait à Cipango. Nous aurons l'occasion de revenir sur ce point. Mais, bien que la famille de Colón fût une famille de travailleurs manuels, il se s'ensuit pas qu'il ne pouvait pas avancer un droit plus ou moins imaginaire à une famille blasonnée, et, de fait, une étude de ses armes complètes d'Amiral révèle qu'il avait une prétention de ce genre.

Dans des conditions qui ne sont pas totalement expliquées, il modifia les instructions royales et remplit le quatrième quartier non avec « les armes qu'il avait accoutumé de porter », mais avec les cinq ancres caractéristiques du blason de l'Amiral de Castille. Il devait, selon les instructions royales, mettre ses armes en dernier, dans le quatrième quartier ; il les relégua dans une cinquième division, ce qui est une indication significative du caractère purement formel de sa prétention à ces armes. Il y en avait pourtant quelques-unes, naturellement, savoir : un champ d'or avec bande d'azur sur gueules en chef, ce qui en langage non héraldique signifie une bande bleue sur fond d'or surmonté d'une tache rouge. Les spécialistes catalans sont en mesure de citer plusieurs familles qui ont des armes semblables, sinon identiques à celles-ci. Ce fait, s'il était établi, confirmerait le point de vue selon lequel la famille de Colón, lorsqu'elle vint s'établir à Gênes, arrivait de Catalogne. En outre, cela rendrait compte des catalanismes relevés dans sa langue par plusieurs auteurs.

On retrouve fréquemment à cette époque le nom de Colom à Mayorque et dans la région de Tortosa. Mayorque et Tortosa étaient alors des centres d'activité maritime, de ce type mal défini de navigation enthousiaste qui devait donner plus tard les marines royales, les corsaires et la piraterie.

Cela introduit encore deux faits nouveaux qui s'insèrent d'eux-mêmes dans le tableau. Le premier est que Colón, faisant sans doute allusion à Casenove-Coullon, a affirmé qu'il y avait eu un autre amiral dans sa famille. A vrai dire, Don Fernando et Las Casas à sa suite, induits en erreur par Sabellico, parlent de deux amiraux, dont un plutôt vague et mystérieux, Colombo

Junior. Mais si nous nous reportons aux déclarations du découvreur lui-même, tout ce qu'il nous dit est qu'il n'était pas le premier amiral de la famille. Or, un examen des faits relatifs à la bataille de 1476 nous a montré qu'à travers la masse d'erreurs de Las Casas et de Don Fernando, la vérité de ce qu'ils tenaient évidemment de Colón lui-même était pleinement établie par des chroniqueurs contemporains inconnus de Las Casas et de Don Fernando, sur tous les points sauf la parenté de Casenove-Coullon avec la famille Colón. Cette parenté, du reste, bien que non prouvée, reste possible.

Ainsi, ayant par des méthodes entièrement indépendantes fait remonter Colombo jusqu'à Colom, par l'intermédiaire Colón, nous sommes en droit de nous demander si, après tout, l'obligation de fournir des preuves n'incombe pas, plutôt qu'à Colón qui affirme, à ceux qui nient qu'il y ait une parenté entre une famille catalane du nom de Colom et une famille de Français du Midi, les Casenove-Coullon, dont le premier nom, Casenove, est très évidemment étroitement apparenté aux Casanova et aux Casenove de Catalogne.

En outre, l'évidente parenté qui existe entre notre Colombo génois et les Colom juifs catalans s'accorde admirablement avec une autre des affirmations contestées de Colón, sa campagne pour le Roi René ; il est bien connu qu'un certain nombre de Colom de Catalogne combattirent pour le Roi René contre Jean II d'Aragón (le père du Roi Ferdinand) et que Casenove-Coullon lui-même, pirate-corsaire-amiral de Louis XI, allié du Roi René, prit également part à cette longue lutte. Les consuls de Barcelone envoyèrent une lettre circulaire aux autorités du port leur signalant le danger créé sur leurs côtes par la présence du corsaire Colom. Le corsaire en question était Casenove-Coullon, et la circulaire est datée d'octobre 1473. Par conséquent, bien qu'aucun document ne prouve d'une manière définitive que les deux Colón aient été réellement parents, la masse générale des témoignages historiques vient à chaque instant confirmer la véracité de Colón.

En outre, en même temps que nous sommes amenés par l'examen de faits tels que son changement de nom à confirmer ses déclarations et à tenir pour certain qu'il a servi en Méditerranée, nous nous apercevons que cette solution, si naturelle à bien des égards, lui fait passer son ardente et impatiente jeunesse au centre même des expéditions maritimes, et au printemps même de cet esprit d'aventure qui animait les navigateurs anxieux de « pénétrer les secrets du monde ». Bien que les Portugais puissent établir sur ce point la priorité du Prince Henri le Navigateur, nous sommes en mesure de prouver que la Catalogne et Mayorque sont les centres de découverte les plus anciens et les plus actifs, de par l'autorité du prince des géographes, Alexandre de Humboldt : « Nous ne devons pas oublier que les entreprises des marins catalans ont été pour l'Afrique occidentale ce que celles des marins scandinaves-normands ont été pour la partie septentrionale du Nouveau Monde. Elles ont précédé les découvertes du Prince Henri [de Portugal] et de la Reine Isabelle de Castille. L'île de Mayorque est devenue depuis le XIIIe siècle le cœur de la connaissance scientifique de l'art difficile de la navigation. Nous savons par le *Fenix de las Maravillas del Orbe* de Ramón Lull que les Mayorquins et les Catalans utilisaient des cartes de navigation *(cartas de marear)* bien avant 1286; que des instruments, sans doute rudimentaires, étaient fabriqués à Mayorque pour mesurer le temps et la hauteur du pôle à bord des navires. C'est de là que les connaissances, à l'origine empruntées aux Arabes, s'étendirent à l'ensemble de la Méditerranée. Les ordonnances royales d'Aragón prescrivaient en 1359 que chaque galère fût munie de *deux* cartes marines. Un navigateur catalan, Don Jayme Ferrer, était parvenu en août 1346 à l'embouchure du Rio-de-Oro, cinq degrés au sud de ce cap de No qui, selon le Prince Henri, avait été doublé pour la première fois par des navires portugais, en 1419. »

Telle était la tradition, tel était le milieu dans lesquels vécut Colón pendant son époque méditerranéenne. Il est désormais évident qu'il était marin et non tisserand ou cabaretier : c'est la conclusion harmonieuse d'un certain nombre de preuves convergentes. Voici un autre argument qui devrait être décisif :

Dans une lettre au Roi et à la Reine datée du 6 février 1502, qui est un remarquable témoignage d'expérience maritime et de cet esprit d'observation pour lequel Humboldt admirait Colón autant que quelques critiques contemporains, totalement dépourvus d'esprit scientifique, le méprisent, l'Amiral écrit ces lignes significatives : « En été et en hiver, ceux qui font la navette [*andan continuo*] entre Cádiz et Naples savent bien les vents qu'ils vont rencontrer sur la côte de la Catalogne et aussi quand ils traverseront le golfe de Narbonne ; ceux qui ont à aller de Cádiz à Naples, si c'est l'hiver, navigueront à vue du cap de Crésus en Catalogne pendant la traversée du golfe de Narbonne ; à cette époque de l'année, il y a là un vent très fort, et il est parfois meilleur pour les navires d'y obéir et de courir sous lui jusqu'en Berbérie. C'est pour cela qu'ils naviguent plus près du cap, pour pouvoir rester le plus longtemps possible à la bouline et atteindre le Pomégée de Marseille ou les îles d'Hyères, ensuite de quoi ils ne quittent plus jamais la côte jusqu'au terme de leur voyage. Si de Cádiz ils ont à aller à Naples pendant l'été, ils longent la côte de Berbérie jusqu'en Sardaigne, comme il a été dit, de l'autre côté du vent du nord. Pour ces navigations, il y a des hommes très connus qui se sont si bien consacrés à cette tâche qu'ils connaissent toutes ces routes et le genre de temps qu'on peut attendre suivant les époques de l'année. Ces hommes sont généralement connus sous le nom de *pilotes*, ce qui correspond à *guides* sur la terre : de même que les guides peuvent savoir comment conduire une armée d'ici à Fontarabie, mais ignorer comment l'emmener à Lisbonne, de même sur mer, il y a des pilotes pour les Flandres et d'autres pour le Levant, chacun pour le pays qu'il a le plus fréquenté. »

C'est là l'accent d'un vrai marin ; l'expérience est concrète et se réfère à la Méditerranée. Quand Colón aurait-il pu l'acquérir sinon au cours de cette jeunesse dont il parle avec tant de franchise ? Ses paroles sont vraies, et malgré ses critiques, le situent dans ce milieu catalan-méditerranéen vers lequel tant d'indices convergent.

Mais regardons d'un peu plus près, à présent, ce

milieu maritime catalan et mayorquin. Le chef de ce centre scientifique de géographes, dont la compétence était alors recherchée par les marins et les cosmographes du monde entier, avait été « Maître Jaime », c'est-à-dire Jehuda Cresques, membre éminent d'une famille juive qui avait donné un docteur au Roi d'Aragón. Mais le pogrome de 1391 le transforma en « Jaime Ribes »; il s'établit alors à Barcelone où il resta jusqu'en 1438, date à laquelle, alors qu'il avait déjà soixante ans, il fut invité par Henri le Navigateur à présider la célèbre Académie de Sagres, centre portugais d'études cosmographiques. Ce n'est du reste pas un cas isolé, car il est bien connu que le foyer de ces activités cosmographiques à Mayorque était essentiellement composé de juifs. Ce Maître Jacques incarne pour nous le centre culturel de Mayorque — typiquement juif —, les activités navales méditerranéennes-catalanes et le lien avec Lisbonne, traditions qui, malgré les pogromes de 1391 et de 1425, étaient restées vivantes jusqu'à l'époque de Colón, en ce qui concerne du moins le centre juif de Mayorque. Lorsque Cristóbal vint à Lisbonne, comme son jeune frère Bartolomé avant lui, il trouva donc des relations toutes prêtes, grâce à la fois à son métier et à sa race. Tous les biographes, espagnols comme Las Casas, italiens comme Gallo, nous disent que l'un et l'autre étaient habiles à dessiner des cartes; les deux frères trouvèrent à Lisbonne la tradition du premier directeur juif-mayorquin de l'Académie de Sagres, « Mestre Jacome, homme très habile dans l'art de la navigation, faiseur de cartes et d'instruments ».

Tel était donc le milieu où le jeune Colombo commença à ouvrir son âme aux secrets du monde. Et dans ce milieu de cosmographes juifs catalans, une carte, une carte célèbre avait été dressée vers 1374, où sur la mer indienne, on ne montre pas moins de sept mille cinq cent quarante-huit îles « riches en pierres et de métaux précieux ».

Plus tard, son fils Fernando, au sommet de la richesse

et de la gloire, devait écrire en conclusion d'un chapitre sur le mystère de Colón et sur ce qu'il appelle « l'affaire occulte » du nom de famille, les lignes suivantes, qui sont significatives : « Terminons ce chapitre en citant ce qu'écrivait [l'Amiral] dans une lettre à l'Aya du Prince Don Juan : « Je ne suis pas le premier Amiral de la famille. Mais qu'on me donne le nom qu'on veut, car, après tout, David, Roi très sage, garda des brebis avant d'être Roi de Jérusalem, et je suis le serviteur de ce même Seigneur qui éleva David à cet état. »

DEUXIÈME PARTIE

CHRISTOVÃO COLOMBO ÉTUDIANT AU PORTUGAL

CHAPITRE VII

L'ÉPREUVE DE L'EAU ET DU FEU

Le 13 août 1476, Christoforo Colombo, qui venait d'avoir vingt-cinq ans, fut bien près de mourir. Il en fut si près qu'il put dire plus tard que ce jour-là, il était re-né. D'après ce que nous savons de son âme ardente et hautement religieuse, nous ne risquons rien à supposer qu'il dut entendre ce jour-là la Voix qui des années plus tard devait parfois le rappeler à son devoir ou réveiller par une semonce sérieuse ses espoirs mourants. L'imagination encore embrasée par l'ensorcellement des navires en feu et les scènes sanglantes du combat, agitée par le grondement et le roulement des canons et des mousquets, Christoforo nageait vers la côte, luttant contre les vagues et reposant de temps à autre son corps fatigué sur un aviron flottant : c'est alors qu'il devait entendre la Voix terrible et exaltante qui lui disait : *Qu'as-tu fait de ta jeunesse ? Crois-tu que c'est pour cela que je t'ai libéré des sombres métiers du Vico dell'Olivella, ou du cabaret de Savone, pour que tu erres sur les mers en faisant le pirate, pour que tu dépouilles d'innocents marchands simplement parce que c'est le bon plaisir du Roi de France ou du Roi de Portugal ? T'ai-je donné cette grande habileté dans l'art de la navigation et ce don de la main et de l'esprit à représenter le monde avec ses terres et ses mers, et cette compréhension de la cosmographie et de l'astrologie pour que tu les gaspilles dans une vie pareille à toutes les autres ? Qu'attends-tu pour te porter à la pointe de toi-même ? Qu'attends-tu pour voir jusqu'où tu peux t'élever, plus haut peut-être que les tours et les phares où ton père a veillé ? Debout, Christoforo, debout et sers-Moi.* Et le jeune Christoforo devait alors se remettre à nager avec des forces neuves. Il réussit finalement à atteindre le rivage, et là, épuisé, mais l'âme encore vaillante, il dut se mettre à genoux, lever les yeux vers le beau ciel bleu où le soleil ne devait pas être loin de se coucher, et promettre de servir le Seigneur.

Car il était évidemment né avec cette soif intérieure de hautes entreprises qui est la marque des grandes âmes. Il est impossible de lire ses lettres, où il ouvre son cœur au Roi et à la Reine sans sentir cette vaste simplicité que nous appelons grandeur. Vingt-cinq ans, quand on a une âme grande, c'est un bon âge pour renaître, pour échapper d'un rien à l'abîme de la mort. La jeunesse est derrière soi ; l'âge mûr est proche. L'inventaire des années échevelées et des premiers profits de l'expérience se fait tout naturellement. Si à ce moment l'être tout entier doit traverser une épreuve mortelle, bien insensible doit être l'homme qui ne se sent point secoué jusqu'à ses fondements mêmes. Christoforo Colombo ne manquait pas de sensibilité. Il était dur comme l'acier et ardent comme la flamme. Nous pouvons être sûrs de rester dans les limites de la vérité psychologique si nous disons que le 13 août de sa vingt-cinquième année, Christoforo Colombo renaquit.

Pour un homme qui a soif de hautes entreprises, quel meilleur pays que le Portugal de 1476 ? Pourquoi le Portugal ? Regardez la carte et effacez l'Amérique, le continent qui à cette époque *n'existait pas*. Le Portugal était le bout du monde, la fin de la Terre, la fenêtre ouverte sur l'inconnu. Voilà la première raison. L'inconnu qui demande à être connu, qui réclame un homme pour le sauver de l'enfer du néant, pour l'ouvrir à la lumière de la raison et de la conscience humaine. Le profond appel de ce membre oublié de la vie au Tout de la vie, le Portugal y était plus sensible que n'importe quel autre pays, parce qu'il lui arrivait plus directement et que le contraste était pour lui plus violent entre la voix de l'Inconnu profond et la plénitude de la Terre connue qui le regardait, et qui chaque soir voyait le soleil se coucher sur un horizon encore fermé à l'homme.

Lorsque des peintres, des poètes, des marins portugais regardaient le coucher du soleil, les rayons de leur regard rêveur ne rencontraient pas l'Italie comme ceux des Grecs, ni l'Espagne comme ceux des Italiens, mais le néant, l'infini, la mer, la mer encore et toujours la mer ; et tous ces rêves s'enfonçaient dans l'âme du Portugal et peu à peu s'y transformaient en une volonté d'action.

Certes, il y avait le commerce des épices et tout cela. N'avons-nous pas appris que la chute de Constantinople entre les mains du Grand Turc avait fermé les voies habituelles de ce commerce, et par contrecoup déclenché la série des tentatives destinées à ouvrir une route nouvelle, contournant le continent africain ? Il ne fait pas de doute qu'il y a du vrai dans ce point de vue, mais cela n'explique pas que, bien que Constantinople soit tombée en 1453, les Portugais se soient dès 1419 aventurés dans l'inconnu, découvrant Madère, que dès 1434, Gil Eanès ait doublé le terrible cap Bojador tandis qu'Alfonso Gonçalvès Baldaïa atteignait le Tropique du Cancer, la limite de cette zone torride dont l'habitabilité et les autres caractères étaient une des énigmes qui embarrassaient les cosmographes médiévaux. Il est facile à présent de sourire, mais quand, du consentement de tous, la vie humaine était impossible dans cette zone, le simple projet « d'aller y voir » témoigne d'un courage peu commun, et ce n'est pas la prise de Constantinople qui vient donner du piquant à l'entreprise ! Et en 1445 encore, sans attendre la chute de Constantinople, ni penser le moins du monde à favoriser le commerce des épices, Dinis Dias longea les côtes du Sénégal et atteignit le Cap-Vert, au grand étonnement des indigènes, qui se demandaient si son bateau était un poisson, un oiseau ou un spectre.

L'animateur de cette quête était le Prince Henri le Navigateur. C'était le troisième fils du Roi Jean Ier et de Philippa de Lancaster. Sur son lit de mort, la Reine Philippa avait fait présent d'une épée à chacun de ses trois fils qui partaient pour le siège de Ceuta. A Don

Duarte, le futur Roi, elle confia la défense de ses peuples ; au Prince Don Pedro, celle des femmes et des filles ; puis elle se tourna vers son troisième fils, son préféré, et parla ainsi :

« Vous avez vu comment j'ai distribué les autres épées à vos frères : cette troisième, je vous en fais don, car elle aura la force que vous-même vous aurez. Et comme j'ai confié les peuples à l'un de vos frères et les femmes et les filles à l'autre, à vous je veux vous confier tous les seigneurs, les preux chevaliers et les écuyers de ces royaumes, desquels je vous recommande d'avoir un soin tout particulier. (...) Et je vous donne cette épée avec ma bénédiction, avec quoi je vous prie et recommande de devenir un chevalier. »

Il devint effectivement un chevalier, mais un chevalier de la mer. Les Maures étaient vaincus, et bien que le combat se poursuivît en Afrique et que lui-même combattît à Ceuta, ces seigneurs et ces chevaliers que sa mère lui avait confiés avaient besoin d'autres champs d'activité. Il créa la Chevalerie de la mer.

Ce prince quelque peu taciturne, profonde et sombre rivière coulant entre des rives escarpées et rébarbatives, chercha un emplacement en harmonie avec son âme fière et solitaire, mais énergique, pour fonder sa célèbre académie de navigation : ce fut le Roc de Sagres, proue de terre s'enfonçant vers l'Inconnu profond de toute sa puissance granitique, près de ce cap Saint-Vincent où Colón devait aborder presque miraculeusement trente-huit ans plus tard. Dédaigneux de l'économie politique, il n'attendit pas non plus la chute de Constantinople : son centre nautique fut fondé en 1438. Quel était son but? Diego Gomès prétend qu'il était double : la route des Indes en longeant le continent africain ; l'exploration de l'Ouest, à la recherche d'îles ou de *terra firma*, selon les données de Ptolémée. Pourquoi tant de précision? Son but, le connaissait-il? Avons-nous un but dans la vie, ou ne sommes-nous pas, plutôt qu'attirés par une tentation extérieure, poussés par un esprit intérieur incarnant une force qui est « dans l'air » de l'époque et qui attend un être vivant pour s'introduire dans l'histoire? Le Prince Henri venait incarner le destin du

Portugal à cette époque-là, qui devait satisfaire la soif de connaissance de l'Inconnu profond, le regardant du balcon qu'était le Portugal.

Lisbonne prenait alors de plus en plus d'importance au fur et à mesure du développement des ports du Nord de l'Europe, car c'était une escale accueillante sur la route de la Méditerranée vers l'Angleterre, les Flandres et les ports hanséatiques. Il ne fait pas de doute qu'elle était alors, comme à présent, l'une des villes les plus attirantes de l'Europe, bien qu'elle n'eût pas encore importé de ses nouvelles possessions les palmiers qui ajoutent maintenant à son charme un langoureux sentiment de loisir.

Elle était noblement construite à la mode de l'époque, de pierre et de brique en alliance harmonieuse, heureuse sous le soleil couleur de miel qui inondait ses façades de deux, trois et même quatre étages, et posait de larges morceaux de splendeur jaune sur ses rues bien pavées. Étroites sans doute pour nous, mais assez larges pour les besoins de la circulation de l'époque, les rues affairées de Lisbonne offraient ample passage à la rapide monture du chevalier ou du voyageur, à la voiture à bœufs du paysan et du roulier, et aux quelques chaises à porteurs des puissants. Une ville aux odeurs de port de mer, où les bouches froides et sombres des boutiques, des magasins et des bodegas exhalaient leur haleine dans l'air chargé de sel sentant tantôt le vin en cercles, tantôt le poisson salé, le goudron, le suif, le mastic, le musc ou la cinnamone, sans parler de l'odeur animale de la mule, de l'âne, du bœuf et du cheval, parqués comme nous faisons aujourd'hui de nos voitures, juste à côté devant la porte, ou de celle, même, du Maure, du chrétien et du juif, cohabitant dans cette ville cosmopolite où les Orientaux et les Occidentaux, les Méditerranéens et les Atlantiques se rencontrent. Une ville de science aussi. Une génération plus tard, on ne comptait pas moins de cinquante-quatre libraires patentés, et dans leurs boutiques se trouvaient des livres dans toutes les langues latines, présentes et anciennes ; en 1476, c'était déjà un important centre de culture, et particulièrement dans les arts où Colón était le plus avide de s'instruire, la cosmographie et l'astronomie.

C'est probablement dans l'une de ces librairies qu'il trouva son frère Bartholomeo, une librairie où l'on devait certainement trouver des astrolabes et des compas, des *ampolletas*, comme on appelait alors en espagnol les sabliers, avec un diminutif catalan caractéristique. De nombreuses preuves montrent que Bartholomeo avait eu plus de loisir que son aîné d'étudier l'art de la navigation sous son aspect théorique. « A en juger par les livres et les cartes marines annotés et commentés d'une écriture qui doit être la sienne ou celle de l'Amiral, dit Las Casas, je crois qu'il était si habile dans cet art que l'Amiral ne lui était guère supérieur... Il avait une très belle écriture, bien plus belle que celle de l'Amiral, car je possède des manuscrits de l'un et de l'autre. » Ce qui supposerait qu'il avait passé plus de temps devant une table. Comme au moment où Christoforo arrivait à Lisbonne en 1476, Bartholomeo n'avait pas encore vingt ans, il est probable que le jeune garçon, bien qu'il eût quelque expérience de la mer, devait alors faire ses études, peut-être en gagnant sa vie, grâce peut-être à ces attaches juives traditionnelles que nous avons notées entre Mayorque, Barcelone, Gênes et Lisbonne. Et comme il est bien connu que Christoforo se consacra au métier de dessinateur de cartes et de libraire pendant son séjour à Lisbonne, nous pouvons présumer que c'était là le savant métier qui avait accueilli le jeune Bartholomeo.

La cosmographie, l'établissement des cartes, l'astronomie étaient alors, nous le savons, des occupations sinon exclusivement, du moins principalement juives. Une plus grande liberté de pensée, plus d'aptitudes naturelles à apprendre les langues orientales, le contrôle des routes et des caravanes, et des rapports venus de villes lointaines, dont ils avaient besoin pour leurs activités commerciales et qu'ils obtenaient grâce à l'universalité de leur race, c'était autant de circonstances favorables à la poursuite de la noble tâche qui venait rapidement en ce temps-là au tout premier rang : l'étude des dimensions et de la forme véritables de la Terre et du ciel. Il y avait toujours eu à Lisbonne une nombreuse colonie juive riche et active. Son prestige à la fois social et intellectuel avait été accru par la forte proportion de maîtres cosmographes juifs que comptaient les hommes de science réunis à Sagres par le Prince Henri. Au moment où Colón arriva à Lisbonne, le chef de ces savants juifs était Mestre Joseph Vizinho, médecin du Roi, élève du célèbre astronome juif espagnol Abraham Zacuto.

Le jeune corsaire que le Seigneur avait mis à l'épreuve du feu et de l'eau, impatient de prendre du service, tomba au milieu d'une ville palpitant de la fièvre de la découverte. L'enthousiasme du Prince Henri ne s'était absolument pas relâché. En fait, il avait triomphé de l'opposition par sa foi intraitable. Son projet — probablement trop élevé pour des capitaines de second ordre — s'était d'abord heurté à l'indifférence de ses compatriotes. Il persista, dit le vieux Barros, « contre l'opinion de beaucoup ; bien qu'on n'eût trouvé aucun signe qui satisfît ceux qui tenaient cette affaire pour infructueuse et très dangereuse pour tous ceux qui s'aventuraient, pour la raison exprimée dans le proverbe bien connu des gens de mer : *Qui double le cap No court grand risque de ne pas revenir*. Et la crainte de ce passage [au-delà du cap Nâo] était si profondément ancrée dans le cœur de chacun, car ils avaient hérité cette opinion de leurs ancêtres, que le Prince Henri eut toutes les peines du monde à trouver des hommes prêts à servir sous ses ordres, bien que la découverte de l'île de Madère eût donné quelque cœur aux marins. Car beaucoup disaient : comment est-il possible de passer un cap que les navigateurs de l'Espagne ont fixé comme terminus et fin de toute navigation dans cette partie du monde, sachant bien que la mer n'était pas navigable au-delà, non seulement à cause des courants violents, mais aussi parce qu'elle était agitée par un bouillonnement si fort qu'elle avalait tous les navires. (…) Nous ignorons quels résultats il attend de sa découverte sinon la perte de ceux qui monteront les navires, laissant de nombreux orphelins et veuves dans le royaume. (…) Car il y a toujours eu des Rois et des Princes en Espagne impatients d'accomplir de grandes choses (…) et nous ne voyons pas ni ne lisons dans les chroniques qu'ils aient ordonné de découvrir cette terre, bien qu'elle fût toute proche ».

Tout cela était bien fini. A présent, le Portugal était devenu un pays d'explorateurs de la mer. Des concessions étaient accordées par la couronne pour visiter et conquérir toute île isolée ou cap rebutant se trouvant sur le chemin d'un vaisseau portugais : Jao Vogado en 1462, le Prince Ferdinand en 1451, 1462, 1473, Rui Gonçalvès da Camara en 1473, en 1474, Fernão Tellès reçoivent une concession pour « toute île ou terre non peuplée », et en novembre 1475, la concession est étendue aux îles et terres déjà habitées. On accordait presque sans arrêt des concessions nouvelles à l'époque où Colón arriva au Portugal et cela continua pendant son séjour.

Quelle allait donc être son œuvre? L'idée doit lui en être venue aussitôt, car si le port, la rue des Marchands et la Cour ne pensaient qu'à cela, quels pouvaient être les sujets de conversations des cosmographes, chrétiens, maures et juifs, qu'il avait, nous dit-il, coutume de fréquenter, poussé par son esprit curieux? De quelles oreilles avides ces cosmographes et ces dessinateurs de cartes devaient-ils écouter les histoires des capitaines et des pilotes, qui leur parlaient de la nouvelle côte qu'ils avaient vue et arpentée, de l'île dont on ne soupçonnait pas l'existence, du grand fleuve, des pistes des caravanes, probablement de la mesure d'une distance concrète sur la carte, de la correction à faire au profil de telle ou telle côte. Était-ce donc là ce qui allait être son œuvre, et était-ce pour cela qu'il était sorti du vaisseau corsaire comme Jonas du ventre de la baleine?

Et naturellement, il y avait de l'argent à gagner. Le Prince Henri, qui était le maître de l'ordre du Christ, avait lancé cette vague de découvertes comme une croisade de la mer, « de manière, dit Barros, que son nom reste parmi les hommes comme celui du premier conquérant et découvreur des nations idolâtres ». Mais comme Constantinople était tombée en 1453, fermant complètement la route des épices, qui n'était pas de tout repos depuis que Saladin avait conquis l'Egypte en 1171, les chrétiens étaient à présent en droit d'assaisonner le vin de la gloire et le pain de la vertu de l'épice du profit. Sur l'eau de ses épaules, le vieux et large Tage transportait des galères ventrues, de plus en plus fières à mesure que la longueur de leurs croisières leur donnait plus de prestige aux yeux des joyeux hommes de mer et des studieux cartographes. A Lisbonne, tout le monde pensait à la Guinée, aux mers chaudes, aux Noirs et aux perroquets, aux terres du Prêtre Jean. Les histoires des voyageurs, les livres sacrés, les cartes et les documents, les histoires de bonnes femmes, toutes les formes de la connaissance apportaient leur part aux discussions, aux croyances, aux projets, aux espoirs dont bourdonnaient les rues et les quais de Lisbonne, sous l'accompagnement des marteaux et des scies qui, dans les chantiers navals de Ribeira Nova, dressaient les squelettes de bois des imposants galions et des élégantes caravelles des futurs découvreurs.

Il y avait trois tendances prédominantes : la tendance biblique ; la tendance scientifique ; et celle que, de nos jours, nous appellerions touristique, c'est-à-dire les histoires de voyageurs comme le juif Benjamin de Tudela, le chevalier Tafur, cet extraordinaire moulin à paroles qu'était John de Mandeville, et le plus célèbre de tous, Marco Polo. La vie emportait toutes ces tendances dans un mélange inextricable, de sorte qu'il est presque toujours impossible de les débrouiller à l'intérieur d'un même cerveau. Voici un exemple amusant. Le Cardinal Filliastre ou Philastre occupe une très haute place dans l'histoire du progrès géographique parce qu'il fut le premier à utiliser la division du degré en minutes et en secondes et non plus en fractions arithmétiques, ce qui fit faire un considérable pas en avant à la géodésie. Il possède en outre un autre titre à la considération scientifique, qui a un rapport plus étroit avec la découverte de Colón : dans un atlas de trente-six cartes qu'il prépare en 1427, il inclut une carte du Groenland dressée par un cartographe gallois, Claudius Cymbricus, et une note signalant qu'« il se trouve vers l'île de Thulé [l'Islande] qui en est à l'est. Ainsi cette carte comprend-elle toute la région septentrionale qui est encore inconnue. Ptolémée ne fait pas mention de ce pays et on pense qu'il ne le connaissait pas ». Cette note scientifique s'orne de détails supplémentaires : « Dans ces pays septentrionaux, on trouve diverses nations, entre autres des Unipèdes et des Pygmées. Quant aux Griffins, ils sont à l'Orient, comme on peut le voir sur la carte. »

Voilà un bel exemple de l'esprit scientifique de cette époque. Autour d'un noyau d'observation directe, un cercle d'autorité classique et biblique ; au-delà, une aura de ouï-dire, et plus loin encore, un monde imaginaire. Les marins et les marchands qui se pressaient sur les quais de Lisbonne feuilletaient les livres dans les boutiques, se rassemblaient en essaims dans les antichambres des princes royaux et des financiers juifs, puis s'embarquaient vers l'Inconnu profond, laissant sur leur passage une traînée de soupirs, et s'en revenaient finalement l'oreille basse, abattus par la défaite, ou bien dans l'orgueil et la splendeur de leurs découvertes et de leurs conquêtes, ajoutant légendes et faits à ce monde de spéculation.

La Terre était-elle tout entière habitable ? Les mers du sud bouillonnaient-elles ? Y avait-il des hommes avec un seul œil, un seul pied, une queue ? Y avait-il une île gouvernée par les femmes (je veux dire ouvertement) ? Quel était le rapport des mers et des terres sur le globe ? Quelle était l'exacte distance terrestre entre les côtes occidentales de l'Europe et les côtes orientales de l'Asie ? Quelle était la circonférence de l'équateur ? Et par conséquent, quelle était la distance entre l'Europe et l'Asie par l'Atlantique ?

Telles étaient les questions qui occupaient ce monde animé. En 1470, Alfonso V, Roi de Portugal, avait confié à son fils et héritier Jean, le futur Jean II, la charge des expéditions et des découvertes ; en fait, il en avait fait le premier Ministre de la Marine et Secrétaire d'État aux Colonies du Roi. On reconnaît aussitôt la main du jeune Prince dans les deux concessions accordées à Fernão Tellès ; dans les réglementations du commerce maritime et dans la loi du 4 novembre pour favoriser la construction des navires. Le Prince Jean ne pouvait manquer de remarquer le tumulte d'idées dans lequel vivaient alors ses compatriotes hommes de mer.

Une question occupait par-dessus tout l'esprit des chefs : l'est ou l'ouest ?

Les grands navigateurs portugais fidèles à la tradition du Prince Henri progressaient bon an mal an, le long de la côte africaine, la *Guiné* comme ils l'appelaient, dans l'espoir de passer le cap, ce qu'ils firent, et d'atteindre la Terre des rêves et des épices, l'Inde. Mais, puisque la terre était ronde, pourquoi pas l'ouest ? On signala au Prince qu'un chanoine de Lisbonne, un certain Fernão Martins, ou Fernão de Roritz, avait discuté la question avec un mathématicien et physicien bien connu de Florence, Paolo del Pozzo Toscanelli. Il convoqua le chanoine et apprit de lui que Toscanelli tenait la voie de l'ouest pour parfaitement possible et certainement plus courte et plus accessible que le passage de l'est. Le Prince Jean lui ordonna d'écrire à Toscanelli et de lui demander une réponse précise sur ce point.

Le 25 juin 1474, Toscanelli répondit au chanoine portugais, lui envoyant une carte « dessinée de mes propres mains grâce à laquelle vous pouvez entreprendre le voyage vers l'ouest, [et indiquant] les lieux que vous devez atteindre et à quelle distance du pôle et de la ligne équinoxiale vous devez tourner, et combien de lieues vous aurez à faire pour atteindre ces régions, les plus fertiles en toutes sortes d'épices, de joyaux et de pierres précieuses ; ne croyez point merveilleux que j'appelle Ouest la terre des épices, alors qu'on prétend généralement que les épices viennent de l'Est, car tous ceux qui navigueront vers l'ouest dans l'hémisphère le plus bas trouveront toujours lesdits chemins vers l'ouest, et tous ceux qui navigueront vers l'est par voie de terre dans l'hémisphère le plus haut trouveront toujours la même terre à l'est ».

Toscanelli était un bon physicien et un bon mathématicien, mais il ne s'était lancé dans la cosmographie que sur le tard, sous la pression de difficultés financières, et pris pour les épices, dont sa famille avait longtemps fait le commerce, d'un intérêt probablement peu scientifique. Cette lettre et cette carte ne pouvaient guère impressionner les Portugais. Le plan du cosmographe amateur florentin reposait sur un certain nombre d'idées dont les cosmographes scientifiques et les capitaines avertis qui entouraient le Prince Jean pouvaient dire : « Ce qui est bon n'est pas nouveau ; ce qui est nouveau n'est pas bon », à savoir :

1° *La Terre est ronde :* tout le monde le savait à cette époque.

2° *Le continent connu de Lisbonne à la côte indienne*, PAR VOIE DE TERRE, *c'est-à-dire* VERS L'EST, *couvre 230 degrés de la circonférence de la Terre*. On savait à Lisbonne que c'était là une erreur du vieux géographe Marin de Tyr, erreur corrigée par Ptolémée. Toscanelli n'avait pas tenu compte de la correction de Ptolémée et avait aggravé l'erreur en portant l'estimation de Marin de 220 à 230 degrés.

3° *Il ne reste par conséquent que 130 degrés de mer à traverser pour atteindre les Indes en naviguant en plein ouest*. Cela n'était pas vrai puisque la conclusion précédente était fausse. La distance en degrés était supérieure, bien que les opinions variassent lorsqu'il s'agissait de savoir de combien.

4° *La longueur d'un degré étant d'environ 62 1/2 milles, la distance totale d'une côte à l'autre n'était que de 62 1/2 × 130 = 8 125 milles*. Sur ce point, les Portugais pouvaient se permettre de sourire, puisque la plupart d'entre eux tenaient 62 1/2 milles pour un chiffre trop faible et qu'ils inclinaient à penser que le degré avait au moins 70 milles de long.

5° *Du Cap-Vert à la côte de l'Asie, la distance est d'environ un tiers de sphère*, soit 116 degrés.

6° *En outre, on rencontrera en route Antilia, dont la distance de Cipango est de dix « espaces », c'est-à-dire 50 degrés*.

C'était le seul point qui pût donner à réfléchir aux Portugais. Antilia ! Cipango ! Qu'en savaient-ils ?

Sur Antilia, peu qu'ils pussent tenir pour sérieux. Cette île fantôme paraissait s'élever dans l'imagination des hommes à l'appel de trois causes entièrement différentes : la tradition du continent perdu que Platon décrit sous le nom d'Atlantide, qui s'est facilement transformé en Antilia sous l'effet du temps ; l'illusion d'optique, ou peut-être l'obsession psychologique des habitants de Madère et des Canaries occidentales, qui dans certaines conditions atmosphériques apercevaient une terre à l'ouest sur l'horizon ; et une vieille tradition opiniâtrement maintenue en Espagne et au Portugal, selon laquelle, lors de l'invasion maure du VIIIe siècle, une émigration massive de chrétiens espagnols avait eu lieu sous la direction de sept évêques en direction de l'île des Sept Villes. Antilia, le nom lui-même paraissait une évocation venue des profondeurs de l'esprit rêvant au coucher du soleil. Il doit y avoir une île en face : Anti-Ile, Anti-Ilha, Antilia.

Mais les cosmographes du Roi Jean n'étaient pas des rêveurs, et comme escale sur la route des Indes, ils ne considéraient pas que cette Antilia des Sept Villes pût leur être d'un grand secours. Cipango, c'était une autre question, car l'on savait que c'était effectivement une partie de cette dure planète, tout au moins depuis que Marco Polo avait non seulement célébré ses richesses, mais l'avait aussi située, pour ainsi dire, sur la carte en donnant la distance qui la séparait du continent indien [asiatique] : quinze cents milles. Ce nom était le seul renseignement valable que le Prince et ses conseillers, impatients de découvrir une voie d'accès rapide vers les Indes, trouvaient dans la lettre par ailleurs décevante du Florentin.

Cependant, bien qu'elle ne fût pas d'une grande utilité pour la solution du problème du jour — la route des Indes — la lettre de Toscanelli laissa au moins des traces dans l'esprit de certains des conseillers. Ces « Sept Villes » ! Quelle allure cela avait ! Mestre Joseph Vizinho et Mestre Rodrigo, les deux docteurs juifs, avaient beau avoir un sourire incrédule, et si, après tout, elles existaient ? Ce Toscanelli ne connaissait-il pas autant de mathématiques que les deux juifs ? Des cartes bien connues comme celles de Bécario ou d'Andréa Bianco donnaient effectivement Antilia pour réelle.

Ainsi, le 20 novembre 1475, Fernão Tellès, gouverneur et principal serviteur de la bien-aimée fille du Roi, qui quelques mois plus tôt (28 janvier 1474) avait obtenu une concession pour découvrir et annexer toutes les îles non peuplées, « pourvu qu'elles ne fussent pas dans la région de la Guinée » (c'est-à-dire pourvu qu'elles fussent vers l'ouest), ayant libre accès à ce qui se passait dans les murs discrets du palais, réussit à obtenir un élargissement de sa concession qui montre avec évidence l'influence de la lettre de Toscanelli, à tout le moins sur lui : « Attendu que dans ladite lettre [la première concession] il est question d'îles non peuplées, et que ledit Fernão Tellès peut ordonner de les peupler (...), et qu'il se peut très bien que dans la recherche de ces îles, ses vaisseaux ou ses hommes trouvent les Sept Villes ou les îles peuplées jusqu'à présent ignorées (...), je déclare par cette lettre (...) que c'est mon bon plaisir qu'il ait les mêmes droits et prérogatives sur leurs habitants (...) que sur ceux des autres îles. »

Ayant ainsi accordé à un gentilhomme portugais un royaume imaginaire sur les Sept Villes, la lettre et la carte de Toscanelli, qui ne fournissaient pas le plan souhaité sur la manière d'atteindre l'est par l'ouest, furent proprement mises au rancart et oubliées.

Mais pas au point cependant d'échapper aux regards de Colombo.

CHAPITRE VIII

L'APPEL DE LA MER OCCIDENTALE

Avec l'arrivée du jeune Colón au Portugal en 1476, au pied même de ce Roc de Sagres où le Prince Henri avait perché son nid d'oiseaux de mer, nous assistons, pour employer une pittoresque expression espagnole, à la rencontre de la Faim et de l'Appétit. La « faim » qu'avait Colón de hautes entreprises rencontre l'« appétit » de découvertes qu'avait ce pays. Barros devait plus tard dire de lui que c'était un homme « habile, éloquent et un bon latiniste, très glorieux dans ses affaires ». Il est donc permis de supposer, comme nous avons pu le faire d'après d'autres indices, qu'en 1476, à vingt-cinq ans, Colón avait déjà une bonne connaissance du latin, et que par conséquent, assoiffé comme il était de savoir et de lecture, il avait lu plus d'un classique. Il y a de bonnes raisons de penser que, soit avant son arrivée au Portugal, soit peu de temps après, mais de toute façon dans l'année 1476, il avait lu la *Médée* de Sénèque, et que son esprit, déjà plein de son étoile, avait découvert le monde de ses rêves dans quelques vers de cette tragédie du poète hispano-latin, car il ne tarda pas à agir selon eux. A l'acte II de cette sombre tragédie, on trouve le passage suivant :

venient annis
Saecula seris quibus oceanis
Vincula rerum laxet : et ingens
Pateat tellus : Tiphysque novos
Detegat orbes : nec sit terris
Ultima Thyle.

Bien qu'un peu libre et explicative, la traduction de Colón, que l'on trouve dans son livre des prophéties, est exacte :

« Il viendra un temps dans les longues années du monde où la mer océane relâchera les liens qui retiennent ensemble les choses et une grande partie de la terre s'ouvrira et un nouveau marin comme celui qui fut le guide de Jason, et dont le nom était Typhis, découvrira un nouveau monde, et alors Thulé ne sera plus la dernière des terres. »

Ce passage du poète hispano-romain le frappa fortement. Le sens prophétique, une certaine tendance à trouver une allusion à l'avenir dans tout ce qu'il lisait, c'était là l'un de ses traits essentiels. Devons-nous nous étonner par conséquent qu'en février 1477, Colón soit allé à Thulé, et même à quelques centaines de lieues au-delà de « la dernière des terres » ? Tout ce que nous connaissons de son caractère donne à penser que Colón est allé là-bas déjà possédé de cette foi intérieure en sa destinée qui était la véritable source de sa force indomptable. Pourquoi Thulé ? Ce voyage, sur d'autres bases, est tellement absurde que la plupart de ses prosaïques biographes nient purement et simplement qu'il ait eu lieu. Et pourtant c'est Colón lui-même qui déclare être allé là-bas. « Dans quelques notes qu'il a faites, dit Las Casas, pour montrer que les cinq zones étaient habitables, établissant le fait sur son expérience de la navigation, il écrit : "Au mois de février 1477, j'ai navigué à cent lieues au-delà de l'île de Tilé, et sa partie méridionale est à 73 degrés au nord de l'équinoxiale et non pas à 63 degrés comme disent quelques-uns ; elle ne se trouve pas à l'intérieur de la ligne qui délimite l'Occident comme le prétend Ptolémée, mais beaucoup plus à l'ouest, et dans cette île, qui est grande comme l'Angleterre, les Anglais viennent avec des marchandises, particulièrement ceux de Bristol ; à l'époque où j'y suis allé, la mer n'était pas gelée, bien qu'il y eût de grandes marées, si fortes que dans certains endroits, il y avait une différence de 25 brasses deux fois par jour." »

Les erreurs géographiques de ce texte, loin de militer contre la véracité de Colón, parlent en sa faveur, car si, comme le prétendent certains de ses critiques modernes, il s'était vanté de cette visite sur la foi d'une simple consultation de cartes marines ou de cartes géographiques, il faudrait lui retirer l'intelligence aussi bien que l'honnêteté, puisqu'il se serait aventuré à corriger d'après ses études au Portugal des chiffres admis par les géographes et inscrits sur les cartes. L'objection est puérile. Il est bel et bien allé là-bas. La preuve en est qu'il s'est risqué à corriger ce que d'autres avaient dit avant lui sur ce sujet, et il importe peu pour l'argumentation qu'il ait eu ou non la compétence nécessaire pour le faire.

Il est allé là-bas parce que c'était encore — pas pour longtemps — l'Ultima Thulé et parce qu'il sentait que le temps était venu où elle allait cesser de l'être. Il y est allé pour voir par lui-même comment était Thulé, et il est même allé cent lieues plus loin. On peut prouver que lors de ce voyage, il était déjà « possédé », curieusement, en s'appuyant à nouveau sur ses erreurs. Une note de sa main dans l'*Histoire* du Pape Pie II dit ceci : « Des hommes sont venus du Cathai en prenant vers l'est. Nous avons vu plus d'une chose remarquable [de cet ordre], et particulièrement à Galway, en Irlande, deux personnes accrochées à deux épaves, un homme et une femme, une superbe créature. » Il est bien évident que l'arrivée de ces naufragés chinois à Galway était à cette époque absolument impossible. La combinaison de circonstances qu'il a fallu pour donner lieu à cette méprise de Colón est cependant facile à imaginer. N'importe quel navire nordique naufragé — ayant à bord des personnes au faciès finlandais ou lapon, pommettes saillantes et aspect non européen — pouvait suffire, par l'intermédiaire de quelques malentendus entre un latin irlandais-anglais-gaélique et un latin génois-espagnol-juif-portugais, avec l'aide possible d'une gesticulation irlandaise, à induire le très imaginatif Colón à voir ce Cathai qui l'obsédait dans les étrangers sauvés des vagues. Mais le point important est que Colón prouve par cette erreur non seulement qu'il est allé dans le nord en 1477, mais aussi qu'en 1477, il remâchait déjà son projet d'atteindre le Cathai par l'ouest.

C'est malheureusement là tout ce que nous savons du voyage en Islande. Mais bien que cela n'apporte que peu de lumière sur ses déplacements réels, cela aide à définir l'histoire de ses pensées. Nous savons qu'à présent les années de corsaire et peut-être de commerçant sont maintenant terminées pour Colón, et qu'il se consacre désormais au grand problème du jour. Il importe peu qu'en 1479, si le document « Assereto » est authentique, il ait été envoyé à Madère acheter du sucre par un Génois de Lisbonne appelé di Negro. Aucune personne de bon sens n'ira imaginer que du fait que Colón s'est passionnément intéressé à la quête vers l'ouest en 1476-1477, il en a pour autant cessé de manger et de dormir ou de payer sa nourriture et son logement. Le document Assereto est peut-être authentique ; nous avons vu que l'une des déclarations qu'il attribue à Colón est singulièrement en conformité avec le caractère du découvreur. S'il est authentique, tout ce qu'il prouve est que Colón cherchait à gagner de l'argent, ce qui était parfaitement son droit. Mais il n'est dit nulle part que Colón était à Gênes en avril 1479, et quand il déclare qu'il est allé acheter du sucre pour di Negro, « Génois de Lisbonne », cela n'a guère plus d'importance, sauf que *Negro* était le nom d'un très puissant financier juif de Lisbonne qui peut ou non avoir eu quelque relation avec le di Negro du document Assereto.

Cependant la lettre et la carte de Toscanelli étaient au rancart dans la bibliothèque du Roi, et bien que nous ne soyons pas certains que Colón les ait eues sous les yeux, il est raisonnable de supposer que par une convergence d'intérêts mutuels, sans parler des liens raciaux, Vizinho et Rodrigo, les docteurs du Roi et les gardiens de sa conscience astronomique, ont dû à une époque ou à une autre, intentionnellement ou non, en les montrant effectivement ou en y faisant simplement allusion, en signaler l'existence au jeune marin impatient et rongé par la fièvre de la découverte. De toute façon, dès le milieu de l'année 1477, Colón est de retour à Lisbonne, et nous allons le voir monter peu à peu la pente de sa haute destinée, à l'intérieur, par l'éducation de son esprit et le développement de ses connaissances par des voyages et la consultation des marins ; à l'extérieur, par la recherche d'une position sociale dans son pays adoptif.

***

Las Casas nous raconte que Colón avait l'habitude d'assister au service divin dans un couvent appelé « les Saints », où habitaient certaines *comendadoras*. A Lisbonne vers 1478, on était sûr de trouver à tous les coins de rue et sur toutes les places importantes une maison de prière où les gens sérieux allaient assister aux services religieux. Ce que nous savons du caractère calculateur du découvreur vient appuyer l'hypothèse que le choix de ce couvent-ci était guidé par d'autres motifs, qui n'étaient pas nécessairement d'ordre religieux. Le proverbe *Aide-toi, le ciel t'aidera* possède son équivalent en espagnol, et bien que Colón fût déjà convaincu de sa destinée providentielle, rien ne l'empêchait de coopérer avec la Providence afin d'amener ses projets à une conclusion satisfaisante.

Il se trouvait en effet que le couvent en question appartenait aux nonnes de l'Ordre militaire de Saint-Jacques et qu'il avait été fondé pour fournir un foyer aux épouses et aux filles des chevaliers de Saint-Jacques quand lesdits chevaliers combattaient les Infidèles. Les dames qu'on y recevait étaient censées faire vœu de chasteté conjugale, de pauvreté et d'obéissance. C'était une maison renommée aussi bien pour sa vertu que pour son rang social, comme on devait le voir bientôt lorsque le Roi Jean II y nommerait comme Mère Supérieure la propre mère de son fils naturel, Don' Ana de Mendoça.

Ce couvent était donc la meilleure pépinière de jeunes et nobles dames qu'un marin ambitieux pût souhaiter ; et quand un jeune marin a vingt-sept ans, une considérable expérience de la mer et peut-être quelques amis juifs à la cour ; quand en outre, « il est de bonne taille et de belle allure, plus grand que la moyenne et solidement charpenté ; [qu'] il a l'œil vif et les autres traits de son visage bien proportionnés ; les cheveux très rouges ; le teint coloré et parsemé de taches de rousseur; [qu'] il parle bien, [qu'] il est prudent et de grand talent, latiniste distingué et très savant cosmographe, gracieux quand il veut, emporté lorsqu'il est en colère »; quand un jeune marin possédant toutes ces qualités pénètre de temps à autre dans l'atmosphère confinée d'un couvent, apportant avec lui une bouffée de grand air et de vent du large, si même il ne vient que pour prier, on peut être sûr qu'il y a dans ce couvent une paire d'yeux qui rêvent de liberté et de vie et qui sont prêts à échanger leur jeunesse et la noblesse de leur nom contre des discours parlant d'un bouquet d'îles abandonnées sur la mer immense.

C'est ainsi que Christovão Colombo épousa Filippa Moniz Perestrello. Elle était noble de père et de mère. Elle descendait par sa mère de la puissante famille de Moniz, qui touchait de près à la couronne puisque au XIIe siècle son fondateur Egas Moniz avait été gouverneur sous Agonso Henriquez, premier roi du Portugal. Par son père, elle descendait de la famille des Palestrello ou Pallastrellis de Plaisance en Italie, dont un membre s'était établi au Portugal sous le Roi Jean Ier, et avait prouvé la noblesse de son sang en refusant de payer pour les dépenses militaires en Afrique en raison de sa haute lignée. Ce gentilhomme avait eu quatre enfants, Richarte, Isabelle, Branca et Bartholomeu.

Richarte donna bientôt une sorte d'exemple à ses frère et sœurs en mêlant les saints ordres — il devint prieur de Santa Marina à Lisbonne — à des désordres impies — il devint père de deux garçons. (L'un de ces jeunes Perestrellos devait commander un des vaisseaux de Vasco de Gama lors du second voyage aux Indes de celui-ci.) Ainsi encouragées par l'exemple de leur frère aîné, Isabelle et Branca devinrent les intimes du plus magnifique homme d'église de l'époque, Don Pedro de Noronha, Archevêque de Lisbonne, dont le sang doublement royal (car il était apparenté aux familles régnantes de Castille et de Portugal) était trop ardent pour les contraintes de la chasteté ecclésiastique. Ce magnifique Prince de l'Église était un amant vigoureux. Il semble bien qu'il ait rendu simultanément hommage à Branca et à Isabelle, si l'on en juge par l'âge de Dom

Joâo, le fils d'Isabelle, et de Doña Isabelle, Dom Diogo et Dom Pedro, les enfants de Branca. C'était du reste un père affectueux, et malgré sa position de chef de l'Église portugaise, il reconnut toute sa progéniture en 1444 et veilla à ce que la fille se mariât dans la maison royale de Bragance et à ce que les trois garçons accédassent rapidement aux plus hautes charges de l'État et de l'Église.

Le beau-père de Colón était donc, non pas précisément le beau-frère selon la loi de l'Archevêque, mais disons son beau-frère selon l'amour. Se fondant sur les deux premières biographies de Colón, on a traditionnellement admis que ce Perestrello (Bartholomeu) avait reçu le capitanat héréditaire de l'île de Porto-Santo en récompense de son glorieux passé de marin. Sur quoi Fernando Colón et Las Casas ont édifié une histoire de documents et de renseignements sur des îles à découvrir et des je ne sais quoi, que la veuve de Perestrello aurait donnés à son gendre. Mais reportons-nous à Las Casas, car il vaut mieux tenir la chose de première main afin de mieux nous égayer du fossé qui sépare la romanesque légende de la comique réalité : « A mesure que les jours passaient, la belle-mère se rendait de mieux en mieux compte du penchant pour les choses de la mer et la cosmographie qu'avait Cristóbal Colón (...) en sorte (...) qu'elle lui dit que Perestrello son mari avait eu lui aussi un grand penchant pour les affaires de la mer, et que par ordre du Prince Henri, il était allé en compagnie de deux autres gentilshommes à l'île de Porto-Santo, récemment découverte, et que peu de temps après, il s'était vu confier la tâche de la peupler ; que le Prince lui avait reconnu des propriétés dans cette île, et que, comme à cette époque il y avait grand remue-ménage sur la pratique et l'exercice des découvertes sur la côte de Guinée et les îles de la mer océane et que ledit Bartolomé Perestrello avait espoir de découvrir d'autres îles à partir de la sienne, comme effectivement il y en eut de découvertes (...), il avait probablement des instruments, des documents et des cartes de navigation que la belle-mère donna à Colón, de la vue et de la lecture desquels il tira grand plaisir. »

Il est évident que cette histoire est un mélange de faits et de conjectures. Par exemple, Las Casas lui-même donne à penser que l'existence d'instruments, de papiers et de cartes appartenant à Perestrello est une conjecture personnelle. Mais malheureusement pour la réputation de Perestrello comme découvreur et surtout comme colonisateur, le bon Évêque donne la référence du texte crucial qui fait s'écrouler tout le système. Lisons à présent dans Barros « comment Joam Gonçalvez et Tristam Vaz découvrirent l'île de Porto-Sancto, grâce à une tempête qui les y porta ».

« Il s'éleva sur eux une telle tempête accompagnée de vents contraires si violents qu'ils perdirent tout espoir pour leur vie. (...) Et comme à cette époque, les marins n'avaient pas coutume d'aller au large et qu'ils naviguaient toujours (...) en vue des côtes (...), ils étaient tous si égarés qu'il leur était impossible de dire où ils étaient. Mais (...) la tempête cessa, et bien que le vent leur eût fait perdre le dessein pour lequel le Prince les avait envoyés, il ne fut pas tout à fait contraire à leur bonne fortune, car ils découvrirent l'île que nous appelons Porto-Sancto (...) C'est avec cette nouvelle et sans se risquer plus avant qu'ils regagnèrent le royaume, ce qui fit grand plaisir au Prince (...); lequel vit son plaisir accru quand ces deux chevaliers, dont l'un avait nom Joam Gonçalvez Zarco Dalcunha et l'autre Tristam Vaz, lui dirent qu'ils revenaient enchantés de l'air, de l'emplacement et de la fraîcheur de l'île et qu'ils voulaient y retourner pour la peupler (...); et non seulement eux et ceux de leur équipage qui l'avaient vue, mais beaucoup d'autres encore, à cause de ce qu'on leur avait raconté et aussi pour faire plaisir au Prince, s'offrirent pour aller la peupler; parmi eux se trouvait un notable du nom de Bartolomeu Perestrello, qui était un gentilhomme de la maison du Prince Jean son frère [le frère du Prince Henri]. (...) Alors, avec grande diligence, [le Prince] fit armer trois vaisseaux dont il donna l'un à Bartholomeu Perestrello et les deux autres à Joam Gonçalvez et à Tristam Vaz, les premiers découvreurs. Ces hommes s'embarquèrent avec toutes les graines, les plantes et les autres choses avec lesquelles ils comptaient coloniser le pays. Entre autres, il y avait une lapine que Bartholomeu emporta avec lui, pleine, dans une cage, et en mer, elle mit bas, ce dont ils se réjouirent tous et ce qu'ils tinrent pour un bon présage, puisque déjà en chemin, leurs graines s'étaient mises à fructifier et que cette lapine leur donnait l'espoir d'une grande multiplication dans ce pays. Et en effet, la lapine ne déçut point leur espoir d'une grande multiplication, mais ce fut plus pour leur chagrin que pour leur plaisir. Car, à leur arrivée dans l'île, ils la lâchèrent en liberté ainsi que sa progéniture, et en peu de temps, les lapins se reproduisirent si nombreux qu'ils ne pouvaient rien semer ni planter qui ne fût immédiatement mangé. Et cela devint un tel fléau dans les deux années qu'ils restèrent là-bas qu'ils se mirent à haïr le travail qu'ils faisaient et le genre de vie qu'ils menaient et Bartholomeu Perestrello décida de retourner dans le royaume. Peut-être avait-il d'autres raisons d'agir ainsi. »

L'intention ironique, presque de raillerie de ce texte, est en accord avec le fond. Les chevaliers qui avaient découvert l'île, même à leurs corps défendant, c'étaient Gonçalvez et Vaz : Perestrello était un familier du Prince Jean, qui vint attiré par l'odeur du profit et n'obtint un navire que par pur favoritisme ; et ses efforts pour la colonisation de cette île dont sa veuve, dans la version de Las Casas, prétend qu'elle fut confiée à lui seul, se bornèrent à une propagation de la gent lapine. Néanmoins, il fit une autre tentative, car il avait de l'influence à la Cour, et en 1425, le Prince Henri lui confia une autre expédition colonisatrice à Porto-Santo ; nous espérons qu'il n'emmena pas, cette fois, de lapine pleine. Son succès, cependant, ne semble pas lui avoir valu un long séjour, car en 1431, il reçoit une maison à Lisbonne, où on le retrouve en 1437 conseiller municipal.

En sorte que, lorsqu'en 1446, plus de vingt ans après ces deux tentatives malheureuses, mais deux ans seulement après que la légitimation des bâtards de son beau-frère selon l'amour eut montré l'indiscutable puissance de Don Pedro de Noronha, Perestrello reçoit du Prince Henri le capitanat de Porto-Santo, nous sommes en droit de conclure qu'il devait cet honneur moins à ses aventures maritimes qu'aux aventures amoureuses de ses talentueuses sœurs.

Quoi qu'il en soit, cette famille était puissante et avait un haut standing social ; elle avait en outre des attaches bien connues et durables avec l'île de Porto-Santo, car ce capitanat était héréditaire. Et comme nous savons à présent que les talents et la compétence de marin de Perestrello étaient inexistants, il est évident pour nous, bien que cela ne le fût pas pour Las Casas, que ce ne sont pas ses « documents et instruments » qui ont pu inspirer son projet à Colón. Ce fait vient nous confirmer que Colón avait déjà eu en tête son projet de découverte, qu'il y avait déjà en lui « l'élan » vers cette entreprise, avant d'entrer dans cette famille portugaise, et que par conséquent, s'il y entra, c'est parce qu'elle était puissante à Porto-Santo, et que Porto-Santo était une base admirable pour l'exploration de la mer occidentale.

Bartholomeu Ier de lapine mémoire était mort en 1457, ou au commencement de 1458, date à laquelle sa veuve, la belle-mère de Colón, céda le capitanat de l'île à son frère ; son fils, Bartholomeu II, le reprit en 1473, et était en fonction lorsque sa sœur Filippa (peut-être ainsi nommée en l'honneur de la princesse de Lancaster qui avait été la mère du Prince Henri) épousa Christovão Colombo, comme il se faisait certainement appeler alors. Le mariage dut avoir lieu en 1478 ou 1479, probablement à Lisbonne, où Diego Colón, qui devait être le deuxième amiral héréditaire de la Mer Océane, naquit vers 1479 ou 1480. Nous voyons, en passant, ce qui a pu donner à Colón l'idée de fonder une lignée de Capitaines d'îles héréditaires.

Aussi incroyable que cela puisse paraître, il se trouve des biographes de Colón, et pas des moins sérieux, pour jeter le doute sur l'affirmation de Las Casas selon laquelle Colón aurait vécu à Porto-Santo. N'est-il pas assez évident pourtant que la principale raison de son mariage dans cette famille était précisément les attaches de celle-ci avec la base de découverte la plus avancée de l'époque ? Comme le dit Las Casas : « et ainsi s'en alla-t-il vivre dans l'île de Porto-Santo (...) pour la seule raison très probablement qu'il voulait naviguer, y laissant sa femme, et parce que dans cette île ainsi qu'à Madère, qui en est proche, et qui était alors de découverte récente, il commençait à ce moment à y avoir un grand concours de vaisseaux pour la coloniser, et qu'il y avait chaque jour des nouvelles fraîches des découvertes que l'on venait de faire ».

Nous pouvons être certains que Colón, qui en 1479 avait sûrement entendu parler — s'il ne l'avait pas lue et copiée — de la lettre de Toscanelli, que Colón, qui devait faire ce qu'il fit, n'allait pas rester à Lisbonne à regarder avec convoitise les galères et les caravelles du Tage, alors que son beau-frère était le maître et seigneur de la meilleure base de découverte dont son époque et son pays adoptif pussent se vanter. Qu'il se soit établi à Porto-Santo n'est donc pas seulement un fait avancé par Las Casas sur l'autorité du fils de l'Amiral, Diego, qui le lui raconta à Barcelone en 1519, mais une nécessité psychologique de premier ordre.

Nous pouvons imaginer sa vie là-bas, et même nous pouvons être certains, encore une fois, qu'il naviguait pendant l'époque de Porto-Santo. Cela découle de la conjonction des hommes et des circonstances qui se présentent à nous. Qu'allaient donc faire les gens à Porto-Santo, sinon naviguer ? Mais peut-être les biographes de Colón s'imaginent-ils qu'il avait un faible pour l'élevage des lapins, comme son illustre beau-père Perestrello ? Quant à ces bizarres êtres humains qui croient que les nécessités psychologiques n'existent pas et sont seulement des imaginations d'écrivains, nous sommes en mesure de satisfaire leur esprit prosaïque. Il se trouve que des géographes avertis tiennent la science de navigateur et de cosmographe de Colón en plus haute estime que d'autres critiques, qui n'ont pas la même compétence scientifique. Un géographe américain contemporain, George E. Nann, a étudié *The Geographical Conceptions of Columbus* dans un livre mince mais substantiel, où il est montré que Colón avait pris les meilleurs renseignements sur les vents, les courants et les conditions de navigation générales à l'est de Madère. Bref, la suite des événements a prouvé que c'était un navigateur si habile et un tel pilote atlantique qu'une large expérience maritime à cette époque et dans ces mers devient de toute nécessité une part indispensable de l'histoire de sa vie. Cela en outre concorde parfaitement avec ses déclarations selon lesquelles il naviguait depuis vingt-trois ans, ce qui, en supposant qu'il ait commencé en 1461, ne peut finir qu'en 1484, c'est-à-dire l'année où il est passé en Espagne. Lui, par conséquent, compte les années qu'il a passées au Portugal au nombre de ses années de marin. Et encore une fois, la masse des preuves est de son côté et contre ceux qui veulent jeter le doute sur sa parole.

Ainsi cet homme obsédé passa-t-il toutes ces années à chercher à naviguer, car en ce temps-là, la navigation était pour lui une quête perpétuelle. Et comme il était de plus en plus possédé par le sentiment d'une mission, la conviction qu'il était un élu, attitude très juive, il pensait que c'était le Seigneur qui lui envoyait tous les signes et tous les avertissements qu'il arrachait en fait au monde dudit Seigneur par son infatigable et inépuisable activité. « De tous les côtés et de bien des manières, Dieu donnait à Colón des motifs et des raisons de ne pas hésiter à se lancer dans une si grande entreprise. »

Colón nous dit lui-même qu'il cherchait pour les interroger des marins qui eussent navigué dans les mers occidentales. Une fois, un pilote du Roi de Portugal, un certain Martin Vincente, lui raconta qu'à environ quatre cent cinquante lieues du cap Saint-Vincent, il avait aperçu et recueilli un morceau de bois « sculpté et, pour autant qu'il pût en juger, pas avec des outils de fer », ce qui lui avait donné à penser que, comme le vent soufflait de l'ouest, ce morceau de bois devait sûrement venir de quelque île occidentale. Un de ses beaux-frères, Pero Correa, lui parla d'un morceau de bois analogue que lui, Correa, aurait vu à Porto-Santo, ainsi que de gros bambous dont chaque section « pouvait contenir plus d'un gallon d'eau ou de vin »; fait qui fut confirmé à Colón par le Roi du Portugal en personne, car il s'était fait montrer ces bambous. Colón apprit des habitants des Açores que par tempête avec vents d'ouest et de nord-ouest, la mer avait transporté des pins qu'elle avait jetés à la côte, particulièrement sur les îles Graciosa et Fayal, alors qu'on ne trouvait nulle part de pins dans ces pays. De même encore, on raconta à Colón, et le nombre de ces histoires montre combien il les recherchait, que dans l'île des Fleurs, aux Açores, la mer avait rejeté les corps de deux personnes « qui semblaient avoir le visage très large et d'une forme différente de celui des chrétiens ». Il y a ainsi toute une série de racontars et d'histoires de marins sur Antilia, les Sept Villes et Saint-Brandan. L'appel de la mer vide qui demande à être peuplée, l'attirance de l'Amérique inconnue envoyant d'imaginaires appeaux à cet homme plein d'imagination et d'ambition n'avaient de cesse, et « tout cela devait certainement lui faire prendre l'affaire encore plus à cœur, à lui qui y apportait déjà tant de passion, et c'étaient là des signes par quoi Dieu semblait le pousser constamment de l'avant ».

CHAPITRE IX

LEÇONS ET RÊVES

Un homme élu de Dieu et auquel Dieu ne laisse aucun répit ne peut que se préparer à sa tâche. Christovão Colombo travaillait dur. Si nous en jugeons par les livres qu'il a laissés, c'était un lecteur appliqué qui n'hésitait pas à couvrir les marges de notes. Les dates de quelques-unes des notes et celles de la publication des livres nous permettent de situer le début de son activité intellectuelle à 1477, c'est-à-dire l'année de son voyage dans le nord, et plus probablement à 1478-1479, l'année de son mariage.

Ces notes sont des documents de première main qui révèlent le travail intérieur de son esprit et parfois son caractère. Elles témoignent par exemple d'une forte attirance pour l'or et les métaux précieux, ce qui s'accorde bien avec sa race juive. Les juifs ont toujours été curieusement fascinés par l'or et les pierres précieuses, aspects de la nature qui, tout à fait à part de leur valeur commerciale, sont en harmonie profonde avec l'âme d'Israël, invincible comme l'or malgré ses vicissitudes dans son plus intime *Sancta Sanctorum*, et un peu brillante et luisante comme les diamants, le jais et le rubis, et les yeux, les cheveux et les lèvres des filles de Sion.

Le juif chez Colón, en général timide et écarté, que seul les initiés peuvent reconnaître à des indications discrètes, revient à la surface, irrésistiblement attiré, dès qu'il est fait mention d'or ou de gemmes dans les livres qu'il lit. « Le pays est riche et abondamment peuplé d'hommes féroces. Il produit du cristal et quelques gemmes », dit d'Ailly de l'Allemagne ; et Colón, dans la marge, négligeant ces hommes féroces, se contente de noter : « On trouve en Allemagne du cristal et d'autres gemmes. » « Elle [l'Italie] produit des gemmes, des syrtites, du corail, des turmelines. Ce pays possède aussi des boas, des lynx féroces et des hérons », dit aussi d'Ailly. Et Colón dans la marge : « L'Italie produit des gemmes et du corail. » « Le pays [l'Espagne] est fertile ; il produit toutes sortes de fruits ; il abonde en métaux et en pierres précieuses », dit d'Ailly. Et Colón dans la marge : « Espagne très riche en gemmes et en métaux. » « Dans ce pays [la Grande-Bretagne], il y a beaucoup de rivières, et des grandes ; on trouve aussi des sources d'eau chaude et une grande abondance de métaux, d'agates et de perles », dit d'Ailly. Et Colón dans la marge : « Abondance de métaux, d'agates et de perles. »

Ce ne sont pas là des exemples isolés ou choisis à dessein. On ne risque rien à dire qu'il ne peut pas être question de pierres précieuses dans un texte sans que Colón signale le fait dans la marge, poussé par une sorte de fascination instinctive.

L'or est son autre tentation. Il ne peut résister à l'attirance du roi des métaux, et dès qu'il en aperçoit la lueur dans un texte, il signale promptement le fait à son attention personnelle. Il souligne que la Thessalie est le pays du monde où l'on frappa pour la première fois des pièces d'or ; il note que la Sicile est riche en terrains aurifères ; il note le nom du Pactole, puis ajoute : « Pactole, fleuve qui charrie des sables d'or. » Dans les centaines de notes marginales, l'or est dès le début pour lui un souci constant, qui a ses racines moins dans un sentiment défini de propriété que dans la simple fascination de l'attirant métal qui éveille dans les profondeurs de son âme une riche résonance raciale et personnelle.

Cette qualité métallique et brillante est naturellement reliée chez Colón, comme chez beaucoup d'hommes de sa race (et d'autres), à un goût pour tous les produits possédant une valeur marchande. Ses notes le montrent souvent attentif à tout ce qui peut se transformer en

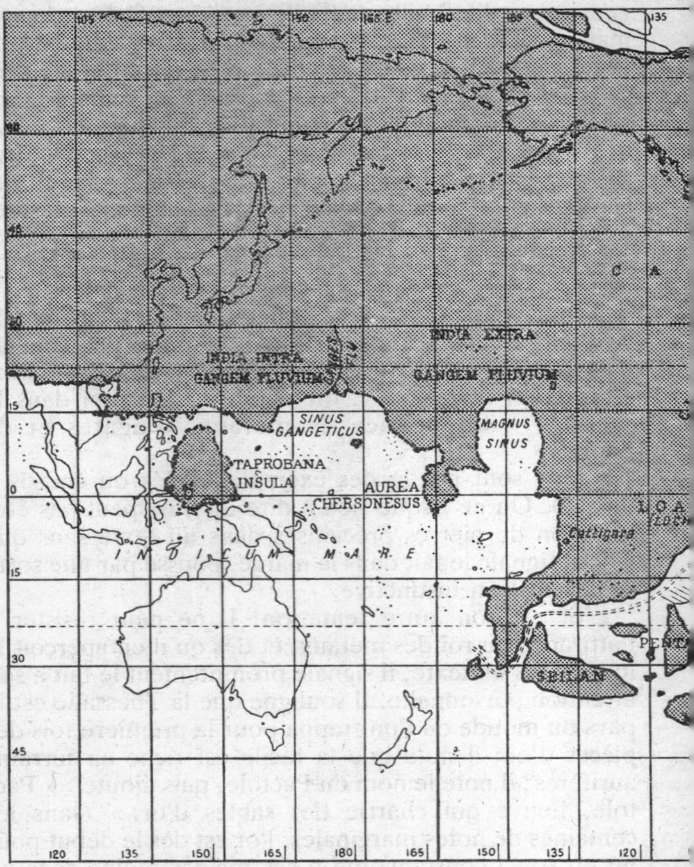

 L'Asie selon les connaissances contemporaines qui formaient la base de la conception de Colón (côte méridionale ——— selon Ptolémée, édition imprimée de 1478, étendue en longitude pour se conformer à Marin de Tyr ; continuée au-delà de Cattigara par la côte orientale ----- selon Behaim 1492).

 Côte orientale de l'Asie selon Behaim, transposée vers l'est pour amener le cap de Zaïtun sur le même méridien que l'extrémité orientale de Cuba, que Colón prenait pour l'Asie.

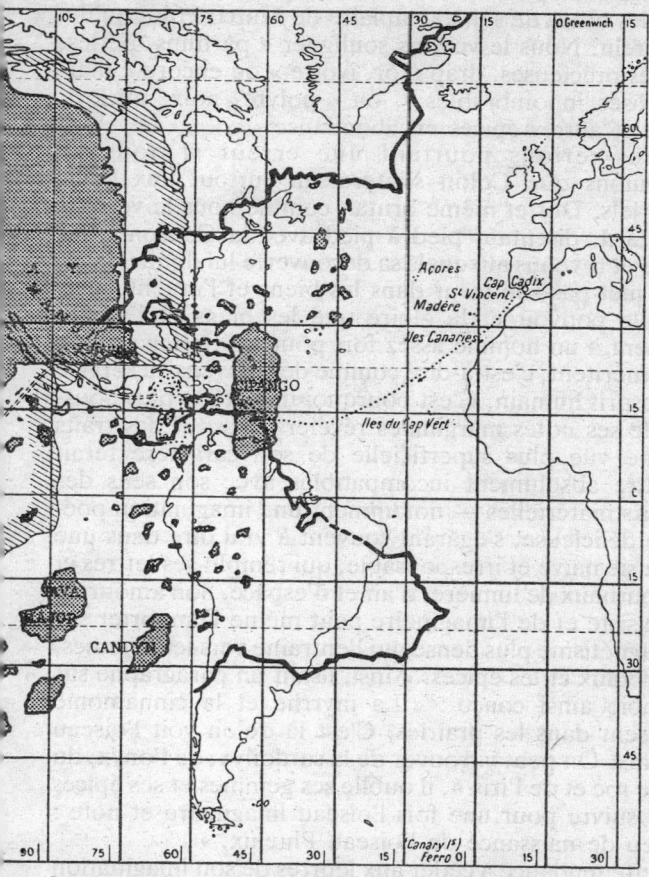

~~~ Côte de l'Amérique selon la carte du monde de Juan de la Cosa, 1500, d'après les découvertes faites à cette époque.

── Véritable position des côtes selon les cartes modernes.

·········· Itinéraire de Colón lors de son quatrième voyage.

======= Itinéraire que croyait suivre Colón le long de la côte de l'Asie lors de son quatrième voyage et direction dans laquelle il envisagea un moment de s'engager pour atteindre l'Inde.

richesse et en pouvoir. On le remarque particulièrement dans les notes de son exemplaire de Marco Polo, qu'il a lu et relu. Nous le voyons souligner « parfums, perles, pierres précieuses, drap d'or, ivoire » ou encore « marchandises innombrables », ou « poivre, noix, muscat, trèfle et autres épices en abondance ».

Nous ferions pourtant une erreur si nous en concluions que Colón s'intéressait surtout aux biens matériels. Dur et même brutal, comme nous le verrons plus tard, discutant pied à pied avec la Couronne les droits et revenus auxquels sa découverte lui donne droit, il ne met pas son cœur dans les biens et l'argent, mais dans le pouvoir et la gloire que les biens et l'argent donnent à un homme assez fort pour les traiter comme ils le méritent, c'est-à-dire comme des moyens au service de l'esprit humain. C'est pourquoi une étude plus poussée de ses notes marginales révélera aussitôt des traits qu'une vue plus superficielle de son caractère ferait paraître absolument incompatibles avec son sens des valeurs matérielles — notamment une imagination poétique délicieuse, s'égarant souvent à vrai dire dans une fantaisie naïve et irresponsable, qui remplit ses lettres et ses journaux de lumière, d'air et d'espace. Son amour du fantaisiste et de l'imaginaire peut même l'emporter sur le magnétisme plus dense qui l'entraîne vers les gemmes, les métaux et les épices. Ainsi, lisant un paragraphe sur l'Arabie ainsi conçu : « La myrrhe et la cinnamome poussent dans les prairies. C'est là qu'on voit l'oiseau Phœnix. On peut y trouver de la sardonyx, de l'onyx, du sel de roc et de l'iris », il oublie ses gemmes et ses épices pour suivre pour une fois l'oiseau imaginaire et note : « Lieu de naissance de l'oiseau Phœnix. »

Cette tendance à céder aux leurres de son imagination était accrue par son ignorance due partie à son époque, partie à son éducation incohérente. Quand des cardinaux comme Philastre pouvaient combiner les mathématiques avec une croyance sincère en l'existence des Unipèdes et des Pygmées, pourquoi un marin autodidacte ne croirait-il pas à l'oiseau Phœnix et aux hommes à queue ? D'Ailly en outre, moins bon mathématicien et cosmographe que Philastre, mettait son immense autorité de chef de la plus grande université de l'époque (il était chancelier de la Sorbonne) au service des affirmations les plus fantaisistes, et Colón ne pouvait pas, tout au moins au début, ne pas le lire avec le plus grand respect. Pourtant, bien qu'il soit ouvert aux vastes champs de la crédulité et de l'imagination, ce qui frappe le lecteur dans ses notes, c'est moins l'acceptation facile de faits inconnus que son silence prudent quand les merveilles deviennent trop merveilleuses. Ainsi quand d'Ailly dit, parlant de l'Arcadie : « C'est là que l'on trouve la pierre appelée Asbestos, laquelle, une fois allumée ne s'éteint jamais, et des merles d'une blancheur éblouissante », Colón écrit : « Asbestos, pierre qui une fois allumée ne s'éteint jamais », mais laisse tranquillement tomber ces merles blancs. Et quand parlant du « pays des Scythes », le savant Cardinal a l'obligeance de l'informer que « une grande partie de ce pays reste inhabitable, car bien qu'il abonde en or et en pierres précieuses, il est inaccessible aux hommes en raison de la présence des griffons », Colón dans sa note marginale signale l'or et les pierres précieuses, mais n'accorde pas la moindre attention à ces griffons, bien qu'ils aient pour répondant l'éminent chancelier de la Sorbonne. Il est apparemment prêt à croire à une source qui gèle sous la chaleur du soleil et qui s'échauffe sous la fraîcheur de la nuit, à l'existence de dragons en même temps que de singes, d'autruches et d'éléphants en Éthiopie et au Maroc ; il note sans même un silence de protestation qu'on trouve des pierres précieuses dans le crâne des dragons. Mais quand on lui dit que les Troglodytes se nourrissent de serpents et ignorent l'usage de la parole, il se contente de commenter : *multa miranda* ; quand il lit au sujet des îles Gorgades : « Une légende veut qu'il y pousse une vigne toujours verte qui porte des raisins d'or », son attirance vers l'or ne suffit pas à le faire se départir d'un silence prudent ; et son seul commentaire de la trop merveilleuse merveille du paragraphe suivant est un silence non moins prudent : « Les îles Chrysos et Argyros sont dans l'océan Indien. Elles sont si riches en métaux qu'on prétend que leur sol est pavé d'or et d'argent. De là leur nom. »

Cette attitude de discrimination est plus remarquable encore en raison de l'humilité avec laquelle il apprend toutes sortes de faits — vrais ou imaginaires — sur ces « secrets du monde » qu'il était, nous dit-il, si désireux de pénétrer. Il note l'origine des noms donnés à plusieurs vents et leurs caractéristiques respectives, et signale le fait que « la Pestilence est causée par l'air corrompu ; l'Auster la fait naître et l'Aquilon la chasse ». Il enregistre que « les tempêtes arrivent quand nous ne sommes ni au sommet de l'été ni en plein hiver » et que « Vegetius nous enseigne quels sont les mois les plus propres à la navigation », note au-dessus de laquelle il met une + comme pour en signaler l'importance. Dans toutes ces notes, le ton et l'attitude générale sont ceux de l'étudiant attentif et non ceux du maître raisonneur discutant avec un rival dans la connaissance scientifique. Nous le voyons assimiler bon nombre de connaissances géographiques qui ne méritent pas toutes le sérieux dont il fait preuve et la peine qu'il se donne. L'un des pires exemples est celui des rivières de l'Espagne, sujet sur lequel le Cardinal d'Ailly montre la traditionnelle ignorance des affaires espagnoles, cultivée par ses compatriotes, et avance les affirmations les plus incroyables sans s'attirer la moindre protestation de son docile élève, qui copie humblement dans la marge : « Le Tage. Carthage de l'Espagne, où il prend sa source ; riche en sables aurifères. » Combien de livres qui essaient de prouver que Colón était espagnol nous auraient été épargnés si leur auteur avait pris la peine d'observer qu'aucun Espagnol de naissance n'aurait pu admettre l'erreur grotesque que commet d'Ailly sur le fleuve qui traverse Tolède et Lisbonne !

D'autre part, bon nombre de ses notes révèlent l'attention qui reste la sienne pour tout ce qui concerne les juifs. « Jéricho, ville devenue célèbre grâce à Jérémie », note-t-il dans la marge d'un paragraphe consacré au lieu de naissance du prophète ; et à côté du paragraphe suivant, où sont mentionnés plusieurs endroits aux noms familiers, il écrit : « Nombreux lieux juifs mentionnés. » Il y a de l'orgueil dans une note où il constate : « Tous les peuples doivent leur astronomie aux juifs. » Au chapitre X, il discute dans la marge l'exiguïté du pays occupé par les juifs et note les limites de la Terre promise telles que les définit le Cardinal, dont la position au sein de l'Église lui donnait sans doute une connaissance assurée des véritables intentions du Seigneur en la matière. D'Ailly donne en fait une explication plus raisonnable et presque rationnelle de tout cela dans son chapitre XIX, où il dit que la Judée est si riche de fruits, d'eau pure et de baumes précieux, qu'il n'est pas étonnant que les juifs aient imaginé que c'était la Terre promise à leurs ancêtres. Et comme Jérusalem est le centre et « le nombril de tout le pays, c'est pour cela que l'on a dit de la Judée que la rédemption avait eu lieu au milieu de la Terre ». Voici le commentaire de Colón : « Comment nous devons comprendre la phrase : que la rédemption a eu lieu au milieu de la Terre. »

On ne peut souhaiter fenêtre plus transparente sur son esprit que ces notes révélatrices, franches et sans apprêt, où l'on voit Colón dans la solitude tranquille de son étude, faisant peu à peu son éducation et situant son esprit dans l'univers, de même que des années plus tard, il devait situer ses vaisseaux sur l'océan en relevant sa position par rapport aux étoiles. Nous voyons un homme qui n'a aucune formation intellectuelle et qui n'a rien d'un penseur original ; un homme qui accueille les faits, la fantaisie et la fiction avec un égal respect pour l'autorité, comme tous les hommes de son temps ; pour qui un verset de la Bible, une ligne d'Aristote et une observation directe semblent encore avoir la même valeur ; et cependant, un esprit qui ne se situe pas dans une zone intermédiaire illogique et confuse où toutes ces tendances se rencontrent, mais plutôt balançant entre elles, de l'autorité à l'observation, de la révélation à l'expérience, comme nous pouvons le montrer avec l'exemple le plus significatif qui puisse se trouver dans toute la gamme des opinions de Colón.

Le chapitre XII de l'*Ymago Mundi* de d'Ailly est consacré à la discussion de l'habitabilité des parties du monde. C'était l'une des questions qui préoccupaient le plus ce siècle, et l'une de celles qui retinrent le plus l'attention de Colón. Dans ce chapitre, d'Ailly traite un des autres thèmes favoris de la réflexion de Colón : la situation exacte du Paradis terrestre. Voici le texte de d'Ailly : « Il s'ensuit que si les conditions particulières favorables à la vie humaine s'accordent avec les circonstances générales qui rendent une terre habitable, savoir, un sol fertile, une bonne exposition au soleil et un bon aspect des étoiles, la région aura le meilleur climat possible : il est probable que le Paradis terrestre était une région de ce genre et ce doit être également le cas de cet endroit que les auteurs appellent les îles Fortunées. » Le Cardinal d'Ailly ne dit pas que les îles Fortunées, c'est-à-dire les îles Canaries, étaient le Paradis terrestre. C'est pourtant la conclusion téméraire que le bouillant Colón note dans la marge : « Le Paradis terrestre est certainement l'endroit que les auteurs appellent les îles Fortunées. » Mais plus loin, quand au chapitre XLI le savant Cardinal parle des îles Fortunées elles-mêmes et, ayant vanté leur fertilité, explique de nouveau (comme il avait fait dans le cas de la Terre promise) que « cette fertilité du sol conduisit les Gentils à croire que le Paradis était dans ces îles », Colón perd son assurance et écrit simplement : « Erreur des Gentils qui disaient que les îles Fortunées étaient le Paradis, en raison de leur fertilité. »

Mais ce n'est pas tout. Car dans le chapitre LV, parlant des fleuves en général, d'Ailly commence comme il convient par les quatre fleuves du Paradis, sur lesquels il donne de nombreux renseignements, qui ne sont pas tous du même intérêt, ni même tous donnés avec la même conviction. Ainsi déclare-t-il qu'« il y a au Paradis une source qui arrose le Jardin des Délices et qui se divise en quatre cours d'eau... ». « Une fontaine au Paradis », note Colón dans la marge. Sur la base de plusieurs « autorités », le savant Cardinal explique alors que : « Le Paradis terrestre est un lieu agréable, situé dans certaines régions de l'Orient, à une longue distance par terre et par mer de notre monde habité », et Colón recopie pratiquement cette déclaration dans la marge. Puis d'Ailly s'engage avec prudence sur un terrain plus controversé. « Il s'élève si haut qu'il touche la sphère lunaire et que l'eau du Déluge ne put l'atteindre. Il ne faut pas entendre par là que le Paradis terrestre touchait effectivement au Cercle de la Lune; car ce n'est qu'une manière hyperbolique de dire que son altitude au-dessus des basses terres est comparable et qu'elle atteint les couches d'air calme qui s'étendent au-dessus de la zone d'air agité, là où les émanations et les vapeurs qui (...) forment un flux et un reflux vers le globe lunaire tendent à se rassembler. » Il n'y a pas de note marginale en face de ce texte, et on ne trouve également qu'une liste des quatre fleuves du Paradis en face d'une phrase curieuse où le Cardinal met en contradiction absolue sa géographie « révélée » et les faits de l'observation : « De ce lac, comme d'une source, coulent les quatre rivières du Paradis : le Phison ou Gange ; le Gihon ou Nil ; le Tigre et l'Euphrate, bien que leurs sources respectives semblent se trouver en des lieux différents. » Le silence de Colón sur ce point de divergence cruciale entre les faits et la foi peut être interprété comme un sursaut de son sens critique, d'autant que dans la marge du chapitre suivant du livre de d'Ailly, « Sur les Fleuves du Paradis », il donne une preuve incontestable de son peu d'empressement à suivre la fantaisie (ou la foi) et de son attachement aux faits. D'Ailly décrit l'Euphrate : « Une rivière de Mésopotamie, dont la source est au Paradis ; elle est très riche en pierres précieuses. » Colón note dans la marge : « Euphrate » et ne parle pas du Paradis ; puis il voit les pierres précieuses, ses yeux bleus s'allument, et il écrit de nouveau le mot : « Euphrate : le plus riche en pierres précieuses. » Et pourtant, il n'est pas facile d'oublier le Paradis. D'Ailly se demande si les régions situées au-delà du Tropique du Capricorne sont habitables. Pline affirme qu'elles le sont, de même que Ptolémée, malgré la chaleur qu'il y fait. Le Cardinal résume, dans une de ses phrases caractéristiques, essayant de combiner foi et incrédulité : « Bien que certaines régions situées au-delà du Capricorne soient habitables, et que, si l'on en croit Aristote et Averroès dans leurs livres sur le *Ciel* et sur le *Monde*, ce soient les parties les plus nobles de la Terre, ou même, comme quelques-uns l'affirment, le Paradis terrestre, c'est un fait néanmoins que nous ne trouvons de description de ces régions chez aucun auteur. » A ce texte prudent, Colón ajoute la note la plus optimiste et la plus affirmative : « Au-delà du Tropique du Capricorne, se trouve le plus beau séjour, car c'est là qu'est la plus noble et la plus haute partie du monde, savoir, le Paradis terrestre. »

Plus tard, ces notes du Cardinal d'Ailly sur la hauteur du Paradis et les quatre fleuves qui y ont leur source fleuriront dans l'esprit de Colón et donneront la plus délirante construction de géographie mystique qui soit connue de l'histoire.

Ce qui nous frappe le plus dans ses notes est l'humilité de l'étudiant devant ce qu'il lit, et le caractère élémentaire de quelques-uns des faits qu'il note dans la marge de ses livres afin de s'en souvenir. « Une personne qui va de l'est vers l'ouest change de méridien. » « La moitié [du ciel au-dessus de l'horizon] est appelée hémisphère. » « C'est sur le mont Olympe que se forment les comètes. » « Chaque pays a son est et son ouest reliés à son horizon. » On croirait presque que c'est écrit de la main d'un écolier. Au chapitre V d'*Ymago Mundi*, d'Ailly explique comment on peut mesurer les dimensions de la Terre en voyageant au long d'un méridien et en notant quand la hauteur du pôle tombe ou s'élève d'un degré. Cette leçon était importante pour Colón, et il devait en bénéficier et fonder sur elle l'erreur cruciale qui le fit s'élancer dans l'Inconnu profond. Aussi écrit-il dans la marge : « Voici comment la Terre a été mesurée. »

De temps en temps, l'étudiant note une idée personnelle : « Les tables de Tolède mettent l'Occident plus à l'ouest que Ptolémée, au cap Saint-Vincent » ; c'est une note qui montre que Colón, en dépit de ce que disent certains critiques, s'adressait aux sources originales aussi bien qu'aux compilations comme celle de d'Ailly, puisque dans cette note, il fait allusion aux tables alfonsines, le grand monument de la science astronomique rassemblé à Tolède au XIIIe siècle par une commission d'astronomes (en majorité juifs) sous les auspices d'Alphonse l'Astronome de Castille. Son assurance grandit. On perçoit de temps à autre une voix différente : Colón écrit avec autorité. L'explication est facile. Il a lu son livre plusieurs fois, ce dont nous avons de nombreuses preuves, et plus tard, confiant dans son expérience et dans des connaissances que ses voyages lui ont permis de vérifier, il inscrit son opinion personnelle comme un fait. « Noter que la ville d'Arbis est sur le bord du premier climat, près de l'île de Méroé. (...) La distance de cette ville à l'équateur est de 18º et à l'Occident de 62º. Voir Ptolémée et quatre de nos cartes. »

Tel est l'homme qui dans ces années, « bouillant de la pratique et de l'exercice de la découverte », s'efforçait impatiemment de découvrir — quoi? Peut-être ne le savait-il pas lui-même. Des terres nouvelles? La route des Indes? Pourquoi pas les deux ou un mélange des deux? Ici encore, ses notes sur le d'Ailly vont faire la lumière sur les idées, les conjectures et même les erreurs fécondes qui ont guidé sa quête et donné leur forme à ses projets.

Les idées qui émergent graduellement de son expérience, de ses voyages, de ses lectures et de ses rêves ont une forte ressemblance avec celles de Toscanelli. Elles sont en fait suffisamment fondées sur celles de Toscanelli pour justifier l'hypothèse que vers 1480, Colón avait lu la lettre et étudié la carte de 1474, hypothèse en outre que la masse générale des preuves rend presque inévitable. Cependant son plan lui était très personnel et différait de celui de Toscanelli sur un point important — c'est qu'il était bien plus erroné; et cela ne faisait par conséquent que renforcer sa détermination de traverser l'Inconnu profond, puisque l'erreur supplémentaire introduite par Colón faisait apparaître la traversée encore plus facile. Nous allons le voir au travail dans la tranquillité de son étude, vérifiant dans ses livres bien-aimés les idées déjà formées dans son esprit, qu'elles soient originales ou empruntées à Toscanelli, ou bien, plus probablement, qu'elles résultent de la rencontre de ses méditations personnelles et des renseignements trouvés chez Toscanelli et venus renforcer son assurance.

1° *La Terre est ronde*. Ce n'était pas nouveau pour un esprit cultivé, car c'était alors la doctrine généralement admise par les chrétiens, les juifs et les Maures, mais c'était une idée qu'un autodidacte comme Colón devait être heureux de voir confirmée par écrit : « Cette Terre doit être considérée comme sphérique », écrit d'Ailly, et son disciple souligne avec une évidente satisfaction : « La Terre est ronde et sphérique. » Il résume un autre passage de d'Ailly, dans les termes suivants, qui correspondent plutôt à sa manière de voir les choses qu'au texte réel du Cardinal, quelque peu confus et antiscientifique à notre goût : « L'eau et la terre ensemble forment un corps rond. » Et sans aucun doute, preuve plus satisfaisante pour lui que toutes les autres, il note que « l'éclipse de la Lune est provoquée par l'ombre portée par la Terre ».

2° *La distance par terre entre l'extrémité de l'ouest et l'extrémité de l'est est très grande*. C'est un point sur lequel il revient à maintes reprises dans ses notes. Il reprend à son compte l'affirmation de d'Ailly et même l'appuie et la développe dans les termes suivants : « Du bout de l'Occident [c'est-à-dire des îles Canaries] au bout de l'Inde, la distance est par terre plus de la moitié de la circonférence du globe, c'est-à-dire 180° » ; et plus loin : « La quantité (*quantitas*) de terre habitable est beaucoup plus grande que ne le prétendent les philosophes. » Ceci encore : « La distance par terre entre le bout de l'Occident, c'est-à-dire le Portugal, et celui de l'Orient, c'est-à-dire l'Inde, est très grande. »

On peut considérer que ç'a été là son erreur la plus féconde. L'*Inde*, à cette époque, était un terme communément employé à la fois pour ce que nous appelons *Inde* et pour ce que nous nommons *Asie*. Personne ne connaissait exactement, et peu soupçonnaient la longueur de continent qui s'étend de l'autre côté de notre Inde, c'est-à-dire la distance en parallèles entre notre Inde et la côte pacifique de la Chine et de la Sibérie ; et cette ignorance, laissant le champ libre à l'opinion et par conséquent à l'erreur, explique l'assurance où se trouvait Colón de traverser l'Atlantique.

3° *La distance par mer entre l'Espagne et l'Inde est*

donc très faible. Erreur respectable fondée sur les meilleures autorités. Colón la rencontre à plusieurs reprises chez d'Ailly, et toujours la souligne avec un plaisir évident. « La fin de l'Espagne et le début de l'Inde ne sont pas très éloignés. (...) Il est évident que cette mer peut être traversée en quelques jours avec un vent favorable. » Une fois, la vieille erreur prend une forme nouvelle qui mérite la citation : « Notez que si l'île de Taprobane est située comme on le dit ici, elle se trouverait à 58° à l'ouest du véritable Occident, et nous avons raison de dire qu'il n'y a qu'une petite mer entre l'Espagne et l'Inde. » Il encadre cette note d'un trait, ce qui montre l'importance qu'il y attachait. Elle ne répète pas un texte de d'Ailly sur l'étroitesse de cette mer ; elle révèle que Colón ne venait pas simplement chercher chez ses auteurs des renseignements, mais plutôt la confirmation d'opinions déjà formées.

4° *La longueur d'un degré est de 56 2/3 milles*. Sur ce point, Colón se sépare de Toscanelli qui, bien que les auteurs ne soient pas d'accord sur ce point, semble avoir pris pour ses calculs et ses cartes un degré de 62 1/2 milles à l'équateur. Mais il est peu d'opinions auxquelles il s'accrocha avec plus d'énergie. Elle est soulignée dans la marge de son livre là où elle est exprimée et, en outre, il a plus d'une fois déclaré par écrit qu'il avait lui-même mesuré le degré et vérifié ce chiffre. Or, ce chiffre avait été proposé pour la première fois par un cosmographe arabe du nom d'Alfraganus, ou El Fargani, lequel sur la foi des mesures faites par ordre du Khalife Almamum (813-832) adopte 56 2/3 milles pour mesure terrestre du degré. Il s'agit de milles arabes, valant 1 973 m 50 et, par conséquent, les mesures arabes, faites au IXe siècle, ne dépassent que de 251 880 mètres les 40 007 520 mètres que nous tenons à présent pour la circonférence de la Terre à l'équateur et sont ainsi de loin la plus exacte estimation qui ait été faite avant l'époque moderne. Colón semble avoir flairé du premier coup la mesure exacte. Malheureusement ses milles n'étaient pas arabes, mais italiens, et ne faisaient que 1 477 m 50 : autrement dit, il se représentait le monde un quart plus petit que ses dimensions exactes.

Cette erreur sur la longueur du degré conduisait Colón à réduire la largeur de la mer qu'il avait à traverser pour atteindre les « Indes », et cela d'autant plus qu'il calculait les dimensions de cette mer par des moyens indirects. Il croyait que la distance terrestre entre l'Espagne et « l'Inde » couvrait 282° de la circonférence de la Terre ; il restait donc seulement 360 − 282 = 78° pour la distance maritime entre Lisbonne et le Cathay. Et comme ces degrés n'étaient que de 56 2/3 milles à l'équateur, c'est-à-dire à environ 50 milles aux îles Canaries, la distance n'était donc que de quelque 3 900 milles, soit 9 975 lieues.

Cet ensemble d'erreurs sur l'Asie situait son « Inde » à peu près où se trouve actuellement l'Amérique. Ainsi trouvait-il par ces détours la bonne direction. Il n'est pas étonnant que, trouvant la terre là où il s'attendait à la trouver, Colón ait été persuadé qu'il avait abordé en Asie.

5° Et pourtant, si sûr de lui qu'il ait été, particulièrement dans l'erreur, nous nous méprendrions sur son caractère si nous nous imaginions simple et solide un esprit qui était essentiellement complexe et fluide. La conclusion la plus raisonnable qu'il faille retirer de ses papiers et de ses actes, est que si sa volonté était une et ferme, ses idées étaient hésitantes et complexes ; il en est ainsi particulièrement de l'idée centrale qui est à la base de son projet, la longueur de la mer à traverser pour atteindre les Indes. Il n'y a pas de doute que ses vues sur ce point étaient influencées par celles de Toscanelli et aussi par son erreur propre sur la longueur d'un degré. Mais il y avait aussi d'autres influences, et en particulier celle du « prophète » Esdras, l'un des auteurs des *Apocrypha*, auquel, pour une raison inconnue, il attachait une importance énorme. C'est sans doute par d'Ailly qu'il entendit parler d'Esdras pour la première fois. Mais le fait qu'il ait distingué cette « autorité » des autres (Aristote et Pline) mentionnées dans le même chapitre, et qui toutes méritaient plus de crédit sur ces questions de géographie, ne peut s'expliquer que par une attirance inconsciente du visionnaire-missionnaire juif vers le prophète juif. Colón a invoqué à maintes reprises l'autorité d'Esdras en faveur de son projet, à la fois avant et après la découverte. Sa note sur Esdras, dans la marge de d'Ailly, texte caractéristique de pensée médiévale, retiendra à nouveau notre attention plus tard. Pour notre dessein présent, il est important de souligner que la contribution cruciale d'Esdras aux théories de Colón est l'affirmation que le monde est pour six parts composé de terres émergées et pour une part de mer.

Or, en dépit de l'insistance avec laquelle Colón déclare s'appuyer sur Esdras, personne ne semble avoir pris la peine de se demander si le découvreur, au lieu de naviguer d'après Marin de Tyr, Ptolémée ou Toscanelli, a effectivement navigué selon Esdras. « J'ai dit, écrit-il au Roi et à la Reine en 1502, que dans l'exécution de cette entreprise indienne ni la raison, ni les mathématiques, ni les cartes ne m'avaient été d'aucun secours : pleinement accomplies ont été les paroles d'Isaïe. » Les colombistes se sont demandé pourquoi Colón escomptait trouver des îles à six ou sept cents lieues des îles Canaries, comme nous le verrons lorsque nous l'accompagnerons dans son premier voyage ; bien évidemment, s'il croyait qu'un septième seulement de la terre était sous l'eau, son attente n'était que naturelle. Car il pouvait considérer ce septième comme un septième en degrés, ou bien comme un septième de la surface. Dans le premier cas, il était obligé de compter la mer entre l'Espagne et « l'Inde » comme un septième de 360°, soit environ 51°, ce qui, à la valeur de 50 milles qu'il attribuait à ses degrés, faisait 2 550 milles, soit 637,50 lieues. S'il considérait qu'Esdras entendait un septième en surface, son estimation de la largeur de la mer variait selon qu'il croyait ou non à l'existence de mers dans l'hémisphère sud. Or, dans de nombreuses notes de son d'Ailly, il s'efforce de montrer que l'hémisphère sud est peuplé, c'est-à-dire sec. « Il n'est pas vrai, écrit-il, en commentaire à une affirmation analogue de d'Ailly, que la moitié de la Terre soit couverte d'eau. Cette quatrième partie de la Terre qui se trouve sous l'équateur à l'opposé de nous est semblable à la nôtre et, par conséquent, les deux doivent être au-dessus de l'eau et habitables. » Quelques lignes plus haut, il affirme la même croyance, dépassant peut-être à certains égards les limites de la crédulité scientifique : « La Terre est habitée même dans les régions où sont les extrémités cardinales du monde, là où les jours durent six mois. C'est là que vivent les peuples les plus heureux, qui ne meurent que par lassitude de vivre. »

Dès lors qu'il avait décidé que l'hémisphère austral était aussi sec que l'hémisphère septentrional, son interprétation d'Esdras ne pouvait être que celle-ci : le septième d'eau est également réparti entre les deux moitiés du monde. Ce qui le renvoyait à sa première alternative, c'est-à-dire qu'il était en droit de considérer la distance entre l'Inde et l'Espagne comme un septième de la circonférence, soit 51° de 56 2/3 milles.

Tel était son secret. Toscanelli était pour Colón sur le chemin de la vérité, mais comme il n'avait pas lu Esdras, son plan contraignait les marins, qui n'avaient pas l'habitude de perdre la terre de vue, à naviguer 130° de 62 1/2 milles, soit 8 124 milles, sur des mers inconnues. Colón « savait » grâce à la lecture d'Esdras que la distance n'était que de 2 550 milles. C'était incontestablement un secret qui valait son pesant d'or.

Ainsi, à un peu plus de 600 lieues de mer, s'étendaient l'Inde et Taprobane, et beaucoup d'autres îles. Ses notes au livre de d'Ailly sont pleines de la splendeur de ces rêves orientaux : « L'île de Taprobane, qui contient dix villes, sans compter un grand nombre d'autres îles... » « Entre ces montagnes, il y a des îles innombrables, dont beaucoup regorgent de perles et de pierres précieuses... » Il signale cette dernière note à l'attention en dessinant une main à l'index pointé. Puis vient une note où, mêlant ce que d'Ailly dit de l'Inde et de Taprobane, il n'en choisit pas moins l'utile et rejette le fantaisiste. D'Ailly écrit : « Le pays contient de gros éléphants, des licornes, des perroquets, de l'ébène et divers espèces d'épices. » Le commentaire de Colón est le suivant : « Taprobane contient des gemmes et des éléphants. » Et d'Ailly, toujours au sujet de Taprobane : « Elle produit de l'ivoire et de nombreuses pierres précieuses. En outre, c'est là que l'on trouve des montagnes d'or qui sont inaccessibles à cause des dragons, des griffons et des monstres humains » ; alors Colón porte cette accusation au compte de l'Inde, mais en laisse tomber une partie en cours de route : « L'Inde contient beaucoup de choses et des épices aromatiques, des pierres précieuses en abondance et des montagnes d'or. » Un tel pays mérite qu'on le cherche et qu'on l'étudie. Aussi note-t-il quelques renseignements géographiques : « La frontière de l'Inde s'étend jusqu'au Tropique du Capricorne » ; et plus loin : « Il faut comprendre que la frontière de l'Inde, qui est en face de nous, c'est-à-dire en face de l'Espagne, s'étend de la région boréale jusqu'au Tropique du Capricorne » ; les deux notes sont marquées d'une croix.

A présent que nous avons vu cet esprit à l'œuvre, dans le silence et la solitude, loin des sollicitations à dissimuler auxquelles une nature aussi imaginative et aussi sensible que la sienne était forcément soumise en présence des hommes, nous sommes peut-être mieux armés pour comprendre non seulement l'ensemble d'idées, mais aussi dans une certaine mesure l'ensemble d'émotions, l'élan du cœur et de l'esprit, qui le conduisirent à soumettre ses projets au Roi Jean de Portugal.

CHAPITRE X

DON QUICHOTTE COLÓN ÉCHOUE AU PORTUGAL

Jean II, Roi de Portugal, a fait une telle impression sur ses sujets qu'il est resté dans l'histoire portugaise sous le nom du « Roi Parfait ». Son historiographe et confident, Ruy de Pina, a tracé un vivant portait de ce monarque : « Le Roi Dom Joham était un homme plutôt grand, très bien fait, aux membres bien proportionnés ; son visage était plutôt long que rond, et élégamment couvert d'une barbe. Ses cheveux étaient châtain clair et plats ; pourtant à trente-sept ans, il les avait déjà gris, ce dont il montrait grande satisfaction, en raison de l'accroissement d'autorité que sa Divinité royale tirait de ses cheveux blancs ; ses yeux étaient parfaits, parfois il y apparaissait des veines et des taches de sang, et cela, lorsque sa colère s'élevait, s'il lui arrivait d'en être pris, lui donnait une contenance très effrayante. Et pourtant, dans les affaires d'honneur, de plaisir ou les fêtes, il était très gai et d'une grâce très royale et très excellente. Il avait le nez un peu fort et en surplomb bien que sans laideur. Il avait le corps très blanc, sauf son visage, qui était rouge d'une bonne façon. (…) C'était un Prince d'un esprit merveilleux et d'une intelligence aiguë. (…) Il avait une mémoire rapide et experte et son jugement était clair et profond, et ainsi ses propos et ses opinions avaient-ils plus de vérité, d'esprit et d'autorité dans leur invention que de douceur ou d'élégance dans leur expression, car son élocution n'était pas claire, étant quelque peu nasale, ce qui lui enlevait un peu de sa grâce. C'était un Roi très brave et au cœur intrépide, ce qui le faisait soupirer après des actions grandes et peu communes ; de là vient que, bien que son corps parcourût ses Royaumes pour les bien gouverner, comme il le faisait, son esprit errait toujours à l'aventure, désireux de les agrandir. »

Tel était le Prince, si semblable à lui à bien des égards, auquel Colón soumit pour la première fois son projet. La question de savoir en quoi consistait exactement ce projet et à quel moment il fut confié au Roi a été l'occasion de disputes et de conjectures considérables, pour la plupart sans effet ; car malgré leur activité et leur érudition admirables, ces auteurs ont peut-être perdu de vue l'élément vivant qui rend toute vie vague, moins précise et moins nette, et de loin plus dépendante du caprice individuel que nous ne l'imaginons après coup, quand nous essayons de l'étiqueter et de la dater.

Colón avait-il l'intention d'aller aux Indes, ou se contenta-t-il de soumettre au Roi Jean un plan de découverte d'îles nouvelles ? Et quand Colón présenta-t-il son projet ? Le premier obstacle surgit d'une déclaration de Colón lui-même : « Le Seigneur, écrit-il au Roi Ferdinand en 1505, m'a envoyé miraculeusement pour que je serve Votre Altesse ; je dis miraculeusement parce que j'ai abordé au Portugal, dont le Roi était plus que tout autre intéressé aux découvertes. Mais Il [le Seigneur] a bouché les yeux et les oreilles du Roi et tous ses sens, car en quatorze ans, j'ai été incapable de lui faire comprendre ce que je lui disais. » Quatorze ans ! Tous les colombistes tombent sur ce chiffre et le dissèquent. Quoi ! Il ne gagna le rivage à la nage qu'en 1476, il découvrit « les Indes » en 1492, et il quitta le Portugal en 1484 ; comment peut-il arriver à ce chiffre ? Les ingénieux affirment qu'il voulait dire quatorze mois, et les impatients et les prosaïques, comme à l'ordinaire, l'accusent de jongler d'une manière intolérable avec la vérité.

Pourtant, il est parfaitement sincère. On peut même voir à quel point il l'est si l'on songe qu'écrivant ces mots à un Roi qui pouvait lui faire rompre les membres sur la roue s'il le désirait, il avouait tranquillement avoir pris des contacts avec le Roi Jean au sujet de la découverte, même après être venu à la Cour de son rival le plus acharné dans ce domaine. Et, comme à l'ordinaire, ses propos simples et sans apprêt donnent la clé de ce qui est réellement arrivé.

Nous, à partir d'un monde de faits morts, mis en fiches et classés, sommes portés à imaginer que Colón a préparé un projet, qu'il en a par écrit consigné les modalités, et qu'il l'a présenté en bonne et due forme au Roi Jean, un certain jour que nous pouvons découvrir par notre industrie ; et que ledit Roi Jean à son tour a soumis ce projet à une procédure d'urgence, qu'il l'a transmis à son « Comité de Mathématiciens », lequel l'a étudié et a conseillé de le rejeter ; sur quoi, le Roi a fait informer Colón que son projet avait été dûment étudié et rejeté.

Ce point de vue, qui fait en réalité le fond des arguments pour ou contre les dates et les contenus réels du projet, est absolument en désaccord avec la nature des choses, et plus encore avec la nature des hommes. Quatorze ans avant 1492 nous ramènent à 1478. Colón revient juste de Thulé. Il en est plein. Il a vu la « dernière des terres » et navigué au-delà. D'après ce que nous savons, il a pu entendre parler la-bas de la prédécouverte faite par des navigateurs nordiques, ou de toute façon, des diverses traditions concernant la relative proximité des terres de part et d'autre de l'océan. En tout cas, il est déjà « possédé » par son idée, même s'il ne l'a pas complètement développée dans son esprit — et il ne l'a certainement pas fait. C'est un homme aux passions et à l'imagination fortes. Il a des amis qui lui ouvrent les cercles de la Cour — sinon, comment pourrait-il épouser une Perestrello-Moniz l'année suivante ? Toute la masse des preuves historiques est donc une fois encore en sa faveur et vient confirmer qu'il a parlé au Roi Jean de la découverte dès 1478, car bien que le Roi Jean ne soit monté sur le trône qu'en 1481, nous savons qu'il a commencé à s'occuper des « découvertes » pour le compte de son père dès 1474. Colón lui a-t-il soumis un plan ? Certainement pas, si par plan on entend des propositions complètes d'action définie. Lui-même n'était pas alors pleinement conscient de ses idées. Mais tout ce que nous savons de lui, sa nature impatiente, opiniâtre, enthousiaste, sa jeunesse à l'époque — il avait vingt-sept ans — la nature même de l'entreprise, pleine de rêves dorés, de couchers de soleil lumineux, d'îles en imagination, nous pousse à la conclusion qu'il n'a pas dû attendre la maturation de ses plans pour les proposer au Roi — à ce Roi qui depuis des années accordait à tous ceux qui l'entouraient des commissions pour aller découvrir et peupler des terres inconnues.

Le point de vue naturel est donc de croire à la sincérité de Colón et de l'imaginer allant et venant de la librairie à la Cour, du port de Lisbonne à Porto-Santo, ou à La Mina en Guinée, mesurant la longueur d'un degré et revenant à la Cour avec de nouvelles histoires d'îles aperçues au coucher du soleil et de morceaux de bois sculptés d'une manière inhabituelle, de points de vue nouveaux sur la longueur d'un méridien, faisant de temps en temps une allusion à une prophétie qu'il devait rentrer prudemment dès qu'il apercevait un sourire sur les lèvres royales, revenant une fois de plus à son Marco Polo et à son d'Ailly, aux cartes que copiait son frère, à sa plume, ses astrolabes et ses tables astronomiques, et en ressortant de plus en plus chaud.

Car il était vraiment « chaud » : « C'est avec ce feu que je suis venu à Vos Altesses », devait-il écrire à Ferdinand et à Isabelle en 1503. Et c'est dans ce feu intérieur, plutôt que dans un fait extérieur ou une fiction empruntée à un livre ou à ses voyages, que nous devons voir la véritable origine de son entreprise. *Alto ingenio*, dit Bernáldez ; *de gran ingenio*, dit Oviedo ; *com as quaes imaginaçoes*... écrit Barros ; « ... et chaque jour, il s'intéressait davantage [aux terres découvertes et à découvrir] et avec une plus grande violence d'imagination... », dit Las Casas. Et Fernando Colón : « Cette autorité et plusieurs autres citées par cet auteur (d'Ailly) furent celles qui engagèrent le plus l'Amiral à croire dans son imagination. »

Voilà qui rend un son familier. On retrouve dans ces mots les échos d'une histoire bien connue, la mieux connue de tous ceux qui lisent la langue du pays de Castille. Et dès que cette idée est entrée dans l'esprit, elle jette une telle lumière sur le caractère de Colón que toutes ses actions deviennent claires et que l'aventure glorieuse et pourtant absurde de la découverte de l'Amérique est enfin intégrée dans la vie la plus vraie et la plus profonde de l'Espagne. Colón est une préincarnation de Don Quichotte.

C'est avant tout un contemplatif. Dans le calme de la contemplation, son imagination s'enflamme. Cette lampe du feu intérieur éclipse bientôt la lumière du fait extérieur. La réalité prend une valeur purement subjective. Qu'importe ce que « la raison, les mathématiques ou les cartes » peuvent dire, il sait. La réalité doit devenir ce qu'il dit qu'elle est. « Ça une auberge ? Allons donc, c'est un château ! » « Ça Haïti ? Allons donc, c'est Cipango ! »

La première opération est évidemment une pure création de l'esprit. Elle prend appui, comme toutes les créations humaines sur deux pôles, le moi et le monde. Colón, comme Don Quichotte, sent qu'il est appelé à accomplir une action, à remplir une mission. Laquelle ? Peu importe. Lorsque Colón eut découvert l'Amérique, il sentit que sa mission était de délivrer Jérusalem, et dans une lettre au Roi et à la Reine, il reporte sur sa deuxième entreprise les arguments qu'il avait déjà employés pour les décider à patronner la première. Don Quichotte est prêt à protéger tous ceux qui ont besoin de protection, et il se met en route poussé par son sens du devoir et sa foi dans sa mission. Ce sentiment qu'il a d'être élu pour quelque haut service est donc le premier trait à la Don Quichotte de Colón. L'autre pôle de leur construction est le monde. Car, quelque subjective qu'elle soit, elle repose évidemment sur des matériaux empruntés au monde extérieur. Bien que l'auberge ne soit pas un château, les auberges ont des murs comme les châteaux et sont comme eux des habitations pour les hommes. En outre, bien que Colón et Don Quichotte perdent la tête dès qu'il est question de Cipango pour Colón, de Dulcinée pour Don Quichotte, ils ne sont fous qu'au nord-nord-ouest, selon le mot de Shakespeare, et pour tout le reste, ils sont raisonnables et même intelligents. Colón soulève l'admiration de Humboldt lui-même sur des questions d'aiguilles magnétiques et de courants marins ; Don Quichotte fait impression sur les chanoines de Tolède et les gentilshommes campagnards par la pénétration et la sagesse de ses propos. Colón a beau croire à Cipango et à Esdras, il ne s'en laisse pas conter par les dragons et les griffons de d'Ailly ; Don Quichotte a beau croire aux géants et aux enchanteurs, il s'arrête devant la tête parlante de Barcelone. Mais tous deux croient aux îles.

Évidemment, tout le monde au Portugal, à l'époque de Colón, croyait aux îles. Après tout, il y en avait de temps en temps qui émergeaient d'au-delà le voile de néant, devenaient réelles et habitables, et offraient leurs plaisirs et leurs vierges prairies, leurs forêts de palmiers avec la prodigalité de l'innocence. Et de temps en temps, on apprenait qu'un marin, un secrétaire du Roi, ou un éleveur de lapins était devenu capitaine héréditaire de l'un de ces nouveaux royaumes que l'océan ne cessait d'offrir au Roi de Portugal sur un plateau de bleu azur bordé d'écume argentée, couvert d'un voile de brume.

Mais il y a plusieurs moyens de vouloir une île. Et il est probable que peu de chasseurs d'îles les ont aussi ardemment poursuivies que Colón et Don Quichotte. Une île pour un esprit passionné et contemplatif est en vérité un lieu idéal. Là, votre Moi règne, loin des importuns. La mer vous entoure, vous protège de tous les côtés, de tous les dangers. Les chocs cruels et les coups de la réalité que vous redoutez tellement sont esquivés. La mer empêche la réalité d'approcher et vous, à l'intérieur de vos inviolables frontières liquides, vous pouvez surveiller de plus près les choses et les gens qui peuvent chercher à vous atteindre, c'est-à-dire à vous blesser. Cette contemplation peut être vraiment une joie, et le feu de votre âme peut brûler en paix, vous consumer de telle manière que votre flamme s'élève droite dans le ciel bleu sans être exposée aux impuretés de l'action et aux cendres de la critique. C'est pour cela que les contemplatifs ardents comme Colón et Don Quichotte aiment tellement les îles.

***

Nous retenons donc que Colón commença à parler de ses projets à la Cour à partir de 1478 et qu'il les remit par intervalles sur le tapis jusqu'en 1484, date à laquelle, de dépit, il partit pour la Castille ; et que ses projets étaient surtout l'expression et l'image géographiques d'un feu intérieur allumé dans son imagination par le soleil de la découverte alors à son zénith au Portugal.

Nous tenons de Colón lui-même un plan parfait de l'architecture don-quichottesque de sa construction : l'inspiration personnelle ; le minimum de matériaux extérieurs comme support tangible ; et l'ardente foi intime : « Dans ce temps j'ai vu et me suis efforcé de lire toutes sortes d'écrits, histoires, chroniques, philosophie et autres arts, par lesquels Notre-Seigneur m'a donné à comprendre d'une manière tangible qu'il était possible de naviguer d'ici aux Indes et m'a donné la volonté de le faire, et c'est avec ce feu que je suis venu à Vos Altesses. »

Il est vain de discuter si la route des Indes par l'ouest ou la découverte de nouvelles îles était la seule, ou même la première chose qu'il avait dans l'esprit. Ni l'une ni l'autre ne pouvaient être absentes de cette partie de son imagination qui reposait sur l'objet, puisque l'accès aux Indes par l'ouest et l'existence d'îles au-delà de Madère et du cap Vert étaient alors dans toutes les conversations à Lisbonne. Mais son imagination ne reposait pas tant sur l'objet que sur le sujet. Ce qui l'enflammait surtout, c'était sa mission et sa découverte, quelles qu'elles fussent, et de ce genre d'âme hautement imaginative et passionnée il est vain d'attendre des précisions de détail ou une fermeté de dessein *extérieur*. Toute la fermeté est dans l'élan intérieur.

Nous pouvons être certains que, mis au défi, il s'excitait et s'échauffait — nous trouvons d'abondantes preuves de cela chez les chroniqueurs portugais — et qu'il était capable de modifier son argumentation non seulement selon les racontars qui arrivaient de Madère, les calculs de Ptolémée ou la prophétie d'Esdras, à laquelle il accordait alors la plus grande importance, mais aussi d'une heure à l'autre, selon la tendance de la conversation, l'impression qu'il faisait ou croyait avoir faite sur ses interlocuteurs, ses espoirs et ses craintes. Car, malgré sa foi et son courage sans limites, il était plein de crainte, tout comme Don Quichotte. Il avait une peur mortelle que sa foi ne fût réduite en poussière au choc de la réalité, ou que son précieux secret ne fût dérobé dans le coffret de son âme. Et sous l'effet de cette crainte, sa prudence intérieure devenait de la suspicion, et tournait presque à la manie de la persécution.

En outre, on doit rappeler, pour excuser le vague de ses discours, que son projet était difficile à exprimer. C'était probablement comme ces mélodies intérieures que nous pouvons parfaitement chanter en silence, mais qui choquent tout le monde, y compris nous-mêmes, dès que nous essayons de les chanter à voix haute. Pressé de faire des propositions concrètes, que pouvait-il dire ? Il était enfermé dans un triangle : la lettre et la carte de Toscanelli, qu'il n'était pas censé connaître et qui étaient par conséquent tabous à la cour ; les histoires de bois sculpté et de pilotes chanceux qui étaient alors courantes sur les ponts des caravelles et dans les tavernes des ports, mais dont on devait certainement sourire dans les cercles plus élevés ; et... Esdras, qu'il était probablement le seul à considérer comme une autorité en la matière. Comment n'aurait-il pas été vague ? Ce dut être pour lui une torture que de rester court devant le Roi, empêtré dans des degrés et des largeurs d'eau, quand en lui-même, il était clair et décidé — et brûlant — comme le soleil. Et nous imaginons sa peau blanche et pleine de taches de rousseur rougir alors sous l'effet de son feu intérieur, ses yeux lancer des éclairs et sa voix gronder comme un roulement d'orage, plus bruyante qu'intelligible.

Pourtant, c'était précisément cette opposition qui lui donnait tant d'assurance. Plus il lui était difficile de traduire en mots sa vision, plus elle était claire à ses yeux ; plus il s'élevait de doutes à l'entour de sa foi, plus elle brillait d'un éclat soutenu. Las Casas a souvent souligné cette extraordinaire assurance de Don Quichotte-Colón : Il avait « conçu dans son cœur la plus extraordinaire confiance qu'il trouverait ce qu'il disait, comme s'il avait eu ce [nouveau] monde bouclé dans sa malle »; et ceci qui est encore plus affirmatif : « Car, à ce que je comprends, lorsqu'il décida de chercher un Prince chrétien pour l'aider et le patronner, il était déjà certain qu'il découvrirait des terres habitées, comme s'il y eût été personnellement (ce dont je ne doute pas quant à moi)... » Il est évident que sa principale raison d'espérer, ce n'était pas Toscanelli, qu'il lui était impossible de mentionner, ni les diverses légendes maritimes, ni même Esdras, mais sa foi inébranlable.

Sur la base de ces affirmations de son historiographe, bien faites pour éveiller la curiosité, et d'autres documents que l'on ne doit pas écarter légèrement, certains colombistes ont avancé l'hypothèse que Colón serait allé « là-bas » avant 1492. Cependant aucune prédécouverte de cette sorte n'est nécessaire pour expliquer la ferme conviction de Colón. Au contraire; pour une nature comme celle du découvreur, une visite réelle à la réalité aurait plutôt agi d'une manière dégrisante et déprimante sur sa foi. Tout ce que nous savons de lui nous conduit à soupçonner que sa conviction était bien plus forte lorsqu'il discutait avec les rois et les astronomes à Lisbonne ou à Grenade que lorsque, après 1492, il eut à discuter avec lui-même et avec... Haïti.

Non, il n'était pas allé « là-bas ». C'est pour cela qu'il était *à la fois* si vague et si sûr. Ceux qui prétendent qu'il ne pensait pas alors aux Indes, et qu'il ne parlait que d'Antilia et de Cipango manquent l'essentiel. Cipango était les « Indes »; et les « Indes » étaient l'Asie; autour de l'Asie, c'est-à-dire autour des Indes, il y avait une poussière d'îles, toutes plus ou moins dorées, un halo doré d'îles, dont l'une était Cipango; et, de toute façon, puisque Colón avait l'intention de naviguer vers l'ouest, il voulait dire naviguer en général vers « l'Inde ». Où donc pouvait-il aller vers l'ouest, sinon aux Indes ?

Nous n'avons pas du reste besoin de nous appuyer uniquement sur nos raisonnements pour en arriver à cette conclusion évidente. Il y a des preuves directes et irréfutables qui montrent que tel était réellement le sens que Colón attachait au mot. Las Casas le défend contre le Doyen de Reina, un certain Maestre Rodrigo de

Santaella, qui s'opposait à l'emploi du mot *Indes* pour désigner les Antilles. Son argument est celui-ci : « Cristóbal Colón ne les a pas appelées les Indes parce que d'autres les avaient vues et découvertes, mais parce qu'elles étaient la partie orientale de l'Inde au-delà du Gange, qui, prolongée vers l'est, devient pour nous occidentale, puisque la Terre est ronde. (...) Et puisque ces pays étaient la partie orientale inconnue de l'Inde, et n'avaient pas de nom propre, il leur donna le nom du pays le plus proche et les appela les Indes Occidentales... » A vrai dire, il ajoute : « ... Étant donné surtout qu'il savait que la richesse et la grande renommée de l'Inde étaient manifestes à tous, il chercha à persuader le Roi et la Reine, qui hésitaient au sujet de son entreprise, leur disant qu'il allait chercher et trouver les Indes par la route de l'ouest... » ; mais il est évident que le premier argument s'applique avec la même force à son époque portugaise.

Il semble cependant y avoir quelque confusion au sujet des mots « découvrir » et « découverte ». Ils paraissent souvent être pris dans un sens très exclusif et donner à penser que quand un marin ou un cosmographe parle de « découvrir » un pays, ce pays doit nécessairement être sauvage et primitif. Mais en était-il vraiment ainsi ? Était-ce exactement ce que les hommes du XVe et du XVIe siècles avaient dans l'esprit lorsqu'ils parlaient de « découverte » ? Pour eux, cela signifiait évidemment, « intégration dans la société occidentale d'hommes et de nations ». Peut-être n'auraient-ils pas défini le mot de cette manière, mais c'est ce qu'ils entendaient. Et il n'y avait rien dans cette idée qui préjugeât que les pays ainsi découverts, c'est-à-dire recouvrés ou sauvés de leur isolement et ramenés au sein de la communauté occidentale, fussent soit civilisés, soit sauvages. Colón lui-même parle des « grandes villes du Grand Khan qui seront sans doute découvertes ». Et dans l'une de ses notes du d'Ailly, il dit : « Plus de la moitié du quart de la Terre où nous sommes nous est inconnue, et il y a encore des villes qui sont inconnues aux savants. »

Mais Colón ne se proposait-il pas d'emporter « un

certain nombre de biens d'échange tels que des soieries des Flandres, des cloches, des bassines de cuivre, des feuilles de cuivre, des colliers de perles, des verres de différentes couleurs, des miroirs, des ciseaux, des couteaux, des aiguilles, des épingles, des chemises de toile, du drap de plusieurs couleurs, des bonnets de couleur et choses semblables, toutes de peu de prix et de peu de valeur, bien que hautement appréciées par les ignorants se trouvant parmi eux »? Toute « l'Inde » n'était pas civilisée, ni pavée d'or ou couverte de ponts de marbre, et la poussière d'îles contenait certainement des pays « non découverts » non seulement par l'Occident mais aussi par l'Orient. Il n'y a donc pas de raison de rejeter l'opinion exprimée par Las Casas, lequel résume admirablement le plan finalement soumis par Colón au Roi Jean de Portugal dans une phrase typiquement hybride et imaginative : « Il proposa son affaire au Roi de Portugal, et ce qu'il offrit de faire fut ce qui suit : Que par l'ouest vers l'auster ou le sud, il découvrirait de grands pays, îles et terre ferme, très heureux, très riches en or, en argent, en perles, en pierres précieuses et en peuples infinis ; et que, par ce côté, il avait l'intention d'arriver jusqu'aux terres de l'Inde, et à la grande île de Cipango et aux royaumes du Grand Khan. »

C'était, on le reconnaîtra, une proposition honnête. Quel prix devait payer le Roi ? Les prétentions de Colón n'avaient rien de modéré. Mais laissons la parole à Las Casas : « D'abord, qu'il serait honoré et armé Chevalier avec [le droit de porter] des éperons d'or. » Don Quichotte, bon gentilhomme, de quel cœur aurais-tu approuvé cette première condition posée par ton précurseur au Roi de Portugal, toi qui, au soir de la première journée de ta vie de chevalier errant, las d'avoir parcouru les plaines brûlées par le soleil de la Manche, passas la nuit à veiller tes armes, pour être fait chevalier à l'aube par cette canaille d'aubergiste que tu avais pris pour le Seigneur du château ! Ce marin génois, qui gagnait misérablement sa vie en dessinant des cartes, mais portait haut la tête, sûr qu'elle abritait de hauts rêves, pose comme première condition pour découvrir les Indes le droit de porter des éperons d'or ! A bon droit, un auteur portugais a pu dire que l'armée des découvreurs constituait une sorte de chevalerie. Des épices, vraiment ! Quelle valeur accorde-t-on au droit de porter des éperons d'or en économie politique ? Voici Colón qui propose d'ouvrir la plus courte route vers le pays des épices. Que demande-t-il ? Une paire d'éperons d'or, pour piquer les chevaux de Neptune. Et ensuite, « le droit de se faire appeler Don Cristóbal Colón, ainsi que ses successeurs ». Ici encore, nous sommes sûrs de l'approbation de Don Quichotte, car nous savons avec quel soin il choisit son nom et comment il rendit célèbre par ses hauts faits ce titre de *Don* ; il aurait certainement été très satisfait de voir que cette condition venait immédiatement pour Don Cristóbal de Cipango après l'octroi des éperons d'or.

Il réclamait ensuite le titre de Grand Amiral de la Mer Océane, ce qui, à coup sûr, est un titre très magnifique et celui-là même que convoite tout homme de bon sens. Il ne fait du reste aucun doute qu'il méritait ce titre, qu'il a fini par obtenir, non du Roi de Portugal, qui était bien trop rationaliste et disciple de Machiavel pour le comprendre, mais de la Reine de Castille ; car Cipango ou pas, Amérique ou pas, c'est lui qui, le premier, a navigué en haute mer, comme l'a dit fort justement Oviedo : « Cristóbal Colón a été le premier en Espagne à apprendre comment naviguer sur le vaste océan en mesurant la hauteur des degrés du soleil et du nord, et le premier à mettre cette connaissance en pratique ; car avant lui, bien qu'un tel art fût enseigné dans les écoles, peu (ou mieux, personne) s'étaient aventurés à essayer véritablement sur la mer. »

Sur les privilèges qu'une position aussi élevée lui vaudrait, Colón ne prenait aucun risque et ne laissait rien à la conjecture ; on devait lui accorder « toutes les prééminences et prérogatives, privilèges, droits et immunités dont jouit l'Amiral de Castille ». Car il faut savoir que l'Amiral de Castille était le seigneur le plus richement doté de ceux qui chevauchaient en ce temps-là les vagues. Colón devait être en outre « Vice-Roy et gouverneur perpétuel de toutes les îles et terres fermes qu'il pourrait découvrir en personne ou qui viendraient à être découvertes par son industrie ».

C'est alors, mais alors seulement, sa grandeur et sa noblesse solidement établies, que Colón s'occupait des conditions matérielles. Il devait avoir « le dixième de tout le revenu résultant pour le Roi de tout l'or, l'argent, les perles, les pierres précieuses, et de tous les métaux, épices et autres choses lucratives, et de toutes les sortes de marchandises achetées, échangées, trouvées ou conquises dans les limites de son Amirauté ». Et finalement, il aurait le droit de contribuer pour un huitième aux dépenses de toutes les expéditions vers les terres nouvellement découvertes, et de participer pour un huitième aux bénéfices. Ces deux dernières conditions ont fait froncer le sourcil à bien des biographes de valeur et l'ont fait accuser par eux de cupidité. Cependant, comment porter des éperons d'or si l'on va à pied ? Cela ne se fait pas. Un chevalier en éperons d'or doit monter un pur sang, et sur un pur sang, un chevalier ne peut monter que vêtu d'or et de brocart. Un grand Amiral de la Mer Océane peut-il commander à sa flotte drapé dans une cape usée jusqu'à la corde ? La critique est sotte. Colón était essentiellement une sorte de Don Quichotte, assoiffé de gloire, de splendeur et de renom, et l'attention qu'il apportait aux gains matériels n'était que le signe du soin avec lequel il protégeait sa dignité contre les attaques de la pauvreté. Un magnifique seigneur doit avoir un magnifique revenu.

Personne n'avait jamais élevé devant le Roi de Portugal de prétentions aussi extravagantes. Si comme il semble que cela soit le cas, cette proposition souvent répétée fut présentée sous cette forme en 1483 ou 1484, Colón avait alors environ trente-deux ans. Il avait, il est vrai, navigué « sur tout ce qui peut tenir la mer », comme lui-même devait le dire plus tard. Cependant, c'était socialement un humble étranger, patronné par le médecin juif du Roi et marié dans une famille bien connue, très aimée du chef de l'Église portugaise ; ces circonstances n'étaient pas une garantie pour les orgueilleuses prétentions qu'il élevait en proposant de remettre des terres quelque peu nébuleuses, sinon fabuleuses. Comment expliquer ce déséquilibre évident entre ce que Colón « offrait » et le prix exorbitant qu'il en exigeait ?

En un sens, l'importance de ce prix mesure l'exaltation qui s'était emparée de Colón à la suite de sa découverte intérieure. La certitude don-quichottesque de son hallucination le conduisait sans aucun doute à s'imaginer que toutes les richesses du Grand Khan étaient déjà dans sa poche. Pourtant, il est facile de supposer que, en même temps que le feu de son imagination ardente, un autre feu, d'une nature sinistre, imposait alors à son âme un tourment bien pire. A l'époque où il soumettait ses exorbitantes propositions au Roi Jean de Portugal, ses parents et amis, juifs convertis d'Espagne, étaient chassés de leurs foyers, couverts de honte et d'opprobre, et brûlés sur le bûcher. Il fallait qu'il triomphe pour eux, qu'il s'élève d'autant plus haut que ses frères étaient tombés plus bas. Cette sombre tragédie qui, comme on le montrera par la suite, fut toujours présente à son esprit, est nécessaire pour expliquer l'intensité presque diabolique de son orgueil, qui s'élève pour la première fois au-dessus du sens commun dans ces conditions absurdes posées au Roi Jean de Portugal et qui devait être plus tard la principale cause de sa chute.

Jean II accueillit naturellement ces propositions avec peu de sympathie. « Le roi, dit Barros, voyant que ce Christovam Colom était un bavard et un fat qui se vantait de ses capacités, et qui faisait preuve de plus de fantaisie et d'imagination que de précision quand il parlait de son île de Cipango, ne lui accorda que peu de crédit. Cependant, ajoute Barros, non sans une certaine hauteur, devant son insistance [le Roi] l'envoya à Dom Diego Ortiz, Évêque de Ceuta, et à Maître Rodrigo et Maître Josope, à qui le Roi s'en remettait généralement pour ces questions de cosmographie et de découverte, et ils tinrent tous pour vanité les paroles de Christovam Colom, car tout ce qu'il disait était basé sur les imaginations et les choses de l'île de Cipango de Marco Polo. »

Les trois hommes à qui Colón avait été renvoyé

étaient des juges pleinement qualifiés. Deux d'entre eux étaient les médecins et astrologues juifs du Roi ; le troisième, l'Évêque de Ceuta, plus tard de Vizeu, un Castillan, n'était pas là comme représentant de la théologie, car il n'y avait plus personne à cette époque, sinon Colón lui-même, pour mêler la théologie et la cosmographie ; il n'était là qu'en raison de sa compétence scientifique. La science, jouant le rôle de Sancho Pança, représentant de la Réalité, cria à Don Quichotte-Colón : « Arrêtez, Messire Don Quichotte. Le Cipango auquel vous croyez n'existe pas, il n'y a qu'une mer large et infranchissable sur laquelle aucun roi dans son bon sens ne consentira jamais à risquer ses caravelles. » Mais Don Quichotte ne serait pas Don Quichotte et il n'aurait pas conquis l'immortalité s'il avait écouté la voix de la simple réalité, et la réalité ne se serait jamais élevée au-dessus d'elle-même si de temps à autre un Don Quichotte n'était apparu sur la scène de l'histoire, résolu à secouer ses habitudes d'apathie. C'est ainsi que Colón décida que le Roi Jean ne méritait pas qu'on le supplie, que le Seigneur lui avait bouché les yeux et les oreilles et tous les sens. Qui sait ? Peut-être profiterait-il du « renseignement » fourni par le postulant découvreur pour envoyer une caravelle au-delà de l'océan et voler Cipango et tout ce qu'il y avait derrière, y compris l'immortalité, au coffre bien fermé où leur légitime propriétaire — et inventeur — les avait gardés jusqu'alors et qu'il avait imprudemment entrouvert ? Il décida de quitter le Portugal. Mais où pouvait aller un découvreur ? Il lui fallait un Prince. Seul un Prince régnant pouvait « favoriser et patronner » les ambitieux projets d'un découvreur. Il lui fallait quitter le Portugal ; et évidemment, le Seigneur était d'accord, puisqu'Il venait de rappeler à Lui la femme du découvreur, « car, dit Las Casas, toujours bien informé des intentions du Seigneur, il convenait qu'il ne fût pas encombré du souci et de l'obligation d'une femme pour une affaire à quoi Dieu devait l'occuper toute sa vie ». Certes, il lui restait son petit garçon, mais c'était moins gênant. Son époque portugaise était terminée. Avec une faculté d'adaptation typiquement juive, il était devenu portugais. « Colom s'était marié dans ce royaume, dit Oviedo, et il était devenu un vassal naturel de ce pays par son mariage. » Avec une mobilité typiquement juive, il était prêt à changer à nouveau d'allégeance. A qui appartenait-il donc ? Le plus grand génie espagnol de sa race, Fernando de Rojas, devait quelques années plus tard trouver la réponse admirable que Calisto, l'amant de Mélibée, fait à la question : « N'es-tu pas chrétien ? — Je suis mélibéen », répond Calisto. Colón n'était ni génois, ni portugais, ni même juif. Il était « cipanguien ». Il appartenait à la Mer Océane. Il n'avait pas d'autre patrie. Pour lui, un pays n'était que la terre derrière un port où l'attendaient trois caravelles. Mais quelle terre ? A présent que le Portugal était rayé de sa carte, il ne restait que trois pays assez grands pour lui octroyer ses éperons d'or : la France, l'Angleterre et la Castille-Aragón. Il « savait » par d'Ailly, et avait dûment noté que « les Français et les Anglais étaient peu versés en astrologie ». Pourtant la France et l'Angleterre ne pouvaient être écartées si facilement : elles possédaient de nombreux ports, et un nombre non négligeable de caravelles. Il enverrait son frère vers le nord.

Quant à lui, son choix allait évidemment se porter sur la Castille. C'était la plus grande puissance maritime ; c'était elle qui avait la meilleure tradition de science cosmographique. Et c'était le pays où ses frères souffraient la mort et l'humiliation — donc le pays dans lequel et *sur* lequel, lui, *converso*, devait gagner ses éperons d'or.

Ainsi, en route vers la Castille. Mais, attention, qui dit que là-bas, lorsque j'exposerai mon projet à des astronomes et à d'autres savants, je ne serai pas à nouveau vaincu par mon incapacité à fournir un argument concret, une autorité, une carte ? Ce Toscanelli... Ici, au Portugal, c'est un danger parce qu'il m'est impossible de le citer : là-bas en Castille, sa lettre et sa carte y seront des arguments. Pourquoi pas ? Un jour, Colón alla dans le cabinet où il savait que se trouvaient, couvertes de poussière et oubliées, la précieuse lettre et la précieuse carte. Il avait à la main un livre, qui lui appartenait : l'*Historia Rerum Ubique Gestarum* du Pape Pie II. Il retira le document de son classeur, et sur une des pages blanches du volume, il le recopia. Prudent comme à l'ordinaire, il omit les données essentielles, tel que le point de départ des calculs sur la longueur des traversées ; il prit ensuite assez de notes pour pouvoir recopier la carte tout à loisir ; et finalement, s'étant assuré la possession du trésor dont il avait besoin en guise de lettres de créance scientifiques pour sa quête espagnole, il quitta la pièce sachant bien que, quoique le Roi de Portugal pût le considérer comme un traître, il était en règle avec la postérité.

Ainsi, sa précieuse carte et sa précieuse lettre dans son portefeuille, sur son cœur, et avec son petit Diego, alors âgé de cinq ans, pour seul compagnon, Colón quitta le Portugal, entamant la dernière étape de sa quête, la bonne. Brave comme Don Quichotte, il marcha droit sur le danger. Dans son cœur, il sentait « le feu de son entreprise » ; et au-dessus des collines et au-delà du Guadiana, il pouvait voir en esprit les feux du fanatisme religieux brûler ceux de sa race, les flammes qu'il devait traverser pour arriver à la victoire : c'était le feu contre le feu.

TROISIÈME PARTIE

CRISTÓBAL COLOMO
AVENTURIER DE CASTILLE

CHAPITRE XI

JUIFS, CHRÉTIENS ET *CONVERSOS*

Colón de nouveau tourné vers l'est et pénétrant en Castille rentrait chez lui, et cela de bien des façons. L'Espagne était depuis des siècles un foyer national juif. Aucun pays — sauf la Palestine — ne s'était à ce point identifié à la race juive. Cela était dû en partie à la nature orientale de la Péninsule, qui lui a toujours donné tant de charme aux yeux des Orientaux ; l'Espagne est en tant que milieu géophysique un lieu de prédilection pour tout ce qui est oriental : c'est là que trois races orientales — les gitans, les Arabes et les juifs — ont connu leur plus haut degré d'activité créatrice.

Mais pour les juifs, la Péninsule ibérique était aussi une patrie à l'ancienneté. La tradition juive fait remonter à l'époque de Salomon la première installation de juifs en Espagne, et leur attribue même la fondation de Tolède, dont le nom a été considéré par quelques rabbins comme une forme du mot hébreu *Tholedoth*, signifiant *générations*. Bien qu'on soit tenté de supposer que des installations côtières de commerçants maritimes ont pu exister dès 1000 avant Jésus-Christ à l'époque où les Phéniciens, proches cousins des juifs, menaient un lucratif commerce avec la riche et attirante Péninsule, l'immigration historiquement prouvée commence avec le grand exode causé par la destruction de Jérusalem en l'an 74 sous le règne de Vespasien. Depuis cette date jusqu'à leur expulsion en 1492, les juifs ont été mêlés si profondément à la vie du pays que l'Histoire de l'Espagne ne saurait s'écrire sans eux. « Il serait difficile, écrit la meilleure autorité espagnole en la matière, José Fernández Amador de Los Rios, de faire l'Histoire de la Péninsule ibérique, qu'elle soit civile, politique, religieuse, scientifique ou littéraire, sans rencontrer à chaque page quelque fait ou nom mémorable, relatif à la nation hébraïque. » Finances, commerce, industrie, politique, loi, érudition, sciences, et particulièrement médecine, lettres, toutes les formes de la vie civilisée, excepté peut-être les arts plastiques, portent en Espagne la marque de ce peuple particulièrement actif, industrieux et créateur.

Sa fortune sur le sol espagnol, durant les quatorze siècles qu'il y a vécu, a varié considérablement, comme il était inévitable, avec les profonds changements auxquels la Péninsule fut soumise : d'abord province romaine, puis royaume wisigoth, finalement marche-frontière entre l'Europe chrétienne et l'Afrique musulmane, au cours de sept siècles de vie en commun, à travers la paix et la guerre entre les Maures et les Celto-Ibériens romanisés.

Un examen d'ensemble de cette période conduit à un certain nombre de conclusions bien assurées :

1º Après des phases d'antisémitisme et de législation oppressive, particulièrement au début de la période wisigothique et après l'invasion maure, les juifs ont connu en Espagne une prospérité et une liberté politique et religieuse plus grandes, qu'en aucun autre pays d'Europe.

2º Dans aucun pays et à aucune époque de l'Histoire les juifs n'ont eu dans l'administration des États royaux et féodaux, et même dans la vie économique des riches et puissantes familles, la part qu'ils ont eue en Espagne.

3º Les juifs ont été un facteur particulièrement important du développement de la civilisation ibérique, grâce à leur importante contribution à la vie industrielle, agricole et commerciale de l'Espagne médiévale et à l'effet stimulant qu'ils ont eu sur l'activité intellectuelle, non seulement de l'Espagne, mais aussi à travers elle, de l'ensemble de l'Europe.

4º Les monarques de l'Espagne chrétienne s'en sont tenus dans l'ensemble, à quelques exceptions près, à une tradition qui les conduisait à se considérer comme les protecteurs naturels des juifs. Légalement, les juifs

« appartenaient » à la couronne. « Mes juifs », écrira Ferdinand IV, réprimant fermement une tentative de persécution. Les plus grands Rois, Ferdinand III de Castille, Jaime Ier d'Aragón, furent franchement et activement prosémites. A la mort de Ferdinand III, son fils Alphonse X, qui devait fonder à Tolède un centre célèbre d'érudition astronomique, essentiellement juif, bâtit à Séville un mausolée en l'honneur de son père, sur lequel il écrivit les louanges du feu Roi en castillan, latin, arabe et hébreu.

5° La persécution s'est élevée surtout en vagues d'origine populaire, généralement sur l'instigation de quelque agitateur. Elle a toujours été réprouvée par le Roi et par les Grands. En langage moderne, nous dirions que cette persécution a toujours été « démocratique ». Ses causes peuvent être résumées comme suit :

a) La tradition que, à la venue des Maures en 711-715, les juifs avaient ouvert les villes et les forteresses aux envahisseurs et accepté de se charger des conquêtes passées, permettant ainsi aux Maures de marcher vers de nouvelles victoires. Ce fait, historiquement établi, devait laisser des traces profondes dans la nation hispano-chrétienne.

b) L'envie suscitée dans les classes pauvres par la richesse et la prospérité des juifs. Exceptionnellement industrieux et intelligents, les juifs s'élevaient facilement dans l'échelle sociale de la richesse. Ceux qui étaient avisés, généreux et propres, s'élevaient d'une manière ; ceux qui étaient bêtes, malhonnêtes et rusés s'élevaient d'une autre ; mais *tous s'élevaient*.

c) L'usure. C'est un fait bien établi que les juifs avaient l'exclusivité de l'usure dans l'Espagne médiévale. En quatorze siècles de séjour dans la Péninsule, les juifs semblent avoir été incapables de comprendre qu'ils laissaient le danger s'accumuler sur leur tête à tous en permettant à certains d'entre eux de faire d'« usure » un synonyme de « juiverie » dans l'esprit du peuple espagnol. Les Conciles de l'Église et les Cortès royales témoignent constamment de ce mal.

d) La prédominance des juifs, presque à l'exclusion des chrétiens, dans l'administration des impôts, ce qui attirait sur eux la haine des contribuables de mauvaise volonté. Ce trait est universel : dans tous les royaumes espagnols et à toutes les époques, le collecteur d'impôts est un juif.

e) Une tendance à prendre part aux querelles intérieures et à la « politique », ce dont on leur gardait rancune et que l'on faisait payer lourdement quand le parti qu'ils avaient soutenu était vaincu.

f) Un certain nombre de croyances populaires relatives aux abominations que les juifs étaient censés commettre, certaines fondées sur des faits assez raisonnables comme leur tendance au prosélytisme (pourquoi pas ?) ; certaines sur de folles généralisations, basées sur des affaires criminelles, telles que l'idée courante que, le vendredi saint, ils crucifiaient de jeunes chrétiens ; d'autres simplement absurdes, comme la croyance que les médecins juifs (la plupart des médecins étaient juifs) empoisonnaient leurs malades chrétiens toutes les fois qu'ils le pouvaient.

On verra aisément que toutes ces « causes » ont leur origine dans une cause unique qui les explique toutes : la *différence*. Il y a un apologue dans le Talmud qui résume toute l'affaire en deux mots. Trois gouttes d'huile demandent la permission d'entrer dans un vase d'eau. L'eau refuse, parce que, dit-elle, si vous entrez, vous ne vous mélangerez pas, vous monterez à la surface, et quoi que nous fassions par la suite pour nettoyer le vase, il restera huileux...

La différence est la seule cause réelle des difficultés auxquelles Israël se heurte depuis des siècles. Où qu'il aille, il est différent ; et, par conséquent, tout ce qu'il fait est mal. On trouve partout des collecteurs d'impôts, des usuriers, des vaniteux et des criminels : toutes les nations en sont pleines et ont à composer avec eux ; mais s'il se trouve qu'ils sont juifs, toutes les nations prennent la mouche, parce que cela vient d'un étranger, alors qu'elles le supportent en silence, bien obligées, si cela vient d'un des leurs. Et ce passif dans les comptes n'est pas compensé par les distinctions que les juifs obtiennent dans la science, les lettres ou les autres démarches de la vie, car on s'imagine que de telles distinctions honorent la juiverie plutôt que la nation où habitent les hommes de talent.

La différence, cependant, était un trait universel de la vie médiévale espagnole. La Péninsule était divisée en royaumes chrétiens et maures ; dans les royaumes maures, il y avait un très grand nombre de chrétiens qui s'étaient convertis à l'Islam ou qui étaient restés chrétiens sous la domination maure — et naturellement, un grand nombre de juifs. Dans les royaumes chrétiens, il y avait de nombreux Maures et de nombreuses communautés juives converties et aussi beaucoup qui ne l'étaient pas. Il nous est difficile d'imaginer la complexité de la vie dans la Péninsule à cette époque. Un serment devant la loi, par exemple, se prêtait différemment selon la religion des plaideurs, et il y avait ainsi six combinaisons dans le cas de deux plaideurs.

Mais c'est précisément pour cela que la question juive se posa de manière aiguë à la fin du XIVe siècle, et aboutit finalement à une crise au XVe. Parce qu'à la fin du XIVe siècle l'élément chrétien avait acquis une telle prépondérance que le corps politique ne pouvait pas tolérer plus longtemps la différence. A un corps vivant on donne un morceau de viande, c'est-à-dire un morceau d'une vie « différente » : il le digère et *l'assimile*, c'est-à-dire qu'il abolit la différence. Deux heures après qu'un astronome, un pianiste et un chat ont partagé à leur dîner le même morceau de bœuf, ce bœuf ne rumine plus : il mesure les étoiles dans le premier cas, il joue un nocturne dans le deuxième, il miaule à la lune dans le troisième. La viande est de la vie coupée de sa source et par conséquent inerte. Mais les juifs, bien qu'ils soient coupés de leur source, ne sont pas inertes. Ils ont gardé intact à travers les siècles leur vigoureux esprit particulier. Le corps politique de la nation espagnole, qui commençait à s'affirmer à la fin du XIVe siècle, ne pouvait pas assimiler les juifs.

Tel est le point de vue raisonnable, historique. Les erreurs, l'oppression, les crimes et les méfaits des juifs, et le fanatisme, la cruauté et la crédulité des antisémites chrétiens de l'Espagne doivent être considérés comme de simples formes ; la substance de la tragédie juive en Espagne a son origine dans le fait de la *différence*.

De là vient le rôle particulier joué dans cette tragédie

par le juif converti, c'est-à-dire par le juif qui a essayé de s'assimiler. L'histoire espagnole montre que le *converso* a été souvent le pire fléau de sa race. Un grand nombre de *conversos* se sont attachés à dénoncer les « juifs réprouvés » pour leur résistance obstinée à la parole de Dieu, avec beaucoup plus de zèle que les anciens chrétiens. La survivance de juifs « différents » devait nécessairement faire naître une profonde irritation chez ceux qui avaient sacrifié leur foi pour effacer cette « différence », un ressentiment contre des ex-frères impénitents qui les empêchaient d'arriver à une assimilation complète. Cette circonstance explique ce qui à première vue peut paraître monstrueux — la tendance antisémite du *converso*. La tradition était ancienne. Elle avait commencé, curieusement, par un document auquel Colón attachait tant d'importance qu'il l'avait copié dans son Livre des Prophéties : la lettre écrite en arabe en 1066 par le Rabbin Samuel du Maroc au Rabbin Isaac de Sujulmenza, et qui, traduite en castillan et en catalan, et plus tard en latin, avait acquis une renommée considérable dans toute la chrétienté ; quarante ans plus tard, le Rabbin Mossé, baptisé sous le nom de Pero Alfonso, publiait ses *Dialogues sur les Opinions impies des juifs* ; en 1263 et 1264, des moines d'origine juive avaient soutenu des controverses publiques avec des rabbins devant le Roi d'Aragón, et publié des livres anti-juifs, un entre autres dont le titre révèle déjà la cruauté montante des passions sous l'acuité intellectuelle de la controverse : *le Poignard de la Foi*. Le nom semble avoir été repris car, à la fin du XIVe siècle, le dominicain Fraï Pedro de Barcelone, lui-même d'ascendance juive, publiait son *Poignard des Juifs*.

Ce XIVe siècle fut fatal à la race juive dans toute l'Europe ; la Mort noire qui désolait tous les pays souleva d'abord en Allemagne, puis chez les autres peuples, une fureur aveugle contre les juifs, qu'on tenait pour responsables de la peste — tragique mais significatif exemple des dangereux effets de la « différence ». Les efforts du Pape Clément VI pour arrêter cette explosion de fanatisme insensé furent vains. L'Espagne, où l'épidémie faisait de nombreuses victimes, connut également sa vague d'antisémitisme, qui commença par les terribles massacres de Barcelone et de Gérone. Pourtant ces événements ne furent que les signes avant-coureurs de la persécution générale qui débuta à Séville en 1391 sous la direction du Doyen. Ce prêtre, qui avait nom Don Ferran Martinez, entêté jusqu'à en devenir rebelle et s'appuyant sur la faveur populaire, passa outre aux ordres exprès du Roi, de l'Archevêque et du Chapitre pro-juifs et entraîna la foule, contre les forces royales, au massacre et au pillage des riches quartiers juifs de la ville. Comme un feu de forêt, le pogrome « prit » dans beaucoup d'autres villes, avec les mêmes terribles effets. Les riches « judérias » des villes d'Espagne furent détruites par le pillage, leurs habitants assassinés. Le grand Chancelier, Pero Lopez de Ayala, devait écrire plus tard de son style sec, implacable : « Tout cela n'était que cupidité de voler plutôt que dévotion. » La perte pour la vie économique de l'Espagne fut incalculable. Sous la pression des événements, de nombreux juifs quittèrent l'Espagne. (Il est très probable que c'est vers cette époque que les ancêtres de Colón s'enfuirent à Gênes. Le tissage était un métier spécifiquement juif dans l'Espagne méditerranéenne.) Beaucoup se firent chrétiens. On avait souvent vu des conversions sur une petite échelle, individuelles ; c'était le premier mouvement de conversions en masse auquel on assistait dans la Péninsule. Le chef en était Fraï Vicente Ferrer, qui devait être canonisé sous le nom de Saint Vicente Ferrer. L'un de ses succès les plus remarquables fut la conversion de Selemoh ha-Levi, célèbre rabbin connu dans toute la juiverie espagnole pour son érudition et son talent, qui devint un Prince de l'Église non moins célèbre sous le nom de *Don Pablo de Santa Maria*.

Cet illustre *converso*, Don Pablo de Santa Maria, fut le principal chef de l'antisémitisme espagnol au XVe siècle. Également respecté pour sa science et pour sa vertu, il s'éleva rapidement dans l'Église et dans l'État et devint Évêque de Burgos, tuteur du Prince Jean (le futur Jean II de Castille) et Chancelier du royaume. Véritable père de l'Église à bien des égards, Don Pablo de Santa Maria plaça aux plus hauts postes de l'Église et de l'État sa nombreuse, et, semble-t-il, talentueuse famille. Grâce à son autorité sans rivale sur l'Eglise et l'Etat, et avec l'aide et la collaboration de ses nombreux fils, cet homme, qui était certainement droit et honnête, mais qui était animé d'une violente passion contre ses anciens frères de religion, organisa avec succès une campagne d'opinion et de législation dont le couronnement devait être non seulement l'expulsion des juifs en 1492, mais aussi l'implacable persécution des *conversos* par l'Inquisition, qui commença vers 1483 et qui devait durer des siècles.

Pablo de Santa Maria fut le premier à introduire une distinction entre les juifs fidèles, c'est-à-dire convertis, et les infidèles, c'est-à-dire les non-convertis. Toute sa vie, qui fut très longue, il resta un ennemi invétéré, intelligent et actif de sa race. Il inaugura ses activités officielles par l'établissement et la promulgation de l'*Ordonnance sur l'Isolement des juifs et des Maures* (2 janvier 1412), connue sous le nom d'*Ordonnance de Santa Catalina*, d'après le nom de la Reine Régente de Castille qui la signa. Les vingt-quatre articles de cette loi visaient à l'anéantissement complet de la part matérielle et morale que les juifs s'étaient taillée dans le pays.

L'influence de cette famille juive antisémite tout au long du XVe siècle ne saurait être exagérée. La figure centrale de ce siècle, Don Alvaro de Luna, puissant Premier Ministre d'un Roi faible (Jean II, père de la Reine Isabelle), restait fidèle à la tradition royale espagnole qui était de protéger les juifs. Mais malgré ses efforts sincères pour gagner à lui la famille Santa Maria, ces puissants *conversos* restèrent ses adversaires, et Alfonso de Santa Maria, fils de Pablo et son héritier au siège de Burgos, fut un des responsables de la chute de Don Alvaro. Avant de monter sur l'échafaud, Don Alvaro reçut l'assistance spirituelle d'un moine de Saint-François, Alfonso de Espina. Ce moine, qui était lui aussi un juif converti, devait continuer l'œuvre antisémite de Don Pablo de Santa Maria.

Le règne suivant, celui de Henri IV, est aussi gouverné par les *conversos*. Le favori qui monte, Diego Arias Davila, est un juif converti. Le favori qu'il remplace petit à petit est le fils chrétien d'un père juif. Arias Davila n'était pas cependant un *converso* antisémite, et malgré l'*Ordonnance de Santa Catalina*, il laissa les juifs reprendre le contrôle de l'État et les places de collecteurs d'impôts. Les représentants des villes et des bourgs aux Cortès de 1462 demandèrent que les juifs fussent à nouveau autorisés à faire du commerce avec les chrétiens et à leur prêter de l'argent (sans usure). Cette pétition montra que des rapports, si mauvais soient-ils, valent mieux que pas de rapport du tout. L'opinion publique paraissait pencher à nouveau en faveur des juifs.

Mais Fraï Alfonso de Espina veillait. Il s'était élevé rapidement et était devenu confesseur d'Henri IV (ce qui devait constituer une tâche écrasante si le Roi déchargeait effectivement son âme) et Recteur de l'Université de Salamanque. Cet homme, qui était d'un plus vil métal que Don Pablo de Santa Maria, publia en 1459 — alors que Colón était un jeune garçon de huit ans — son traité *la Forteresse de la Foi*, violente attaque contre tous les juifs, « fidèles » comme « infidèles ». Aussi incroyable que cela puisse paraître, tel fut le chemin que se fixa ce juif et qu'il suivit inflexiblement. Il redonna vie aux racontars les plus vils que la tradition populaire avait maintenus sur la race dont il était issu ; il prit position en faveur du baptême obligatoire, contre l'opinion officielle de l'Église ; mais, le pire de tout, il accusa carrément les *conversos*, dont il faisait partie, de trahir leur foi en secret ; et, rappelant que les lois wisigothiques punissaient de la peine de mort les chrétiens relaps, il écrivait les lignes suivantes, qui étaient grosses d'un avenir terrible : « Je crois que si l'on faisait à notre époque une véritable *inquisition*, innombrables seraient les hommes livrés au feu parmi ceux que l'on trouverait réellement coupables de judaïsme ; car, s'ils ne sont pas ici même plus cruellement punis que les juifs publics, ils seront brûlés par le feu éternel. »

Et cela n'était pas un simple élan rhétorique. Le féroce franciscain (un franciscain ! Cruelle ironie !) invita les ermites de Saint-Jérôme à se joindre à une pétition auprès du Roi demandant une Inquisition et, tirant sur la laisse, commença à faire de l'agitation par le moyen de la propagande « radiophonique » de l'époque, les sermons. Il avait déjà à sa disposition une technique de fausses nouvelles. L'un de ses complices déclara dans un sermon qu'il possédait des preuves matérielles qu'une centaine de fils de chrétiens judaïsants avaient été circoncis. Il fut convaincu de mensonge à la fois par le Roi et par le Général des Jérômites[1], ordre éclairé qui s'opposait avec un bon sens et une charité admirables à l'assaut de la vague démagogique anti-juive. Fraï Alfonso de Espina arracha aux faibles mains de Henri IV un décret ordonnant qu'une « inquisition générale », c'est-à-dire une enquête générale sur les « juifs clandestins », fût confiée aux évêques. L'Archevêque de Tolède transmit l'affaire à Fraï Alonso de Oropesa, Général des Jérômites, dont le rapport condamna impartialement les anciens et les nouveaux chrétiens pour leur manque de charité ; et la menace fit long feu.

Cependant l'attitude militante des franciscains amena un sérieux clivage entre les anciens et les nouveaux chrétiens, qui occasionna des bagarres sanguinaires et désastreuses dans plusieurs villes : Tolède 1467, Cordoue 1473, Ségovie 1474 (affaire singulière où Don Juan Pacheco, un *converso*, prit la tête de la populace au cours d'une émeute contre les *conversos*). Là encore, le mouvement fut démagogique ; la vague d'insurrection fut populaire ; ses chefs, des moines ou des artisans ; alors que de puissants seigneurs comme le Comte de Cabra et Don Luis Portocarrero prévinrent intelligemment les pogromes dans leurs villes ; ou bien, comme Don Alfonso de Aguilar, à Cordoue, épousèrent la cause des *conversos*, combattirent à leurs côtés et les menèrent en exil ; ou bien, comme le Haut Connétable Don Miguel Lucas de Iranzo, payèrent de leur vie, entre les mains d'une multitude déchaînée, le crime d'avoir appliqué la parole de l'Évangile, en protégeant les persécutés.

Le règne de Ferdinand et d'Isabelle commence donc en pleine tourmente. Ce ne sont pas deux, mais trois

1. Je m'excuse de ce néologisme, que je préfère pourtant à *Hiéronymites* trop pédant et peu vivant.

parties qui sont engagées dans le débat et dans les émeutes et les guerres qu'il engendre : les vieux chrétiens, les juifs et les *conversos*. Du point de vue religieux, les vieux chrétiens ont horreur de la « loi de Moysén » et sont pleins de soupçons à l'égard du *converso* peut-être hypocrite ; les juifs gardent un silence distant, dissimulant peut-être du mépris pour la loi du Christ, mais leur mépris pour le *converso* est plus profond et à peine caché ; tandis que les nouveaux chrétiens, souhaitant effacer la distinction entre anciens et nouveaux au sein de la chrétienté, sont également très empressés à distinguer les juifs fidèles des juifs infidèles. Du point de vue civil, les vieux chrétiens peuvent voir que les juifs, après leur conversion, sont tout aussi capables de monter, d'accéder au haut de l'échelle et de trouver les emplois lucratifs que l'étaient autrefois leurs frères non baptisés ; les juifs considèrent la conversion comme une arme avec laquelle leurs frères baptisés les battent facilement dans la lutte quotidienne ; tandis que les *conversos*, bénéficiant dans la réalité des avantages des deux états, remplissent bientôt les plus hautes charges dans l'Église et dans l'État, habiles parce qu'ils sont juifs, admis à tous les emplois parce qu'ils sont chrétiens, et ont tendance à interdire avec plus d'intransigeance encore que les vieux chrétiens les postes d'État et les emplois municipaux à leurs rivaux les « juifs infidèles ».

L'influence des juifs, fidèles ou infidèles, sur les destinées du règne est plus grande qu'on ne peut l'imaginer. Le fondement même de ce règne, le mariage d'Isabelle, le choix qu'elle fit de Ferdinand d'Aragón au lieu du Roi de Portugal ou du Duc de Berry, frère du Roi de France, fut essentiellement une affaire juive. Ferdinand d'Aragón était alors (1469) Roi de Sicile. Son père, Jean II d'Aragón, avait envoyé en Castille, comme négociateur, l'un de ses riches *conversos*, Mosén Pedro de la Caballeria le Jeune, fondateur d'une famille de *conversos* aragonais aussi puissante en Aragón que la famille Santa Maria l'était en Castille, et également auteur d'un violent pamphlet antisémite, *le Zèle du Christ contre les Juifs et les Sarrasins*, dans lequel il déclarait que « sur la ruine des juifs serait bâti et élevé le véritable et universel espoir chrétien ». Le jeune négociateur trouva sa tâche facilitée par deux vieux juifs éminents qui n'avaient pas pris la peine de se faire baptiser : Don Abraham le Vieux de Castille, qui devait loger le princier prétendant et le faire rencontrer sa maîtresse dans une entrevue secrète; et Don Selemoh d'Aragón, qui offrit à Isabelle un magnifique collier en or, que Ferdinand avait acheté, naturellement, avec de l'argent juif.

Le Roi et la Reine étaient littéralement entourés l'un et l'autre de *conversos*. Lorsque Jean II avait envoyé Ferdinand comme roi en Sicile, il lui avait donné un conseil composé en majeure partie de nouveaux chrétiens; quand le jeune Prince revint s'asseoir sur le trône d'Aragón, il ne fit qu'accroître le pouvoir des *conversos* dans ses conseils et ses assemblées. Plusieurs membres de la famille Caballeria furent faits membres de son conseil; ses deux secrétaires étaient des *conversos*; cinq frères Sanchez, fils d'un juif baptisé, reçurent de hauts postes dans l'Etat, dont ceux de Bailli général d'Aragón, de Grand Trésorier et de Maître rationnel (sorte de ministre des Finances) et ce choix est fait au hasard dans la longue liste des dignitaires néo-chrétiens qui entouraient le Roi. Dans les affaires militaires, Ferdinand confiait aux *conversos* les trois commandements clés de son royaume : les places de Perpignan, de Pampelune et la flotte de Mayorque. L'Église d'Aragón elle-même était dans une large mesure entre les mains des nouveaux chrétiens. Le chambellan privé *(camarero)* du Roi, Cabrero, était également un *converso*.

L'administration et la maison de la Reine Isabelle — financière, militaire et ecclésiastique — n'étaient pas moins juives. Ses trois secrétaires, parmi lesquels se trouvait Hernando del Puger, auquel il sera fait souvent allusion dans ce livre, étaient tous des néo-chrétiens. La Marquesa de Moya, son inséparable amie, qui lui ferma les yeux à sa mort, était l'épouse d'Andrés Cabrera, *converso* éminent. *Converso* aussi — du moins par sa mère — le confesseur de la Reine, Hernando de Talavera, l'un des plus saints hommes et des plus nobles esprits de tous les temps.

Fraï Hernando de Talavera devait jouer un rôle si

important dans le règne et en particulier dans la vie de Colón, qu'il faut prendre le loisir de faire plus ample connaissance avec lui. C'était un homme au-dessus de l'ordinaire. Doué d'une vive intelligence, qu'il développait par l'étude, et d'un tempérament vif, qu'il maîtrisa complètement par la discipline, cet homme talentueux semble avoir incarné toute sa vie le désintéressement. Il devint Prieur de ce monastère du Prado, sur la prairie (*prado* = prairie) où devait être plus tard érigé le célèbre musée. Il acquit une autorité indiscutée sur les moines en se chargeant des tâches les plus difficiles et même les plus basses et les plus répugnantes. La Reine voulait un confesseur. Ses conseillers déclarèrent unanimement : « Le Prieur du Prado. » On le convoqua. La distinction mondaine lui déplut, mais il accepta la charge. La scène de la première confession nous a été laissée par Fraï José de Sigüenza, l'historien de l'ordre des Jérômites auquel appartenait Fraï Hernando de Talavera.

« Elle avait coutume de s'agenouiller avec son confesseur près d'un siège ou d'un petit banc ; Fraï Hernando arriva et s'assit sur le banc pour entendre sa confession ; la Reine lui dit : « Il faut que nous nous agenouillions tous les deux. » Le nouveau confesseur répondit : « Non, Madame, je dois être assis et Votre Altesse à genoux, car c'est ici le tribunal de Dieu et je suis ici en Son nom. » La Reine resta silencieuse et se conduisit comme une sainte et on prétend qu'elle déclara plus tard : « Voilà le confesseur que je cherchais. »

Il acquit certainement une autorité sans rivale sur la Reine et le Roi (qu'il semble avoir également confessé), comme on peut le voir par une lettre de la Reine où, avec grande humilité, elle s'excuse auprès de lui d'accusations de frivolité qu'il lui avait faites dans une lettre évidemment perdue, mais à en juger par la réponse de la Reine, d'un caractère sévère. La Reine explique qu'elle n'avait pas dansé dans l'occasion à laquelle il fait allusion, qu'elle portait des vêtements achetés l'année d'avant et qu'elle n'avait acheté qu'une seule robe neuve. Cette correspondance nous donne des rapports entre deux des esprits directeurs de cette époque des précisions si grandes que nous n'avons pas le droit de nous en tenir aux hypothèses ou au caprice de la passion pour interpréter les intentions d'Isabelle. Quelque éloignement que nous puissions avoir pour certains événements de son règne, il n'y a pas l'ombre d'un doute que cette femme était totalement sincère, qu'elle avait une conscience et que pour gardien de cette conscience, elle avait choisi un saint.

Fraï Hernando de Talavera devint le confesseur de la Reine en 1478. L'Inquisition fut pour la première fois proposée au Roi et à la Reine en 1477 par un dominicain, le Prieur de Saint-Paul de Séville, fortement appuyé par le nonce du Pape Nicolao Franco. Le Roi et la Reine cédèrent à contre-cœur, mais comme Henri IV avait fait avant eux, ils demandèrent au grand Cardinal d'Espagne, l'Archevêque de Séville, Pero González de Mendoza, d'entreprendre une « inquisition », c'est-à-dire une enquête. L'aristocratique Cardinal appliqua des méthodes évangéliques : prêches, persuasion, écoles. Mais le peuple, les moines, le bas clergé étaient certainement de l'opinion de Bernáldez : « Dans tout ceci, deux années furent gâchées et cela ne fut d'aucun profit, car chacun continua de faire comme à son habitude ; et changer ses habitudes est un arrachement aussi mauvais que la mort. » En 1479, le Roi et la Reine cédèrent à la pression populaire et fondèrent l'Inquisition.

Peu d'institutions ont soulevé des passions plus violentes dans le cœur des hommes ; peu ont assombri la lumière de la raison chez ses critiques d'une fumée plus noire. Nous sortirions des limites de cet ouvrage si nous cherchions à porter un jugement équilibré et impartial sur les principes qui l'ont fondée et l'application qu'ils ont reçue. Mais il y a ceci, qu'il faut dire : la condamnation en notre siècle des actes d'un autre siècle peut être une satisfaction plus ou moins agréable, ce n'est pas de la compréhension ; ce n'est donc pas de l'Histoire. L'historien doit appliquer la maxime de Spinoza : « Ne pas pleurer ; ne pas se laisser aller à l'indignation. Comprendre. »

Pour commencer, l'Inquisition n'était pas dirigée contre les juifs, c'est-à-dire contre les juifs « infidèles » ou « publics », mais seulement contre ceux parmi les juifs « fidèles » qui étaient des juifs « secrets », c'est-à-dire contre les chrétiens qui, pour employer une expression de cette époque, « judaïsaient ». Si nous voulons essayer de comprendre les motifs qu'avaient le Roi et la Reine d'accepter une idée qui était si évidemment contraire à la tendance de leur politique — n'étaient-ils pas servis presque uniquement par des néo-chrétiens ? — nous devons donc nous demander :

1° S'ils pensaient que le mouvement était trop populaire pour qu'on pût y résister.

2° Si, à la suite d'une étude attentive de la situation, ils n'en étaient pas venus à penser qu'il y avait quelque fondement dans les plaintes populaires.

Le point de vue raisonnable est que ces deux raisons pesèrent sur la décision du Roi et de la Reine. Que le mouvement fût populaire était évident, et nous en connaissons déjà la cause : l'envie. On peut lire entre les lignes de l'histoire de Bernáldez, quand il explique que cette « hérésie » s'étendait grâce à « la grande richesse et à la vanité de nombreux savants, docteurs, évêques, chanoines, moines, abbés, comptables, secrétaires et agents du Roi et des grands seigneurs ». Il y a la passion originale, qui conduit le simple vicaire à abominer les *conversos* parce qu'ils évitaient les façons de vivre des chrétiens, « car vous devez savoir qu'avant l'Inquisition leurs façons étaient exactement celles des sales juifs, étant donné leurs constants rapports avec eux : ainsi étaient-ils des gloutons et de gros mangeurs, et ne perdaient-ils jamais leurs goûts juifs dans la cuisine (...) ragoûts d'oignons et d'ail, ou bien frits dans l'huile, et la viande cuite dans l'huile (...) pour éviter le lard, et l'huile avec la viande est une chose qui donne une mauvaise haleine ; et leurs portes avaient une odeur repoussante à cause de ces ragoûts et eux-mêmes avaient la même odeur à cause de leurs ragoûts et qu'ils n'étaient pas baptisés ».

Le bon vicaire s'emmêle quelque peu dans ses arguments à la fin, et donne peut-être un sens trop matériel à l'expression « odeur de sainteté ». Mais ce texte méritait d'être cité, car il montre ce qu'est restée l'Espagne juive en dépit de l'Inquisition. La cuisine à l'huile n'est plus une coutume juive mais espagnole. Ce n'est pas pour rien que l'eau du vase dit : « Et nous aurons beau nettoyer le vase, il restera huileux. »

Ce texte révèle d'une manière vivante la principale source des difficultés : la *différence*. Même s'ils avaient été sincères dans leur nouvelle foi, les nouveaux chrétiens mangeaient d'une manière différente ; ils avaient une odeur différente ; ils vivaient différemment ; le pire de tout, ils étaient *différents*. Et en s'élevant, ils offensaient.

En outre, étaient-ils sincères ? Il ne peut être question de donner une réponse générale, positive ou négative. Il y a dans les archives des exemples de *conversos* d'un haut niveau moral — tel Puljar — et des hommes d'ascendance *converso*, tel le Prieur du Prado, Hernando de Talavera, qui étaient des saints, des hommes presque parfaits. Mais les avantages matériels de la conversion au christianisme étaient si tentants pour un juif qu'il n'est qu'humain de supposer que si l'esprit fit des chrétiens de certains juifs, la chair en convertit d'autres. Il ne peut y avoir de doute que l'accusation de judaïsme secret correspondait à une réalité trop fréquente. Bernáldez est grotesque dans son parti pris, mais les détails qu'il donne ont souvent un air de vérité authentique, lorsqu'il affirme par exemple que les enfants étaient lavés en revenant du baptême, pour effacer l'action des eaux baptismales et des auteurs juifs ont franchement signalé comme un fait que, *en général*, la conversion n'était que feinte. Ainsi Kayserling :

« La conversion n'était cependant qu'extérieure ou feinte ; du fond du cœur, ils adhéraient loyalement à leur religion ancestrale. Bien que chrétiens en apparence, ils observaient secrètement les dogmes de la loi juive ; il n'était même pas rare de voir des dignitaires de l'Église agir ainsi. Ils célébraient le sabbat et les fêtes, rassemblés dans des synagogues souterraines ou secrètes, et pratiquaient chez eux les rites juifs. »

On peut aboutir à une conclusion analogue en lisant le chapitre consacré à la question par Hernando del Pulgar, *converso* lui-même, qui approuve tranquillement ce qui se faisait.

Telle est donc la clé de faits pénibles et fâcheux, si difficiles à expliquer autrement. Nous savons que l'idée déplaisait à Talavera. « Le Prieur du Prado, dit Zurita, était opposé audit office de l'Inquisition. » Pourtant il y donna son assentiment. Il ne saurait être question que ce soit par faiblesse. Comment le saint confesseur d'une reine honnête et droite pouvait-il approuver un si fort manquement à cet esprit évangélique qui baignait sa vie tout entière ? Parce que le Roi et la Reine étaient effrayés par un état de choses *partie existant*, partie exagéré par une bigoterie fanatique et, pis encore, par l'envie. La tradition selon laquelle l'Espagne devait devenir un pays sous contrôle juif a pu ou non exister parmi les juifs, elle a probablement existé chez les exaltés et les sots, tandis que les sages en souriaient ou bien la réprouvaient ; mais la croyance qu'elle existait chez eux était entretenue en Espagne par les *conversos* antisémites eux-mêmes. C'est un des principaux arguments des deux dialogues publiés par Don Pablo de Santa Maria alors qu'il avait quatre-vingts ans passés, et dans lesquels il rappelle la prophétie de Jacob *Non auferetur sceptrum de Ihuda*, que, déclarait-il, les juifs, appliquaient à leur domination en Espagne. Cette accusation inconsidérée portée contre les « juifs infidèles » par un ex-rabbin éminent qui devait savoir ce que les siens pensaient, se retourna contre sa malheureuse classe, celle des *conversos*, qui payèrent de leur vie sur le bûcher, dix bonnes années avant que leurs frères infidèles les payassent de leur exil, les craintes ainsi éveillées chez les chrétiens d'Espagne.

Qu'il y eût de la crainte est évident puisqu'il y eut de la cruauté. Mais essayons de comprendre. Le Roi et la Reine ne pouvaient être accusés de préjugés antisémites. Pratiquement toute leur Maison était juive. Il y a un épisode de leur règne qui illustre bien leur indépendance à l'égard de Rome, le sérieux de leur gouvernement et leur absence de préjugés purement raciaux. Cet épisode est d'autant plus éloquent qu'il survient à un moment où l'Inquisition est déjà en plein développement. Le siège de Cuenca devint vacant en 1482. Le Pape nomma son neveu, un Génois. Le Roi et la Reine firent valoir qu'ils voulaient que les sièges de leur Église fussent donnés à des sujets de leurs royaumes « présentés » par eux, entre autres raisons parce que ces sièges étaient souvent proches de territoires maures et devaient être confiés à des personnes du pays. Le Pape résista. Le Roi et la Reine ordonnèrent à tous leurs sujets habitant Rome de partir, et menacèrent de convoquer à un concile tous les princes de la chrétienté afin d'étudier ce point et d'autres relatifs à l'Église. Le Pape leur envoya un ambassadeur : non seulement celui-ci ne fut pas reçu, mais il fut prié de quitter les possessions du Roi et de la Reine. Finalement, le Roi et la Reine l'emportèrent ; le Pape retira sa nomination précédente, et le Roi et la Reine obtinrent celle du candidat de leur choix, don Alonso de Burgos, premier chapelain de la Reine. *Don Alonso de Burgos était de race juive*.

Ce cas concret choisi parmi tant d'autres devrait suffire à montrer que le Roi et la Reine étaient sincères dans leur respect des différences raciales, une fois qu'ils avaient la preuve d'une conversion véritable et d'un engagement fermement tenu. Mais voici qu'on leur disait : « Les juifs se proposent de s'emparer de l'Espagne. Leurs grands rabbins, avertis, nous ont prévenus. Voyant que cela leur était impossible s'ils restaient ouvertement juifs, ils se sont convertis. Mais leur conversion n'est qu'extérieure et feinte. Certains d'entre eux, tels Alonso de Espina, le confesseur du Roi Henri IV, l'ont dit aussi. Danger. Danger menaçant. Voyez comme ils se sont lovés ainsi que des serpents autour de Vos Altesses. » Et qui peut prétendre que ce tableau était totalement dépourvu d'invraisemblance ?

Une légende qui se forma en Castille sous le règne de Pierre Ier donne une bonne image de cette crainte de la race juive s'enroulant inextricablement autour du peuple espagnol. Pierre avait l'habitude de porter une ceinture, don de sa femme Doña Blanca, laquelle voulait expulser les juifs du royaume. Sa maîtresse négligée, Doña Maria de Padilla, se procura la ceinture avec l'aide d'un vieux juif, très puissant à la Cour, Simuel Ha-Levi, et le juif l'ensorcela de telle façon que dès que Pierre la remit — c'était au cours d'une cérémonie à la Cour, alors qu'il était en vêtements royaux — la ceinture se transforma en un serpent qui, à la grande horreur de tous ceux qui étaient là, s'enroula autour du cou du Roi.

Il y avait naturellement un problème juif qui se posait avec acuité. Les terribles massacres de 1391 avaient fait passer dans la clandestinité leur foi menacée, et une tradition de dissimulation s'était instaurée qui n'était que trop justifiée ; la conversion était rarement suivie de l'assimilation, tout au moins dans les couches inférieures de la société : l'historien des Jérômites, prosémite comme son ordre, fait remarquer « la mauvaise habitude qu'a l'Espagne de traiter ceux qui ont abjuré ces sectes [juifs et musulmans] plus mal qu'avant leur conversion, car c'est à peine s'il leur arrive de les appeler par leur nom [c'est-à-dire : les chrétiens les insultent], d'où il s'ensuit qu'un grand nombre d'entre eux refusent d'adopter une foi qui montre si peu de charité pour ceux qui la professent ». En outre, l'envie, cet ulcère du caractère espagnol, était certainement le plus puissant mobile de la campagne, comme on devait le voir au XVIe et au XVIIe siècle quand, tout danger ou ombre de danger ayant été écartés par l'Inquisition, des ecclésiastiques *conversos* intelligents et cultivés, et par conséquent prospères, furent chassés de leurs logements par l'Inquisition sous la pression démagogique des moines ignorants. Les historiens qui ont attribué le principe et la politique de l'Inquisition exclusivement à la cupidité du Roi ou à celle de l'Église ont été indûment influencés par les confiscations qui ont eu lieu malgré le Décret Royal ; mais le désintéressement du Roi et de la Reine leur échappe ainsi que la véritable nature des craintes qui ont amené l'Inquisition. Dans le chapitre même où il décrit la naissance de l'Inquisition, Diego de Valera raconte comment le Roi Ferdinand, ayant condamné à mort un magistrat local *(regidor)* de Tolède qui s'était rendu coupable de nombreux abus et de nombreux crimes, se vit offrir une grosse somme d'argent en échange de sa grâce : le Roi refusa l'argent, fit exécuter le coupable et ordonna que ses biens fussent confisqués pour indemniser ceux qu'il avait lésés ; quant au reste, il fut distribué aux pauvres. L'argent confisqué par l'Inquisition fut réservé pour les guerres de Grenade. Il aida à financer les voyages de Colón.

Le véritable mobile qui fit que l'Inquisition s'attaqua de préférence aux riches, c'est l'envie. Ce fut la haine particulière du succès du voisin qui, comme une herbe vigoureuse, pousse dans l'âme stagnante de l'indolent. Ici encore, Bernáldez se fait l'interprète fidèle du sentiment populaire quand il se plaint de la protection accordée aux juifs par les rois et les grands, « en raison du grand profit qu'ils retiraient d'eux ».

Sous le règne d'Henri IV parut un curieux document satirique qui peut être considéré comme l'expression littéraire de cette forme d'antisémitisme, fermentant dans les marchés et les monastères de moines mendiants : *Las Coplas del Provincial*. Ce texte se présente sous la forme d'une série rapide de questions et d'accusations lancées par le Provincial de l'ordre au « chapitre du monastère », c'est-à-dire à l'ensemble de la Castille, le premier « Frère » châtié étant le Roi lui-même. L'esprit est bas et même grossier ; l'atmosphère nettement celle d'un parloir de monastère. La note qui revient le plus souvent est que le « Frère » accusé est d'origine juive.

Encore une fois la *différence*. Quoi d'autre aurait pu éveiller des passions comme la crainte et la cruauté ? Et comme la crainte et la cruauté appellent la cruauté et la crainte, les *conversos* furent la proie de la tentation ; à Séville, ils organisèrent un soulèvement armé dans la maison du plus puissant d'entre eux, Diego Susan ; mais dénoncés à l'Inquisition par la propre fille de Susan, ils furent livrés aux flammes. A Saragosse, la conspiration se trama dans la maison d'un homme dont le nom de famille est écrit en grandes lettres sur le livre d'or de la découverte de l'Amérique : Luis de Santangel ; elle aboutit au meurtre d'un inquisiteur, Pedro de Arbués, et valut naturellement le bûcher et les flammes aux conspirateurs.

A cette époque (septembre 1485), Colón était déjà en Castille. Il avait dans ses maigres bagages un livre qui aurait aussitôt dénoncé le *converso* à l'œil haineux et exercé de l'Inquisiteur. Les attitudes s'étaient tellement figées qu'il était facile de les détecter et les interpréter.

Si la tendance d'un homme était de faire la séparation entre les vieux chrétiens et les juifs (« fidèles » ou « infidèles »), c'était un vieux chrétien ; s'il plaçait la frontière entre les chrétiens, (« vieux » ou « nouveaux ») et les juifs infidèles, c'est-à-dire s'il insistait non pas sur la différence entre chrétien et chrétien, mais entre juif chrétien et juif juif, c'était un *converso*. Or, dans son d'Ailly, Colón avait écrit de sa propre main une note marginale révélatrice qui semble avoir moins attiré qu'elle ne le mérite l'attention de ceux qui s'intéressent aux origines et à la race de Colón. C'est une longue note, dans laquelle Colón essaye de prouver qu'Esdras était effectivement un prophète (sinon, évidemment, son opinion sur la largeur de la mer n'aurait pas grande valeur) ; et dans cette note, on relève les lignes suivantes : « Mais cette prophétie n'est pas acceptée par les juifs réprouvés *(Iudei reprobi)*, bien qu'elle ait été acceptée par ceux d'entre eux, innombrables, qui ont cru dans les Évangiles. Israël a ainsi été scindé en deux branches, division annoncée comme inévitable par le prophète Samuel au Roi Saül. Les juifs réprouvés eux-mêmes (...) tiennent Esdras pour une autorité canonique. »

Lu dans le contexte de cette époque, ce document, qui souligne avec tant d'insistance la distinction entre le juif *réprouvé* et le juif fidèle, prouve que Colón réagissait comme un *converso* au principal problème du temps.

CHAPITRE XII

DUCS ET MOINES

Si brave qu'il fût, Colón était prudent, et il n'ignorait pas qu'en Castille, au milieu des grands et des inquisiteurs, il lui faudrait prendre ses précautions. L'âme de ce pays, nouveau et pourtant si vieux pour lui, était comme un sol fissuré, traversé et retraversé par des abîmes effrayants d'où montaient toutes sortes de gaz empoisonnés et de flammes meurtrières. Il a fallu, ces dernières années, la désolation de la guerre de classes et l'abomination du totalitarisme pour que l'Occident connaisse une époque où il soit aussi dangereux de vivre et aussi facile de mourir que cela l'était alors en Espagne. On peut être un rêveur sans être idiot, et Colón n'était certainement pas idiot, bien qu'il fût un rêveur.

Quelle était sa position ? Il ne fait pas de doute que sa religion était celle d'un chrétien sincère. Les curieuses réserves que nous avons notées à ce sujet dans Las Casas doivent néanmoins correspondre à une *distance réelle* entre la religion du découvreur et celle de son principal biographe. On peut être chrétien de tant de façons ! Sans parler des *conversos*, certainement nombreux, qui avaient épousé la foi chrétienne poussés par la crainte ou par l'appât du gain, un simple coup d'œil à la situation psychologique doit nécessairement montrer que les *conversos* ont dû observer cette foi de manières très différentes. Colón venait d'un autre climat religieux, peu importe lequel. Il était donc obligé non seulement d'introduire dans sa nouvelle patrie les tendances et les inclinations profondes que l'ancienne avait développées en lui, mais aussi de sentir les effets du simple changement, considéré comme une expérience psychologique en lui-même.

Il y a au moins trois traits de la foi juive que Colón a certainement transférés à son christianisme ; le sens prophétique ; le sentiment d'avoir été élu par le Seigneur pour une tâche bien définie ; et surtout, le sens contractuel, cette attitude qui voit dans tous les événements de la vie une transaction et qui attend et exige un *quid* défini pour tous les *quo*. A cette époque, de tels traits de caractère étaient dangereux en Castille. Aux narines exercées et susceptibles de l'Inquisiteur, ils trahissaient le juif au même titre que les ragoûts à l'huile et aux oignons de Bernáldez. Le sens prophétique était sans doute très chrétien, mais il n'appartenait pas à un simple laïc de se mettre à interpréter les textes sacrés : le sens missionnaire était un manquement grave à l'humilité chrétienne ; et ce sens contractuel rappelait trop les durs marchés que de pauvres vieux prêtres étaient contraints de passer avec de riches prêteurs juifs pour joindre les deux bouts.

Ce n'était pas tout. Le changement de religion, le simple fait que l'esprit d'un homme fût passé d'une religion à une autre, devait nécessairement créer une autre *différence* avec les vieux chrétiens, de même qu'une plante greffée diffère d'une plante poussée sur graine. Nous n'avons nulle raison de penser que, dans le cas de Colón, il y ait eu conversion proprement dite. Il est plus naturel de considérer que cette conversion a eu lieu lors de l'émigration de la famille, probablement lors des pogromes du début du XIVe siècle. Mais les effets d'une emprise de cette sorte ne s'évanouissent pas en deux générations. Sous cette orthodoxie chrétienne, il était impossible que Colón n'ait pas gardé ce sentiment de l'unité de tous les hommes qui est la principale leçon du changement de religion. Nous savons que ce fut effectivement le cas, et que toutes les fois qu'il put parler librement, ou même qu'il permit à sa sincérité de prendre le pas sur sa sécurité, il exprima en des termes qui ne trompent pas un beau sens humain et universel.

De tout cela, Colón était probablement inconscient. Une situation psychologique *vécue* diffère autant de la même situation analysée plus tard que la même mer vue par un nageur sous l'eau et vue du rivage par un flâneur. Cependant, il ne peut pas ne pas avoir vu ce qui se passait alors en Espagne, et son esprit prudent a dû chercher soigneusement le meilleur moyen d'évoluer dans les eaux nouvelles où il avait à naviguer.

Les ennemis les plus en vue des *conversos* étaient alors les moines franciscains. Cet ordre religieux était derrière — et parfois à l'avant de — la principale poussée qui conduisit à l'Inquisition. La chose à faire était donc d'entrer en Castille sous le manteau franciscain. Et effectivement, lorsque nous retrouvons Colón, la première fois que nous le voyons en Castille, il est en train de parler à un moine franciscain au monastère de La Rábida, à quatre kilomètres de ce Palos d'où il devait huit ans plus tard partir pour son grand voyage.

Pourquoi Palos? Ce choix s'expliquait par plusieurs raisons. Il ne faut pas imaginer que les pays étaient alors aussi nettement séparés qu'ils le sont à notre époque. Les relations *à l'intérieur* d'un pays entre le centre et la périphérie étaient moins faciles et moins fréquentes ; et par conséquent, les relations entre des régions de deux pays différents, proches de la frontière, étaient relativement plus fréquentes et plus faciles. La Condado de Niebla, comme on l'appelait, c'est-à-dire la région située entre l'embouchure de la Guadiana et Huelva, était alors (elle l'est toujours) l'endroit où les communications entre l'Espagne et le Portugal étaient les plus faciles. Colón lui-même y avait deux beaux-frères : Pedro Correa, le mari d'Iseu Perestrello, et Miguel de Mulyart, le mari de Violante, ou Briolanja, Muniz ; circonstance qui suffit à expliquer que Colón ait choisi cet endroit pour franchir la frontière de la Castille : il voulait laisser son petit Diego à l'une de ses tantes, comme il le déclara lui-même au moine qui l'interrogeait. La région tout entière vivait en camaraderie et en rivalité maritimes étroites avec le Portugal : on y embarquait pour les îles Canaries, de Madère et du Cap-Vert, on y faisait avec la côte de « Guinée » et « La Mina » toutes sortes de commerce, y compris la traite des Noirs, ce qui fut au XIVe et au XVe siècles la source de nombreux conflits.

Un homme qui est fort désireux de passer inaperçu n'emprunte pas les lentes voies terrestres quand une voile paisible peut l'emmener loin du port avant qu'on ait pu s'apercevoir qu'il pense à partir. Bien qu'il n'y ait aucun témoignage direct ou indirect sur ce point, on peut cependant affirmer que, selon toute probabilité, Colón quitta Lisbonne par mer et débarqua à Palos.

Il est vain de se demander s'il connaissait ou non des gens à Palos avant d'y arriver. Il avait des amis à Huelva, en tout cas, qui est à la porte de Palos. Mais, en arrivant dans la ville, il apprit que non loin de là, sur une colline au milieu des pins parasols, il y avait une maison de Saint-François. Voilà, se dit Colón, l'endroit qu'il me faut. Et il s'engagea sur le chemin en pente douce qui menait au monastère. Il y trouva un moine cordial, Fraï Juan Pérez, qui écouta avec sympathie sa merveilleuse histoire et appela le médecin du couvent, lequel s'adonnait à l'astronomie, pour qu'il écoute lui aussi le nouveau venu. Fraï Antonio de Marchena, le véritable astronome du monastère, se trouvait malheureusement en voyage à ce moment-là. Mais Colón retira un double avantage de son heureuse inspiration : son fils trouva un foyer et une école ; et il eut lui-même l'occasion de faire de nouvelles connaissances et de renforcer, parmi les marins de Palos, la confiance qu'il avait en son entreprise.

Le petit port était alors une Lisbonne en miniature, en étroit contact avec elle, et hanté par conséquent par les mêmes racontars, légendes, espoirs et visions que cette capitale de la découverte. Ici, dans le monastère de La Rábida, un pilote castillan, Pedro de Velasco, parla à Colón de l'expédition portugaise conduite par Diego de Teive, dans laquelle lui, Velasco, avait servi comme pilote, preuve significative des liens étroits qui unissaient alors Lisbonne et Palos. Velasco devait avoir pris sa retraite, et il devait être d'un âge avancé, car l'expédition à laquelle il fait allusion avait eu lieu à l'époque du Prince Henri, plus de quarante ans plus tôt. Ils avaient quitté l'île Fayal et parcouru cent cinquante lieues sous un vent de nord-ouest, et « sur le chemin du retour, ils avaient découvert l'Île des Fleurs, guidés par de nombreux oiseaux qu'ils avaient vus voler vers elle, car ils savaient que ce n'étaient pas des oiseaux de mer, mais des oiseaux de terre, et par conséquent, ils avaient pensé que tous ces oiseaux allaient vers une terre pour y dormir ». Nous pouvons imaginer les yeux avides du futur découvreur d'un monde entier de fleurs, dévorant cette histoire et la rangeant soigneusement dans un coin de sa tête afin de se rappeler la valeur des oiseaux comme signes annonciateurs des terres. Il est aussi possible de supposer que c'est au cours de cette période de sa vie qu'il apprit de son beau-frère, Correa, le précieux renseignement que nous avons signalé : à Porto-Santo, Correa avait aperçu des traces d'un monde inconnu : un morceau de bois sculpté et de grands bambous contenant des gallons « d'eau ou de vin » à l'intérieur de chaque section. Correa était alors capitaine de Porto-Santo, ayant acheté le capitanat aux héritiers de Perestrello-Lapin, ce qui ne l'empêchait pas de vivre confortablement en Castille.

Grandement ranimé et confirmé dans sa foi, Colón partit le plus tôt possible pour la Cour, avec le surcroît d'assurance que lui donnait un visa franciscain sur son passeport. La Cour était alors à Séville, où le Roi, heureux de la prise récente de Setenil aux Maures, était venu passer l'hiver avec son principal conseiller et maître de camp, la Reine. Colón, cependant, ne s'adressa pas directement aux souverains. Il alla d'abord trouver le plus puissant des magnats espagnols, le Duc de Medina-Sidonia. Don Enrique de Guzman, deuxième Duc de Medina-Sidonia était le rejeton d'une famille qui s'était taillé le plus magnifique domaine féodal de toute la Péninsule ; c'était l'homme le plus riche d'Espagne, et il régnait pratiquement sur toute la région qui entourait le port de Sanlucar. L'eût-il voulu qu'il eût pu entièrement financer l'entreprise lui-même. Mais soit qu'il ne l'ait pas voulu, soit qu'il en ait été incapable, il sort de la biographie de Colón avec toute la pompe et les honneurs que mérite un si puissant seigneur, mais sans la couronne de laurier américain que sa mémoire porterait à jamais s'il avait écouté le rêveur aux yeux bleus, aux cheveux roux et à l'imagination ardente qu'il renvoya les mains vides.

Il ne manquait pas de puissants ducs à l'époque et, ayant échoué auprès de Medina-Sidonia, Colón s'adressa à Medinaceli. Si Don Luis de la Cerda, cinquième Comte et premier Duc de Medinaceli devait s'effacer devant le Duc de Medina-Sidonia sur le plan de la richesse, pour le rang, il ne lui cédait rien ; car alors que Don Enrique était le bâtard d'un noble père, Don Luis était l'héritier légitime de la plus ancienne famille de Castille : son ancêtre direct était le premier-né d'Alfonso le Sage, dont les fils avaient été dépossédés de leur couronne par leur oncle, Don Sancho. Il aurait donc pu regarder de haut la Reine Isabelle elle-même, mais il n'en faisait rien, car il avait hérité de la loyauté de son père, lequel avait refusé de suivre son propre père sur la voie de l'infidélité et, dit Pulgar, « avait servi le Roi toute sa vie avec tant d'obéissance que sa persévérance dans le service était un exemple de loyalisme pour les autres ». Bref, un chevalier sans reproche, à moins que nous ne retenions contre lui qu'il était « conquis par l'amour des femmes et aimé d'elles ». Le Duc avait hérité du loyalisme de son amoureux de père à l'égard de la couronne royale, et il en donna une preuve singulière dans l'affaire Colón ; car bien qu'il ait certainement été séduit par le projet de cet étranger plein d'imagination, qu'il logea et protégea du besoin de l'automne 1484 jusqu'au début de 1486, il abandonna à la couronne l'honneur de l'entreprise.

Le Duc résidait alors à El Puerto de Santa Maria, connu dans tout le Sud de l'Espagne sous le nom d'El Puerto. Il écouta Colón avec une sympathie évidente, et si nous devons en croire Las Casas, il alla jusqu'à ordonner de mettre des navires en construction dans ses chantiers d'El Puerto. Colón, que le généreux Duc avait protégé du besoin en lui payant toutes ses dépenses sur la maison ducale, a dû frôler de bien près cette joie qui précède la réalisation envisagée d'un rêve. C'est alors, à El Puerto, dont il visitait chaque jour les chantiers pour jeter des regards d'amour aux caravelles naissantes, qu'un marin borgne lui parla d'un voyage qu'il avait fait en Islande et au cours duquel « il avait vu le pays que les autres situent là-bas et qu'ils s'imaginent être la Tartarie, en arrivant par l'Ouest ». C'était bien ça ! Don Quichotte-Colón a dû écouter cette histoire dans une grande exaltation. Tout cela était vrai, quoi que pussent dire les sceptiques. Le Duc n'était-il pas de chair et d'os, n'était-il pas le personnage le plus important du royaume après le Roi et la Reine ? Et ne lui avait-il pas accordé « trois ou quatre mille ducats pour construire trois navires ou caravelles » ? Ils étaient là, ces navires, dans les chantiers du Duc, encore sur leurs étais, mais bientôt ils allaient flotter, « pourvus en provisions pour un an ou plus » — il savait qu'il ne lui faudrait pas tout ce temps si Esdras avait raison, et il avait sûrement raison, puisque c'était un prophète — « et en monnaie d'échange et en équipages et en tout ce qui pourrait paraître nécessaire » ; le Duc n'avait-il pas ordonné « avec la plus grande sollicitude que les navires fussent mis en chantier sur le fleuve même d'El Puerto de Santa Maria, et que le travail fût mené d'arrache-pied jusqu'à leur terminaison » ? De même que Don Quichotte, lorsqu'il arriva au château du Duc, « pour la première fois, sut pleinement et comprit qu'il était un chevalier errant, un vrai, pas un chevalier imaginaire, en se voyant traiter de la même manière qu'il avait lu que les chevaliers errants étaient traités dans les siècles passés », de même Colón, lorsque le Duc « le fit venir et, le traitant comme le méritaient sa noble nature et son apparence grave et sa gracieuse présence, lui demanda des renseignements détaillés » sur son projet, dut sentir pour la première fois qu'il était pleinement un découvreur d'îles nouvelles au-delà de mers réelles, et un vrai, pas un découvreur imaginaire.

L'année cependant n'était pas favorable. Toutes les pensées étaient concentrées sur Grenade, qui était encore en possession des Maures. « Au nom de Jésus-Christ, Sauveur et Rédempteur du monde, dit Bernáldez, le quinzième jour du mois d'avril de l'année 1485 de la naissance de notre Rédempteur, l'illustre et très renommé Roi Don Fernando avec sa très grande et très merveilleuse et très belle armée a quitté la Castille, et s'en est allé faire la guerre aux Maures. »

La base, dit-il, était Cordoue. Le Roi et la Reine et leur Conseil avaient passé l'hiver à Séville et s'étaient rendus à Cordoue en mars où, sur leur ordre, les grands chefs de la noblesse — et par conséquent de l'armée — s'étaient réunis pour entamer la campagne de printemps. Le Duc de Medinaceli était là. La campagne fut exceptionnellement fatigante, mais aussi exceptionnellement brillante. Coín, Cártama, Benamaquex, Ronda et Marbella, ces deux dernières clés de Malaga, tombèrent entre les mains du Roi entre le milieu d'avril et la Saint-Jean, date de son retour à Cordoue. Il y eut encore d'autres combats plus tard; en sorte que le Duc, occupé par les Maures, ne put guère s'occuper de Cipango et des caravelles avant l'automne. Malheureusement, cet automne-là, l'Andalousie fut affligée par de sévères inondations. La pluie, dit Bernáldez, commença le 11 novembre et ne s'arrêta qu'à Noël; « il plut si fort et tant que jamais les gens qui vivaient alors n'avaient vu tant d'eau et tant d'inondation en si peu de temps ». Le monastère de Las Cuevas, qui devait bientôt devenir une sorte de foyer pour Colón, fut inondé, « et les moines durent être emmenés dans des barques ».

Finalement cependant, ce ne fut pas la Nature, mais la nature humaine qui fut fatale à Colón. Le loyal Duc eut des scrupules, peut-être spontanés, peut-être nés de conversations qu'il eut à Cordoue pendant l'année, on ne sait. Il y a, du reste, une troisième possibilité, peut-être plus proche de la réalité : que les scrupules ressentis par le loyal Duc aient été soulevés par Colón lui-même. Car, après tout, s'il est bien connu qu'un Duc a nommé Sancho Pança Gouverneur de l'île de Barataria, aucun Duc n'a jamais nommé personne Amiral de la Mer Océane, ni donné à personne le droit de porter des éperons d'or; et il serait tout à fait dans le caractère de Colón — personnage d'une haute imagination dans la conception de ses projets, mais plein de prudence et de dissimulation dans sa manière de les réaliser — qu'il ait convaincu le Duc, qu'il l'ait même converti à son entreprise et qu'il ait entretenu sa sympathie en montrant un enthousiasme, réel ou feint, pour les caravelles et le reste, et qu'il ait ensuite amené progressivement sa puissante conquête à le patronner à la Cour plutôt qu'à prendre la responsabilité directe de l'entreprise.

C'est le Duc lui-même qui nous raconte l'affaire, dans une lettre écrite le 19 mars 1493 au Cardinal d'Espagne à l'annonce de l'arrivée de Colón à Lisbonne dans l'aura glorieuse de sa découverte : « Comme je voyais que cette entreprise était [si importante qu'elle devait être laissée] à la Reine notre Dame, j'écrivis à ce sujet à Son Altesse de Rota, et elle répondit qu'il fallait que je la lui confie. Je la lui confiai donc (...). Son Altesse prit connaissance du projet et confia le soin [de l'examiner] à Alonso de Quintanilla. »

Cette lettre, jointe aux déclarations de Colón et de ses premiers biographes, nous permet de dire avec quelque confiance que le plan de découverte de ce qui devait être l'Amérique fut officiellement soumis à la chancellerie de la Reine le 20 janvier 1486, date que Colón considère comme le début de son « service ». Elle fut soumise à la Chancellerie, pas à la Reine (sauf dans la mesure où elle « accepta » l'affaire au reçu de la lettre du Duc). Pendant cet hiver-là, le Roi et la Reine étaient allés dans le Nord, « car, dit Pulgar, le pays d'Andalousie était épuisé [et] le Roi et la Reine avaient décidé de le laisser reposer pendant l'hiver et d'aller dans le royaume de Tolède ». Ferdinand et Isabelle étaient des monarques itinérants, et leur Cour qui était aussi une administration centrale et les quartiers généraux de leur armée permanente contre les Maures, drainait sévèrement les ressources de la région de leur royaume qu'ils choisissaient comme résidence temporaire.

Le 20 janvier, le Roi et la Reine étaient à Madrid. Colón se rendit à Cordoue et, suivant sans doute les ordres qu'il avait reçus, il se présenta à Alonso de Quintanilla, *Contador Mayor*, c'est-à-dire Chef Trésorier et Comptable du Roi et de la Reine, « homme remarquable et serviteur zélé du Roi et de la Reine, pour la prospérité desquels il travaillait de son mieux ». Cet homme, nous dit un chroniqueur généralement digne de confiance, « donna des ordres pour qu'il lui [Colón] fût donné de la nourriture et d'autres choses nécessaires, par pitié pour le besoin où il était », ce qui est fait pour renforcer notre hypothèse que c'est Colón qui laissa tomber Medinaceli et non Medinaceli Colón, car il serait étonnant qu'un si puissant seigneur ait abandonné l'homme qu'il avait hébergé pendant plus d'un an simplement parce qu'il avait considéré que le projet qu'il patronnait devait être laissé à l'initiative royale. Finalement, sans doute après de longues et fastidieuses heures passées dans des antichambres à attendre d'être reçu par des gens importants qui n'ont laissé aucune trace dans l'histoire, Colón, grâce à Quintanilla, obtint une entrevue du Cardinal d'Espagne.

Quintanilla devait être à ce moment-là fort inquiet de l'état du trésor royal. Le point faible de la monarchie espagnole — il le resta au temps de sa splendeur sous Charles-Quint et Philippe II — était l'absence d'un appareil financier à la mesure de l'État. L'État royal ressemblait encore beaucoup trop à un domaine royal, et l'on ne faisait, ni même ne voyait, aucune distinction entre les finances de la nation et celles des deux personnes qui étaient à sa tête. Ferdinand et Isabelle dépensaient tout ce qu'ils avaient dans leur croisade contre les Maures, et ils acceptaient comme des présents, dont ils étaient très reconnaissants, toutes les contributions financières ou militaires que leurs seigneurs jugeaient bon de leur apporter. En cet hiver 1486, le Trésor était complètement à sec. « Tout ce qui était collecté de la croisade, des subsides du clergé, des amendes infligées à ceux qui avaient judaïsé et s'étaient réconciliés avec l'Église, de leur revenu ordinaire [au Roi et à la Reine] et de tous les endroits où l'argent pouvait être trouvé, [le Roi et la Reine] ordonnèrent que tout cela fût consacré à la guerre. » Le Roi et la Reine durent emprunter à « quelques personnes particulières » de leurs sujets, euphémisme par lequel le prudent Pulgar donne sans doute à penser que l'argent venait de chez les deux grands juifs Don Abraham le Vieux et Don Isahak Abernabel, administrateurs associés du revenu royal. Il n'est donc que naturel de supposer que lorsque Quintanilla entendit le magnétique Colón lui soumettre dans un langage si convaincant et si « chaud » les merveilleuses possibilités qu'offrait un voyage vers l'Ouest de procurer de l'or, de l'argent et des pierres précieuses, l'eau dut venir à la bouche de ce loyal trésorier. Il n'est pas étonnant qu'il se soit arrangé pour faire ouvrir sans tarder au futur découvreur les portes bien gardées du Cardinal d'Espagne.

Don Pero González de Mendoza, Archevêque de Tolède, Cardinal d'Espagne, passait pour le « troisième Roi », car il cumulait le pouvoir que lui conférait le premier siège de l'Église espagnole (la première possession ecclésiastique et l'une des premières possessions féodales de l'époque) et celui que lui donnaient ses fonctions dans l'État — il était ce que nous appellerions aujourd'hui Premier Ministre. C'était un homme d'une intelligence, d'un courage et d'une vertu de premier ordre, qui venait de la maison de Santanilla, l'une des plus illustres d'Espagne. Ayant obtenu accès auprès de cet homme puissant, Colón était sûr d'être entendu par le Roi et la Reine.

Le Roi et la Reine revinrent à Cordoue vers la fin d'avril ou le début de mai. C'est alors, au cours du chaud printemps de 1486, à Cordoue, que Colón les vit pour la première fois. Nous ne savons rien de cette première entrevue. Les trois principaux personnages de cette époque, et en particulier pour le grand dessein qui prenait alors forme, étaient à peu près du même âge : Ferdinand avait un peu plus de trente-quatre ans ; Colón, pas tout à fait trente-cinq ; la Reine, juste trente-cinq. La meilleure impression, la plus convaincante, sur ce qui a dû se passer ce jour-là, c'est Bernáldez qui nous la donne dans son bref récit. Elle vient confirmer l'essentiel, le caractère vivant du projet de Colón, tel qu'il a été plus d'une fois interprété dans ces pages d'après des observations directes et des récits de contemporains.

« C'est ainsi que Colón vint à la Cour du Roi Don Fernando et de la Reine Doña Isabelle, et qu'il leur raconta son imagination, à laquelle ils n'accordèrent pas grand crédit (...) et il leur parla et il leur affirma que ce qu'il disait était vrai et leur montra la carte du monde, tant et si bien qu'il fit naître en eux le désir d'en savoir davantage sur ces terres... »

CHAPITRE XIII

LE SAINT ET LE HÉROS

Lorsque Colón exerçait sur le Roi et la Reine « cette grâce singulière que [le Seigneur] lui avait accordée pour son ministère » et qui lui permettait « d'amener [les autres] à le considérer facilement avec amour », il était pleinement conscient de la valeur de la proie qu'il convoitait. Le Roi et la Reine étaient alors à la tête de la plus grande puissance navale du monde occidental.

L'historique mariage de Ferdinand et d'Isabelle avait uni les forces de deux des trois grandes puissances navales de l'Espagne. Plus tôt, la couronne d'Aragón avait trouvé en Catalogne l'une des traditions maritimes les plus fortes et les plus fécondes du monde occidental. Les Catalans s'étaient montrés non seulement des marins audacieux et entreprenants, mais des organisateurs et des législateurs avisés des choses de la mer, comme le prouve le succès obtenu en Méditerranée par leur Consulat de la Mer et ses lois écrites.

Ils avaient été les pionniers de la découverte africaine ; ils avaient traversé la Méditerranée et s'étaient installés en Grèce ; ils avaient créé à Mayorque un brillant centre d'études cosmopolites ; tant et si bien que lorsque, après leur fédération avec la couronne d'Aragón, un monarque entreprenant, Jacques le Grand, avait fait de la flotte catalano-aragonaise un instrument d'une puissance et d'une efficacité jusqu'alors inconnues dans ces mers, on s'était mis à dire que les poissons de la Méditerranée portaient sur leur livrée argentée les barres rouges et or d'Aragón.

Jacques le Grand florissait dans le même siècle que le Grand Roi qui posa les fondations de la puissance maritime castillane. Ferdinand III obtint sa grande victoire, la conquête de Séville, avec la collaboration effective de sa marine. C'est ce monarque, celui-là même qui est resté célèbre pour sa politique prosémite et que l'Église canonisa sous le nom de saint Ferdinand — ce même saint Ferdinand dont le nom était constamment sur les lèvres de Colón — qui fonda le haut office d'*Almirante Mayor*, de Grand Amiral de Castille, sur lequel Colón modela explicitement son propre titre, et c'est aussi lui qui, par une politique cohérente de libéralisme commercial et de protection des ports et des marins, établit la suprématie de Séville comme capitale commerciale et celle de la marine castillane comme l'une des principales forces maritimes de l'Occident.

Alors que toute cette activité maritime avait, naturellement, pris son essor sur la côte, dans les actifs centres maritimes du Nord, et plus tard (lorsqu'ils furent libérés de la domination maure) du Sud, les instincts institutionnels qui le canalisèrent et le transformèrent en un instrument d'État vinrent de l'intérieur : la principale ville d'affaires maritimes et le lieu de naissance de l'amirauté espagnole furent en effet Burgos, qui est sur un plateau situé à près de mille mètres au-dessus du niveau de la mer et où l'« Université des Marchands » jeta les bases des lois maritimes castillanes comme le *Consulat del Mar* l'avait fait à Barcelone pour l'Aragón-Catalogne.

A Séville, le Roi Ferdinand accorda aux Génois une charte d'un libéralisme exceptionnel. Ils devaient avoir « un quartier, un grenier, un four et un bain » particuliers ; deux consuls choisis par eux et nommés par le Roi jugeraient tous les procès civils entre eux, et ceux mêmes où le défendeur était un Génois et le plaignant un Sévillan. Cette charte, qui fut confirmée successivement par tous les souverains espagnols, dont Ferdinand et Isabelle, était si libérale que, lorsque sous les règnes suivants, les Catalans demandèrent des privilèges pour leurs marchands établis à Séville, ils la prirent comme modèle.

Le commerce, le luxe et la marine marchande se

développèrent rapidement grâce à l'attention éclairée du Roi, et même ce que nous appellerions aujourd'hui la *marine de guerre*, institution moins permanente qu'elle ne le devint plus tard, devait nécessairement bénéficier des progrès dans la construction des navires et la navigation qu'impliquait ce développement. Le Roi Alfonso X arma plusieurs « flottes » durant son règne, dont l'une, celle qui coopéra au siège d'Algésiras, n'avait pas moins de quatre-vingts galères, vingt-quatre vaisseaux de haut bord et un grand nombre de bâtiments plus petits ; il érigea de grands chantiers navals à Séville et institua l'ordre de Sainte-Marie d'Espagne pour récompenser les exploits des marins.

Les rapports avec la grande puissance maritime du Nord n'étaient pas toujours cordiaux. Les Cortès de 1348 demandèrent au Roi de prier le roi d'Angleterre de payer des indemnités pour des dommages causés en temps de trêve à des navires castillans par des corsaires anglais ; et les villes de Gand, Ypres et Bruges demandèrent et obtinrent du Roi Edouard II d'Angleterre un sauf-conduit pour tous les navires et marchands castillans, catalans et majorquins qui faisaient du commerce avec les Flandres. Cependant que, pour ne pas être en reste, le Roi d'Angleterre se plaignait que les Castillans fussent en passe de s'assurer le contrôle de toute la mer, à en juger par les attaques qu'ils lançaient contre ses navires, et pour porter remède à cette situation, il passa un traité à Londres avec des délégués des villes maritimes de Castille et de Biscaye.

Cependant, en 1371, douze galères de Castille, avec l'aide de l'artillerie, dont c'était la première fois que l'on se servait sur mer, détruisirent trente-six navires anglais, s'emparèrent de leur général, de huit cents hommes et d'un riche trésor qu'ils convoyaient, puis terrorisèrent la côte anglaise avec cette charité chrétienne dont Drake devait plus tard leur rendre la pareille. A force de persévérance dans cette politique animée, la couronne espagnole conquit le cœur d'une princesse anglaise, Catherine, fille du Duc de Lancaster, laquelle épousa le futur Henri III. En 1398, Henri III promulgua une loi aux termes de laquelle tous les marchands, « génois, placentins [de Plaisance] et catalans, ainsi que les [marchands] français et anglais » devraient à conditions égales d'affrètement préférer les navires castillans aux autres pour transporter les marchandises exportées de son royaume. Il mena une guerre couronnée de succès contre le Portugal, tandis qu'un célèbre marin castillan, Don Pedro Niño, repoussait les attaques anglaises sur l'océan et portait la guerre contre les Anglais jusque dans leurs ports.

Ce règne vit la première expédition organisée aux îles Canaries par des marins francs-tireurs, andalous et basques, qui pillèrent cinq des îles, simplement pour montrer aux indigènes les progrès que le christianisme avait faits en Europe depuis l'époque de son fondateur. Cette expédition, plus lucrative qu'honorable, établit le droit de l'Espagne sur ces îles que les Portugais avaient découvertes un siècle plus tôt ; leur premier conquérant véritable, cependant, fut un Français, Jean de Béthencourt, qui reconnut la souveraineté du Roi de Castille. La rivalité entre les deux couronnes espagnoles — celle de Portugal et celle de Castille — entra alors dans une phase aiguë, le Prince Henri le Navigateur ayant essayé de prendre possession de tout ou partie des îles par la diplomatie, la force ou même en les achetant au Roi de Castille.

En 1460, à la mort du Prince Henri, le Pape Martin V avait « accordé » aux Portugais toutes les découvertes faites ou à faire au-delà du cap Bojador jusqu'aux « Indes », c'est-à-dire jusqu'au continent asiatique. Mais la rivalité continuait.

Elle n'était pas seulement politique ; elle était populaire. Elle était stimulée par les histoires de richesse merveilleuse qui circulaient au sujet de « l'Inde », mot élastique à cette époque, couvrant l'Éthiopie et la Guinée, et tout ce qui était riche et lointain. Elle fut exacerbée par la découverte de La Mina, région de la côte occidentale de l'Afrique, où les indigènes offraient volontiers de l'or contre tout ce qu'apportaient les Espagnols, et en particulier des gros coquillages qui « étaient tenus en haute estime parce que dans ces pays, la foudre tombait souvent du ciel et ces barbares croyaient que ceux qui avaient sur eux un coquillage comme celui-ci étaient protégés des éclairs » ; certains de ces coquillages en vinrent à valoir jusqu'à vingt réaux d'argent dans les ports de l'Andalousie.

Le Roi et la Reine essayèrent d'introduire quelque ordre et quelque autorité dans ce commerce lucratif, populaire et spontané, car « un seul voyage rapportait dix mille *pesos* d'or, chaque peso valant deux florins aragonais » et ils songeaient au « cinquième » qui leur revenait en tant que seigneurs du pays. Le titre était à tout le moins douteux. Mais la suite des événements devait montrer qu'il avait été avancé comme pion d'échange dans un jeu diplomatique avec le Portugal, jeu, du reste, qui ne devait être joué à fond que lorsque Ferdinand et Isabelle présenteraient des revendications fermes sur les îles Canaries, qu'ils conquirent définitivement et attachèrent à leur couronne par une campagne commencée en 1479.

Cette année-là ne s'annonçait guère favorable, car le 29 juillet à midi, « le soleil connut la plus terrifiante éclipse qui se fût vue de mémoire d'homme, car il se couvrit entièrement et resta noir, et les étoiles apparurent dans le ciel comme si c'était la nuit (...), et ensuite, le soleil ne retrouva pas sa couleur, le jour ne fut plus aussi clair que les jours qui avaient précédé, et le temps fut très brumeux ». Il n'est donc pas étonnant qu'il y ait eu « des schismes et des morts » entre les deux capitaines envoyés par Ferdinand pour soumettre les barbares canariens à la fraternité et à l'ordre chrétiens. Une deuxième expédition, cependant, envoyée en 1480, sous le commandement de Pedro de Vera, évitant les désastreux effets de l'éclipse, fut moins schismatique et plus heureuse. A peu près à la même époque, le Roi et la Reine envoyèrent à La Mina une flotte de trente-cinq caravelles chargées de coquillages et d'objets en cuivre et des autres bienfaits de la civilisation afin de soulager les Noirs de leur or. Cette expédition fut des plus heureuses, mais sur le chemin du retour, la flotte castillane fut battue à plate couture par les Portugais, et l'or, d'habile filouterie en brave piraterie, finit par échouer dans le Trésor du Roi de Portugal, qui était non moins solidement chrétien dans son amour de l'or que le Roi et la Reine de Castille. Il se trouvait que les Portugais venaient d'être eux-mêmes défaits sur terre par les Castillans, en sorte que l'on put échanger les prisonniers, ce qui fut à peu près la seule action véritablement chrétienne qu'il y eût dans toute cette affaire.

Il apparut bientôt avec évidence que le Roi et la Reine jouaient avec plus ou moins de bonheur sur les deux tableaux « Guinée » et îles Canaries, afin de se débarrasser des prétentions portugaises sur les Canaries en échange d'un abandon égal de leurs obscurs droits sur la Guinée. Le traité d'Alcaçobas (1479-1480) laisse définitivement les îles Canaries à l'Espagne et Madère, les Açores et les îles du Cap-Vert au Portugal, et réserve la Guinée et le droit de découverte « au sud des Canaries et au long de la Guinée » aux Portugais.

Ce fut sur ces entrefaites qu'un étranger enthousiaste arriva du Portugal, précisément pour soumettre au Roi et à la Reine un plan de découverte. Ce plan était clair et irrésistible au moment où il l'exposait, vague et nébuleux dès que sa voix chaude s'était éteinte et que ses yeux de feu n'éclairaient plus la pièce ; car Colón n'était pas plus clair en Castille qu'il n'avait été en Portugal. Cependant, en dépit de son langage imaginatif et du feu de son enthousiasme, il parlait de degrés et de méridiens et il montrait ses cartes de navigation. Le Roi et la Reine, touchés par sa « grâce singulière », durent se sentir incompétents pour juger des mérites du plan qu'il leur avait soumis. Sans perdre de vue leur principal souci, la guerre contre les Maures, ils décidèrent de renvoyer Colón à une commission d'experts.

Ce n'était pas une mesure dilatoire, mais la décision la plus élémentaire qu'il y eût à prendre dans de telles circonstances, une mesure que Colón aurait dû interpréter comme un singulier succès de sa part — en fait le maximum de ce qu'il pouvait espérer. Que pouvait-il attendre de mieux d'une première entrevue sur une proposition aussi vague (car elle était vague, comme tous les historiens compétents et impartiaux le savent aujourd'hui) que de se voir l'objet des travaux et de l'attention d'une commission d'experts spécialement nommée par le Roi et la Reine ?

Le Président de cette commission n'était rien moins que Fraï Hernando de Talavera. Il n'était pas seulement confesseur de la Reine ; il était aussi une sorte de ministre universel, l'homme à tout (bien) faire de la Couronne, celui dont l'esprit de sacrifice, la profondeur de vues, l'expérience et l'intelligence avaient été vérifiés par la Reine à maintes reprises au cours des huit dernières années. La Reine aurait-elle imposé cette charge supplémentaire à un homme écrasé de travail si elle n'avait pas considéré que l'idée de Colón était digne de la meilleure attention, du moins *prima facie ?* Les faits sont ici aussi évidents qu'ils peuvent être, et auraient dû — contrairement à ce qui s'est produit — prouver un fait au-delà de toutes chicane, erreur d'interprétation ou déformation, qu'elles soient dues aux préjugés ou à la simple fantaisie : savoir que le Roi et la Reine avaient attaché assez d'importance à la première déclaration de Colón pour nommer une commission compétente « afin qu'elle entende Cristóbal Colón pour plus ample information et qu'elle étudie la qualité de la proposition et de la preuve qu'il a donnée [que le plan] était possible, qu'elle confère et discute à ce sujet, et qu'elle présente un rapport complet à Leurs Altesses ».

Nous savons quel jour le Roi Ferdinand quitta Cordoue cette année-là (1486) — le 15 mai. La décision de nommer la commission avait donc dû être prise vers le début de mai. Le Roi et la Reine, qui avaient visité la Galice dans la dernière partie de l'année, avaient passé à Salamanque le « dur de l'hiver », du 30 novembre au 26 janvier. On croit généralement, bien que sans preuve indiscutable, que la Commission travailla à Salamanque, où il était relativement facile de trouver les avis compétents, les livres de références et les cartes nécessaires. Peut-être n'était-elle pas pressée, peut-être rencontrât-elle de grands obstacles sur sa route, toujours est-il qu'elle ne présenta son rapport qu'en 1490.

Sur la foi des récits de Fernando Colón et de Las

Casas, deux erreurs ont pendant un temps obtenu créance au sujet de cette Commission : savoir que Talavera était hostile à Colón pour des raisons théologiques ; et que la Commission était incompétente. On peut juger de la compétence de Las Casas lui-même d'après ce qu'il dit pour condamner la Commission : « Le manque de connaissances mathématiques et de connaissance des vieux récits de ceux à qui l'affaire avait été confiée » est pour lui la première cause des délais imposés à Colón. Il considérait donc que la connaissance des vieux récits décidait au même titre que les mathématiques des mérites d'un plan pour la traversée de l'océan ! L'érudition verbeuse et déplacée par laquelle il justifie après coup le projet du découvreur montre que, même un quart de siècle plus tard, il était encore absolument incapable de comprendre ce qu'avait été la position raisonnable, objective, on pourrait même dire scientifique. Son témoignage ne permet absolument pas de comprendre ce qui se passa effectivement à la Commission.

L'Espagne était alors l'un des meilleurs centres cosmographiques de l'Europe, et l'Université de Salamanque, loin d'être un nid d'obscurantistes bigots, comptait parmi ses membres l'un des plus grands astronomes juifs de l'époque — Abraham Zacuto — et ce fut l'un des premiers foyers d'enseignement de toute la chrétienté à adopter le système de Copernic. Elle avait en outre entrepris d'éditer les Tables astronomiques d'Alfonso le Sage. Las Casas lui-même, pourtant plein de préjugés sur ces questions, nous apprend que la Commission était composée d'astronomes, de cosmographes et de marins en même temps que de « philosophes ». Le docteur Maldonado, le Gouverneur de Salamanque, qui en était membre, dit également qu'elle comprenait « des savants et des marins ». En sorte que cette Commission, confiée à un homme d'esprit aussi élevé, aussi désintéressé et intelligent que Talavera, devait nécessairement être compétente.

Quant à Talavera lui-même, on peut aisément deviner ses sentiments. Il n'était pas moins hors du commun que Colón — mais d'une manière si différente qu'une compréhension profonde était entre eux pratiquement impossible. Colón était un héros; Talavera était un saint. Ce n'est pas de la littérature, mais une description positive des deux types d'hommes. Colón, avec son désir brûlant de faire quelque chose, d'atteindre les sommets de la gloire, dut paraître à Fraï Hernando un pauvre homme souffrant d'une monstrueuse hypertrophie du moi, et l'âme charitable du bon Prieur dut beaucoup souffrir pour lui. Ceux qui ont cru voir de bas sentiments dans le comportement de Talavera à l'égard de Colón ne seraient pas tombés dans cette erreur s'ils avaient connu sa vie exemplaire. Ses aspirations étaient aussi élevées que celles de Colón, elles l'étaient même plus, beaucoup plus, que l'ambition qui restait malgré tout égoïste du héros; seulement, il cherchait à s'élever non pas par une exaltation obstinée du moi, mais par son humiliation, toujours prêt à le laisser fouler aux pieds par le premier mendiant rencontré sur la route. Issus de ce même sang juif qui, en Asie mineure, s'épanouissait sous les vents européen et asiatique, Colón et Talavera incarnaient des types d'humanité qui sont restés pendant des siècles les modèles du plein accomplissement, respectivement, de l'Orient et de l'Occident — le saint et le héros. La devise de Colón aurait pu être *Ad augusta per angusta*. Talavera, s'il l'eût connu, eût certainement adopté ce précieux tercet de saint Jean de la Croix :

> *Y abajème tanto, tanto*
> *Que fui tan alto, tan alto,*
> *Que le dí a la caza alcance.*

Et je me suis abaissé tellement, tellement — que je me suis élevé si haut, si haut — que j'ai rattrapé le gibier.

On peut donc raisonnablement supposer, sur la foi de ces tensions psychologiques qui très évidemment jouaient, que, bien que Fernando Colón et Las Casas disent la vérité et que Talavera fût hostile à Colón, ils sont dans l'erreur quant à l'analyse de ses mobiles et de ses raisons. Le fait même de l'opposition doit être précisé. Talavera était absolument incapable de se mettre en travers des projets d'aucun être humain d'une manière consciente et délibérée. Son biographe nous raconte sur ce point une histoire charmante. (Fraï Hernando était alors Évêque d'Avila, la Reine l'ayant obligé à accepter un siège après bien des refus : « Qu'est-ce à dire, Fraï Hernando ? dit la Reine. N'allez-vous pas m'obéir un seul jour alors que je vous obéis si souvent ? ») Il avait été chargé de la tâche difficile et peu agréable de localiser des fuites dont on soupçonnait la présence dans les comptes royaux, probablement plus compliqués qu'ils n'auraient dû être ; les deux fonctionnaires avec lesquels il discuta la question lui opposèrent une si formidable armée de chiffres que le bon moine, qui, bien que saint, n'était pas idiot, soupçonna le pire et se fit insistant, concret et curieux ; les comptables essayèrent de l'avoir à la fatigue, mais il fut infatigable, et après que l'après-midi tout entier et une bonne partie de la nuit eurent été consacrés à cet ennuyeux débat, l'un des comptables, soit qu'il fût réellement en colère, soit pour changer de tactique, cogna son poing sur la table, renversa la bougie qui s'éteignit, plongeant la pièce dans le noir, et s'éloigna furieux. Le bon Évêque se baissa en silence, ralluma la bougie et accompagna le grossier comptable dans l'escalier, qui était dangereux. L'homme fut saisi de honte : « Monsieur, il ne sied pas à un si noble prélat d'éclairer un homme aussi discourtois et aussi emporté que moi. — Au contraire, répondit Don Fraï Hernando, c'est l'affaire des prélats d'éclairer ceux qui sont dans le mauvais chemin, et vous risqueriez de tomber en descendant cet escalier. » L'homme prit le chandelier des mains de l'Évêque, revint aux papiers et « en passa par où [l'Évêque] voulait ».

Aucune intrigue, aucun antagonisme, aucune « opposition » au sens courant du mot ne pouvaient venir d'un tel homme. Mais quand le Destin mit Talavera face à face avec Colón, il ne pouvait pas ne pas y avoir un manque de compréhension de cette grande passion de la part d'un homme qui avait tué toute passion en lui-même, de cette grande imagination de la part de celui dont l'âme entière était concentrée sur le spirituel, et de ce grand besoin d'action de la part de celui dont les actes étaient autant de sacrifices du moi sur l'autel de l'être éternel. Bref, quand le Roi et la Reine confièrent le projet de Colón aux bons soins de Talavera, ils mirent involontairement en contact deux mondes incompréhensibles l'un à l'autre, deux absolus intraitables.

Ce désaccord profond, inconscient, entre le héros et le saint est sans aucun doute la principale cause du délai de quatre années — 1486-1490 — imposé à l'impatient découvreur par la Cour espagnole. Il s'en plaignit amèrement et fréquemment, et même après avoir découvert les « Indes », et justifié sa foi, il revient à maintes reprises sur « ces six ou sept années de grand chagrin »; « sept années je fus dans votre Cour royale au cours desquelles tous ceux à qui je parlais de cette entreprise croyaient que c'était une pure plaisanterie ». Las Casas décrit cette période avec un bonheur inaccoutumé : « Il entama alors une lutte de tous les instants, pénible et épuisante, car, à coup sûr, une véritable bataille menée avec des armes n'aurait pas été pour lui aussi dure et aussi horrible que d'avoir à renseigner tant de gens qui ne le comprenaient pas, bien qu'ils le prétendissent, à répondre et à faire bonne figure à des gens qui ne le connaissaient pas ou qui ne se souciaient pas de lui, tout en recevant tant d'insultes qui affligeaient son âme. »

Cependant, tout n'était pas mauvais dans sa situation, et ce qui l'était était en grande partie inévitable dans ces circonstances, étant donné son cas, son caractère et la conjoncture historique.

En tout cas, son séjour à Salamanque lui valut une amitié inestimable. Nous ne nous attarderons pas sur les contes romantiques brodés sur les célèbres mais certainement imaginaires conférences à l'Université de Salamanque ou à la Faculté de San Esteban, où l'on montre Colón exposant éloquemment à de vastes et enthousiastes auditoires un plan de découverte que traversaient constamment les préjugés et l'intrigue. Rien ne peut être plus éloigné de son esprit prudent et secret, aussi bien que de ses instincts aristocratiques et exclusifs, que cet appel ostentatoire à l'opinion publique. Tout au long, sa technique fut entièrement à l'inverse : travail discret au contact des puissants. Le fait qui reste quand toutes ces mauvaises herbes historiques ont été arrachées est que Colón fut patronné par la Faculté de San Esteban, et particulièrement par Fraï Diego de Deza, professeur de théologie sinon recteur de cette Université, l'une de ses principales lumières.

Or, il se trouve que, après les franciscains, les dominicains étaient les plus ardents champions de la poussée *anti-converso* et de l'Inquisition qui l'incarnait. Ils constituaient en fait un instrument plus efficace et plus terrible que les franciscains, en raison de leur prééminence intellectuelle. Il est donc bien dans la politique de Colón que, s'étant procuré un manteau franciscain à La Rábida, il ait dû chercher à Salamanque le patronage et l'hospitalité de la principale maison dominicaine d'enseignement de la principale Université d'Espagne. Et il n'est pas moins significatif que l'éminent professeur de théologie qui le patronnait, celui de qui il devait dire plus tard : « Depuis mon arrivée en Castille, il m'a aidé et a fait pour moi des vœux de succès », fût lui-même un *converso*.

Notez ces paroles de Colón : depuis son arrivée en Castille, ce moine *converso* de Saint-Dominique n'était pas seulement l'un de ceux qui considéraient son projet avec sympathie, il l'aidait et faisait pour lui des vœux de succès. Pourquoi en était-il ainsi ? N'était-ce encore qu'un simple lien subjectif, qui avait échappé aux personnages castillans jusqu'alors rencontrés par Colón ? Quintanilla et le Grand Cardinal l'envoient au Roi et à la Reine, ce qui est effectivement un grand service, mais un service objectif ; Talavera, pour les raisons analysées plus haut, donne en fait à Colón (si nous devons en croire ses historiographes) une impression d'antagonisme ; Fraï Diego de Deza est le premier qui, *dès le début*, fait pour lui des vœux de succès et l'aide, le premier qui devienne incontestablement l'un de ses partisans.

De cette très importante rencontre, découlent deux séries de conséquences : l'une est que bien que Colón ne fasse grand progrès avec la Commission, il n'est pas abandonné par la couronne ; l'autre est que le cercle d'amis importants que Colón possède à la Cour se développe et, presque sans exception, ces amis se recrutent parmi les *conversos*.

La Commission se réunit effectivement pour entendre Colón. Las Casas est absolument positif sur ce point. Un membre de cette commission, le seul à part Talavera dont le nom soit connu, déclare qu'elle « discuta avec ledit Amiral de son voyage [proposé] auxdites îles ». Il ajoute même qu'elle fut « unanime à reconnaître qu'il était impossible que ce que l'Amiral disait fût vrai ». Que dit Colón ? Nous sommes aujourd'hui mieux placés pour discuter ce point que les premiers biographes de Colón et les historiens sentimentaux et romantiques qui les ont suivis. Colón ne peut avoir parlé que de « Marco Polo », « Toscanelli », « Esdras », ou un mélange des trois. Il est pratiquement certain qu'il se servit de ces trois sources car il était impétueux ; mais il l'est également qu'il ne fit pas mention de Toscanelli et qu'il ne montra pas sa carte, car il était prudent. Cela découle des nécessités de l'affaire ; car même s'il se sentait relativement en sécurité en Espagne, il valait mieux garder une lettre et une carte obtenues comme il les avait obtenues pour un usage plus discret et ne pas les soumettre à une commission d'astronomes et de marins qui pourraient se mettre à poser des questions sur la façon dont il se les était procurées. En outre, Las Casas est parfaitement explicite sur les réticences de Colón devant la « Commission », même s'il se trompe sur leur origine : il donnait « des raisons et des autorités pour les amener à considérer [sa proposition] comme réalisable, bien qu'il gardât le silence sur les plus pressantes, de peur qu'il ne lui arrivât la même chose qu'avec le Roi de Portugal ».

Et ceci, il faut l'avouer, est la deuxième raison pour laquelle Colón ne pouvait guère faire de progrès devant la Commission. L'âme claire, transparente, de Talavera a dû se sentir mal à l'aise à écouter cet homme opaque ; et les « savants et les marins » qui composaient cette commission ont dû être impatientés par un homme qui pouvait être à la fois si vague dans son argumentation et si obstiné dans son dessein, et qui ne voulait pas montrer de carte. (Les cartes d'îles fabuleuses peuvent être montrées à des reines pleines d'imagination, mais pas à des cosmographes experts.) Dans ces conditions, la merveille n'est pas que Colón ait dû se cramponner et attendre au lieu d'être rapidement adopté comme découvreur de l'Amérique, comme tant d'historiens l'ont déploré, mais qu'il ait dû se cramponner et attendre au lieu d'être congédié sur-le-champ.

Il est juste de supposer qu'il devait cela à Don Fraï Diego de Deza. Car, par un coup de chance, ce moine *converso* devint une puissance à la Cour précisément au cours de cette année 1486, pendant le séjour de la Cour à Salamanque, lorsqu'il fut nommé précepteur du Prince Jean, l'héritier du trône. Cela marqua le début d'une carrière dont les progrès rapides devaient faire de lui l'Archevêque de Séville et le successeur de Fraï Tomas de Torquemada au poste d'Inquisiteur général. Il n'y a pas d'autre explication que la main secourable de Deza pour rendre compte du fait que Colón s'est vu accorder à plusieurs reprises des gratifications en argent au cours de l'année 1487. Ces gratifications étaient sans doute peu importantes, cependant, étant donné l'état du Trésor à l'époque, elles révèlent un exceptionnelle bienveillance à l'égard d'un homme qui n'était après tout qu'un étranger et qui n'aurait eu absolument aucun droit à la générosité royale si même il avait été un sujet du Roi et de la Reine. Colón (et Deza) avaient suivi la Cour à Cordoue. C'est dans cette ville, base militaire des guerres maures, qu'il reçut trois mille maravédis le 5 mai 1487, trois autres mille le 3 juin et quatre mille le 27 août, comme défraiement de ses frais de voyage au camp royal de Malaga, qui venait juste d'être reprise aux Maures (18 août). Tous les reçus sont établis au nom de *Cristóbal Colomo*, ce qui donne à penser qu'en 1487, le découvreur se faisait encore appeler ainsi, au moins dans les documents officiels.

On ne sait rien de cette visite de Colón à Malaga, ni même si, bien qu'il eût reçu de l'argent pour cela, il y vint. Ni Bernáldez, ni Pulgar, ni Valera ne parlent de Colón dans leur récit du siège. C'est en fait un trait significatif de Colón que personne ne mentionne sa présence en Castille ou au Portugal avant la découverte des « Indes ». Le siège de Malaga fut long et obstiné des deux côtés. La brillante intervention du Duc de Medina-Sidonia, l'arrivée d'une flotte puissante sont toutes dûment notées par Pulgar ; Bernáldez est fort méticuleux dans ses détails, de même que Diego de Valera, mais ce dernier chroniqueur, bien que spécialiste des affaires maritimes et de la « découverte », reste absolument silencieux sur la visite à Malaga de l'homme encore obscur qui dans moins de cinq ans allait naviguer droit sur un Nouveau Monde et faire sombrer dans l'insignifiance toute la gloire du siège de Malaga.

CHAPITRE XIV

COLÓN-LE-POÈTE
TRAHIT COLÓN-LE-CHEVALIER

Il y a malgré tout une chose que nous savons sur la visite de Colón au camp de Malaga, c'est qu'elle n'aboutit à aucun résultat. La situation de Colón empirait. Le temps use les positions bien établies sur le rocher du pouvoir; comment n'aurait-il pas miné une position si faible, bâtie seulement sur les sables mouvants de la faveur? Colón connut l'humiliation d'avoir à quémander, lui dont les rêves étaient un trésor sans prix. Ce n'était pas de quémander de l'argent qui était le plus vexant : les trois mille maravédis qu'il reçut de la bourse royale en 1488 n'étaient de toute façon qu'une bagatelle, et d'autant plus insultante pour lui; mais le chagrin de ses jours, l'angoisse de ses nuits étaient sûrement que lui, qui rêvait qu'il avait tant à donner, fût obligé de demander : demander de l'attention, quand c'est lui qui aurait dû en accorder; demander du temps, quand le sien était plus précieux; demander de l'imagination, quand la sienne resplendissait de merveilles; demander un peu de pouvoir, quand il avait dans ses rêves un monde de puissance. Que ne nous a-t-on pas raconté sur sa pauvreté, sa cape en lambeaux, sa misère qui le réduisit à vendre des livres! Mais ce n'était pas la pauvreté qui lui était la plus cuisante. Pour un homme de sa trempe, la pauvreté n'est qu'un gage ou la mesure de besoins plus profonds insatisfaits. « Tout ce délai, dit Las Casas, n'allait pas sans grande angoisse et peine, car (...) il voyait sa vie s'écouler gaspillée, à en juger par les jours dont il aurait besoin pour son souverain et son long travail (...), et surtout parce qu'il voyait combien on avait peu confiance en sa sincérité et en sa personne, ce qui pour les personnes généreuses, on le sait, est aussi pénible et aussi détestable que la mort. » Cette époque fut pour lui une période d'inanition spirituelle.

Il ne faut donc pas s'étonner si c'est précisément la seule période de sa vie qui ait été occupée par une liaison amoureuse. Il est assez évident que son mariage n'avait pas été un mariage d'amour. On ne trouve aucune trace de sa main, ni de celle de ses biographes, aucun de ses actes non plus qui donne à penser que sa femme ait été pour lui autre chose qu'un lien utile avec une puissante famille. Jeune et ambitieux, Colón était à Lisbonne moins exposé à l'amour que dix ans plus tard, à Cordoue, lorsque, ses rêves étant quelque peu aigris et défraîchis par leur répétition dans deux Cours, des doutes commencèrent à assombrir son esprit et que « le feu qu'il avait apporté à Leurs Altesses » commença à donner trop de cendres. Une âme plus sèche — probablement une âme purement castillane, ou une nature plus dure comme celle de son frère Bartholomé — aurait traversé cette épreuve sans l'aide d'une femme. Mais dans l'être de Colón, il y avait l'eau aussi bien que l'air et le feu. Son esprit avait une forte veine poétique qui, bien qu'elle ne se montre pas sous son meilleur jour dans ses médiocres tentatives de versification, le fait s'envoler avec une grandeur splendide dans certains de ses moments d'abandon, et lui inspire souvent des humeurs d'une sensibilité délicate, presque féminine. Il y a une tendresse presque maternelle dans la manière dont il termine ses lettres à son fils : « Ton père qui t'aime plus que lui-même. »

C'est au cours de cette année d'épreuve qu'il rencontra Beatriz Enríquez, qui devait être la mère de son fils et biographe Fernando. Un nuage de mystère l'enveloppe, comme c'est le cas pour presque tout ce qui, personnes et choses, entoure Colón. Préjugés et contre-préjugés se sont faits une proie de cet épisode de la vie du découvreur, grandement aidés par le manque d'information. Trois séries de facteurs doivent être considérées et, autant que possible, étudiées séparément : les faits ;

les systèmes mis en avant pour les expliquer ; leur explication la plus raisonnable.

Les faits sont les suivants :

1º Fernando Colón, fils de Cristóbal Colón, naquit le 15 août 1488.

2º Il était le fils d'une Cordouane, Beatriz Enríquez, comme l'a ouvertement reconnu Colón lui-même dans son codicille à son testament de 1502 (aujourd'hui perdu).

3º Colón se sentait une « obligation » à l'égard de Beatriz Enríquez et avait même à cause d'elle un « poids sur la conscience ». « Car ceci pèse lourd sur mon âme. »

4º Il y avait dans l'affaire un mystère ou un secret. « La raison de ceci, je ne suis pas libre de la révéler ici. »

5º Diego Colón est également discret, car dans son testament, bien que suivant l'exemple de son père, il ait pu mentionner que Beatriz était la mère de son demi-frère, il se contente de dire que « l'Amiral mon seigneur me recommanda Beatriz Enríquez eu égard à certaines obligations qu'il avait vis-à-vis d'elle ».

6º Fernando Colón ne parle jamais de sa mère.

7º Colón aimait et estimait cette femme. Cela découle de ses propos et de ses actes. A son départ pour son quatrième voyage, il écrit à son fils Diego : « Prends soin de Beatriz Enríquez, pour l'amour de moi, comme tu prendrais soin de ta mère. » Il lui laisse à cette époque une pension, il lui remet le prix de dix mille maravédis qui lui avait été accordé pour avoir été le premier à voir la terre, dès son retour, et n'omet pas de la coucher sur son testament. Il lui confie à la fois Diego et Fernando lorsqu'il part pour son premier et plus hasardeux voyage. Il donne des postes importants à l'un de ses cousins, Diego, qu'il nomme *Alguazil Mayor* de la flotte de son premier voyage, poste de la plus grande responsabilité, ce qui, chez un homme méfiant comme Colón, impliquait une confiance aveugle ; et à l'un de ses frères, Pedro, qu'il fait capitaine de l'un de ses vaisseaux pour sa troisième traversée.

8º Il ne l'épousa pas.

Tels sont les faits. On a beaucoup brodé là-dessus,

depuis des niaiseries romantiques — Colón sauvant le frère de Beatriz d'une dangereuse querelle nocturne — jusqu'à une histoire charitable et bienséante de mariage secret. On a même proposé une vue plus cynique des choses : Colón n'aurait pas épousé Beatriz parce qu'elle était, si l'on peut dire, inépousable, sans tenir compte des faits ci-dessus mentionnés, qui prouvent d'une manière incontestable que Colón aimait et estimait la mère de son second fils.

On peut proposer une explication plus raisonnable. Colón n'épousa pas Beatriz pour la raison indiquée par Las Casas quand il eut la bonté de nous expliquer les intentions du Seigneur rappelant à lui la femme de Colón : il fallait avant tout que celui-ci fût libre pour la découverte du monde.

Mais Colón *avait besoin* de la tendresse d'une femme, parce qu'il était un poète en même temps qu'un chevalier, et de moindre continence que le chaste chevalier de la Manche.

De là l'« obligation » et le « poids sur la conscience ». C'est que Colón le chevalier avait péché. Quand on a besoin d'une femme, on n'est pas libre de se prétendre libre d'elle. Beatriz Enríquez était pour lui l'incarnation de sa faiblesse.

Mais qui était-elle ? Ici, nouveaux bavardages. Quelques bonnes gens se sont efforcés de montrer qu'elle était de « noble » naissance. Elle n'était rien de la sorte. D'autres, sur le vu de sa liaison, sont tombés dans l'extrême inverse et en ont fait une facile servante d'auberge — comme si Colón aurait pu aimer là ! Cependant, ce point de vue repose sur une juste estimation de la moralité sexuelle dans l'Espagne chrétienne. Une fille qui se donnait sans mariage, *dans ces couches* de la société, c'est-à-dire dans la petite noblesse ou dans la classe moyenne, était nécessairement perdue de réputation, non seulement d'une manière apparente et sociale, mais aussi à ses propres yeux. Alors ?

Beatriz Enríquez était peut-être juive. La moralité sexuelle des juifs était naturellement différente de celle des chrétiens. Elle n'était pas plus mauvaise, bien que les chrétiens le crussent. « Ils [les *conversos*] ne croient pas que Dieu récompense la virginité et la chasteté », dit le vieux Bernáldez, toujours sûr de se faire l'écho du point de vue populaire, en homme sincère, mais sans esprit critique. Mais nous possédons un magnifique document sur la moralité sexuelle hispano-juive dans la *Tragicomédie de Calisto et Mélibée* (environ 1490-1500), œuvre d'un *converso* de génie, Fernando de Rojas. Dans ce chef-d'œuvre, qui n'a de supérieur que *Don Quichotte* dans les annales des lettres espagnoles, Mélibée aime Calisto et se donne à lui, puis se trouve confrontée avec les conséquences tragiques de son acte impulsif et imprudent. Ce qui est important, c'est qu'à cette époque, alors qu'une jeune chrétienne qui se donnait en dehors du mariage était presque certainement une « pas-grand-chose », une juive qui se donnait en dehors du mariage pouvait très bien être une personne profondément honnête, comme cela semble avoir été le cas de Beatriz Enríquez. Il faut ajouter que le nom de son père n'était pas Enríquez, mais Torquemada. Oui, Torquemada. Or, c'était le nom d'une célèbre famille *converso*, celle de Don Juan de Torquemada, Cardinal de Saint-Sixte, à laquelle il semble bien qu'ait appartenu aussi le célèbre Inquisiteur général ; et bien que cela ne prouve pas que le père de Beatriz appartenait à cette famille, c'est une indication de plus, tendant comme les autres, à montrer que cet épisode doit se situer dans un milieu *converso*. Le dernier symptôme et le plus significatif est la *suppression* évidente du nom de père à la fois par Beatriz et par son frère. Il n'était pas rare à cette époque de voir un ou plusieurs enfants prendre un autre nom de famille que celui de leur père ; mais il était plus rare que *tous* le fissent. Cela n'indique-t-il pas le peu d'inclination d'une famille *converso* à faire étalage d'un nom si haï dans leur milieu ?

Tout devient clair désormais. Colón vit à Cordoue, déprimé. Il sent le besoin d'une aide féminine. Il a trente-six ans. Elle en a dix-huit ou vingt. L'idylle se bâtit aisément autour de sa détresse à lui, de sa beauté à elle, de « la grâce singulière » qu'il avait « de se faire aimer », de sa prestance, et d'une origine commune, d'une peur commune, d'une honte commune de ce qu'ils avaient sous les yeux — les bûchers, les flammes. Puis vient l'obstacle qui est en lui. Colón-le-chevalier raidit Colón-le-poète. Et un jour, voyant toute cette souffrance ajoutée à tant de souffrance accumulée dans cette âme sensible, la jeune Beatriz fait ce qu'une « vieille chrétienne » n'aurait pas fait, elle se donne généreusement.

***

Elle était la seule fleur d'un chemin plein d'épines. Cette année-là, au mois de mars, Colón était à Murcie. Ce n'est qu'une hypothèse, mais elle est vraisemblable, car Murcie est une ville où il est allé et en mai le Roi et la Reine étaient là-bas ; et pourquoi Colón serait-il allé à Murcie, qui n'est pas au bord de la mer, à un moment où sa maîtresse attendait un enfant, sinon pour voir ou pour accompagner le Roi et la Reine ? Nous savons qu'il était à Murcie parce que Las Casas rapporte qu'un « marin du nom de Pedro de Velasco raconta à Murcie à Cristóbal Colón qu'au cours d'un voyage en Irlande, ils avaient continué leur chemin et s'étaient avancés si loin vers le nord-ouest qu'ils avaient vu une terre à l'Ouest de l'Ibernie... » Quelle constance dans sa quête, quelle sûreté sur ce qu'il veut, quel désir cependant de trouver des témoins extérieurs pour soutenir une foi passionnée et pourtant chancelante !

C'était en 1488. Son grand dessein brillait depuis dix pleines années dans son monde intérieur. Lisbonne, Palos, La Rábida, Séville, Sanlucar, El Puerto, Cordoue, Salamanque, Cordoue et Séville à nouveau, et à présent Murcie ; le Roi Jean, les deux ducs, le Roi et la Reine, toute une suite de villes, un défilé de puissants, des souvenirs morts à la traîne de son âme lasse. Allait-il être obligé une fois encore de repartir à zéro ? Ses pensées revenaient à Lisbonne. Dans un moment de désespoir, il avait écrit au Roi de Portugal. Il l'assurait de sa bonne volonté, de son amour et de son désir de le servir. Il proposait de retourner, probablement pour expliquer ce qu'il avait fait et pour essayer de convertir le Roi à ses vues. La réponse du Roi, datée du 20 mars

1488, a dû lui arriver à Murcie, car à cette époque, les communications postales étaient capricieuses et lentes. Elle était singulièrement cordiale, si cordiale que beaucoup de savants en sont venus à la considérer comme apocryphe. Elle est cependant authentique, et révèle le désir où était le Roi Jean de recouvrer Colón. Le Roi l'appelle « Christouon Collon, notre ami particulier », et lui ayant fait part du plaisir que lui avaient fait sa lettre et les sentiments qui y étaient exprimés, il ajoute ces mots significatifs : « Et comme vous risquez de nourrir une certaine méfiance à l'égard de notre justice du fait des obligations que vous pouvez avoir, Nous, par la présente, vous garantissons que, au cours de votre prochain séjour et retour, vous ne serez point arrêté, retenu, accusé, renvoyé ou mis en demeure de répondre à aucune question, civile ou criminelle, d'aucune sorte. »

À ces quelques mots, on a proposé plusieurs explications, y compris celle qu'il avait pu être compromis dans une des conspirations de l'époque. On n'a jamais donné la plus naturelle. Ne possédons-nous pas la preuve matérielle que Colón avait volé la lettre de Toscanelli ? Qui copierait une lettre entière sur la page blanche d'un livre s'il n'y avait rien là que de l'honnête, juste et légitime ? N'est-il pas évident que cette manière assez inhabituelle de se procurer un texte est tout à fait suspecte ? N'avons-nous pas des preuves abondantes du caractère secret de la politique portugaise en matière de découverte ? Et ne savons-nous pas que Colón a quitté le Portugal en cachette ? Il est bien évident que Colón n'était pas homme à se compromettre dans des conspirations ou autres événements d'intérêt local qui le laissaient parfaitement indifférent, et que son attention se portait exclusivement sur la découverte. Son « crime » était un crime dans lequel la découverte jouait un rôle. Il a volé, certes, mais ce qu'il a volé, c'est le moyen d'aller dans le Nouveau Monde.

Et c'est pour cela que le Roi Jean le rappela avec des propos apaisants. Personne ne peut dire ce qui serait arrivé si Colón avait accepté l'invitation qu'il avait lui-même sollicitée. Le Roi Jean avait la justice quelque peu rapide. Ayant appris que son jeune beau-frère, le Duc de

Vizeu, conspirait contre lui, il convoqua le jeune prince et, après lui avoir dit quelques mots, qui, dans leur éloquence enflammée, devaient probablement résumer une accusation et une condamnation à mort, il plongea sa dague dans le cœur du coupable. Cela s'était passé quatre ans avant que Colón lise les professions d'amitié du Roi. Si Colón a pensé ou non à cet incident, nous l'ignorons, mais ce qui est certain, c'est qu'il n'alla pas au Portugal.

Cependant, sa situation en Castille n'était pas très bonne. Il est difficile de se former une opinion exacte au sujet de cette période de sa vie, car les documents existants sont peu abondants et peuvent ne pas refléter exactement la réalité. C'est sans doute la période de besoin à laquelle se réfèrent les chroniqueurs : « Il connut une période de grand besoin et de pauvreté, incompris de ceux qui l'entendaient », dit Oviedo. « ... Et ils prenaient tout ce qu'il disait pour des phrases creuses. Ce malheur dura pendant sept ans, [au cours desquels] il fit de nombreuses offres de grande richesse et de domaines à la couronne de Castille. Mais comme il portait une cape élimée, on le prenait pour un rêveur et on croyait qu'il imaginait tout ce qu'il disait, à la fois parce qu'il était un étranger inconnu et qu'il n'avait pas les amis qui auraient pu l'aider et parce que les choses qu'il proposait de donner et d'accomplir étaient trop grandes et trop inouïes. »

Sur un point cependant, cette description humaine et précise peut être mise en question. En 1489, il est impossible de dire que Colón est inconnu et qu'il manque d'amis à la Cour. La suite des événements va montrer à ses côtés un tel nombre de puissants fonctionnaires et de membres de la maison royale qu'on voit mal comment, à peine trois ans avant, Colón aurait pu se trouver complètement isolé et sans relations aucunes avec eux. Ces amitiés n'ont pas pu surgir comme par miracle au tout dernier moment. Il est donc raisonnable de supposer que le côté noir de cette période a dû être exagéré, du fait surtout de la sensibilité de Colón, qui le conduisit à en rajouter par la suite. Certes, il ne reçut à cette époque que peu d'aide de la Couronne, mais on peut interpréter ce fait de deux manières, soit comme la preuve d'une terrible détresse, soit aussi comme une preuve qu'il n'avait pas besoin de cette aide. Un coup d'œil à la liste des personnes dont nous sommes certains qu'elles ont été ses amies suffira à nous montrer que le point de vue raisonnable est la seconde de ces hypothèses.

**

Sans parler de Quintanilla, du Cardinal d'Espagne et de Diego de Deza, les autres protecteurs de Colón dont la tradition a gardé les noms sont Andrés Cabrera et sa femme Beatriz Fernández de Bobadilla, Marquis et Marquise de Moya. L'un et l'autre étaient on ne peut plus intimes avec la Reine. Lui avait été l'un de ses premiers partisans lors de la lutte prolongée pour la succession au trône, et la Reine avait récompensé son loyalisme par un marquisat. Elle était l'amie intime de la Reine, sa préférée depuis la célèbre nuit du siège de Malaga où un Maure l'avait presque tuée sous la tente royale, l'ayant prise pour la Reine. Cabrera était un *converso* et cela lui vaut d'avoir sa « copla » particulière dans les célèbres *Coplas del Provincial* : « On dit qu'il a des yeux de bouc (*cabra* = bouc) et qu'il est le fils de Pedro Lopez de Madrid, à Cuenca, le Rabbin David. »

Colón n'avait pas moins d'amis dans la maison du Roi que dans celle de la Reine. Comme la suite des événements le montrera, il bénéficiait de l'appui efficace de Juan Cabrero, le *camarero* ou chambellan privé du Roi Ferdinand. Cabrero était plus qu'un simple serviteur du Roi ; il avait réussi à gagner sa confiance et son respect, car l'on retrouve son nom parmi ses exécuteurs testamentaires. Il appartenait à une famille qui avait été pendant quelque temps en contact étroit avec la maison d'Aragón, et qui était aussi de souche *converso* bien connue.

On connaît deux hauts fonctionnaires d'Aragón amis du découvreur : Gabriel Sánchez, Trésorier général, et Luis de Santángel, « Escribano de Ración », sorte de ministre des Finances. Tous deux étaient juifs. Tous deux appartenaient à d'éminentes familles *conversos* d'Aragón. Tous deux virent plusieurs membres de leur famille (car ils étaient parents) périr sur l'échafaud ou le bûcher; l'un d'eux, Santángel, était le cousin de ce Luis de Santángel dans la maison de qui avait été projeté le meurtre de l'Inquisiteur Arbués, crime pour lequel il monta sur le bûcher; ces deux puissants personnages, riches et hautement estimés à la Cour, réduisirent à néant les efforts répétés faits pour les déloger par les dénonciateurs jaloux qui servaient l'Inquisiteur; tous deux étaient amis de Colón, et il se peut bien que Santángel ait joué un rôle déterminant dans la décision finale qui fut prise en faveur de l'expédition.

Un homme qui avait rencontré Deza en 1486 et qui devait voir son plan renfloué (après que lui-même l'eut fait sombrer) par des hommes aussi puissants que Santángel et Cabrero ne pouvait être entièrement abandonné dans les cercles officiels castillans. Nous savons qu'il voyageait : « Cet homme illustre, dit Zúñiga, vivait en Castille et en Andalousie, mais surtout à Séville », ce qui ne donne pas une impression de misère. En 1489, il reçut un privilège spécial du Roi et de la Reine, lesquels, le 12 mai, informent « les conseils, juges, échevins, chevaliers, écuyers, officiers et bonnes gens de toutes les villes, bourgs ou villages » de tous leurs royaumes et possessions que « Cristóbal Colomo vient à notre Cour, pour s'occuper de certaines choses concernant notre service » et ils ordonnent de le loger « lui et les siens » sans paiement et de le nourrir au prix local. Cette lettre royale est instructive à plus d'un titre. Elle montre que le Roi et la Reine n'avaient en aucune façon laissé tomber Colón; que Colón avait des amis à la Cour qui songeaient aux détails matériels de sa vie; et qu'il n'était pas dans une si mauvaise situation puisque l'ordre, probablement rédigé par quelqu'un qui le connaissait, s'occupait non seulement de lui mais des « siens »; comme il ne vivait pas alors avec sa famille, il ne pouvait s'agir que de ses serviteurs.

Ce document valut à Colón d'aller à Baza devant

laquelle le Roi avait mis le siège. Nous ne nous attarderons pas à admirer ses exploits militaires contre les Maures au cours du siège, car ces exploits ne semblent avoir existé que dans l'imagination des « historiens », qui en les admirant n'admirent que leurs facultés imaginatives. Son séjour à Baza devait néanmoins être pour Colón une expérience révélatrice et devait éveiller de profonds échos dans son âme sensible.

Un jour qu'il se promenait au milieu de la chevalerie encore médiévale du siège, où il n'était pas le moins du monde déplacé, car il était lui-même un vrai chevalier médiéval, deux moines franciscains firent leur apparition dans le camp. Il n'y avait sans doute là rien d'extraordinaire. Mais ces deux franciscains n'étaient certainement pas des moines comme les autres, car ils furent traités avec une déférence et une attention exceptionnelles et ils s'enfermèrent pour de longs et fréquents entretiens avec le Roi et la Reine. Les deux moines venaient de la part du « Grand Sultan » (d'Égypte). L'un d'eux, Fraï Antonio Millán était prieur du monastère du Saint-Sépulcre à Jérusalem. Ils avaient été à Rome signaler au Pape — Innocent VIII — le dangereux état d'esprit du grand potentat musulman, et le Pape leur avait ordonné de soumettre l'affaire au Roi et à la Reine, et de leur remettre des lettres de sa part.

Les Maures espagnols, voyant que la campagne commencée en 1482 rongeait le territoire qu'ils occupaient encore en Espagne, en avaient appelé au Grand Sultan, lequel avait écrit au Pape pour réclamer une cessation des hostilités sous menace de « traiter les chrétiens qui étaient en son pouvoir comme le Roi et la Reine de Castille traitaient les Maures qui étaient sous la loi du Sultan et vivaient sous sa protection ». Ferdinand et Isabelle répondirent qu'il n'y avait aucun rapport ; que l'Espagne avait été injustement conquise par les Maures et que la guerre menée contre eux était par conséquent légitime ; que les Maures ne se contentaient pas de la possession de Grenade, mais qu'ils attaquaient constamment les territoires voisins ; que les Maures restés dans les royaumes reconquis étaient laissés en paix « et que leurs personnes sont en liberté, et qu'ils sont libres de posséder leurs propriétés, et qu'on leur permet de vivre conformément à leur loi sans pression extérieure ». Bref, le Roi et la Reine, ayant réfléchi à la question, sans aucun doute sérieuse pour eux et pour toute la chrétienté, décidèrent de prendre le risque et de poursuivre la guerre.

Mais cet incident toucha une corde sensible chez Colón dont la religion émotive était fortement imprégnée d'Ancien Testament. Jérusalem était pour lui un mot plein de résonances. Ces deux moines venaient de Jérusalem. Les Lieux Saints étaient aux mains des Infidèles. C'était là un but digne d'un grand chevalier chrétien, particulièrement d'un chevalier chrétien né de la maison de ce David dont le nom était souvent sur ses lèvres. « David, roi très avisé, gardait des brebis avant de devenir Roi de Jérusalem; et je suis un serviteur du Dieu qui éleva David à cet état. » Ces fières paroles révèlent la profondeur de son lien inconscient avec la maison de David, trait caractéristique, du reste, des *conversos* espagnols des classes élevées. Il dut avoir à ce moment-là le sentiment que la « mission », cet appel au service qu'il avait ressenti selon toute probabilité le jour où il avait gagné le Portugal à la nage et qui était peu à peu devenu de plus en plus clair, lui était enfin complètement révélé par cette arrivée « providentielle » des ambassadeurs du Grand Sultan, précisément quand lui, Colón, était au camp. La découverte — Cipango — les nouvelles races à christianiser — l'or, les perles et les épices — oui. Mais pourquoi, après tout? Sa transfiguration de marin obscur en Grand Amiral de la Mer Océane était-elle un événement suffisant en elle-même pour mobiliser la Providence? Un doute pouvait subsister dans son esprit quant au sens plénier de la mission pour laquelle le Seigneur l'avait choisi. A présent, le Seigneur avait supprimé ce doute. En l'appelant à Baza, précisément au moment où devaient arriver les moines du Saint-Sépulcre, le Seigneur lui avait dit : *Voici ton but dernier. L'Ouest n'est qu'une étape vers l'Est, le haut moyen vers une fin encore plus haute. Va. Conquiers. Ramène des Indes les richesses que Marco Polo t'a décrites et que je t'ai montrées par l'intermédiaire d'Esdras, mon prophète, et qui sont plus proches de l'Espagne que ne le croient la plupart des gens, et avec ces richesses, libère de l'Infidèle le Saint-Sépulcre de mon Fils et la maison de Sion dans laquelle David, le Roi de ton peuple, a chanté mes louanges. Et par ce service rendu à la fois à la juiverie et à la chrétienté, élève-toi en triomphe au-dessus des flammes de Torquemada.*

Il devait entendre cette voix dans son âme et voir briller cette vision dans son imagination le jour où, nous ignorons en quelle ville, mais probablement à Baza, il assura le Roi et la Reine que tous les bénéfices qu'il retirerait de son entreprise seraient consacrés à la conquête de Jérusalem. Leurs Altesses se mirent à rire et dirent qu'elles étaient contentes, et que même sans cela, elles l'aideraient volontiers.

CHAPITRE XV

AD AUGUSTA PER ANGUSTA

L'an 1490 fut une année de joie et de fête à la Cour castillane. Le Roi de Portugal avait envoyé des ambassadeurs extraordinaires à Ferdinand et Isabelle, leur demandant la main de leur fille aînée pour son fils et héritier Alfonso. Les fiançailles furent célébrées en mai, avec une splendeur inaccoutumée et avec cette passion pour le drap d'or, la soie et les perles que l'Espagne avait reçus de l'Orient et déversés sur l'Europe en même temps qu'une foule d'idées sur l'algèbre, la médecine et l'astronomie. Une nouvelle vague de somptueuses cérémonies orientales et de réjouissances déferla sur les deux pays en novembre, lors de l'arrivée à Lisbonne de l'Infante à la tête d'un imposant cortège et de son mariage avec le Prince portugais. La description de son trousseau de mariée se lit comme un conte de fées.

Errant au milieu de cette joie et de cette splendeur tel un fantôme désolé, Colón attendait la décision définitive de la Commission nommée quatre ans auparavant pour présenter un rapport sur sa grande aventure. Ce rapport fut défavorable. Comment aurait-il pu en être autrement ? Colón se refusait à révéler les données concrètes qui auraient permis à des hommes de bon sens et d'expérience comme Talavera et les experts maritimes et célestes qu'il avait réunis, de se former une opinion sur ce que voulait exactement cet étranger imaginatif et secret. Il n'est pas nécessaire de présumer que la principale raison de ce retard fut le caractère exorbitant de ses exigences, car il n'y a pas de preuve qu'il ait soumis ses exigences à un stade aussi peu avancé des négociations alors que toutes les probabilités psychologiques penchent en faveur de la position opposée. Il va sans dire que la proposition de Colón devait être d'abord : « J'offre de découvrir "les Indes" pour la couronne de Castille », et que tant que la Commission n'aurait pas répondu : « Nous sommes prêts à vous laisser essayer ; quelles sont vos conditions ? » il ne se risquerait pas à découvrir ses batteries. Car il était d'une sensibilité très vive et il avait souvent senti l'acide de la satire et le sel de l'injure mordre la tendre chair de son âme, et il n'était pas homme à s'exposer sans nécessité à des injures d'un caractère si durable.

Ainsi, vers la fin de 1490 ou au début de 1491, Colón avait-il toutes les raisons de croire que sa quête castillane avait définitivement échoué. « Ses promesses et ses offres avaient été jugées par le Roi et la Reine impossibles et vaines, et dignes de refus », car « il n'était pas dans l'intérêt de l'autorité de leurs personnes royales qu'elles donnassent leur soutien à une entreprise si faiblement fondée et qui devait paraître incertaine et impossible à toute personne cultivée, quel que fût son manque de connaissances spécialisées, car elles risquaient de perdre l'argent investi en elle aussi bien que leur autorité royale sans en retirer aucun avantage ». Même à ce moment-là, le Roi et la Reine ne semblent pas avoir pris une décision définitive et irrévocable. Soit qu'ils souhaitassent être courtois et encourageants, soit que leurs propos fussent sincères, Ferdinand et Isabelle « ordonnèrent qu'une réponse fût faite à Colón... pour lui dire que sa demande était rejetée pour le moment, mais sans lui enlever tout espoir de revenir sur la question quand Leurs Altesses seraient moins occupées [par les guerres de Grenade], et qu'il pourrait plus tard se présenter une meilleure occasion ». Quelles que fussent les intentions royales, cependant, cette décision était pour lui fatale. Sa situation était désespérée. Il avait un petit garçon de sept ans, à La Rábida ; son dernier-né, Fernando, qui venait d'avoir un an, était à Cordoue avec sa mère ; il manquait même du nécessaire, et le pire de tout, il « avait perdu tout espoir de trouver un remède en Castille ». Où aller ?

Il alla à La Rábida. Chercher son fils Diego ? Peut-être, mais pas nécessairement. Le sensible, émotif et imaginatif Colón n'était pas forcé d'avoir une raison pratique pour aller là-bas. Il se peut très bien qu'il n'y soit allé que mû par une obscure affinité, quelque intuition magnétique, ou la pensée que le monastère pourrait être pour lui une maison tranquille, hospitalière où abriter ses réflexions, et que, en tout cas, Palos et ses marins étaient proches et qu'il pourrait retremper son projet mal en point dans leur foi simple mais vive en l'existence des Antilles, de Cipango, des morceaux de bois sculpté et des pilotes fantômes.

Il alla à La Rábida. Fraï Juan Pérez, qui avait montré tant d'intérêt pour lui et pour ses idées la première fois qu'il était venu au monastère, était là, aussi franc et aussi amical que jamais. Mais Colón rencontra à La Rábida deux autres hommes qui devaient contribuer puissamment à son succès : Fraï Antonio de Marchena et Martin Alonso Pinzón.

Fraï Antonio de Marchena était un « astrologue ». On sait peu de chose de lui, et ce que l'on sait manque de précision, car les quelques renseignements que nous donnent les documents et les citations se sont mélangés à ceux, aussi rares, que nous possédons sur Fraï Juan Pérez et ont donné naissance à un personnage composite dénommé par quelques colombistes Fraï Juan Pérez de Marchena. Le Roi et la Reine avaient une haute opinion de sa science, car le 5 septembre 1493, entre le premier et le deuxième voyage de Colón, ils écrivirent à Colón pour lui conseiller de prendre un bon astronome avec lui pour sa deuxième expédition ; « et il nous semble, ajoutaient-ils, que Fraï Antonio de Marchena serait un bon choix, car c'est un bon astronome et nous avons toujours pensé qu'il était de votre avis ». C'était aussi l'opinion de Colón, qui écrivit d'Espagnola au Roi et à la Reine : « Vos Altesses savent bien que je suis resté pendant sept ans à votre Cour, vous importunant de ceci : il n'y a jamais eu dans ce temps un pilote, un homme de mer, un philosophe ou un autre homme de science qui n'ait dit une fois pour toutes que mon projet était absurde, et je n'ai jamais trouvé d'aide chez personne, sauf chez Fraï

Antonio de Marchena, après celle du Seigneur. » Il n'est pas étonnant que se rappelant ce que Fraï Juan Pérez avait aussi fait pour lui, il ait exprimé sa gratitude aux « deux moines qui furent toujours constants à son égard » alors que « tous ceux qui s'occupaient de l'affaire ou qui en entendaient parler la tournaient en dérision ».

Ce n'est du reste pas le seul service qu'ils aient rendu à l'étranger sans foyer. Au cours de cette période de doute et de misère, ils le logèrent dans le monastère où son fils Diego habitait depuis six ans, et lui procurèrent la compagnie dont il avait le plus besoin, celle des hommes hâlés par la mer et ouverts par elle à toutes sortes d'espoirs et d'imaginations.

Ce n'était pas la première fois qu'un tel homme venait au monastère. Martin Alonso Pinzón n'était ni un marin ignorant ni un pilote hâlé par les tempêtes. Dans la petite ville de Palos, où il était né, il faisait figure de potentat, car il possédait une caravelle et une flottille de petits bateaux. Il habitait avec sa femme Maria Alvarez dans la rue de Notre-Dame de La Rábida, courait la mer depuis son plus jeune âge et était devenu un pilote et un capitaine renommé dans la communauté experte à laquelle il appartenait. Il avait navigué sur les mers anciennes jusqu'en Italie et sur les nouvelles jusqu'en Guinée et aux îles Canaries. La longue guerre avec le Portugal avait éprouvé ses talents militaires et navals et montré qu'il pouvait être aussi brave dans la guerre qu'habile dans les activités plus agréables et plus lucratives de la paix ; car il était prospère, circonstance qui, combinée avec son caractère droit et sa vie sans tache, lui avait valu une situation d'une grande autorité morale dans le port et la région de Palos.

Pinzón était comme tout le monde à cette époque rongé par la fièvre de la découverte. Un an environ avant sa rencontre avec Colón, il était allé à Rome, probablement pour des raisons commerciales, avec l'un de ses fils, Arias Pérez Pinzón, à qui nous devons l'histoire. Pinzón le Vieux avait un ami qui servait dans la maison du Pape Innocent VIII et qui était un bon cosmographe. On devine le reste, car il semble que cela ait été une obsession presque universelle dans l'Europe de cette époque. Le cosmographe papal avait parlé aux Pinzón père et fils des « pays qui n'étaient pas encore découverts », ce qui avait immédiatement fait concevoir à Pinzón le père le projet « d'armer deux navires et d'aller découvrir ces terres ».

Tel était donc l'état d'esprit de Martin Alonso Pinzón au moment où Cristóbal Colón arriva à Palos, triste et défait, mais nullement découragé. La rencontre de ces deux hommes sous le toit hospitalier du monastère fut sans doute l'un des moments décisifs de la découverte de l'Amérique. Don Cristóbal de Cipango rentrait de sa deuxième sortie. Tous les Sanchos du monde lui avaient dit que son château d'au-delà des mers n'était guère qu'un nuage dans son esprit, « impossible, vain et sans intérêt ». Mais dans cette sainte demeure, propre et embaumée par la senteur des pins, rafraîchie par le vent chargé de sel de la mer, un capitaine renommé, un homme que tout le monde à Palos saluait avec respect, non seulement pour sa richesse, mais aussi pour sa bravoure, un chef reconnu par les prudents et circonspects Sanchos, l'écoutait, lui souriait, non pas avec ironie ou dérision, mais avec sympathie, et confirmait effectivement les opinions, les projets, les espérances de Colón par les cartes de pays à découvrir que lui avait données l'astronome de la maison du Pape. Ses paroles ont dû être comme un baume calmant sur les blessures que le futur découvreur portait depuis si longtemps dans son âme sensible. « Et quand l'Amiral vit ceci, dit Pinzón le Jeune, au Tribunal, il devint un ami si intime du père du témoin qu'il en vint à conclure un accord avec lui et qu'il lui demanda de s'embarquer en sa compagnie. »

Un renfort de cette qualité devait faire naître de nouveaux espoirs chez Colón. L'idée de faire une nouvelle tentative pour triompher de la résistance des conseillers de la Reine a dû naître de la rencontre de ces deux hommes de mer. Cependant Pinzón n'avait qu'une influence locale. Il n'avait aucun pouvoir à la Cour, et même, il y était probablement inconnu. Ses opinions, même appuyées par une copie plus ou moins habile d'une carte plus ou moins imaginaire, auraient de la peine à modifier une décision prise après quatre ou cinq ans d'ajournements sur l'opinion circonstanciée d'une Commission royale pleine d'autorité. Il a donc fallu un fait nouveau plus important que l'approbation donnée par Pinzón au projet pour occasionner un changement aussi dramatique que celui qui eut alors lieu dans la fortune de Colón. Un soir, après une conversation avec Colón, Fraï Juan Pérez envoya un homme à la Cour avec une lettre pour la Reine. Environ une quinzaine plus tard, la Reine manda le moine lui ordonnant de laisser à Colón « la sécurité de l'espérance jusqu'à ce qu'elle lui écrive ». Bientôt, un certain Diego Prieto, citoyen de Palos, arriva à La Rábida apportant de la Cour une lettre de la Reine pour Colón et « vingt mille maravédis en florins pour que Colón pût s'habiller décemment et acheter une bête et se présenter devant Son Altesse ».

Que s'est-il passé ? De toute évidence, la lettre de Fraï Juan Pérez avait révélé un fait nouveau, assez important pour changer le cours des événements ; de toute évidence aussi, la Reine avait préféré en parler avec le moine avant de rappeler Colón. Il est important de souligner deux points : le premier est que le fait devait nécessairement être nouveau, car aucune répétition d'une histoire répétée *ad nauseam* pendant plus de cinq ans n'aurait fait changer d'avis au Roi et à la Reine ; le second, que les seuls documents que nous possédons tendent à montrer que Colón ne fut pas invité à comparaître devant une autre Commission — c'est la conclusion la plus raisonnable — ou bien que, s'il y eût une Commission, elle ne fût pas composée d'experts, mais de grands.

Il s'ensuit que la révélation de Fraï Juan Pérez était d'une nature telle qu'elle fixa une fois pour toutes l'aspect cosmographique du projet de Colón — son « offre » — dans l'esprit du Roi et de la Reine ; ils l'acceptèrent. Il ne restait plus qu'à discuter les exigences de Colón. Telle est la conclusion à tirer des faits. Jusqu'à la lettre de Fraï Juan Pérez, Colón avait lutté pour faire admettre l'aspect géographique de son projet. Après la lettre de Juan Pérez à la Reine et son entrevue avec elle, ce problème est pour Colón résolu et la seule lutte qu'il a à soutenir est pour faire accepter ses exigences exorbitantes.

Dans ces conditions, il ne faut pas chercher bien loin la clé du mystère. Quel était le principal obstacle auquel se heurtait Colón auprès des hommes d'Etat et des cosmographes ? Le manque de preuves documentaires. On l'écouta à cause de sa « grâce », de son pouvoir magnétique. Mais une preuve, un document, une carte ? Devant la carte de Pinzón, la réaction de Colón a dû être double : « Cette carte de Toscanelli est peut-être exacte, et peut-être même plus sûre qu'Esdras » ; et « Je ferais mieux de montrer ma carte avant que Pinzón montre la sienne et m'enlève ma priorité ». Et c'est ainsi que Colón est allé trouver Fraï Juan Pérez et « lui a ouvert son cœur en secret ».

Voici donc ce que Fraï Juan Pérez a dû révéler au Roi et à la Reine : Colón avait en sa possession une carte et une lettre envoyées par Toscanelli à l'un des conseillers du Roi de Portugal. Colón savait qu'il n'avait aucun droit de posséder cette carte et cette lettre qui étaient l'une et l'autre la propriété de la Couronne portugaise. Il s'était efforcé de convaincre le Roi Jean d'agir sur l'avis du grand « astrologue » florentin, mais il avait échoué. A sa grande peine, le Roi et la Reine de Castille ne l'avaient pas non plus écouté, mais c'était peut-être parce qu'il avait été jusqu'à présent incapable, pour des raisons évidentes, de mentionner ces deux documents. Colón avait révélé leur existence à Fraï Juan Pérez et à Fraï Antonio de Marchena. Fraï Antonio, qui était astrologue, les croyait dignes de considération. Les deux moines pensaient que Colón avait droit de voir son secret respecté par le Roi et la Reine, et conseillaient de soumettre l'affaire à l'épreuve de l'expérience.

Cette explication rend compte de tous les indices que nous avons : le Roi et la Reine demandent d'abord à voir Fraï Juan, dont la lettre probablement se contentait de signaler l'existence d'un important secret ; ils décident alors d'accepter en principe l'aspect cosmographique de la question, étant donné l'autorité et la grande renommée du Florentin (dont très probablement ils n'avaient jamais entendu parler), la bénédiction de Fraï Antonio de Marchena, « ce bon astronome », et l'impossibilité de consulter d'autres experts puisque l'affaire devait rester secrète. De plus, le secret appartient au Roi de Portugal ; or, si le projet échoue, on ne perd pas grand-chose ; s'il réussit, on atteint les Indes par une route *espagnole*, indépendante de la route portugaise. Le piment de la rivalité a dû compenser dans leur esprit les doutes qu'ils pouvaient avoir, surtout lorsqu'ils pensaient que le Roi de Portugal n'avait pas jugé bon de suivre l'avis de Toscanelli. L'importance attachée par Colón aux deux moines devient claire. Encore plus claires ces paroles de Las Casas sur Fraï Antonio de Marchena : « Je ne pus jamais savoir ni quand, ni comment, ni sur quel point il lui avait rendu service » ; car comment Las Casas, qui était en possession de tous les papiers de Colón et qui avait reçu ses confidences et celles de son frère Bartholomé, aurait-il pu ignorer un point si important si Colón n'en avait pas fait un secret ?

***

Toutes ces allées et venues, ces extravagants projets de l'importun étranger, Cipango, Jérusalem, ont dû paraître quelque peu irréels et presque insensés au Roi et à la Reine surmenés de travail. Pour eux, il y avait à l'époque deux grandes questions d'Etat : les Maures et les juifs.

C'était le début de la neuvième campagne annuelle de leur guerre pour la conquête de Grenade. Toute la chrétienté avait les yeux sur eux. Ils avaient reconquis une à une toutes les places fortes que les Maures occupaient depuis si longtemps, Malaga par exemple, qui était restée sous la domination maure pendant sept cent soixante-dix ans. Ils ceignaient à présent leur épée pour un dernier effort, la conquête de Grenade elle-même. Le 11 avril 1491, le Roi, la Reine et le Prince Don Juan quittèrent Séville et se mirent en campagne. Laissant sa femme et son jeune fils à Alcala la Real, Don Fernando s'avança avec ses armées en territoire maure et passa le printemps et une partie de l'été en raids incessants et en escarmouches préparatoires au siège. En août, satisfait de cette phase préliminaire de son plan de campagne, Ferdinand choisit un emplacement dans la riche Vega — plaine de Grenade — et y installa son camp. Il le bâtit de brique et de mortier, comme une ville, pour signifier aux Maures qu'il était venu pour rester, et il « l'appela Santa Fé parce que son désir et celui de la Reine sa femme étaient toujours dirigés vers le développement et le service de la Sainte Foi Catholique de Jésus-Christ ».

Cette foi, cependant, était alors menacée par ce qui, à leurs yeux, était le plus terrible des fléaux. Pour leur grande consternation, l'Inquisition avait révélé le caractère superficiel de l'ensemble des conversions opérées vers la fin du XIVe siècle par la peur, et tout au long du XVe par l'intérêt et l'ambition, dans la nombreuse population juive de la Péninsule. Il nous est difficile, à nous qui sommes nés et avons été élevés dans une époque d'agnosticisme et de variété de credos et d'opinions, de comprendre ce qu'était la vie dans une période d'orthodoxie totale. Le fait que des milliers de personnes « purifiées » par les eaux du baptême et « éclairées » par la lumière de la foi fussent retombées dans la « nuit noire de l'hérésie » a dû avoir des effets terrifiants au-delà de ce que tout ce que nous pouvons imaginer sur un monde de chrétiens sincères, à la foi absolue. Nous en savons assez sur le caractère du Roi et de la Reine pour comprendre que lorsque l'Inquisition montra l'importance de la « perversité hérétique » dans les rangs des *conversos*, ils ont dû être épouvantés par l'étendue du désastre. Il est de fait difficile d'échapper à la conclusion qu'ils ont dû se sentir personnellement touchés par le « fléau ». Les noms qui leur étaient les plus chers, des hommes mêlés de près à leur vie quotidienne étaient compromis : des membres de familles associées à leur administration, jouant les premiers rôles à leur Cour — La Caballeria, Santángel, Sánchez — furent contraints de revêtir le « saint sac » du pénitent et même de monter sur le bûcher. On ne peut dire que le Roi et la Reine aient cédé à une panique justifiée par les circonstances, car ils ont maintenu à leur poste et protégé de leur prestige incomparable les membres de leur maison et de leur chancellerie dont les proches parents étaient morts dans les flammes. Mais le Roi et la Reine avaient été profondément impressionnés par un certain nombre de considérations : la classe dirigeante des dignitaires et des serviteurs civils était dangereusement menacée à la fois dans son recrutement et dans sa fidélité, car cette classe était essentiellement composée d'hommes d'origine *converso*; l'évolution progressive du pays vers une manière de penser harmonieuse, sinon absolument unie, était gravement compromise par l'échec de cette puissante expérience; l'attachement obstiné de ce qui était probablement la majorité de la population *converso* à la manière de vivre et de penser des juifs « infidèles » ne pouvait échapper à un homme d'Etat dans son bon sens. L'assimilation, dans l'ensemble, avait échoué.

Il est impossible d'établir un parallèle avec les événements de notre temps, car l'Allemagne nazie ne se souciait pas le moins du monde d'arriver à un accord avec ses juifs ou avec un principe général national ou étranger d'humanité et de paix; alors que dans l'Espagne de 1492, la « foi » était tenue pour la seule vérité possible pour tous les hommes, qui devenaient égaux, quelle que fût leur race, une fois qu'ils en avaient fait profession. La tragédie des esprits responsables et pensants de cette époque — le Roi, la Reine, Talavera, Cisneros — était qu'ils désiraient sauver la totalité des juifs d'Espagne par la foi chrétienne, qu'ils tenaient pour la vérité, et que les juifs, avoués ou secrets, ne voulaient pas être sauvés.

Cette situation psychologique devait nécessairement conduire à la passion dans le cœur, puisque dans l'esprit, elle aboutissait à une impasse. Des hommes qui refusaient de voir la lumière ne pouvaient pas ne pas être « pervers ». « Perversité », tel était le mot du jour. Tous les chroniqueurs l'emploient. « Pestilence » est une expression également significative de cette passion qui se développait alors contre les juifs. Cependant la vieille difficulté, l'envie, s'attaquait aux frères les plus humbles de la foi chrétienne. En 1491, alors que Colón était à La Rábida en train de négocier habilement par l'intermédiaire de Fraï Juan Pérez, on commençait déjà à exercer une forte pression sur le Roi et la Reine pour obtenir l'expulsion des juifs.

*
* *

Tel est le fond agité sur lequel nous devons nous représenter les nouvelles négociations de Colón avec le Roi et la Reine. Savaient-ils qui il était ? La masse des preuves et des probabilités est en faveur d'une réponse affirmative. Le Roi se tenait très au courant des affaires génoises ; il était, d'une manière plus ou moins intermittente, le suzerain de Savone, où les Colombo habitaient depuis longtemps. L'Italie était criblée d'alliés et d'agents à sa solde. Ferdinand a dû se procurer tous les renseignements qu'il voulait sur cette famille, et devait par conséquent savoir qu'elle était d'origine judéo-catalane. Nous n'excluons du reste pas la possibilité que cela ait pu avoir pour effet de ralentir encore le rythme paresseux des négociations.

Il est de toute façon significatif que Colón ait changé son nom de *Colombo* en *Colón* précisément de la manière qu'il l'a fait et que nous pouvons à présent suivre dans les documents officiels : en abordant au Portugal, il s'appelait *Colombo*, et c'est le nom que Ruy de Pina, son premier chroniqueur portugais, lui donne ; mais *au Portugal*, il semble être passé directement à *Colom* et à *Colón* car Barros, l'historien du Roi Jean, l'appelle *Colom*, tandis que le Roi Jean lui-même, en 1489, l'appelle *Colón*. Et cependant en Castille, de 1485-1486 à 1492, *son nom est toujours Colombo*. Voici une curieuse régression dans une évolution qui dès le départ était destinée à aboutir à *Colón* (comme on le voit par la lettre du Roi Jean). Elle témoigne d'une sorte de crainte que *Colom* ne risquât de se révéler dangereux dans les royaumes du Roi Ferdinand. A qui sait que l'Inquisition de Valence en 1461 et l'Inquisition de Castille en 1489 condamnèrent des juifs secrets du nom de Colom, cette action *autrement inexplicable* du découvreur devient claire. La première fois que *Colón* a l'autorisation de voir le jour, c'est lorsque, déjà sûr de la victoire, le découvreur rédige ses *Capitulations* et se fait appeler Don Cristóbal Colón.

Tout cela, ou presque, le Roi et la Reine ne l'ignoraient pas, et une seule observation suffit à le prouver : *ils ne mentionnèrent jamais sa nationalité*. En dépit du nombre relativement élevé de documents et de lettres officiels directement signés, ou autorisés par eux, que nous possédons, on n'en connaît aucun où soit précisée l'origine de Cristóbal Colón. Or, cela est directement contraire à l'usage, car, à cette époque, la mention de « vénitien », « florentin », « français », « catalan », allait de soi immédiatement après le nom de la personne pour laquelle le papier était établi. Le plus que nous lisions au sujet de Colón dans les papiers officiels est *extranjero*, « étranger ». Génois, jamais. La règle est absolue.

Ce n'est du reste pas tout : nous avons la preuve positive que le Roi et la Reine ne tenaient pas à parler de l'origine génoise de l'étranger. Ruy González Puebla, ambassadeur de Ferdinand et d'Isabelle à Londres, écrivait au Roi et à la Reine le 23 juin 1498, parlant de Jean Cabot, « un autre Génois, comme Colón ». Le Roi et la Reine répondirent : « Vous parlez d'un homme comme Colón qui a proposé au Roi d'Angleterre une entreprise comme celle des Indes... » Le mot Génois a disparu. Dans la mesure où cela dépendait du Roi et de la Reine, il était sincèrement censuré. Jamais non plus il ne fut appliqué aux frères de Colón.

Il faut remarquer que ni Cristóbal ni Bartholomé ne furent explicitement naturalisés, bien qu'ils fussent tacitement devenus sujets castillans. Diego est le seul qui ait été naturalisé par un acte légal, un acte signé du Roi et de la Reine le 8 février 1504. Rien n'aurait été plus naturel que de mentionner son pays d'origine dans un tel acte. Il ne l'est pas. Du reste, la raison de cette différence entre Diego et ses frères est évidente ; car elle est, en fait, explicitement mentionnée dans l'acte, et à la tête des raisons alléguées, ce qui montre qu'elle était au premier rang des préoccupations du rédacteur — qui est peut-être Don Diego lui-même : « En sorte que vous puissiez obtenir tous les bénéfices et dignités ecclésiastiques que l'on peut vous donner » ; car, on le sait, le Roi et la Reine étaient intraitables sur l'admission d'étrangers dans leur Église. Et pourtant, cet homme d'église, plus tard, alors que son frère était Amiral et Vice-Roy, ne reçut pas la moindre dignité ecclésiastique ni en Castille ni aux Indes. Et cela tendrait à nouveau à faire ressortir l'origine juive de la famille, car, par la suite, Ferdinand et Isabelle évitèrent de plus en plus d'accorder des sièges aux ecclésiastiques *conversos*.

Cette circonstance, l'origine juive de Colón, devait donc être nécessairement dans l'esprit de chacun lorsqu'il revint à Santa Fé négocier avec la Reine. La question cosmographique était réglée. Il valait la peine d'essayer. Mais à quelles conditions ? Nous les connaissons. Colón n'avait pas rabattu ses prétentions d'un iota. Il fallait qu'il fût fait Chevalier, Don, Grand Amiral, Vice-Roy ; il fallait que ces titres restassent à perpétuité dans sa famille ; et enfin, il toucherait dix pour cent sur toutes les transactions intéressant son amirauté. Ces conditions ont dû provoquer une véritable stupeur chez ceux qui en ont eu connaissance. Quoi, un misérable mendiant venu Dieu sait d'où demander les honneurs et les privilèges de l'Amiral de Castille ? Le Roi et la Reine ont dû certainement être frappés au premier abord par la ridicule disproportion entre ce qu'on offrait et ce qu'on demandait. Cependant, telle est la nature humaine : qui sait si la grandeur même de ces prétentions n'a pas contribué à donner du poids et de la substance à une offre fabuleuse et nébuleuse ? Cependant les privilèges et les honneurs réclamés par Colón étaient de loin excessifs, et il était même dangereux de les lui accorder. Il est probable qu'on dut essayer de faire une sorte de marché avec lui. Mais il fut intraitable. Sa nature intransigeante et orgueilleuse se révéla totalement. Il était l'agent du Seigneur, choisi non seulement pour conquérir un monde nouveau, n'existant jusque-là que dans son imagination, mais aussi pour faire face à ce Roi et à cette Reine qui opprimaient la moitié de son peuple et se préparaient à envoyer l'autre dans un exil inhumain. Il devait rester sur ses positions. Il y resta.

Il avait l'air d'un mendiant parce qu'il avait des vêtements usés jusqu'à la corde. Mais il n'en était pas un. C'était peut-être l'âme la plus fière de cette fière Cour. Cependant, écrit Las Casas, « voyant qu'il se heurtait à tant de refus et de contradictions, qu'il était affligé et opprimé par de si grands besoins, alors qu'en cédant peut-être sur les privilèges qu'il réclamait, en se contentant de moins (alors qu'il semble bien qu'il aurait pu se contenter de rien), le Roi et la Reine auraient pu consentir à lui donner tout ce dont il avait besoin pour son voyage, et pour le reste, tout ce qu'ils auraient jugé bon de lui donner, il refusa toutes les concessions, et persévéra avec une fermeté totale dans tout ce qu'il avait réclamé ».

Et pour la seconde fois, il essuya un refus.

Colón quitta Santa-Fé, cette fois, croyait-il, pour de bon. Ses pensées se tournèrent vers l'Angleterre où avait séjourné son frère Bartholomé, et vers la France où il se trouvait alors. Mais comment aller là-bas, démuni d'argent comme il était ? Et qu'était devenu son frère ?

Tout était à nouveau perdu. 1492 ! Huit ans de travail et de patience, de peines et d'humiliations ; deux fils ; une femme « qui était une charge pour sa conscience » ; et rien que « la nuit et le jour », comme on disait dans ce pays qu'il avait voulu faire sien et qu'il se préparait maintenant à quitter. De nouveau repartir. Pour où ? Pour la France ? Pour l'Angleterre ?

En pensée, il devait revoir cette scène brillante et émouvante à laquelle il avait assisté quelques jours plus tôt — le hissage de la Bannière et de la Croix sur la tour de Comarès à l'Alhambra — spectacle qui avait retenu l'attention non seulement des spectateurs, non seulement de l'Espagne, mais aussi de la Chrétienté tout entière. La Bannière et la Croix ! Cristóbal Colón ! C'était sûrement ce pays et pas un autre qui était fait pour lui. Où allait-il, pourquoi tournait-il le dos à sa destinée, à sa mission ? Il fallait à tout prix que le pays de la Bannière et de la Croix fût le pays de Cristóbal Colón. Où allait-il ? Était-ce réellement la fin de sa quête castillane ?

Tandis qu'il retournait ces pensées dans sa tête, en s'éloignant sur son cheval, au début de janvier, trois amis puissants reprenaient en main la cause qu'il avait abandonnée : Deza ; Cabrero ; Santángel : *trois conversos*. Leur intervention au dernier moment alors que Colón avait déjà quitté Grenade est bien établie ; les preuves existantes donnent à penser qu'ils unirent leurs efforts et que c'est Santángel qui fut choisi pour parler à la Reine. Don Luis de Santángel, « Escribano de Ración » du Roi Ferdinand d'Aragón, sorte de ministre des Finances, était naturellement un *converso*. C'était l'un des hommes les plus influents du royaume, et sa famille l'une des plus puissantes et des plus respectées d'Aragón. C'est dans la maison de son homonyme, son cousin Luis de Santángel, que l'on avait préparé et discuté l'assassinat de l'Inquisiteur Pedro de Arbués, à peine six ans auparavant ; ce cousin et les autres membres de sa famille qui avaient été brûlés, ou punis autrement, avaient été victimes de l'une des chutes les plus dramatiques et les plus sensationnelles de celles causées par l'Inquisition. Luis de Santángel lui-même avait été poursuivi et condamné à faire pénitence publique par l'Inquisition de Saragosse, et cela en dit long sur le courage du Roi et de la Reine qu'ils lui aient gardé toute leur confiance. Par Cédula royale du 30 mai 1497, le Roi Ferdinand lui accordait ainsi qu'à ses héritiers la propriété entière de tous les biens confisqués par le Saint-Office aux hérétiques et aux apostats du royaume de Valence. Tel est l'homme qui vint trouver la Reine le jour que Colón quittait Grenade pour Cordoue, à peu près décidé à un troisième exil.

Santángel a fait changer de décision la Reine. Que lui a-t-il dit ? Il est inutile de s'attarder sur les discours éloquents que lui ont prêtés les chroniqueurs : ils sont pure imagination. Que lui a-t-il dit exactement ?

Il ne fait pas de doute qu'il était le principal *converso* de la cour. Personne n'était plus puissant que lui. Si, comme on le soutient dans ces pages, la difficulté venait des prétentions exorbitantes de Colón, le point de vue raisonnable est que Santángel se limita à cette question. « Le projet, dit-il sans doute, est digne d'intérêt. Sur ce point vous êtes d'accord. Pourquoi barguigner sur des privilèges et sur des honneurs? S'il vous rapporte les Indes, pourquoi ne pas le faire Amiral? S'il ne ramène rien, il n'y a pas de mal. Tenez l'accord secret jusqu'à son retour. » Puis, Santángel a dû ajouter : « Voyez comme il est avantageux que ce soit un nouveau chrétien qui vous rende ce service. Vous améliorerez votre situation. Vous pourrez le porter à votre crédit, alors que mon peuple a si fortement obéré votre débit par son infidélité secrète. N'écoutez pas vos grands wisigothiques. Soyez raisonnable. Acceptez ses revendications, puisqu'elles sont toutes soumises au succès de son expédition. Et s'il réussit, laissez-le obtenir ce qu'il mérite, puisque vous récolterez beaucoup plus.

— Mais l'argent? a dû demander la Reine.

— Je vous prêterai ce dont vous avez besoin. De toute façon, ce n'est pas beaucoup. Vous avez les moyens de payer les intérêts. »

Colón traversait le pont de Pinos, qui se trouve à une dizaine de kilomètres de Grenade, lorsqu'un *alguazil* de la Reine le rattrapa, monté sur un cheval plus rapide que sa « bête ». La Reine le priait de revenir. Il hésita un instant, le temps qu'il pensa que l'*alguazil* venait de la Reine; puis il se rendit compte que l'*alguazil* était un envoyé du Seigneur. Et il retourna à Santa Fé — et à l'immortalité.

QUATRIÈME PARTIE

LE TRÈS MAGNIFIQUE SEIGNEUR DON CRISTÓBAL COLÓN

CHAPITRE XVI

VERS L'OUEST

Dans la lettre au Roi et à la Reine par laquelle Colón commence le journal de son premier voyage, on trouve les lignes suivantes : « Et ainsi, ayant expulsé tous les juifs de vos royaumes et possessions, dans le même mois de janvier, Vos Altesses m'ordonnèrent d'aller avec une flotte suffisante dans lesdites parties de l'Inde ; et pour ce dessein, m'accordèrent de grands honneurs et m'anoblirent en sorte que désormais je fusse appelé Don et fusse Grand Amiral de la Mer Océane, Vice-Roy et Gouverneur général à perpétuité des îles et de la terre ferme. »

Ces lignes ont embarrassé tous les historiens. Comment Colón pouvait-il être si inexact en écrivant à peine quelques mois après les événements ? Les juifs furent expulsés en août par un décret signé le 31 mars. Le mois de janvier n'a rien à voir dans l'affaire. Cependant ces lignes sont dans leur inexactitude l'un des passages les plus révélateurs que Colón ait écrits.

Pourquoi faire intervenir les juifs ? Il va parler de son voyage, qui est peut-être la seule entreprise castillane de l'époque qui n'ait rien à voir avec la question juive. Que viennent faire dans sa caravelle les juifs et leur expulsion ? Ce rappel injustifié de l'expulsion des juifs ne donne-t-il pas à penser qu'il est inconsciemment obsédé par le destin de ses frères ? L'obsession était même si forte qu'elle l'amenait à situer à la même date des événements qui avaient eu lieu à des dates différentes : mais ces deux événements, la défaite juive et sa victoire à

231

lui, étaient si intimement mêlés en lui, dans les profondeurs de son être où ses mobiles avaient leurs racines, qu'il en parle comme si l'un et l'autre étaient survenus en janvier, au cours de ce mois qui l'avait vu remporter sa victoire sur le Roi et la Reine.

De là cette phrase si inattendue, en contradiction si profonde avec les événements extérieurs, et qui n'est que l'expression irréfléchie de ses pensées intimes : « Ayant expulsé les juifs, vous m'avez envoyé dans l'Inde et vous m'avez fait Grand Amiral. Ayant abaissé ma race, vous m'avez élevé. »

Il y a d'autres traits à souligner dans cette lettre. Aucun contemporain, écrivant au Roi et à la Reine à cette époque, n'aurait mentionné l'expulsion des juifs sans souligner « la bénédiction que les souverains ont apportée à la nation en prenant une mesure aussi admirable », ou sans quelque marque d'approbation pleine de platitude. Colón se contente de mentionner sèchement l'expulsion des juifs. Pas un mot sur ses avantages. Ce silence équivaut à une confession et, à cette époque, cela était assez périlleux. Chez Colón, ce silence est révélateur non seulement de sa race juive, mais aussi de cette absorption en lui-même qui le conduisait parfois à oublier le monde et à perdre en un instant d'orgueil ou de rêveuse inattention le bénéfice d'années de réserve et de prudence.

En outre, dans cette même lettre, un peu plus haut, parlant des Indiens qui s'adonnent à l'idolâtrie en attendant que les chrétiens viennent les éclairer, Colón dit du Roi et de la Reine qu'ils sont des « princes catholiques chrétiens amis et propagateurs de la foi chrétienne et ennemis de la secte de Mahomet et de toutes les idolâtries et hérésies » ; c'était encore une occasion admirable d'exprimer les opinions que tous les autres contemporains auraient exprimées sur la « secte juive ». Mais pas un mot. Ce silence ne donne-t-il pas à penser que, malgré un comportement de chrétien sincère, Colón sentait le lien qui l'unissait à la Race persécutée ? Il était trop fier pour approuver. Il restait silencieux, mais sa pensée secrète s'exprimait dans une phrase qui réfléchissait plutôt les mouvements intimes de son cœur que les événements extérieurs.

Par l'un de ces caprices de l'histoire qui la rendent si dramatique, la question juive, qui avait été un problème permanent de la vie espagnole depuis l'époque de la conquête wisigothique, en arriva à son dénouement non seulement du vivant de Colón, non seulement au moment où son projet était en pleine réalisation, mais au moment même où il était lancé. C'est en janvier que fut prise la décision de l'envoyer aux Indes; les Capitulations furent signées le 17 avril. La décision d'expulser les juifs fut arrêtée à peu près à la même époque; le décret royal d'expulsion est daté du 31 mars. Les deux séries d'événements sont étroitement imbriquées, et nous allons voir qu'il en sera ainsi jusqu'au jour même du départ de Colón pour son premier voyage historique.

Lorsque Colón revint du pont des Pins, il avait déjà gagné; il ne lui restait plus qu'à faire reconnaître sa victoire par un document écrit. Ce document — les célèbres Capitulations de Santa Fé — fut rédigé par Fraï Juan Pérez et Juan de Coloma. Autre caprice de l'histoire: les deux parties qui signèrent les Capitulations sont Colón et Coloma, et comme Coloma est aussi le fonctionnaire qui contresigna l'édit d'expulsion des juifs dix-sept jours plus tôt, on peut dire que ce presque homonyme de Colón a donné une valeur officielle aux deux plus importants documents de l'histoire de l'Espagne.

Il n'était pas secrétaire pour la Castille, mais pour l'Aragón, fait qui montre que le Roi Ferdinand n'était point l'adversaire de l'entreprise de Colón, comme on l'a cru trop volontiers sur la foi des assertions de Fernando Colón. Il ne fait pas de doute que presque toute l'aide que Colón reçut de la Cour avait sa source dans la maison du Roi plutôt que dans celle de la Reine. Santángel, Cabrero et Coloma étaient tous des hommes du Roi. Les deux premiers étaient des *conversos*. Quant à Coloma, il était juif par sa mère.

Les Capitulations se présentent sous la forme d'un mémorandum d'accord. Elles ne constituent pas en elles-mêmes un acte légal, mais un procès-verbal sur lequel doivent être exécutés plus tard les actes légaux. Il est certain que c'est Colón qui les a exigées à la suite de ses nombreuses déceptions. Son orgueil et son assurance étaient plus qu'il ne fallait pour exiger une garantie qu'il ne retournerait pas en vain. On avait eu le temps de préparer le terrain et Coloma fut facilement persuadé de lire un projet et de le signer pour le Roi et la Reine.

Ce projet s'adresse au Roi et à la Reine, sous la forme d'une série de paragraphes détaillant les faveurs et les honneurs accordés à Colón, et à la fin de chaque paragraphe revient cette formule :

« Tel est le bon plaisir de Leurs Altesses. — Juan de Coloma. »

L'esprit don quichottesque de Colón apparaît à chaque ligne de ces papiers historiques. Le découvreur est toujours désigné sous le nom de *Don* Cristóbal Colón, avant que personne l'ait autorisé à se faire appeler ainsi. La *première* condition enregistrée est que Leurs Altesses s'engagent à faire « ledit Don Cristóbal Colón » leur Amiral « dans toutes les îles et tous les continents qui, par sa main et son industrie, pourront être découverts ou conquis dans lesdites mers océanes. » Colón signale avec précision les deux points qu'il a toujours joints à cette concession : savoir qu'elle soit accordée à perpétuité à ses héritiers ; et que ses prééminences et ses prérogatives soient les mêmes que celle du Grand Amiral de Castille. Il mentionne l'Amiral par son nom, Don Alonso Henriquez, l'un des plus grands seigneurs de l'Espagne, qui était effectivement de la même famille que le Roi Ferdinand. Dans cette lutte incessante pour la gloire, l'honneur et l'élévation au rang royal, ne pouvons-nous pas voir son obsession et son désir de venger sur le Roi Ferdinand l'humiliation de sa race ? « Tel est le bon plaisir de Leurs Altesses », écrit froidement Juan de Coloma.

La deuxième condition de Don Quichotte-Colón était qu'il serait fait Vice-Roy et Gouverneur général de toutes les îles et continents à découvrir ; ici encore, il demande et obtient « de désigner pour le gouvernement de ces îles et continents, trois personnes pour chaque poste, sur lesquelles Votre Altesse en nommera une ». Cela établi, il obtient son dixième sur toutes les transactions, puis élève une prétention si extraordinaire que Juan de Coloma en perd sa sérénité et ne signe qu'avec des réserves : Colón prétend rendre la justice, soit personnellement, soit par l'intermédiaire de ses représentants, dans tous les litiges commerciaux nés du commerce entre la Castille et les pays sur lesquels il peut avoir un tel droit de par ses privilèges d'Amiral. C'est une conception totalement médiévale de la justice. Le Roi et la Reine faisaient tous leurs efforts pour l'extirper de l'esprit des grands et des évêques. Colón, qui était à bien des égards un esprit médiéval, cherche à la perpétuer dans les Indes. Coloma est du reste incapable d'opposer un net refus à cette prétention exorbitante. Tout ce qu'il dit c'est : « Tel est le bon plaisir de Leurs Altesses, si cela appartient à la fonction d'Amiral, telle qu'elle était remplie par ledit Amiral D. Alonso Henriquez et ses prédécesseurs dans leurs provinces, et si cela est juste. »

Le document se termine en stipulant que Colón doit contribuer pour un huitième, si tel est son désir, aux frais de toutes les expéditions envoyées « pour lesdits commerce et négoce » et recevoir un huitième des bénéfices.

Sur deux points, ce singulier document a suscité d'abondantes controverses : le premier est qu'il n'y est pas fait mention des « Indes ». C'est l'argument classique de ceux qui prétendent que Colón n'a jamais eu l'intention d'aller aux « Indes » par l'ouest. Cette thèse est insoutenable comme on l'a montré dans ces pages. Colón avait effectivement l'intention d'aller aux « Indes » par l'ouest, même s'il n'avait qu'une notion très vague de ce qu'étaient exactement ces « Indes ». Le silence observé sur ce point est évidemment dû à la nécessité d'être discret, car le Roi de Portugal était aux aguets.

Le problème posé par l'autre point est encore plus spectaculaire, bien qu'il soit tout aussi spécieux. La première phrase signale « les choses sollicitées par Don Cristóbal Colón et que Vos Altesses lui donnent et accordent, comme représentant une certaine rétribution... » (Ce « une certaine » est d'un colonesque parfait! Si exorbitantes que fussent ses conditions, elles ne constituaient qu'*une certaine* rétribution...) mais de quoi ? On lit dans le document : « *pour ce qu'il a découvert* dans les mers océanes, et pour le voyage qu'il entreprend à présent, avec l'aide de Dieu, à travers ces mers pour le service de Vos Altesses ».

C'est tellement étonnant qu'on a de la peine à en croire ses yeux. Mais il ne peut y avoir de doutes : le document original signé par Coloma dit : « ce qu'il a découvert ». Sur la foi de ces paroles, quelques colombistes ont bâti l'histoire d'une pré-découverte de l'Amérique. Très habilement, ils apportent à l'appui de leur théorie les déclarations répétées de Las Casas au sujet de l'assurance qu'avait Colón de découvrir un nouveau continent « comme s'il l'avait tenu sous clé ». Toutes ces inventions tombent en poussière lorsqu'on lit le journal du premier voyage de Colón, car il est évident qu'il était tout à la fois surpris, embarrassé, charmé et déçu par ce qu'il voyait. La véritable explication de ces mots doit être cherchée dans la psychologie don quichottesque de Colón. « Il étreignait son imagination » et n'aurait pas voulu s'en séparer même si des moines pieds nus l'en avaient prié, comme Cervantès dit de Don Quichotte. Il était si sûr de son rêve qu'il le présentait comme un fait dans le document où il faisait payer si cher sa « découverte » au Roi et à la Reine. De même qu'il se faisait appeler Don avant d'avoir droit à ce titre, de même il donnait les Indes pour découvertes avant même d'avoir quitté Palos.

Les Capitulations du 17 avril devinrent un acte régulier le 30 du même mois. Cet acte est rédigé par Juan de Coloma ou dans ses bureaux. Le découvreur redevient « Cristóbal Colón »; il part découvrir « certaines îles et continents » qu'il n'a pas découverts encore et qu'il « espère, avec l'aide de Dieu, conquérir et découvrir »; les titres (y compris le Don) et les autres privilèges sont explicitement ajournés jusqu'à ce que « vous ayez découvert et conquis lesdites îles et lesdits continents dans ladite Mer Océane, ou dans une autre ». Le contraste entre cette prudence officielle et l'imagination don-quichottesque de Colón est on ne peut plus frappant.

Il se peut que Colón n'ait pas été alors en humeur de le remarquer. Il avait gagné. Il pouvait désormais naviguer. Une fois sur la mer, sans rien devant lui que l'inconnu, il était dans son élément. Il quitta Grenade plein d'espoir le 12 mai.

***

Un matin, douze jours avant son départ, le bruit des trompettes l'avait amené à sa fenêtre à Santa Fé. Un roi d'armes, deux alcades et deux alguazils annonçaient solennellement que le Roi et la Reine donnaient à tous les juifs et juives de leur royaume qui refuseraient de se convertir un délai de trois mois, à compter de cette date du 30 avril, pour quitter les possessions royales, leur permettant d'emporter leurs biens par terre ou par mer, sauf l'or, l'argent, les pièces de monnaie ou les articles désignés sur la liste officielle. Les astres avaient voulu que jusqu'au bout le destin d'Israël fût étroitement mêlé au sien. Le même jour, l'homme qui avait signé le décret expulsant les juifs avait apposé sa signature aux deux documents les plus importants de l'histoire de la découverte de l'Amérique, par le premier desquels Colón se voyait accorder les titres et dignités qui avaient été stipulés dans les Capitulations, tandis que par le second, le Roi et la Reine rappelaient à Diego Rodriguez Prieto, Alcade Mayor de Palos, et à « toutes les autres personnes vos compagnons et voisins du bourg de Palos » qu'ils avaient été condamnés par le Conseil à fournir au Roi et à la Reine deux caravelles armées à leurs frais pendant deux ans, et ordonnaient de mettre lesdites caravelles à la disposition de Cristóbal Colón afin qu'il aille en « certaines parties de la Mer Océane faire des courses requises par notre service ».

Il n'est donc pas étonnant que Colón ait plus tard lié dans la même phrase l'expulsion des juifs et la découverte des Indes. L'ordre royal soigneusement plié dans son portefeuille, il partit pour Palos, à un moment où le pays commençait déjà à ressentir les effets du déracinement des juifs, arrachés à une terre sur laquelle ils prospéraient depuis si longtemps.

Tandis que Colón était sur le chemin de Palos, le petit port qu'il devait immortaliser, la misérable race d'Israël se préparait pour son plus tragique exil. Le décret du 31 mars 1492 avait un sens strictement religieux et non point racial. Cependant, bien que le nombre de *conversos* fût grand, le nombre de juifs non convertis du pays ne l'était pas moins et les liens de toutes sortes, sans doute économiques, mais surtout spirituels, qu'ils avaient noués avec l'Espagne étaient aussi profonds qu'on pouvait s'y attendre si l'on considérait qu'ils vivaient dans la Péninsule depuis environ deux mille ans. A l'époque où Colón posait les fondations de sa grandeur, les juifs liquidaient du mieux qu'ils pouvaient leurs intérêts dans le pays, vendant leurs maisons et leurs meubles, jetant un dernier regard mélancolique sur le pays où ils étaient nés et où ils devaient laisser les cendres de leurs ancêtres. « Les chrétiens, dit Bernáldez, acquirent leurs domaines, très nombreux, et de très riches maisons et des terres pour peu d'argent. Ils [les juifs] cherchaient partout à les vendre et ne trouvaient pas d'acheteurs, et ils donnaient une maison pour un âne et une vigne pour un morceau de drap de laine ou de toile, car il leur était interdit de sortir de l'or ou de l'argent du pays; bien qu'en vérité ils en aient sorti secrètement de fortes sommes, et en particulier de nombreux *cruzados* qu'ils avaient déformés avec leurs dents et avalés et qu'ils emportaient dans leur ventre (…), les femmes particulièrement en plus grande quantité que les hommes, et il se trouva qu'une personne avalait jusqu'à trente ducats. »

On peut facilement imaginer les scènes atroces auxquelles on put alors assister dans toute la Péninsule. Elles durent être particulièrement tragiques dans la zone que traversait Colón en allant de Grenade à Palos, car les juifs de Castille qui fuyaient en troupeaux vers El Puerto et Cádiz étaient parmi les plus riches d'Espagne et ils devaient offrir au témoin bienveillant un spectacle d'autant plus triste et plus poignant que leur chute était plus brutale. Les visages hagards des sans-foyer, des opprimés, des persécutés, des trahis, ont dû fournir un arrière-plan de tragédie et de misère au triomphant voyage du don quichottesque découvreur. Il se peut même qu'il ait été le témoin de certaines migrations préliminaires qui avaient alors lieu avant le grand exode ; spectacles émouvants à l'extrême même sous la plume du simple et bigot Bernáldez : « Confiants dans la vaine espérance de leur aveuglement, ils choisirent les duretés du chemin et ils quittèrent le pays de leur naissance, petits et grands, vieillards et enfants, à pied ou sur des ânes, d'autres bêtes ou des voitures, et ils voyagèrent jusqu'aux ports où ils devaient s'embarquer ; et ils marchaient le long des routes ou à travers les champs dans des conditions très dures et à grand péril, certains tombant, certains se relevant, certains mourant, certains naissant, certains tombant malades, en sorte qu'il n'y avait pas de chrétien qui n'eût de la peine pour eux, et où qu'ils allassent, on les invitait à se faire baptiser, et certains, dans leur situation, se convertirent et restèrent, mais très peu, et leurs rabbins ne cessaient de les encourager, et ils faisaient chanter les femmes et les jeunes gens et les faisaient jouer du tambourin pour réconforter la foule. » La fière imagination, le sens prophétique et missionnaire de Colón ont dû être profondément remués à la fois par la situation elle-même et par la coïncidence providentielle qui jetait Israël à terre au moment où lui s'élevait vers sa victoire.

Les lettres royales dans son portefeuille, sa confiance en sa bonne étoile brillant plus que jamais dans son cœur, Colón revint à Palos en conquérant. Le 23 mai, onze jours à peine après son départ de Grenade, il convoqua une réunion des autorités et des citoyens de Palos à l'église Saint-Georges, et leur lut solennellement la lettre par laquelle Leurs Altesses Royales enjoignaient aux citoyens de Palos de mettre deux caravelles armées à la disposition de Cristóbal Colón. On peut imaginer sans crainte de se tromper qu'il fut fier et même hautain. Sa nature autoritaire, longtemps contrainte par la pauvreté et par le manque de reconnaissance, excitée par la vue de la persécution et de la misère qu'il devait ressentir comme une insulte dans le profond de son âme, avait enfin une magnifique occasion de se montrer. Il brandissait une lettre royale.

Mais il la brandissait en vain. Pour la première fois, il se heurtait à cette dure nature espagnole qui en présence des ordres royaux forgea un chef-d'œuvre d'évasion indisciplinée : « On y obéit sans les exécuter. » Tous respectèrent l'ordre royal, mais rien n'arriva.

Cela dut être pour lui une profonde déception ; cela retardait la réalisation de ses rêves alors que la saison de navigation était déjà bien avancée ; et ce qui était pire, cela menaçait de le mettre à la merci de Pinzón et de ses frères. Or, bien qu'on ignore encore le détail de ses rapports avec les Pinzón, on admet généralement qu'avant son dernier voyage à la Cour, Colón avait dû passer une sorte de contrat, verbal ou écrit, avec le premier homme de mer de Palos ; et tout ce que nous savons de la conduite de Colón à l'époque tend à montrer qu'il nourrissait le dessein de se débarrasser de la protection ou de la collaboration de Pinzón en utilisant les lettres royales. Son caractère fier, indépendant, et en même temps timide et méfiant, devait nécessairement le conduire à cette attitude. Il savait bien qu'un étranger comme lui n'aurait jamais assez d'autorité pour recruter un équipage assez téméraire pour le suivre à Cipango au-delà des mers occidentales ; mais avec sa prudence et sa prévoyance habituelles — prévoyance, certes, plutôt théorique que pratique — il avait obtenu de Coloma un ordre suspendant toute procédure criminelle contre les hommes qui l'accompagneraient dans son voyage, mesure extraordinaire adoptée nous le savons sur sa requête, comme nous l'indique le texte de l'ordre lui-même : « et afin d'emmener les hommes dont il a besoin dans les trois caravelles qu'il prend, il dit qu'il est nécessaire de donner un sauf-conduit à ceux qui consentiront à partir avec lui, car autrement ils refuseront de partir avec lui dans ce voyage ».

Il serait difficile de trouver une expression plus éloquente de la volonté de puissance de Colón que cette clause désespérée. Tout plutôt que céder. Se rappelant sans doute les ricanements et le scepticisme auxquels il s'était heurté à la Cour et dans le port lorsqu'il avait donné libre cours à ses espérances ou à demi exprimé ses rêves, Colón était décidé à retourner à Palos armé d'instructions royales lui permettant de faire face à toutes les éventualités. Cet ordre l'autorisant à tirer son équipage, s'il le fallait, des prisons, explique les autres, non seulement la lettre royale de la même date, par laquelle toutes les autorités andalouses sont requises de lui fournir à un prix raisonnable tout ce dont il peut avoir besoin pour sa flotte, mais aussi la lettre royale enjoignant aux hommes de Palos de lui donner deux caravelles.

Le Roi et la Reine avaient donné dix jours aux habitants de Palos pour exécuter leur ordre; de nouveau, « on obéit à l'ordre sans l'exécuter ». Colón obtint alors un ordre plus général adressé non plus à Palos, mais à toutes les autorités de la côte andalouse, et ordonnant de lui fournir non plus deux mais trois caravelles. Le 20 juin, Juan de Peñalosa reçoit du Roi et de la Reine l'ordre de faire exécuter cet ordre, car disent-ils : « Cristóbal Colón l'a présenté à Moguer et a demandé qu'il soit exécuté, mais bien qu'on y ait obéi, on ne l'a point exécuté. » La décision de Colón de réduire l'opposition par la force est inébranlable. Il veut à tout prix, au risque même d'avoir à conquérir sa Cipango et ses éperons d'or à la tête d'un équipage de coupeurs de gorge et de voleurs, être indépendant et seul.

Mais les durs habitants de Palos le sauvèrent du désastre qu'il se préparait. Il est permis de supposer que sa décision de prendre sur ses navires des équipages de criminels a dû causer une véritable consternation dans le cœur des bons moines de La Rábida, où il habitait. Fraï Antonio de Marchena et Fraï Juan Pérez avaient joué leur réputation sur Colón et cette expédition. On ne peut imaginer qu'ils ne soient pas intervenus à ce stade. En dépit des lettres royales, les ricanements et les sarcasmes continuaient à Palos dans les cafés du port et les demeures des marins, peut-être excités — car telle est la nature humaine — par le parti Pinzón, qui était puissant et, en outre, représentait une parcelle de l'orgueil des marins de ce petit port.

Le résultat de tout cela fut que Colón finit par accepter de collaborer amicalement avec la famille Pinzón. Dès l'époque où Colón négociait encore à Santa Fé, Pinzón semble avoir joué le rôle d'administrateur de l'entreprise, fournissant les navires, recrutant les équipages et même donnant de l'argent de sa propre poche. Ce fait confirme à la fois que Colón avait passé un contrat avec Pinzón et que les difficultés rencontrées par Colón à son retour de Grenade étaient dues au fait qu'il voulait maintenant jouer la partie tout seul. De toute façon, les obstacles s'évanouirent dès que Colón eut à nouveau accepté la coopération de l'homme qui pouvait non seulement obéir aux ordres du Roi et de la Reine, mais encore les exécuter.

La réconciliation semble avoir été complète, car Colón qui ne perdait jamais de vue le *pouvoir*, et par conséquent (entre autres symboles et instruments du pouvoir) l'*argent*, voulut participer pour un huitième aux dépenses, afin de pouvoir réclamer un huitième des bénéfices, et son généreux rival s'offrit à lui prêter un demi-million de maravédis. A partir de ce moment, la famille Pinzón prit une part importante à l'expédition. « Martin Alonso [Pinzón], dit un des témoins du procès, mit autant de diligence à enrôler des équipages et à leur donner du courage que si la découverte devait être pour lui ou pour ses enfants. » « A quelques-uns, il déclara que cela les sortirait de leur pauvreté; à d'autres, qu'ils trouveraient là-bas des maisons avec des tuiles d'or; à d'autres, il offrait la bonne fortune, et pour tous, il avait un mot agréable et de l'argent; en sorte qu'avec ceci et la confiance générale dont il jouissait, beaucoup de gens quittèrent les villes pour le suivre. »

Il nous semble voir le joyeux marin et entendre sa voix chaude et cordiale, soulevant l'enthousiasme des marins sceptiques sur les quais du port de Palos, avec les paroles que lui a prêtées l'un des témoins du procès : « Amis, venez, venez avez nous. Ici, vous rampez tous dans la misère. Venez avec nous dans ce voyage, car, si l'on en croit la renommée, nous trouverons des maisons au toit d'or et vous reviendrez tous riches et heureux. »

Cette attitude enthousiaste du premier marin et citoyen de Palos épargna à Colón la plus désastreuse des fautes que sa nature violente, passionnée, sa forte tête, étaient prêtes à lui faire commettre, celle de former ses équipages de gibier de potence. Bien que certains historiens aient accordé quelque crédit à la théorie selon laquelle il avait recruté son équipage dans les prisons espagnoles, l'auteur le plus pessimiste ne fixe pas le contingent de forçats à plus de vingt-quatre sur une centaine, ce qui est plutôt moins que la moyenne de ce que comptaient les équipages de cette époque. L'équipage total (pilotes, marins et mousses) se montait à quatre-vint-dix hommes ; mais il y avait à bord vingt ou trente autres hommes, parmi lesquels « plusieurs fonctionnaires du Roi, qui imaginèrent de voyager avec lui par curiosité, et des serviteurs et des amis [de Colón] ». Il n'y avait pas de femmes, et si étrange que cela paraisse, pas de prêtres.

Tout ce petit monde qui devait quitter l'Ancienne Ruche pour la Nouvelle à l'heure la plus importante de l'histoire de la Terre s'entassait dans trois minuscules caravelles, que Colón devait à la coopération loyale de Pinzón plutôt qu'aux lettres impérieuses, mais inefficaces, du Roi et de la Reine. Les caravelles que devaient livrer les habitants de Palos furent écartées pour des raisons qui ne sont pas claires. A leur place, Pinzón procura deux navires locaux, la *Pinta*, qui semble avoir appartenu à un groupe local, qui comprenait probablement Pinzón lui-même et certainement deux hommes de l'équipage, qui avaient l'intention de se hisser de force au premier rang ; et la *Niña*, qui était, croit-on, la propriété d'un certain Pero Alonso Niño, qui en fut le pilote durant le grand voyage. Il est peut-être nécessaire de connaître l'espagnol pour goûter pleinement la saveur de ces deux noms, qui n'ont rien de sacré. La *Pinta*, « la Peinte », la *Niña*, « la Jeune Fille », sont des noms donnés par des marins amoureux, non par de chastes Don Quichottes de la mer. Ils donnent à penser que les marins de Palos s'embarquaient dans cette aventure avec ardeur, insouciance et gaîté — et qu'ils étaient totalement dépourvus de cet austère esprit de croisade et de cette ambition qui animaient Colón.

En sorte que quand l'ascétique chevalier de la mer apprit que le troisième navire engagé — fourni, semble-t-il, par les efforts financiers combinés de l'entreprise — était connu sous le nom de *La Gallega*, « La Galicienne », ou pis encore, la *Marigalante*, « la Marie-Galante », il dut froncer les sourcils. Colón n'a jamais mentionné le nom de son navire. Si l'on en croit ses chroniqueurs qui attribuent le changement de nom à Colón lui-même, le navire a été rebaptisé *Santa Maria*. Mais si les hommes « obéirent » à leur Amiral sur ce point, ils « n'exécutèrent » pas son ordre, et si le navire devint pour l'Amiral la *Sainte-Marie*, il resta la *Marie-Galante* pour le reste de l'équipage.

Ce navire était le plus grand des trois, bien qu'il dût céder le pas à la *Pinta* pour la rapidité. La navigabilité des trois célèbres caravelles avait dû être quelque peu sous-estimée si l'on en juge par la surprise et l'admiration que provoqua la remarquable performance qui leur valut la célébrité. Faire en trente-quatre jours la traversée des Canaries aux Antilles serait encore à notre époque un exploit remarquable pour des navires de cette taille. Sur des mers inconnues, et par des vents inconnus, ce fut un chef-d'œuvre de la plus heureuse des combinaisons : l'audace, l'habileté et la chance. « Caravelle » était le nom donné à un navire rapide, long et étroit, à un seul pont, avec un bau en défense à la proue, une poupe plate, trois mâts, des voiles généralement latines (triangulaires), et quelques vergues croisées sur le grand mât et le mât de misaine. Il ne faut attacher aucune importance au fait que Colón décrivait la *Santa Maria* comme un *nao*, mot plus pompeux qui sans doute exprimait plus sa propre grandeur que celle du navire. Le vaisseau amiral était simplement la plus grosse des trois caravelles. Il faisait 233 tonneaux et possédait un grand gaillard d'arrière et un plus petit à l'avant. Il différait cependant de la caravelle latine par ses voiles carrées. Sa longueur totale était d'environ 36 mètres pour une longueur de pont de 20 mètres. La *Pinta* avait environ 16 mètres de long, et possédait aussi des voiles carrées. La *Niña*, légèrement moins longue que la *Pinta*, n'avait qu'un gaillard d'arrière et était gréée en voiles latines. Les trois navires étaient armés de la petite artillerie de l'époque : des *bombardas* de 10 centimètres, qui au milieu d'un grand tremblement, de beaucoup de bruit et de fumée noire, lâchaient de lourds boulets de granit, des *espingardas* ou *falconetes*, pour des projectiles de plomb de plus petit calibre. Sur toutes les voiles, une croix étendait ses bras dans un geste pathétique, et toujours sans réponse, de paix universelle. Nous pouvons imaginer le fiévreux chevalier de la mer plus « chaud » que jamais pendant le harnachement des trois coursiers sur lesquels il allait traverser les vagues pour atteindre le Cipango inconnu, et pourtant certain, de son imagination. Les éperons d'or, la gloire de son nom, enfin élevé depuis la honte qui l'avait harcelé jusqu'à la réussite totale — richesse, splendeur, victoire — voilà quels étaient les vins capiteux dont il allait boire tout son saoul un lendemain maintenant proche. Aujourd'hui, pendant les derniers préparatifs de ce voyage capital, il avait plus que jamais besoin de son intraitable volonté de puissance, de sa prudence toujours en éveil et de sa méfiance universelle.

On peut supposer qu'il laissa en grande partie le soin de l'équipement matériel de la flotte au riche, expérimenté et habile Pinzón. Ce n'était pas une expédition ordinaire, car personne ne pouvait dire avec certitude combien de temps ils seraient partis, ni s'ils trouveraient une aide quelconque ou des provisions jusqu'à leur retour, s'ils retournaient jamais. Les provisions de bouche, l'eau et le vin ont dû être le principal investissement de capital après les navires eux-mêmes. Selon Diego de Valera, bon spécialiste de ces questions, chaque homme pouvait compter sur une livre de biscuits, une *azumbre* (un peu plus de deux litres) de vin et environ trois cents grammes de viande ou de poisson par jour, bien que, remarque-t-il, « ils puissent se contenter de temps en temps de fromage, d'oignons et de légumes, et d'autres produits analogues dont les navires doivent toujours être bien pourvus, sans oublier l'huile et le vinaigre, qui sont des choses très nécessaires en mer ». On ne possède pas de renseignements concrets sur les vivres qui furent effectivement embarqués; on peut vraisemblablement supposer qu'il y en avait pour six mois ou pour un an. Cela devait être sans doute la partie la plus précieuse du chargement et devait exiger de la part des économes la stricte application des mesures de surveillance destinées à empêcher le coulage et l'embarquement de souvenirs (lesquels ont pour conséquence la disparition des denrées), qui reviennent si souvent et avec une fréquence si inquiétante dans la législation de l'époque.

Les carènes étaient lestées par les munitions lourdes — pierres et métal — dont on avait besoin pour l'artillerie. Ce n'était guère la cargaison qu'il aurait fallu à des navires si légers sur des mers si difficiles. Les stocks habituels pour l'éclairage, le chauffage, la réparation des voiles et les médicaments complétaient ce qu'on peut appeler la cargaison vitale. Par-dessus tout, Colón veilla à emporter « des articles de pacotille pour le commerce avec les peuples barbares », tels que perles de verre, miroirs, bonnets de couleur, aiguilles et épingles pour charmer et convertir aux manières chrétiennes les simples païens qu'il espérait « découvrir ». Sur ce point, il était sans doute influencé par l'histoire des récentes découvertes faites au long des côtes africaines et les récits des merveilleuses affaires réalisées par les aventuriers castillans et portugais échangeant contre de l'or des coquillages et autres trésors de ce genre.

D'autre part, la double pensée qui inspire sa découverte (*nouvelles îles* et Inde *ancienne*, sauvages nus et Grand Khan couvert de parures) le poussa à emmener à bord « un certain Luis de Torrès qui avait été juif et qui connaissait l'hébreu et le chaldéen et même un peu d'arabe » dans l'espoir que celui-ci pourrait se faire comprendre du Roi de Cipango et le gagner au Seigneur. Mais sa principale préoccupation dut être sans doute l'état-major de l'expédition. Un coup d'œil sur les chefs suffit à montrer combien il doit au groupe Pinzón : s'il prit personnellement le commandement de la *Santa*

Maria et de l'ensemble de la flotte, la *Pinta* était commandée par Martin Alonso Pinzón, et la *Niña* par Vicente Yáñez Pinzón, qui devait se révéler plus tard le plus grand des marins espagnols de son temps. Un autre frère Pinzón, Francisco Martin, était pilote de la *Pinta*. Le maître d'équipage de La *Santa Maria* était le célèbre Juan de la Cosa, propriétaire du navire, cosmographe réputé et auteur de la plus célèbre carte de l'Amérique. La petite flotte ne manquait pas d'habiles hommes de mer connaissant leur métier. Quant à l'équipage, l'Amiral lui-même lui a rendu un magnifique hommage : il était composé de « marins braves et éprouvés ».

Tout était prêt à présent. Après six années ou presque de lutte, sa ténacité avait fini par l'emporter, avec l'aide de cette fortune qui, malgré le dicton classique, sourit plutôt aux persévérants qu'aux audacieux. Plus d'un million de maravédis avaient été fournis par la Couronne et avancés par Santángel ; un demi-million par Colón lui-même, grâce à un prêt des Pinzón. Le rôle considérable joué par cette famille dans l'organisation et le commandement de l'expédition permet de supposer qu'elle a dû couvrir le reste des frais.

Si nous mettons à 2 000 maravédis la tonne le prix de revient de l'armement des caravelles, et à environ 500 tonnes le tonnage total de la flotte, cela nous fait un million ; une année de vivres ont dû coûter dans les 540 000 maravédis ; il suffit sans doute de compter un autre demi-million pour les dépenses restantes. Il est clair que, sans l'aide de la famille Pinzón, de son prestige, de son enthousiasme et de son argent, Colón n'aurait jamais pu, le 2 août, jeter un dernier regard de triomphe et d'espoir sur les trois glorieux navires.

***

2 août ! Il ne devait pas quitter l'Espagne avant le lendemain, mais il fit monter tout le monde à bord le 2 août.

Le 2 août fut le jour du grand exode juif. Les tristes troupeaux humains, lambeaux d'humanité arrachés au corps auquel ils avaient appartenu, errant désolés depuis trois mois dans la Péninsule, « tantôt tombant, tantôt se relevant, tantôt mourant, tantôt naissant », tantôt se traînant sous le brûlant soleil de Castille, tantôt gémissant prostrés auprès des cimetières séculaires qu'ils devaient abandonner à jamais, rassemblés enfin dans une demi-douzaine de ports pour s'embarquer eux aussi, non pas vers un nouveau monde fantastique drapé dans la gloire d'une fière imagination, mais pour le même ancien monde de cruauté que leur mémoire ancestrale connaissait trop bien et qu'elle avait toutes les raisons de craindre.

« Ceux qui allèrent s'embarquer à El Puerto de Santa Maria et à Cádiz, dit Bernáldez, dès qu'ils virent la mer, se mirent à crier et à hurler, hommes et femmes, adultes et enfants, appelant la pitié du Seigneur dans leurs prières, et s'imaginant qu'ils allaient voir des merveilles de Dieu et qu'une route allait s'ouvrir devant eux au travers de la mer ; et comme ils restèrent là de longs jours et qu'ils ne virent rien arriver sinon le malheur, quelques-uns souhaitèrent de n'être jamais nés. »

Tout fut terminé le 2 août. Des ordres furent donnés de faire partir ce jour-là les navires transportant les exilés juifs. Des centaines de milliers d'hommes quittèrent l'Espagne en ce jour fatal, certains pour refaire leur fortune dans d'autres pays, d'autres pour souffrir le martyre des mains des pirates ou des sarrasins. Et c'est cette date, qui vit le malheur d'Israël, que Colón choisit pour embarquer. Il quitta la terre espagnole pour sa haute mission le jour même que les juifs la quittaient pour leur deuxième exode.

Le vendredi 3 août, une heure avant le lever du soleil, Colón donna l'ordre de mettre à la voile. Une par une, les trois gracieuses caravelles offrirent au vent frais de l'aube leurs voiles sur lesquelles la Croix étendait éternellement les bras ; du rivage, la population entière du petit port vit les mâchoires du temps et de l'espace les engloutir ; bien des cœurs durent ressentir la morsure de l'angoisse, bien des yeux pleurer. C'est au moment où les trois caravelles descendaient le Rio Tinto, dépassaient l'île de Saltes, que les premières rougeurs de l'aube durent enflammer leurs voiles. Dans les détroits où elles naviguaient montaient les lamentations de la Race errante : cependant, encore sombre et mystérieux sous les voiles peu à peu levés de la nuit en fuite, un Nouveau Monde les attendait, aussi béatement ignorant qu'eux-mêmes du vaste avenir que l'histoire allait brusquement ouvrir devant l'humanité.

CHAPITRE XVII

LA DÉCOUVERTE

En mer, Colón était dans son élément. Railleurs, sots, Thomas sceptiques, médiocres ricanants et envieux, toute la foule bigarrée des grands, évêques, fonctionnaires, courtisans et astrologues, qui depuis six ans mortifiaient son impatience, il les laissait derrière maintenant, ils disparaissaient à l'horizon gris de l'oubli comme les vallées et les collines de la terre évanouie. La houle de l'océan était plus accueillante. Certes, elle était menaçante, mais c'était un marin conduisant des marins. Il avait de bons bateaux, de bons équipages, d'excellents capitaines et pilotes. Enfin, Colón devait se sentir son maître. Il ne lui restait plus désormais à affronter que la mer et cet inconnu qui l'appelait à lui du fond du néant.

Assis seul sur le gaillard d'arrière, en route vers les Canaries, peut-être admirait-il l'étendue de sa victoire. A ses pieds, la foule de ses marins s'affairant aux multiples besognes que réclame la navigation à voile, allant et venant d'une démarche mal assurée, bousculés par la houle de l'Atlantique, qui rythmait les craquements de la carcasse de la caravelle, les grincements des poulies et les plaintes aiguës des cordes distendues. C'était donc arrivé. Il était capitaine. A la proue, la *Niña* fendait l'eau avec un gracieux balancement qui levait vers la droite et la gauche deux bandes divergentes de dentelle blanche brillant au soleil ; plus en avant encore, ouvrant le chemin, la *Pinta*, la plus rapide des trois sœurs aventureuses montait et retombait, avec ses voiles toutes blanches sous un ciel gris bleu.

Ça y était. Capitaine. Bientôt il serait Amiral, un véritable Amiral. N'avait-il pas eu raison de repousser l'avis de ses amis bien intentionnés et de réclamer tout ou rien dans la guerre des honneurs ? Ou bien il gagnait, ou bien il ne gagnait pas. S'il ne gagnait pas, il n'avait de toute façon rien à perdre. S'il gagnait, sa victoire serait sienne et sienne sa gloire. Cette foi opiniâtre dans sa destinée avait eu raison du Roi et de la Reine avant qu'il eût mis à la voile. Le 8 mai, son fils Diego avait été nommé page du Prince Don Juan. Quel jeune Espagnol, si haute fût sa naissance, aurait pu rêver plus haute distinction ? Cependant, lui, Colón, parvenu arrivé de nulle part, l'avait obtenue pour son fils, simplement par sa foi en lui-même et par son refus d'en rabattre d'un iota sur le prix de sa future découverte.

Ce n'était pas pour rien qu'il avait choisi pour son fils naturel le nom du plus grand homme du pays : Fernando. Don Quichotte Colón, *alias* Don Cristóbal de Cipango, était sûr à présent de ses éperons d'or. Aucune gloire n'était plus éclatante que la sienne. Il était certainement l'ambassadeur qu'il fallait auprès de la haute majesté chargée d'or du Grand Khan, lequel, comme il était bien connu et comme Colón l'avait affirmé à Leurs Altesses, brûlait du désir de devenir chrétien et avait souvent « envoyé [des émissaires] à Rome pour demander aux docteurs de notre sainte foi de s'y faire instruire », ce qui n'avait pas été fait parce que le Saint Père ne s'en était pas occupé. Enfin cet état de choses allait cesser. Colón avait obtenu du Roi et de la Reine une lettre pour le Grand Khan. Elle était là dans son portefeuille avec son passeport en bon latin diplomatique, signé aussi du Roi et de la Reine. Pour la première fois, on tentait d'établir une communication directe entre la chrétienté personnifiée par les grands monarques catholiques de Castille-Aragón et le Grand Khan, par cette route de l'ouest que lui, Colón, allait découvrir.

Cette pensée était de celles qui pouvaient enflammer cette ardente imagination, toute pleine des histoires de Marco Polo et de Sir John Mandeville. Combien ses caravelles devaient lui paraître lentes, heure après heure, cependant qu'il faisait route vers les Canaries, pays connu, sans intérêt, gisant désenchanté sur la carte de la connaissance, pas comme sa Cipango, encore vivante dans la mer de son imagination. Comme il devait regretter de n'être pas au moins capable de suivre l'allure de la *Pinta* qui était devant lui. La *Pinta*! Où était-elle? Elle avait disparu pendant qu'il rêvait à sa vitesse. Et comme il la cherchait sur l'horizon, craignant peut-être qu'elle ne se fût enfuie pour lui voler Cipango et sa gloire et ses éperons d'or — ce Pinzón ne savait-il pas tout? — il y eut du tumulte et du remue-ménage à bord. La *Pinta*! Qu'est-il arrivé à la *Pinta*? Elle est là, au flanc du navire amiral. Pinzón s'affaire à l'arrière, mais son jeune frère Francisco Martin explique à l'amiral que la barre du gouvernail s'est brusquement mise par le travers et qu'ils ne peuvent pas repartir tout de suite.

C'était le premier incident. Il se souvint que deux marins co-propriétaires de la caravelle, avaient montré une répulsion marquée à partir, comme s'ils avaient voulu revenir sur leur parole, et soupçonneux comme il était, il imagina aussitôt que l'« accident » devait être moins fortuit qu'il ne le paraissait. Cependant, pensa-t-il, Pinzón est homme d'énergie et de ressource. Et c'était sans doute son opinion sincère. Mais après tout, il est un maximum de reconnaissance qu'on ne saurait dépasser, et Colón devait déjà tant à Pinzón qu'il valait mieux pour tous les deux que la dette ne s'accroisse pas. A nouveau, semble-t-il, comme à Palos, Colón prit ombrage de la protection de Pinzón et il se mit à charger le loyal marin de tous les défauts capables de justifier ses soupçons, et plus tard sa froideur non dissimulée, à l'égard de son bras droit. Le hasard voulut que la barre de la *Pinta* se brisât à nouveau le lendemain, et Colón eut une nouvelle occasion de vérifier *en fait* la loyauté, « l'énergie et la ressource » de Pinzón, et de développer et de mûrir *en imagination* la méfiance et le ressentiment qu'il éprouvait à l'égard de son brillant second.

Quelle qu'ait été la solution psychologique, la *Pinta* dut être mise en cale sèche à la Grande Canarie, en vue de laquelle ils arrivèrent le 9 août. Des vents contraires et un calme plat les empêchèrent d'aborder dans l'île avant trois jours. Nous pouvons sentir l'impatience où était Colón de faire quelque chose, de se mettre en campagne, de naviguer vers l'ouest, au fait qu'il décida de laisser Pinzón dans la Grande Canarie réparer la *Pinta* et voir s'il était possible de la remplacer, pendant qu'il faisait voile sur La Gomera avec la *Niña*, en quête, croyait-il, d'un autre navire, mais surtout à la poursuite des rêves qui ne cessaient de hanter son âme impatiente. Il perdit presque un mois dans ces allées et venues entre les îles du groupe des Canaries. Pinzón, en homme pratique, s'occupait de ses réparations; Colón écoutait à La Gomera les histoires, qui naturellement venaient à lui comme les oiseaux à leur nid, sur l'île que l'on pouvait voir au coucher du soleil, cette île fantôme qui se dressait dans l'imagination des hommes de tous les pays de l'océan à cette époque. Nous pouvons imaginer combien de tels récits augmentaient sa fièvre et sa hâte. Un navire où se trouvait Doña Beatriz de Bobadilla, dame de La Gomera, était attendu d'un jour à l'autre, et il patienta deux jours encore, songeant à acheter le navire pour remplacer la *Pinta*, bien qu'il ne jaugeât que quarante tonneaux. Il envoya un messager à Pinzón, pour lui ordonner de faire exactement ce que l'autre faisait déjà, puis, incapable d'attendre plus longtemps, il prit la mer, ramassa son messager en route, arriva à la Grande Canarie le 25 août, pressa les travaux, fit changer les voiles latines (triangulaires) de la *Niña* pour des voiles carrées (plus vite, toujours plus vite), retourna à La Gomera pour réapprovisionner sa flottille en vivres, eau et bois de feu, et finalement le mercredi 6 septembre, il mit résolument le cap vers l'ouest.

Il fut d'abord prudent, car on l'avait averti que le Roi de Portugal avait envoyé trois caravelles pour s'emparer de lui, « par jalousie », pensait-il. L'histoire de ces trois caravelles portugaises semble pleine de fantaisie, comme si elles n'étaient que des créations de sa riche et craintive imagination. Que le Roi de Portugal se soit mis en tête de contrecarrer une entreprise si délibérément préparée et patronnée par les puissants Roi et Reine de Castille-

Aragón ne semble pas très plausible ; et que, s'il s'est décidé à une poursuite si téméraire, il ait laissé sa proie lui échapper, paraît tout aussi invraisemblable. Il est plus probable, étant donné le caractère des personnes en cause, que la caravelle signalée par ses biographies et qui venait de l'île de Hierro, ayant croisé trois caravelles portugaises — rencontre parfaitement normale et même courante dans ces eaux — c'est Colón lui-même qui a dû inventer cette romanesque histoire de poursuite, parce qu'il n'avait pas très bonne conscience à l'égard du Roi de Portugal.

Le vent — ou plutôt l'absence de vent — lui fit perdre le vendredi et la plus grande partie du samedi, de sorte qu'il n'avança guère jusqu'au 8 au soir. A l'aube du dimanche, le 9 septembre, à neuf lieues au large de l'île de Hierro, ils perdirent la terre de vue. De nombreux marins de l'équipage ont dû avoir le cœur serré. Certes, ce n'était pas la première fois que la plupart d'entre eux perdaient la terre de vue, mais ils avaient toujours su où ils étaient, et toujours su qu'ils allaient soit revenir à la côte qui venait de disparaître, soit voguer vers un autre rivage amical prêt à émerger de l'horizon d'un instant à l'autre. Mais cet abandon délibéré de la chrétienté, cette entrée dans un inconnu total, pour une durée que personne ne pouvait fixer avec certitude, c'était trop pour la plupart d'entre eux. Ce matin-là, à bord du navire amiral, beaucoup d'hommes eurent l'air abattu, et quelques marins et quelques mousses pleurèrent.

Ce moment marque la véritable contribution originale de Colón à l'histoire de la navigation et de la découverte. Il avait décidé de naviguer droit vers l'ouest, de s'éloigner de la terre au lieu de la longer et de maintenir sa direction jusqu'à ce qu'il ait trouvé ce qu'il cherchait. Ces marins, hommes pauvres et simples, effrayés par sa résolution, représentaient l'art de la navigation de l'époque. Comme l'a dit très justement Oviedo, la navigation aux étoiles était enseignée dans les écoles, mais personne n'avait osé s'y risquer sur la mer, personne avant Colón.

Colón le Grand commence donc ce dimanche 9 septembre, lorsqu'il eut raison de la crainte qui s'emparait de ces hommes à la vue de la dernière terre s'évanouissant à l'horizon, et qu'il eut la force d'âme de poursuivre la quête vers l'ouest. Certes, il n'était pas le seul homme à bord capable d'une telle décision, comme les événements devaient bientôt le montrer ; mais c'était lui qui avait pris l'initiative et la responsabilité de cette téméraire entreprise, laquelle consistait essentiellement à aller de l'avant, le dos à la côte du monde alors connu.

De nouveau ici, nous retrouvons sa manière : résolution dans la stratégie ; prudence dans la tactique. Il était certainement décidé dans son cœur à pousser vers l'ouest aussi longtemps qu'il serait nécessaire ; son but avoué était cependant limité, du moins en apparence, par les « instructions » habilement conçues qu'il donna à la flotte : lorsqu'ils auraient couvert sept cents lieues, ils ne navigueraient plus entre minuit et le lever du jour. Dès le début, il avait donc fait à ses équipages la promesse tacite que la terre ne serait alors pas loin. Était-ce Toscanelli? Esdras? Une intuition résultant des nombreux signes et présages qui se proposaient alors aux esprits observateurs et qu'il suffisait d'un homme obstiné et imaginatif pour vérifier, ou mieux, faire passer dans l'histoire? Qui peut le dire? Comment disséquer un être vivant né dans les croyances et les légendes bibliques, nourri de vérités et d'erreurs cosmographiques, élevé au milieu de contes et de merveilles maritimes, comment analyser le puissant élan qui lui fit traverser une mer d'erreurs pour aborder au rivage de la vérité?

Ne connaît pas Colón celui qui prétend ignorer cette déroutante complexité de son caractère. Ptolémée et Esdras ont à ses yeux la même valeur, et son esprit est à la fois médiéval et moderne, ou mieux encore, il n'est ni moderne ni médiéval. Cet immortel voyage, conçu par une imagination prophétique, est accompli avec un art de la navigation et un esprit d'observation qu'admirent pareillement le marin et le savant. Le choix du 28e parallèle, auquel il resta obstinément fidèle jusqu'à la fin de sa traversée, peut avoir été dicté par la position à laquelle il escomptait trouver Cipango ; mais le fait est que s'il avait essayé de naviguer plus au nord, il aurait été au-devant d'un désastre, puisqu'il serait resté en dehors de la zone des vents alizés. Un auteur américain contemporain,

George E. Nunn, fait remarquer qu'à son voyage de retour, Colón navigua vers le nord-est jusqu'à ce qu'il eût atteint la latitude des Açores, puisque, en homme qui sait ce qu'il fait, il piqua droit vers l'est. Pourquoi les Açores vers l'est et les Canaries vers l'ouest ? Il se trouve qu'en choisissant ces deux itinéraires Colón évitait dans les deux sens les vents contraires. Il y avait là autre chose que de la chance, conclut G. Nunn, qui affirme que Colón inventa en un tournemain ce que les marins espagnols du Pacifique mirent quarante ans à trouver, de 1520-1521, date de l'expédition de Magellan, jusqu'à 1565, date à laquelle Urdanea découvrit la route ouest-est. Et il ajoute : « En réalité, ce n'est pas une découverte qu'a faite Colomb mais trois. Mais la découverte des deux routes de l'océan est passée inaperçue parce qu'elle a été éclipsée par la découverte de la terre. »

Voilà une théorie fort intéressante ; mais l'examen des routes adoptées par Colón dans l'ensemble de ses voyages, et pas seulement dans le premier, la ruine complètement. Le hasard voulut que les traversées vers l'ouest fussent toutes heureuses parce que Colón cherchait le sud, d'où viennent les Noirs et les perroquets ; mais ses voyages vers l'est furent tous désastreux parce qu'il ne cherchait pas le parallèle des alizés dont il n'avait aucune notion. C'est ce qui nous est confirmé par Oviedo, Las Casas et Fernando Colón, qui déclarent tous explicitement que la découverte des vents alizés eut lieu *après* les voyages de l'Amiral. La conclusion à tirer des données exceptionnellement complètes que nous possédons est que Colón eut énormément de chance lors de son premier voyage, et que, bien qu'il se soit révélé bon navigateur, il n'inventa et ne découvrit rien en ce qui concerne les vents et les routes de l'alizé.

La conclusion ne peut être aussi catégorique au sujet d'une autre découverte sensationnelle qui lui a été attribuée. Le 13 septembre, le journal, tel qu'il nous a été transmis par Las Casas, signale que « les aiguilles se sont tournées vers le nord-ouest ». Colón découvrit la variation magnétique de la terre, — « date mémorable dans les annales de l'astronomie nautique européenne », dit Humboldt. Le fait, qui à un esprit scientifique bien assis apparut plus tard dans une noble perspective théorique, a dû revêtir un aspect tout à fait différent pour des marins et des pilotes empiriques rencontrant ce phénomène ignoré en plein océan. Pensez-y : ils avaient quitté les rivages familiers et s'étaient aventurés sur l'immensité de l'océan, se confiant — non sans forcer leur foi — à la boussole. Et à présent que toutes les marques familières avaient disparu et qu'il ne restait que la boussole pour les maintenir sur la bonne route, ce très sûr et très fidèle ami des marins les trahissait ! Ils savaient tous que les boussoles indiquaient une direction légèrement à l'est du pôle : à présent, elles indiquaient l'ouest. Le lundi 17, « ils s'aperçurent que les boussoles déviaient au nord-ouest d'un bon quart du vent, et les marins furent effrayés et abattus sans vouloir dire pourquoi ».

Colón fit face à la situation avec son assurance et sa ressource coutumières. Il est évident qu'il ne sut pas d'abord expliquer le fait troublant observé par ses pilotes. Ses vues sur ce point méritent une étude séparée, car elles varient selon les moments et vont de l'erreur scientifique à la fantaisie biblique. Comme on le voit d'après ses remarques du 30 septembre, il commença par croire que la faute en était à l'étoile polaire, « car il faut toujours faire confiance aux boussoles » ; c'est-à-dire qu'il interprétait la variation comme une preuve que « l'étoile [polaire] bouge comme les autres ». Cette explication qui est la première à lui venir à l'esprit eut l'avantage de rétablir la confiance des hommes dans les boussoles. Il la présenta avec une certitude dogmatique. Elle avait l'avantage de pouvoir être vérifiée par l'expérience. « Il leur ordonna de reprendre le nord au lever du jour, et ils s'aperçurent que les boussoles disaient vrai. »

Il se peut que la méthode ne soit pas théoriquement au-dessus de tout reproche. Une caravelle voguant sur l'océan pour la première fois de l'histoire n'est pas la meilleure école d'astronomie qu'on puisse imaginer. Les hommes furent rassurés par le calme, la sûreté de leur chef en face d'événements hors du commun, et bien qu'il soit impossible que les pilotes — des hommes comme Juan de la Cosa et Vicente Yáñez Pinzón — aient pu se laisser duper, ils donnèrent sans doute leur assentiment tacite à une technique qui ne leur était probablement pas inconnue.

C'est aussi dans cette perspective qu'on doit considérer l'astuce de Colón de garder un double loch du sillage du navire, afin de faire croire aux équipages que la distance parcourue était moindre qu'elle n'était en réalité. Son but avoué était de prévenir « la crainte et le découragement au cas où le voyage serait trop long » ; ce qui constituait une arme à deux tranchants, car la crainte et le découragement des équipages augmenteraient en proportion du temps aussi bien qu'en proportion de la distance. Mais quel était son véritable but ? Personne ne semble s'être posé la question. Cependant le caractère de Colón ainsi que plusieurs autres déclarations faites par lui font apparaître un motif tout à fait différent : *Colón voulait garder pour lui la clé de sa découverte*. En jetant le doute et la confusion sur ses repères, il voulait rester le guide et le gardien indispensable de sa Cipango.

Il ne pouvait du reste guère faire plus que jeter le doute. Ses distances secrètes n'étaient pas plus exactes que celles publiquement fournies par les pilotes des deux autres navires. Il n'y avait pas de méthode spéciale, valable seulement pour lui, lui permettant de calculer les distances parcourues plus exactement que les autres pilotes et les autres maîtres. En outre, quand il dormait, il était bien obligé de laisser les hommes de quart évaluer la vitesse par le seul moyen existant : le temps de passage d'un objet flottant entre deux points fixes situés à bord du navire ; cette vitesse était généreusement considérée comme constante aussi longtemps que la vitesse du vent, la direction du navire et la surface de voile l'étaient ; et le résultat de toutes ces approximations donnait un trajet également approximatif. Aucun privilège particulier ne donnait aux calculs du Capitaine l'avantage sur ceux des autres chefs des navires. Le prestige historique de son nom semble avoir suffi à imposer l'idée que par quelque don particulier, cette méthode très grossière et empirique appliquée sur son navire, même quand il dormait, donnait de meilleurs résultats que sur les navires commandés par des marins de premier ordre comme les frères Pinzón. La vérité est simplement que lorsqu'il ne dormait pas, il se chargeait des mesures et truquait les chiffres. Les autres pilotes n'ont pas dû tarder à remarquer qu'il les trichait, ou peut-être ont-ils pensé qu'il y avait une erreur systématique d'observation à bord de l'un ou l'autre des trois navires.

Pour le reste, cette expédition se passa sans trop de difficulté, obsédée dès le début par cette attente de la terre qui hantait tout ce petit essaim d'hommes de la ruche européenne. Le Roi et la Reine lui avaient attribué une valeur tangible, matérielle en promettant une gratification annuelle de dix mille maravédis à vie au premier homme qui verrait la terre ; Colón avait décidé de ne plus naviguer de nuit lorsque l'on aurait couvert sept cents lieues ; chaque homme à bord se mettait à considérer la terre comme le but et la récompense de cette aventure, le dépôt de sa richesse future ; mais, à mesure que les jours succédaient aux jours sur cette mer sans limite, la terre devenait pour chacun l'élément sûr, solide, sur lequel sa vie serait à l'abri du vent, de la tempête et du désert liquide. Au lever du jour et au coucher du soleil, les trois caravelles se réunissaient et essayaient de percer l'horizon, plus clair et plus transparent dans le crépuscule. Pendant le jour, les trois navires se dispersaient par ordre de vitesse : la *Pinta* généralement en tête, le navire amiral en queue, surveillant, surveillant. La plus grande attraction, c'étaient les oiseaux, et leurs mouvements étaient attentivement interprétés comme des signes favorables de l'approche de la terre ; tous les événements du voyage nous sont parvenus, notés par l'amiral-poète dans une langue pleine de sensibilité : « Cette nuit..., ils ont vu un merveilleux bouquet de feu tomber du ciel » ; ou encore : « L'air était presque embaumé ; c'était un grand plaisir de goûter les matins ; il ne nous manquait que le chant des rossignols. » Ce même jour, ils commencèrent à rencontrer les algues de la Mer des Sargasses, « des herbes très vertes qui semblaient avoir été récemment arrachées à la terre, ce qui donnait à penser à tous que l'on était très près d'une île, mais pas du continent, car le continent, dit l'Amiral, je crois qu'il se trouve plus loin ». Les jours où on apercevait un oiseau connu pour « ne jamais voler à plus de vingt-cinq lieues de la terre », il y avait grande liesse à bord ; les hommes marchaient plus allègrement et montaient dans les mâts avec plus d'ardeur ; les mousses regardaient plus gaiement nager les poissons, plongeaient joyeusement dans l'eau tiède ou essayaient de toucher un pélican qui passait ; et à la proue, ou au milieu du navire, dans leurs disputes et leurs discussions quotidiennes, ils faisaient preuve de meilleurs sentiments à l'égard du visionnaire hautain, lequel, silencieux et seul dans sa haute cellule, oubliait ses soucis en rêvant, ou bien couchait ses rêves sur le papier. Mais à nouveau, la nuit tombait, les enveloppant dans un linceul de ténèbres, et perdues dans le silence terrible de la mer vide et noire, les trois petites caravelles, sans autre compagnie que celle des faibles lumières de leur habitacle et des craquements de leur squelette de bois secoué par les vagues, devaient traverser les affres de doutes sans cesse renaissants. Dans ces longues nuits, le marin tenu éveillé par son service et son camarade au repos tenu éveillé par son angoisse, songeaient l'un et l'autre aux nombreuses déceptions que les oiseaux, les herbes et les autres signes de la terre leur avaient values. Finiraient-ils par la voir, cette terre, ou bien étaient-ils condamnés à naviguer encore et encore, jusqu'à ce que la mer sans limite ait englouti leur mémoire même ? Quand cette inquiétude s'emparait d'eux, leur voix se faisait plus solennelle et plus ardente lorsqu'au coucher du soleil, suivant la tradition des marins espagnols, ils chantaient tous ensemble le *Salve Regina*. Car alors, ce Salve montant vers le ciel couleur de bure au travers des voiles et des cordages du navire ballotté implorait vraiment une aide personnelle pour un vrai groupe de pêcheurs repentants. Avec reconnaissance, comme font les pauvres, ils acceptaient les plus humbles offres d'espoir : « Un crabe vivant que gardait l'Amiral, disant que c'était le signe sûr de la terre, car on n'en trouve jamais au-delà de quatre-vingts lieues de la terre » ; une bande d'oiseaux volant tous vers l'ouest, à la vue desquels Pinzón de sa caravelle criait à l'Amiral qu'il s'attendait à voir la terre cette nuit même ; « des averses sans vent, signe sûr de la terre » ; « une baleine, ce qui était un signe qu'ils étaient près de la terre, car les baleines ne s'en éloignent jamais ».

Cette attente ne pouvait rester longtemps insatisfaite sans risque. Ils n'avaient pas encore accompli la moitié de leur traversée — ils en avaient à peine fait le tiers — et déjà les craintes de la nuit commençaient à l'emporter sur les espoirs de la journée. Colón n'avait que trop bien choisi son itinéraire. Ils avaient navigué dans le vent depuis qu'ils avaient quitté La Gomera, et les hommes, désireux sans doute d'exprimer leurs craintes vagues sous une forme concrète, juraient qu'ils n'auraient pas de vent pour les ramener en Espagne. Un vent contraire vint au secours du Capitaine. Mais le lendemain (23 septembre), les hommes recommencèrent à se plaindre, puisque, après tout, c'était leur mécontentement qu'ils exprimaient. Ils disaient que la mer était si plate qu'ils n'auraient jamais de vent pour retourner, et alors « la mer se souleva sans qu'il y ait de vent et l'Amiral dit : « Ainsi cette haute mer m'était nécessaire, car cela ne s'était jamais vu qu'à l'époque des juifs, quand ils sortirent de l'Égypte avec Moïse qui les conduisait hors de la captivité. »

Comme elle le hantait cette tradition juive et quelle force a ce lien inconscient qu'il établissait entre lui-même et le grand patriarche juif ! Cette phrase que le simple Las Casas rapporte mot à mot, éclaire les coïncidences mystérieuses que nous avons notées entre l'exode de Colón et l'exode de ses frères expulsés d'Espagne. Dans le profond de son être inconscient, il n'était pas seulement le chevalier de la mer gagnant ses éperons d'or, il était le nouveau Moïse conduisant son peuple persécuté à un triomphe par procuration.

Cependant le temps passait et la terre n'apparaissait toujours pas. Le 25 septembre, le sentiment terrible qui rôdait sur le bateau — le doute — semble s'être emparé de Colón lui-même. Il appela Pinzón et lui demanda si la carte qu'il avait envoyée trois jours plus tôt à la *Pinta*, pour que Pinzón la voie, ne justifiait pas son attente de la terre en ce lieu même. Pinzón répondit que si et lui renvoya la carte avec une corde ; le Capitaine l'étudia à nouveau avec ses pilotes. Le soir même, au coucher du soleil, Pinzón, de la dunette de sa caravelle, s'écria joyeusement qu'il avait vu la terre. Quelques hommes grimpèrent dans les mâts et le gréement ; d'autres tombèrent à genoux ; les uns se mirent à crier et à rire, les autres à pleurer et à prier. L'Amiral ordonna de modifier le cap de l'ouest au nord-ouest et ils naviguèrent vers cet espoir pendant dix-sept lieues, mais quand le matin vint, la « terre » avait disparu.

Cette fois, les marins du navire amiral furent profondément atteints. Leur découragement était d'autant plus profond que leurs espoirs s'étaient élevés plus haut ; leur colère réapparut, d'autant plus forte que leur déception avait été plus grande. Cet étranger, ce visionnaire, ce dément, les entraînait à la mort. Il fallait faire quelque chose : *quoi*, personne n'avait besoin de faire un grand effort pour le savoir. La victime était toute désignée ; le bord de la caravelle n'était pas si haut ; la mer était profonde et discrète. Il suffisait de se débarrasser de l'étranger, le voyage de retour pourrait commencer aussitôt. Il était le seul obstacle. Lorsqu'ils se plaignirent à lui, il répondit : « Vous perdez votre temps. Je suis parti pour les Indes et je continuerai jusqu'à ce que je les ai trouvées, avec l'aide du Seigneur. »

En même temps, il demanda de l'aide à Pinzón, qu'il informa de la conspiration, proche de la mutinerie, qui menaçait sur son navire. La réponse de Pinzón fut caractéristique : « Monsieur, pendez-en une demi-douzaine ou jetez-les par-dessus bord ; si vous n'osez pas, mes frères et moi nous nous rapprocherons et le ferons, car une flotte mandatée par de si hauts princes ne peut retourner sans de bonnes nouvelles. » Sur quoi, Colón, qui était moins courageux devant les hommes que devant la nature, se contenta de répliquer : « Restons en paix avec ces gentilshommes et naviguons encore quelques jours, et si alors nous n'avons pas trouvé la terre, nous aviserons. » Nous sentons la différence de ton et la différence typique de tempérament entre Pinzón, militaire, résolu, autoritaire et Colón opiniâtre et têtu, mais doux et rusé. Il sait qu'il est en danger et il sent qu'il ne peut pas l'étouffer comme le ferait Pinzón ; il sait par conséquent qu'il doit l'endormir. Il remet l'épreuve à plus tard et flatte « ces gentilshommes », *estos hidalgos*. La combinaison de la main de fer de Pinzón et du gant de velours de Colón fut efficace : les « messieurs » du navire amiral furent retenus par la pensée que s'ils se débarrassaient de Colón, Pinzón les pendrait et continuerait avec les autres ; ils furent aussi encouragés et stimulés par la décision de Pinzón. Le danger était écarté.

Encore Pinzón. L'effet que produisit cette nouvelle preuve de l'autorité que possédait le marin sur le chevalier de la mer, nous le voyons à la réaction de Colón devant les conseils que lui donna Pinzón sur la route à suivre. Le 6 octobre, Pinzón proposa de mettre le cap sur le sud-ouest. L'Amiral s'y opposa. Le récit de Las Casas mérite d'être cité parce qu'il illustre la psychologie de Colón et son attitude à l'égard de Pinzón. « Martin Alonso [Pinzón] dit cela à cause de l'île de Cipango, et l'Amiral vit que s'ils la manquaient, ils auraient de la peine à trouver le continent et qu'il valait mieux aller d'abord au continent et ensuite aux îles. » Or, cette explication ne tient pas. Cipango avait autant d'intérêt que le continent pour l'Amiral, et comme il devait le montrer quelques jours plus tard, il la cherchait obstinément dans la mer des Caraïbes. La véritable difficulté était que la proposition venait de Pinzón et que son orgueil ne pouvait l'admettre. Il lutta avec son orgueil tout le jour et la plus grande partie du lendemain, qui était un dimanche. Au matin, la *Niña* crut avoir aperçu la terre ; elle hissa un pavillon et tira un coup à blanc avec la *bombarda*, comme le prévoyaient les instructions de Colón ; mais lorsqu'elle dut avouer sa déception, Colón dut repenser aux conseils de Pinzón. Peut-être manquait-il Cipango en la laissant trop au sud ? Que faire ? Il leva les yeux vers le ciel y cherchant l'inspiration et le ciel la lui donna. Une volée d'oiseaux passait, piquant droit sur le sud-ouest. Il se rappela que la plupart du temps les Portugais avaient découvert les terres en suivant des oiseaux. Il décida de modifier son cap et de faire route vers le sud-ouest une heure avant le coucher du soleil. On était le 7 octobre.

« Toute la nuit, ils entendirent des oiseaux passer. » Cette phrase donne à sentir d'une manière vivante l'attention qu'ils accordaient aux signes. Le mercredi 11, l'équipage de la *Pinta* recueillit « un roseau et une brindille, et un autre morceau de bois sculpté, à ce qu'il semblait, avec des outils de fer, de l'herbe qui ne pousse que sur la terre et une tablette de bois. Ils respirèrent tous en voyant ces signes et ressentirent une grande joie ». Le Capitaine partageait la satisfaction générale. Après qu'on eut chanté le *Salve Regina*, la nuit étant tombée, sous la faible lumière des lanternes qui détachaient çà et là un visage ou un bras, laissant le reste dans de vivantes ténèbres, il parla à ses hommes de ce qu'ils avaient maintenant à portée de la main ; il leur fit ressortir la faveur que Dieu leur faisait en leur accordant une bonne traversée et en leur envoyant tant de signes de la terre, et il les invita à regarder avec le plus grand soin cette nuit-là ; il leur rappela qu'il avait été décidé de ne plus naviguer entre minuit et le lever du jour après sept cents lieues, ce que faisant, il savait qu'il ne risquait plus grand-chose ; et il promit au premier homme qui verrait la terre un pourpoint de velours en sus des dix mille maravédis offerts par le Roi et la Reine.

L'ambiance était à présent tout à fait différente. Chacun sentait que la terre était si proche qu'il était impossible de la manquer. Dans la nuit paisible, l'Amiral monta veiller sur sa dunette. A présent, sa confiance allait enfin être justifiée. Esdras ? Possible. Toscanelli ? Peut-être. Colón, certainement, car il ne s'était livré à aucune théorie ou prophétie précise. Il avait simplement *cru* qu'en naviguant vers l'ouest, toujours vers l'ouest, il était sûr de rencontrer la terre — une terre, le pays du Grand Khan, un continent, des îles, de cela il n'était pas certain — mais la terre. Les caravelles voguaient dans la nuit paisible et la terre restait invisible, irrévélée, non découverte. Existait-elle ? demandaient cent marins dans les trois coques de bois, sceptiques jusqu'au bout, croyants jusqu'au bout. Oui, affirmait-il, seul dans le noir, la cherchant désespérément.

Deux heures avant minuit, il aperçut une lumière sur la terre ; il n'osait pas affirmer qu'elle était vraiment sur la terre. Il appela Pedro Gutiérrez, serviteur du Roi, qui la vit, puis un certain Rodrigo Sánchez, qui ne la vit pas.

« C'était comme une chandelle de cire qui s'élevait et retombait, ce que peu prirent pour un signe de la terre. » Encore une illusion éphémère peut-être. Le temps passa. L'eau coula au long des flancs rebondis de son navire. Peut-être avait-il oublié sa changeante lumière et s'était-il égaré dans un rêve, quand un coup de canon le rappela à la réalité. Il y avait du tumulte devant, à bord de la *Pinta*. On avait hissé le pavillon. Deux heures après minuit, un homme, que l'on appelle Rodrigo de Triana dans le Journal, mais dont le vrai nom semble avoir été Juan Rodriguez Bermejo, avait vu la terre de la proue de la *Pinta*. L'amiral ordonna aux navires de tenir la cape. Il était enfin un véritable Amiral.

Il restait encore deux ou trois heures entre Colón et la réalité, alors, pourquoi ne pas rêver? Les hommes reposaient à présent sur le rivage de la certitude; certains étaient tout excités et passèrent la nuit à bâtir châteaux de paresse sur châteaux d'oisiveté, de puissance et de prospérité; d'autres arrachèrent un sommeil bien mérité aux quelques heures de nuit qui restaient.

Ainsi, il avait raison. En cette heure de triomphe, cela devait lui paraître étrange, presque incroyable. Le ressort qu'il avait obstinément bandé contre le scepticisme extérieur était à présent détendu. Ce devait être la première fois depuis douze ans que son âme connaissait le repos. Désharnaché, le Pégase de son imagination dut connaître un instant de dépression proche du scepticisme. La terre! Et là, ou presque, où il avait dit qu'elle serait! Mais était-ce la terre?

Alors, sur un retour vigoureux de sa foi, Colón devait enfourcher une fois encore son cheval ailé. Il était près de Cipango. C'était certain. Il en était sûr et Pinzón l'était aussi. Cipango dormait peut-être d'un sommeil paisible à portée de ses *bombardas*, endormi dans ses luxueux lits d'ivoire, d'or et d'ébène, sous ses toits de tuiles d'or, dans la splendeur de son luxe oriental. Ou peut-être était-ce le Cathay ? Car si Esdras avait raison — et il ne pouvait guère s'éloigner de la vérité celui que saint Augustin considérait comme un prophète — la terre était petite et il se pouvait qu'il eût manqué Cipango et atteint le continent du Grand Khan. D'ici peu, demain, peut-être, il voyagerait dans un grand État, dans une chaise dorée sur les milliers de ponts de marbre de Quinsay, ambassadeur accrédité de Leurs Altesses, et on l'introduirait en présence du Grand Khan... Ou peut-être était-il près de l'une de ces innombrables îles qui s'allongent sur la côte du continent indien, et qui, comme chacun sait, sont si riches en or que dans certaines, les rues sont pavées du précieux métal. Auquel cas, il prendrait possession des territoires au nom du Roi et de la Reine et il serait leur Vice-Roy et leur Gouverneur-Général pour la confusion et la honte de ceux qui avaient ri de lui au Portugal et en Castille et qui avaient persécuté et abaissé son peuple. Lui, le fils du tisserand, régnerait sur des terres glorieuses ; il porterait de riches vêtements et des multitudes lui obéiraient ; certes, son autorité lui serait seulement déléguée par le Roi et la Reine, et il ne serait que la lune de ces deux soleils ; mais ils étaient loin et personne ne pouvait dire la tournure que prendraient les choses ni ce que serait ce puissant empire au-delà de l'océan, qui était sien, qu'il tenait dans sa main, et qu'il avait en son pouvoir de donner à qui il voudrait bien, ou de garder pour lui...

Ici s'arrêtaient ses rêves, mais ils réapparaissaient plus loin, orchestrés sur le thème de l'or, car l'or est une chose excellente avec quoi les âmes peuvent être sauvées et Jérusalem délivrée. Il délivrerait Jérusalem. Lui, Colón, deviendrait le Premier Prince de l'Occident, puis le Libérateur de la Maison de Sion. Sinon, pourquoi le Seigneur l'aurait-il réservé pour cette grande découverte ?

La nuit cependant pâlissait et se mourait, et face aux rêves de Colón, l'aube se révélait peu à peu et clarifiait ses pensées. L'aube pensait à un frais et délicieux rivage sablonneux sur lequel le ressac battait doucement, et autour duquel de grands arbres étranges d'un vert sombre se dressaient sur le bleu profond des cieux maintenant lumineux. Rêvait-il ? Voyait-il réellement la terre que le Seigneur voulait lui donner, la Terre promise ? Il y avait un silence tendu. Les hommes buvaient au mélange exaltant du certain, de l'étrange et de l'incroyable. Tout yeux, ils en oubliaient de parler. La terre elle-même était silencieuse, encore endormie peut-être, surprise par des intrus dans son lit virginal. Les caravelles pénétraient sans bruit dans la petite crique, sur une eau soyeuse dont le soleil du matin faisait une vaste émeraude. La terre était tranquille, paisible, vivant son rêve matinal comme elle le faisait depuis des siècles, béatement ignorante de la signification unique de ce matin fatidique qui mettait fin pour toujours à sa paix séculaire. Les caravelles approchaient toujours ; du sable, de grandes herbes, des arbres inconnus, le bruissement des oiseaux... l'île commençait à se donner aux étrangers, encore à demi endormie, encore engoncée dans ses rêves. Brusquement, un perroquet cria. Quelques hommes aux pieds légers accoururent sur le rivage et contemplèrent stupéfaits les fantastiques voiles. Le rêve de l'île était fini — à jamais. Un âge était mort.

CHAPITRE XVIII

LA DÉCOUVERTE DE CIPANGO

L'Amiral descendit à terre avec ses deux capitaines et les autres chefs et officiers de sa flotte. Il était dans son plus magnifique appareil et tenait haut et ferme dans sa main droite la Bannière royale, tandis que Pinzón et son frère Vincente portaient chacun un drapeau de la Croix verte sur lesquels la Croix était flanquée des initiales couronnées de Ferdinand et d'Isabelle. La mer donnait le blanc, la terre le brun, dans cette rencontre étrange, incongrue, de l'homme avec l'homme ; au centre, Colón, les Pinzón, Rodrigo de Escovedo, le notaire de la flotte, et Rodrigo Sánchez de Segovia, son inspecteur, munis de papier et d'une plume afin d'établir les minutes officielles de l'événement ; une garde armée ; et leurs trois bannières ; autour d'eux, une foule d'indigènes, jeunes, beaux et nus. Que dirent ces civilisés à ces sauvages ? Quel geste symbolique imaginèrent-ils pour franchir le fossé qui les séparait ? « L'Amiral [...] leur demanda à tous [aux chrétiens] de donner leur parole et leur témoignage qu'il avait devant eux tous pris possession de ladite île au nom du Roi et de la Reine, ses souverains, avec tout le cérémonial requis. » Il serait difficile d'imaginer acte plus tragiquement incongru. Quel sens pouvait-il avoir pour ces indigènes ? Heureusement, la barrière du langage leur permettrait de se méprendre sur la cérémonie des étrangers et de la considérer comme un acte magique ou symbolique ; sinon une prise de possession leur aurait paru complètement absurde, dépourvus comme ils étaient du sens de la propriété.

Ils les regardèrent jusqu'au bout avec le sérieux des enfants, attendant patiemment que les magiciens étrangers aient accompli leurs incantations fastidieuses et incompréhensibles — gratter des feuilles blanches d'une sorte de tissu qui ressemblait à du coton, mais qui était plus raide et plus cassant, avec le bout fendu d'une plume trempée dans un liquide noir mystérieux que l'un d'eux portait dans une petite corne accrochée à sa taille ; cérémonie à laquelle les pâles étrangers attachaient évidemment une grande importance, car lorsque toutes les feuilles sauf une eurent été couvertes d'égratignures noires, tous les chefs, les uns après les autres grattèrent la dernière avec la plume à la pointe fendue ; certains d'entre eux, les indigènes le remarquèrent, y consacrant même un temps prodigieux, tiraient la langue pendant que leurs doigts raides maniaient la plume magique.

La cérémonie terminée, les indigènes se mêlèrent librement à leurs visiteurs. Ils furent d'abord conquis par les objets étranges qu'avec des gestes amicaux les étrangers leur mettaient dans les mains : des bonnets rouges, des perles de verre, des clochettes de cuivre dont le tintement était absolument délicieux dans sa nouveauté ; puis amusés par le plaisir enfantin que ces gros hommes barbus prenaient à des choses aussi communes et aussi bêtes que des perroquets, et embarrassés par l'intérêt et la curiosité avec laquelle ils contemplaient, suivaient des yeux, touchaient et essayaient de prendre les petits anneaux d'or que les plus légers des hommes de la tribu portaient dans le nez. Comme les nouveaux venus semblaient prendre beaucoup de plaisir à ce jeu, ils échangèrent volontiers des balles de coton et des perroquets contre des perles de verre, des cloches de cuivre, et aussi contre de curieux petits disques d'argent et de cuivre décorés de vagues dessins, et auxquels apparemment, les étrangers attachaient une valeur considérable.

Cependant les insulaires observaient les occupants des caravelles et s'étonnaient de leur aspect et de leurs manières. Comme ils étaient étranges ! Ils avaient la peau pâle et maladive, et ils étaient poilus comme des animaux, sauf que certains d'entre eux n'avaient pas de cheveux sur la tête, comme s'ils avaient tous émigré sur le menton, ce qui faisait rire de bon cœur les jeunes de la tribu. D'autres avaient des cheveux ondulés, non pas noirs, mais de toutes sortes de couleurs bizarres, couleur de tabac, de paille de maïs, argentés, dorés. C'était leur chef surtout qui les frappait, car son visage était aussi blanc que du lait de coco, sauf qu'il était plein de taches de rousseur et qu'il prenait parfois une teinte rouge brillante, cependant que ses yeux étaient de la couleur du ciel, peut-être parce qu'il venait de là-haut.

Mais ce qui intriguait surtout les indigènes était les lourdes parures que ces hommes inexplicables portaient sur le dos : d'épais vêtements, quelques-uns aussi épais que la peau d'un animal, d'autres plus épais encore et aussi rigides que le dos d'une très grosse tortue. Un loustic indigène murmura : « Ce sont des hommes avec des queues. C'est pour ça », et une vague de rires déferla sur les indigènes nus. C'était la plaisanterie classique dans toutes les Antilles sur les tribus éloignées réputées pour se promener couvertes de vêtements. Mais leur attention volage se reporta bientôt sur un autre élément curieux de la tenue de leurs hôtes : ces bâtons qu'ils portaient accrochés à leur hanche gauche, et qui étaient creux, avec un autre bâton à l'intérieur, plat, brillant, et plus pointu que l'arête de poisson la plus pointue, qu'est-ce que cela pouvait bien être ? L'un des insulaires se vit offrir un bâton de cette sorte par un visage pâle rieur et jovial ; il le serra un instant dans sa main, mais aussitôt la lâcha, sa main s'était mise à saigner, et il y avait une profonde et dangereuse coupure. Rapide comme l'éclair, le mot courut parmi les indigènes. Méfiance ! Ce sont des êtres dangereux. Leurs bâtons magiques font couler le sang. Ils peuvent causer la mort. Méfiance ! Méfiance !

Méfiance ! Le mal était fait. L'arme, même tendue par plaisanterie, avait brisé la confiance primitive. Ces hommes nouveaux auraient pu ne pas être comme les autres. Ils auraient pu être meilleurs, libres du péché du sang et de la mort. Il y avait dans le noble sourcil et les yeux aimables de quelques-uns d'entre eux une lumière qui aurait pu justifier cet espoir. Mais, méfiance ! Cet espoir *n'est pas* justifié. Les hommes nouveaux ne sont pas meilleurs que les sauvages qui viennent de temps en temps de Caniba, nous tuent, nous blessent et mangent ceux qu'ils emmènent. Méfiance! Méfiance!

***

Colón était à Guanahani, que l'on appelle à présent l'île Watling ou île San Salvador, l'une des Lucayes (Bahamas), aujourd'hui sous pavillon britannique. La Providence, le destin ou la chance avait décrété que dans cette découverte tout conspirerait à disposer les vérités de la nature selon les erreurs de Colón ; non seulement il y avait un continent tout entier exactement à l'endroit où sa cosmographie fantaisiste avait placé l'« Inde » et le « Cathay », mais encore la route suivie dans sa traversée l'avait amené à rencontrer ce continent à la seule latitude où il soit gardé par des chapelets d'îles, ce qui était exactement ce que Colón, nourri de Marco Polo, attendait. Errant d'île en île, dans ce labyrinthe marin, il « vérifia » sa conviction fortement enracinée qu'il était au large de la côte de l'Asie et non loin de Cipango. Le 14 novembre, Las Casas transcrivant son journal lui fait dire « qu'il croit que ce sont là les innombrables îles que l'on voit sur les cartes au bout de l'Orient ». Avec ce trait don quichottesque de son caractère qui le conduit à présenter comme un fait la chimère qu'il se trouve entretenir à l'époque, il écrit que l'or « est né dans cette île, bien qu'en raison du manque de temps il m'ait été impossible de pleinement le prouver, et c'est ici également qu'est né l'or qu'ils portent accroché à leur nez » ; mais il ajoute : « Cependant, pour ne pas perdre de temps, je veux partir tout de suite et voir si je peux atteindre l'île de Cipango. »

Pendant une quinzaine de jours, il erra d'île en île, les baptisant de noms espagnols, en l'honneur de saints ou de princes — Santa Maria de la Concepcion, Fernandina, Isabela —, transporté d'admiration par la beauté du paysage tropical qu'il décrit souvent avec une émotion poétique et subjective plutôt qu'avec un sens exact des véritables qualités plastiques de ce paysage, prenant toujours des souvenirs espagnols comme points de référence. L'or reste avec Cipango sa principale obsession. Cela lui a été reproché par des auteurs modernes, car, comme chacun sait, personne n'est plus de nos jours obsédé par l'or. On oublie trop facilement qu'il avait promis de découvrir des terres de splendeur orientale (à des yeux d'Occidental) et que s'il ne « livrait pas la marchandise », il deviendrait la risée de l'Espagne ; qu'il était le chef d'une expédition organisée par des actionnaires qui en attendaient les bénéfices ; et qu'à cette époque comme aujourd'hui, l'or était la mesure du succès. En outre, n'était-il pas désormais Grand Amiral de la Mer Océane, et ne devait-il pas avoir une maison et vivre comme un prince de la Terre ? Il errait impatiemment à la recherche de tous les signes qui pourraient le mettre sur la trace de « l'endroit où naît l'or », comme il dit. Ses « signes » n'étaient pas tous d'égale valeur, témoin cette « observation » que nous devons à Las Casas : « L'Amiral concluait de la chaleur dont il souffrait dans ces Indes et dans la région où il se trouvait qu'il devait y avoir de l'or. » Son espoir repose toujours sur le Seigneur : « Et l'Amiral crut qu'il était près de la source et que notre Seigneur lui montrerait où naît l'or. »

Pourtant, à ce stade déjà, nous pouvons voir qu'il s'intéressait à d'autres possibilités, à ce que nous appellerions de nos jours l'exploitation économique et la domination politique — bref, *l'Empire*. Il est possible que ses déceptions répétées sur la question de l'or l'aient conduit à chercher des compensations dans la richesse générale des terres qu'il découvrait. Ses débuts méditerranéens de marin, marchand et corsaire — trois professions qui pouvaient facilement ne faire qu'une à cette époque — avaient habitué son regard à détecter les possibilités de profit et de « développement ». « Vos Altesses peuvent croire, écrit-il dans son rapport quotidien du 17 octobre, que ce pays est le meilleur, le plus fertile, tempéré et plat qui puisse se trouver au monde. »

Un épisode qu'il signale à la date du 25 novembre peut être cité comme symbolique du déplacement de son intérêt de l'or vers les richesses immobilières. « Il alla au fleuve et y vit des pierres qui brillaient de taches dorées et il se souvint qu'on avait trouvé de l'or près de l'embouchure du Tage, près de la mer, et il pensa que ces pierres contenaient sûrement de l'or et il ordonna d'en ramasser quelques-unes pour les emporter au Roi et à la Reine. Tandis qu'il était ainsi occupé (c'est-à-dire en train de ramasser des pierres sans valeur, qui n'avaient probablement que des taches de mica ou de galène) des matelots s'écrièrent qu'ils voyaient des pins. Il regarda du côté de la colline et il aperçut des pins si grands et si merveilleux qu'il ne sut décrire comme il convenait leur hauteur et combien ils étaient hauts et droits (...), et il se rendit compte qu'on pourrait en faire des navires et de grandes quantités de planches et de mâts pour les plus grands navires d'Espagne. Il vit des chênes, des *madroños* et une bonne rivière avec tout ce qu'il fallait pour installer une scierie. »

Dès lors, les passages de son journal où il juge de la valeur économique de sa découverte sont trop nombreux pour qu'on puisse les citer ; ses hommes n'étaient du reste pas moins emballés, puisque l'un ramène de la cinnamone, l'autre du musc, un troisième de l'aloès, et que lui-même fait « saigner » de nombreux arbres pour obtenir de la gomme adragante et qu'il note l'abondance de coton, remarquant astucieusement qu'il vaudrait mieux le vendre dans les villes du Grand Khan qu'en Espagne. Colón vante la beauté de la terre avec un sens profond de l'importance fondamentale de la terre dans toutes les richesses : « Car il est certain, mon seigneur et ma dame, que partout où on peut trouver de telles terres, il doit nécessairement y avoir d'innombrables sources de profit. »

Cet intérêt pour l'économique devait se manifester sous une forme moins acceptable lorsque, non sans une remarquable précocité, il s'intéressa aux possibilités de l'esclavage. Son attitude inconsciente à l'égard des Indiens était bien moins fraternelle que n'auraient pu nous le faire penser ses professions de foi chrétiennes. Dès le premier jour qu'il les voit, il écrit dans son journal : « Ils doivent faire de bons serviteurs », et il note son intention d'en emmener six en Espagne pour leur faire apprendre la langue. Deux jours plus tard, deux jours après que la Croix eut étendu ses bras d'amour universel, éternel, sur le continent vierge, Colón le Messager, l'Élu du Seigneur, écrivait ces lignes dans son journal : « Ces gens ont des armes très simples, comme le voient Vos Altesses d'après les sept que j'ai ordonné d'amener pour qu'ils puissent apprendre la langue et revenir, bien que Vos Altesses puissent, quand elle le voudront, les faire tous envoyer en Castille ou les garder tous prisonniers dans l'île, car avec cinquante hommes armés vous les tiendrez en votre pouvoir et pourrez faire d'eux tout ce que bon vous semblera. »

Tels sont les débuts du nouvel esclavage que les chrétiens introduisirent en Amérique. L'idée de Colón devait finir par triompher, car elle était plus en accord avec les forces économiques et psychologiques du temps que les principes chrétiens de Ferdinand et d'Isabelle analysés ci-dessous. Il faut accorder à ce fait la place qu'il mérite, quand on veut étudier l'idée que se faisait Colón de sa mission de propagateur de l'Évangile. Il ne semble pas avoir été conscient de la contradiction qu'il y avait entre son intention de réduire en esclavage ces indigènes et son sincère — car il était sincère — désir de les convertir à la loi du Christ. L'homme qui écrit le 6 novembre pour presser le Roi et la Reine de « propager la sainte religion chrétienne » en « convertissant d'aussi grands peuples » écrit le 7 ces mots révélateurs, si totalement dépourvus d'esprit chrétien : « Hier, un canot est venu se ranger près du navire avec six jeunes [indigènes] dont cinq sont montés à bord; je les ai fait arrêter et je les ramène. Ensuite, j'ai envoyé [des hommes] à une maison près de la rivière de l'ouest et ils ont ramené sept têtes de femmes, certaines adultes, certaines toutes jeunes, et trois enfants. J'ai agi ainsi parce que les hommes se comporteront mieux en Espagne s'ils ont auprès d'eux des femmes de leur pays. » Il serait difficile de trouver une expression plus nette de la soumission utilitaire de l'homme par l'homme que ce passage de notre chrétien, par ailleurs si sincère. La forme n'en est pas moins dépourvue de sentiment humain que le fond, et il y a une triste inhumanité dans l'expression « têtes de femmes », laquelle n'est pas sans rappeler « têtes de bétail ».

Quels étaient donc le sens et l'importance que Colón attachait à l'évangélisation des Indes dont il parle si souvent et avec tant d'insistance au Roi et à la Reine ? On peut y distinguer deux éléments ; le premier est le sentiment purement subjectif d'une mission à accomplir — plus directement associée dans son esprit avec son prénom, *Christophe*, le porteur du Christ. Cette vision est égocentrique, et bien que logiquement elle suppose l'existence d'un lieu ou d'un peuple vers lequel le Christ soit porté, sur le plan vital, il n'y a pas besoin d'un tel peuple ni d'un tel lieu : le porteur du Christ se voit lui-même portant son précieux fardeau, et le sentiment du caractère sacré et de l'importance qu'il tire de cette mission suffit à assurer son équilibre mental. Telle était, dans une très grande mesure, l'attitude inconsciente de Colón. Il était destiné à christianiser le continent, et cette pensée lui suffisait, sans qu'il se souciât le moins du monde de tirer les conséquences qu'elle impliquait pour *les autres êtres humains*, dont il était bien trop égoïste pour sentir la présence.

Et il y avait ensuite l'aspect politique de la conversion, plus fort à cette époque-là qu'à la nôtre. Religion, civilisation, culture et vie civile étaient alors bien moins dissociées qu'elles ne le sont de notre temps. Conversion, organisation, développement économique et conquête ne faisaient qu'un. Par conversion, donc, il entendait en même temps, une action publique et même politique qui était plus spécifiquement associée à son nom de famille — *Colón*, c'est-à-dire colonisation, Colón, le bâtisseur d'empire.

« Il fit dresser une grande croix à l'entrée du port (...) sur une colline où on pouvait la voir de partout, comme un signe, dit-il, que Vos Altesses seront maîtresses de ce pays et comme un signe de Jésus-Christ Notre Seigneur et en l'honneur de la religion chrétienne », dit Las Casas. A plusieurs reprises on trouve dans les écrits de Colón cette conception politique de la chrétienté comme un nouvel ordre pour le Nouveau Monde. Il y a une page de son journal, citée textuellement par Las Casas, à la date du 27 novembre, qui est caractéristique, dans son inextricable mélange de considérations religieuses, économiques, politiques, militaires et hygiéniques. Après avoir exalté le profit à attendre des terres et déploré les malentendus dus à l'ignorance de la langue du pays, il annonce qu'il va faire apprendre cette langue « aux personnes de ma maison », jolie marque, soit dit en passant, de son incurable mégalomanie ; puis il ajoute : « Et alors nous connaîtrons le profit et nous nous efforcerons de faire de tous ces gens des chrétiens, ce qui sera rapidement fait, car ils n'ont aucune secte et ne sont pas idolâtres, et Vos Altesses ordonneront des villes et des forteresses dans ces lieux, et ces terres seront converties. » Il loue ensuite une nouvelle fois la fertilité et la richesse du pays, assure le Roi et la Reine qu'il doit y avoir de nombreuses terres et villes et d'« innombrables peuples » dans les environs, qu'il se propose de découvrir avant de retourner, et conclut : « Je dis que la chrétienté fera de bonnes affaires avec eux, particulièrement l'Espagne à laquelle tous doivent être soumis. Et je dis que Vos Altesses ne doivent permettre à aucun étranger de faire du commerce ou de mettre le pied ici, sauf les chrétiens catholiques, car c'était la fin et le commencement de cette entreprise, qu'elle devait conduire au développement et à la gloire de la religion chrétienne, et que personne ne devait venir ici qui ne fût un bon chrétien. »

Ce texte est de toute première importance, non seulement parce qu'on y trouve une claire définition de l'aspect politique de la religion de Colón, mais aussi parce qu'elle fournit une nouvelle indication — après tant d'autres — de sa race juive. En dépit de sa forme nationaliste, qui est peut-être, probablement même, une habileté, ce projet d'empire colonial est d'essence profondément universaliste. Personne ne doit se laisser abuser par des phrases comme celle-ci (bien que certains historiens l'aient été) : « Vos Altesses ne doivent permettre à aucun étranger de faire du commerce ou de mettre le pied ici. » Une lecture attentive de l'ensemble du texte montre que Colón n'avait pas l'intention d'interdire les Indes aux bons chrétiens, et cela *quelle que fût leur nationalité*. Cela découle de deux de ses déclarations : la première est la clause restrictive qui vient immédiatement après l'exclusive apparemment jetée sur tous les « étrangers », *sauf les chrétiens catholiques*; la seconde, sa déclaration précédente, selon laquelle *la chrétienté fera une bonne affaire avec eux, et particulièrement l'Espagne*. Ce n'est pas une conception nationaliste : elle ouvre au contraire les Indes à tous les bons chrétiens. Notez que Colón parle de l'*Espagne*, pas de la Castille ou de l'Aragón, et qu'à cette époque, *Espagne* signifiait Péninsule ibérique. Voilà un second symptôme de judaïsme, bien que cette fois, il n'ait rien d'exclusif. Mais en voici un troisième, exclusivement juif. Colón parle de *bons* chrétiens, pas de *vieux* chrétiens, laissant ainsi le champ ouvert aux *conversos*, auxquels il a déjà donné tant de signes d'appartenance. Ce texte a été écrit par un homme dont l'attitude consciente à l'égard du problème de la nationalité est que nul « bon » chrétien ne doit être traité en étranger; lue dans le contexte de l'époque tel qu'il a été analysé plus haut, c'est une indication supplémentaire que Colón était de descendance *converso*.

Après une première période d'intérêt mutuel et de relations amicales, les rapports entre les chrétiens et les indigènes devinrent plus précaires et plus capricieux. Il y a peu de cas où Colón se montre plus illogique et plus décevant. Il commença bien : il défendit les intérêts des indigènes contre les marins qui essayaient de profiter de leur ignorance des valeurs européennes. Cependant, comme il l'explique lui-même, il ne cherchait pas tant à défendre leurs intérêts en tant que tels, qu'à faire bonne impression sur eux « de manière que la prochaine fois que Vos Altesses enverront des gens là-bas ils soient bien reçus », idée qui revient souvent sous sa plume. En se rendant à San Fernandina, ils rencontrèrent un Indien de San Salavador, qui pagayait dur dans son canoë. Il était fatigué et s'approcha du navire de l'Amiral. L'examen du contenu d'un petit panier qu'il transportait montra qu'il s'en allait donner aux indigènes de San Fernandina des nouvelles des Visages pâles juste débarqués dans leur monde. L'Amiral lui donna du pain, du miel et du vin et des petits présents, et l'emmena dans le navire, le laissant près de l'endroit où il voulait aller, « de manière qu'il parle de nous en bons termes, et que lorsque Vos Altesses, s'il plaît au Seigneur, enverront d'autres gens ici, ils soient bien reçus et que [les indigènes] nous donnent tout ce qu'il y a ».

Colón pensait donc en politique, pas en chrétien ; en *Colón*, pas en *Christophe*.

C'est alors qu'il commit sa première faute grave. Il enleva de force sept hommes de Guanahani. Cette action tyrannique, pour autant que nous le sachions, peut très bien n'avoir pas été le moins du monde nécessaire, car il aurait pu y avoir assez d'hommes tentés de le suivre d'eux-mêmes. Colón ne semble pas avoir imaginé qu'il pût y avoir le moindre inconvénient à faire cela, bien que ce ne fût pas seulement une action peu chrétienne, mais aussi un acte très peu politique : le lien de paix était désormais brisé. Le mot a dû se répandre comme l'éclair. « Méfiance, méfiance. Ils ne sont pas meilleurs que les hommes de Caniba qui viennent pour nous manger. »

La situation devint bientôt tragi-comique. Dès que les « Indiens » voyaient les Espagnols quelque part, ils s'enfuyaient le plus loin qu'ils pouvaient, abandonnant leurs foyers et leurs biens plutôt que de rencontrer les terribles étrangers qu'ils croyaient venus du ciel, et qui ne valaient guère mieux que les cannibales. Cependant, l'Amiral était convaincu que « Caniba n'est pas autre chose que le peuple du Grand Khan (*Caniba*, « le peuple du Can ») qui doit être proche et qui, possédant certainement des bateaux, vient les chercher pour les emmener comme prisonniers, et comme ils ne reviennent pas, les autres croient que les leurs ont été mangés ». Il répète cette déclaration à plusieurs reprises, et certaines anecdotes illustrent son scepticisme sur la question des cannibales : ainsi lorsqu'on lui affirma que les hommes de Caniba « ont un seul œil et des gueules de chiens », l'Amiral fut persuadé que c'était un mensonge ; (il ne lui vint pas à l'idée que *can* signifie *chien* en espagnol, ce qui ne pouvait manquer d'exciter l'esprit de l'équipage); ou bien encore, lorsqu'on lui montra deux indigènes à qui manquaient certaines parties charnues de leur individu et que ceux-ci essayèrent de lui expliquer que c'était les cannibales qui les leur avaient arrachées à coups de dents et les avaient mangées, « l'Amiral ne le crut pas ».

C'est donc seulement son optimisme naturel qui, après l'une de ces explications sur l'identité de Caniba et du Grand Khan, lui faisait écrire : « Chaque jour nous comprenons mieux ces Indiens et eux-mêmes nous comprennent mieux, bien qu'ils aient pu souvent comprendre une chose pour une autre. » Grâce à cette heureuse compréhension qui régnait entre eux, Colón devint de plus en plus convaincu qu'il était près de Cipango, car tous les Indiens lui parlaient d'une « grande île » (il y en avait deux), l'une appelée Cuba et l'autre Bohio (*bohio* signifiant maison, il les comprit certainement de travers, alors qu'ils voulaient dire Haïti), ce qui correspondait exactement à son Toscanelli, surtout qu'il y avait des douzaines de petites îles devant et le continent (le Cathay naturellement) derrière. « Et, dit Las Casas, d'après les paroles des Indiens, qu'il ne comprenait pas, il s'imagina qu'ils prétendaient qu'il y avait de gros navires de commerce et des endroits où l'on faisait de grands marchés. » Incapable de refréner son impatience, il écrit dans son journal le 23 octobre : « J'aimerais partir aujourd'hui pour l'île de Cuba, qui doit être Cipango, d'après ce que me disent ces hommes de sa richesse. » Il mit à la voile le jour même et arriva à Cuba le dimanche 28. L'exotique beauté de la Reine des îles frappa son âme poétique et il déclara n'avoir jamais rien vu d'aussi beau. Suivant sa liste de saints et de princes, où il prend des noms pour ses découvertes, il baptisa l'île *Juana*, d'après le nom de l'héritier du trône. Ensuite, il voulut poursuivre sa quête. Où était-il ? Et où était l'or ? La seconde question embrouillait désespérément la première. Il se trouva qu'il y avait de l'or au centre de l'île et que dans la langue indigène, centre se disait *nacan*. Le « Cuba central » devenait donc *Cubanacan*. *Can* de nouveau. L'effet de la révélation fut instantané. Cette terre n'était pas Cipango ; c'était le pays du Grand Khan.

Le malentendu se multiplia à l'infini, comme l'image d'un homme pris entre deux miroirs. Les Indiens s'enfuyaient à la vue des Espagnols, et les Espagnols, croyant que les autres s'enfuyaient parce qu'ils les prenaient pour des cannibales, en qui les Espagnols croyaient trouver les sujets du Grand Khan, criaient aux indigènes de ne pas avoir peur, qu'eux les Espagnols, n'avaient rien à faire avec les sujets du Grand Khan. Il est assez difficile de deviner ce que les Indiens comprenaient à ces assurances.

Colón était transporté d'orgueil et de joie. Il se nourrissait d'erreurs, et plus une situation était invraisemblable, plus son imagination s'y sentait à l'aise. Quand, carrément, il se trompait, il adoptait ce langage de certitude passionnée que Cervantès devait plus tard immortaliser et qu'il semble avoir emprunté pour Don Quichotte de la Manche à Don Cristóbal de Cipango. « Il est certain que c'est là [Cuba] le continent et que je suis devant Zayto et Quinsay, à une centaine de lieues, guère plus, guère moins, de l'un et de l'autre, comme on peut le voir à la mer qui ne vient plus de la même direction, et qu'hier en naviguant vers le nord-ouest, j'ai trouvée froide. » Il décida donc d'envoyer un messager à l'avant pour s'informer du Roi du pays, et pour rendre la chose plus aisée ; il choisit pour cette difficile mission le *converso* Luis de Torrès, « qui avait été juif et connaissait l'hébreu, le chaldéen et même un peu d'arabe », ce qui lui permettait de se méprendre sur ce que disaient les Indiens de bien plus de manières que ne l'aurait fait un Espagnol moins doué pour les langues. Luis de Torrès et un certain Rodrigo de Jerez quittèrent la flotte le 2 novembre et s'aventurèrent à l'intérieur. Ils revinrent le 5. Ils n'avaient pas trouvé le Grand Khan ; ils n'avaient pas trouvé la source de l'or ; mais ils avaient trouvé ce qui a depuis nourri plus de rêves que l'or, et exerce plus de pouvoir sur les hommes que le Grand Khan n'en eut jamais sur ses sujets. « Les deux chrétiens trouvèrent sur leur chemin de nombreuses personnes allant à leur village, des hommes et des femmes, qui avaient un tison à la main pour prendre leurs fumigations comme à leur habitude. » Ainsi fut découvert le tabac, « lequel, commente Las Casas un bon demi-siècle plus tard, engourdit la chair et enivre presque. Ceux qui en fument disent qu'ils ne sentent plus leur fatigue. Je connais des Espagnols de cette île qui en ont pris l'habitude... Je ne vois pas quel goût ou quel profit ils peuvent vraiment y trouver ».

Le tabac était certes un très puissant seigneur et une riche mine d'or, mais il n'avait pas la majesté du Grand Khan. Il laissa Colón complètement froid, tant il est vrai que nous sommes sourds aux avances du Destin. Quand la nature donna à l'or une forme nouvelle, inattendue, il ne le reconnut pas et le laissa se consumer sous son nez sans en reconnaître l'odeur. Déçu, il ne fut pas découragé, et il se lança dans une exploration patiente de la côte nord de l'île qu'il prenait pour une partie du continent asiatique. Il ne se contentait pas de reconnaître le « continent »; il essayait de trouver des signes de Cipango. C'est alors que la petite flotte se consacrait à cette tâche que la *Pinta* mit à la voile et disparut à l'horizon. Martin Alonso Pinzón croyait lui aussi dur comme fer à Cipango, et il devait aborder avant Colón dans l'île qui, au moins pour Colón, resta Cipango elle-même — même après qu'il y eut mis le pied. Lorsque le 21 novembre, son second impatient et forte tête laissa le vent d'est entraîner sa rapide caravelle vers le but précieux de cette longue entreprise, Colón dut ressentir une profonde amertume. Bien qu'il fût passé maître dans l'art de souffrir en silence, cette fois, il se laissa aller à des flots d'éloquence sur la cupidité et l'insolence de Pinzón.

Comme d'habitude, l'opinion est nettement divisée : les uns sont *colonistes*, les autres *pinzonistes*. Et pourtant, bien que comme d'habitude, les renseignements existants laissent assez de vides pour que la controverse et l'imagination puissent se donner libre jeu, la conclusion est sûrement que les deux hommes étaient humains, qu'ils étaient tous les deux ambitieux, tous les deux impatients de conquérir la gloire et le renom et donc sûrs de commettre toutes les fautes possibles l'un contre l'autre. Tout ce que nous savons de Colón, particulièrement ses commentaires sur le dernier voyage, vient montrer qu'il surveillait jalousement tous les faits ou les mouvements risquant de faire partager à qui que ce fût sa gloire et ses bénéfices de découvreur et d'amiral. Son sens de la propriété était pour tout ce qui touchait aux Indes des plus aigus. Cela devait nécessairement être une épine dans la chair de Martin Alonso, qui avait lui-même une part royale d'égoïsme. L'anxiété de Colón — sentiment qui semble ne l'avoir jamais quitté — le conduisit à craindre que le plan de Martin Alonso ne consistât à le devancer, afin de récolter en Castille gloire et profit avant l'arrivée du navire amiral plus lent. Mais les documents que nous possédons aujourd'hui établissent que jamais Martin Alonso n'avait songé à un acte aussi vil. Une séparation accidentelle due à un changement de cap ordonné par l'Amiral alors que la *Pinta* n'était pas en position de voir les signaux, l'explication que donne Pinzón, semble une échappatoire trop facile étant donné que la *Niña*, qui était à peine moins rapide, put rester en contact avec le navire amiral, et que Las Casas dit en propres termes que la *Pinta*, filant vers l'ouest, resta visible tout le jeudi et qu'elle ne disparut qu'à la nuit. Le point de vue raisonnable est que l'égoïsme de Colón et ses manières impérieuses avaient exaspéré l'indiscipliné et fougueux Ibère et qu'il chercha à se soulager en prenant des sortes de « vacances » qui combinaient les affaires avec le plaisir, comme on va le voir bientôt.

Ce point de vue est corroboré par les quatre faits dont nous sommes certains : *a*) il alla à Babeque, puis à Haïti, « Cipango » (île plus tard connue sous le nom de « Espagnola »), où il savait que Colón allait aussi : par conséquent il précéda Colón mais ne chercha pas à le « semer » ; *b*) il découvrit une rivière à laquelle il donna son nom, cherchant une compensation au rôle de second plan auquel le réduisait Colón ; *c*) il trouva beaucoup d'or, l'acheta pour une bagatelle, selon le procédé « chrétien » habituel, et fit don de la moitié à l'équipage, gardant l'autre moitié pour lui-même ; *d*) il envoya des messages à Colón et, ne recevant pas de réponses, partit à sa rencontre alors qu'étant le plus rapide des deux, il n'avait nul besoin de revenir vers lui.

Cependant Colón, qui était retourné à Cuba et avait été retardé par des vents contraires, arriva à Haïti le 6 décembre. Il admira sa nouvelle découverte encore plus que Cuba et lui trouva une telle ressemblance avec la Castille qu'il l'appela l'Ile Espagnole, la Isla Española. Voici la deuxième fois que nous avons l'occasion de remarquer la tendance qu'a Colón de dire *Espagne* toutes les fois qu'il pense politique. Il peut parler de l'été de l'Andalousie ou des vallées de la Castille, mais il parle du profit que l'*Espagne* trouvera au développement des Indes et appelle l'île *Espagnola*. Dans son esprit, ce nom devait évoquer les excellences et les beautés de Haïti, qui semble avoir été pour lui, comme pour Las Casas, la plus belle du Bouquet d'Iles qu'il avait trouvé sur l'océan.

Les vallées cultivées, les splendides bois tropicaux, les beaux indigènes « à qui il suffirait d'être habillés et protégés du soleil et de l'air pour être presque aussi blancs que les Espagnols », la largeur, la profondeur et les conditions naturelles défensives des ports, les rivières, le poisson, les oiseaux, sans oublier les précieux perroquets, tout ce qu'ils voyaient et tout ce qui s'offrait à eux, plongeait les chrétiens dans le ravissement. Quant à leur chef, de moins en moins *Christophe* et de plus en plus *Colón*, il écrivait au Roi et à la Reine, dans son Journal : « Cette île et toutes les autres vous appartiennent autant que la Castille... Ils [les indigènes] n'ont pas d'armes, ils vont nus et n'ont aucune disposition pour la guerre et sont très peureux, mille d'entre eux ne résisteraient pas à trois hommes, et ainsi sont-ils faits pour être commandés et pour travailler, semer, faire tout ce qui est nécessaire, pour construire des villes et pour apprendre à s'habiller et à vivre comme nous. » Mais le temps devait bientôt montrer que Colón avait tragiquement sous-estimé l'esprit combatif des indigènes de Haïti, et cette erreur devait être l'une des causes de sa chute.

C'était une faute typique de notre malheureux Occident que de s'imaginer que l'amabilité et l'ignorance (avec la crainte et l'inquiétude que fait naître l'inconnu chez les hommes) impliquaient manque de courage et de résolution. Il n'y a pas de doute que les indigènes des Antilles, et particulièrement d'Haïti, tels que les décrit Colón en des termes qui portent la marque de la vérité, étaient un peuple intelligent et cultivé qui, dans les limites imposées par leur climat, avaient édifié une remarquable civilisation. Las Casas et Colón nous parlent du haut degré de culture de leur pays; ils décrivent des canots d'acajou magnifiquement sculptés et ornés, pouvant contenir jusqu'à cent cinquante personnes, et des statues de femmes. Colón vante leurs manières : « Tous ces seigneurs sont hommes de peu de mots et de manières très agréables, et ils donnent leurs ordres par un simple signe de la main, ce qui suffit à les faire merveilleusement comprendre. » Il ne faut du reste pas imaginer que leur nudité les empêchait de cultiver les arts de la parure; c'est ainsi que dans le plus fin de tous, qui, je crois, est la coiffure, ils semblent avoir anticipé la perfection de nos « stylistes du cheveu », ainsi que le reconnaîtront bien des femmes du monde en lisant ce qu'écrit à ce sujet le docteur Chanca : « Ils ont les cheveux coupés court en de nombreux endroits, et en ces endroits, tellement recouverts de mèches bouclées que l'on ne saurait le décrire. Bref, tout ce que nous, en Espagne, nous pouvons rêver faire d'une tête de fou, ils le tiennent là-bas en grande faveur. »

Colón qui avait le préjugé du civilisé contre la nudité, réussit à faire porter à l'un des *caciques* locaux, qu'il décore librement du nom de rois, une chemise et des gants, ce qui dans un pays où les gens vivaient nus devait donner à Sa Majesté une apparence très royale. Il y avait plus qu'un souci de la décence dans cet intérêt pour les chemises manifesté par le rusé Génois, comme on va le voir sous peu. Ainsi décoré, le *cacique* vint manger à bord du navire avec l'Amiral, qui fait remarquer qu'« il révélait sa race dans sa manière de manger, dans sa simplicité et dans sa belle propreté ». Quant à leur culture morale, le portrait que Colón fait d'eux est si flatteur qu'on se demande si ces indigènes de Haïti n'étaient pas les seuls vrais chrétiens qui aient jamais existé. Ils donnaient tout ce qu'ils avaient — l'or aussi librement et aussi généreusement que l'eau — pour le grand étonnement de l'Amiral qui ajoute : « Car il est facile de reconnaître quand un chose est donnée de bon cœur » ; et encore : « Il ne peut croire qu'on ait jamais vu des gens avec un aussi bon cœur et aussi prêts à donner ce qu'ils possédaient. » Et finalement, ce jugement qu'émet le Porteur du Christ et le Chercheur d'or sur les âmes qu'il doit « convertir » : « Ce sont des peuples d'amour, sans cupidité... ils aiment leur voisin comme eux-mêmes et ont le langage le plus doux et le plus aimable qui soit au monde. »

Cependant, Colón continuait de chercher de l'or. On lui en donnait beaucoup, généreusement, on en troquait beaucoup. Il y avait des signes qui n'échappaient pas à son œil méfiant que les « rois » et les *caciques* commençaient à regarder de travers cette chasse à l'or que faisaient les chrétiens ; un vieil indigène avec une astuce peu commune expliqua à l'Amiral qu'il y avait de l'or en très grande quantité dans de nombreuses îles à plus de cent lieues de là, révélant ainsi la distance à laquelle il souhaitait voir les chrétiens, qu'il tentait avec « une île entièrement en or et d'autres dans lesquelles il y en a tellement qu'on le met en tas et qu'on le passe à travers des tamis ».

Tant à cause de la fièvre de l'or que de la navigation, l'Amiral chercheur d'or, qui était consciencieux à l'excès, se privait de sommeil, et une nuit qu'il s'était retiré pour se reposer, dans des conditions exceptionnellement calmes et avec une « mer plate comme une assiette », tous les hommes allèrent dormir, laissant la barre à un mousse — contre les ordres de leur chef. Le courant fit échouer le navire. Le récit que nous a laissé l'Amiral n'épargne personne, pas même le maître du navire, qui s'éloigna avec les hommes dans le canot de sauvetage, au lieu d'aider Colón à sauver le navire. Comme ce maître était le célèbre cosmographe Juan de la Cosa, et que le bateau était à lui et qu'il n'y avait pas une ombre de danger — ce qui en outre ne serait pas une explication valable pour Juan de la Cosa et ses hommes — des observateurs qualifiés ne sont guère portés à prendre à la lettre les explications que nous donne Colón.

Cet accident possède une importance cruciale dans l'histoire de la découverte. D'abord Colón eut l'occasion d'observer le caractère compatissant des indigènes, qui envoyèrent le meilleur secours qu'ils purent et furent émus jusqu'aux larmes par la vue du beau bateau perdu ; et également, leur efficience et leur discipline, car il raconte que toutes les provisions et les objets précieux furent mis en lieu sûr et « il assure le Roi et la Reine que nulle part en Castille on n'aurait pu faire preuve de plus de soin : pas une aiguille ne se perdit ». Ensuite, cet accident eut lieu le jour de Noël 1492, à minuit, et ce fait ne peut pas ne pas avoir impressionné le visionnaire-missionnaire Christophe. La première émotion calmée et les mesures nécessaires prises, il se mit à réfléchir à l'accident et à le considérer comme un présage. La situation était sérieuse. La *Pinta* avait disparu ; le navire amiral était perdu. Il n'avait pas de place pour ramener les deux équipages. Que faire ? Que faire d'autre que de laisser derrière lui ce qu'il ne pouvait emmener ? Sur le roc de la nécessité, il bâtit un château de fantaisie et une cathédrale de foi ; il avait compris que « notre Seigneur avait fait échouer le navire pour lui faire laisser un établissement ». Telle est l'origine du premier établissement chrétien — ou devons-nous dire établissement de chrétiens ? — dans le Nouveau Monde. Ce fut une forteresse qu'on appela *Villa de la Navidad*, et qui fut munie de provisions pour une année et de munitions et de matériel en quantité suffisante, pour que les indigènes « obéissent avec amour et crainte ». Comme chef de la Villa de la Navidad, il laissa Diego de Arana, le parent de sa maîtresse, et Pedro Guttiérrez, le chambellan du Roi, le seul homme, soit dit en passant, qui eût vu la lumière qui avait fait croire à Colón qu'il avait aperçu la terre. Et ayant choisi les trente-huit hommes qui resteraient sous leurs ordres, dont un grand nombre, dit-il, étaient volontaires, il se décida à retourner en Castille et à faire son rapport au Roi et à la Reine.

Il était inquiet au sujet de Pinzón, il craignait que la gloire et le profit de son entreprise ne lui soient enlevés et peut-être que ses faiblesses et ses fautes ne soient dévoilées. Et « il avait trouvé ce qu'il cherchait ». Que cherchait-il ? Qu'avait-il trouvé ? Cipango. Dans le compte rendu qu'il a laissé de sa conversation avec le « roi » qui avait été si gentil avec lui lors de la perte du navire amiral, il écrit que ce roi le réconforta, car il y avait de l'or « à Cipango, qu'ils appellent Civao ». Comme Cubanacan à Cuba, un coin de Haïti, appelé Civao ou Cibao, devenait aussitôt Cipango pour Don Quichotte-Colón. C'était exactement ce qu'il cherchait. On trouve toujours dans la vie ce qu'on y apporte. « Il conclut que Cipango était dans cette île et qu'il s'y trouvait une abondance d'or, d'épices, de musc et de rhubarbe. » Ainsi réconforté, Don Cristóbal de Cipango, Grand Amiral de la Mer Océane, s'embarqua pour la Castille sur la *Niña* le vendredi 4 janvier 1493.

CHAPITRE XIX

COLÓN RAPPORTE LA NOUVELLE

La « flotte » réduite à sa plus simple caravelle longea d'abord tout à loisir la côte, que Colón observa de près, avec cette attention pour la nature qu'il combinait curieusement avec sa superbe capacité à lui tourner le dos. Il explora toutes les baies, nota sur la carte toutes les collines, sonda tous les fonds. Deux forces opposées semblent avoir à ce moment occupé son esprit : d'une part, la crainte que Martin Alonso Pinzón n'eût mis le cap sur l'Espagne le faisait se hâter vers l'est; de l'autre, la crainte que son second ne fût encore à récolter en Espagnola une ample moisson d'or qui le rejetterait dans l'ombre — l'or est un tel soleil — freinait sa première impulsion et il hésitait à se lancer dans cette direction. Cela semblerait expliquer d'une manière plausible l'itinéraire curieux, irrésolu, qu'il suivit du vendredi 4 au dimanche 6. Le 6, « après midi, il se leva un fort vent de l'est, et il ordonna à un marin de grimper au sommet du mât pour surveiller le fond de la mer, et il aperçut la caravelle *Pinta* qui venait sur eux, naviguant contre le vent d'est ». Comme il n'y avait pas de bon mouillage dans les parages, l'Amiral décida de revenir quarante milles en arrière. Il se disait sans doute qu'il lui était impossible de rentrer en Espagne sans avoir éclairci la situation. Ses pires craintes furent apaisées. Martin Alonso ne le trahissait pas; il ne fonçait pas vers l'est, et ne cherchait pas d'or derrière son dos. Il avait pris des vacances, et retournait au bercail. Cependant Colón était plein de souvenirs amers et de violentes passions prêtes à éclater.

La rencontre eut lieu à bord de la *Niña* et il semble qu'elle ait été orageuse. Les explications de Pinzón furent froidement reçues, son offre de neuf cents pesos d'or dédaigneusement rejetée, l'occupation officielle de la vallée qu'il avait découverte déclarée nulle et non avenue, le nom qu'il avait donné au *Rio de Martin Alonso* supprimé, et les quatre hommes et les deux femmes qu'il avait kidnappés pour montrer au Roi et à la Reine ce qu'il savait faire, renvoyés chez eux, car, écrit Colón, « c'est un service à rendre à Vos Altesses, puisque, bien que les hommes et les femmes, qu'ils soient de cette île en particulier ou de toute autre, appartiennent tous à Vos Altesses, ici, où Vos Altesses ont déjà un établissement, nous devons honorer et favoriser les indigènes étant donné l'abondance d'or, de bonne terre et d'épices de ce pays ».

Bref, il n'y avait qu'un « Colón », et tous ceux qui prétendaient « coloniser » sans lui étaient des braconniers. Martin Alonso, qui était emporté et qui, du reste, était plutôt dans son tort, dut avoir beaucoup de peine à garder son calme, car Colón, qui n'aimait guère jouer les héros, menaça de le faire pendre à la porte de la cabine — ce à quoi Martin Alonso se contenta de répliquer : « C'est ce que je mérite pour vous avoir élevé à l'honneur où vous êtes. »

Mais il n'y eut pas de pendaison, et la querelle fut si bien apaisée que le *Fleuve de Martin Alonso* devint le *Fleuve de la Grâce*. Colón n'était pas comme Magellan homme à faire poignarder par surprise l'un de ses capitaines rebelles et à faire mettre les autres à mort. Il songea que ses deux capitaines étaient frères et que la plupart des marins étaient leurs hommes ; il décida donc que la meilleure politique était de dissimuler et de se hâter de revenir pour se débarrasser d'eux, car « ce n'était pas un bon moment pour appliquer des punitions ». Cette retraite, finalement due à un certain manque de résolution en face de fortes personnalités, ne fit que l'aigrir contre Martin Alonso, qu'il peint dans ses papiers sous le jour le plus défavorable.

*
**

Ce dut être un soulagement pour l'Amiral que d'en avoir fini avec toutes ces misères humaines, dont il devait d'autant plus souffrir qu'il se rendait compte, sûrement, qu'il en était en grande partie responsable, et de se retrouver face à la mer, à ses problèmes, à sa beauté et ses mystères. « Hier, dit l'Amiral, (…) il a vu trois sirènes, qui se montraient totalement hors de l'eau, mais elles n'étaient pas aussi belles qu'on le peint, et en un sens, elles avaient des visages masculins. » Il ne fut pas tenté. Il avait hâte de rentrer à présent, et il attendait avec impatience le jour où, s'étant débarrassé de l'irritante compagnie de ces Pinzón trop populaires, trop capables et trop indépendants, il serait enfin maître chez lui, car il considérait qu'aux Indes, il était chez lui. Rien ne pouvait à présent le détourner de sa route. C'est en vain que les Indes inondaient son chemin des tentations les plus séduisantes : « une île où il y avait encore plus d'or que dans celles-ci, et où on trouve l'or sous forme de pépites plus grosses que des haricots » ; et une autre « habitée seulement par des femmes, ce qu'il tenait de nombreuses personnes ». Son but était à présent de « naviguer le plus vite possible afin de rapporter à Leurs Altesses les nouvelles qu'il avait et de se débarrasser de ses mauvais compagnons ».

Il ne semble jamais avoir été très persuadé du bien fondé de sa décision de laisser quarante chrétiens derrière lui dans une île aussi grande qu'Espagnola. Plus d'une fois, il cherche un réconfort dans la pensée que ce projet lui a été soufflé par le Seigneur ; ensuite, il insiste sur la faiblesse et la couardise des indigènes ; cependant, avant de partir, il fit tirer un coup de canon sur la coque du navire échoué, et fut grandement soulagé de voir combien le « roi » était impressionné par le fait que le boulet de pierre avait complètement traversé la carcasse de bois et était tombé à l'eau. Cet état d'esprit peut expliquer pourquoi le 12 janvier, se rendant compte qu'il était encore sur la côte d'Espagnola-Cipango-Haïti, il fut épouvanté — *espantado*. Cette île était donc si grande, et par conséquent si peuplée ? Sans doute pensait-il à ses hommes. Les vigoureuses critiques et l'opposition de Martin Alonso lorsqu'il avait appris qu'on avait laissé un détachement dans l'île avaient dû également l'influencer, si même cela n'avait eu pour résultat que de le faire s'entêter dans sa décision. Le 13, ses hommes eurent une rixe sérieuse avec un groupe d'Indiens plus farouches et plus peints que ceux qu'ils avaient rencontrés jusqu'à présent. L'un d'entre eux vint à la caravelle. « L'Amiral pensa que c'était probablement un de ces Caraïbes mangeurs d'hommes. » Il y en avait cinquante-cinq autres derrière les arbres, tout nus et avec des cheveux aussi longs que des « femmes de Castille », et ornés de plumes de perroquets. Après quelques négociations, qui avaient pour but de les désarmer en leur échangeant leurs arcs et leurs flèches contre des choses aussi peu dangereuses que des perles de verre, les chrétiens virent les indigènes s'enfuir, puis revenir avec des flèches et des cordes destinées, « dirent-ils », à attacher les chrétiens. Les chrétiens leur tombèrent alors dessus, les Indiens s'enfuirent, laissant de nombreux morts sur le terrain. L'Amiral, dit Las Casas, « le regretta en partie, et en partie non, car ainsi ils craindraient les chrétiens, car il pensait que c'étaient des Caraïbes mangeurs d'hommes, et le bateau qu'il avait laissé aux trente-trois hommes de la forteresse et de la Villa de la Navidad risquait de tomber sur des embûches s'il venait ici ».

Des considérations astrologiques mirent alors fin à ses hésitations. Ce même jour, il pensait à chercher un meilleur mouillage, pour y attendre la venue de « la conjonction de la Lune avec le Soleil qu'il escomptait pour le 17 du mois, et son opposition [celle de la Lune] avec Jupiter et sa conjonction avec Mercure, et l'opposition du Soleil avec Jupiter qui est la cause de forts vents ». A cet effet, il semble avoir essayé d'explorer l'île des Caraïbes ou Cannibales, et l'île de Matininó, où les femmes n'admettaient pas d'hommes ; et même avoir nourri l'espoir de ramener quelques « têtes » de ces curieux types d'humanité en Espagne. Mais « il remarqua que les équipages commençaient à s'inquiéter des écarts qu'il faisait du chemin du retour à cause de la grande quantité d'eau que les caravelles prenaient, ce contre quoi il n'y avait pas d'autre recours que celui du

Seigneur ». Ainsi, le 16, abandonna-t-il son exploration projetée et mit-il le cap droit sur l'Espagne, nord-est-un-quart-est.

Sur le chemin du retour, il choisit délibérément une latitude plus au nord que celle qu'il avait prise pour son voyage vers l'est — il remonta jusqu'au parallèle des Açores. C'est ce qui ressort des renseignements fournis par son journal ainsi que du fait qu'abandonnant l'est-nord-est, il mit le cap sur l'est précisément à l'aube du lundi 4 février, le lendemain même du jour où il avait observé que « l'étoile polaire semblait très haute, comme au cap Saint-Vincent », bien qu'il fût « dans l'impossibilité de prendre sa hauteur soit avec l'astrolabe, soit avec le quadrant à cause de la houle ».

Toute cette première partie du voyage fut des plus heureuses. La mer était calme et agréable, et bien que le temps fraîchît à mesure qu'ils atteignaient des latitudes plus septentrionales, les marins devaient avoir le temps de profiter tout à loisir de leurs rêves de richesse. Certes, ils devaient passer une grande partie de leur temps à vider l'eau qu'embarquaient les caravelles, mais il n'y avait pas de problèmes, pas d'incertitudes, et chaque homme avait son petit sac de pépites et son perroquet auquel il pouvait, s'il le désirait, enseigner sa langue natale, qui devait comprendre sans doute un bon nombre de jurons. Quant à l'Amiral — *la vengeance est un plat qui se mange froid* — la satisfaction lui fut accordée d'avoir à attendre la *Pinta*, retardée par son mât en mauvais état. Cela lui donna l'occasion de noter que « si son capitaine, qui est Martin Alonso Pinzón, avait mis autant d'empressement à se procurer un bon mât aux Indes, où il y en avait un si grand nombre et de si bons, qu'il avait mis d'ardeur à le lâcher, pensant qu'il remplirait son bateau d'or, il aurait un bon mât ». Il est bien évident que Colón en avait encore gros sur le cœur.

Le 6 février, les pilotes commencèrent à se croire dans les eaux des Açores ou à proximité. L'Amiral pensait — à juste titre — qu'ils n'y étaient pas encore. Une semaine plus tard, quand Vincent Yáñez et Roldán étaient persuadés qu'ils avaient déjà dépassé les Açores, ils sentirent les premières attaques de la tempête qui devait les secouer si dur. Vagues énormes, nombreux éclairs, vent violent. Les deux petites caravelles furent secouées comme des coques de noix par les lames, et dans la nuit du 14 le danger fut si grand que Colón décida de s'abandonner au vent. Pour autant qu'il pouvait en juger, Martin Alonso en avait été réduit à la même décision. Les deux navires se signalèrent l'un à l'autre la nuit durant, jusqu'à ce que la tempête les fît se perdre de vue. C'était la deuxième fois que Colón et Pinzón étaient séparés, mais cette fois, ils étaient les victimes passives de l'océan qu'ils avaient été les premiers à traverser.

La matinée ne fut pas meilleure que la nuit. Le vent souffla plus furieusement encore et la mer se déchaîna avec encore plus de violence. L'équipage, brisé par le manque de sommeil et l'épuisant travail de pompage, commençait à se demander si la mer cruelle n'allait pas plonger à jamais dans l'oubli le navire, les hommes, l'or et les perroquets. Colón les rassembla, et avec cette démocratie spirituelle que les hommes réalisent en présence de la mort, leur proposa de tirer au sort parmi eux un homme qui irait en pèlerinage auprès de Notre-Dame de la Guadeloupe avec un cierge de cinq livres. On apporta des pois chiches, un pour chacun, et avec un couteau, on traça une croix sur un des pois. L'Amiral tira le premier. Il tomba sur le pois marqué d'une croix. On tira une deuxième fois pour envoyer un homme à Sainte-Marie de Loreto, « à Ancône, pays du Pape, qui est une maison dans laquelle Notre-Dame a fait et fait encore beaucoup de grands miracles », et cette fois, le pois marqué échut à un marin appelé Pedro de Villa, auquel l'Amiral promit de donner de l'argent pour son pèlerinage. La fureur de la tempête ne se calmant pas, un troisième effort fut jugé nécessaire. Un homme passerait une nuit de prières à Santa Clara de Moguer, et ferait dire une messe, et cette fois encore, le pois marqué revint à l'Amiral. Ce n'était pas tout ; l'équipage entier et son chef firent le vœu d'aller dès leur arrivée à terre prier ensemble en chemise dans la première église placée sous le patronage de la Vierge qu'ils rencontreraient.

Colón dut se sentir réconforté et encouragé par la déférence particulière avec laquelle il avait été à deux reprises traité par cette émanation du Seigneur à présent connue sous le nom de loi des probabilités et matérialisée par le pois chiche marqué d'une croix. Sûrement, il dut penser que le Seigneur avait l'œil sur Son humble porteur de la bonne parole, et que puisque lui, Colón, avait été deux fois élu pour être l'interprète de la gratitude de l'équipage auprès de la Sainte Vierge, il faudrait bien qu'il y ait un motif à cette gratitude et un homme vivant pour s'en faire l'interprète. Il est impossible qu'il ne se soit pas senti un peu coupable en la circonstance, car le navire était beaucoup trop léger : les vivres avaient tous été consommés et bus l'eau et le vin, et l'Amiral, croisant en bonne eau par beau temps entre les îles, avait omis d'embarquer suffisamment de lest à bord du navire.

La situation où il se trouvait le replongea comme à l'ordinaire dans une profonde méditation sur son passé, son avenir, ses espérances, ses craintes. Nous pouvons l'imaginer, témoin heure après heure de la féroce attaque de la mer contre la frêle citadelle où sa fortune entière, sa vie, ses rêves dérivaient à la merci des vents et des vagues, s'accrochant dur à la main courante, plaidant sa cause et s'efforçant d'apaiser le Seigneur ou de deviner Ses intentions. L'impatience même où il était d'apporter de si grandes nouvelles et de prouver qu'il avait eu raison lui faisait craindre le pire, et dans le plus petit moustique, il voyait un empêchement ou un obstacle. Il se reprochait son manque de foi et de confiance dans la Divine Providence, de laquelle il avait reçu une si magnifique victoire. Il croyait sincèrement que toutes ses actions avaient pour fin le service de Dieu et, comme il avait reçu de Lui tout ce qu'il Lui avait demandé, il était convaincu qu'il lui serait permis d'achever son œuvre. Cependant, il se sentait faible et inquiet devant la tempête, et il pensait à ses deux enfants qui resteraient orphelins : comme le Roi et la Reine ne sauraient pas le grand service qu'il leur avait rendu, ils ne songeraient pas à leur venir en aide. Une pensée le torturait particulièrement : sa découverte risquait de rester inconnue. Cela dut l'obséder jusqu'à ce qu'il trouve un réconfort dans l'action : il se mit à écrire. Il écrivit toute l'histoire de son voyage, et de sa découverte, sur un bon et fort parchemin, et ajouta que celui qui le trouverait devrait le remettre au Roi et à la Reine. Il roula le parchemin à l'intérieur d'un drap ciré, l'attacha, et le mit dans un baril qu'il jeta à la mer. Les marins le regardèrent et pensèrent qu'il s'agissait d'une sorte de vœu ou de rite.

C'était là un de ses thèmes de lamentation. Quand sa nature sensible et égocentrique le mettait dans un état de ce genre, il faisait preuve de cette tendance contractuelle qui est caractéristique de l'attitude juive devant la vie : il réglait ses comptes avec la Providence et avec le Destin. Il était persuadé que le Seigneur l'aiderait puisqu'il l'avait toujours servi ; il était persuadé que le Roi et la Reine n'aideraient pas ses enfants puisqu'ils ne sauraient pas qu'il avait découvert Cipango ; il ne doutait pas que la Providence lui devait la vie et une arrivée saine et sauve en Espagne, puisqu'il avait travaillé si dur pour organiser et réaliser cette expédition.

Cette attitude conduit naturellement à un certain égoïsme. Dans les sombres réflexions que la tempête faisait naître en lui, Colón se révèle le plus égocentrique des hommes. Aussi incroyable que cela puisse paraître, pas une fois il ne pense au sort des quatre-vingts hommes emportés avec lui par la tempête — quarante dans sa caravelle, quarante dans celle de Martin Alonso, englouties par la nuit. Pas une fois il ne songe qu'eux aussi ont des femmes et des enfants qui les attendent depuis ce jour d'août où, souriant à travers leurs larmes, ils agitaient leur mouchoir pendant que la petite flotte descendait l'Odiel vers Saltes et la mer.

Il garde sa pitié pour lui-même. Et comme il arrive d'ordinaire dans cet état d'esprit, il exagère. Il parle de ses deux enfants « laissés sans père et sans mère en pays étranger », alors que Diego était page du Prince Don Juan et que Fernando vivait à Cordoue avec sa mère, et que ni l'un ni l'autre n'étaient dans un pays étranger. On a gaspillé beaucoup d'encre sur l'interprétation de ce passage, en supposant que Colón énonce là un état de fait. Mais souvent, et peut-être même la plupart du temps, Colón ne dit pas les faits ; il dit les émotions à la flamme desquelles il fait brûler les faits. Ce péril jeté en travers de sa route, alors qu'il touchait au but, remplissait son âme non seulement de crainte, mais encore du sentiment qu'il était dupé par la Providence.

Cet état d'esprit cependant ne diminuait pas sa résolution, ni ne sapait sa résistance à la fatigue. Du mercredi 13 au dimanche 17 il ne dormit pas. Le vendredi et le samedi, il lutta contre le vent qui l'empêchait obstinément d'approcher de l'île ou des îles — il supposait que c'étaient les Açores — qu'il apercevait au loin. Ce ne fut que le lundi 18 que, après de nombreuses tentatives malheureuses, il réussit à jeter l'ancre. Il envoya le canot demander où ils étaient. Ils étaient arrivés à Santa Maria, la plus méridionale des Açores, qui appartenaient au Roi de Portugal.

L'Amiral fut très fier d'avoir navigué droit sur le but qu'il s'était fixé : les Açores. Il fut même si fier qu'il se trahit : « Il dit, écrit Las Casas, copiant ou paraphrasant son journal, qu'il feignit d'avoir couvert plus de distance [qu'il n'en avait couvert en réalité] afin d'égarer les pilotes et les marins qui s'occupaient des cartes, et de rester ainsi le seul maître de la route des Indes ; et il le resta en fait, car nul parmi eux n'avait noté la bonne route et personne ne pouvait être sûr de son chemin vers les Indes. » Cette confession explique pleinement le secret qu'il gardait sur le loch et cet autre secret : le véritable motif de son silence. Mais comme il arrive souvent dans la vie des hommes secrets, les émotions leur font oublier toute discrétion et la vérité se fait jour.

L'heureux navigateur et son équipage furent d'abord bien reçus et se virent offrir des poules et du pain frais, qui durent être comme une manne céleste pour leurs estomacs affamés. Puis, se rappelant leur vœu, ils demandèrent s'il y avait une maison de prières en l'honneur de Notre-Dame, et on leur montra une petite maison près de la mer, un ermitage. L'imprudent Amiral envoya la moitié de ses hommes remplir leur vœu ; ils escaladèrent la colline, tous en bras de chemise, jambes et pieds nus, tête inclinée, en direction de la petite maison qui était pour eux la maison de la Mère qui les avait sauvés. Mais au même instant, la trahison tendait autour d'eux ses filets. Le Capitaine, un certain João de

Castanheda, qui prétendait connaître Colón, les cerna avec ses hommes en armes et les fit jeter en prison.

Cependant, l'Amiral, qui attendait le canot pour aller à l'ermitage avec l'autre moitié de l'équipage, commença à se douter qu'il était arrivé quelque chose. Il leva l'ancre et contourna la colline juste à temps pour voir une troupe de cavaliers armés mettre pied à terre et monter dans son canot avec l'intention, semblait-il, de venir l'arrêter lui aussi. Castanheda, debout à l'avant du canot, s'efforçait de persuader Colón de se joindre à eux, et Colón s'efforçait de persuader Castanheda de monter dans la caravelle, avec l'idée bien arrêtée de l'y garder jusqu'à ce que ses compagnons aient été remis en liberté. Castanheda n'était pas très malin, mais même pour lui, la ficelle était un peu grosse. Alors Colón lui demanda « quelle était cette innovation »? Il expliqua au Capitaine portugais qu'il était grand Amiral de la Mer Océane et Vice-Roy des Indes nommé par le Roi et la Reine d'Espagne et que, si ses hommes ne lui étaient pas rendus, il avait assez de gens à bord pour rentrer à Séville et faire punir le Capitaine portugais. Castanheda répondit qu'il n'avait pas peur du Roi et de la Reine d'Espagne, et alors l'Amiral prit l'équipage à témoin qu'il faisait serment de ne point quitter cette caravelle qu'il n'ait dévasté l'île et emmené cent Portugais en Castille.

Tout cela était fort beau. Mais que faire en réalité? Il n'y avait de bon mouillage, ni à Santa Maria ni à San Miguel, l'île voisine, et en dépit de ses vantardises, il ne lui restait guère que trois hommes connaissant quelque chose à la navigation. Dans son angoisse, car le temps restait obstinément mauvais et la mer ne lui laissait pas de repos, il pensait lamentablement au beau temps qu'il avait eu dans ses Indes; il était frappé par le fait qu'à l'aller comme au retour le temps avait été admirable là-bas et effroyable près des rivages orientaux de l'Océan; cette « observation » s'accompagnait d'une autre qu'il avait faite à plusieurs reprises aux Indes : la végétation était florissante jusque sur la côte, et cela prouvait qu'il n'y avait pas de tempêtes. Et là-dessus, malgré le caractère très limité de cette expérience, l'imagination de Colón prend son essor : « En conclusion, dit l'Amiral, les théologiens sacrés et les savants philosophes avaient raison de dire que le Paradis terrestre est au bout de l'Orient, car c'est un lieu très tempéré. Et par conséquent, ces pays qu'il vient de découvrir sont [dit-il] le bout de l'Orient. » C'est le deuxième pas vers la construction du fantastique édifice biblico-cosmographique dans laquelle il va se lancer plus tard.

Il était cependant loin du Paradis, sans mouillage, en pleine tempête, et avec seulement trois hommes à bord. Quelle contenance pourrait faire un Grand Amiral devant le Roi, la Reine et tout le monde, s'il arrivait en Castille, en supposant qu'il y arrive jamais, avec seulement son plus petit navire et vingt hommes sur cent vingt ? Et qui croirait qu'il avait découvert un monde quand il avait été incapable d'arracher son équipage aux mains d'un petit capitaine d'île portugais ? Il n'y avait rien à faire qu'à s'en remettre à la Providence, qui avait toujours accordé énormément d'attention aux affaires de Porteur-du-Christ Colón. Cette confiance était justifiée : lorsqu'il revint le lendemain de San Miguel à Santa Maria, le canot s'approcha de la caravelle avec à bord un notaire, deux prêtres et cinq marins, qu'il reçut bien. Et finalement, il montra ses lettres de créances, on le crut, on lui rendit ses hommes et on le laissa repartir en paix.

Le temps cependant échappait à la juridiction du Roi de Portugal, et plus encore à celle de son capitaine local. Colón ne parvint pas à embarquer de lest, et le dimanche 24, voyant que le vent, bien que fort, était favorable et soufflait dans la direction de la Castille, il tenta sa chance sans plus attendre et prit le large. Il faut voir là l'effet de l'inquiétude que lui donnait Pinzón et qui l'attirait vers l'ouest contre toute raison. Il n'eut que du mauvais temps pendant toute la traversée. L'Amiral « fut très affligé de tant de tempêtes à présent qu'il était à la porte de chez lui ». Le vent déchira les voiles le dimanche 3 mars. A nouveau, il réunit l'équipage et tira au sort un pélerin qui irait en chemise à Santa Maria de la Cinta à Huelva, et à nouveau, le Seigneur le choisit. L'équipage entier fit le vœu d'observer le premier samedi d'après l'arrivée un jeûne au pain sec et à l'eau.

Sans voiles « ils coururent la tempête les mâts nus, en terrible danger du fait des grandes bourrasques de vent et de la mer qui les mangeaient dans les deux sens ».

Au milieu de la plus effroyable tempête, balancés du ciel à la terre, dans une nuit déchirée par des éclairs et battue par la pluie, ils s'aperçurent que la terre était proche ; à grand risque, il ordonna de hisser la grand-voile et de laisser les vents déchaînés les rapprocher du rivage. A l'aube, le lundi 4, il reconnut le Rocher de Cintra. Il décida de chercher un abri dans la baie du Tage.

Le vent l'entraîna au-delà de Cascaes et il jeta l'ancre plus haut vers Lisbonne, tandis que la ville entière courait sur le rivage, étonnée que le petit navire eût échappé à la furie de la tempête qui avait fait rage sur tout l'ouest de l'Europe, causant partout de grands dégâts. Plus tard dans la matinée, il remonta le fleuve et mit l'ancre à Rastelo, ville qui mérite d'être mentionnée ne serait-ce que parce qu'elle fut témoin d'une des scènes les plus don quichottesques qui aient jamais eu lieu en dehors du livre immortel. Le hasard voulut qu'il y ait à ce moment-là à Rastelo un navire de la marine militaire portugaise, « le mieux armé en artillerie et en armes qui se fût jamais vu », et qui était commandé par un marin au tempérament vif du nom de Alonso Daman. Ce Capitaine, apercevant la *Niña*, envoya son canot sous les ordres de maître Bartholomé Diaz pour prier le nouvel arrivant de monter à bord de son navire et de présenter son rapport aux officiers du Roi de Portugal. Colón joua avec un tel bonheur les Don Quichotte que cette page du journal semble tirée du livre de Cervantès :

« L'Amiral répondit qu'il était Amiral du Roi de Castille et qu'il ne faisait pas de tels rapports à de telles personnes, et qu'il ne quitterait les navires ou vaisseaux à bord desquels il pourrait se trouver [ceci était écrit de son unique petite caravelle] que contraint et forcé, dans l'incapacité où il était de résister à la force des armes. Le maître du navire lui dit qu'il n'avait qu'à envoyer le maître de la caravelle ; l'Amiral répondit qu'il n'enverrait le maître ou personne d'autre que contraint et forcé, car il considérait que cela revenait au même d'envoyer une personne ou d'y aller lui-même, et que c'était l'habitude des Amiraux de Castille de mourir plutôt que de se livrer ou de livrer des hommes à eux. Le maître du navire céda et dit que puisqu'il était ainsi décidé il en serait fait comme il voulait, mais il demandait à voir les lettres du Roi et de la Reine. L'Amiral fut heureux de les montrer, et là-dessus le maître retourna au navire et fit son rapport au Capitaine (…) lequel avec grande cérémonie, trompettes, tambours et fifres, faisant de la chose une grande festivité vint à la caravelle, parla avec l'Amiral et offrit de faire tout ce que l'Amiral voudrait. »

Colón savait où il était. Il savait qu'il avait quitté le Portugal sept ans plus tôt parce que le Roi Jean n'avait pas voulu l'écouter ; qu'il avait emporté les documents Toscanelli, qui, pour la Couronne portugaise, profondément intéressée à la découverte, étaient strictement secrets ; il savait que le mot « Indes » avait été proscrit de ses lettres de créances pour ne pas éveiller les soupçons du Roi de Portugal ; il « savait » qu'il avait découvert Cipango et que, sans la perte du navire amiral et l'irritante compagnie des Pinzón, il aurait aussi découvert le Cathay ; il savait que dès que le Roi de Portugal verrait ses « Indiens », qui n'étaient pas noirs comme des hommes de Guinée mais bruns et beaux comme des Orientaux, il s'irriterait et regretterait amèrement son aveuglement passé. Il risquait d'y avoir des difficultés. Il fallait improviser en toute hâte une politique, car la tempête qui l'avait obligé à se réfugier au Portugal ne lui avait pas permis de réfléchir à ce problème. Il n'y avait qu'une solution : le bluff. Il fallait résister au Roi, se faire aussi grand que possible — et après tout, il *était* grand — afin d'impressionner le Roi et de le tenir à distance.

Il y avait par conséquent de la méthode dans sa folie don-quichottesque et l'entrevue pittoresque qu'il eut avec Bartholomé Diaz peut très bien s'expliquer par un heureux mélange des deux principaux traits de son caractère, la méfiance et la mégalomanie. Il avait écrit au Roi Jean, qui était alors au Val do Paraiso, près du monastère de Notre-Dame-des-Vertus, à environ neuf lieues de là, pour fuir une épidémie qui sévissait alors dans le pays. Colón expliquait que le Roi et la Reine lui avaient ordonné de ne pas hésiter à entrer dans les ports du Roi de Portugal pour demander tout ce dont il aurait besoin, contre argent, et il suppliait le Roi de l'autoriser à aller jusqu'à Lisbonne, car de mauvaises gens, songeant qu'il ramenait beaucoup d'or, pourraient commettre quelque mauvaise action s'il restait dans ce port désert ; il expliquait aussi qu'il ne venait pas de la Guinée, mais des Indes.

Si nous devons en croire Barros, il y avait un autre mobile au désir de Colón d'avancer jusqu'à Lisbonne ; ce n'était « pas tant pour faire plaisir au Roi que pour l'attrister par sa présence », et, dans les circonstances, il n'est qu'humain de croire cela. Le Roi, cependant, était trop curieux et peut-être trop inquiet pour s'épargner l'épreuve d'être le premier témoin de la gloire de l'homme qu'il avait laissé quitter, déçu, sa Cour pour celle de son rival. La caravelle était devenue entre temps une Mecque pour les curieux et les oisifs, qui venaient en groupes admirer les Indiens et les papegais.

Le Roi Jean semble avoir reconnu dès le début la position élevée que Colón avait prise à Rastelo. Le vendredi 8, le Grand Amiral de la Mer Océane reçut la visite officielle de Don Martin de Noronha, allusion délicate peut-être aux liens qui unissaient l'illustre ecclésiastique portugais à sa défunte femme. Don Martin lui remit une lettre où le Roi l'invitait à venir le voir, requête à laquelle l'Amiral fit droit afin d'éviter les soupçons, bien qu'il semble avoir eu des doutes sur le bien-fondé de cette visite.

Le Roi Jean lui facilitait les choses ; il recevait l'Amiral avec les honneurs dus à son rang et il avait ordonné à ses fonctionnaires de fournir gratuitement à Colón tout ce dont il aurait besoin. Mais il n'est pas impossible que Colón ait eu des inquiétudes et qu'il se soit demandé si le Roi et la Reine ne regarderaient pas d'un mauvais œil cette visite rendue à leur rival avant qu'eux-mêmes eussent été informés de la découverte. Il était cependant trop tard pour reculer. Le lendemain, le 9 mars, il alla voir le Roi.

Le Roi Jean le reçut bien, et quoi qu'il ait pu penser de l'événement, il fut assez aimable pour laisser à Colón une excellente impression ; cet Amiral d'un nouveau genre fut en effet traité comme un grand et invité à s'asseoir toutes les fois qu'il se trouva en présence du Roi. Le Roi exprima des doutes sur les droits de la Castille dans ces pays, et Colón feignit diplomatiquement de tout ignorer de cet aspect de la question. Il resta deux jours, et le lundi, après une visite à la Reine, qui se trouvait au monastère de Villafranca, il rejoignit sa caravelle.

Il se peut toutefois que les choses n'aient pas été aussi simples qu'elles le parurent à Colón, et il se peut bien qu'en buvant le vin enivrant du pouvoir et de la gloire, il ait côtoyé des dangers plus redoutables que ceux dont l'avaient menacé la tempête ou les Indiens. Si l'impression que lui fit le Roi fut bonne, celle qu'il fit lui-même sur le Roi et sur sa Cour fut beaucoup moins flatteuse, si l'on en croit l'historien portugais de la période : le Roi « le reçut amicalement, mais fut très triste quand il s'aperçut que les captifs n'étaient pas des Noirs aux cheveux crépus et aux traits comme ceux de la Guinée, mais qu'ils étaient semblables par la silhouette, la couleur et les cheveux à ce qu'on lui disait qu'étaient ceux de l'Inde à laquelle il avait consacré tant d'efforts. Et comme Colón attribuait dans ses propos plus de grandeur et de richesses à cette terre qu'elle n'en avait en réalité, et cela avec une grande licence de langage, accusant et grondant le Roi d'avoir rejeté son offre, cette attitude remplit quelques gentilshommes d'une telle indignation que, ayant ajouté leur haine de son insolence au chagrin qu'ils voyaient que le Roi ressentait devant la ruine de cette entreprise, ils s'offrirent à le tuer, ce qui empêcherait son départ pour la Castille. Car ils pensaient réellement que son arrivée nuirait à ce royaume-ci et causerait du souci à Son Altesse, Colón semblant avoir ramené ces gens de terres que les Souverains Pontifes avaient accordé à Son Altesse le droit de conquérir. Mais le Roi repoussa ces offres, et même les condamna en tant que Prince catholique, bien que personnellement il n'approuvât pas l'événement lui-même, et il honora Colón et fit habiller de drap rouge les hommes qu'il avait ramenés de sa nouvelle découverte, et avec cela il lui dit adieu ».

Colón semble donc l'avoir échappé belle. Le mardi 12, alors qu'il se préparait à quitter Llandra — où il avait passé la nuit — il reçut une offre inattendue du Roi Jean de se rendre en Castille par voie de terre. Le « Prince catholique » s'était-il ravisé, avait-il été tenté de garder un peu plus longtemps Colón en son pouvoir ? Colón déclina l'offre, embarqua et quitta le Portugal le lendemain.

Deux jours plus tard, à l'aube du vendredi 15 mars, le *Niña* passait la barre de Saltes et, à midi, elle faisait son entrée dans le petit port de Palos sous les yeux d'une population enthousiaste. L'angoisse que durent ressentir celles dont les maris étaient dans la *Pinta* fut bientôt soulagée. L'après-midi du même jour, le navire de Martin Alonso, qui avait cherché refuge à Bayona, petit port près de Vigo, sur la côte nord-ouest de l'Espagne, remontait l'Odiel.

Tout le monde pouvait donc se réjouir sans arrière-pensée, sauf ceux qui songeaient aux quarante hommes laissés dans le Nouveau Monde. Bien qu'il fût tout à la joie de son triomphe, il ne fait guère de doute que Colón était de ceux-là.

CHAPITRE XX

LA GLOIRE

La Rábida et la maison de Martin Alonso Pinzón furent pendant quelque temps le quartier général de notre héros maintenant célèbre et victorieux. Bien qu'il y eût encore une certaine froideur entre l'Amiral et son impatient second, surtout à cause de l'établissement de la Villa de la Navidad, il n'y eut pas de rupture ouverte. Pinzón, du reste, était gravement malade, ce qui retint sans doute Colón de profiter des avantages, réels ou imaginaires, qu'il pouvait avoir. Il semble certain qu'il ait habité chez Pinzón.

Martin Alonso avait écrit au Roi et à la Reine de Bayona, comme c'était son droit et même son devoir. Il est peu probable qu'il ait jamais eu l'intention de revendiquer pour lui-même la découverte des Indes, car il y a au moins deux documents pour prouver qu'il reconnut les prétentions de l'Amiral avant de savoir que la *Niña* avait été sauvée des eaux. Cela est confirmé par Zurita qui signale que, avant le 22 avril, « on avait eu des nouvelles par une caravelle de ceux qui étaient partis avec Colón, laquelle était arrivée sur la côte de Galice : il avait découvert les îles et la terre qu'il était parti découvrir », ce qui montre que Pinzón n'a jamais pensé à exploiter son avantage au détriment de Colón. Zurita ajoute, parlant du Roi et de la Reine, que, « comme ils étaient sur le point d'informer le Roi de Portugal, ils reçurent une lettre de l'Amiral contenant les mêmes nouvelles ». Il s'ensuit que c'est par Pinzón que la Cour avait appris la découverte. Les souverains accusèrent réception de sa lettre et le prièrent de venir les voir. Mais il mourut le 20 mars et fut enterré au monastère de La Rábida. Sa mort laissait à Colón la gloire entière de la découverte. Vincente Yáñez, Juan de la Cosa étaient encore des inconnus ; Colón désormais ne risquait plus rien, il était le Très Magnifique Seigneur Don Cristóbal Colón.

Mais la crainte jouait un trop grand rôle dans son caractère pour qu'il relâchât sa prudence. Colón « se levait tôt » dès qu'il s'agissait d'être prévoyant et sur ses gardes. Il savait l'importance cruciale de l'apparence dans ce monde d'hommes. Une bonne présentation des choses, et la bataille de la conviction est déjà à moitié gagnée. Dans notre monde moderne, Colón aurait fait un superbe ministre de la propagande. Dès que le séjour aux Açores lui permit d'échapper un peu à la tempête qui le poursuivait depuis le milieu de l'océan, il écrivit au Roi et à la Reine. Les lettres sont perdues. Elles annonçaient sa découverte et la plaçaient, naturellement, sous la lumière qu'il jugeait la plus favorable selon les intérêts et l'idéal des deux monarques. On peut le conjecturer sans risque d'après le ton de son journal, qui nous a été conservé dans la paraphrase de Las Casas. En outre, nous possédons une lettre écrite à la même époque, adressée à Luis de Santángel et dont il semble s'être servi comme circulaire pour l'information de tous les hommes importants. Dans ces textes, Colón se révèle anxieux d'établir un certain nombre de points permettant de justifier l'expédition et d'en faire une telle réussite pour le présent et un tel gage de succès pour l'avenir que la perte du navire amiral soit oubliée et son nom à l'abri des attaques possibles. Ces points sont : *a)* abondance d'or ; *b)* fertilité et richesse des îles ; *c)* proximité, voisinage du « Cathay » et du Grand Khan ; *d)* douceur des « Indiens » et facilité de la conversion à entreprendre.

Il ne mentionne pas Cipango. Colón avait ce mélange de foi et de manque de foi qui rend Don Quichotte si subtil sous sa pureté ; il est sûr qu'Espagnola est Cipango, mais il sent que cette foi est beaucoup trop fragile pour être exposée au souffle grossier du scepticisme. Cependant, dans cette même lettre, il se permet des opinions non moins invraisemblables : parlant d'Espagnola, il déclare qu'il reste sur la côte ouest deux provinces qu'il n'a pas explorées, et que dans l'une, la province de Cibao, les gens naissent avec des queues. Il n'avait pas encore découvert l'humour indien ; Bernáldez non plus, qui rejette l'opinion de Colón, pour une raison purement « scientifique », dans les termes suivants : « Je ne pense pas qu'elle puisse se trouver là, si j'en juge par la manière dont elle est marquée dans la carte du monde que j'ai lue, et si elle se trouve là, elle sera bientôt connue avec l'aide de Dieu. »

Le Roi et la Reine furent enchantés de ces nouvelles. Le 30 mars, de Barcelone, où ils se trouvaient à l'époque, ils écrivirent à Colón, l'appelant : « *Don* Cristóbal, notre Amiral de la Mer Océane, et Vice-Roy et Gouverneur des îles qui ont été découvertes dans les Indes » ; ils lui promettaient d'autres faveurs ; et déjà ils manifestaient cette hâte qui allait être le caractère dominant de toute leur correspondance avec lui dans les prochains six mois : « Nous voulons que vous veniez bientôt et (...) que vous hâtiez votre venue le plus possible de manière que tout puisse être prévu, et comme vous voyez que cet été est avec nous et que nous ne devons pas laisser passer le [meilleur] temps pour retourner, voyez s'il n'est pas possible de faire déjà des préparatifs à Séville ou ailleurs pour votre retour aux terres que vous avez découvertes. Et écrivez bientôt (...) pour que nous puissions tout arranger le temps que vous veniez ici et que vous retourniez là-bas, afin que lorsque vous repartirez d'ici [Barcelone], tout puisse être prêt. » La raison de cette hâte est évidente : crainte que le Roi de Portugal ne considérât que la découverte était un acte de braconnage sur ses réserves et n'agît en conséquence. Cette crainte était justifiée : « Le Roi Jean, écrit Barros, fut très marri lorsqu'il apprit où étaient situées les terres découvertes par Colón et il pensa sincèrement que ces terres lui appartenaient et cela lui fut confirmé par les membres de son conseil (...) ; et il tint de nombreux conseils sur cette affaire, au cours desquels il décida d'envoyer aussitôt là-bas Dom Francisco Dalmeyda, fils du comte d'Abrantès Dom Lopo, avec une flotte. »

Le Roi et la Reine ne tardèrent pas à être avertis par leur fidèle et puissant Duc de Médina-Sidonia, auquel le couple royal écrivit, le 2 mai, pour le remercier, ajoutant qu'« ils s'occupaient de l'affaire avec grands soin et diligence et qu'ils avaient l'intention d'utiliser ses services ». Ils le priaient aussi de veiller à ce que « toutes les caravelles de son domaine fussent prêtes et équipées, de manière à être utilisables en cas de besoin ».

Mais le Roi et la Reine ne comptaient pas seulement sur leur marine, bien qu'elle eût toute leur confiance. Ils mobilisaient aussi contre le Roi Jean leur diplomatie et l'autorité spirituelle du Pape. Le 3 mai, le Pape Alexandre VI publia une bulle leur accordant les Indes découvertes ou à découvrir de la même manière que le Roi de Portugal s'était vu accorder les terres découvertes *in partibus Africae, Guineae et Minerae auri*, ce qui ne semble guère de la géographie infaillible ; le lendemain, une autre bulle aussi importante divisait tout ce *no man's land* de découverte entre les Couronnes péninsulaires suivant une ligne de pôle à pôle à cent lieues « des îles connues sous le nom d'Açores et du Cap-Vert », ce qui tendrait à montrer encore que la papauté était bien moins stricte sur ces questions cosmographiques qu'en matière de dogme.

Cependant Ferdinand avait envoyé une protestation énergique au Roi Jean lui demandant de ne pas envoyer sa flotte et lui faisant remarquer que la question des droits pouvait toujours être discutée par leurs ambassadeurs. Le Roi de Portugal donna son accord, mais ses ambassadeurs tardèrent à venir, et le Roi et la Reine restèrent sur le qui-vive, impatients de voir Colón partir pour leur nouvel empire.

Ce conflit ne pouvait pas ne pas donner encore plus d'importance à Colón. Le projet qui avait tant amusé les deux Cours se révélait si bien fondé qu'elles s'armaient à présent et s'épiaient dans la fièvre, avides d'en retirer les bénéfices. Colón était devenu l'homme du jour. Quatre jours après son retour, le Duc de Medinaceli, qui lui aussi « se levait tôt », écrivit au Cardinal d'Espagne pour lui demander l'autorisation d'envoyer quelques-unes de ses caravelles aux Indes, comme récompense d'avoir présenté « Cristóbal Colomo » à la Cour. Cette lettre est un signe de l'intérêt — qui très probablement n'était pas uniquement évangélique — que la découverte avait éveillé dans le pays. Le 31 mars, dimanche des Rameaux, Colón fit une entrée sensationnelle à Séville à la tête de ses Indiens, de son or et de ses papegais; et après un bref séjour qu'il consacra à préparer sa deuxième traversée, il partit pour Barcelone. « La renommée avait commencé à répandre en Castille que l'on avait découvert de nouvelles terres, celles qu'on appelait les Indes, et tant de peuples et de si différents et des choses si nouvelles, et que l'homme qui les avait découvertes arrivait par telle et telle route et ramenait avec lui des hommes de ces peuples; non seulement ceux des villages qu'il traversait, mais aussi ceux des villages éloignés de sa route venaient pour le voir et les villages se vidaient et les routes se remplissaient de ceux qui venaient pour le voir et pour le recevoir. »

Il n'y avait pas tout à fait un an qu'il s'était mis en route pour Palos. Sa marche triomphale à travers la Castille et l'Aragón était une digne commémoration du sinistre défilé des juifs expulsés. Il est à peu près inévitable qu'il y ait pensé, alors qu'il traversait les mêmes routes et qu'il était acclamé par les mêmes gens qui un an plus tôt avaient contemplé le tragique exode dans un silence renfrogné, triste ou charitable.

Vers la fin d'avril, il fut reçu par le Roi et la Reine avec la plus grande solennité. A cette époque, la Reine se sentait revivre, débarrassée de l'angoisse que lui avait causée le péril mortel où s'était trouvé le Roi, gravement blessé dans un attentat et longtemps entre la vie et la mort. Le vendredi 7 décembre, alors que Colón naviguait vers les Indes, le Roi, après avoir siégé à son Tribunal à Barcelone, comme à son ordinaire, « de 8 à 12, se leva et descendit les marches qui menaient à la place appelée la Place du Roi, en compagnie de nombreux citoyens ou chevaliers, qui s'en allaient prendre leur cheval ou leur mule; le Roi était arrêté sur la dernière marche pour parler à son trésorier, lorsque ce vilain et ce perfide s'approcha de lui par derrière : au moment que le Roi avait fini de parler et qu'il descendait une autre marche pour monter sur sa mule (...) il le frappa avec une épée (*alfange*) longue de trois paumes, et avec la pointe de l'arme, il lui fit une blessure du sommet de la tête à côté de l'oreille et du cou jusqu'aux épaules ». La Reine, écrivant à son confesseur, dit : « Je n'eus pas le courage de regarder la blessure ; elle était profonde de quatre doigts et si longue que mes mains tremblent d'en parler. » Mais, ajoute-t-elle, « elle épargna les fibres, l'os du cou et tout ce qui aurait été dangereux ».

Au cours de ces trois mois, la Reine, selon sa propre expression, « avait connu le goût de la mort ». C'était, malgré sa vie austère, une bonne vivante, et à présent que tout était fini, elle cherchait une détente dans les belles cérémonies et la musique solennelle — grâce auxquelles elle sentait probablement qu'en même temps que son plaisir elle servait la pompe et la puissance de l'État. La réception accordée à Colón fut digne des meilleures traditions de la Couronne de Castille. Le trône fut dressé en public. Le Roi, encore pâle et maigre, et la Reine reçurent leur Grand Amiral entourés de toute leur Cour, à la tête de laquelle se trouvait le Prince Jean. Colón dut alors goûter le meilleur vin de la gloire, et pour la première fois se sentir véritablement Amiral et Vice-Roy. Il avait organisé sa procession avec son habituel génie de la présentation, et avait profondément impressionné la Cour (qui encombrait à ce point les rues qu'elle retarda sa marche vers le Palais) en étalant libéralement tous les trésors, perroquets, Indiens, masques d'or, perles et nacres, fruits tropicaux, qu'il avait ramenés.

Le Roi et la Reine ébahirent leurs courtisans en lui accordant deux honneurs spéciaux jusque-là réservés aux plus grands parmi les plus grands : ils se levèrent pour l'accueillir, et après le baisemain, lui offrirent un tabouret. Il est difficile de dire à quel point cette distinction inouïe, ardemment convoitée, qui lui fut accordée en présence d'une Cour jalouse, peut être comptée parmi les causes de ses difficultés ultérieures et de sa chute finale. Quant à son discours, nous pouvons l'imaginer comme un commentaire et une paraphrase de ses lettres, sans doute enflammés par le feu de son imagination et enhardis par le sentiment de confiance en soi et de réussite qui devait lui gonfler le cœur en cette heure glorieuse. Las Casas raconte que le Roi et la Reine furent tellement impressionnés par le récit que l'Amiral leur fit qu'ils tombèrent à genoux avec des larmes de joie dans les yeux, et que les chanteurs de la chapelle de la Reine « chantèrent le *Te Deum Laudamus*, et les instruments à vent répondirent en sorte qu'il semblait qu'en cette heure, les joies du ciel se fussent ouvertes et manifestées et communiquées à eux ».

Par ordre de Leurs Altesses, la Cour tout entière raccompagna cette nuit-là l'Amiral jusqu'à sa demeure. Le Roi et la Reine avaient vraiment été impressionnés. D'autres faveurs royales suivirent. Le Roi invita l'Amiral à chevaucher à son côté, le Prince étant de l'autre bord, privilège jusqu'alors réservé aux personnages de sang royal.

Il est impossible que cette ascension ait été facile. Le pays était habitué à accepter que des personnes d'humble extraction atteignissent les plus hautes situations du royaume, car les soldats braves et les ecclésiastiques habiles ou vertueux s'élevaient rapidement dans l'État. Les deux manières de gagner le ciel décrites par un célèbre poète de l'époque, prières et larmes pour le prêtre, meurtre des Maures pour le chevalier, étaient aussi les deux échelles du succès. On pouvait honnêtement considérer que la découverte des Indes avait autant de valeur que le meurtre d'un grand nombre de Maures. Mais la nature humaine étant ce qu'elle est, une société, si démocratique fût-elle, qui croyait aussi profondément à la vertu du sang que toutes les autres sociétés européennes de l'époque, a dû trouver difficile d'admettre une ascension aussi fulgurante jusqu'aux sommets du pouvoir et de la majesté de la part d'un homme qui n'était malgré tout, qu'un aventurier génois d'origine plutôt obscure.

Il ne fait pas de doute que le Roi et la Reine se rendirent compte de la situation — qui en réalité était si naturelle que n'importe qui aurait pu la prédire — et ils étaient décidés à faire « avaler » à la Cour et au pays leur nouveau Seigneur. On retrouve leur main et leur volonté derrière le principal épisode de cette ascension sociale de Colón, dans le récit que nous en fait Las Casas. Le Grand Cardinal d'Espagne, Don Pero González de Mendoza, frère du Duc de l'Infantado, « le troisième Roi d'Espagne », « l'invita chez lui à dîner et le pria de s'asseoir sur le siège le plus en vue, près de lui, et le fit servir dans un plat couvert, après que sa nourriture eut été goûtée d'abord dans la crainte du poison, et ce fut la première fois que ses aliments furent servis dans un plat couvert et goûtés, et désormais, il fut servi avec la solennité et la grandeur requises par le titre d'Amiral ».

Quelles sont les raisons de ce comportement extraordinaire du principal personnage de la Cour d'Espagne ? « Ce magnifique seigneur et puissant pontife, voyant les mérites et les peines et les premiers bienfaits qui commençaient à en résulter pour lui, le dit Amiral de ces Indes, et comment le Roi et la Reine reconnaissants l'avaient honoré et élevé et comment ils avaient donné des ordres qu'il fût honoré et vénéré, lui, premier des grands à le faire », l'invita à sa table. Premier de tous les grands à le faire, bien que le Roi et la Reine *eussent ordonné* de l'honorer, le Grand Cardinal, de tous les sujets du Roi et de la Reine celui qui avait l'accès le plus intime à leurs projets, désirs et desseins, fut invité à donner l'exemple à la Cour. Cela montre quel scrupule se faisaient Ferdinand et Isabelle de remplir leurs obligations à l'égard de Colón et avec quelle générosité ils les interprétaient. En outre, cet épisode avait une puissante valeur symbolique : *la grandeur de Colón était reconnue par la cérémonie consistant à faire goûter sa nourriture dans la crainte du poison*. Telle est la grandeur parmi les hommes : elle comporte le risque d'une nourriture empoisonnée.

C'est dans cette détermination de Ferdinand et d'Isabelle de récompenser Colón jusque et au-delà la limite de leurs engagements qu'il faut voir l'origine de plus d'une décision prise dans cette période de travail fiévreux qui s'étend entre avril et septembre et au cours de laquelle fut préparée la deuxième flotte et fermement établies la richesse et la grandeur de son Amiral. Le 20 mai, Colón se voit accorder le droit de porter dans ses armes un château et un lion — honneur véritablement exorbitant à cette époque, car le château et le lion étaient les armes royales ; le 23 mai, il reçoit un présent de mille *doblas* d'or (335 000 maravédis) ; le 26 mai, il obtient le droit de loger avec cinq de ses serviteurs partout où il va, ne payant que sa nourriture au prix courant ; le 28 mai, le Roi et la Reine le confirment solennellement dans tous les titres, honneurs et privilèges qui lui avaient été accordés par la Capitulation de Santa Fé ; le même jour, on lui remet des lettres patentes le nommant Capitaine-Général de la deuxième flotte se rendant aux Indes, et lui accordant l'autorité de nommer toutes les personnes qu'il voudrait pour le gouvernement des Indes, en attendant que soit mis en application le système défini dans les Capitulations — savoir que Colón devait désigner trois personnes et la Couronne choisir l'une d'entre elles. Bref, avec une rapidité qui faisait justice des accusations habituelles de lenteur et de désordre lancées contre leur administration, le Roi et la Reine dressaient devant la Cour et le monde un personnage magnifique, et lui accordaient avec prodigalité richesse, honneur et puissance. Comment supporta-t-il cette épreuve difficile qu'est le succès ? Certains signes montrent qu'il aurait pu faire mieux. Le premier est qu'il profita de cette lune de miel avec la Couronne pour s'arroger la gratification de dix mille maravédis promise par le Roi et la Reine au premier homme qui verrait la terre. Un *albala*, ordre royal, à cet effet fut signé par le Roi et la Reine le 23 mai. Or, il est évident qu'il n'avait pas vu la terre et qu'il le savait, sinon il aurait fait hisser le pavillon et tirer le canon, comme il avait donné aux trois équipages l'ordre de le faire, dès que la terre serait en vue. Mais supposons qu'il l'ait vue. S'il y avait dans sa carrière un *geste* à faire, c'était bien celui-là — laisser au pauvre marin qui l'avait aperçue de la *Pinta*, et qui avait de toute évidence droit au prix, le bénéfice du doute et le faire profiter de la modeste rente qui, pour un homme à présent au sommet de la fortune, devenait une simple bagatelle. Or, il la réclama, cette rente et l'obtint, à un moment où nul clerc ou fonctionnaire n'était en position de lui résister, et où lui-même avait toutes les raisons de croire qu'il serait le seigneur à peu près omnipotent d'un monde d'îles à peu près illimité, façade d'un continent fabuleux. Le marin déçu partit pour le Maroc et y devint un renégat. Sa foi, comme c'est le cas pour la plupart d'entre nous, avait apparemment besoin du travail... des autres. Mais comment attendre de ce marin qu'il supporte le faix de la déception quand son chef avait plié sous celui du succès ? L'amiral avait la rente certes, mais on se dit qu'il paya bien cher plus tard ces dix mille maravédis. La désaffection, l'opposition, la révolte même auxquelles il allait bientôt se heurter étaient dues en grande partie à l'effet produit chez les humbles par cet acte inconsidéré de sa part.

Les difficultés commencèrent aussitôt. La préparation de sa deuxième flotte se révéla une tâche bien plus longue et plus ardue que les impatients monarques ne s'y attendaient. Ferdinand et Isabelle avaient confié toutes les affaires « indiennes » à l'archidiacre de Séville, Don Juan de Fonseca qui, « bien que clerc et archidiacre, et plus tard, (...) évêque de Badajoz, puis de Palencia, puis de Burgos, où il était quand il mourut, était très capable pour les affaires de ce monde, particulièrement pour ce qui était de rassembler des soldats et de fournir des flottes en équipages, ce qui est une occupation de Biscayens plutôt que d'évêques, et c'est pour cette raison que le Roi et la Reine lui confièrent le soin des flottes qui furent armées durant leur vie ».

C'est à ce prêtre-soldat qu'échut la tâche d'organiser la deuxième flotte, en collaboration avec Colón. Don Juan de Fonseca, véritablement « très capable pour les affaires de ce monde », obtint une gratification annuelle de deux cent mille maravédis pour le temps qu'il se consacrerait à cette peu ecclésiastique occupation. Les fonds devaient être pris sur une somme de quinze mille ducats d'or prévue pour les dépenses de la flotte, qui avait été confiée à Francisco Pinelo, *jurado* de Séville, chargé des fonctions de trésorier ; Juan de Soria, le secrétaire privé du Prince, devait être le contrôleur en chef et le comptable.

L'œil royal était partout. Des lances sont réquisitionnées à Grenade, des cuirasses, des arcs et des arquebuses à Malaga, de la poudre et des munitions sont fournies par Rodrigo Narváez, « *Mayordomo* de notre artillerie » ; des hommes de confiance sont nommés pour recevoir les marchandises, en particulier l'or, à l'autre bout, et aussi en Espagne, pour tenir les comptes, pour administrer la justice aux Indes, pour surveiller la foi et la conversion des nouveaux sujets royaux. Mais les fréquentes lettres du Roi et de la Reine révèlent dès le début que cette entreprise urgente et considérable ne marche pas pour le mieux.

En dépit d'ordres royaux répétés recommandant la hâte, il semble que la flotte ne sera jamais prête à partir. Le 12 juin, une lettre royale est envoyée à Colón pour l'inviter à se presser ; le 25 juillet, des lettres royales sont envoyées à la fois à Colón et à Don Juan de Fonseca, les invitant à faire grande diligence pour le départ de la flotte ; le 3 août, le Roi et la Reine écrivent à Gomez Tello, l'un de leurs « hommes de confiance », l'autorisant à rester à terre, mais l'invitant à faire son possible pour que la flotte parte au plus tôt ; le 4, l'infatigable couple royal écrit à Francisco Pinelo, le trésorier en exercice de la flotte, le pressant « de mettre beaucoup de soins et d'efforts à obtenir son prompt départ » ; le 18 août, autre requête royale demandant à Don Juan de Fonseca de faire hâte, et semblable requête à Colón ; le 5 septembre, les deux hommes sont une nouvelle fois priés de faire diligence.

Il se peut que la préparation d'une flotte de dix-sept vaisseaux comprenant en tout — équipage, soldats, émigrants et autres passagers — de mille à quinze cents personnes n'ait pas été une chose facile. En dépit des efforts et des soins de Don Juan de Fonseca et de ses fonctionnaires, et de l'œil attentif et méfiant de Colón, nous savons — il s'en plaignit en effet plus tard — qu'ils furent plus d'une fois dupés par l'astuce de certains profiteurs. Les tonneliers leur donnèrent de si mauvais fûts pour leur vin qu'une grande partie de ce précieux liquide se répandit dans le navire et fut perdue, comme le vin des outres que Don Quichotte avait prises pour des géants ; et les maquignons, après avoir fait caracoler sous les yeux de Colón, de Fonseca, de Soria et des autres responsables d'excellents coursiers andalous, s'arrangèrent pour leur refiler à la place des rosses étiques, juste avant le départ des navires. Il ne fait pas de doute qu'un certain retard était inévitable. Mais les documents que nous possédons nous font soupçonner que ce retard provint en partie des tiraillements qui se produisirent entre les hommes à qui avait été confié le soin d'organiser l'expédition.

Ces tiraillements eurent sans doute pour origine le maniement des choses et des gens, mais ils se transformèrent bientôt en querelles personnelles. Les pouvoirs des quatre personnes principalement intéressées étaient mal définis. La lettre royale du 23 mai était adressée conjointement à l'Amiral et à l'Archidiacre, et leur donnait pouvoir d'acheter des navires et du matériel et d'engager et de payer les hommes ; « tout ce qui se fait doit passer par les mains de Juan de Soria » ; et Francisco Pinelo devait garder les fonds et aussi les comptes de tout l'argent dépensé. Des difficultés s'élevèrent entre Colón et Juan de Soria ; on peut même supposer qu'il s'en éleva aussi entre Colón et Don Juan de Fonseca, sans le consentement tacite ou exprès et la sympathie duquel le secrétaire du prince n'aurait jamais osé résister à Colón comme il le fit. Colón se plaignit au Roi et à la Reine qui prirent fait et cause pour lui et écrivirent en ce sens à Fonseca, à Soria et à l'Amiral lui-même. Ces lettres royales sont des plus instructives, car elles révèlent que la principale source de difficultés avec Soria était une répugnance « à honorer et à respecter l'Amiral des Indes comme il doit l'être et comme nous désirons qu'il le soit », ce qui, expliquent les souverains, doit être « selon le titre que nous lui avons donné » ; l'affaire Soria était donc un épisode de la mauvaise volonté que mettait la Cour à accepter la grandeur de Colón ; du reste, Fonseca lui-même n'échappe pas sur ce point aux reproches, car le Roi et la Reine prirent la peine de lui expliquer à lui aussi, sous le couvert d'un message à Soria, à quelles marques de respect avait droit l'Amiral. Mais ces lettres révèlent aussi la part de responsabilité de Colón : une tendance à rejeter tout contrôle et à assumer un pouvoir souverain et indépendant. C'est ce qui apparaît clairement dans la lettre royale adressée à Colón : l'ayant assuré qu'ils avaient donné des ordres pour qu'il fût traité « comme il convient et conformément au rang que nous vous avons donné », le Roi et la Reine ajoutent : « Vous devez veiller à ce qu'il [Soria] signe tout ce qui est dépensé, car il doit tenir les livres pour nos chefs comptables », ce qui montre clairement que Colón avait essayé de se débarrasser du contrôle de Soria.

Le Roi et la Reine commençaient sans doute à remarquer la tendance à se rebeller contre toute autorité extérieure — et dans les circonstances, cela revenait à se révolter contre leur propre autorité — dont faisait preuve cet étranger qu'ils avaient mis au tout premier rang du royaume, en récompense de l'empire qu'il leur avait donné. Ce n'était pas des monarques ordinaires, mais l'homme et la femme qui avaient fait du nid de royaumes anarchiques, de duchés, de comtés, d'évêchés et de petites cours maures qu'était la Péninsule, le royaume le plus fort et le plus respecté de la chrétienté. Ils avaient fait cela simplement par l'énergie, la foi et le respect qu'ils avaient pour leur fonction et leurs devoirs de rois. Le Roi et la Reine qui avaient maté les Mondoza, les Guzmán et les Manrique ne pouvaient pas ne pas remarquer les gestes d'indiscipline d'un Colombo-Colón.

Il ne fait pas de doute que, dans ses rêves intimes, Colón se prenait pour une sorte de monarque des Indes. Le Roi et la Reine avaient appris avec un déplaisir évident qu'il se constituait une garde personnelle de *continos* (hommes en service *continu*), privilège qui était alors l'apanage des rois. (Bartholomé, le frère de l'Amiral par exemple, devint un *contino* du Roi et de la Reine.) En réponse à Fonseca, qui leur avait annoncé la nouvelle, Ferdinand et Isabelle écrivirent : « Quant aux *continos* que vous dites que l'Amiral prend avec lui, vous avez eu raison de lui dire qu'il n'a pas besoin d'en emmener dans son voyage, puisque tous ceux de nos hommes qui partent doivent faire tout ce qu'il ordonne en notre nom, et toute séparation des hommes en hommes lui appartenant et en autres risque d'amener plus d'un inconvénient ; mais s'il désire en emmener pour en faire sa suite, il peut prendre dix écuyers sur les cinquante qui partent, et vingt encore sur les mille personnes qui partent, et les payer comme les autres. »

Le Roi et la Reine étaient jaloux de leurs privilèges, et ils craignaient probablement que Colón ne songeât à constituer peu à peu un établissement à lui, qui lui permettrait éventuellement de rejeter l'autorité de la Castille. Pour un avenir plus proche, une autre question les inquiétait : ils n'avaient toujours pas répondu aux protestations du Roi de Portugal. Le Roi Ferdinand jouait sur le temps, car il voulait d'une part que les prétentions castillanes fussent plus solidement établies par la deuxième expédition de Colón, et d'autre part, être débarrassé de la menace française sur le Roussillon. Il put régler à temps ce deuxième point pour recevoir les ambassadeurs portugais l'esprit libre, à leur arrivée à Barcelone le 15 août. Cela lui permit de faire traîner les choses et d'attendre, comme dit Barros, d'avoir pu mesurer la découverte, expression qui dans le texte portugais donne clairement à entendre que la deuxième expédition comprenait des personnes chargées de donner au Roi et à la Reine une estimation indépendante de la valeur réelle de la découverte. On peut supposer qu'au nombre de ces personnes se trouvait Antonio de Torrès, puisqu'il avait été nommé dès le début Capitaine de la flotte de retour. Cet Antonio de Torrès, « personnage remarquable, sage, et très qualifié pour un tel poste », était un frère de l'Aya du Prince Don Juan et, par conséquent, un intime de la maison royale. Sa nomination à ce poste exceptionnel, et si tôt, semble indiquer qu'il participa à l'expédition en qualité de « commandant en second » et comme une sorte d'inspecteur général ; car il n'est pas impossible que la visite de Colón au Roi de Portugal avant même de revenir en Espagne ait fait « tiquer » le Roi et la Reine. Il se peut que la générosité sans égale dont ils ont fait preuve à son égard ait eu plus d'une cause, et que derrière la cause lumineuse de leur reconnaissance et de leur noble nature, il se soit dissimulé un mobile moins généreux : la crainte. Il est, de toute façon, significatif qu'ils terminent leur lettre à Soria par ces lignes : « Nous vous ordonnons de veiller à ce qu'il parte très satisfait, car nous le désirons et tel est notre bon plaisir, et nous aurons un grand courroux s'il n'en est point fait ainsi. »

Ce deuxième voyage semble avoir été conçu sur la base d'un mémorandum préparé par Colón en avril 1493. L'Amiral s'intéresse surtout à un projet non dissimulé de colonisation par les Espagnols. Il parle bien de la conversion des Indiens, pour l'acquit de sa conscience, mais le mémorandum est exactement résumé par le premier paragraphe : « Obéissant à l'ordre de Vos Altesses, je vais noter ici ce qui me vient à l'esprit, sauf une meilleure opinion, dans la perspective d'un peuplement et d'un développement d'Espagnola aussi bien que des autres îles trouvées ou à trouver. »

Ses suggestions sont des plus raisonnables. Il faut emmener deux mille colons, en principe des volontaires ; construire trois ou quatre *pueblos*, ou établissements ; ne doivent être autorisés à chercher ou à laver de l'or que ceux qui s'établissent dans l'île et y construisent une maison pour y habiter ; et, en même temps que sont prises un certain nombre de mesures destinées à empêcher les fuites, la recherche de l'or est interdite pendant certaines périodes de l'année afin que les gens puissent consacrer leurs soins à la terre.

Nous trouverons trace de ces idées de Colón dans les instructions qu'il recevra du Roi et de la Reine le 29 mai. Mais, comme il fallait s'y attendre, les souverains avaient aussi leurs idées personnelles. Le simple fait que ces instructions aient été jugées nécessaires est en lui-même significatif. Colón ne partait plus avec un chèque en blanc tiré, il est vrai, sur une banque « blanche » ; il partait pour un territoire existant et pour d'autres à découvrir, mais qui tous « appartenaient » au Roi et à la Reine ; il n'était que « leur » Amiral et « leur » Vice-Roy, et il était fermement tenu en main par les monarques les plus autoritaires de l'époque.

Il y a quatre sortes d'idées, pas toujours clairement distinguées, dans ces instructions : salut religieux des Indiens ; organisation de l'expédition ; arrangements commerciaux et comptables ; règles constitutionnelles et politiques. Il est significatif que l'on trouve parmi ces dernières le serment d'allégeance à Leurs Altesses, tel que doivent le prononcer tous les hommes qui prennent part à l'expédition, ce qui était incontestablement une manière discrète de rappeler à Colón que ses hommes dépendaient d'abord du Roi et de la Reine ; les stipulations suivantes parlent d'elles-mêmes :

12 : Toutes les fois qu'une condamnation est prononcée, le crieur public doit dire : « Telle est la justice rendue par le Roi et la Reine, nos souverains. »

13 : Toutes les décisions, ordres et patentes pris par ledit Amiral, Vice-Roy et Gouverneur, doivent être rédigés au nom de Don Fernando et de Doña Isabel, Roi et Reine, etc., et signés par ledit Don Cristóbal Colón.

Ces deux règles donnent clairement la façon de penser du Roi et de la Reine. Replacées dans l'ensemble des mesures, elles montrent en outre que cette deuxième expédition était nettement conçue comme le premier d'une série d'efforts de colonisation qui devaient durer près de deux siècles. Les deux aspects de l'ingérence européenne — le spirituel et l'économique — y sont bien représentés. Les instructions commencent par ordonner au Vice-Roy de mettre tout en œuvre pour la conversion des Indiens, lesquels doivent être traités « très bien et avec amour » (*muy bien y amorosamente*), sous peine de sévères punitions. Un moine bénédictin d'origine catalane, le Père Bernardo Boil, ou Buil, était chargé du bien-être spirituel des indigènes. Il était secondé par quelques frères laïques, bien que très instruits, dit Las Casas, dont l'un était connu sous le nom de Jean le Rouge, « parce qu'il l'était ».

Les mesures économiques — à l'insu peut-être de ceux qui les avaient imaginées, mais incontestablement — prenaient le contre-pied des rêves originels d'un Cipango couvert et pavé d'or. Vingt paysans et un homme sachant élever des *acequias*[1] furent envoyés pour « découvrir la terre », c'est-à-dire la terre arable ; on demanda aux cavaliers de prendre des juments comme bêtes de rechange ; on embarqua un certain nombre — insuffisant (le temps devait le montrer) — de bêtes de trait, des chevaux probablement, ainsi que du froment, du grain pour semer, des plants de vigne et des cannes à sucre. Certes on n'oubliait pas l'or, mais ce n'était plus le facteur essentiel ni même prédominant de la conception économique qui présidait à ces instructions. L'agriculture et le commerce étaient considérés comme la chose la plus importante, et si un critique étourdi peut réprouver cette décision de garder un contrôle strict sur tout, hommes, choses et marchandises, ce qui allait aux Indes, un observateur plus sage se rend compte que cet ordre, pris le 23 mai 1493, un peu plus de deux mois après que la découverte eut été rendue publique, était une précaution politique élémentaire, en attendant l'organisation du Nouveau Monde, si brusquement ouvert à l'entreprise européenne.

Le port choisi n'était plus Palos, dont les ressources ne correspondaient pas aux exigences de cette flotte ambitieuse, mais Cadix, près de Séville, le plus important des ports méridionaux de l'Espagne. C'est là que les navires furent peu à peu rassemblés et les hommes équipés. Cette fois, Colón n'eut pas besoin de brandir un ordre de pardon pour repris de justice, ni Pinzón de faire des harangues enflammées ; les volontaires étaient nombreux et Colón put se permettre de faire un choix. En sus de ses dix-sept équipages, il avait à bord des soldats, cavaliers et fantassins, des paysans, des ouvriers de toutes sortes, un médecin et un chirurgien, plusieurs prêtres, et une poignée d'hidalgos, qui allaient aux Indes conquérir la gloire, la richesse ou les deux. A bord également se trouvait son frère Giacomo, lequel avait été promptement métamorphosé en Don Diego à son

---

1. Sorte de digue, levée de terre, pour l'irrigation.

arrivée en Espagne, loin de son métier à tisser. Cela ne releva du reste pas le moins du monde sa pâle personnalité. Mais la majesté et la puissance de Colón lui-même n'en brillèrent que d'un éclat plus vif. Il voyageait maintenant en grand équipage, avec un cortège de serviteurs, une garde de *continos*, presque une cour de gentilshommes. Quel homme dans son bon sens aurait pu douter à présent qu'il était un véritable Amiral? Enfin, son rêve était devenu réalité. Il s'était élevé au sommet de la gloire et du pouvoir, et ne le cédait qu'au Roi et à la Reine, et peut-être au Cardinal d'Espagne. Il avait délivré son âme d'années d'humiliation personnelle et de siècles d'humiliation raciale. En sa personne, il avait élevé ce peuple que la Castille avait expulsé au sommet de la puissance en cette même Castille. Il était en outre son propre maître à bord de sa flotte. Il s'était débarrassé des Pinzón détestés. Mais savait-il en cette matinée du 24 septembre, au moment où il donnait fièrement à sa flotte de dix-sept navires et caravelles, l'ordre de hisser les voiles, savait-il qu'il y avait à bord des hommes qui allaient bientôt lui faire regretter la loyauté des trois grands marins de Palos?

arrivé par sa ligne, loin de son mérite et aussi. Cela ne relève du reste pas le moins du monde sa pâle personnalité. Mais la majesté et la puissance de sa discrétion conviennent bien au rôle qui ne pouvait plus être, Il y avait naturellement un grand empressement au congrès; on y comptait, dit-on, plus de premiers présents une cour de complaisance. Cinq femmes dans son fort vers son appartement à donner à griffonner et à faire un aimable Amiral. Enfin, sur une faut devenir traître. Il y avait cinq ou six cardinaux de la sorte et de ses pouvoirs, et ne les obéir qu'au Père et au Roi, et peut-être au Cardinal l'Espinasse. Il n'eut d'abord que fine chance. En attirant prouvable et de médire à l'adhésion précise sur sa demeure, il avait déjà ce peuple que la Bastille avait rempli du scandale de sa puissance en cette même Bastille. Il n'aurait que contre sa propre volonté qu'ordonnât sa levée, il s'était délivré des Pères descartes. Mais autant il était de à garde de 24 septembre, au moment où il demanda seulement, à la porte de dix-sept navires et six vaisseaux qu'on demande de haïr les vaincus, avait-il qu'il y avait à faire les hommes qui allaient intenter pour faire renverser la beauté des trois grands princes de France.

CINQUIÈME PARTIE

LE GRAND AMIRAL DE LA MER OCÉANE

CHAPITRE XXI

LE DEUXIÈME VOYAGE DE L'AMIRAL

De sa cabine confortable et même luxueuse, sur le gaillard d'arrière du navire-amiral, Colón regardait le sillage laissé par son navire, le plus lent et le dernier de la flotte, dans les eaux tranquilles de l'Atlantique, mais malgré toute son imagination, il ne pouvait guère concevoir l'importance et la complexité de cet autre sillage que sa découverte ouvrait dans les « mers mentales » de l'Europe. Certes, « l'Europe » n'était pas alors ce qu'elle est devenue, particulièrement à notre siècle, l'ensemble du continent, l'ensemble de la population ; certes « l'Europe », sous ses aspects les plus conscients et les plus responsables, n'était guère en pratique que l'élite civilisée de son sud-ouest ; mais dans ces zones méridionales et occidentales, la nouvelle que Colón avait découvert un nouveau monde fut accueillie avec émotion et enthousiasme. Son rapport, la lettre « circulaire » reçue par Santángel, Sánchez et d'autres, fut imprimé et réédité huit fois au cours de l'année 1493, la première (dans une version latine) à Rome le 29 avril. Mais le meilleur propagandiste de la nouvelle fut Pierre Martyr, l'épistolier italien, le confident des monarques et des grands d'Espagne. Ses lettres adressées à des hommes et des femmes de haut rang d'Espagne et d'Italie, se faisaient le véhicule de nouvelles et de points de vue semblables, sinon à notre presse, du moins aux « lettres » imprimées publiées à notre époque par quelques personnes ou sociétés entreprenantes. Ceux à qui elles étaient adressées étaient libres de les considérer comme confidentielles, mais ils les faisaient souvent circuler dans des groupes locaux, pour les nouvelles qu'elles contenaient ; ainsi répétées par les Pierre Martyr locaux, les nouvelles se répandaient dans l'Europe entière non sans quelque dommage parfois pour la vérité. Pierre Martyr annonça la découverte des Indes dans une lettre à Borroméo, datée de Barcelone, 14 mai 1493, et dont les termes sont maintenant célèbres : « Quelques jours plus tard, un certain Christophe Colón est revenu des Antipodes occidentales ; c'est un Ligurien qui, envoyé par mes Souverains, a pénétré avec seulement trois navires dans cette province qu'on dit fabuleuse ; il est revenu avec des preuves tangibles, beaucoup d'objets précieux et en particulier de l'or que ces régions produisent naturellement. »

D'autres lettres suivent, moins sèches. Elles témoignent de conversations avec le « Ligurien », car nous y trouvons les détails maintenant familiers sur l'abondance d'or, la simplicité et la nudité des indigènes et leur empressement à se convertir, et la beauté et l'étrangeté de la nature. L'influence du découvreur est absolument évidente dans certaines de ces lettres, telle celle du 13 septembre, adressée au Cardinal Ascanio Sforza, et dans laquelle nous lisons que « après [trente-trois jours de navigation], les explorateurs, du pont du plus gros navire, celui où se trouvait Colón lui-même, signalèrent la terre ». Colón faisait de son mieux pour faire croire qu'il avait été le premier homme à apercevoir le nouveau monde. Il est par conséquent significatif de trouver dans cette lettre de Pierre Martyr l'expression d'opinions moins enthousiastes sur les Indiens que celles qu'avait conçues Colón en quittant Espagnola. « Le sentiment du tien et du mien domine leur vie comme il domine la nôtre, et de là vient qu'ils cherchent à acquérir le luxe et la richesse, qui semblent quelque peu superflus pour des gens vivant nus. »

Ce « nouveau monde », comme Pierre Martyr devait l'appeler pour la première fois dans une lettre à Borroméo du 20 octobre 1494, était une source constante d'étonnement pour les esprits prudents d'Europe, sensibles au fait que l'Orient recélait des domaines immenses de la vie humaine encore fermés à leur curiosité et à leur entreprise. Les conséquences illimitées de la découverte étaient encore informes et dissimulées dans le sein du temps ; mais les princes, les géographes, les philosophes et les hommes d'affaires qui avaient remarqué l'afflux croissant des produits orientaux, la pénétration lente de l'Europe par l'Asie et de l'Asie par l'Europe à travers les sables physiques et culturels de l'Afrique comprirent aussitôt à l'annonce de la découverte de Colón et de son emplacement approximatif qu'une ère nouvelle allait commencer.

L'obsession de l'Islam qui dominait l'histoire de l'Espagne depuis sept siècles était en un sens caractéristique de l'Europe elle-même. Le sommet de l'entreprise européenne en dehors de l'Europe avait été les croisades, c'est-à-dire que l'expansion avait eu lieu dans la direction du sud-est, et non pas de l'est ou du sud ni surtout de l'ouest, bloqué comme il l'était par l'océan et par un voile de néant. A une date récente, les Portugais avaient fait l'admiration de toute la chrétienté en naviguant le long des côtes africaines jusqu'aux îles du Cap-Vert. Mais le voile était toujours tendu sur l'océan, et la chrétienté n'avait jamais rien imaginé en dehors de ses Maures et ses juifs et des sujets quelque peu mythiques du Prêtre Jean ou du Grand Khan.

Alors vinrent Colón et ses premières lettres et conversations avec le chef des informations de l'époque, Pierre Martyr. Colón pouvait parler d'« Indiens », Pierre Martyr ne s'y laissait pas prendre. Ce n'était pas un Don Quichotte porté à recouvrir la réalité du masque de ses rêves. C'était un esprit vif et intuitif, et il fut le premier à saisir les faits embarrassants qui lui étaient offerts, et qui n'étaient pas de seconde main puisqu'il était à même d'observer les spécimens d'Indiens de la suite de Colón et de leur parler. Le point le plus important en ce qui concernait ces hommes était qu'ils étaient *nouveaux*, c'est-à-dire qu'ils n'étaient ni chrétiens, ni juifs, ni maures, ni, pour autant qu'il pouvait en juger, sujets du fabuleux *Grand Khan*. Ce n'étaient pas non plus des Noirs. C'est sur ce caractère *inédit*[1] de la découverte

---

1. En français.

qu'il devait insister : ce n'était peut-être pas délibéré, mais cela se sent très nettement dès ce moment-là dans la plupart de ses lettres. C'est ce sentiment qui lui souffla l'expression *Nouveau Monde* quatre ans avant qu'elle vienne sous la plume du découvreur lui-même.

***

Ainsi portée par les ailes de la renommée, la nouvelle atteignit la Cour de France, et en particulier la Maison d'Anne de Beaujeu, fille aînée de Louis XI, qui venait deux ans plus tôt de se décharger des devoirs de la régence du royaume au profit de son frère cadet Charles VIII. Il y avait dans sa Maison un gentilhomme étranger pour qui la nouvelle devait être du plus haut intérêt, et le Roi Charles lui-même dut le penser, car il invita ce gentilhomme à venir l'apprendre de la bouche royale. Cet étranger n'était autre que Bartholomé Colón.

Le futur *Adelantado* des Indes avait alors trente-deux ans. « C'était une personne de très bonne apparence, grand, bien que moins grand que l'Amiral, de bonne contenance, bien qu'un peu distant, fort et courageux, très habile, prudent et rusé, d'une grande expérience dans tout ce qui se rapportait aux affaires. Plus circonspect et avisé, semble-t-il, et moins naïf que Cristóbal Colón, rusé et très malin dans ses rapports avec les hommes, fort d'une expérience et de connaissances hors de pair dans les affaires maritimes. Un grand marin, et à en juger par les livres et par les cartes qu'il a annotés, si expert en ce domaine qu'il est impossible que l'Amiral l'ait surpassé de beaucoup. » (Las Casas)

Ses déplacements entre son époque portugaise et cet été 1493 où il apprend du Roi — et aussi de son frère — que les Indes ont été découvertes sont l'un des nombreux mystères de cette très mystérieuse famille. Il semble bien établi qu'il se trouvait au Portugal en décembre 1487, car il était présent lorsque Bartolomeu Diaz revint d'une expédition rendue célèbre par la découverte du cap de

Bonne-Espérance, et il n'est pas impossible qu'il ait participé lui-même à cette expédition. En outre, comme on le verra plus tard, il se trouvait à Londres en février 1488. Cependant Las Casas, comme Fernando Colón, raconte que son arrivée en Angleterre fut retardée par « des voleurs de mer, des Sterlings (*Esterlines*). Je n'ai jamais entendu parler de cette nation. Il tomba malade et fut réduit à une extrême pauvreté, et dut attendre très longtemps, avant de débarquer en Angleterre, que Dieu lui permette de recouvrer la santé. Ses finances quelque peu rétablies par son industrie et le travail de ses mains, car il dessinait des cartes marines », il arriva enfin en Angleterre.

Ce récit a mis en grand embarras les historiens de Colón. A quelle date ces événements mélodramatiques ont-ils eu lieu ? Si Bartolomé est resté à Lisbonne jusqu'en décembre 1487 et s'il se trouvait à Londres en février 1488, il est évident qu'ils ont dû précéder la découverte du cap de Bonne-Espérance. Bartolomé a dû revenir au Portugal *après* son aventure avec les pirates. Mais Las Casas semble vouloir dire que l'épisode tout entier — voleurs de mer, maladie, pauvreté, rétablissement, arrivée — se situe au moment où Bartolomé se rendait du Portugal en Angleterre. Et il n'y a pas la moindre indication sur le pays dans lequel furent passées les années de maladie et de pauvreté.

Ce récit donne l'impression que le malheur et l'infortune ont été accumulés sur la tête de Bartolomé, moins par la dure main du destin que celle, libérale, de l'imagination. Des pirates, ç'aurait été suffisant ; mais encore la maladie et la pauvreté ! Et ces mythiques « Esterlines », ou Sterlings, dont le chroniqueur honnête ne peut nulle part retrouver la trace ! Ces lignes le Las Casas laissent l'impression que le bon évêque se fait innocemment l'écho d'une histoire que les Colón avaient intérêt à propager, impression renforcée par le fait qu'il n'y a pas place dans la vie de Bartolomé Colón pour une si longue éclipse.

Comme pour compliquer encore les choses, nous possédons une déclaration de Bartolomé Colón lui-même, où il affirme carrément qu'il se trouvait en

Castille au moment où son frère, le futur Amiral, s'efforçait d'obtenir l'audience d'une Cour distraite et sceptique. Il faut même préciser que cette déclaration n'a pas été faite dans des circonstances ordinaires, mais sous serment, alors qu'il était interrogé par un tribunal. La question était :

« IX : S'ils [les témoins] savent et croient que ce qui a été découvert dans le pays de Grâce connu comme le Continent a été dû à l'industrie dont fit preuve ledit Amiral en ouvrant la porte et en faisant le premier voyage dans lequel il découvrit les Indes... »

La réponse de Don Bartolomé est la suivante :

« Qu'il croit ce qui est contenu dans ladite question parce que ce témoin accompagna ledit Amiral Don Cristóbal Colón pour solliciter le Roi et la Reine, nos Souverains, et parce que ledit Amiral fut le premier à découvrir ces terres et que personne n'y était jamais venu avant lui ; au contraire, quand ledit Amiral chercha à faire cela, tous se moquèrent de lui et de ce témoin, lorsqu'ils disaient vouloir découvrir un nouveau monde... »

On ne peut pas ne pas tenir compte de cette déclaration. Certes, elle soulève autant de problèmes qu'elle en résout, car si Don Bartolomé était en Castille dès cette époque, comment se fait-il que personne ne parle de lui avant 1493 ? Pourtant elle est catégorique. Il accompagna son frère auprès du Roi et de la Reine, et fut avec lui l'objet des plaisanteries et des railleries des sceptiques. Ces affirmations ne sont pas seulement faites sous serment devant un tribunal, elles sont aussi faites du vivant de nombreux témoins, et même d'hommes qui avaient pris une part active aux événements auxquels elles se réfèrent. Le Roi lui-même, qui était partie dans le procès plaidé devant le Tribunal, était toujours vivant et devait encore régner quatre ans. Un homme aussi en vue que l'Adelantado des Indes ne pouvait vraiment pas s'écarter de la vérité sur un point qui intéressait si directement le Roi Ferdinand. Il faut absolument admettre que Bartolomé Colón était en Castille avec son frère à l'époque où le futur Amiral avait des difficultés à se faire entendre.

Personne ne parle de lui, certes. Mais personne ne

parle non plus de Colón avant son retour ; et si l'apôtre, de dix ans plus vieux, passe totalement inaperçu, comment son acolyte, qui n'était alors qu'un jeune homme de vingt-cinq ans, pouvait-il espérer qu'on lui prête la moindre attention ? Notre sentiment que Cristóbal était seul pendant ces années-là n'est dû qu'à trois faits : *a)* le Duc de Medinaceli ne fait pas mention de Bartolomé ; *b)* de toute évidence Bartolomé n'était pas à La Rábida ; *c)* Colón ne parle jamais de son frère dans les nombreux passages où il s'attarde sur l'époque à laquelle il mendiait des caravelles.

Le premier et le deuxième faits ne sont pas le moins du monde une preuve que Bartolomé n'était pas en Castille ; le troisième peut aisément s'expliquer. Pour commencer, Cristóbal Colón était, nous le savons, fort égoïste, instinctivement peu disposé à partager des mérites avec qui que ce fût, et par conséquent, lorsqu'il détaillait ses peines pour faire reconnaître son projet, il devait naturellement oublier que son frère l'aidait. Mais il devait y avoir une autre raison, car ce silence cadre parfaitement avec l'histoire mélodramatique que nous raconte Las Casas. Ces mythiques « Sterlings » et cette révélation quelque peu différée d'un séjour en Castille faite en 1512 par Bartolomé nous donnent l'impression que le premier séjour de Bartolomé dans les possessions de Ferdinand et d'Isabelle a dû être plutôt discret. Il n'était pas possible de montrer trop libéralement ce frère cadet, et quand en 1512, celui-ci parle de ses démarches avec son aîné, il ne ment pas à probablement parler, mais il est fort possible qu'il exagère.

En quoi et pourquoi, nous l'ignorons ; mais on ne court pas grand risque à affirmer que Bartolomé Colón était en Castille pendant la première partie du séjour de Colón, ni à supposer qu'il fournissait quelques-unes des cartes marines que Colón vendait à l'époque pour gagner sa vie — puisque c'était lui, Bartolomé, le dessinateur de la famille ! Cela expliquerait en outre tout naturellement son voyage en Angleterre. Vers 1487, les affaires de Cristóbal Colón n'étaient pas brillantes. Il recevait de l'aide de la Couronne, mais ses efforts castillans ne paraissaient aboutir à rien de précis. C'est l'époque où il fait la connaissance de Beatriz Enriquez, et où il va probablement vivre avec elle. Le moment est tout indiqué pour que son frère le quitte et aille essayer ses pouvoirs de persuasion sur le Roi de Portugal. Il n'est même pas impossible que la lettre que nous savons que Colón écrivit au Roi Jean, parce que le Roi en parle dans sa réponse, ait été portée au Roi par Bartolomé lui-même. Dès lors, les événements s'enchaînent d'une manière plausible. Bartolomé est en Castille avec Cristóbal jusqu'à un certain moment de l'année 1487 ; il part pour le Portugal quand son frère décide d'aller vivre avec Beatriz ; il prend avec lui une lettre pour le Roi du très déçu Cristóbal, où celui-ci essaye de se réconcilier avec le Roi Jean et d'obtenir son aide pour la découverte ; le Roi laisse dormir l'affaire, et tout ce temps, Bartolomé se cramponne à Lisbonne et est présent (décembre 1487) à l'arrivée de Bartolomeu Diaz de retour de sa découverte du cap de Bonne-Espérance ; cette découverte elle-même réduit ses maigres chances de succès au Portugal, tout en le remplissant lui et son frère d'un sentiment d'urgence ; il décide de partir pour l'Angleterre, où nous le trouvons deux mois plus tard, c'est-à-dire en février 1488 ; le Roi Jean l'apprend et s'imaginant peut-être qu'il a commis une erreur, il envoie une invitation doucereuse à Cristóbal en mars 1488. Ce schéma permet en outre d'éclaircir un autre mystère concernant les Colón — savoir que sur leurs livres sont griffonnées des notes *de la main des deux frères*, si nombreuses que cela est incompréhensible si l'on continue d'admettre une longue séparation.

Une chose est certaine : Bartolomé Colón était à Londres en février 1488. La preuve nous en est fournie par la carte qu'il y dessina et data afin d'expliquer au Roi Henri VII le projet de son frère. Nous ne possédons pas cette carte elle-même, mais Las Casas nous a transmis le texte de quelques lignes en latin, vers et prose, qui l'accompagnait et où Bartolomé se fait appeler Bartolemeus Colombus de Terra Rubra et déclare que Gênes était sa patrie.

Il ne s'ensuit pas le moins du monde naturellement que le projet ait été soumis au Roi Henri ce mois-là, ni même cette année-là. En dépit des affirmations contraires de Colón, de son fils Fernando, et de son historiographe Las Casas, il ne fait pas de doute que la proposition fut ou bien rejetée sur-le-champ ou bien indéfiniment ajournée, jusqu'à ce que la réussite castillane rendît toute autre considération inutile. Cela découle des faits et de la date à laquelle ils se situent. Car si Bartolomé avait réussi à Londres, il ne serait pas allé tenter de persuader Charles VIII à Paris, où lui parvint la nouvelle que son frère avait enfin réussi à convaincre Ferdinand et Isabelle. Bacon n'est pas formel sur ce point, et ce qu'il dit de Colón peut être interprété dans les deux sens. « Avant qu'il ait obtenu du Roi une capitulation pour son frère, l'entreprise de ce dernier aboutit et les Indes occidentales furent réservées par la Providence à la Couronne de Castille. » Mais Oviedo est plus positif : « Le Roi, informé par ses conseillers et par les personnes auxquelles il avait confié cette étude, se moqua de tout ce que disait Colón et tint pour creuses ses paroles. »

Déçu en Angleterre, Bartolomé vint en France et s'y établit. Cristóbal lui écrivit alors de venir servir le Roi et la Reine, « car il y trouverait de l'honneur et du profit », ce qui prouve que Bartolomé n'avait pas tellement envie de quitter la France. Enfin il y a encore un autre fait qui ne semble pas avoir attiré l'attention qu'il mérite : il est impossible que Bartolomé Colón se soit trouvé si complètement coupé de son frère qu'il ait ignoré pendant sept mois que Cristóbal avait passé un marché avec le Roi et la Reine. Le plan de Colón fut accepté en janvier 1492, il s'embarqua en août 1492. Il s'ensuit que *si Bartolomé n'accompagna pas son frère dans la première expédition de celui-ci, c'est parce qu'il ne le voulut pas*. Il préféra tenir un moineau français que d'espérer cent perroquets dans les buissons de Cipango. La théorie généralement admise — tout au moins tacitement — à savoir que Bartolomé ne sut rien de son frère avant le retour de celui-ci comme Amiral en 1493, est simplement insoutenable. Il faut l'inertie des historiens pour expliquer qu'elle ait survécu si longtemps, bien que d'une manière tranquille et discrète.

Cette fois cependant, les perroquets n'étaient plus dans les buissons, mais dans les cages dorées de Colón. De sorte que quand le Roi Charles raconta à Bartolomé le magnifique succès de son frère, Bartolomé, « rusé et très habile dans ses rapports avec les hommes », garda le silence sur la lettre de son frère, car pour être roi, on n'en est pas moins homme et on aime à être le seul ou le premier à avoir les nouvelles, puisque, comme dit Las Casas, « les rois savent les choses avant les autres » ; sa récompense ne fut pas longue à venir : le Roi lui donna cent écus pour ses dépenses et avec ce renfort, le cosmographe et représentant de la firme Don Cristóbal de Cipango et Cie se mit en route pour l'Espagne. Il arriva après le départ de l'Amiral. Cela est plutôt curieux, car il n'y avait pas moins de six mois que Don Cristóbal Colón était en Espagne, et il est extrêmement improbable que la nouvelle de la découverte ait mis si longtemps à parvenir à Bartolomé, même à cette époque. Cela donne encore à penser que, même en présence de la découverte réelle, Bartolomé, quoi qu'en dise Las Casas, ne fut pas immédiatement séduit par l'idée d'une carrière espagnole et qu'il dut hésiter quelque temps avant de quitter Paris ; ce qui vient confirmer l'impression générale que Bartolomé avait poussé des racines assez fortes sur le sol français. (Pouvons-nous en passant faire remarquer le caractère particulièrement juif de cette facilité à déménager de pays en pays, et à *s'établir dans tous ?*) Évidemment, Bartolomé, qui était bien plus réaliste et bien plus homme d'affaires que son visionnaire de frère, avait dû entretenir quelques doutes sur le projet de celui-ci, et tout en consentant à le soumettre à tel ou tel Roi, au cas où cela marcherait, devait penser que toutes ces imaginations ne valaient pas « une bonne assiettée de soupe chaude », comme dit le bourgeois français dans une pièce célèbre.

Quand enfin il se décida à partir, l'assiettée de soupe resta à Paris et les imaginations étaient reparties pour Cipango et le Cathay. Don Cristóbal avait laissé des instructions à son frère, et s'y conformant, Bartolomé partit pour Valladolid avec ses deux neveux, qui avaient maintenant quatorze et six ans et qui étaient pages en titre du Prince Don Juan, et il se présenta au Roi et à la Reine, qui l'anoblirent et l'autorisèrent à se faire appeler Don Bartolomé. Mais ils firent quelque chose qui dut lui faire encore plus plaisir : ils lui ordonnèrent d'armer trois navires pour aller à Espagnola se mettre à la disposition de son frère l'Amiral.

***

L'Amiral avait quitté Cadix à la tête d'un groupe de brillants personnages. Les vaches, les moutons, les chevaux, les laveurs d'or et les valets de ferme pouvaient représenter les efforts civils — l'époque était néanmoins telle que le mot *civil* était synonyme de *bas*, et c'est en ce sens que nous le rencontrons plus d'une fois sous la plume de Don Cristóbal de Cipango lui-même, chevalier de l'éperon d'or, lequel, par conséquent, avait à bord une bonne majorité de gentilshommes, c'est-à-dire d'hommes dont la vocation était la guerre. « Tous ou presque tous, dit Las Casas, emportèrent des armes avec eux afin de se battre si besoin était. »

Au premier rang, de par sa parenté avec l'Amiral, se trouvait son frère Don Diego Colón, « personne vertueuse, très raisonnable, paisible, simple et de dispositions amicales plutôt que méfiantes ou mal intentionnées, qui allait très simplement vêtu d'une manière presque cléricale, et je crois qu'il désirait être évêque, ou obtenir du Roi et de la Reine qu'ils lui accordassent un revenu ecclésiastique ». Nous pouvons conclure de ce portrait que l'Amiral ne devait pas se sentir très soutenu par la présence de son frère cadet, qui manquait non seulement d'ardeur et d'autorité personnelle, mais qui était aussi beaucoup trop jeune (vingt-cinq ans) pour impressionner les puissants personnages de l'expédition.

Après les deux Colón, le personnage le plus important à bord était Antonio de Torrès, un homme en qui tous semblent avoir mis leur confiance, car nous verrons qu'il eut celle de Colón, celle du Roi et de la Reine et celle du successeur de Colón au poste de gouverneur, Ovando.

Avec lui venaient un certain nombre de membres de la maison royale. Las Casas, bien que saint homme, ne peut résister à la vanité de rappeler que son père, Pedro de Las Casas, et son oncle, Francisco de Peñalosa, se trouvaient parmi eux — ni se retenir de raconter la mort glorieuse de son oncle. Après avoir servi trois ans à Espagnola, Francisco de Peñalosa fut envoyé par la Reine, « qui l'aimait bien », guerroyer contre les Maures de l'Afrique, sous les ordres d'Alonso de Lugo, Adelantado de Ténériffe ; l'Adelantado avait effectué un débarquement, mais tant d'Infidèles avaient fondu sur eux que les Espagnols avaient regagné leurs navires ; alors Peñalosa, rassemblant vingt gentilshommes autour de lui, traça un cercle sur le sol et jura qu'il transpercerait de sa lance quiconque tenterait de le franchir. Les vingt gentilshommes moururent en combattant et sauvèrent le reste.

Voici donc, dès le début de la découverte un homme qui agit dans le style de Pizarro, l'un des héros de la conquête. C'était de cette pâte-là qu'étaient faits les Villalobos, Maldonado, Perafán de Rivera, Zúñiga, Coronel, Gallego, Abarcas, Carvajal, qui entouraient Colón et son pâle satellite Diego ; des hommes nés et élevés dans un climat dur, avec derrière eux des siècles de guerre civile et de guerre religieuse inextricablement mêlées ; accoutumés à s'occuper d'eux, à se fourrer dans des situations difficiles et à en sortir sans l'aide de personne ; impatients de l'autorité ; assoiffés d'aventure ; dédaigneux du confort ; rebelles à la discipline ; croyant en Dieu et dans les saints, mais considérant tout cela comme allant de soi et comme des questions *au-dessus le toit*, comme dit l'expression espagnole ; respectueux de l'Église, pourvu qu'elle ne les importune pas et qu'elle ne prétende pas leur faire prendre ses sermons pour des règles de conduite pratique ; et toujours prêts à justifier leur comportement — si mauvais qu'il fût — sans reculer devant ses conséquences les plus sombres, en hommes qui ignorent la peur.

Ils étaient le ressac de cette vague de la vie espagnole qui avait pendant des siècles battu les murs de l'Islam, jusqu'à l'écroulement de la dernière forteresse, vague qui maintenant, la dernière résistance tombée, refluait au-delà des frontières de l'Espagne. Les monarchies espagnoles, si fortes qu'elles fussent, n'avaient pas encore une structure nationale assez puissante pour endiguer cette vague et pour la canaliser vers des buts civiques et politiques. Une vieille culture, la sève de la loi romaine et le sang de la charité chrétienne irriguaient leur esprit peut-être plus profondément qu'ils ne le savaient eux-mêmes; mais dans leurs plus vigoureuses réactions à l'égard du drame de la vie quotidienne, ces hommes étaient par-dessus tout des chasseurs de danger et des soldats de fortune pour l'amour de la fortune et du danger, et non pour l'un ou l'autre des deux idéaux de Colón — la Bannière de l'Empire et la Croix de l'Évangile.

Parmi ces hommes, les plus importants étaient Alonso de Hojeda et Mosén Pedro Margarite. Hojeda venait de la Maison du Duc de Medinaceli. « Il était petit mais bien proportionné et bien fait; de belle contenance, le visage beau et les yeux très gros, l'un des hommes les plus agiles à la course et à tous les sports de force pratiqués dans cette flotte ou en Espagne. Toutes les perfections physiques qu'un homme peut avoir paraissaient avoir été réunies en lui, sauf qu'il était petit (...) bien que l'un des plus braves et toujours en Castille ou ici mêlé à des guerres et à des duels; car il était toujours le premier à faire couler le sang, et de sa vie il ne fut blessé; et nul homme n'avait jamais fait couler son sang avant que, deux années avant sa mort, quatre Indiens qui le guettaient le blessent par stratagème. »

Quant à Mosén Pedro Margarite, nous savons que Colón lui confia les postes les plus difficiles et qu'il le proposa pour de l'avancement au Roi et à la Reine, cependant qu'Oviedo témoigne de son sens de la loyauté à l'égard de ses hommes dans les circonstances les plus critiques et de l'esprit de conciliation avec lequel il s'efforça d'aplanir les différends qui devaient bientôt s'élever entre Colón et le Père Buil.

Il y avait aussi un médecin à bord, heureusement pour nous, car il prit sur lui d'écrire un journal du voyage pour le bénéfice du Conseil de Séville. Le docteur Chanca s'était porté volontaire pour l'expédition, et le Roi et la Reine lui avaient écrit le 23 mai, acceptant son offre et ajoutant même que sa présence serait d'un grand profit pour la santé de ceux qui s'embarquaient pour les Indes sur leur ordre. Il semble que le docteur Chanca ait été un homme jovial et plein de bon sens, non dénué de cette finesse confinant au scepticisme que l'on trouve plus fréquemment dans l'Espagne orthodoxe, dogmatique, don quichottesque qu'on ne l'imaginerait au premier abord.

Il fut d'un grand secours à l'Amiral non seulement comme médecin et chirurgien à une époque où la santé de tous était mise à rude épreuve, mais aussi parce que c'était un naturaliste capable d'observer les animaux et les plantes avec un œil compétent et parce qu'il se montra au moins une fois l'homme le mieux qualifié pour démasquer un dangereux ennemi se faisant passer pour un ami.

*
**

Il fallut cinq jours pour atteindre la Grande Canarie ; cinq jours encore pour arriver à La Gomera ; et il fallut y rester encore plus longtemps pour faire les provisions de viande, de bois, de feu et d'eau et pour charger d'excellentes choses dont l'Amérique regorge aujourd'hui grâce à ce prévoyant séjour de l'Amiral dans l'une des plus humbles des Canaries, savoir : « Des génisses, des chèvres, des brebis et [...] huit truies à soixante-dix maravédis pièce. C'est de ces huit truies que sont nés tous les porcs qu'il y a aujourd'hui aux Indes, où ils sont en nombre incalculable » ; et « il y avait aussi des poules. Tel est le germe d'où est sorti tout ce qu'il y a ici de choses de Castille, pépins et graines d'oranges, de citrons, de melons et de toutes sortes de légumes ». Il fallut un autre jour pour se rendre à l'île de Hierro, la plus à l'ouest et la plus au sud des Canaries ; en sorte que la véritable traversée ne commença que le 13 octobre, exactement un an et un jour après que les trois caravelles avaient vu la terre. L'Amiral avait donné des instructions sous pli cacheté aux maîtres des seize autres navires, à n'utiliser qu'en cas d'urgence. C'était la précaution qu'il prenait habituellement, afin de garder pour lui-même la clé de sa découverte. Cette fois il prit un cap tout à fait différent, non point vers l'ouest, mais franchement sud-ouest. Son but était de découvrir le continent. Ce faisant, il entrait bien plus profondément dans la zone des vents alizés qu'il n'avait fait lors de son premier voyage, et le dimanche 3 novembre, après une traversée de vingt jours, un pilote du navire-amiral signala la terre. Il y eut grande liesse à bord, et le docteur Chanca raconte quelle merveille c'était d'entendre les cris et les réjouissances, car ils languissaient tous après la terre. Ils avaient le choix entre deux îles : Dominica et Marigalante ; le mouillage était meilleur à Marigalante, dont Colón prit solennellement et officiellement possession, la Bannière Royale à la main. La Guadeloupe fut découverte le lendemain.

Ils étaient enfin dans le pays des Canniba, mais Colón se rendit compte que ces Canniba n'étaient point les sujets du Grand Khan. Plusieurs captives, qui furent enchantées d'être libérées par les Visages pâles du joug sinistre des indigènes de Canniba, leur firent un tableau peu flatteur de la vie dans l'île. Les Canniba enlevaient les femmes et les garçons des îles voisines, pour servir à leurs plaisirs ; ils châtraient les garçons et les mangeaient quand ils grandissaient. Ils mangeaient aussi les enfants qu'ils avaient des femmes étrangères, car ils paraissaient avoir un sens très vif de la pureté raciale.

La flotte flâna agréablement dans le chapelet d'îles qui s'étend en demi-cercle de la Trinité à Espagnola, regardant les indigènes, admirant les beautés de l'automne toujours vert, observant les ports naturels et les collines, l'habituelle passion de l'or en éveil. Il leur arrivait malgré tout quelques mésaventures : ainsi lorsqu'un certain Diego Marcez, qui était capitaine d'un navire, se perdit avec huit autres hommes après être débarqué à la Guadeloupe sans l'autorisation de l'Amiral. Des recherches furent organisées et les trompettes retentirent dans les forêts tropicales, qui durent se demander ce qui leur arrivait d'avoir à renvoyer l'écho de bruits aussi extraordinaires et tellement plus puissants que leurs conciliabules de perroquets, mais les neuf chrétiens perdus ne donnèrent pas signe de vie ; la flotte les abandonna, croyant qu'ils avaient été mangés par les Cannibales, bien que, comme le docteur Chanca le fait remarquer, il y eût parmi eux des pilotes capables d'aller jusqu'en Espagne en se guidant sur les étoiles. Finalement, ils réussirent à retrouver la flotte : ils étaient revenus sur la côte au cours de leurs vagabondages, et s'y étaient tenus pour plus de sûreté. L'Amiral se contenta de punir le Capitaine et les choses en restèrent là. Ainsi soulagé de son angoisse, il découvrit plusieurs îles, dont Porto-Rico, qui bien que grande et belle ne dut probablement pas consoler Colón de son échec à découvrir ce continent qui ne cessait de se dérober derrière le voile du mystère, et ils arrivèrent enfin à Espagnola. Colón avait bien failli découvrir le continent de l'Amérique du Sud au cours de ce deuxième voyage, car il avait mis le cap très nettement vers le sud : mais une force obscure qui était peut-être le doute, l'angoisse qu'il ressentait au sujet de La Navidad avait détourné sa route vers le nord-ouest. Ce sentiment que l'Amiral dut entretenir avant même son départ d'Espagne — à en juger par ses actes — le conduisit à hâter le voyage et à se retenir de flâner parmi les paysages enchanteurs que l'océan lui offrait chaque jour, et qui étaient chaque jour nouveaux. Sans doute n'en parlait-il guère à ses équipages ou à ses compagnons ; mais nous en trouvons une trace dans cette remarque du docteur Chanca : « ...le lendemain matin, une autre île apparut, assez grande ; mais nous n'abordâmes dans aucune [de ces îles] parce que nous voulions aller réconforter les hommes restés à Espagnola ». Et il ajoute : « Mais Dieu ne nous le permit pas, comme on va le voir bientôt. »

CHAPITRE XXII

AMIRAL CONTRE VICE-ROY

Ils se trouvaient sur une partie de l'île peu familière à ceux d'entre eux qui l'avaient découverte l'année précédente, plate et basse, si différente de la côte nord qu'ils se demandèrent au début s'ils ne s'étaient pas trompés, d'autant que les indigènes donnaient d'autres noms à toutes les provinces. Une caravelle que l'Amiral avait envoyée faire le tour de l'île — on ne sait jamais : et si c'était le continent, et qu'au lieu de Cipango, ils eussent abordé au vrai Cathay ? —, partie depuis quarante jours, n'était point revenue. Tout était nouveau à leurs yeux et digne d'intérêt, particulièrement les animaux, les mouillages et les arbres, et ils observaient avec un œil un peu utilitaire et un curieux manque de sensibilité la beauté du paysage tropical, cela dû en partie sans doute à l'absence de personnes douées d'un tempérament artistique dans une expédition d'hommes d'action, mais aussi au fait que le siècle n'avait pas encore acquis ce sentiment de la nature que la découverte de l'Amérique, parmi d'autres facteurs, devait précisément développer plus tard.

Ils poursuivirent leur route vers La Navidad. Au cours d'une escarmouche avec les Cannibales, un marin biscayen fut blessé. Il mourut quelques jours plus tard et fut enterré dans l'île. Nombreux durent être à bord ceux qui, en bons marins, virent dans cet événement un mauvais présage. Lorsque le canot funéraire toucha le rivage, il fut entouré d'indigènes qui, loin de fuir les chrétiens, voulurent tous monter à bord. Les Espagnols leur refusèrent, mais deux d'entre eux s'approchèrent de la flotte dans une petite pirogue et réussirent finalement à parler à l'Amiral, auquel ils expliquèrent que leur « Roi » les avait envoyés demander qui étaient les étrangers et leur avait dit de les inviter à débarquer, car il y avait de l'or en abondance dans le pays et des vivres à leur disposition. Il est difficile d'interpréter cet épisode autrement que comme une tentative d'un insulaire rusé pour attirer Colón dans un guet-apens. Ce dut être l'avis de l'Amiral, car « il leur donna des chemises, des bonnets et autres bagatelles » et s'excusa parce qu'« il allait au pays de Guacamari et ne pouvait s'attarder ».

Ce n'était pas toutefois un geste en l'air. Ce n'était pas par pruderie que Colón faisait don à ses amis indiens de chemises espagnoles, et ce n'était pas non plus de la publicité pour le commerce catalan des textiles. Ses intentions étaient plus profondes et plus machiavéliques, comme le temps allait le révéler. Il ne fait cependant pas de doute qu'il était préoccupé par ce qui l'attendait à La Navidad, et que s'il resta deux jours dans « un port connu sous le nom de Monte-Cristi », ce fut « afin d'étudier la disposition des lieux, car l'Amiral n'était pas satisfait de l'emplacement où il avait laissé ses hommes ».

Comme ils étudiaient les lieux, les Espagnols trouvèrent deux cadavres sur la berge du fleuve. L'un d'eux avait un nœud autour du cou, l'autre autour du pied. Les superstitieux qu'il y avait parmi les chrétiens avaient donc eu raison. C'est du reste ce qui arrive généralement, parce que les êtres humains répandent assez de germes de malheur sur leur chemin pour qu'on soit sûr qu'à nul mauvais présage ne manquera sa récolte de mal. Le lendemain, on découvrit deux autres cadavres, dont un barbu. « Certains d'entre nous, dit tranquillement le docteur Chanca, soupçonnèrent plus de mal que de bien, et à juste titre, car les Indiens sont tous imberbes. »

Ils étaient alors à cinquante milles environ de La Navidad où ils arrivèrent le mercredi 27 novembre à midi. Onze mois là-bas; onze mois, non seulement dans un autre pays mais dans un autre monde. L'Amiral, navigateur toujours prudent, n'entra pas dans la baie avant le lever du jour. Il semble avoir poussé la prudence encore plus loin, car il ne jeta l'ancre que l'après-midi. Alors qu'ils étaient encore loin de la terre, une pirogue s'approcha d'eux, à bord de laquelle se trouvaient cinq Indiens qui paraissaient fort désireux d'être reçus. Mais l'Amiral était encore plus désireux de descendre à terre, et il ne les attendit pas. Il fit tirer deux fois ses *bombardas*, espérant obtenir une réponse des *bombardas* qu'il avait laissées à Diego de Arana. Il n'y en eut pas. C'était de fort mauvais augure, d'autant plus qu'aucun signe de vie ne venait de La Navidad.

Pendant la nuit, alors qu'ils étaient tous en proie au découragement, la même pirogue qui avait essayé de les aborder dans l'après-midi s'approcha de l'une des caravelles. Les Indiens furent conduits au navire amiral. Ils voulaient voir l'Amiral et refusèrent même de lui parler avant qu'on ait apporté une lumière et qu'ils aient pu s'assurer qu'ils étaient bien en sa présence. Ils apportaient des masques d'or pour Colón et pour Pinzón (qu'ils s'attendaient à trouver dans l'expédition); et lorsqu'on leur demanda des nouvelles des chrétiens, ils répondirent que tous les chrétiens allaient bien, quoique certains fussent morts de maladie et d'autres au cours de rixes qui les avaient opposés. De même ils déclarèrent que Guacamari n'était pas venu parce qu'il était loin, blessé à la jambe, mais qu'il viendrait le lendemain; et que les deux autres rois, Caonabó et Maïreni, l'avaient attaqué et avaient brûlé son village.

Les nouvelles, jusqu'à présent, étaient mélangées, et les chrétiens les prirent du bon côté; ils étaient tellement contents que lorsqu'un de leurs Indiens leur dit que tous les chrétiens de La Navidad étaient morts, et qu'il le tenait des indigènes, ils ne le crurent pas. Le lendemain, tout en attendant Guacamari qui ne vint pas, l'Amiral envoya un corps de débarquement qui signala que l'établissement avait été brûlé, qu'il n'y avait aucun Espagnol en vue, et que les Indiens jadis si hospitaliers et si impatients de rencontrer les Visages pâles, les évitaient et refusaient de leur parler. Finalement, un des parents de Guacamari expliqua que Caonabó et Maïreni avaient tué tous les chrétiens et blessé Guacamari.

La première tentative de colonisation espagnole dans le Nouveau Monde avait abouti à un désastre. La première réaction de Colón fut curieuse. Il semble qu'il soit resté froid, et même de glace, tout au moins extérieurement ; il ordonna de chercher l'or que les morts avaient pu enterrer — car telles étaient les instructions qu'il leur avait laissées — et de se mettre en quête d'un meilleur emplacement pour installer un établissement. Tous les effets plus profonds de cette tragédie qu'il put ressentir sur le moment furent soigneusement dissimulés derrière cette réserve qui était l'un des traits les plus typiques de son caractère. Il justifia son indulgence par de nombreuses — trop nombreuses — raisons. La véritable raison était peut-être qu'il se sentait responsable de ce qui était arrivé. Profondément méfiant, il avait laissé à la tête d'un établissement, qui avait besoin d'un chef éminent, l'homme qui se trouvait son plus proche parent, Diego de Arana. Il devait plus d'une fois renouveler cette erreur, qui consistait à ne faire confiance qu'à ceux qui lui étaient attachés par des liens de famille.

Cependant, Guacamari ne se montrait pas. Nombreux parmi les hommes de Colón étaient ceux qui le soupçonnaient de trahison. Colón restait silencieux. Les Indiens accusaient unanimement Caonabó et Maïreni, mais faisaient de temps à autre des allusions à l'amour des Espagnols pour les femmes indigènes. Par la suite, quelques capitaines de Colón trouvèrent Guacamari étendu dans son hamac, à quelque douze milles de La Navidad. Il expliqua à ses visiteurs qu'il était blessé et qu'il lui était impossible d'aller voir l'Amiral, et il exprima le désir — sans doute purement diplomatique — que l'Amiral vienne le voir.

L'Amiral alla rendre visite au « Roi » invalide. Il fit bien les choses. Probablement pour faire impression sur le Prince indigène par sa puissance et sa magnificence, il emmena avec lui tout son état-major, dont tous les membres étaient vêtus comme « s'ils avaient passé une revue dans une grande ville » ; il apporta des cadeaux à Guacamari, car il avait déjà reçu de l'or du « Roi », et il était séant qu'il le payât de retour. A nouveau, Guacamari lui raconta son histoire, lui donna de l'or et des bijoux indigènes et essaya par tous les moyens de lui prouver son amitié. Mais, comme le docteur Chanca et un autre chirurgien se trouvaient présents, l'Amiral offrit leurs services au « Roi » blessé, lequel les accepta, car il n'avait pas de raison de refuser. On l'invita à sortir à la lumière, et le chirurgien et le médecin lui débandèrent la jambe. « Il n'avait pas plus mal à cette jambe qu'à l'autre, dit le docteur Chanca, bien qu'il soutînt comme renard qu'elle lui faisait très mal. » Colón avait à présent la preuve de sa trahison. Mais « l'Amiral ne sut pas quoi faire ».

La situation était sans doute délicate et peut-être dangereuse, cependant dans ce cas comme dans d'autres, il semble que Colón n'ait pas fait preuve des qualités de décision et d'énergie requises chez un vrai capitaine, et qu'il ait cédé trop facilement à sa tendance naturelle à dissimuler et à remettre au lendemain. Le frère de Guacamari vint au navire amiral le lendemain ; il s'arrangea pour parler aux deux Indiennes qui étaient à bord et il semble les avoir persuadées de s'éloigner à la nage au cours de la nuit, ce qu'elles firent. L'Amiral envoya des messagers pour les réclamer, mais Guacamari s'était enfui et le camp des Indiens était vide. Ce n'était pas le genre de situation qu'un homme comme Hernán Cortés aurait laissé se créer.

Le tempérament vagabond est un trait naturel des marins et des explorateurs. Quelles que fussent les circonstances, Colón aimait beaucoup se remuer, aller et venir. Mais en particulier toutes les fois qu'il avait à faire face à une situation embarrassante, il donnait libre cours à son penchant naturel. Dans ces cas-là nous allons le voir chercher refuge, sinon dans la fuite, du moins dans le repliement sur soi. Un homme d'action aurait senti que le lieu où d'aussi graves événements s'étaient produits exigeait sa présence jusqu'à ce que la situation eût été redressée. Ou bien si les éléments d'une action n'existaient pas, il aurait cherché à se les procurer dans les plus brefs délais. Colón décida de partir pour un long voyage d'exploration et de chercher un bon emplacement pour un autre établissement. Certes, il aurait pu juger bon de commencer par s'assurer une base, et s'il l'avait fait, il aurait eu raison, car tous les hommes ne peuvent pas avoir le tempérament qui fit « brûler » ses vaisseaux à Hernán Cortés. Mais passer un mois à chercher un emplacement quand Guacamari le complice et Caonabó l'ennemi couraient la campagne! Et pourquoi tant de temps? Parce que « l'Amiral décida qu'il nous fallait rebrousser chemin dans la direction de la Castille parce que c'était par là qu'étaient venues les nouvelles de l'or ». On comprend difficilement qu'un chef qui dirigeait ainsi ses hommes ait pu garder si longtemps son autorité sur eux.

Colón était toujours bien plus à l'aise sur mer, où il bougeait, que sur terre, où il se sentait accroché, prisonnier de la dure réalité. Ce trait est conforme à son tempérament imaginatif. Les paysages changeants, les situations toujours nouvelles, la fluidité même de l'élément sur lequel il flottait et de l'élément qui le poussait en avant, la compagnie des nuages, le choix libre de tous les vents du compas, tout cet environnement indécis convenait bien mieux à son âme chimérique que la dureté de roc de la terre et les solides problèmes qu'elle pose. Cependant, tous les voyages doivent finir et après avoir erré un mois entier, Colón choisit enfin un emplacement et donna l'ordre de débarquer, au grand soulagement des hommes, des chevaux et du bétail, sans oublier les huit truies.

C'est là que Colón fonda la première ville du continent américain, laquelle est à présent en ruine en raison de la négligence d'abord de l'Espagne et plus tard de ceux qui succédèrent à l'Espagne. Il l'appela Isabella, en signe de la vénération particulière qu'il avait pour la Reine, et bâtit sur-le-champ un magasin pour l'armée, une église, un hôpital, une maison fortifiée pour lui-même. Les autres chefs furent invités à se faire bâtir des maisons. Alors que la petite ville commençait à prendre forme, elle fut visitée par sa première calamité, une épidémie. On en sait peu de choses, sinon que presque tous les colons en furent victimes. Ils l'attribuèrent au surmenage provoqué par la construction d'Isabella et par le manque de nourriture adéquate. Il s'agissait peut-être d'une épidémie d'influenza, comme nous l'appelons aujourd'hui sans en savoir beaucoup plus sur sa nature réelle. Le docteur Chanca eut tant de travail qu'il réclama une augmentation de salaire, que Colón transmit au Roi et à la Reine.

Cependant le Vice-Roy-Amiral nourrissait deux autres projets : l'exploration de Cibao (il voulait se rendre compte s'il s'agissait réellement de Cipango et aussi voir s'il y avait de l'or) ; et le voyage de retour d'Antonio de Torrès en Espagne, où il devait présenter son rapport au Roi et à la Reine.

L'exploration de Cibao fut confiée à Hojeda, qui avec quinze hommes fit l'aller et retour en quinze jours, ramenant des nouvelles enthousiastes d'Eldorados et d'indigènes bienveillants. L'Amiral en conçut tant de joie qu'il oublia Cipango, et il envoya un rapport optimiste, tout au moins sur ce point, au Roi et à la Reine par l'intermédiaire d'Antonio de Torrès.

Colón avait soigneusement préparé son messager, il l'avait nommé *Alcayde*, Gouverneur de la ville d'Isabella. L'Amiral pensait évidemment qu'il pouvait confier à cet homme le soin de parler pour lui au Roi et à la Reine, mais pour être sûr que les points importants ne seraient pas oubliés, il établit un mémorandum minutieux pour la gouverne de son représentant. Le ton de ce document montre que Colón n'était pas sûr de lui et qu'il était anxieux de prévenir les critiques possibles de son entreprise. Après une déclaration de loyalisme au Roi et à la Reine, il consacre trois longs paragraphes à expliquer pourquoi la politique de l'or et des épices n'avait pas encore donné de résultats remarquables ; il réaffirme que l'île contient en abondance l'un et l'autre, mais souligne les difficultés du moment — maladies, absence de routes, Caonabó encore en liberté. Il demande ensuite qu'on lui envoie des vivres d'Espagne, en attendant que les récoltes puissent être faites et que les animaux amenés se soient reproduits. Il continue en proposant d'envoyer en Espagne des groupes de Cannibales pour qu'ils se convertissent et perdent leurs mauvaises habitudes ; enfin, combinant les deux idées, il déclare qu'on pourrait organiser un commerce profitable en faisant faire à des caravelles le va-et-vient entre l'Espagne et Espagnola : elles amèneraient du bétail et remmèneraient des chargements d'esclaves cannibales, ce qui, croit-il, rapporterait des droits substantiels au Roi et à la Reine.

Cette singulière proposition fut la seule que le Roi et la Reine refusèrent. Ils remirent à plus tard leur décision. Nous discuterons plus loin l'attitude de Ferdinand et d'Isabelle à l'égard de l'esclavage ; mais la proposition faite par l'Amiral montre que Colón commençait déjà à se rendre compte qu'il y avait moins d'or à Cipango et dans les Indes que Marco Polo et Mandeville ne le lui avaient fait croire et qu'il était nécessaire de chercher des produits de remplacement. Tout cela était du reste loin d'échapper à l'attention de la Cour. L'or de Colón était rare, son « aloès » n'était pas de l'aloès ; son « musc » n'était pas du musc ; sa « cinnamome » n'était pas de la cinnamome. Et quand Antonio de Torrès arriva avec la nouvelle du désastre de La Navidad, le bruit se répandit que Colón ne l'avait pas fondée pour « peupler le pays », ni en vertu d'une injonction spéciale du Seigneur, mais parce qu'il n'avait plus assez de place pour tout le monde après la perte du navire amiral. « Il était inévitable de les y laisser, dit Bernáldez, car du fait de la perte du navire, il n'y avait pas la place de les ramener, mais on affirma au contraire qu'ils étaient restés là-bas pour être les premiers colons. » Il se peut que le Roi et la Reine se soient demandé si l'entreprise valait la peine et la dépense. Les splendides conquêtes, le Mexique, le Pérou, devaient être l'œuvre du prochain règne. Qu'avaient-ils gagné à cette découverte ? Antonio de Torrès leur rapportait les nouvelles d'un passé désastreux, d'un présent décourageant, d'un avenir inquiétant. Les chevaliers et les gentilshommes partis pour découvrir un eldorado demandaient humblement à être mis sur une liste de salaires, comme si la découverte et la conquête pouvaient être l'œuvre de fonctionnaires. La Castille et son trésor épuisé devaient tout donner — des animaux, des navires, des salaires, des pensions pour les familles des hommes, et en retour Colón offrait quoi ? Des esclaves cannibales.

Tels étaient les bruits qui couraient en Espagne. A Isabella même, il fait peu de doute que l'Amiral était fortement critiqué par ceux qui l'entouraient. Entre ce commandant souvent taciturne, toujours dissimulé et méfiant, et l'armée des soldats enthousiastes et des aventuriers qu'il avait emmenés avec lui, il y avait une évidente opposition de tempérament. Il se méfiait, comme on le verra par ses actes, de ses principaux compagnons, à l'exception peut-être d'Antonio de Torrès, et la méfiance engendre naturellement la méfiance. En outre, il se peut que quelques-uns d'entre eux, au moins — c'est même probable —, aient été égoïstes et intéressés, indisciplinés et ambitieux. Ses premiers ennuis graves, Colón les eut avec le chef comptable de la flotte, un certain Bernal de Pisa, *Alguazil de Corte*, qui avait reçu des ordres stricts de garder l'œil ouvert et la plume en éveil et de signaler tout ce qui méritait d'être signalé à Juan de Soria. Comme s'il avait amené de l'autre côté de l'Atlantique l'esprit de Juan de Soria lui-même, Bernal de Pisa avait rédigé une « enquête » sur les faits et gestes de l'Amiral, qu'il avait cachée à l'intérieur d'une bouée de bois. L'Amiral devait avoir un bon service de renseignements, car il trouva le papier et mit son chef comptable en prison, cependant qu'il punissait plusieurs autres conspirateurs, en mettant un à mort probablement, si nous donnons à la quelque peu énigmatique version de Las Casas la seule interprétation qui la rende intelligible. Cette fermeté à l'égard des siens, peut-être opposée à sa prudence et à son indulgence à l'égard de Guacamari, n'était pas faite pour accroître son prestige de chef.

Une autre décision ne fut pas plus heureuse. Sa curiosité avait été aiguisée par le rapport de Hojeda sur Cibao, et il décida d'y aller lui-même. Il avait plusieurs hommes sous ses ordres à qui il aurait pu confier le commandement en son absence. C'est à son jeune ecclésiastique de frère qu'il le remit, alors qu'il connaissait si bien son incompétence qu'il nomma à ses côtés « des personnes pour le conseiller et l'aider ». Ayant ainsi semé les germes de la discorde derrière lui, il partit pour Cibao le 12 mars 1494.

Il avait confié quinze hommes à Hojeda, mais il prit avec lui une armée puissante : « Pour faire naître la crainte en eux et pour leur montrer que s'ils tentaient quelque chose, [les chrétiens] étaient assez puissants pour les attaquer et les mettre à mal ; il donna à son départ d'Isabella le style d'une expédition guerrière, drapeaux au vent, sonneries de trompettes et coups de canon, ce qui dut laisser les Indiens plutôt stupéfaits, et il fit ainsi toutes les fois qu'il rencontra sur son chemin un village indien. » Cette expédition fut très heureuse dans tous les domaines ; après s'être donné beaucoup de mal à élargir pour leurs chevaux et pour leurs chariots une passe étroite, les Espagnols tombèrent sur une vallée « si fraîche, si verte, si propre, si colorée, si pleine de beauté, qu'ils crurent être arrivés dans une région du Paradis, baignés et plongés dans une joie incomparable ».

Il semble que les indigènes étaient dignes du pays et qu'ils n'avaient guère le sens du tien et du mien, malgré l'opinion de Pierre Martyr ; ils venaient aux étrangers et librement, prenaient et donnaient tout ce qui leur passait par la tête, ou bien ils se retiraient dans leurs huttes et les « fermaient » en mettant quelques cannes creuses en travers de l'entrée.

Il atteignit Cibao. Ce n'était pas Cipango. C'était le « pays de la Pierre », car *ciba* signifiait *pierre* dans la langue indigène. Mais dans les nombreux cours d'eau de ce pays sec et rocailleux, ses hommes trouvèrent assez d'or pour justifier, sinon la réputation « cipanguienne » que Colón lui avait faite, du moins la construction d'une bonne forteresse et l'installation d'une garnison espagnole. Il en bâtit donc une près d'une « très joyeuse rivière » ; et comme son intention était de s'assurer le contrôle des mines d'or qui avaient dans le passé donné lieu à tant de scepticisme, il plaça cette forteresse sous le patronage de saint Thomas, le patron des sceptiques. Il en confia la garde à Mosén Pedro Margarite et à cinquante hommes courageux.

Lorsque le 29 mars, Colón revint à Isabella, il trouva une situation déplorable. « Là où il n'y a pas de farine, les humeurs sont aigres », dit un proverbe espagnol. La faim montrait partout son maigre visage et ses gros yeux revêches. La plus grande partie des vivres amenés d'Espagne avait pourri sous le climat humide et chaud, et la nourriture indigène ne convenait guère aux chrétiens habitués à du bon lard baptisé d'excellent vin. Colón n'avait pas de farine, mais il avait du froment et une rivière ; il donna l'ordre de construire quelques moulins ; mais ses hommes étaient épuisés par le manque de nourriture, et cet homme terrible, ce chevalier de l'éperon d'or, eut l'audace de demander aux gentilshommes et aux palatins, aux « hommes au manteau noir », de les aider. « Ils jugèrent aussi mauvais que la mort d'avoir à travailler de leurs mains, particulièrement sans manger », dit Las Casas. Et comme le Vice-Roy ajouta « la violence au commandement » pour obliger tout le monde à travailler, cela accrut encore le mécontentement que d'autres actes, moins justifiés peut-être que celui-ci, avaient déjà répandu parmi ses subordonnés.

C'est alors, semble-t-il, qu'ont commencé à se gâter ses relations avec le Père Buil, ce qui risquait d'être grave. Buil était malgré tout le représentant particulier de la Reine pour les affaires spirituelles, et il était certain qu'elle l'avait choisi avec le plus grand soin. Il trouva que Colón infligeait aux hommes des punitions trop sévères et qu'il les nourrissait avec trop d'économie. L'absence de nourriture appropriée était souvent pour les malades une cause de souffrance et de mort. « L'Amiral, dit Oviedo, fit pendre plusieurs hommes, et en particulier un Aragonais du nom de Gaspar Ferriz, en fit fouetter plusieurs autres et se mit à être plus sévère et plus rigoureux qu'il n'avait accoutumé d'être. (...) L'Amiral fut accusé d'être cruel par ce moine [Buil] qui, étant le représentant du Pape, intervint ; dès que Colón fit en matière de justice criminelle quelque chose que le moine trouva injuste, celui-ci jeta aussitôt l'interdit sur lui et fit suspendre les offices divins. L'Amiral fit alors suspendre les rations et interdit de distribuer des vivres au Père Buil et à sa maison. » Ce duel tragi-comique entre le pouvoir spirituel et le pouvoir temporel devait fatalement être préjudiciable au Vice-Roy-Amiral.

L'impression générale laissée par tous ces événements est que, bien que Colón eût fort à faire et que, sans doute, les gentilshommes n'aient pas dû lui faciliter la tâche quand ils s'aperçurent que la découverte comportait moins d'avantages et plus de dur labeur qu'ils ne s'y attendaient, les souffrances endurées par l'expédition furent terribles et les morts causées par la famine et la misère nombreuses. La légende est une image transfigurée de l'histoire, et les légendes qui coururent au sujet d'Isabella peu de temps après sont plutôt sinistres. La ville était déjà dépeuplée à l'époque de Las Casas, et ceux qui devaient s'en approcher, par exemple pour chasser les porcs qui étaient alors en très grand nombre et qui étaient devenus sauvages, le faisaient dans la crainte et le tremblement, car il se disait que l'on entendait et que l'on *voyait* les voix des âmes désolées dont les corps avaient péri de faim là-bas. « Il se disait aussi [...] qu'un jour, comme deux hommes passaient au milieu de ces maisons d'Isabella, dans une rue, brusquement, apparurent deux files ou deux chœurs d'hommes, qui paraissaient être des nobles ou des courtisans bien habillés, ceints de leurs épées et drapés dans des manteaux de voyage de l'espèce portée en Espagne à cette époque, et comme ces personnes se demandaient comment de tels gens si nouveaux et si bien habillés avaient abordé là [...], lorsqu'ils leur demandèrent d'où ils venaient, ils répondirent silencieusement en portant leur main à leur chapeau pour les saluer, et lorsqu'ils enlevèrent leur chapeau, leur tête suivit, et ils restèrent sans tête, puis s'évanouirent : cette vision laissa les deux hommes presque morts et ils restèrent pendant de nombreux jours abasourdis et affligés. » Cette touchante histoire apporte un vivant témoignage sur l'impression qu'avaient laissée aux premiers colons les malheurs endurés à Isabella et, par conséquent, sur la perte de prestige et d'autorité morale que dut alors subir leur chef, que les hommes confiés à ses soins aient été entièrement innocents, ou bien, ce qui est plus probable, qu'ils aient été partiellement responsables de la triste situation où ils se trouvaient tous.

Au milieu de ces tribulations, Colón fut informé que la forteresse de Santo Tomás allait être attaquée par Caonabó, et que les indigènes de toute la région abandonnaient leurs habitations et s'enfuyaient. Il décida d'envoyer Hojeda avec des soldats et des stocks de vivres et de munitions. En outre, il décida de se débarrasser des bouches inutiles et inclut dans l'expédition « tous ceux qui n'étaient pas malades et qui pouvaient marcher », pour leur permettre d'explorer le pays et de s'habituer à la nourriture locale. L'intention de Colón était que Hojeda reste à Santo Tomás et que Margarite aille reconnaître le pays. Hojeda emmena avec lui soixante cavaliers, deux cent cinquante archers, et cent dix soldats armés d'arquebuses *(espingardas)*, ainsi que vingt officiers. Les instructions envoyées par Colón à Margarite font un curieux mélange : interdiction de voler et de piller les Indiens, au contraire les bien traiter et payer tout ce qu'ils fournissent, ne serait-ce qu'avec des perles et des clochettes ; si un Indien vole, le punir en lui coupant le nez et les oreilles, « car ce sont des parties du corps que l'on ne peut cacher », et ainsi l'île sera sûre, car « les indigènes sauront que les bons seront bien traités et les méchants punis ». (Tout cela n'était pas pire que les punitions en ce temps-là infligées pour des crimes semblables en Espagne ou en Europe.) La justice intérieure devait être également sévère, afin que les troupes restent disciplinées, et ne se dispersent pas en groupes de deux et de trois, ce qui serait leur perte. Et comme Margarite devait circuler dans la campagne, il devait planter partout de grandes croix et installer des bornes — en l'honneur de Dieu et de Leurs Altesses et pour permettre aux gens de savoir où ils étaient.

Quant à Caonabó, il fallait le prendre vivant. Il fallait le flatter et le traiter en ami, lui dire que les chrétiens étaient nombreux et qu'il allait encore en venir d'autres ; et c'est maintenant, enfin, que nous comprenons les beautés de la civilisation des tailleurs et de la générosité de Colón en matière de chemise : « Veillez à ce que Cahonaboa (c'est ainsi que Colón écrit le nom de ce Roi) vienne vous parler, afin de l'arrêter plus facilement et comme il vit nu, et qu'il doit être difficile de l'attraper [...], veillez à ce qu'il lui soit offert une chemise et à ce qu'il la passe aussitôt ainsi qu'une cape et une ceinture et mettez-lui un chapeau sur la tête, comme cela vous pourrez le tenir et il sera dans l'impossibilité de se dégager. »

Colón était évidemment d'humeur plus agressive que lorsqu'il avait laissé Guacamari s'échapper après sa trahison ou sa fourberie. Comme Hojeda, suivant ses instructions, avait coupé l'oreille d'un Indien pour le vol de quelques vêtements, enchaîné un *cacique* et deux autres notables indigènes qui s'étaient plaints de la punition et les lui avait envoyés, le Vice-Roy devint soudain impitoyable et fit décapiter les trois prisonniers sur la place publique. Bien que Las Casas soit rarement un bon témoin, étant donné son penchant pour les indigènes, qui est admirable certes, mais lui ôte toute impartialité, on voit mal pourquoi il aurait inventé cet incident qui montre Colón punissant trois innocents, alors qu'il avait permis au coupable Guacamari de s'en tirer impunément. Bref, on a bien l'impression que cette première exécution capitale commise par des chrétiens dans le Nouveau Monde était le fait d'une crise d'énergie à retardement chez un homme qui n'était pas absolument le maître de son esprit et de sa volonté.

CHAPITRE XXIII
RETOUR CONTRIT EN ESPAGNE

On ne peut guère dire que la situation générale fût satisfaisante. Isabella connaissait la faim et le découragement, c'était plus un hôpital qu'une ville de colons et de conquérants ; Santo Tomás était menacé par un ennemi énergique et boycotté par la population environnante ; le mécontentement grondait chez les Espagnols ; les Indiens ressentaient vivement l'exécution de trois d'entre eux ; Antonio de Torrès était parti avec douze caravelles et ne serait pas de retour avant des mois. N'importe quel homme d'action se serait accroché à son poste. Colón n'était pas un homme d'action, mais un rêveur, un vagabond, non seulement dans l'espace, mais encore dans son humeur ; c'était un homme à la recherche de son âme.

Il était en outre rongé par le désir de découvrir le continent. C'était, après tout, son principal but. La colonisation était naturellement très importante, et le Roi et la Reine, qui pensaient en termes de territoire et d'empire, avaient droit à des résultats tangibles, prenant forme de villes, de provinces et de revenus. Mais Colón n'était pas un colonisateur, c'était même tout le contraire. Il appartenait à ce type d'hommes nés pour commencer les choses, ouvrir la voie, semer, il n'était pas de ceux qui s'attellent à la besogne, font mûrir, récoltent. Il n'était pas chez lui dans le monde de problèmes dont l'assaillait Isabella. « Je serai jugé, devait-il écrire plus tard dans ses jours de détresse, comme un capitaine qui partit d'Espagne pour conquérir

355

les Indes, non pas pour gouverner une ville ou un village déjà fondés, mais pour réduire à l'obéissance de Leurs Altesses les peuples sauvages et guerriers qui vivent dans les montagnes et dans les déserts. » On ne saurait mieux exprimer le caractère *initiateur, inchoatif* de son énergie. Il ne s'intéressait qu'à la découverte ; dès qu'elle était découverte, une terre n'avait plus aucune séduction pour lui.

C'est ainsi qu'il quitta Espagnola le 24 avril, avec trois caravelles, la *Niña*, le *San Juan* et la *Crodera*. Renouvelant sa précédente erreur, bien que sous une forme légèrement atténuée, il délégua ses pouvoirs à un conseil présidé par son frère Don Diego, et composé du Père Buil, de Pero Hernandez Coronel, d'Alonso Sánchez Carvajal et Juan de Luxán, tous hommes qui auraient probablement été mieux qualifiés pour présider le conseil que ce curé de Don Diego. Le lendemain, il jeta l'ancre à La Navidad et essaya de joindre Guacamari, mais le cacique resta introuvable ; ayant attendu deux jours en vain, il mit à la voile. Il était anxieux d'explorer Cuba, et de voir si c'était une île ou, comme il était enclin à le penser, le continent — le continent asiatique naturellement. Le mardi 29, il aperçut le cap de Bahiatiquiri, le point le plus à l'est de Cuba que, lors de son premier voyage, il avait appelé *Alpha et Oméga*, entendant par là que c'était le « commencement et la fin » de l'Est et de l'Ouest. Un tel nom aurait dû l'inciter à rester fidèle à son but principal, le continent. Mais il y avait à bord un certain Diego Colón qui le détourna de son devoir.

Ce Diego Colón était un Indien. Les Espagnols donnaient souvent leur nom aux non-chrétiens qu'ils baptisaient. Il est bien connu que des milliers de juifs ont porté jusqu'à aujourd'hui de nobles noms espagnols reçus de leurs illustres parrains le jour de leur conversion. De même, deux des Indiens qui étaient arrivés en Espagne avec Colón sur la première caravelle avaient été baptisés Don Juan de Castilla et Don Fernando de Aragón et vivaient à la Cour avec le Roi et la Reine. Les Espagnols ont toujours pratiqué presque instinctivement l'assimilation. Colón avait suivi la coutume, et avait donné à l'un de ses Indiens chrétiens le nom et le prénom de son frère et de son fils. Or, ce Diego Colón, un Indien Guanahani du premier voyage, montra un intérêt considérable pour la Jamaïque qui, l'affirma-t-il à son maître, regorgeait d'or. Sans hésiter, Colón changea de route et délaissa le continent encore non découvert pour le séduisant et trompeur métal. Il découvrit la Jamaïque le 13 mai 1494, et « la considéra comme la plus belle et la plus gracieuse de toutes [les îles] qu'il avait jusqu'alors découvertes ».

Il était donc à la Jamaïque, l'île pleine d'or ; l'île où dans les années à venir il allait goûter la lie amère de sa plus grande misère et exprimer sa douleur dans des pages inoubliables : il était à la Jamaïque. Mais la connaissance de la « belle et gracieuse » île ne devait pas aller au-delà d'un premier, rapide et superficiel coup d'œil. Après cinq journées passées à croiser le long de la côte, dont l'une fut gâtée par une rixe avec les indigènes, Colón entendit l'appel de l'Ouest et retourna à Cuba. Il était cette fois décidé à continuer pendant cinq ou six cents lieues jusqu'à ce qu'il ait arraché son secret à cette terre mystérieuse.

L'océan semblait monter bonne garde autour de lui, car la petite flotte se heurta à tous les obstacles possibles : un labyrinthe d'îles que le découvreur poète nomma le *Jardin de la Reine,* et une série de tempêtes qui éclatèrent tous les après-midi jusqu'au changement de lune et firent plus d'une fois s'échouer les navires. Un Indien qu'ils rencontrèrent en route leur affirma que Cuba était une île, mais comme il expliqua aussi que le « Roi » de toute cette partie de l'île et son peuple ne parlaient jamais que par signes, il se peut que son témoignage ait été négligé.

Colón était alors à environ cent cinquante milles de la pointe ouest de l'île. Il lui aurait été facile de l'atteindre et d'obtenir des renseignements de valeur qui auraient pu le conduire jusqu'au Yucatán et justifier la découverte aux yeux de ses critiques les plus acharnés grâce à la splendeur du Mexique. Mais il était dit que cela ne serait pas, et influencé, nous dit-on, par les tempêtes, les côtes dangereuses, les îlots et craignant de rester à court de vivres, il tourna le dos à sa chance, et mit le cap sur Isabella le 13 juin 1494.

Cependant, comme les événements devaient le montrer, la véritable raison n'était pas la crainte du manque de vivres, car la flotte ne rentra pas à Isabella, mais continua à naviguer d'une manière hésitante et paresseuse. Ce n'était pas non plus les difficultés de navigation parce que Colón avait déjà montré et devait encore montrer plus tard qu'il n'avait pas plus peur des vagues que de la faim. La véritable raison est qu'il décida brusquement que Cuba était le continent. Nous savons que pour Colón, comme pour Don Quichotte, la réalité extérieure n'existait que par la permission de la réalité intérieure. Ce qu'il pensait était. Or, le 12 juin, un jour exactement avant de tourner le dos au continent, Colón, tout à fait dans le style Don Quichotte, fit jurer à tous les hommes qui étaient à bord que Cuba était le continent. Fernando Pérez de Luna, notaire public d'Isabella et notaire en exercice de la flotte reçut l'ordre de l'Amiral de demander individuellement à tous les pilotes, maîtres, et marins « de dire s'ils avaient aucun doute que cette terre fût le continent au commencement des Indes, ou à la fin pour ceux qui voudraient venir d'Espagne dans cette partie du monde par terre, et que s'ils avaient un quelconque doute sur ce point, il les priait de le lui en faire part, car il le leur enlèverait aussitôt, et leur ferait voir que c'était vraiment le continent ». Et il les fit tous jurer et le notaire les menaça de leur infliger une amende de dix mille maravédis (ou une punition de cent coups de fouet pour les mousses) et de leur faire couper la langue *toutes les fois* qu'ils diraient le contraire par la suite ; ils jurèrent tous et acceptèrent ce qu'il disait, tous y compris Juan de la Cosa qui était « maître de la fabrication des cartes » et qui devait sûrement considérer cette scène comme de la véritable démence, exactement comme ceux qui écoutaient Don Quichotte menaçant de sa lance tous ceux qui refusaient de reconnaître que Dulcinée était la plus grande beauté du monde opinaient du bonnet, puis vaquaient à leurs occupations.

Ainsi convaincu que Cuba était le continent, Colón continua à naviguer sans plus de hâte. Il resta quelque temps à l'île des Pins, puis navigua vers l'est, et contourna la côte sud de la Jamaïque ; mais comme il arrivait à proximité d'Espagnola, alors qu'on aurait pu s'attendre à ce qu'il mît le cap droit sur Isabella, Colón se contenta d'envoyer neuf hommes à travers le pays porter des nouvelles de la flotte, et continua avec ses trois navires, sans but, pourrait-on s'imaginer. Il n'avait pas dormi, dit-il, depuis trente-deux jours, les îles du Jardin de la Reine et les tempêtes conspirant contre son repos ; il commençait probablement à sentir les effets amollissants de la maladie qui devait le terrasser bientôt. Il semble qu'il songeait alors à une expédition punitive — ou même d'extermination — contre les cannibales. Chemin faisant (c'est-à-dire sur la route de ce qui est à présent Porto-Rico), il découvrit les îles que les indigènes appellent Amona, et les Espagnols La Mona : la « guenon », et peu après « il sombra dans une somnolence pestilentielle qui le priva de tous ses sens et de ses forces et il resta mort et ils crurent tous qu'il ne passerait pas la journée ». La flotte, privée de son commandant, retourna à Isabella où elle arriva le 29 septembre 1494. Il y avait cinq mois et cinq jours qu'elle était partie.

« Dieu serre, mais il n'étouffe pas » ; quand l'Amiral aborda à Isabella, il aurait pu se souvenir de ce proverbe espagnol. Il était cloué au lit pour longtemps : il fut en fait malade cinq mois. La colonie était dans un état de profonde désintégration morale ; mais son frère Bartolomé était à Isabella, et il se sentait sans doute très désœuvré. Il y avait une très grande différence entre Don Bartolomé et Don Diego, non seulement une différence d'âge — Don Diego avait vingt-six ans et Don Bartolomé trente-deux — mais aussi une différence de caractère, car Bartolomé était de loin le plus courageux et le plus « réaliste » de la famille.

Bien qu'incapable d'accorder une attention continue au gouvernement de son île, Colón put cependant prendre une décision importante, qui partait d'une bonne intention, mais qui reçut une application malencontreuse. Il ne lui échappait pas qu'il était incapable de reprendre en main le gouvernement et que son remplaçant le plus sûr était son propre frère : mais il commit l'erreur de le nommer Adelantado. C'était une décision lourde de conséquences, car, bien qu'en pratique cela ne signifiât guère plus que Gouverneur et Commandant en chef par délégation, le mot voulait dire concession d'un titre convoité auquel étaient attachés nombre de privilèges. Le résultat fut que « l'opinion publique » de l'île, qui était déjà fortement montée, se déchaîna contre les Colón ; et que plus tard, lorsque le Roi et la Reine apprirent la nomination de Bartolomé Colón, ils considérèrent cela comme un empiètement sur leur autorité royale.

Il fallut l'énergie et les ressources du nouvel Adelantado pour faire face à une situation qui empirait rapidement. La région centrale était en révolte ouverte.

Les événements de cette période sont assez confus. Selon Las Casas, les Indiens ne voulaient pas travailler ; il leur suffisait d'un peu de nourriture et ils ne portaient pas de vêtements ; cependant, les Espagnols mangeaient plus en un jour que les Indiens en un mois, et portaient aux femmes indiennes un intérêt excessif au goût des Indiens. Tout cela semble parfaitement plausible et assez humain. Cependant la version d'Oviedo est tout à fait différente et paraît également vraisemblable. Les hommes de Santo Tomás étaient réduits à la famine et étaient obligés de manger n'importe quoi, jusqu'à des lézards et des serpents. Un jour, un cacique indien bien intentionné, sachant que Margarite était malade, lui apporta deux colombes. Margarite rassembla ses hommes et leur déclara que puisqu'il était malade et que, de toute façon, il n'y aurait pas assez à manger pour eux tous dans deux colombes, il valait mieux qu'il les mange lui-même. Les soldats affamés, mais raisonnables, approuvèrent. Alors Margarite ouvrit la fenêtre, lâcha les colombes dans le ciel d'un bleu profond, et expliqua à sa garnison étonnée qu'il ne voulait pas manger quand ses compagnons mouraient de faim.

Ce Margarite ne semble pas aussi mauvais que les

historiographes de Colón voudraient nous le faire croire. Dans des conditions obscures, il abandonna son poste et s'embarqua pour l'Espagne avec le Père Buil sur les caravelles qui avaient amené Don Bartolomé. Il fut accusé de toutes les fautes commises par sa garnison quand elle se retrouva sans chef, et particulièrement de sa dispersion en groupes de deux et de trois, qui étaient souvent tués par les indigènes. Mais il se peut que cette histoire soit une invention due au fait que, dans ses instructions à Margarite, Colón l'avait mis en garde contre ce danger ; en outre, même si Margarite avait déserté son poste, ce qu'il est difficile de croire malgré des affirmations précises de Las Casas et de Fernando Colón, la responsabilité des événements ultérieurs incombait à Diego Colón et à son conseil, qui ne lui avaient pas nommé de successeur.

L'incident montre à quel point l'autorité du Vice-Roy avait été affaiblie par des événements dus partie aux circonstances, partie au caractère de ses hommes, partie à son propre caractère. Le Roi et la Reine toutefois marquaient toujours autant d'intérêt pour la découverte et autant de sympathie et de confiance à leur Amiral et Vice-Roy. Quand Antonio de Torrès revint à Isabella (septembre ou octobre 1494), il remit à Colón une lettre dans laquelle Leurs Altesses le remerciaient et le félicitaient pour ce qu'il avait fait : « Presque tout s'est révélé vrai, comme si vous l'aviez vu avant d'en parler » ; proposaient très raisonnablement qu'un service régulier d'une petite caravelle fût institué dans les deux sens ; l'informaient de l'accord conclu avec le Portugal le 5 juin à Tordesillas, par lequel la limite des deux découvertes était fixée à une ligne passant à trois cent cinquante lieues à l'ouest du Cap-Vert ; et l'invitaient à venir participer à la définition de cette ligne sur la carte, ou, si sa venue devait soulever de graves objections, à envoyer son frère à la place. Torrès apportait aussi un ordre signé par le Roi et la Reine le même jour, ordonnant à tous les gentilshommes, écuyers, officiers et bonnes gens d'obéir à l'Amiral dans tout ce qu'il pourrait ordonner en leur nom.

Il n'est pas impossible que ces lettres l'aient aidé à

recouvrer la santé. L'hiver, qui fut moins rude pour les chrétiens, grâce aux vivres ramenés d'Espagne par Don Bartolomé et Torrès, fut cependant agité chez les Indiens, qui s'étaient finalement aperçus du profond fossé qui séparait les deux civilisations. Les Indiens de Haïti — laissons les autres de côté pour le moment — étaient une race intelligente et douce qui vivait heureusement dans un état proche de l'état de nature et qui n'avait rien de sauvage; bien que le tableau qu'en fait Oviedo, particulièrement sur les questions sexuelles, n'ait rien de flatteur, leur attitude vis-à-vis de la propriété en tout cas les fait apparaître comme des chrétiens sans Christ. Les Espagnols étaient des Européens, c'est-à-dire des hommes d'action, tournés vers le pouvoir, la richesse et l'échange. Ils étaient aussi, mais en un sens totalement différent, des chrétiens sans Christ. La rencontre de ces deux formes d'humanité ne pouvait pas ne pas finir en tragédie. Le 24 mars 1495, Colón, avec son frère Bartolomé, deux cents fantassins et vingt chevaux, vingt lévriers spécialement entraînés, quitta Isabella et se mit en campagne. Deux jours plus tard, il mettait en fuite une immense armée indigène estimée par Las Casas à cent mille hommes. On peut sans inconvénient réduire ce chiffre dans de fortes proportions. La guerre de soumission (de « pacification », comme nous disons aujourd'hui, car nous avons fait des progrès, dans les mots) dura dix mois, et fut menée avec une détermination et une vigueur qui révèlent une influence nouvelle — celle de Don Bartolomé. C'est au cours de cette guerre que l'on fit prisonnier Caonabó, avec un truc moins simple que le truc de tailleur imaginé par le Vice-Roy, et pourtant fondé sur des principes semblables. Les indigènes ignoraient l'usage des chemises : ils ignoraient aussi l'usage des menottes. Hojeda fit donc présent à Caonabó d'une superbe paire de menottes en cuivre, métal plus prisé que l'or par les Indiens. Puis il lui proposa une promenade à cheval : or, le commun des Indiens avait peur des chevaux et se refusait à en approcher. Ses hommes ainsi tenus à distance, Caonabó fut invité à revêtir le dangereux présent, et perdit sa liberté avant que ses sujets aient pu comprendre ce qui se passait. Quelques jours plus tard, comme il était enchaîné dans l'antichambre de la maison de l'Amiral, le fier cacique vit passer Colón, mais il ne bougea pas; sur le passage du petit Hojeda, au contraire, Caonabó s'inclina profondément. Comme on lui expliquait que Hojeda n'était qu'un officier et un subordonné du grand chef, il répliqua que l'Amiral n'avait pas osé venir l'arrêter, alors que Hojeda l'avait fait, et que par conséquent, il s'inclinait devant Hojeda, mais pas devant l'Amiral.

Heureusement Antonio de Torrès et ses navires étaient là. Colón put les renvoyer en Espagne expliquer la situation et prévenir les rapports adverses. Malgré sa confiance dans le frère de l'Aya du Prince, qui lui avait plus d'une fois déjà prouvé sa loyauté, l'Amiral décida d'envoyer aussi son frère Diego, dont il pouvait se passer plus facilement que de Bartolomé. Bien que ce fait ne soit pas mentionné par ses deux historiographes, il est établi par trois documents où il est question de Don Diego, dont deux portent la date du 5 mai 1495, et le troisième celle du 1er juin 1495. Ces documents signés par le Roi et la Reine révèlent le soin scrupuleux avec lequel les monarques s'efforçaient d'être fidèles à leur Amiral et Vice-Roy. Dans le premier, ils recommandaient à l'Évêque de Badajoz, Don Juan de Fonseca, de conférer avec le frère de l'Amiral qui arrivait des Indes, de lui accorder toutes satisfactions et de lui demander comment on pouvait faire plaisir à l'Amiral lui-même; dans le deuxième, le Roi et la Reine ordonnent à l'Évêque de ne pas demander à Don Diego Colón de lui remettre l'or qu'il avait ramené des Indes pour lui-même, bien qu'il fût légalement en droit de le faire; dans le troisième, le Roi et la Reine rappellent cet ordre à l'Évêque (ce qui jusqu'à un certain point justifierait les critiques portées contre Fonseca par les amis de Colón, car il semble n'avoir mis que peu de zèle à faire profiter Don Diego du privilège que lui avaient accordé le Roi et la Reine), l'informent que Don Diego, qui avait pensé aller en Italie, avait changé d'avis, en raison de la guerre qui faisait rage là-bas, et ordonnent que Don Diego soit laissé parfaitement libre de ses mouvements, soit qu'il veuille retourner auprès de l'Amiral, soit qu'il veuille rester en Castille, soit encore qu'il veuille aller ailleurs. Le Roi et la Reine sont effectivement pleins de bonne volonté à l'égard de Don Diego, mais, comme l'Amiral lui-même le sentit, ils ne savent pas très bien quoi faire de lui, et ne semblent guère non plus lui accorder beaucoup d'importance.

Les ennemis faits prisonniers au combat étaient selon la morale de l'époque considérés comme esclaves. Dans les caravelles commandées par Antonio de Torrès, Colón envoya donc cinq cents esclaves en Castille en même temps que Don Diego et que ses doléances. Cela non plus n'était pas un geste très habile de sa part. Il commençait à perdre du terrain à la Cour. Le Père Buil et Mosén Pedro Margarite présentaient les choses au Roi et la Reine, à Fonseca et aux autres hauts dignitaires de la Couronne, d'une manière qui forcément n'était pas celle de Colón. Il nous est impossible de prendre à la lettre les jugements portés sur ces deux hommes par les deux historiographes de l'Amiral. Il est certain qu'ils avaient leurs défauts et leurs doléances personnelles plus ou moins raisonnables ; mais Colón était loin d'être au-dessus de toute critique et ils ont dû avoir la tâche facile, bien informés comme ils étaient de ce qui se passait à Espagnola. Dans ces conditions, cette cargaison de bétail humain expédié à Fonseca devait nécessairement produire une impression défavorable, à la fois en elle-même, comme étalage de misère humaine, et parce qu'elle incarnait la tendance de l'Amiral à forcer la main royale. Sa proposition antérieure sur l'esclavage était restée en suspens. Torrès lui avait remis la réponse évasive et dilatoire du Roi et de la Reine. Il se peut que ce fonctionnaire, qui avait la confiance de la Cour et qui sans doute connaissait bien sa manière de penser, ait expliqué à Colón que du point de vue politique et religieux de la Castille, l'esclavage n'était admissible que dans le cas des prisonniers de guerre. Et Colón a peut-être été tenté de précipiter les choses en envoyant cinq cents Indiens pris sur le champ de bataille ; astucieux et rusé, peut-être a-t-il imaginé que, bien qu'il risquât de mécontenter la Reine, il conquerrait les suffrages des cinq cents fonctionnaires et courtisans qui achèteraient les esclaves à bon marché. Les événements devaient du reste prouver qu'il n'avait pas entièrement tort.

Cependant, il essayait par tous les moyens de se procurer d'autre or pour se justifier à la Cour. Comme il était à présent le maître de l'île, il imposa les indigènes ; selon Las Casas, ceux-ci devaient fournir le contenu en or d'une cloche des Flandres tous les trois mois pour tous les mâles au-dessus de quatorze ans vivant dans la région des mines, et une *arroba* (environ 12 kilos) de coton pour ceux qui habitaient dans les autres régions. Une médaille de cuivre portée par le « contribuable » devait témoigner qu'il avait payé l'impôt. Ce fut un échec complet. Les Indiens ripostèrent en refusant d'ensemencer la terre et s'enfuirent avec leurs familles dans les montagnes ; un grand nombre d'entre eux moururent de faim.

Telle était la situation de l'île en laquelle Colón avait cru trouver un Cipango au toit d'or, lorsque Juan de Aguado y débarqua, envoyé par le Roi et la Reine pour voir et faire son rapport. Ses lettres de créance étaient rédigées de telle manière qu'elles pouvaient donner à Colón matière à réflexion et raison de craindre. Elles ne lui étaient pas adressées. En fait, ce singulier document ne parlait même pas de lui : « Le Roi et la Reine : Gentilshommes et Écuyers et autres personnes qui vous trouvez dans les Indes sur notre ordre, nous vous envoyons Juan de Aguado, notre Chambellan, qui vous parlera en notre nom. Nous vous ordonnons d'avoir foi en lui et de croire ce qu'il dit. »

Aguado arriva à Isabella en octobre 1495, alors que l'Amiral était encore en train de guerroyer contre les Indiens. Aguado alla au-devant de lui. On donna à comprendre aux Indiens — ou bien ils le conclurent d'eux-mêmes — que c'était un nouvel Amiral venu remplacer l'ancien. (Il serait curieux de savoir ce que représentait pour eux ce mot *Amiral*, si magique pour Colón lui-même.) Ils témoignèrent la plus grande joie, pensant probablement que le nouvel Amiral ne pouvait pas être pour eux pire que l'ancien. Cependant l'ancien et le nouvel Amiral revinrent à Isabella et entamèrent une de ces campagnes de défi mutuel dont l'histoire espagnole est si riche. Pendant cinq mois, il discutèrent pour savoir où et comment les lettres de créance de Aguado seraient lues et reconnues par Colón. Pendant qu'avait lieu cette querelle, de nombreux renseignements parvinrent à Aguado sur le mécontentement qui régnait dans la colonie contre le Vice-Roy. La faim était la principale doléance ; il y avait peu ou pas de vivres ; « rien qu'une assiettée de froment qu'on leur donnait dans les greniers du Roi et qu'ils devaient moudre avec un moulin à main (beaucoup le mangeaient bouilli) et une tranche de lard rance ou de fromage pourri et je ne sais combien de haricots ou de pois chiches, du vin comme il n'y en avait pas dans le monde » ; le juron favori était « Que Dieu me ramène en Castille ». Tout cela fournissait naturellement des armes de premier ordre à Juan de Aguado.

Le Très Magnifique Seigneur Don Cristóbal Colón ressentait une amère humiliation à être traité d'égal à égal par le chambellan du Roi, et même menacé quelquefois par lui de la colère royale, et d'être toujours critiqué et mis au défi. « Ni l'Amiral ni ses décisions n'étaient respectés et obéis comme ils l'avaient été jusqu'à présent. » Pour un homme aussi orgueilleux et d'une morgue aussi excessive, cette crise dut être une source de profond chagrin. Il décida d'aller en Castille au plus tôt. Il sentait que sa position à la Cour était gravement ébranlée ; et il voyait son autorité et son prestige dans « ses » Indes compromis par un serviteur « civil » du Roi et de la Reine. Sa façon de se défendre fut caractéristique de cette *soberbia* obstinée (si la *soberbia*, la « superbe », est un mélange d'orgueil, de morgue et de suffisance) qui était sa principale force et sa principale faiblesse. Il savait qu'il serait profondément humilié : aussi se mortifia-t-il lui-même délibérément. « Comme il était un adorateur très dévot de saint François, dit Las Casas, il s'habilla de bure, et je le vis à Séville, où il revint alors, habillé presque comme un moine de saint François. » Le bon Évêque ne voyait pas assez loin. Colón n'était absolument pas en cette occasion un hypocrite ou un simulateur. Il agissait en toute sincérité. Mais il y avait au profond de lui-même deux mobiles qui l'incitaient à adopter cet habit monastique : le premier était un instinct « mimétique », semblable à celui qui fait ressembler certains insectes à des brindilles ou à des feuilles ; il était en danger : il risquait d'être menacé de l'extérieur par la colère de la Cour — quel meilleur habit adopter que celui des Franciscains ? Le second était un instinct encore plus profond : il était menacé de l'intérieur par une chute des hauteurs de l'orgueil aux profondeurs de l'humiliation — il décida que personne que lui-même ne l'humilierait. C'était lui qui, de sa propre volonté, se rabaisserait jusqu'au bas de l'échelle ; et dès lors, aucun homme ne pourrait le mettre plus bas que lui-même ne s'était mis. Il était à l'abri des outrages.

Au moment où l'Amiral faisait ce dur apprentissage à l'école du chagrin et de l'expérience, la nature se déchaîna et aggrava encore la situation. L'île fut la proie de cette puissante et terrible manifestation de la colère et de la violence de la nature que les Indiens appelaient *huracan*, mot dont nous avons fait « ouragan ». Isabella était un bon mouillage, mais quelque peu exposé au nord-ouest ; la tempête y fit rage dans toute sa violence, et les quatre navires qu'avait amenés Aguado furent perdus. Il ne restait plus de navires pour aller en Espagne. Colón fit construire deux caravelles, ce qui, entre parenthèses, montre qu'il y avait déjà à la colonie les techniciens et le matériel nécessaires.

Cependant que les gracieuses charpentes s'élevaient peu à peu sur les chantiers, il commençait ses préparatifs de voyage. Il fit construire plusieurs forts dans l'île et y établit une garnison ; il nomma son frère Bartolomé Gouverneur et Capitaine général, et Diego remplaçant et commandant en second ; il resta ainsi fidèle à la politique à courte vue qui lui faisait confier les postes clés à des hommes de sa famille, ce qui devait lui aliéner la sympathie des capitaines qui l'avaient aidé dans son oeuvre. Pour aggraver encore les choses, il laissa comme Alcalde Mayor d'Isabella et de l'île tout entière, chargé de l'administration de la justice, un certain Francisco Roldán, un homme de sa maison, « personnage de talent, bien que peu instruit », ce qui encore une fois pouvait difficilement être le meilleur choix alors qu'il y avait tant d'hommes de plus haut rang à Isabella. Du reste, comme le temps devait le montrer, cette nomination devait lui être fatale. Puis il commença à choisir ceux qui l'accompagneraient. Les candidats ne manquaient pas. Le Roi et la Reine lui avaient ordonné de ramener les malades et les pauvres, et tous ceux dont les femmes et les parents s'étaient plaints auprès de la chancellerie royale que l'Amiral leur interdisait de rentrer chez eux; beaucoup d'autres le supplièrent de les laisser rentrer. En tout, le nombre des colons désenchantés et des conquérants conquis se monta à deux cent vingt. Il y avait aussi trente Indiens. L'expédition quitta Isabella le 10 mars 1496. Colón était à bord d'une des caravelles et Aguado de l'autre. Il y avait beaucoup d'eau entre les deux feux.

Comme à son accoutumée, il ne mit pas le cap droit sur l'Espagne, mais s'attarda au contraire parmi « ses îles », comme un collectionneur qui manipule ses trésors pour le plaisir de les voir briller à la lumière du jour. Le 9 avril, il était encore à la Marigalante; le lendemain, à la Guadeloupe, où il fut reçu belliqueusement par une armée de femmes; quand il expliqua que tout ce que les chrétiens voulaient c'était acheter des vivres, les femmes répondirent que les étrangers n'avaient qu'à s'adresser de l'autre côté de l'île, où leurs maris étaient en train de labourer, que ceux-ci s'en occuperaient. L'Amiral put cependant faire provision de papegais, d'une espèce qui pouvait faire beaucoup pour sa publicité, car ils étaient gros comme des coqs; et envoyer dans l'île une escouade de quarante hommes, qui lui ramenèrent dix femmes et trois garçons ; l'une de ces femmes était la « Dame » de la région. C'est ainsi que l'appelle Las Casas ; Colón l'aurait appelée la « Reine ». Ce n'était pas une femme ordinaire. Quand le chrétien — un Canarien — qui la fit prisonnière courut après elle, elle « courut comme un cerf », et lorsqu'elle s'aperçut qu'il la rattrapait, « elle se retourna contre lui comme un chien enragé et le prenant à bras-le-corps, elle le terrassa, et si d'autres chrétiens n'étaient pas venus à son secours, elle l'aurait étranglé ». Ce qui était certes un comportement peu chrétien. Cependant, l'Amiral renvoya toutes les femmes avec des présents, car il ne voulait laisser aux Indiens aucun sujet de mécontentement, *car cette île était sur sa route*. La « Dame » et sa fille choisirent apparemment de rester à bord de la caravelle de leur propre volonté, bien que Las Casas ait quelques doutes sur la liberté de décision de ces deux dames indiennes entre les mains de l'Amiral.

Le 20 avril commença la véritable traversée. Elle n'eut rien d'heureux. Cette fois, Colón suivit le 22e parallèle, car à cette époque, comme l'explique Las Casas, on ne savait encore pas que la zone des vents favorables se trouve plus au nord, sur le 30e degré ou plus haut. Des tempêtes et des vents contraires les retardèrent, et comme il y avait beaucoup de monde à bord, ils souffrirent de la faim, tourment qui n'était que trop connu d'un grand nombre d'entre eux. Ils passèrent en vue de l'une des Açores, mais furent dans l'impossibilité d'y relâcher. Après cinquante-deux jours de mer, les deux premiers navires américains à aborder en Europe jetèrent l'ancre à Cadix le 11 juin 1496.

CHAPITRE XXIV

NOUVELLE VICTOIRE DE L'AMIRAL

L'arrivée de Colón à Cadix dut faire naître des sentiments mêlés, dont la surprise et la déception. Beaucoup, sans doute, avaient publiquement exprimé leurs craintes qu'il ne fût mort et secrètement espéré qu'il l'était. Le 9 avril, le Roi et la Reine avaient écrit à Fonseca en des termes qui prouvent qu'eux de toute façon avaient envisagé que leur Amiral pouvait être mort. « Et parce que nous craignons que Dieu n'ait disposé en quelque manière de l'Amiral des Indes sur le chemin du retour, puisqu'il y a si longtemps que nous n'avons eu de nouvelles de lui, nous avons décidé d'envoyer là-bas le Commandeur Diego Carillo et une autre personne de qualité, pour qu'en l'absence de l'Amiral, ils s'occupent des affaires de là-bas, et même en sa présence, ils veillent à porter remède à tout ce qui peut l'exiger selon les renseignements que nous tenons de ceux qui viennent de là-bas. »

Cette lettre, émanant des deux personnes qui restèrent jusqu'au bout ses amis attentifs et loyaux — le Roi et la Reine — donne une idée de l'étendue du dommage causé à son prestige et à sa réputation par sa propre conduite et par les rapports de ses détracteurs.

Colón trouva dans la rade de Cadix deux caravelles et un navire prêts à partir avec une cargaison de vivres et de bétail, et des lettres et des dépêches à lui destinées. Il donna quatre jours plus tard le signal du départ à l'expédition, après avoir remis à Carrillo de nouvelles instructions pour son frère, et après un bref répit, partit pour Séville. Son train devait être moins simple, et autrement plus encombrant pour les populations des villages qu'il traversait que la procession triomphale de son premier retour. Il y avait les papegais, et il y avait les Indiens ; il y avait les œuvres d'art exotiques, et il y avait l'or ; il y avait en particulier un collier d'or pesant six cents castillans (soit 261 000 maravédis) que l'avisé Amiral faisait passer au frère de Caonabó toutes les fois qu'ils entraient dans une ville ou un village. Mais à la tête de ces splendeurs exotiques, ce n'était plus un fier et magnifique Amiral, revêtu de soie et de brillants atours, mais un homme humble à la barbe en désordre, aux traits tirés, aux yeux gonflés, aux cheveux blancs, « habillé d'une robe de la couleur du froc de l'observance de saint François, coupée tout à fait de la même manière, et une corde de saint François pour la dévotion ».

Tel est le spectacle qui s'offrit à l'œil curieux du chroniqueur qui nous l'a décrit, le curé de Palacios, Bernáldez, lequel eut Colón pour hôte en cette occasion, en même temps que Fonseca et que « Don Diego », c'est-à-dire le frère de Caonabó habillé en Espagnol et chrétien. Il est peu probable que Colón ait au cours de ce séjour dans la maison du bon curé amélioré son crédit auprès de Fonseca, le puissant ecclésiastique qui était le principal administrateur des affaires indiennes en Espagne. L'*Histoire* de Bernáldez montre avec évidence que le curé eut de nombreuses discussions avec l'Amiral, discussions que Fonseca devait écouter avec un silence plein de mépris pour ce cosmographe imaginatif qui avait découvert l'Amérique par erreur. Colón expliqua une fois de plus qu'il était désormais « convaincu » que Cuba (qu'il appelait Juana) était le continent, et qu'en naviguant dans cette direction, il espérait trouver « la province de Cathay, qui se trouve dans les possessions du Grand Khan, (…) et qui est la province la plus riche du monde et celle où l'or, l'argent, et tous les métaux et soies sont les plus abondants ; mais ce sont tous des gens idolâtres et rusés, des nécromanciens, habiles dans tous les arts, chevaleresques et dont on dit beaucoup de merveilles, comme on le voit dans les récits du noble gentilhomme anglais John de Mandeville ». Ce à quoi Bernáldez, ayant sans doute demandé d'abord la permission à l'Évêque — car bien qu'il fût l'hôte, il n'était qu'un pauvre curé, bon chrétien au demeurant et homme de jugement sain — répondait que « une grande distance de temps serait requise pour trouver [ce Cathay], car le Grand Khan avait été dans le passé le Seigneur des Tartares, et depuis la Grande Tartarie, qui est sur le bord de la Buxie et de Bahia (et nous pouvons dire que la Grande Tartarie commence en Hongrie, qui est un pays qui s'étend lorsqu'on regarde de cette Andalousie [dans la direction] où le soleil se lève aux plus longs jours de l'année, direction dans laquelle les marchands avaient accoutumé de voyager vers ces pays), mais dans la direction dans laquelle l'Amiral cherche le Cathay, c'est ma croyance que [si même il parcourt] encore douze cents lieues autour du firmament de la Terre et du ciel, il n'y arrivera pas ».

Don Juan de Fonseca devait sûrement partager les opinions du prêtre-chroniqueur, car elles sont raisonnables bien qu'exprimées d'une manière peu grammaticale ; mais Don Cristóbal de Cipango était également sûr que ces opinions étaient dues soit à l'ignorance soit à la malveillance : ce n'était pas pour rien en effet qu'il avait longé pendant trois cent trente-trois lieues la côte de « Juana » et qu'il avait fait jurer à ses équipages et à ses pilotes que c'était le continent, la porte du Cathay.

Cependant, Ferdinand surveillait le Roi de France, qui, ayant conçu du dépit de l'aide que Ferdinand l'Espagnol avait apportée à son cousin Ferdinand le Napolitain, menaçait Perpignan (alors espagnol) depuis Narbonne. Pendant une bonne partie de cet été et de cet automne-là (1496) ce ne furent qu'alertes, escarmouches et même batailles dans tout le Roussillon. Quant à la Reine, elle était occupée par les arrangements navals qu'il lui fallait faire à l'occasion du mariage de deux de ses enfants : l'Infante Juana, fiancée de Philippe le Beau, fils de l'Empereur Maximilien ; et le Prince Juan, héritier de toutes les Espagnes, hormis le Portugal, qui devait épouser Marguerite, sœur de Philippe. Une flotte de cent trente vaisseaux et une armée de vingt-cinq mille hommes devaient escorter l'Infante en Flandres et ramener Marguerite en Espagne. Il fallait une escorte de cette importance en raison de la guerre avec la France. L'Amiral de Castille qui la commandait, pouvait regarder de haut l'Amiral des Indes, qui était arrivé à Cadix en robe franciscaine et avec deux caravelles sous ses ordres ; mais bien qu'il eût un plus grand nombre de navires, quels étaient ses rêves en comparaison de ceux que le très Magnifique Seigneur de Cipango cachait sous son capuchon ?

Ce devait être une tâche absorbante pour une Reine aussi attentive et aussi consciencieuse que l'armement d'une telle flotte. Et puis elle perdait une autre fille encore, cette Juana chez qui, entraînée par une triste expérience, elle commençait probablement à découvrir les premiers signes de l'instabilité mentale qu'elle avait connue chez sa mère. La flotte partit vers la fin de septembre, et en octobre, la Reine était de retour à Burgos, où elle put consacrer son attention au Nouveau Monde.

Colón était là, dans sa robe franciscaine, avec sa barbe argentée et ses yeux enfoncés. Il savait qu'il serait bien accueilli, car le Roi et la Reine lui avaient envoyé une lettre de cordiale bienvenue au mois de juillet, malgré leurs soucis. Mais il savait que ses adversaires étaient puissants et que quelques-uns d'entre eux — Margarite et Buil en particulier — avaient l'oreille du Roi et de la Reine ; il savait que l'arrivée continuelle en Castille d'ex-colons découragés, malades, minait la confiance que l'on avait du haut jusqu'en bas dans la valeur de l'entreprise, et que, comme le dit Oviedo, « quelques Espagnols qui étaient venus en quête d'or revinrent avec la couleur de l'or mais sans son éclat » ; il savait qu'il avait été accusé par le Père Buil de profiter du contrôle qu'il avait sur les vivres pour exiger une obéissance absolue des colons, les nobles comme les autres, car le Roi et la Reine lui avaient ordonné quelque peu sèchement de distribuer des provisions à tout le monde, y compris les coupables, sauf ceux qui avaient mérité la mort « qui équivaut à retirer la nourriture » ; il savait que les cinq cents Indiens avaient créé des ennuis au Roi et à la Reine. Fonseca l'en avait prévenu. Selon le rapport de l'Amiral, ces Indiens avaient été faits prisonniers sur le champ de bataille, et selon la morale de l'époque, ils étaient bons pour l'esclavage. Après la chute de Malaga — le seul cas où le Roi et la Reine avaient rencontré une résistance opiniâtre et où toutes leurs offres de reddition avaient été repoussées — on avait pris des esclaves dans la population maure. Le Pape Innocent VIII reçut cent Maures « bien harnachés » et la Reine Isabelle envoya trente servantes, « les plus belles qu'on ait pu trouver » à sa cousine, la Reine de Naples, et trente à la Reine de Portugal. Des esclaves furent donnés en présent à un certain nombre de grands et de dignitaires de la Cour ; en tête de liste se trouvait le Cardinal d'Espagne, qui en recevait cent vingt.

C'est dans cette perspective qu'il faut replacer la première décision royale concernant les cinq cents Indiens de Colón. Selon la coutume, Fonseca ordonna de les vendre. L'ordre royal est daté du 12 avril 1495. Mais, peut-être sur le conseil de Talavera, peut-être sur celui de Buil, quatre jours plus tard, le 16, on fait preuve de plus de prudence : « Car, nous voulons interroger des savants, des théologiens et des canonistes pour savoir si vous pouvez vendre ou non ces Indiens en bonne conscience, et cela ne peut se faire avant que nous ayons vu les lettres que l'Amiral a dû écrire et que nous sachions la raison pour laquelle il les envoie comme captifs... » On demande à Fonseca de ne pas accepter d'argent en échange tant que l'affaire n'aura pas été l'objet d'une enquête.

L'Amiral ne savait que trop bien que son passif était lourd. A son crédit cependant, il y avait : son succès face à tant de scepticisme et d'opposition ; la constance de la faveur royale ; sa grâce persuasive et son feu ; et aussi le fait que le Roi et la Reine étaient des souverains avertis et qu'ils comprenaient probablement mieux la difficulté de la tâche de Colón que la plupart de leurs sujets. La défense de celui-ci ne dut pas être très bonne. On peut deviner son argumentation d'après le résumé qu'il en fait à la tête de son rapport sur son troisième voyage. D'abord, comme d'habitude, il reparlait de l'époque où il luttait pour se faire entendre, ce qui était sûrement une bonne astuce, car cela rappelait à la Reine qu'à maintes reprises ses meilleurs conseillers lui avaient donné tort, et les événements avaient prouvé qu'il avait raison. Cela fait, il fonçait droit sur son erreur favorite : il avait « découvert trois cent trente-trois lieues du continent qui était le bout de l'Orient » (il faisait allusion à son « exploration » de Cuba) ; il avait découvert sept cents îles, ce qui n'est pas du tout impossible : tout dépend de la taille minimale que doit avoir un rocher pour avoir droit au nom d'*île* ; et il avait pacifié et conquis l'île d'Espagnola, qui avait plus de côtes que l'Espagne, qui était habitée par des peuples innombrables, lesquels payaient tous tribut au Roi et à la Reine. L'Amiral combinait ici les plaisirs de l'imagination avec les nécessités du plaidoyer, car le nombre d'Indiens à qui l'on réussissait à faire payer le tribut était des plus restreints et le tribut ne devait pas rester imposé très longtemps. Mais il se sentait menacé et ne pouvait pas se permettre d'être mathématiquement exact, à supposer qu'il en fût capable, ce qui n'était pas.

Cette confiance dut faire de l'effet ; assez en tout cas pour lui faire sentir que le moment était venu de parler des critiques. Les murmures et le mépris de l'entreprise, continua-t-il, étaient nés du fait que les chargements d'or avaient tardé à arriver. Mais comment faire autrement dans un pays sans routes, alors que ses hommes étaient alités et qu'ils n'avait pas de base pour se protéger contre les attaques possibles d'Indiens peut-être fourbes ; comme il convient à un franciscain, même honoraire, il accueillit alors les critiques dont il était l'objet partie comme le châtiment de ses péchés et partie comme une œuvre pour son salut ; puis, comme preuve de sa bonne foi, il montra des pépites d'or, les unes grosses comme des pois chiches, les autres comme des noisettes, et plus, sans oublier la fameuse chaîne de six cents castillans ; et il affirma au Roi et à la Reine qu'il y avait d'excellents filons d'or et de cuivre à Espagnola, ainsi que des épices de toutes sortes.

Mais loin de nous ces comptes misérables et ce goût du profit, Vos Altesses sont-elles des commerçants ou les plus glorieux princes de la chrétienté ? Salomon n'a-t-il pas envoyé des navires de Jérusalem jusqu'au bout de l'Orient simplement pour voir le mont Sepora, que Vos Altesses ont à présent à Espagnola ? (Quelle maîtrise de l'histoire et de la géographie fantaisistes chez ce magnifique Don Cristóbal de Cipango !) Alexandre n'a-t-il pas envoyé des messagers voir comment vivaient les habitants de l'île de Taprobane ; et Néron n'a-t-il pas envoyé des gens aux sources du Nil ? Et quand les princes de Castille avaient-ils conquis des terres au-delà de leur pays avant que l'Amiral des Indes ne leur montre le chemin ? Voyez vos voisins les rois de Portugal, avec quelle énergie ne se sont-ils pas accrochés à la découverte de la Guinée, n'y ont-ils pas consacré de l'or et des hommes, au point presque d'y tuer leur royaume, et pourtant, ils ont persévéré, bien qu'il ait fallu attendre jusqu'à ces derniers temps pour qu'ils en retirent un revenu. Et ils ont osé aussi conquérir Ceuta et Tanger, Arcila et Alcazar en Afrique, et mener constamment la guerre contre les Maures, uniquement pour se conduire comme des princes et servir Dieu et accroître leurs possessions. Tous ceux qui attaquent cette entreprise songent-ils aux louanges qu'elle a values dans toute la chrétienté à Vos Altesses, songent-ils que tous, du plus grand au plus humble, veulent recevoir une lettre qui en parle ?

Le Roi et la Reine écoutaient, gagnés par son ardeur et son éloquence et, comme souvent lorsqu'ils l'entendaient, riaient de bon cœur et avec bonne humeur pour calmer son emportement. Mais ils durent tout de même réfléchir à ce qu'il avait dit. Le fait est qu'il avait changé son fusil d'épaule. Il ne parlait plus de mettre à leurs pieds des Eldorados, des Cipangos aux toits d'or et des Quinsays aux ponts de marbre ; au contraire, il leur donnait à entendre qu'il leur fallait dépenser de l'or et des hommes afin de conquérir des terres à la Castille et de rivaliser avec le Roi de Portugal, pour leur honneur et leur gloire et le service de Dieu. Le Roi et la Reine avaient le droit — et aussi le devoir — de penser à leur trésor ; cette gloire et ce service de Dieu, c'était très bien, mais il fallait qu'ils paient les salaires des cinq cents hommes qui étaient à Espagnola, et ils n'étaient pas persuadés de l'utilité de la chose. L'année précédente, ils avaient essayé de régler le flot des gens qui voulaient aller « découvrir » ou s'installer à Espagnola, sans avoir à compter sur un salaire royal ; les colons étaient assurés de leur subsistance pendant un an, de la pleine propriété des maisons bâties et des terres cultivées par eux et d'un tiers de l'or qu'ils trouvaient ; le commerce avec Espagnola s'était aussi ouvert dans des conditions raisonnables ; et la « découverte » était autorisée. On avait trouvé une manière ingénieuse de respecter le droit de Colón au huitième des bénéfices : l'Amiral avait le droit exprès d'envoyer un navire pour sept qui iraient aux Indes dans les conditions définies par cette ordonnance.

Le fait est que la vie, de sa manière tumultueuse, proposait à leur attention une armée de problèmes complexes, personnels, politiques, moraux, le tout pêle-mêle, et le tout, comme toujours, réclamant une attention impérieuse et urgente. Il y avait d'abord le caractère de Colón : sa manière arrogante ; son incapacité à conquérir le cœur de ses hommes, et cette déformation qui lui avait fait rompre avec Pinzón, avec Fonseca, avec Buil, avec Margarite, avec Aguado ; ce secret ressentiment qui donnait à son orgueil une obstination diabolique et une persistance qui le rendaient en fait inutile comme organisateur du monde découvert ; mais en dessous de ce facteur personnel, il y avait une situation réelle, vivante, ou plus exactement en train de naître sous leurs yeux et qui était si *nouvelle* qu'il ne leur était pas possible d'en comprendre toute la signification. Brusquement, alors que leur royaume commençait juste à sortir du règne précédent et à prendre forme, avant qu'ils aient eu le temps de constituer un corps de fonctionnaires — cela ne devait pas réellement se faire avant le règne de Philippe II — un empire entier s'offrait à leurs yeux. Ainsi se posaient à ce couple capable, bien intentionné et loyal, tous les problèmes coloniaux auxquels se heurtent encore les nations modernes. La découverte, la souveraineté, la sécurité, la colonisation, les questions de principe, de pratique, de religion, d'anthropologie, de navigation, les études cosmographiques, l'adaptation économique, le choix du personnel, tout cela dans un torrent d'affaires, tout cela compliqué, envenimé et aigri par des querelles personnelles, et sublimé en fantasmagories bibliques et cosmographiques par la folle imagination de leur Grand Amiral.

Au travers des nuages de passion qui environnaient Colón, comme un Jehova au milieu d'éclairs de colère et d'indignation, peut-être le Roi et la Reine commençaient-ils à percevoir la véritable cause de tous leurs ennuis : tout à coup, une nation européenne, avec l'agressivité typique de la race blanche, avait envahi un continent vierge habité par une race casanière, et c'était le heurt de deux civilisations : il ne s'agissait pas seulement de combats et de guerres, simples symptômes de la situation, mais d'un antagonisme intéressant tous les domaines de l'activité humaine.

Colón était obsédé par l'idée d'obtenir des bénéfices immédiats, et surtout de trouver de l'or. Sur ce point, il commettait une erreur d'interprétation sur le véritable caractère du Roi et de la Reine ; de nombreuses preuves montrent que, bien qu'ils fussent reconnaissants de l'or qui arrivait et qu'ils veillassent, comme c'était leur droit et leur devoir, à ce qu'il fût utilisé à bon escient, Ferdinand et Isabelle n'accordèrent jamais une importance prépondérante aux résultats matériels de la découverte, et s'ils furent heureux du succès de Colón et le récompensèrent, c'est surtout pour les acquisitions territoriales que sa découverte valait à leur couronne. Mais Colón qui était lui-même obsédé par l'or, était convaincu que l'or était la seule chose qui fît plaisir au Roi et à la Reine et justifiât à leurs yeux la découverte.

Considérée avec un recul de plus de quatre siècles riches d'expériences coloniales, la situation aurait dû être comprise avec plus de pénétration et de sympathie par les historiens et les critiques. Il y a eu toute une gamme d'attitudes devant les problèmes posés par la découverte de cette immense *res nullius* sortie de l'océan par ce pêcheur d'îles qu'était Colón. Au premier rang par sa position spirituelle se trouve Las Casas. C'était le défenseur intransigeant de la véritable attitude chrétienne : les Indes appartenaient aux Indiens, c'était la demeure qui leur avait été assignée par Dieu et tout ce qu'on y trouvait, minéraux, végétaux et animaux, était leur propriété. Les Espagnols n'avaient rien à faire chez eux sinon prêcher l'Évangile. Pour Las Casas, comme pour tous les Européens de cette époque, la religion chrétienne était la vérité et tout le reste n'était qu'erreur. Mais au contraire de la plupart des autres Européens, Las Casas *voulait que cette vérité vive*. Il était impossible d'échapper à son dilemme : ou bien les chrétiens se conduisaient aux Indes comme des chrétiens, ou bien ils n'avaient rien à y faire. Dans de nombreux passages de son *Histoire*, il définit la politique que les Espagnols auraient dû suivre aux Indes : patience, service et évangélisation, pour le bénéfice des Indiens eux-mêmes. « Il n'y a pas de raison légitime pour les Espagnols d'entrer dans ces royaumes et ces terres, sinon répandre la nouvelle et la connaissance du seul Dieu véritable et de Jésus-Christ », dit-il courageusement.

Une telle politique aurait-elle été couronnée de succès ? Cela dépend de ce que l'on entend par succès. On peut dire sans risque qu'elle n'aurait pas été un succès au sens que l'on donne habituellement à ce mot dans la vie politique, pour des raisons que l'on verra plus loin. Mais ceux qui critiquent l'empire espagnol en s'appuyant sur l'autorité de Las Casas devraient songer que le bon évêque aurait condamné en des termes au moins aussi vifs toutes les entreprises coloniales qui ont succédé. Aucune vie collective n'a encore répondu à sa critique. Elle revient à ceci : la loi du Christ peut-elle recevoir une application pratique ? Nul ne le sait, car bien que des individus aient essayé de la lui donner, aucune *société* ne l'a fait.

Ensuite, viennent le Roi et la Reine. Pour eux, la conquête était un titre de souveraineté quand le souverain spolié n'était pas un chrétien. C'était une vérité d'évangile à cette époque dans toute la chrétienté. (Plus tard la morale a dégénéré, car des princes chrétiens ont spolié d'autres princes chrétiens sans aucun scrupule.)

Dans ces conditions, Ferdinand et Isabelle considéraient les Indiens comme leurs sujets *ipso facto*. Ils n'auraient pas adopté, de toute façon, la thèse que Las Casas devait défendre plus tard — savoir que la propagation de l'Évangile était le *seul* terrain sur lequel une conscience chrétienne pouvait approuver l'intrusion des Espagnols aux Indes. Cependant, malgré leur position, Ferdinand et Isabelle étaient pleinement conscients de leur responsabilité de princes chrétiens et ils acceptaient explicitement comme premier devoir à l'égard de leurs nouveaux sujets l'instruction des Indiens et leur conversion à la loi du Christ. Aucun esprit impartial ayant pris connaissance directe des documents royaux ne peut entretenir le moindre doute sur le sérieux, le zèle et la bonne volonté avec lesquels le Roi et la Reine s'efforçaient de remplir ce devoir.

Mais naturellement, c'était à eux qu'appartenaient les Indes et pas aux Indiens ! Ils étaient très désireux de voir les indigènes bien traités, de les protéger contre toute spoliation ou mauvais traitement et de veiller à ce que leur liberté et leur droit de propriété fussent respectés ; mais de même que la Castille et l'Aragón, bien que partagés entre des milliers de propriétaires, appartenaient au Roi et à la Reine, de même les Indes, bien que les Indiens ne fussent pas privés de leurs propriétés personnelles. Ce n'était même pas une revendication de leur part ; c'était une chose qui allait de soi.

Qu'allaient-ils faire de leurs nouveaux territoires ? Évidemment, d'abord les organiser, puis les mettre en valeur. Aussi cherchaient-ils le meilleur moyen de les gouverner et de les défendre, et pressaient-ils Colón de leur fournir les meilleurs renseignements possibles, des renseignements d'une nature que nous appellerions aujourd'hui *scientifique* : situation géographique, climat, flore et faune, minéraux, pêcheries, production agricole.

C'est ici que l'or intervient. Ce qui frappe le plus le lecteur dans les instructions et les lettres royales sur les Indes, c'est un sens de la mesure. L'or n'est point pour le Roi et la Reine cette tentation fascinante que nous avons vu qu'il était pour Colón depuis son arrivée au Portugal, ni le démon tentateur qu'il devint pour un grand nombre des premiers colons espagnols ; ce n'était guère qu'un métal de plus, un des nombreux produits des Indes, particulièrement bien accueilli puisque leur trésor était toujours en déficit, mais qui ne devait sous aucun prétexte être isolé de l'économie générale de leurs nouveaux royaumes. C'est pourquoi le Roi et la Reine furent dès le début prêts à étudier des projets de colonisation des Indes avec leurs sujets espagnols. Ils n'étaient pas obsédés par Cipango et le Cathay. Il n'est pas certain qu'ils eussent lu Marco Polo et il est douteux qu'ils eussent entendu parler de Sir John Mandeville. C'était d'honnêtes princes espagnols pour qui leurs royaumes représentaient des chevaux et des vaches, du froment, des oranges et de la soie et qui ne rêvaient pas d'y trouver des eldorados.

Et puis, il y avait Colón. Las Casas était un idéaliste ; le Roi et la Reine étaient des réalistes ; Colón était un irréaliste. Il avait construit dans sa tête un monde de splendeurs dorées et il se sentait obligé, par égard pour son orgueil, de le faire se matérialiser devant le Roi et la Reine. C'était ce qui lui donnait cette hâte de réussir, cette impatience devant les obstacles, cette brusquerie et cette intolérance avec les hommes. On avait ri de lui quand il avait prétendu naviguer jusqu'à Cipango et au Cathay et il avait confondu les railleurs et transformé leurs rires en admiration ; il allait à présent remporter un triomphe semblable sur ceux qui avaient ri de ses promesses d'or. Cette hâte, cette exigence de justification personnelle, fut un facteur extrinsèque qui raidit sa politique coloniale et contribua largement à sa chute. Mais il y avait d'autres facteurs dont il n'était absolument pas responsable. Faut-il le condamner pour son incapacité à traiter les Indiens avec la technique d'un anthropologue contemporain ? Dans l'ensemble, il s'attaqua à sa tâche avec des intentions honorables et une absence de préjugés, un détachement intellectuel, et une puissance d'observation fort rares à son époque et probablement aussi à la nôtre. Ses limites furent en grande partie dues à son époque et à la nouveauté et la difficulté de sa tâche. Il essaya d'abord la manière amicale ; mais cette manière échoua du fait de sa décision inconsidérée de laisser derrière lui quarante hommes dans des conditions précaires et, semble-t-il, des hommes à tout le moins peu qualifiés pour une tâche aussi délicate que celle de bâtir le premier pont psychologique entre l'Ancien et le Nouveau Monde. Quand il revint à son second voyage et qu'il trouva La Navidad détruite et les quarante hommes massacrés, il se rendit compte qu'il lui serait impossible d'obtenir l'or par des moyens amicaux ; alors il frappa dur et soumit les indigènes. Mais c'est ici que commencèrent ses véritables ennuis. *Les indigènes ne voulaient pas travailler*. Pour la première fois, l'Européen se heurtait à ce conflit : né et élevé dans la croyance que le travail est sacré, habitué à voir dans les besoins de l'homme la source du travail, dans le travail la source de la richesse et dans la richesse le signe de la civilisation, l'Européen civilisé et travailleur s'aperçut que l'indigène des pays chauds donne une autre réponse aux problèmes vitaux : peu ou pas de travail, peu ou pas de besoins et à la grâce du soleil. Que pouvait faire Colón ?

Tous les administrateurs des colonies africaines connaissent la réponse : instituer une taxe sur l'indigène. C'est exactement ce qu'il fit. Mais la taxe rapporta peu, bien qu'il ait affirmé le contraire au Roi et à la Reine ; et il était particulièrement difficile de la faire verser à une race d'Indiens rapides et glissants qui ignoraient l'usage des chemises. Il fallait trouver autre chose. Colón n'hésita pas : pour lui la meilleure solution, c'était l'esclavage. On faisait d'une pierre deux coups : en exportant des esclaves, on exportait de l'or. « L'or est ce qui rapporte de l'or », devait dire plus tard Pero Alonso Niño ; en réduisant les Indiens en esclavage, on résolvait le problème posé par leur refus de travailler. Certes, cette solution de Colón était difficile à concilier avec la mission confiée par le Seigneur à *Christophe*. Mais Christophe Colón était maître dans l'art de concilier les inconciliables. La plupart des irréalistes le sont. Le Roi et la Reine étaient réalistes et leur conscience ne voulut pas en entendre parler. Colón essaya alors de contourner l'obstacle en défaisant les Indiens à la guerre. Mais cela non plus ne réussit pas et Colón dut se rabattre sur d'autres projets. Le premier de ceux-ci était très simple : puisque les Indiens ne voulaient pas travailler, il amènerait des Espagnols, qui s'installeraient dans le pays. Il demanda cinq cents personnes, lesquelles devaient toucher un salaire, mais le Roi et la Reine réduisirent le chiffre à trois cent trente. Ces colons devaient compter quarante écuyers, qui seraient payés trente maravédis par jour, plus douze maravédis pour leur entretien ; trente marins, avec les mêmes émoluments ; vingt mousses à vingt maravédis par jour, plus douze maravédis pour leur entretien ; vingt laveurs d'or payés comme les écuyers ; cent péons payés comme les mousses ; vingt ouvriers qualifiés de plusieurs métiers, payés comme les écuyers ; cinquante valets de ferme et dix jardiniers, payés six mille maravédis par an, plus douze maravédis par jour pour leur entretien ; et enfin trente femmes, qui ne devaient percevoir aucun salaire, bien qu'elles eussent douze maravédis par jour pour leur entretien. Ce contingent devait former le noyau d'une colonie de caractère franchement européen. Les personnes résidant déjà à Espagnola devaient continuer à percevoir leur salaire comme jusqu'à présent ; les travailleurs de la terre devaient recevoir du froment pour semer et des bêtes — vaches ou juments — pour labourer ; et l'or de l'île devait être transformé en pièces. Les Indiens devaient payer la taxe qui leur était imposée par le Vice-Roy et porter un petit disque de cuivre pour montrer qu'ils avaient payé, et les défaillants devaient être punis d'« une peine légère », précision qui était sans doute due à la main de la Reine.

L'Amiral avait d'autres idées dans sa manche — une manche de franciscain est vaste — mais il semble n'avoir entrepris qu'une chose à la fois. La négociation de cet arrangement ne dut pas être très facile pour Colón, environné comme il l'était de tant de critiques et même d'ennemis déclarés. En outre, le Roi et la Reine étaient à l'époque profondément inquiets du sort de la flotte qui devait amener leur future bru, Marguerite d'Autriche, en Espagne. Le temps restait mauvais et la flotte n'arrivait pas. Le Roi et la Reine avaient attendu à Burgos, où

Colón était à l'époque, négociant son accord « colonial »; un jour, on lui dit que le Roi et la Reine avaient décidé de partir pour Soria, abandonnant pour le moment l'espoir de voir arriver la flotte. La Cour avait quitté Burgos un samedi. Le Roi et la Reine attendirent pour partir jusqu'au lundi. Cette nuit-là, Colón leur envoya une note leur signalant que certain jour le vent avait commencé à souffler dans la bonne direction; la flotte attendrait une journée pour être sûre que le bon vent était stable; elle partirait le mercredi, et le jeudi ou le vendredi, elle serait à la hauteur de l'île de Wight (il l'appelait *Huict*) et si « elle ne fait pas escale à Wight, elle sera à Laredo [au Nord de l'Espagne] lundi, sinon l'art de la navigation ne signifie plus rien ». Le Roi et la Reine écoutèrent le vieux marin et, ce lundi-là, un des navires qui n'avait pas fait escale à l'île de Wight, parce qu'il n'avait pas assez de vivres, arriva à Laredo.

Le lundi matin — au moment où la nouvelle parvint à la Cour — le frère Christophe, le franciscain, dut avoir besoin de tout son capuchon pour cacher son orgueil. Sa cote monta de tout le plaisir que la nouvelle tant attendue apporta au Roi et à la Reine.

La Reine fut extrêmement reconnaissante : « J'ai vu votre lettre et votre opinion sur le voyage de l'Archiduchesse, ma très chère et bien-aimée fille, lui écrivit-elle le 18 août 1496, et tout cela est très bien et digne d'un homme très savant et qui a beaucoup d'expérience des choses de la mer. Je vous suis reconnaissante et le tiens pour une obligation spéciale et un service, à la fois pour l'opportunité avec laquelle vous l'avez envoyée (car votre avertissement et votre conseil nous ont été très utiles), et pour la bonne volonté et pour l'affection vraie dont vous y faites preuve et que nous avons toujours connues; croyez donc que tout cela a été reçu comme venant d'un de mes particuliers et fidèles serviteurs. »

Le 19 mars 1497, le Prince Juan et la Princesse Marguerite furent mariés au milieu de festivités de la plus haute splendeur. Tous les deux étaient jeunes et beaux. Le vieil Empire de Charlemagne s'alliait au nouvel Empire que Ferdinand et Isabelle avaient édifié partie avec leur énergie, partie avec la volonté de Dieu. Pendant que les jeunes gens profitaient de leur brève lune de miel, au dénouement tragique, Colón travaillait dur à la Cour. Le 23 avril, l'Amiral empoche un certain nombre de décisions précieuses signées par les deux mains royales : la première de ces décisions fait justice des exigences des fournisseurs espagnols qui prétendaient avoir leur part de l'eldorado indien et augmentaient le prix des marchandises livrées à son magnifique découvreur ; la deuxième donne à l'Amiral autorité de recruter les trois cent trente personnes qu'il demandait ; la troisième porte ce nombre à cinq cents, au cas où l'Amiral le jugerait nécessaire ; la quatrième ordonne au trésorier du trésor indien de payer les salaires et les émoluments sur l'autorité de documents portant la signature du Vice-Roi ou de son représentant ; la cinquième exempte de certaines taxes toutes les marchandises exportées ou importées des Indes par ordre du Roi et de la Reine ou de Don Cristóbal Colón ; finalement tout le système d'arrangement défini ci-dessus réapparaît signé par les mains royales sous la forme d'instructions à l'Amiral. En tête venait cette recommandation du Roi et de la Reine, la plus sage et la meilleure de toutes, et celle à laquelle tous, y compris l'Amiral, manquèrent le plus gravement : « Avant tout, que, dès que vous arriverez dans lesdites îles, avec la volonté de Dieu, vous vous efforcerez en toute diligence d'encourager et d'amener les indigènes desdites Indes à vivre dans le calme et la paix, à Nous servir, à se compter spontanément parmi Nos sujets, et par-dessus tout à les faire se convertir à Notre Sainte Foi Catholique. »

Ayant emporté cette première tranchée, Colón, qui était un maître dans la stratégie de Cour, poursuivit aussitôt son avantage. A la même date du 23 avril, tous ses titres et privilèges tels qu'ils étaient définis par la Capitulation de Santa Fé sont explicitement confirmés par le Roi et la Reine, comme un acte de « leur pouvoir royal absolu » ; à la même date aussi, il obtient une autorisation royale d'établir un majorat, *Mayorazgo* ; le 6 mai, les exemptions décrétées le 23 avril sont étendues jusqu'à inclure toutes les marchandises et toutes les taxes ; le 9 mai, les chefs comptables reçoivent l'ordre de payer à l'Amiral toutes les sommes qu'il peut avoir avancées sur les salaires des Espagnols se trouvant aux Indes ; le 30, il arrache une de ces décisions qui devaient sûrement exciter une hostilité acharnée contre lui dans le cercle de la Cour : il aura dans toutes les discussions concernant les dépenses et les recettes des affaires indiennes un représentant, au même titre que le Roi et la Reine ; voilà encore un autre signe de ce sens obstiné de l'égalité avec la couronne qui lui fit rédiger son accord avec Ferdinand et Isabelle sous la forme des Capitulations de Santa Fé ; le 2 juin, il va encore plus loin : ayant obtenu d'abord une simple confirmation de tous ses privilèges, il brandit à présent l'ordre royal du 10 avril 1495, dans lequel le Roi et la Reine, tout en ouvrant largement l'accès aux Indes, réservaient les droits de Colón en stipulant qu'il devait envoyer un navire sur huit, s'il le désirait ; mais le calculateur Amiral n'est pas d'accord : il affirme — conformément certes à ses droits légaux — que l'ordre royal du 10 avril 1495 va à l'encontre de ses privilèges et il obtient un autre ordre par lequel celui de 1495 sera considéré comme nul et non avenu dans la mesure où il contrevient aux droits de l'Amiral ; à la même date, il marque un point dans sa longue et opiniâtre discussion avec la couronne sur l'interprétation des Capitulations en ce qui concerne ses bénéfices ; il prétend que sur tout ce qui vient des Indes, il doit recevoir un huitième ; du restant, on déduit les frais, et du résultat net, un dixième lui revient ; la couronne soutenait — plus logiquement, semble-t-il — que les frais devaient être déduits d'abord, puis que Colón aurait son dixième, et le huitième du reste. Le Roi et la Reine, dont la patience et la générosité semblent avoir été inépuisables, proposèrent un compromis : il ne participerait pas aux dépenses ni aux frais (il devait en payer le huitième), sauf ce qu'il avait dépensé lors du premier voyage, c'est-à-dire qu'il ne paierait rien de ce qui avait été dépensé depuis lors dans les voyages et l'administration ; il se contenterait de ce qu'il avait eu ; et pour l'avenir, les trois premières années seraient organisées comme il le proposait, et ensuite, comme le voulait la couronne.

Cependant, bien qu'il surveillât de près ses privilèges et ses intérêts, il sut résister à une dangereuse tentation : le Roi et la Reine lui offrirent à Espagnola un territoire de cinquante lieues de l'est à l'ouest et de vingt-cinq du nord au sud, avec le titre de duc ou de marquis, et il demanda qu'on lui permît de décliner l'offre, car il craignait d'entrer en conflit avec les fonctionnaires royaux. Ce refus lui permit d'obtenir plus facilement une faveur qu'il convoitait — celle qu'une étude détaillée fût faite des privilèges de l'Amiral de Castille, afin de les étendre à l'Amiral des Indes. Le Roi et la Reine firent faire cette étude par Francisco de Soria, en vertu d'un ordre royal signé par eux le 23 avril 1497. Une marque évidente de la faveur dont il jouissait à la Cour fut la nomination de ses deux fils comme pages de la Reine, signée par la Reine Isabelle le 18 et le 19 février 1498, avec une pension de neuf mille sept cents maravédis chacun. L'Amiral prit même des dispositions pour que, après la mort du Prince Juan, ses deux fils fussent élevés à la Cour. Il connaissait peut-être déjà le proverbe cité par Oviedo : *Celui qui n'a pas été page à la Cour sent toujours son muletier.*

Le 22 juin, trois chartes royales révèlent que sa pensée plus profonde avait fini par triompher. Espagnola devait être colonisée par des forçats. Le temps à Espagnola devait compter double dans les condamnations à l'exil ; dix ans là-bas équivalaient à un exil à vie. En outre, les criminels auraient droit au sursis s'ils consentaient à s'établir à Espagnola. L'hérésie, la *lèse-majesté*[1], la trahison, la sodomie et la fabrication de fausse monnaie étaient exceptées de la mesure. A la même date, le Vice-Roy recevait autorité pour distribuer de la terre aux personnes qui s'engageraient à y résider pendant au moins quatre ans de suite et à la mettre en valeur. Pour les moralistes sévères qui condamneraient hâtivement la mesure qui envoyait à Espagnola tant de repris de justice, oubliant que les criminels sont souvent le produit de leur milieu, voici le commentaire « réaliste » de l'Évêque Las Casas, qui fut un témoin oculaire de cette

---

1. En français.

expérience de colonisation : « J'en ai rencontré plusieurs dans cette île, et même un qui n'avait plus d'oreilles (il avait été condamné à les avoir coupées), et j'ai toujours entendu dire que c'était un homme très honnête. »

Colón avait triomphé de tous ses détracteurs et de tous ses ennemis. Le Roi et la Reine adoptaient son plan ; ils confirmaient ses privilèges ; ils lui accordaient de nouvelles faveurs. Comme pour effacer les dernières taches qui subsistaient au palmarès de leur Vice-Roy, par une sorte de loi d'amnistie, ils accordèrent à Don Bartolomé le titre d'Adelantado des Indes que l'Amiral avait pris sur lui de lui donner, par un abus manifeste de ses prérogatives de Vice-Roy. Cette grâce royale impliquait un blâme au Vice-Roy, puisque la précédente nomination n'avait même pas été mentionnée, et le Roi et la Reine restaient les seuls responsables du titre ; mais même ici, ils trouvèrent la manière la plus généreuse de remettre à sa place leur remuant Amiral et, bien que lui cédât sur la forme, eux cédaient sur le fond.

Tout heureux de son succès, Colón se mit à préparer son troisième voyage. Nous pouvons voir une preuve supplémentaire de la faveur royale dans la décision de remplacer Fonseca par Antonio de Torrès à la tête des affaires indiennes. Mais cette décision se retourna finalement contre Colón, car Torrès se montra si exigeant sur les droits et privilèges qui devaient lui être accordés que le Roi et la Reine en revinrent à Fonseca et qu'il fallut recommencer tous les papiers, ce qui prit beaucoup de temps. Le Roi et la Reine avaient ordonné de payer six millions de maravédis à l'Amiral pour ce qu'il avait dépensé à la suite de leur accord ; mais la couronne de Castille était toujours à court d'argent, et cette année-là, riche en mariages royaux, avait été désastreuse pour le trésor, déjà lourdement grevé par la guerre avec la France. En septembre, la Reine partit pour Alcantara avec sa fille aînée, Isabelle, veuve du Prince Jean de Portugal, qu'elle avait épousé en 1490 et perdu en 1492. La Princesse devait à nouveau essayer de réaliser cette union de toutes les Espagnes, qui était depuis toujours le but des efforts opiniâtres des deux maisons royales, mais que le destin devait toujours leur refuser. La Reine Isabelle remit sa fille entre les mains de son nouveau fiancé, le jeune Roi Manoel. Elle était inquiète pour la santé de son fils le Prince Juan de Castille, malade d'amour, malade d'un amour trop heureux : les médecins avaient conseillé une séparation momentanée des deux jeunes gens ; les théologiens avaient secoué la tête ; la Reine s'était rangée du côté des théologiens contre la médecine, pensant que l'homme ne devait point séparer ce que Dieu avait uni. Elle restait cependant inquiète. Le Roi, qu'elle avait laissé au chevet du Prince, arriva à Alcantara, très maître de lui et très affable. La Reine Isabelle lui demanda comment allait le Prince. Ferdinand n'eut pas le courage de lui dire qu'il n'était plus. Qu'était l'or de tous les Cipangos du monde devant la jeunesse de ce Prince de dix-huit ans que sa femme de dix-huit avait tué d'amour ? Un an plus tard, Isabelle, Reine de Portugal, mourut en donnant le jour à un garçon, qui ne se doutait pas qu'il serait solennellement baptisé Don Miguel et que pendant un an et sept mois, il incarnerait les espoirs d'une union ibérique. Puis la mort l'enleva lui aussi. « Le premier couteau du malheur, écrit Bernáldez avec une puissance et une émotion peu habituelles, qui perça l'âme de la Reine Doña Isabel fut la mort du Prince ; le deuxième, la mort de sa fille aînée, Doña Isabel, Reine de Portugal ; le troisième couteau du malheur fut la mort de Don Miguel, son petit-fils, et depuis cette époque, la grande et vertueuse Reine Doña Isabel, si nécessaire à la Castille, vécut sans plaisir, et sa santé et sa vie furent amoindries. » Voilà ce qu'il advint de la grande Reine. Quant au grand pays qu'elle avait bâti, il fut condamné par le destin historique à un anormal empire en Amérique, au lieu d'une expansion naturelle en Afrique ; et à une anormale et ruineuse union avec les Flandres au lieu d'une union naturelle avec le Portugal.

CHAPITRE XXV

L'AMOUR ET LA MORT À CIPANGO

Un jour, à Isabella, un jeune Aragonais du nom de Miguel Diaz, à court d'arguments dans une dispute avec un autre Espagnol, sortit son couteau et le blessa. Les blessures n'étaient pas mortelles, mais Miguel Diaz, bien qu'il fût membre de la maison de l'Adelantado, jugea préférable de « ne pas attendre », comme dit Oviedo ; et il fut suivi dans cet exil volontaire par quelques complices et amis. Longeant la côte, ils contournèrent la pointe est d'Espagnola, puis continuèrent vers l'ouest ; ils arrivèrent bientôt à un établissement indien, à l'embouchure d'un très agréable cours d'eau.

Sur les rives de ce fleuve, Miguel Diaz coula des heures heureuses dans la compagnie attentive d'une dame indienne de qualité — une *cacica*, dit Oviedo — qui fut finalement baptisée sous le nom de Catalina et lui donna deux fils. Mais tout cela, se fit naturellement en son temps. En attendant, la future Catalina, vivant exemple du sage dicton qui veut que *l'amitié confie ses secrets, mais [que] l'amour les laisse échapper*, se laissa aller à parler à son amant aragonais de mines qui se trouvaient à sept lieues de l'endroit ; il est inutile de suivre Oviedo et d'attribuer à la *cacica* le désir de faire venir les Espagnols d'Isabella sur ses terres. L'attrait de ces mines était suffisant. « C'est alors que cet homme, pour plaire à la *cacica*, et plus encore parce qu'il lui semblait que s'il signalait une terre si salubre et si riche à l'Adelantado, celui-ci, qui se trouvait dans un pays stérile et malsain, lui pardonnerait, et surtout parce que

Dieu voulait qu'il en fût ainsi, traversa l'île pour se rendre à Isabella et, après de prudents sondages auprès de ses amis, se présenta à Don Bartolomé, qui le reçut bien, lui pardonna et décida d'aller y voir lui-même. »

*
**

Il se trouvait que Don Bartolomé avait reçu de son frère des instructions qui cadraient parfaitement avec les nouvelles que Miguel Diaz venait de lui apporter. Les navires que Colón avait trouvés à Cadix prêts à partir pour Espagnola arrivèrent à Isabella au début de juin 1496. L'Amiral, avec l'approbation du Roi et de la Reine, qu'il reçut à Cadix, écrivit à son frère, Don Bartolomé, de construire une ville sur la côte sud, plus proche qu'Isabella des mines de San Cristóbal, qui avaient alors été découvertes. Cela fit très plaisir à l'Adelantado, car il n'était pas homme à rester bien tranquille à Isabella à ronger son frein lorsqu'une grande partie de l'île restait inexplorée et tant d'Indiens insoumis. Mais avant de partir pour son expédition, Don Bartolomé renvoya les trois navires en Espagne avec trois cents Indiens réduits à l'esclavage.

Les Colón, décidés à développer le commerce des esclaves, prenaient pour le moment prétexte de l'attitude rebelle et de l'agitation des Indiens ; ils savaient que cela était une raison assez forte pour apaiser les scrupules royaux. Cela fait, Don Bartolomé, laissant le commandement d'Isabella à Don Diego, partit avec les hommes valides pour les mines de San Cristóbal et le fleuve où Miguel avait connu l'amour indien. C'était effectivement « un fleuve très gracieux », alors fortement peuplé sur ses deux rives. Ayant procédé à de prudents sondages de la baie et l'ayant trouvée excellente — cela suffisait aux besoins de l'époque — Don Bartolomé décida d'y fonder une ville. Ce devait être la plus ancienne ville européenne du continent américain. Il l'appela Santo Domingo (Saint Domingue). L'Amiral aurait voulu l'appeler Isabella-Nueva, mais sur ce point, comme sur beaucoup d'autres de plus d'importance, le cadet n'en faisait qu'à sa tête. C'était un homme d'action, plus volontiers impitoyable que son frère le Vice-Roy; d'un tempérament aussi ardent, il avait la tête plus solide, et les deux pieds sur terre. En un tournemain, il dessina les grandes lignes de la ville, et fit dire à Don Diego de lui envoyer tout le monde sauf les malades, et les charpentiers qui étaient en train de construire deux caravelles. Isabella fut finalement abandonnée. A Santo Domingo, Don Bartolomé laissa vingt bûcherons pour commencer la construction du fort, la première cellule du corps de la future ville et, cela fait, il se mit en route avec ses hommes valides pour le « royaume » de Xaraguá, car on disait merveille de son « Roi » Béhéchio, et surtout de la sœur de celui-ci, Anacaona.

Cette Anacaona était la veuve du roi Caonabó. Il ne semble pas qu'elle eût gardé rancune aux Espagnols du meurtre de son mari, ce serait même plutôt le contraire : « C'était une femme très remarquable, très prudente, très gracieuse et très élégante dans ses propos, ses manières et ses mouvements, et pleine de sympathie pour les chrétiens. » Chemin faisant, Don Bartolomé et son petit bataillon, après une marche d'environ deux cents kilomètres, tombèrent sur une « innombrable armée d'Indiens avec leurs arcs et leurs flèches, prêts à se battre, bien que totalement nus, et notez s'il vous plaît quel genre de guerre ils pouvaient faire avec leur ventre nu comme bouclier ». Don Bartolomé envoya un porte-parole expliquer à Béhéchio qu'il venait en ami; et il y eut bientôt grandes réjouissances et grande liesse des deux côtés. « Il vint d'innombrables personnes et de nombreux seigneurs et de la noblesse (...) qui chantèrent leurs chansons et dansèrent leurs danses, qu'ils appellent *areitos* et qui sont une chose bien gaie et bien agréable à voir; survinrent d'abord trente femmes, appartenant au roi Béhéchio, toutes complètement nues; seules leurs parties honteuses étaient couvertes de demi-jupes de coton, blanches et minutieusement décorées qu'ils appellent *naguas* et qui les couvraient de la taille jusqu'à mi-jambes; elles tenaient des branches vertes à la main, elles chantaient, dansaient et sautaient avec réserve, comme il convient aux femmes, montrant beaucoup de gaieté, de joie et d'entrain. Elles s'approchèrent toutes de Don Bartolomé Colón, et s'agenouillant avec grande révérence, lui offrirent les branches vertes et les palmes qu'elles avaient à la main; et pendant ce temps, tous les autres, qui étaient innombrables, dansaient et se réjouissaient. » Sous ce déguisement, Don Bartolomé fut emmené à la « Maison royale » et invité à un banquet.

C'était vraiment l'Arcadie. L'Adelantado aurait pu prendre un feuillet du livre de l'Évêque, et réfléchir qu'on pouvait aller très loin avec ces gens dans le sens de la « fraternisation », trop loin même d'un certain point de vue qu'il est facile de deviner en pensant à ces jeunes Espagnols entreprenants et célibataires qui se voyaient régaler d'une exhibition si généreuse de charmes féminins. En outre, comme pour corriger l'impression de faiblesse que cette première fête aurait pu laisser aux Espagnols, le lendemain, Béhéchio et ses hommes offrirent aux Visages pâles un tournoi indigène au cours duquel deux bataillons se battirent avec des arcs et des flèches avec une telle ardeur qu'en peu de temps il y eut sur le terrain quatre morts et sept blessés — « tout cela au milieu des plus grandes réjouissances, plaisirs et joies du monde, et sans qu'ils accordassent plus d'attention aux morts et aux blessés qu'à un claquement de doigt ». A la requête de Don Bartolomé, Béhéchio arrêta le jeu.

Quel genre d'hommes était-ce? Comment arrivaient-ils à combiner tant de nudité avec tant d'art, une telle gentillesse avec un tel mépris de la mort? Don Bartolomé et ses hommes n'étaient pas des hommes de notre époque. Nous aurions compris qu'il était possible de les laisser vivre nus et joyeux sur leur île généreuse, en leur demandant tout au plus une base navale et en réservant l'exclusivité des droits cinématographiques de ces danses suggestives. Don Bartolomé et ses hommes appartenaient à un siècle moins équilibré et plus dogmatique. Il fallait habiller ces gens et les convertir. Il fallait aussi les faire travailler. Sur-le-champ, l'Adelantado réclama un tribut. Béhéchio répondit qu'il n'y avait pas d'or dans ses domaines. Don Bartolomé accepta d'être payé en coton. Béhéchio consentit alors à en faire semer dans son royaume, non que le coton fût nécessaire à ses sujets pour qui les jupes n'étaient qu'un ornement pour les jours de danse, mais pour faire plaisir au chef des Visages pâles — et peut-être pour se débarrasser de lui jusqu'à nouvel ordre.

Quand Don Bartolomé revint à San Diego, la satisfaction qu'il ressentait des résultats obtenus à Xaraguá disparut, car il trouva la colonie en deuil : pendant son absence, plus de trois cents chrétiens étaient morts, emportés par des maux divers : non seulement, comme dit Oviedo, « parce que la nourriture et le pain d'Espagne sont plus solides », et parce que l'air d'Espagne était « plus léger » et plus frais, mais aussi parce que les ardents Espagnols avaient contracté une terrible maladie dans les bras des femmes indiennes : ils l'appelaient *buas* ou *bubas*, nous l'appelons syphilis. Et il semble que le sinistre microbe avait trouvé une virulence nouvelle en découvrant ce qui, pour lui, était le continent nouveau de la race blanche. L'Adelantado décida de disperser ses hommes en plusieurs forts et colonies, surtout pour remédier à la pénurie de nourriture, « de manière qu'ils n'aient qu'à combattre leur maladie, sans avoir à lutter contre la faim ». La mesure ne semble guère avoir été du goût des indigènes, qui, conduits par un vaillant *cacique* du nom de Guarionex, complotèrent un massacre général des Espagnols. La garnison de Concepción fut avertie du danger par des sympathisants indigènes ; ils envoyèrent sur-le-champ un message à Don Bartolomé ; la première étape du courrier était Bonao. L'Indien ami qui portait le message savait que toutes les passes étaient surveillées par les espions de Guarionex. Il avait caché les lettres dans un bâton creux. Les Indiens, qui savaient maintenant que « les lettres des Chrétiens parlaient » étaient certains de les garder s'ils les trouvaient. Le courrier indien imagina un stratagème : il feignit d'être muet et boiteux, et il passa à côté de tous les espions sans donner d'autres explications que des gestes de la main, s'appuyant lourdement sur la canne qui portait le message.

Grâce à la loyauté de cet homme à l'égard des Espagnols, et en revanche à son manque de loyauté à l'égard des Indiens, puisque toutes les médailles ont un revers, Don Bartolomé fut averti de ce qui se tramait. Il se mit en campagne aussitôt, suivi par le petit groupe de ses hommes encore valides, et après une nuit de repos à Bonao, il marcha sur Concepción et dans une attaque surprise de nuit, il tomba sur les Indiens de Guarionex (au nombre de quinze mille, dit Las Casas) et les battit à plate couture.

Cette victoire releva le prestige des Espagnols en proportion du nombre des Indiens tués; peu de temps après, Béhéchio et son avenante sœur Anacaona firent prévenir que le tribut était prêt, et Don Bartolomé décida d'aller lui-même à Xaraguá régler cette affaire et manger de la viande et du poisson de cette riche terre, car Isabella et Santo Domingo faisaient toujours maigre chère. Malgré la discrétion des historiographes sur ce point, on a bien l'impression qu'il était attiré là-bas par un métal plus séduisant. Car, malgré tout, il avait trente-cinq ans, il était beau et victorieux, et Anacaona, « très amie des Espagnols », était une jeune veuve indienne qui se promenait vêtue comme Vénus au sortir de l'onde, et la chair est faible (ce par quoi nous entendons qu'elle est trop forte pour nous) et ne connaît pas de barrières raciales. Donc, quand l'impétueux Adelantado arriva chez le « Roi » Béhéchio, le Roi en personne vint à sa rencontre, avec Anacaona naturellement, et trente-deux « seigneurs » et ils lui remirent assez de coton pour remplir une grande maison et lui donnèrent à manger pour lui et tous ses hommes. Don Bartolomé fit dire à Isabella d'envoyer sans faute la première caravelle qui serait prête dans les eaux de Xaraguá, ce qui causa une grande joie aux chrétiens affamés, pour qui la nouvelle signifiait un fret de retour de bon pain indigène. La Princesse aussi fut remplie de joie, mais pour des raisons différentes : c'est l'une des bénédictions de la joie que, bien qu'elle soit toujours la même fleur vigoureuse, elle puisse avoir de si nombreuses racines : « Elle persuada son frère indien d'aller voir la pirogue des chrétiens. Elle avait un petit établissement à mi-chemin [du village du Roi à la côte] où elle invitait tout le monde à passer la nuit ; elle avait là-bas une maison pleine de mille choses : des cotonnades, des chaises, de nombreux vases et des objets domestiques en bois, merveilleusement ouvragés, et cette maison était comme sa chambre particulière. Cette dame offrit de nombreux sièges, très beaux, à Don Bartolomé », et beaucoup d'autres choses, y compris de nombreuses *naguas*, le seul vêtement féminin connu dans l'île. Don Bartolomé, certes, dut être très touché de cette délicate allusion, mais l'évêque ne raconte pas ce qui se passa pendant la nuit, car le roman français n'avait pas encore atteint son plein développement. Il nous dit cependant que le lendemain la caravelle arriva à Xaraguá, et que, bien que le Roi Béhéchio et la Reine Anacaona eussent chacun une pirogue richement décorée, la royale dame, « par un raffinement de courtoisie, ne voulut pas monter dans la pirogue, et préféra aller dans le canot de la caravelle avec Don Bartolomé ». Une petite excursion dans la caravelle autour de la baie donna d'autres occasions au Don Juan au visage pâle ; il montra la rapidité de ses voiles, et le bruit de ses canons, et dut dissiper en riant la crainte que le bruit de la poudre avait fait naître dans le cœur de sa conquête. Enfin, dans sa caravelle, pleine de pain indien et d'autres victuailles pour ses chrétiens affamés, Don Bartolomé s'éloigna de Xaraguá, « laissant le Roi et la Reine très joyeux ».

Il semblerait que Don Bartolomé n'était pas immunisé contre l'intoxication du succès. Oviedo, qui est généralement un chroniqueur digne de confiance et dans l'ensemble plutôt favorable au clan Colón, nous le dit en propres termes : « Après que l'Adelantado eut remporté ces victoires, il sembla que son caractère avait changé, car il se révéla dès lors très exigeant à l'égard des chrétiens, à un tel point que certains d'entre eux ne purent le supporter. » Les frères Colón eurent soudain à faire face à une révolte : le chef de celle-ci était Francisco Roldán, le membre de la maison du Vice-Roy qui avait été laissé comme *Alcalde* d'Isabella. Mais bien qu'il ait pu y avoir de sa part des raisons personnelles de rancune et d'ambition, Roldán n'aurait pas eu à lui seul assez de force pour mettre en danger pendant si longtemps le pouvoir et l'autorité des Colón. Le récit de Las Casas, quelque défavorable qu'il soit à Roldán, laisse passer de précieuses indications qui permettent de mieux comprendre les événements. Il y avait une sorte d'épidémie de mécontentement due à la faim. Les chefs de la colonie ne semblent pas avoir consacré à l'agriculture une énergie et une persévérance suffisantes ; les nouveaux venus étaient des gens qui escomptaient or, terre, maisons et suzeraineté, le tout sans avoir à travailler. Ce défaut des premières vagues d'immigrants était dû sans doute à une mauvaise sélection en Espagne. Il se peut qu'il ait été inévitable étant donné le peu d'enthousiasme que le spectacle pitoyable des ex-colons suscitait dans la métropole — ce qui naturellement fermait le cercle vicieux, car ils revenaient malades parce qu'il n'y avait rien à manger parce qu'il n'y avait pas de bons fermiers parce qu'ils revenaient malades... En tout cas, l'état de « l'opinion publique » à Espagnola était si précaire que lorsque la caravelle arriva de Xaraguá pleine de coton et de pain indien, Don Diego dut la faire échouer de peur que les mécontents ne s'en emparent pour rentrer en Castille. Roldán profita de l'occasion. Il se lança dans une campagne de chuchotements et donna bientôt assez de courage aux colons « pour qu'ils disent tout haut ce qu'ils ronchonnaient dans les coins », savoir que les Colón obligeaient tout le monde à travailler pour eux et traitaient les Indiens d'une manière infâme. Finalement, Roldán amena soixante ou quatre-vingts hommes à la rébellion ouverte contre les trois Colón, au nom du Roi et de la Reine et en posant au libérateur des Indes.

Comme les événements devaient le montrer, Roldán avait de nombreux alliés parmi les gentilshommes et les chevaliers de la colonie, et particulièrement Diego de Escobar, Pedro de Valdivieso et Adrian de Múxica, trois hommes influents que Las Casas connaissait personnellement. Don Bartolomé essaya de négocier avec les rebelles, mais sans succès ; puis pour regagner les bonnes grâces des troupes, il leur offrit à chacun un ou plusieurs esclaves. Ce n'était pas chose facile que de christianiser un nouveau continent ! Malgré cette puissante tentation, le parti de Roldán devint de jour en jour plus puissant, et Don Bartolomé commença à se demander s'il réussirait à maîtriser la révolte et même à s'en tirer vivant (car sa mort était le premier point du plan d'action de Roldán), quand de l'aide lui fut envoyée par la Providence sous la forme de deux caravelles venues d'Espagne. C'était vraiment une bonne nouvelle. Cela signifiait des vivres et quels vivres ! Du bon pain chrétien, de la viande et du vin, toutes choses qui tenaient l'estomac. Cela signifiait aussi quatre-vingt-dix travailleurs, des oiseaux rares à Espagnola ; cela signifiait la collaboration, les conseils et le soutien du gentilhomme à qui avaient été confiés les navires, Pero Hernández Coronel, *Alguacil Mayor* (chef comptable) de l'île, « homme prudent et homme d'autorité » ; et comme Don Bartolomé s'en aperçut à sa grande satisfaction, cela signifiait l'arrivée de la lettre royale le nommant Adelantado des Indes. Cette lettre royale était à elle seule plus importante que tout le reste. Elle rétablissait la position de Don Bartolomé et mettait les Roldanistes dans une situation dangereuse, en faisant non plus les ennemis d'un individu et d'un étranger, dont ils pouvaient contester les titres d'autorité, mais des rebelles contre le principal représentant de la couronne en l'absence du Vice-Roy.

L'Adelantado, toutefois, bien que plus fort moralement, avait toujours aussi peu de troupes. Avec son habileté coutumière, il décida d'envoyer Coronel à Roldán. L'ambassadeur ne réussit pas à ramener la brebis galeuse au bercail ; mais il impressionna assez les rebelles pour leur faire adopter une attitude fabienne, et ils décidèrent de se retirer à Xaraguá, sur l'hospitalité et l'abondance de laquelle ils avaient entendu raconter des histoires merveilleuses.

Ce n'était pas pour Don Bartolomé la fin de ses ennuis, car il se heurta alors à une nouvelle révolte indienne. L'origine de ce deuxième soulèvement n'est pas claire ; il fut probablement dû à une combinaison de trois circonstances : l'encouragement apporté au mécontentement régnant parmi les Indiens par les querelles internes qui divisaient les Espagnols et par le fait que Roldán leur apparaissait le champion « d'un meilleur traitement et de la suppression du tribut »; le fait que les Indiens pouvaient à nouveau compter sur un chef, car l'Adelantado avait relâché Guarionex sans conditions dans un geste de bienveillance à l'égard des indigènes; et finalement, une tendance inconsciente — ou même consciente chez l'Adelantado et ses hommes — à juger nécessaire une autre guerre contre les Indiens afin de justifier une nouvelle moisson d'esclaves. « Quelles nouvelles ? » demandèrent les hommes encore à bord lorsque Las Casas débarqua à Santo Domingo pour la première fois quelques années plus tard. « De bonnes nouvelles. Il y a beaucoup d'or et il y a une guerre contre les Indiens, ce qui signifie des tas d'esclaves. »

Quelle que fût la véritable raison, Don Bartolomé décida, ou plutôt jugea nécessaire, de se mettre en campagne lorsqu'il apprit que Guarionex avait disparu de La Vega. L'Adelantado le poursuivit avec ses hommes dans les régions accidentées de Ciguay, domaine d'un autre « Roi » du nom de Mayobanex, où Guarionex avait cherché refuge, soit pour préparer une autre révolte soit pour n'avoir pas à le faire, on ne sait. Une première escarmouche avec les avant-gardes de Mayobanex fut désastreuse pour les indigènes, qui furent incapables de résister à la cavalerie chrétienne bien qu'elle ne fût représentée que par une poignée de cavaliers. L'Adelantado, qui semble avoir toujours uni la décision militaire à l'astuce diplomatique, envoya quelques prisonniers demander à Mayobanex de livrer Guarionex, mais le fier *cacique* refusa. D'autres efforts de paix, toujours fondés sur la reddition de Guarionex, se heurtèrent encore à la résistance résolue de Mayobanex, même lorsque ses propres hommes, impressionnés par l'avance des Espagnols, auraient volontiers sacrifié leur hôte. Don Bartolomé fit une nouvelle tentative. Ses hommes s'épuisaient à manger peu et à courir après les deux chefs indigènes dans les montagnes de Ciguay. Il renvoya les pusillanimes, et avec trente hommes seulement continua sa campagne. Deux Indiens, envoyés à

Mayobanex avec le message habituel — livrez Guarionex — furent trouvés morts. Mais la petite troupe des Espagnols fit prisonniers deux des Indiens de Mayobanex, lesquels, sous la menace de la torture, révélèrent où se trouvait leur chef. Douze Espagnols se portèrent volontaires pour le faire prisonnier. Ils se déshabillèrent, se peignirent le corps et cachèrent leur épée dans des palmes, qu'ils portaient sur le dos comme ils avaient vu faire les Indiens. Et ayant trouvé le *cacique* avec sa femme et ses enfants, ils le prirent vivant et le ramenèrent avec sa famille au chef espagnol. Après s'être caché pendant des semaines, à demi mort de faim, Guarionex finit par se constituer prisonnier.

Ainsi prit fin cette campagne contre le dernier *cacique* belliqueux d'Espagnola. Elle eut un épilogue pathétique. L'une des prisonnières, une sœur ou une cousine de Mayobanex, une femme d'une beauté remarquable, était mariée à un autre « seigneur » qui l'aimait profondément. Ce seigneur indigène descendit à La Vega, se jeta aux pieds de l'Adelantado et jura que s'il récupérait sa femme, lui et ses hommes travailleraient comme esclaves pour les Espagnols. Don Bartolomé fut magnanime. Il lui rendit sa femme sans conditions, et en même temps que la beauté indigène, il libéra un certain nombre d'autres « seigneurs », qui lui formeraient une digne escorte. Quelques jours plus tard, le mari reconnaissant conduisit à La Vega une armée pacifique de quatre à cinq mille travailleurs de la terre, chacun portant sur son épaule une *coa*, bâton durci au feu avec lequel ils défrichèrent la terre, et ils labourèrent et ensemencèrent une telle superficie de terrain que cela rapporta à Don Bartolomé la valeur de trente mille castillans de nourriture — une fortune à cette époque.

Encouragés par cette humeur généreuse de l'Adelantado, les Indiens de Ciguay organisèrent une expédition à La Vega dans l'espoir d'obtenir la mise en liberté de Mayobanex. Ils vinrent en grand nombre, tous apportant d'humbles présents, du pain, du poisson rôti. L'Adelantado relâcha la « Reine » et toute sa famille et sa maison, mais garda Mayobanex. Cette fermeté était certainement politique. Les *caciques* étaient les seules —

ou tout au moins les plus fortes — pièces de l'échiquier politique du pays. Lorsque les plus puissants d'entre eux auraient été détruits, les autres pourraient être amenés à servir les nouveaux maîtres. Les *caciques* n'ignoraient pas l'importance de la religion dans la vie civile. Le pauvre ermite, Román Pane, qui sur l'ordre du Vice-Roy étudia les coutumes religieuses des indigènes, s'aperçut en dépit d'une « humilité » dont il se vante souvent, et qui le maintenait aux confins de la sainteté et de la sottise, que les *cemis* ou statues religieuses qui donnaient aux indigènes leurs oracles étaient reliées par un tube creux secret à une autre chambre de laquelle le *cacique* pouvait tranquillement parler dans un porte-voix. Le bon moine était en droit de considérer ce dispositif comme un encouragement infâme à la superstition et un abus de confiance. C'était tout cela. Mais des hommes habitués à parler au nom de Dieu devaient nécessairement être considérés par Don Cristóbal Colón comme ses rivaux naturels.

Cependant, Colón rencontrait des difficultés pour le financement de son troisième voyage. Le Roi et la Reine lui avaient accordé six millions de maravédis. Mais il semble que ce Pero Alonso Niño, qu'il avait trouvé à Cadix à son arrivée et envoyé à son frère Bartolomé avec des vivres et des instructions, n'avait qu'une vague notion du mal qu'une plaisanterie peut faire lorsqu'on la lance au mauvais moment ; quand jetant à nouveau l'ancre à Cadix le 29 octobre 1496, avec les trois cents esclaves qu'envoyait l'Adelantado, il déclara qu'il avait un chargement d'or — car l'or est ce qui rapporte de l'or — le Roi et la Reine, le prenant au mot, dirent à Colón que l'or que Pero Alonso Niño avait ramené serait plus que suffisant pour financer l'expédition et les six millions passèrent à la guerre contre la France.

Ce Pero Alonso Niño, pilote et capitaine, devait être de la race de ceux qui ne s'en font pas, car non content de la mauvaise plaisanterie qu'il avait faite au Roi, à la Reine et à l'Amiral, il s'en alla à Moguer, sa ville natale, et s'accorda deux mois de vacances, ne se présentant à la Cour qu'à la fin de décembre, avec les lettres de l'Adelantado et le véritable rapport sur la nature de son « or ». La colère royale fut grande, mais ne put rattraper les millions dépensés pour chasser les Français du Roussillon, et Colón dut avoir recours à d'autres expédients. Il obtint près de trois millions des banquiers italiens « Pantaléon Italien » et « Martin Centurion », qui avaient l'autorisation d'exporter du blé à Gênes ; ce premier acompte ne fut versé qu'en octobre 1497, mais il permit à Colón de faire partir la première expédition de secours commandée par Pero Hernandez Coronel. Nous possédons quelques-uns des documents qui furent établis à l'occasion de cette expédition, et en particulier un contrat passé avec un marchand, Anton Marino de Séville, et Inès Nuñès, sa femme, pour la fourniture de vin et de viande ; dans ce contrat rédigé en 1498, éloquent témoin de l'unité persistante de l'Empire romain, on fait dire à cette femme espagnole qu'elle renonce à « toutes les lois que les empereurs Justinien et Valianus ont faites en faveur et au profit des femmes » et on lui fait reconnaître qu'elle n'y aura pas recours en cas de conflit surgissant à propos de ce contrat.

Colón ne fut jamais heureux dans tout ce qui était administratif. Sa nature imaginative, son énergie, son esprit d'initiative et son instinct créateur souffraient le martyre dans tous ces délais et complications. Cela constituait invariablement une épreuve sévère pour ses nerfs et sa patience. Pour un homme de son orgueil et de sa fougue, l'association nécessaire avec un critique et un collaborateur comme Fonseca, avec lequel il faisait attelage comme un pur sang avec un bœuf, dut être insupportable. Tous les préparatifs du voyage durent être faits en la compagnie du méfiant et exigeant Évêque de Badajoz. Ce n'était du reste pas le pire, car un homme fier peut supporter d'un patron ce qu'il ne tolérera pas de subalternes ; il y avait dans le personnel de Fonseca un fonctionnaire du nom de Ximeno qui semble avoir exaspéré l'Amiral plus que tout autre homme dans sa vie. Il se trouvait que ce Ximeno était un *converso*, et il fait peu de doute que cette circonstance dut contribuer fortement au développement de la situation psychologique qui s'ensuivit. Colón rencontrait de l'opposition d'un côté où il avait un droit naturel d'attendre de l'aide. Sa colère fut la plus forte. L'Amiral nourrissait évidemment une fureur froide accumulée contre cet homme. Il attendit le jour de l'embarquement. Las Casas est formel sur ce point, ce qui établit clairement de la part de Colón une préméditation qui est naturellement d'un caractère purement passionnel. Sur le pont, avant le départ, il se jeta sauvagement sur l'adjoint de l'Évêque, et le roua de coups de poings et de coups de pieds. Plus tard, à Espagnola, craignant — à bon droit — que cet incident n'eût fait très mauvais effet, il écrivit au Roi et à la Reine : « Je supplie Vos Altesses d'ordonner aux personnes qui s'occupent de cette affaire à Séville de ne pas faire preuve de mauvaise volonté et de ne pas mettre de bâtons dans les roues ; je ne sais pas ce qui est arrivé là-bas à Ximeno, sinon qu'il est de la race de ceux qui s'entraident jusqu'à la mort, alors que je suis loin, que je ne suis qu'un étranger exilé ; puissent Vos Altesses ne pas se détourner de moi, car elles m'ont toujours aidé. » Ceux qui possèdent quelque connaissance de la psychologie ne considéreront pas ce texte comme un argument contre la thèse de l'origine juive de Colón lui-même, mais plutôt comme un argument en sa faveur.

Le mercredi 30 mai 1498, l'Amiral partit de Sanlucar de Barrameda à la tête de six navires et de deux cents hommes, sans compter les marins. A cause de la guerre avec la France, il évita le cap Saint-Vincent, un endroit qu'il connaissait bien, parce qu'une flotte française croisait dans les parages dans l'espoir de joindre les affaires au plaisir, et fit route sur l'île de Porto-Santo, qui lui rappela quelques souvenirs de jeunesse sur lesquels il observe dans son journal un silence absolu. Il y arriva le 7 juin, un mercredi, et la trouva en grand tumulte car les habitants craignaient que les caravelles qui approchaient ne fussent françaises ; ayant soulagé les insulaires en montrant le pavillon espagnol — qui était alors pour les Portugais un pavillon d'autant plus ami que les liens étaient étroits entre les deux familles royales et que le Roi et la Reine de Portugal étaient les héritiers présomptifs de la couronne de Castille — il débarqua et fit dire une messe pour l'âme de sa femme Perestrello — du moins nous l'espérons, car il n'en dit rien. Le dimanche suivant, il était à Madère. Il y fut très bien reçu, parce que, dit Las Casas, il y était très connu et y avait vécu, mais surtout sans doute parce qu'il avait découvert les Indes et qu'il était puissant, sinon il est probable que les Madérois se seraient souciés de lui comme d'une guigne. Cette visite aux lieux où il avait vécu est des plus évocatrices. Il lui aurait été difficile de la rendre plus tôt, étant donné les mauvaises relations qui régnaient entre la Castille et le Portugal, et il n'aurait pas non plus pu la rendre dans de meilleures conditions, car, bien qu'il fût une fois allé aux Açores, ce n'avait été que contraint et forcé par une tempête. Cette visite *à la fois* à Porto-Santo et à Madère donne à penser qu'il voulait montrer aux insulaires ce qu'était devenu le jeune homme. Le Magnifique Amiral goûta le vin de la gloire locale pendant six jours, et le dimanche 16, il partit pour La Gomera, où il arriva le mardi suivant. Il trouva dans le port un corsaire français qui avait à son bord quelques prisonniers castillans. Le corsaire fit un rapide calcul — six contre un — et sans demander son reste, hissa les voiles et partit avec un des navires castillans, dans lequel six Français surveillaient six Espagnols. Colón envoya un de ses rapides lévriers des mers à la poursuite du fugitif, et les six Espagnols du navire prisonnier, apercevant ce secours dans le lointain, tombèrent sur leurs gardiens, les enfermèrent sous le pont et revinrent à La Gomera.

Très content de cet épisode, l'Amiral partit pour son troisième voyage de découverte. Il décida de diviser ses forces. Son frère avait besoin d'encouragement et d'aide ; mais lui avait besoin de nouvelles découvertes et de gloire. Il envoya donc trois de ses navires droit sur Santo-Domingo, tandis qu'il naviguait plus lentement avec les trois autres en quête de nouvelles terres. Comme capitaines des trois navires qui allaient disparaître de sa vue, il nomma trois hommes dont deux étaient ses parents : Alonso Sánchez de Carabajal, ou Carvajal, qui avait été l'un de ses compagnons d'Espagnola ; Pedro de Arana, « homme très honnête et très avisé », frère de Beatriz Enriquez, sa maîtresse, la mère de Don Fernando Colón ; et Juan Antonio Colombo ou Colón, son cousin, « homme très capable, très prudent et de grande autorité ». Ses instructions étaient que chacun à son tour prît le commandement de la flotte pendant une semaine et reçût mission de conduire la flotte et de mettre la lanterne, c'est-à-dire la lumière d'arrière qui servait de guide aux autres navires. Ils devaient aller jusqu'à Dominica, et de là jusqu'à la baie de Santo-Domingo. Toutes les fois qu'ils auraient des contacts avec les Indiens, même des Cannibales, ils devraient donner quelque chose en échange de ce dont ils avaient besoin, ainsi ils seraient sûrs que les Indiens les serviraient bien, tandis que s'ils avaient recours à la violence, ils n'auraient que des ennuis. Finalement, il leur dit qu'il avait l'intention de mettre le cap au sud, de franchir les îles du Cap-Vert, l'Équateur, puis de faire route vers l'ouest, laissant Espagnola au nord, pour voir s'il y avait des îles et des terres. « Puisse le Seigneur me conduire et me donner les moyens de faire une découverte à Son service et à celui du Roi et de la Reine, et en l'honneur des chrétiens, car je ne pense pas que cette route ait jamais été couverte par personne et je crois que cette mer est très inconnue. »

CHAPITRE XXVI

LA DÉCOUVERTE DU PARADIS TERRESTRE ET LA PREMIÈRE RÉVOLUTION AMÉRICAINE

Ses cales pleines d'eau, de bois de feu et d'autres stocks, « en particulier de fromages abondants et bons », Colón partit de La Gomera avec un navire et deux caravelles le 21 juin 1498, mettant droit le cap sur les îles du Cap-Vert, « nom trompeur, dit-il, car elles sont plutôt sèches, et je n'y ai pas vu une chose verte et tout le monde y est malade et je n'ai pas osé m'y arrêter ». Il fit toutefois escale à la petite île de Buenavista, nom aussi trompeur que celui de Cap-Vert car elle est des plus stériles, et elle est voisine d'une île plus petite où tous les lépreux du Portugal avaient coutume de venir se guérir en mangeant des tortues et en se lavant dans leur sang. Il acheta de la viande de chèvre à Buenavista et il essaya en vain d'acheter du bétail à Santiago, la plus grande île du groupe, mais son équipage commençait à ne plus pouvoir supporter la chaleur et il décida de repartir.

Ces régions chaudes excitaient son imagination *cipanguienne*. Il était embarrassé, en tant qu'expert des terres non découvertes, par une déclaration du Roi Jean de Portugal (qui était mort l'année précédente) affirmant qu'il y avait « un continent au sud »; et aussi par l'insistance du Roi Jean à repousser de deux cent soixante-dix milles la limite de sa zone de découverte dans la définition du pape. Pourquoi? Colón croyait que le Roi de Portugal était certain qu'à l'intérieur de cette zone il trouverait « des terres et des choses célèbres ». Pendant qu'il rabâchait ainsi ses rêves et ses craintes, quelques personnages importants de l'île de Santiago vinrent le voir. Ces hauts personnages ne devaient guère avoir de distractions, et un Amiral des Indes devait constituer pour eux une bête curieuse et qui valait le déplacement. Colón les interrogea sur le commerce des esclaves, qui était intense dans l'île, et ils répondirent qu'il marchait fort bien et qu'il y avait une grosse demande de Castille, d'Aragón, de Portugal, d'Italie et de Sicile, et qu'un homme, même des plus médiocres, valait ses huit mille maravédis. Leur conversation s'orienta naturellement sur les îles, les continents et autres sujets de ce genre, et la *gentry* de Santiago révéla à l'Amiral qu'au sud-ouest de l'île de Fuego, à douze lieues de là, on pouvait apercevoir une île (qui n'avait probablement jamais été atteinte cependant) et que le Roi Jean avait « une profonde inclination à envoyer les gens découvrir vers le sud-ouest ». Découvrir quoi ? demandera-t-on. Mais à cette époque la question ne se posait pas, et le verbe *découvrir* s'employait sans complément. Découvrir, simplement. Cette nouvelle dut faire monter de plusieurs degrés la température de l'Amiral et, en quittant l'île, il écrivait dans son journal : « Puisse Celui qui est trois en un me conduire, puissent Sa compassion et Sa merci me permettre de Le servir et donner quelque grande joie à Vos Altesses et à toute la chrétienté, comme cela s'est trouvé lors de la découverte des Indes, dont le bruit a retenti dans le monde entier. »

Nous pouvons l'imaginer s'éloignant au plus vite, de peur que les caravelles portugaises n'arrivent avant lui. Il se retrouvait en plein océan, en cet été de 1498, près de six ans après sa découverte de Guanahani, encore totalement ignorant de ce que son audace et sa foi allaient révéler à l'humanité, encore enfermé dans un monde de Cipangos et de Quinsays, d'îles et de continents, « dans l'auster », ou « vers le sud-ouest », dans une sorte de *no man's land* ou de *far west* de découvertes, prêt à recevoir une nouvelle fois de la Sainte Trinité une aubaine comme celle des Indes.

Il mit le cap vers le sud, et dépassa la ligne équinoxiale, parce que, disait-il, c'est au-dessous de cette ligne que l'on trouve le plus d'or et de choses précieuses.

C'était là, naturellement, l'opinion « scientifique » de l'époque ; Mosén Jaime Ferrer, une autorité en cosmographie, consulté par le Roi et la Reine sur les questions navales d'importance scientifique, lui avait écrit en 1495 que « la plupart des choses précieuses viennent des régions très chaudes, dont les habitants sont des Noirs ou des perroquets et, par conséquent, tant que Votre Seigneurie n'aura pas trouvé de telles gens, vous ne trouverez pas d'abondance de telles choses ». Le soin que prenait l'Amiral à exhiber ses perroquets et ses papegais à tous ses retours en Espagne a malgré tout une base, si l'on ose dire, scientifique. Il voulait dire aux foules ébahies : des perroquets, donc de l'or.

Cela, il s'en doutait, devait être la raison qui éveillait l'intérêt du Roi Jean pour l'auster. Il fallait percer le secret du Roi Jean. Il y avait peut-être de l'or à la clé. C'est un fait que lors de son premier voyage, sous l'influence de Toscanelli et d'Esdras, il avait piqué droit vers l'ouest au sortir de La Gomera, mais que tous ses autres voyages sont organisés d'une manière absolument différente : tous suivent une route beaucoup plus méridionale. Quelle était exactement son inspiration, il serait aventureux de le dire. Peut-être Noirs et perroquets ; peut-être fascination des mers du Sud, qu'il semble avoir cherchées au-delà d'une terre ou d'une péninsule s'enfonçant vers le sud, car il se croyait vaguement quelque part entre le Japon et les Philippines et cherchait la mer indienne au-delà de Singapour ; peut-être le « continent de l'auster » auquel croyait le Roi Jean et aussi les Indiens d'Espagnola, bien que pour des raisons entièrement différentes ; peut-être tout cela, enroulé dans un mythe et une obsession uniques de son imagination ; mais ce qui est le plus probable, comme les événements devaient bientôt le montrer, ce qui l'entraîna à chaque fois vers le sud, c'était l'espoir de trouver enfin le véritable emplacement du Paradis terrestre.

Ce n'était pas chose facile et d'abord, il put craindre d'être tombé sur l'autre endroit. Le 13 juillet, il fit une telle chaleur qu'il crut que ses navires allaient brûler et ses hommes périr ; les barriques éclataient, laissant échapper l'eau et le vin, le blé brûlait comme du feu, le lard et les salaisons rôtissaient et pourrissaient. Cette expérience lui fit changer de cap, ce qui était grand dommage, car eût-il suivi celui qu'il avait tenu depuis son départ des îles du Cap-Vert, il aurait rencontré la terre quatre ou cinq jours plus tôt et au lieu d'arriver encore à une île, il aurait découvert le continent des rêves du Roi Jean à l'embouchure de l'Amazone (le Marañón).

Opiniâtrement poursuivi par un destin contraire, il continua sa route, se détournant chaque jour un peu plus de ce sud-ouest qui avait été sa première et plus sûre intuition, en arrivant le 28 ou le 29 à suivre une route parallèle au continent et dans une direction qui, sans l'île de la Trinité, l'aurait entraîné dans la mer des Antilles et où il serait resté des jours et des jours sans voir la terre. Il souffrait de la goutte et du manque de sommeil, mais il gardait en main le commandement de l'expédition avec un pouvoir de résistance à la souffrance physique quelque peu surprenant chez un homme qui en parlait si souvent et même avec insistance. Vers la fin du mois, ils se trouvèrent à court d'eau et il donna l'ordre de changer de route et de mettre le cap droit sur le nord, vers Dominica, s'éloignant définitivement de ce qui allait cette fois être sa découverte. Vers midi, toutefois, un de ses serviteurs, Alonso Pérez, monta au grand mât et aperçut la terre à environ quinze lieues à l'ouest. Il vit trois sommets. Par hasard, Colón avait décidé de baptiser la première terre qu'il découvrirait dans ce voyage *Trinidad* (la Trinité). Il y avait donc un accord complet entre la terre, le découvreur et la Providence, et l'île fut appelée Trinidad, en l'honneur non point des trois sommets, mais de la Sainte Trinité.

Il y eut grandes réjouissances à bord, et les marins chantèrent le *Salve Regina* : « suivant la coutume des marins, au moins des nôtres d'Espagne, quand ils sont dans la peine ou dans la joie ». Leur première rencontre avec les indigènes fournit une excellente illustration des malentendus qui risquent de s'élever entre l'homme et l'homme. Une pirogue montée par vingt-cinq jeunes gens aux allures belliqueuses s'approcha d'eux et les jeunes gens se mirent à pousser des cris, leur demandant probablement qui ils étaient. Les chrétiens leur montrèrent des objets brillants, comme des bassines en cuivre, pour les attirer et pouvoir leur parler, mais après deux heures de vains efforts, Colón fit danser sur le pont quelques-uns de ses matelots, au son d'un tambourin ; les vingt-cinq guerriers saisirent alors leurs arcs et tirèrent une volée de flèches sur les étrangers, interprétant sans doute cette danse comme une déclaration de guerre.

Cet incident n'eut pas de conséquences fâcheuses, mais Colón se trouva livré à lui-même pour l'exploration des lieux. Longeant la côte, il finit par entrer au nord dans le golfe de Paria. C'est une mer presque fermée entre l'île de la Trinité et le continent ; il aperçut au loin le continent, mais le prit pour une île et l'appela *Isla Santa*, et plus tard *Isla de Gracia*. Colón fut très heureux d'y trouver des papegais, bien que d'une espèce différente, presque aussi gros que des coqs, tout rouges avec quelques plumes bleues et brunes sur les ailes ; « ils ne parlent pas, dit Las Casas ; le seul plaisir qu'on ait avec eux, c'est donc celui de les regarder ». Il n'imagina pas que si ces oiseaux se taisaient, c'était pour ne pas révéler où l'or se trouvait ; si telle était la raison de leur mutisme, ils étaient plus discrets que les habitants de « l'île de Grâce », c'est-à-dire de la côte du Venezuela, qui donnèrent toutes sortes d'explications aux hommes de Colón, sur la manière de trouver non seulement de l'or mais aussi des perles comme celles que quelques-uns d'entre eux portaient aux bras. Ces révélations furent faites à de petits groupes de reconnaissance que Colón envoya à terre ; ils étaient généralement bien reçus et se voyaient offrir une sorte de vin fait de « maïs, qui est une graine qui donne un épi ressemblant à un petit pain ; j'en ai ramené et il y en a maintenant en abondance en Castille ». C'est ainsi que fut découvert le « blé indien », à la fois sous forme de pain et sous forme de vin. Comme d'habitude, Colón se délectait entre ces îles. La côte du continent à la hauteur de la Trinité n'en est pas absolument dépourvue, mais elle se découpe en tant de baies et d'estuaires que Colón était enclin à voir une île dans chaque promontoire. Il était souffrant, il était pressé, parce que ses réserves de vivres s'épuisaient (il ne voulait pas toucher à ce qu'il apportait à Espagnola) et probablement aussi parce qu'il était inconsciemment inquiet de ce qui se passait à Espagnola et en Castille ; et son ardeur était peut-être un peu retombée, comme le révèle son attitude, souvent négative, à l'égard des « rois » indigènes : « Ils venaient en pirogue me dire que leur Roi me priait de descendre à terre, et quand ils virent que je n'en faisais rien, un grand nombre d'entre eux vinrent dans des pirogues, portant des ornements d'or autour de leur cou, et quelques-uns des perles autour de leurs bras. » Donc, il ne descendit pas à terre. Et comme pour mettre un comble à l'ironie et au comique de cette situation, lorsqu'il explique pourquoi il s'éloigna du *vrai* continent, il réaffirme qu'il était sûr d'avoir découvert le continent lorsqu'il avait longé pendant des jours la côte de Cuba ! « J'ai levé l'ancre parce que j'avais hâte de renouveler mes vivres... et de me rétablir, car j'étais malade, mes yeux me faisaient mal par suite du manque de sommeil, car bien qu'au cours du voyage où j'avais découvert le continent, je fusse resté trente-trois jours sans dormir et aveugle pendant tout ce temps, je n'avais pas tant souffert des yeux et ils ne m'éclataient pas et ne saignaient pas comme ils ont fait à ce moment. »

Aveugle, oui, il l'avait été au long de la côte de Cuba et aveugle, il l'était à présent. Mais les yeux de son imagination restaient grand ouverts, et c'est là, à Paria, entouré de terres de tous les côtés, qu'il découvrit le Paradis terrestre. Il avait toujours remarqué que le méridien situé à cent lieues à l'ouest des Açores avait des vertus spéciales (ce n'était pas pour rien que le Pape Alexandre l'avait choisi comme frontière entre les domaines océaniques du Roi de Portugal et ceux du Roi de Castille) : quand on le traversait, la boussole changeait sa déviation d'ouest en est ; l'air devenait plus doux et plus tempéré ; il avait été frappé par le climat tempéré de la Trinité, comparé à celui de la Guinée ; les hommes en outre, n'étaient pas noirs, mais presque blancs, et plus civilisés ; finalement, l'étoile polaire se déplaçait d'une telle manière que cela lui faisait soupçonner que cet hémisphère était différent des autres. Ce sont toutes ses observations, les unes correctes, les autres généralisations radicales d'une expérience limitée, qui le conduisirent à cette fameuse conception cosmographique qu'il portait sans doute en lui depuis longtemps et dont il annonçait mystérieusement de temps à autre la révélation prochaine. « J'ai toujours lu, dit-il, que le monde, terres et mers, était sphérique... Or, j'ai observé une telle divergence, que j'ai commencé à nourrir des vues différentes à ce sujet, et j'ai trouvé qu'il [le monde] n'était pas rond... mais en forme de poire : il est rond sauf à l'endroit où il a un mamelon, car là il est plus grand, ou c'est comme si on avait une balle ronde, et que d'un côté elle fût comme le sein d'une femme, et cette partie en mamelon est la plus haute et la plus proche du ciel, et elle se trouve sous la ligne équinoxiale, dans cette Mer Océane, au bout de l'Orient. J'appelle bout de l'Orient là où finissent toutes les terres et toutes les îles. »

Il ne fait pas de doute que c'était effectivement la découverte d'un *nouveau monde*. Cela revenait à ceci : le méridien situé à cent lieues à l'ouest des Açores divisait la Terre en deux hémisphères ; « Ptolémée et les autres philosophes croyaient qu'elle était sphérique, croyant que cet hémisphère (le « nouveau ») était rond exactement comme l'autre, celui de là-bas, où ils étaient », et sur cet hémisphère, il avait la bonté de « ne pas faire de difficulté et d'accorder qu'il était sphérique comme ils disaient ». Mais l'autre, qu'en connaissait Ptolémée, ou quiconque, « puisque personne n'avait jamais été envoyé pour aller le *chercher* jusqu'au moment où Vos Altesses l'ont fait explorer » ? « Aller le chercher » est un trait délicieux de son style imaginatif.

Ce n'était du reste pas tout : c'était un fait que le golfe de Paria recevait d'énormes quantités d'eau qui faisaient que l'eau était douce à quarante bons milles en plein océan ; cela indiquait qu'il y avait non loin de là un très grand fleuve. La conclusion était évidente : « Les Écritures disent qu'au Paradis terrestre pousse l'Arbre de Vie et que de là jaillit une source qui donne naissance à trois fleuves : le Gange en Asie, dans l'Inde, le Tigre et l'Euphrate (...) et le Nil, qui prend sa source en Éthiopie et qui se jette dans la mer à Alexandrie. » Voilà bien de grands fleuves, n'est-ce pas ? Par conséquent, toutes les fois que nous nous trouverons à l'embouchure d'un fleuve encore plus grand, nous pouvons nous attendre à être sur la piste du Paradis. « Je ne trouve nulle part d'écrits des Latins ou des Grecs qui disent avec certitude où se trouve exactement le Paradis terrestre, et je ne l'ai pas non plus vu sur une carte, sauf lorsqu'il était mis là sur la base de l'autorité et du raisonnement. » Pour lui, il a l'esprit trop scientifique — et il l'a vraiment, en dépit de cette orgie d'imagination biblique — pour sauter aux conclusions ; il fait remarquer que « personne ne peut atteindre le Paradis terrestre sauf par la Volonté divine » ; « je crois que cette eau peut venir de là-bas, même s'il doit être éloigné » ; « et toutes ces choses sont de grands signes du Paradis, car le site est conforme à l'opinion des grands théologiens, et tous les faits vont aussi dans ce sens, car je n'ai jamais lu ou entendu dire que tant d'eau douce puisse se mélanger avec de l'eau salée et y pénétrer si profond, et dans ceci, il y a aussi quelque aide de la tempérance et de la douceur du climat, et si cette eau ne vient pas du Paradis, la merveille est encore plus grande, car je ne pense pas qu'il y ait dans le monde de rivière connue qui soit si grande et si profonde ».

Ces mots révèlent la vraie nature de Colón : un inextricable mélange d'esprit d'observation empirique, véritablement scientifique, et de foi médiévale dans la tradition et l'autorité. Il part d'observations généralement justes, il aboutit à des conclusions qui sont souvent irrémédiablement fausses, parce qu'en lui la lumière de la nature est brisée et déviée par toutes sortes de notions aberrantes. Mais c'est un fait curieux que lorsqu'il est dans sa phase empirique, Colón croit dur comme fer — bien qu'inconsciemment — à la supériorité des faits sur ce qu'il appelle le « raisonnement », c'est-à-dire l'opinion. Ainsi écrit-il que, avant que le Roi et la Reine l'aient fait explorer, « il n'y avait pas de connaissance certaine de cet hémisphère, mais seulement une connaissance très légère et par raisonnement » : voilà, incontestablement, qui donne à penser que la connaissance « par raisonnement » ne vaut pas grand-chose. Comme on pouvait l'attendre d'un esprit de ce genre, il finit par conclure et soupçonner qu'il se trouvait devant une très grande terre, car, que ce puissant courant d'eau douce vînt ou non du Paradis, il devait nécessairement venir d'un très long fleuve et par conséquent d'un vaste territoire. « Je crois, écrit-il au Roi et à la Reine, que cette terre que Vos Altesses ont à présent fait découvrir est très grande et qu'il y en a beaucoup d'autres dans l'auster, qui n'ont jamais été explorées. » Voilà ce qu'il dit au Roi et à la Reine ; mais voyons à présent les raisons de cette opinion : « Je suis convaincu que c'est un continent, très grand, inconnu jusqu'à présent, et la raison qui me le fait croire est ce grand fleuve et la mer, qui est douce ; je m'appuie aussi sur ce que dit Esdras au livre IV, chapitre 6, savoir que six parties de la Terre sont sèches et qu'il y en a une sous l'eau, livre approuvé par saint Ambroise et saint Augustin. »

De même, avec une puissance d'observation qui souleva l'admiration de Humboldt, il découvre le mouvement des eaux de la mer d'est en ouest et remarque astucieusement qu'elles rongent la terre sur le bord occidental du creux de l'océan, et que de là vient l'abondance d'îles sur cette côte ; mais aussitôt il poursuit en observant que « beaucoup de choses précieuses y naissent [dans ces îles] grâce à la douceur tempérée qui leur vient du ciel, car elles se trouvent sur le sommet du monde ». Et pour écarter tous les doutes sur ce point, il remarque que lorsqu'il sortit du golfe de Paria par la bouche du Dragon, il s'aperçut que ses navires filaient vers l'ouest à une telle allure qu'il fit soixante-cinq lieues entre l'heure de la messe et celle des complies, avec peu de vent, et cette observation, probablement correcte (et due au fort courant qui existe là-bas), le conduit à la conclusion « que dans la direction de l'auster, on monte [on monte vers le mamelon de la terre, le Paradis], et que dans la direction du nord, on descend ».

Il descendit la pente jusqu'à Espagnola.

Il trouva l'île véritablement très loin du Paradis. Roldán s'était fixé à Xaraguá avec ses soixante-dix compagnons. Il avait établi une sorte de royaume indépendant où il faisait profession de protéger ses hôtes indiens, mais les maintenait pratiquement dans un profond état de sujétion. Le clan des Espagnols rebelles avait à sa disposition, pour pas cher, une profusion de serviteurs et de femmes. Mais Roldán semble avoir possédé un certain sens politique, car c'est dans son domaine de Xaraguá que, pour la première fois à Espagnola, fut passé un accord avec les *caciques* pour le service des indigènes ; sa rébellion fut donc plus qu'une simple trahison personnelle de l'Adelantado. Ce fut la mise en application d'une conception différente des relations entre chrétiens et Indiens, qui évitait à la fois les professions de totale christianisation des Indiens et la pratique de leur exploitation en masse par l'esclavage. Ce fut une révolte populaire, et par conséquent empirique et immédiate dans sa politique indienne, sans honte ni principes ; les Indiens étaient de braves gens, qu'il ne fallait donc pas imposer ; leurs femmes étaient charmantes et devaient donc être à la disposition des chrétiens ; et les hommes étaient paresseux, il fallait donc les obliger à travailler avec l'aide des *caciques*.

Ce caractère populaire — nous dirions aujourd'hui *démocratique* — de la révolte de Roldán est souligné dans une lettre écrite à l'Amiral par Miguel Ballester, son fidèle Alcayde de Bonao, qui joua à plus d'une reprise le rôle d'émissaire et de négociateur entre Colón et les rebelles. « Et je le tiens pour certain, écrit-il, si on laisse de côté les gentilshommes et les personnes de qualité qui sont avec Votre Seigneurie, et les hommes de votre maison, que Votre Seigneurie trouvera tous inébranlables et prêts à mourir à votre service, je ne me fierais pas trop aux gens du commun. » On ne peut nier par conséquent que Roldán fût le chef du « peuple » contre les gentilshommes de l'entourage de Colón. Les Colón et les gentilshommes qui les entouraient voyaient les choses à une plus grande échelle — sans que leur point de vue fût forcément le meilleur ; en fait, en ce qui concerne l'esclavage, leur politique était pire — mais ils essayaient de construire une colonie et de résoudre des problèmes tels que le travail, la propriété, l'aménagement des droits du Roi et de la Reine. Les roldanistes se contentaient de vivre, dilatant leur moi aux dimensions nouvelles et glorieuses qui leur étaient proposées par ce nouveau monde brusquement ouvert à leur ardeur de vivre ; ils étaient spontanés, libres et anarchiques comme des forces de la nature.

Colón amenait d'Espagne des travailleurs ; ces travailleurs se transformaient en seigneurs ; Las Casas se prend d'indignation en songeant aux Indiens qu'ils assujettissaient ; Colón s'inquiétait pensant au Roi et à la Reine, au « problème », au « plan », aux revenus ; mais les ex-travailleurs vivaient comme des princes et se moquaient du reste. Et finalement, ce sont eux qui ont fourni l'institution que les « hommes d'État » ont été obligés d'adopter : la répartition d'Indiens entre les colons, compromis entre l'opposition royale à l'esclavage et la détermination des colons à se faire servir. Ce système, connu sous le nom de *repartimiento* et plus tard d'*encomienda*, devait durer des siècles et fournir une solution empirique aux principaux problèmes sociaux et économiques de l'Empire espagnol, l'aménagement des relations économiques entre les deux races.

Comme il fallait s'y attendre, les hommes révoltés contre les Colón ne tardèrent pas à découvrir leurs origines juives. Nous savons que l'antisémitisme a toujours été en Espagne une attitude démocratique, et le prosémitisme une attitude aristocratique. Il fallait donc s'attendre qu'à Espagnola « les gentilshommes et les hommes de qualité » fussent avec Colón, et le peuple contre lui. Nous savons que l'Amiral fut attaqué comme *converso* parce qu'il le dit lui-même dans une phrase dont l'obscurité même est des plus significatives ; car Colón se défend de l'accusation avant de révéler qu'il a été accusé ; et il contre-attaque aussitôt : « Mais il n'en serait pas ainsi si l'auteur de la découverte avait été un *converso*, parce que les *conversos* sont des ennemis de Vos Altesses et des chrétiens, mais ils ont répandu ce nom et de telle manière que tout fut perdu ; et ces hommes qui sont avec Roldán, lequel essaye en ce moment de me créer des difficultés, on dit que la plupart d'entre eux en sont [des *conversos*]. » Il est sur la défensive. Comme Pierre renia Jésus, Colón renie Israël. (En 1498, les inquisiteurs étaient devenus si puissants en Espagne que l'un d'entre eux, Lucero, célèbre pour son manque total, non seulement de sens religieux, mais aussi de la plus élémentaire décence humaine, persécute la famille de Talavera, n'osant pas persécuter la saint archevêque lui-même.) Mais en dépit de ses reniements, il y a des signes, comme on le verra plus loin, qui prouvent que la colonie espagnole d'Espagnola resta convaincue que les Colón étaient d'extraction juive.

Ce handicap, dans la situation où il se trouvait, peut avoir été l'une des raisons qui lui ont fait adopter à l'égard de la rébellion une politique manquant totalement de franchise et de résolution. Son frère Bartolomé, qui avait quitté Santo Domingo pour venir en mer au-devant de lui, lui avait fait un exposé de la situation. Dès qu'il eut débarqué (le 31 août 1498), il commença une enquête judiciaire, sans tenir compte, tout au moins pour la forme, des résultats d'une autre enquête dont l'Adelantado avait pris l'initiative pendant son absence. L'Amiral mena une politique nettement plus conciliatrice que Don Bartolomé. Il était par tempérament beaucoup plus enclin à temporiser et à différer l'usage de la force, qu'il utilisait, toutefois, d'une manière plus subtile et plus détournée. Alors qu'il était au travail, les trois navires qu'il avait envoyés de La Gomera arrivèrent dans la baie. Ils avaient d'abord touché l'île non loin de Xaraguá, à la grande satisfaction de Roldán ; quarante des nouveaux arrivants étaient passés de son côté lorsqu'il leur avait dit que sous le commandement de l'Amiral, ils seraient obligés de travailler dur, tandis que sous ses ordres à lui, ils auraient des Indiens à faire travailler à leur place. Alonso Sánchez de Carvajal était resté avec les rebelles en accord avec les deux autres capitaines, pour essayer de les ramener au bercail. Cet arrangement déplut fortement à Colón, qui mit en doute la loyauté de Carvajal ; mais ce capitaine, « honorable gentilhomme », dit Las Casas, prouva qu'il avait tort. La première mesure que prit Colón, et qui était destinée à faire remonter sa popularité, fut de faire annoncer par le crieur public le 12 septembre que tous les colons désireux de retourner en Espagne auraient l'autorisation de le faire et qu'on leur donnerait des navires et des vivres. Cela fit fléchir les rebelles, et bon nombre de leurs chefs vinrent à Bonao discuter la question avec l'Alcayde Miguel Ballester, ferme soutien de l'autorité de l'Amiral.

Le 25 octobre, Colón écrivit à Roldán une lettre presque obséquieuse. Il semble que Roldán ait été tenté de céder, mais il en fut empêché par ses troupes. De nouveaux membres des « classes populaires » firent défection chez Colón et passèrent à Roldán. L'Amiral fit le recensement de ses forces et éprouva leur loyauté. Le résultat fut lamentable : soixante-dix hommes au plus sur lesquels il pouvait compter. Il prit deux mesures : une amnistie générale du passé, avec promesse de « justice humaine et modérée » pour l'avenir (ce qui semblerait justifier les accusations portées contre les trois frères par leurs « sujets » espagnols d'Espagnola) ; et un sauf-conduit spécial pour Roldán et ses amis, s'ils voulaient venir se présenter à lui. Ce sauf-conduit est un document curieux. Colón y donne à Roldán son titre d'*Alcayde*, en dépit de sa rébellion. Roldán vint à Santo-Domingo et négocia sur un pied d'égalité avec l'homme qui aurait dû le mettre en prison ; puis très sûr de lui, il repartit sans avoir conclu d'arrangement. L'Amiral envoya un de ses hommes après lui pour continuer les entretiens ; cela aboutit à une proposition exorbitante de Roldán, que cependant Colón ne rejeta pas totalement. Il envoya Carvajal aux rebelles, qui se préparaient à attaquer le fort de la Concepción, alors entre les mains de l'un des hommes de Colón. Le 17 novembre, un accord, sur la base d'un retour en Espagne dans les cinquante jours des rebelles, de leurs esclaves et de leurs femmes indiennes, fut signé par Roldán, qui eut l'insolence d'ajouter en annexe que l'engagement qu'il prenait de ne pas recruter de nouveaux compagnons espagnols était soumis à la signature de l'accord par l'Amiral dans les dix jours. Colón signa dans les quatre jours, le 21. Les rebelles retournèrent à Xaraguá préparer leur départ.

L'Amiral était si désireux de les voir partir qu'il leur donna deux navires qu'il avait fait préparer pour Don Bartolomé, lequel devait aller explorer la terre de Paria. L'un de ses hommes de confiance devait accompagner l'expédition en Espagne, pour remettre au Roi et à la Reine des lettres secrètes où Colón dénonçait le rôle de Roldán et réclamait son emprisonnement immédiat. Carvajal se rendit à Xaraguá. Son rapport ne fut pas enthousiaste. Les rebelles : craignant le mécontentement royal, ne voulaient plus s'embarquer, et comme les cinquante jours étaient écoulés, ils rendaient l'Amiral responsable de la rupture de l'accord. L'Amiral écrivit « en des termes très mesurés » à Roldán et à Adrien de Múxica, autre rebelle ; il en reçut des réponses insolentes. Ils demandaient une caravelle pour envoyer des messagers au Roi et à la Reine ; Carvajal l'accorda ; ils exigèrent une promesse écrite de l'Amiral. Las de leur intransigeance, Carvajal décida de renvoyer les deux navires à Santo Domingo et de revenir par terre. Roldán changea alors de tactique, sortit de sa retraite pour le rencontrer, et lui confia sous le sceau du secret qu'il était prêt à aller régler cette affaire avec l'Amiral s'il recevait un sauf-conduit avec le sceau royal et un autre signé par plusieurs des hommes de qualité de l'entourage de l'Amiral. Si humiliante que fût cette condition pour l'Amiral et pour les hommes de qualité qu'elle concernait, les deux papiers furent envoyés comme le voulait Roldán. Mais, mieux encore, l'Amiral, impatient de mettre fin à cette affaire, par crainte de l'effet qu'elle risquait d'avoir à la Cour, partit avec la plus grande partie de ses compagnons pour Azua, port situé à vingt-cinq lieues à l'ouest de Santo Domingo, à la rencontre de Roldán. L'entrevue eut pour résultat une abdication totale de Colón devant les rebelles, dont le chef fut nommé Alcalde Mayor, et qui se virent explicitement accorder le droit de prendre les armes contre Colón si celui-ci ne respectait pas les termes de l'accord, cependant que leur rébellion était pardonnée en des termes qui impliquaient une condamnation officielle de Don Bartolomé.

Découragé par son abdication et quotidiennement

humilié par la conduite insolente de Roldán, établi Alcalde Mayor d'Espagnola, Colón songea à partir pour l'Espagne avec l'Adelantado pour y plaider sa cause. Mais à ce moment, la menace d'une révolution indienne le força à rester et il envoya Ballester en Espagne avec des lettres et les procès-verbaux de l'enquête contre Roldán, ainsi qu'un certain nombre de raisons démonstratives et casuistiques prouvant que l'accord signé par lui en tant que Vice-Roy n'était pas valable ; l'une de ces raisons, qui permet de se faire une idée de l'ensemble, était que le document avait été signé à bord d'une caravelle, où Colón n'était pas Vice-Roy, mais Amiral. Il est bien évident qu'il avait conscience de sa faiblesse et de son incapacité. Sa foi, si précaire dans ses racines les plus profondes, lui faisait en certaines occasions totalement défaut. Le lendemain de Noël (1499), alors qu'il luttait contre des rebelles chrétiens et indiens associés, il traversa une crise de ce genre : « Je me suis trouvé à une telle extrémité que, pour fuir la mort, j'ai tout laissé et suis parti en pleine mer, à bord d'une petite caravelle ; c'est alors que Notre-Seigneur est venu à mon aide et m'a dit : *Ô homme de peu de foi, n'aie aucune crainte. C'est Moi. Aie du courage ; ne sois pas effrayé, et ne crains point. Je veillerai à tout. La limite des sept ans pour l'or n'est pas franchie ; et sur ce point comme sur le reste, j'arrangerai tout pour toi.* Et c'est ainsi qu'Il a dispersé mes ennemis et m'a montré comment je pourrais remplir mes promesses. Oh ! malheureux pécheur que j'étais, moi qui faisais tout reposer sur des espoirs terrestres ! »

Il écrivit au Roi et à la Reine et leur demanda un homme qualifié pour administrer la justice : il paierait son traitement. Il sentait ses forces lui manquer, et « parce qu'il déclinait et que son fils Don Diego prenait de la force, et devenait un homme capable de servir ici Leurs Altesses », il demandait l'autorisation de le faire venir « pour qu'il [lui, l'Amiral] puisse avoir un peu de repos et que Leurs Altesses soient mieux servies ». Craignant évidemment pour son crédit à la Cour, il ajoutait : « J'ignore si je me trompe, mais mon opinion est que les princes doivent accorder leur faveur à leurs gouverneurs aussi longtemps qu'ils les maintiennent à leur poste, car lorsqu'ils ne l'ont plus, tout est perdu. »

SIXIÈME PARTIE

CHUTE, MORT ET TRANSFIGURATION

CHAPITRE XXVII

L'ÉCHEC DU VICE-ROY

« L'or est très excellent » mais les perles sont belles, et alors que l'or est une chose très utile, les perles, sont exquisement inutiles. Ce sont les pierres de Vénus comme elle nées de la mer, et non moins miraculeusement, si nous en croyons Las Casas. « A certaines époques de l'année, quand les huîtres se sentent l'inclination et le désir de concevoir, elles viennent sur le rivage et s'ouvrent et attendent la rosée du ciel, presque comme si elles attendaient et désiraient leur mari; elles reçoivent cette rosée de laquelle elles conçoivent et deviennent grosses, et les enfants qu'elles produisent, qui sont les perles, dépendent de la qualité de la rosée; si elle est pure, les perles naîtront blanches; si elle est trouble, elles seront brunes ou noires (...); le plus tôt est la rosée, de l'aube ou du matin, le plus blanches sont les perles; le plus tard est la rosée, du soir ou de la nuit, le plus sombres sont les perles. » Ce serait bien l'un des plus remarquables exemples des harmonies de la nature, si c'était vrai.

Mais bien que leur naissance ne soit pas tout à fait aussi belle, les perles restent une joie pour les sens, et il n'est pas étonnant que lorsque Colón en trouva de si riches et de si nombreuses à Paria, il ait été tenté de garder quelque temps sa découverte pour lui. Cet accès de dissimulation lui fut vivement reproché par ses ennemis et fut peint sous les couleurs les plus noires. Il ne fait guère de doute qu'il garda le silence sur sa découverte et les arrangements qu'il conclut sur ce point, parce qu'il est très embarrassé pour raconter l'affaire dans sa lettre à l'Aya du Prince Don Juan et que ses explications, comme d'habitude, ne sont pas très claires : « Les perles, je les ai fait rassembler et pêcher par les hommes, avec qui je passai un accord de revenir les chercher, et dans mon esprit, au boisseau ; si je n'ai pas écrit à Vos Altesses à ce sujet, la raison est que j'aurais aimé faire de même plus tôt avec l'or. »

Cette dissimulation n'était certainement pas délibérée ni due à une quelconque intention de garder les perles pour lui, car il était impossible d'obtenir le secret des équipages ; ce fut presque certainement une réaction irrationnelle devant la splendeur de la découverte, une sorte de joie secrète d'être l'unique possesseur du trésor, qui lui en fit différer l'annonce. Et en définitive, bien qu'il ait tardé, il ne parla d'elles que trop tôt. Le 18 octobre 1498, Colón envoya cinq navires en Espagne. Les nouvelles qu'il annonçait étaient mélangées ; rébellion de Roldán ; découverte de la côte de Paria et d'un grand fleuve, qui était peut-être l'un des quatre grands fleuves du Paradis ; et les perles. Le jeune Hojeda, très désœuvré, était alors à Séville, et traînait dans les bureaux de Fonseca, où l'on recevait les papiers et les colis de l'Amiral. Il entendit parler de la rébellion de Roldán et eut probablement un large sourire ; il entendit parler du Paradis et eut probablement un autre sourire ; il vit les perles et en resta probablement bouche bée ; et il vit la carte de Colón et la côte d'où venaient les perles... et parla à Fonseca. Il était dans ses petits papiers. L'Évêque chargé des découvertes s'arrangea pour lui obtenir une lettre l'autorisant à armer une expédition, à condition qu'il ne s'approcherait pas des réserves du Roi de Portugal ni de celles de l'Amiral des Indes. Cette restriction aurait limité le pauvre Hojeda à « découvrir » dans la lune, n'eût été une limitation que l'Évêque ajouta à la limitation de sa zone : il précisa qu'il fallait comprendre dans les réserves de Colón tout ce qu'il avait découvert avant 1497. Comme Paria et ses perles avaient été découvertes en 1498, Hojeda était libre d'aller prospecter dans le coin.

Fonseca ne semble guère avoir montré en cette occasion de respect pour les droits de Colón; mais il n'ignorait pas l'état précaire des affaires de l'Amiral à la Cour. Sa décision devait avoir des résultats historiques lourds de conséquences, parce que, lorsque Hojeda quitta l'Espagne le 20 mai 1499, il avait à son bord un clerc florentin de la maison de Juanoto Berardi de Séville : c'était ce clerc et non pas Colón qui allait donner son nom au nouveau continent. Il s'appelait Americo Vespucci. C'était la première fois qu'il traversait l'océan.

Hojeda et ses navires « découvrirent » pendant un certain nombre de semaines le long de la côte qu'il connaissait par la carte de Colón, et quand finalement il fut à court de vivres, avec le sans-gêne qui le caractérisait, il mit le cap sur Espagnola où, le 5 septembre 1499, il jeta l'ancre dans la baie de Yáquimo.

Lorsque Colón apprit la chose, il fut profondément troublé. Inquiet comme il était sur sa position en Espagne, il se peut bien qu'il se soit imaginé que cette expédition venait pour supplanter son autorité, comme une autre allait le faire bientôt. L'Adelantado était loin à l'intérieur des terres. Il se persuada qu'il fallait faire montre d'autorité; il prit une décision intrépide qui aurait pu tourner au désastre, mais qui en fait donna d'assez bons résultats : il envoya Roldán, qui partit avec deux caravelles et arriva à proximité du quartier général d'Hojeda le 29 septembre 1499. Roldán débarqua en force, apprit que Hojeda était à l'intérieur de l'île avec quinze hommes, s'installa de manière à couper le nouvel arrivant de ses navires et s'avança à sa rencontre. Hojeda lui expliqua ce qu'il avait fait — avec quelque exagération — parla d'aller voir l'Amiral et fit allusion à certaines nouvelles du plus grand intérêt pour Colón, bien que pas très bonnes. Puis, s'étant débarrassé de Roldán, il partit dans la direction opposée et, au lieu d'aller à Santo Domingo, jeta l'ancre à Xaraguá en février 1500.

Cette région était le centre de la faction anticoloniste. Hojeda se rendit bientôt compte que l'opinion y était mûre pour un soulèvement. Il en savait assez sur l'état des affaires en Castille pour pouvoir affirmer que le Roi et la Reine n'étaient pas d'accord avec la politique de Colón, et plus particulièrement celle de son frère, surtout en matière de salaires, car ils ne les payaient pas. Si nous en croyons Las Casas, Hojeda se déclara prêt à prendre la tête de la rébellion à Santo Domingo, bien qu'il soit difficile d'imaginer l'explication qu'il aurait pu ensuite donner de sa conduite au Roi et à la Reine. Lorsque Roldán, envoyé par Colón avec des forces suffisantes pour imposer le respect, arriva à la colonie, il la trouva complètement divisée. Par un mélange de ruse et d'audace, il réussit à se débarrasser de Hojeda et de ses navires, qui s'éloignèrent et ne reparurent pas. Mais comme récompense, les colons de Xaraguá lui extorquèrent le droit de prendre la terre pour eux, et il leur transmit l'autorité que l'Amiral lui avait accordée de faire appel à la main-d'œuvre indienne et de commencer à faire instruire les Indiens dans la religion chrétienne. Tout ce qui se passait dans l'île aboutissait donc à une nouvelle étape vers l'asservissement pratique des indigènes.

Mais le caractère indiscipliné et emporté de l'Espagnol exige un gouvernement plus ferme que l'autorité hésitante dont faisait preuve Colón, qui oscillait toujours entre la faiblesse et la violence. Un noble Castillan, Don Hernando de Guevara, « très beau, et de noble mine, et qui semblait être d'un caractère généreux » se vit intimer par Colón l'ordre de retourner en Espagne « parce qu'il ne voulait pas se tenir tranquille ». Il obéit — *rara avis* — et partit pour Xaraguá, dans l'espoir de s'embarquer avec Hojeda, mais arriva trop tard pour son dessein et reçut de Roldán l'autorisation de s'établir non loin de chez son cousin Adrien de Múxica. Ce beau jeune homme se révéla incapable de résister au charme de la fille d'Anacaona, Higueymota, et se l'annexa promptement, selon la coutume des chrétiens à Espagnola, et en bien d'autres lieux avant et depuis. Guevara cependant avait pris soin de demander un prêtre pour faire administrer à la dame tous les sacrements, sauf, semble-t-il, le mariage. Roldán se prit de courroux, soit qu'il eût des vues personnelles sur la jeune beauté indienne, soit pour des raisons de haute politique. Cela conduisit à l'habituel entremêlement de pourparlers et de bagarres, le résultat de tout ceci étant que Roldán envoya Guevara couvert de chaînes à l'Amiral, en compagnie de nombreuses rames de papier légalisé dans lesquelles ses méfaits étaient contés en détail. Múxica jugea de son devoir de se soulever contre une autorité qui mettait son cousin en prison, et réussit à réunir un nombre suffisant de partisans dans un temps étonnamment bref. L'Amiral, qui n'avait alors à son côté que sept ou huit membres de sa maison et trois écuyers de la liste royale de salaires, se mit en campagne, tomba à l'improviste sur les rebelles et prit Múxica vivant. Il avait le sang échauffé. Il avait si souvent cédé que, cette fois, il ne l'aurait pas fait pour plusieurs empires. Il condamna Múxica à être pendu sur-le-champ. Une scène tragi-comique s'ensuivit, tragique surtout, malgré son côté comique, en raison de son dénouement sinistre. On avait naturellement amené un confesseur. Múxica refusa de se confesser. Il s'écria que la crainte de la mort lui faisait oublier ses péchés, ce qui était un bien joli mot pour un homme condamné à la peine capitale. Fatigué d'attendre, Colón ordonna de le jeter du haut de la tour. Et cela fut fait.

Le « style » avait changé depuis les concessions accordées à Roldán. Le récit de Las Casas montre assez clairement que la principale source de ce changement était Don Bartolomé. Pas de pitié, tel était le mot d'ordre. Les Colón avaient à faire face à une situation qu'ils avaient, en partie du moins, créée, et l'un des traits les plus inquiétants de cette situation était peut-être le nombre de repris de justice qu'ils avaient eux-mêmes amenés, dans leur impatience à exploiter la terre. Obligés à travailler par une discipline stricte, ils auraient peut-être bien tourné. Ce fut le cas de quelques-uns. Mais la plupart se retrouvèrent puissants seigneurs avec sous leurs ordres des Indiens, propriétaires de terres, sans avoir pourtant le caractère requis pour exercer un si grand pouvoir. En l'an 1500, les Colón, sûrs de Roldán, essayaient de réduire la colonie espagnole par un règne de la terreur aussi démoralisant que l'avait été précédemment leur attitude de faiblesse. C'est à ce moment que leur pouvoir, brusquement, connut une fin dramatique.

**

Les historiens qui ont étudié les relations entre Ferdinand et Isabelle d'une part et les Colón de l'autre ont parfois oublié l'essentiel, ce qui permet précisément de les comprendre : Ferdinand et Isabelle étaient de bons politiques. Naturellement, ils commettaient des erreurs, mais ils étaient quand même des politiques bien au-dessus de la moyenne. Il y avait un art sur lequel ils n'avaient rien à apprendre — l'art de gouverner un État. Or, il se trouve que c'était sur ce point que Colón se montrait particulièrement déficient. L'histoire du crédit de Colón auprès du Roi et de la Reine prouve que les deux maîtres de l'Espagne eurent toujours pour lui de la sympathie, qu'ils admirèrent sa découverte et le remercièrent par des discours, des honneurs et des dons généreux, mais que, sur un point, ils se montrèrent de plus en plus réservés, puis de plus en plus inquiets — savoir, son aptitude à administrer les terres qu'il avait découvertes.

Les difficultés commencèrent dès le début avec la désastreuse décision de laisser quarante hommes à Isabella. Elle redoublèrent avec les rapports que Margarite et Fraï Buil ramenèrent à leur deuxième voyage. Ni Ferdinand ni Isabelle ne montraient de scrupules excessifs sur la fermeté des hommes au pouvoir. Ils ne connaissaient que trop bien la sévérité terrible des mesures qu'ils avaient jugé nécessaire de prendre pour ramener l'ordre et la discipline dans leurs royaumes. En outre, les temps n'étaient pas à la douceur. Mais d'après tout ce qu'ils avaient entendu dire, ils étaient en droit de soupçonner que Colón, et surtout son frère Bartolomé, étaient enclins à une sévérité excessive toutes les fois que les circonstances les autorisaient à avoir recours à la force. Ils ne mirent du reste aucune précipitation pour arriver à ces conclusions. Malgré le crédit qu'ils accordèrent aux opinions de Buil et de Margarite, ils gardèrent toute leur confiance à leur Vice-Roy et il partit pour son troisième voyage sans que ses pouvoirs eussent été diminués.

Mais alors que Colón était encore en mer, ils reçurent le rapport sur la scène odieuse qui avait scandalisé Séville — les voies de fait auxquelles Colón s'était livré sur la personne de l'agent de Fonseca, Ximeno. Forcément, cet incident a dû produire un effet considérable sur le Roi et la Reine. Ils avaient trop d'expérience pour accepter aussitôt tout ce que leur disaient même ceux en qui ils avaient le plus confiance ; des rapports leur signalaient que les Colón étaient durs et violents, mais qui pouvait juger ? Or, voici que se présentait un cas absolument clair, qui avait eu lieu en terre espagnole en présence de nombreux témoins, où l'Amiral s'était incontestablement laissé aller à des violences personnelles. Les rumeurs et les rapports, par conséquent, étaient vrais. Cet homme n'était pas fait pour gouverner. « A mon avis, dit Las Casas, ce fut la principale cause, venant s'ajouter à toutes les autres plaintes arrivant d'ici en Espagne (...), qui fit que le Roi et la Reine, indignés, décidèrent de lui retirer le gouvernement. »

Alors que les conséquences de cet incident fermentaient encore à la Cour, les cinq navires envoyés par Colón l'automne de la même année (1498) arrivèrent en Espagne. Il est difficile d'imaginer qu'ils aient pu relever son crédit. Conformément à sa politique de se procurer des fonds par la vente des esclaves et de se procurer des esclaves en déclenchant la guerre, il avait monté une provocation afin de pouvoir remplir ses navires d'or humain ; et il avait joint une lettre où son plan pour l'exploitation de cette mine d'or humaine est soumis au Roi et à la Reine en des termes qui font qu'on se demande si c'est de l'hypocrisie ou de l'inconscience : « Au nom de la Sainte Trinité, nous pouvons envoyer d'ici tous les esclaves qui peuvent se vendre, du bois de sapan, et si mes renseignements sont bons, nous pouvons vendre 4 000 (esclaves) qui rapporteraient certainement 20 millions et 4 000 quintaux de bois de sapan, valant autant, et il n'y aurait que pour 6 millions de frais. (...) Ici, tout ce dont nous avons besoin pour assurer ce revenu, c'est de navires qui viendraient fréquemment chercher les choses que j'ai mentionnées. Je crois que les gens de mer ne vont pas tarder à mordre à l'appât, car ces maîtres et ces marins reviennent tous riches et avec l'intention de repartir pour ramener des esclaves à 1 500 maravédis pièce, [espérant] rentrer dans leurs fonds avec le premier argent qu'ils pourront en tirer ; et bien qu'ils [les Indiens] risquent de mourir avant, il n'en sera pas toujours ainsi, car la même chose est d'abord arrivée avec les Noirs et les Canariens, (…) et celui qui peut survivre ne sera pas vendu par son propriétaire pour l'amour ou pour l'argent. »

Cette politique d'esclavage était contraire aux décisions répétées du Roi et de la Reine en la matière. Ferdinand et Isabelle ne furent pas dupes du stratagème de Colón, présentant ses chargements d'esclaves comme légitime butin de guerre. Le Roi et la Reine n'étaient pas hostiles à l'idée d'esclavage aussi longtemps que les hommes en question restaient dans un contexte étranger, barbare. Dans une charte de découverte accordée à Rodrigo de Bastidas (5 juin 1500), ils réclamaient un quart de tous les métaux précieux et des « perles, pierres précieuses, gemmes, esclaves, Noirs, perroquets, qui pourront être découverts dans ces royaumes et considérés comme esclaves, monstres ou serpents. (…) ». Mais ils prouvèrent en parole et en acte qu'ils ne voulaient pas que leurs « vassaux » indiens fussent esclaves. Le 20 juin, ils ordonnèrent à Pedro de Torrès, frère d'Antonio, Aya de Don Juan et *continuo* de leur maison, de mettre en liberté les Indiens qui avaient été amenés en Andalousie et vendus par ordre de l'Amiral, et ces Indiens, ou tout au moins les misérables vingt et un qui avaient survécu aux souffrances que leur avaient fait subir l'homme et le climat, retournèrent d'une manière symbolique à Espagnola avec l'homme qui succéda à Colón comme gouverneur. Cette politique fut appliquée avec bonne foi — tout au moins par le Roi et la Reine — comme le montre le fait que le 20 décembre 1503, la Reine envoya un ordre au Gouverneur d'Espagnola : « Étant donné la grande liberté dont jouissent les Indiens, ils évitent et esquivent toute communication ou commerce avec les chrétiens, de sorte que, même quand on leur offre des salaires, ils refusent de travailler et continuent de vagabonder », et elle décide qu'ils seront contraints à travailler, mais que le Gouverneur doit veiller qu'ils obtiennent un juste salaire et qu'ils soient bien traités « en personnes libres, ce qu'ils sont, et non point en serfs ».

Il faut être plein de préjugés ou avoir du temps à perdre pour voir de l'hypocrisie dans cet ordre royal. Le problème du travail à la frontière des deux races était — et est encore — extrêmement embarrassant. Il ne fallait pas s'attendre que la Reine fût capable de le résoudre. Elle lui donna une solution non pas hypocrite, mais inexpérimentée et sans doute naïve, si l'on considère le matériel humain auquel elle avait affaire pour bâtir son Empire des Indes occidentales. Il ne peut y avoir meilleure preuve de sa bonne foi que ces lignes de son testament, écrites dans l'ombre de la mort : « Je supplie le Roi mon Seigneur très affectueusement, et je charge et confie et ordonne à ladite Princesse ma fille et audit Prince son mari, (…) de ne point consentir ni de donner occasion aux indigènes indiens et aux habitants desdites Indes et dudit continent, conquis et à conquérir, d'être l'objet d'aucune injustice dans leur personne et leur propriété ; et j'ordonne qu'ils soient bien et justement traités. Et s'ils ont été l'objet d'aucune injustice, qu'il y soit porté remède et pourvu. »

La fermeté de cette tradition royale est confirmée par une lettre roide que le Roi Ferdinand écrivit le 23 février 1512 à Don Diego Colón, fils et héritier de l'Amiral. Il explique qu'autrefois la couronne n'était pas en mesure de se tenir bien informée de ce qui se passait aux Indes, mais il ajoute : « A présent, depuis que, grâce à Notre-Seigneur, je peux traiter les affaires des Indes comme celles de la Castille (…) les habitants et les natifs de cette île doivent être considérés comme des vassaux et non comme des esclaves, comme on faisait dans les jours passés. »

On en a dit assez pour montrer que l'arrivée en Espagne d'un chargement d'Indiens — au nombre de six cents, plus deux cents pour chaque maître de navire en paiement du fret — ayant traversé l'océan dans la chaleur suffocante des cales des navires, dans les conditions les plus inhumaines, dut produire un effet déplorable à la Cour, car il est difficile de voir pourquoi Fonseca aurait dû garder le silence sur ce point.

En outre, en même temps que les fameuses perles et que la carte de Paria, arrivèrent les premiers rapports sur la rébellion de Roldán, version Amiral, version Roldán, mais aussi, on peut le supposer raisonnablement, version d'observateurs neutres et détachés. Cette révélation fut sans doute d'une importance cruciale dans l'évolution de l'attitude royale à l'égard de Colón. « Digne du titre d'Amiral, mais indigne du titre de Vice-Roy », ont dû penser le Roi et la Reine. Telle que Las Casas la résume, il est peu probable que sa version des événements ait paru plausible et vigoureuse aux fiers monarques ; c'était un récit de faiblesse, de désordre et d'échec entremêlé de plaintes et de gémissements et brusquement de menaces de violence, qui devait confirmer les pires craintes du Roi et de la Reine sur l'incapacité de Colón à manier la force.

Cette sombre histoire ne cadrait que trop bien avec les plaintes venues d'Espagnola contre les trois Colón : ils étaient accusés de faire preuve de dureté et de cruauté à l'égard des Espagnols partis là-bas à titre de salariés ; de refuser d'approvisionner en vivres et en matériel ceux qui leur déplaisaient ; et de mener une politique égoïste à l'égard des travailleurs indiens. Un grand nombre d'ex-colons ayant à se plaindre des trois frères se rassemblèrent à la Cour et importunèrent le Roi Ferdinand de leurs plaintes, lançant des insultes à Don Diego et à Don Fernando, alors pages de la Reine, lorsqu'ils les rencontraient : « Les voilà donc, les fils de l'Amiral, les moustiques de l'homme qui a trouvé des terres de vanité et de duperie, qui sont la tombe et la misère des Castillans. »

A regret, semble-t-il, si l'on en juge par la lenteur de la procédure, le Roi et la Reine en arrivèrent à la conclusion qu'il fallait prendre de graves décisions. Ils s'engagèrent sur cette route par petites étapes, dont la première fut suggérée par Colón lui-même. Dans sa lettre envoyée en octobre 1498, il demandait un homme qualifié pour administrer la justice là-bas. Il semble que ce fut là la première idée de Ferdinand et Isabelle. Ils choisirent, dit Oviedo, « un gentilhomme, vieux membre de la maison royale, homme très honnête et très religieux, du nom de Francisco de Bobadilla, chevalier de l'ordre militaire de Calatrava ». Le portrait qu'en donne Las Casas n'est pas moins flatteur : « Ce devait être un homme de nature et de caractère simples et humbles ; je ne l'ai jamais entendu accuser d'aucune malhonnêteté ni d'aucune trace de cupidité à l'époque où il était discuté journellement ; au contraire, tous parlaient de lui en très bons termes. » « Un grand gentilhomme, aimé de tous », écrit Bernáldez.

Tel était l'homme choisi par le Roi et la Reine pour une tâche qu'ils savaient délicate et que, comme le temps devait le montrer, ils désiraient voir accomplie avec le plus grand tact et la plus grande déférence à l'égard de Colón. Les pouvoirs qui lui furent d'abord accordés étaient strictement limités au droit d'enquête judiciaire sur la rébellion contre l'Amiral et la punition des rebelles. L'Amiral fut requis de lui prêter toute l'aide nécessaire. Cette mesure est datée de Madrid, 21 mars 1499.

Une autre fournée de lettres d'Espagnola, plus inquiétantes que les premières, conduisit le Roi et la Reine à prendre une autre décision, cette fois grave pour Colón : le 21 mai 1499, Bobadilla est nommé Gouverneur et Premier Magistrat d'Espagnola, par lettres patentes où aucune mention n'est faite des deux hommes qui avaient rempli trois fonctions publiques de caractère semblable, Don Cristóbal, qui était à la fois Vice-Roy et Gouverneur, et Don Bartolomé, qui était Adelantado. Les lettres habilitent Bobadilla à décider de tous ceux, « gentilhommes et autres personnes », qui d'Espagnola devraient être renvoyés en Espagne, et ne mettent absolument aucune restriction sur les personnes qui pourraient être l'objet d'une telle décision ; il reçoit les pleins pouvoirs pour agir en ce sens, s'il le juge nécessaire. A la même date, une lettre royale adressée à « Don Cristóbal Colón, notre Amiral de la Mer Océane et de toutes les îles et du continent des Indes » avec omission discrète de ses autres titres de Vice-Roy et de Gouverneur, adressée aussi aux « frères dudit Amiral » sans mention du titre d'Adelantado, les avertit eux et toutes autres personnes de remettre tous forts, maisons, navires, armes, munitions, vivres, bétail et autres choses appartenant à Leurs Altesses à Francisco de Bobadilla. Et le 26 mai, Bobadilla reçoit une courte lettre de créance adressée à Colón rédigée dans les termes les plus généraux et demandant à Colón « de le croire et de faire tout ce qu'il dit ».

On peut considérer que ces papiers fournissent à Bobadilla des armes légales toutes prêtes à servir en cas de besoin. Cependant le temps passait et Bobadilla ne s'embarquait pas. Tout l'été et tout l'automne de 1499 s'écoulèrent ; le Roi et la Reine attendaient de meilleures nouvelles, résistant à la pression des détracteurs de Colón qui sans doute les poussaient à frapper, car, dit Las Casas, « comme ils envoyaient quelqu'un pour remplacer l'Amiral dans son État et son Gouvernement, ce qui était certes une mesure grave, si l'on pense à ce qu'ils lui devaient et à ce qu'il méritait pour sa grande œuvre, ils voulaient considérer la chose soigneusement et ne la faisaient qu'à regret ». Le Roi et la Reine s'installèrent pour un temps à Séville. Il se trouva que c'est à ce moment qu'y arrivèrent les deux caravelles envoyées par Colón. Ballester et Garcia Barrantes, à qui l'Amiral avait confié ses papiers et mandé de soumettre son cas au Roi et à la Reine, ont dû avoir une tâche très difficile. Colón était en mauvaise posture. Sa propre manière de présenter les choses était lamentable : dans les lettres que ses deux amis apportaient, il demandait au Roi et à la Reine de défaire par la force ce qu'il avait fait à moitié par faiblesse, à moitié par ruse. Le spectacle offert à la ville par les deux caravelles n'était pas de nature à améliorer sa position ; des colons vaniteux et prétentieux débarquaient avec des esclaves leur appartenant, au nombre desquels se trouvaient des jeunes femmes enceintes ou portant dans leurs bras de petits métis ; des esclaves destinés à la vente — ou tout au moins ce qui en restait après la dure traversée — complétaient ce lamentable tableau. Le Roi et la Reine durent vraiment être

« indignés », comme dit Las Casas. Pour couronner le tout, les rapports sur le manque de loyauté de Colón déclarant qu'il était prêt à remettre l'île à une nation étrangère se multipliaient dangereusement. Il est difficile de se former une opinion sur cette grave accusation, qui semble s'être centrée sur un prétendu accord avec les Génois. Les raisons de la croire fondée ne manquent pas ; en voici quelques-unes : d'abord, la persistance même de l'accusation, laquelle se trouvait mêlée à d'autres *qui se révélèrent toutes vraies* ; puis le texte significatif d'Oviedo, historien bien informé et impartial, qui, parlant peu de temps après des raisons de la chute de Colón, écrit : « Le plus vrai, c'est-à-dire le plus grave, resta caché parce que le Roi et la Reine préféraient voir Colón s'amender plutôt qu'être maltraité » ; le refus de Colón de reconnaître Bobadilla, lors même qu'il sut que les nouveaux pouvoirs du Gouverneur lui venaient du Roi et de la Reine ; le Roi et la Reine, qui étaient en position d'être bien informés, semblent avoir accordé créance à l'accusation, car non seulement ils enlèvent le gouvernement des Indes à Colón, mais encore ils insistent sur la condition que tous les représentants de Colón fussent à l'avenir de naissance espagnole ; il y a finalement le curieux passage d'un rapport sur le problème de la main-d'œuvre indienne, sans date ni signature, qu'on croit avoir été envoyé au Cardinal Cisneros par un père jéromite vers 1517 ; dans le premier paragraphe de ce document, on lit les lignes suivantes, adressées, rappelons-le, à l'homme qui était pratiquement le Premier ministre espagnol depuis vingt ans : « Aux Indes (...), il y a eu et il y a de graves discordes et de grands dommages, qui ont commencé à l'époque de l'Amiral Colón qui les découvrit, du fait de l'accord qu'il passa avec les Génois, lequel eut pour conséquence de faire envoyer là-bas comme Gouverneur le Commandeur Bobadilla. »

Cet ensemble de faits et de documents est des plus impressionnants ; mais on a aussi de fortes raisons de penser que si même Colón eut cette idée, ce qui est possible, il n'alla jamais jusqu'à se compromettre par des actes déloyaux. Il y a de la force dans l'argument qu'il avança lui-même pour sa défense, en particulier dans sa lettre à l'Aya du Prince : « Si peu que je sache, je ne sache personne capable de me croire assez stupide pour ne point comprendre qu'il m'était impossible de garder ces Indes, si même elles étaient à moi, sans l'appui d'un Prince ; s'il en est ainsi, où aurais-je pu trouver meilleure aide et meilleure assurance de ne pas en être expulsé que chez le Roi et la Reine nos souverains, qui de rien m'ont élevé à tant d'honneur et qui sont les plus puissants princes du monde sur terre et sur mer ? »

Et de fait, on ne trouve par ailleurs aucune trace de cette prétendue trahison, que ce soit à Gênes ou en Espagne ; naturellement, il est possible que les documents où il en était question aient disparu avec tous les procès-verbaux de l'enquête de Bobadilla, probablement « égarés » par les fonctionnaires de la couronne achetés par Don Diego Colón après la mort de son père. L'affaire devra rester en suspens et se ranger parmi les nombreux mystères irrésolus de la vie de Colón, tant que l'on n'aura pas découvert de nouveaux documents, si tant est qu'on en découvre jamais.

Cependant, *justifiée ou non*, cette accusation est en elle-même une indication précieuse de l'impression que Colón faisait sur ses contemporains. Sa munificence, son orgueil, sa tendance à exiger des privilèges souvent exorbitants même des monarques les plus jaloux de leurs prérogatives que l'Espagne ait connus, son caractère exclusif, qui le faisait se limiter à un cercle étroit, presque réduit à ses proches parents, tout ce groupe de tendances égoïstes constitua le tronc sur lequel fut greffée sa trahison, réelle ou imaginaire. C'est ce naturel, ce tronc qui n'était que trop réel, qui explique que finalement, véritablement alarmés, le Roi et la Reine aient envoyé Bobadilla pour le remplacer.

CHAPITRE XXVIII

RETOUR EN ESPAGNE DANS LES FERS

Le dimanche 23 août 1500, Don Diego Colón, frère de l'Amiral, aperçut deux caravelles qui croisaient au large de Santo-Domingo, attendant un vent favorable pour entrer dans le port. Il était sept ou huit heures du matin et il savait comme tout le monde que jusqu'à dix ou onze heures, le vent soufflant de la terre ne tournerait pas et interdirait aux deux navires de venir se mettre à l'abri. Il était seul en ville, c'est-à-dire sans ses frères ; Don Cristóbal était à Concepción, où il traitait d'une manière quelque peu sommaire avec ses adversaires chrétiens ; Don Bartolomé était à Xaraguá avec Francisco Roldán, réprimant la conspiration qui avait agité cette région à la suite de l'aventure amoureuse de Don Hernando de Guevara. De temps en temps, ce pauvre Don Diego recevait de l'un ou l'autre de ses militaires de frères une fournée de prisonniers avec des ordres stricts de les faire pendre sans perdre de temps. Et Don Diego, trouvant qu'un gibet ne suffisait pas, en avait encore fait ériger un second, à l'autre bout de la ville.

Don Diego était curieux de savoir qui venait dans ces caravelles, et il se demandait en particulier si son neveu se trouvait à bord de l'une d'elles, car le clan des Colón avait besoin de renforts. En attendant le vent de la mer, il envoya un canot avec trois chrétiens — sans compter les rameurs indiens — parmi lesquels se trouvait Cristóbal Rodriguez, surnommé « La Langue », parce qu'il était le premier à avoir parlé la langue indienne. Les caravelles étaient environ à quatre milles au large. L'une d'elles répondait au nom peu élégant de *La Gorda* (La Grosse); l'autre, non moins modeste, se faisait appeler *La Antigua* (La Vieille). Quand La Langue et ses compagnons se trouvèrent à portée de voix de *La Grosse*, le Commandeur Bobadilla sortit en personne sur le pont et expliqua qu'il était venu enquêter sur la révolte. Andrès Martin, le maître du navire, demanda des nouvelles de l'île et La Langue leur apprit que sept Espagnols avaient été pendus cette semaine et que cinq autres allaient l'être bientôt, parmi lesquels Don Hernando de Guevara, Pedro Riquelme et d'autres. Le Commandeur Bobadilla demanda si l'Amiral et ses frères étaient dans la ville et La Langue répondit que l'Amiral était à Concepción et l'Adelantado à Xaraguá, où ils poursuivaient les rebelles avec l'intention de les pendre et avaient à cette fin emmené chacun un confesseur. La Langue passa alors de l'information à l'interrogation et demanda à l'Enquêteur quel était son nom et « qui il devait dire qu'il était »; l'Enquêteur répondit que son nom était Francisco de Bobadilla, et le canot revint alors à Santo Dominguo avec La Langue à bord.

La ville fut en grand émoi. En particulier, les salariés, qui n'avaient pas été payés et qui avaient grand besoin de nourriture et de vêtements, furent pleins de joie. Presque aussitôt le vent changea, les caravelles entrèrent dans le port et la première chose que virent les nouveaux venus furent les deux gibets « avec deux chrétiens encore frais, pendus quelques jours plus tôt. Tout le monde allait et venait, s'inclinant devant l'Enquêteur et lui témoignant la plus grande courtoisie, mais restant quand même sur leurs gardes en attendant de voir ce qui allait advenir ». Bobadilla s'accorda une journée entière pour réfléchir et sans doute aussi pour laisser aux Colón le temps de prendre les mesures qu'ils voulaient et leur permettre de le recevoir et d'entendre ce qu'il avait à leur dire.

Le lundi 24 août, Bobadilla alla à la messe avec tous ses hommes. Il y rencontra Don Diego, Gouverneur en titre, et Rodrigo Pérez, Alcalde Mayor. La messe finie, Bobadilla, à la porte de l'église et en présence de tous ces gens et pratiquement de la ville entière, fit lire par son Notaire public la première des lettres patentes royales, celle par laquelle il était nommé Enquêteur au sujet de la rébellion. Il n'alla pas plus loin. Cela naturellement laissait intacte l'autorité de Colón. Mais sur la foi de ce seul document, Bobadilla invita Don Diego à remettre en ses mains tous les prisonniers. Don Diego fit des difficultés. « L'Amiral était loin ; lui, [Don Diego], n'avait aucun pouvoir ; les lettres patentes qu'avait l'Amiral annulaient celles qu'avait amenées Bobadilla. » Don Diego demanda une copie officielle des pouvoirs de Bobadilla. Devant cette obstruction, Bobadilla, assez habilement, répliqua que si Don Diego n'avait pas le pouvoir de remettre les prisonniers, il n'avait pas non plus le pouvoir de demander une copie personnelle. Si Don Diego avait remis sur le champ les prisonniers entre les mains de Bobadilla, celui-ci aurait pu passer un accord avec le Vice-Roy et éviter de plus graves événements.

Mais le lendemain, devant le refus de Don Diego, Bobadilla jugea nécessaire de sortir ses gros atouts. Il retourna à la messe, et tout le monde avec lui, « car, comme le remarque astucieusement Las Casas, à cette époque, tout le monde se sentait une grande dévotion pour assister à tous les événements nouveaux » ; et après la messe, devant l'église, il fit lire par son Notaire public les lettres patentes qui le nommaient Gouverneur. Ensuite, il prêta serment, et donna ordre à Don Diego Colón et à Rodrigo Pérez de lui remettre les prisonniers et les dossiers les concernant. Il se heurta à la même obstruction que la veille, et alors, avant que la foule se disperse, il fit lire deux autres ordres royaux, ceux où il était dit que toutes les armes et forteresses devaient lui être remises ; et un autre, signé quelques jours avant son départ, où on l'invitait à payer les salaires qui étaient dus, portant selon les cas les sommes versées soit sur le compte royal, soit sur le compte de Colón.

Ce dernier document lui valut l'appui d'un grand nombre de ventres affamés et de poitrines nues. Cependant, une troisième invitation de sa part se heurta à un troisième refus de Don Diego et de son Alcalde Mayor. Alors, Bobadilla avec ses troupes et de nombreux volontaires alla à la forteresse et, après avoir essayé en vain d'obtenir par des pourparlers de son Alcalde ou Capitaine ce que Don Diego lui avait refusé, entra de force et prit possession des prisonniers.

L'Amiral apprit ce qui s'était passé, et pensant apparemment d'abord qu'il se pouvait très bien que ce fût une nouvelle affaire Hojeda, ordonna à certains de ses partisans indiens de lui préparer des troupes, et revint de Concepción à Bonao. Il reçut là un « Alcalde avec bâton » ; le « bâton » était le symbole de l'autorité judiciaire et militaire des Alcaldes d'Espagne. Ce magistrat, dont le « bâton » venait de Bobadilla, informa oralement Colón de l'arrivée du nouveau Gouverneur et lui tendit des copies de toutes les lettres patentes sur lesquelles reposait la nouvelle autorité. C'est alors, semble-t-il, que Bobadilla commit une erreur : il n'écrivit pas à l'Amiral, alors qu'il écrivit à Roldán, qui se trouvait à Xaraguá.

Colón essaya de trouver un compromis et expliqua qu'il restait Vice-Roy et Gouverneur général, et que Bobadilla venait pour administrer la justice et rien de plus, ce qui était sa première idée. Mais Bobadilla lui envoya le Père Juan de Trasierra et le Trésorier du Roi Velázquez pour lui montrer la courte lettre de créance qui ne pouvait être interprétée que comme la preuve d'une délégation complète et sans limite de l'autorité royale à Bobadilla. Nous possédons de la main même de l'Amiral une déclaration prouvant que, malgré ce document, il essaya d'empêcher l'entrée en fonctions du nouveau Gouverneur : « J'ai fait savoir par parole et par écrit que Bobadilla ne pouvait pas se servir de ses titres parce que les miens étaient plus forts que les siens. » Mais nous possédons aussi un autre document relatif à cet épisode, qui confirme l'humeur rebelle de Colón et ajoute un détail intéressant. « On raconte, écrit Pierre Martyr, que le nouveau Gouverneur a envoyé au Roi et à la Reine des lettres écrites par l'Amiral en caractères inconnus, dans lesquelles il avertissait son frère l'Adelantado, qui était absent, de venir avec des forces armées pour le défendre contre tous les affronts, en cas que le nouveau Gouverneur aurait l'intention de l'attaquer par violence. » Quels étaient ces caractères inconnus ? Personne ne semble s'être posé la question. Ni Colón ni son frère ne connaissaient de langue non latine. Il est peu probable qu'ils aient forgé un code *ad hoc*. Peut-on supposer qu'ils avaient, par tradition de famille, quelque forme d'écriture cursive hébraïque ? Il est bien connu que dans certaines colonies hispano-juives, il existe des journaux publiés en espagnol, mais rédigés en caractères juifs, ce qui justifie l'hypothèse que la famille Colón ait pu garder quelque connaissance de l'écriture hébraïque tout en ignorant l'hébreu. L'espagnol, après l'hébreu, fut pendant longtemps une sorte de langue rituelle chez les juifs. Évidemment, des caractères juifs normaux auraient été d'un usage dangereux pour Colón et son frère ; mais une écriture cursive plus ou moins illisible en caractères hébreux n'aurait présenté aucun danger, surtout que, si même elle avait été reconnue par quelque fonctionnaire de la Cour, celui-ci aurait certainement observé un silence discret sur des connaissances qui auraient été aussi dangereuses pour lui que pour Colón.

Ces « caractères inconnus » peuvent donc être ajoutés aux nombreux signes, indications ou particularités qui, sans fournir à proprement parler de preuve, viennent renforcer d'autres arguments plus décisifs conduisant à la conclusion que les Colón étaient d'origine juive.

Quoi qu'il en soit, le fait signalé par Pierre Martyr confirme l'attitude d'insubordination que Colón avait prise au début. Après la visite du Père Trasierra et de Velázquez, il décida de venir à Santo Domingo, un peu tard, semble-t-il, pour un Vice-Roy qui savait qu'un important changement *officiel* avait eu lieu dans sa capitale. Le 15 septembre 1500, Bobadilla notifia officiellement à Colón les lettres patentes qui le nommaient Gouverneur. L'Amiral répondit qu'il possédait des lettres de Leurs Altesses témoignant du contraire et que le Commandeur respectât ses lettres ». Colón restait donc sur ses positions : il était Gouverneur par privilège et le Roi et la Reine ne pouvaient pas le révoquer. C'était en fait le Roi et la Reine qu'il visait à travers leur émissaire. Alors Bobadilla frappa un grand coup : il fit arrêter Don Cristóbal ainsi que Don Diego Colón et les fit mettre aux fers. Nous ne possédons sur cette mesure que le récit de Las Casas. C'est une condamnation absolument cinglante de la décision de Bobadilla. En l'absence de toute preuve — elles ont pu exister — établissant que cette décision était nécessaire, elle semble au premier abord singulièrement brutale. Il y a cependant une chose qu'il faut dire en faveur de Bobadilla. Très évidemment, on l'avait averti de garder les yeux ouverts et de se tenir prêt à toute éventualité. On lui avait donné pouvoir d'arrêter, détenir et renvoyer en Espagne tous ceux, *sans exception*, dont il jugerait nécessaire de se débarrasser, mesure qui montre clairement que le Roi et la Reine avaient effectivement envisagé la possibilité d'arrêter Colón et de l'exiler de son fief ; on l'avait averti d'ouvrir l'œil sur les marques de cruauté des trois frères à l'égard des Espagnols (mais non, comme Las Casas s'en plaint à juste titre, à l'égard des Indiens), et la première chose qu'il vit *avant de descendre* à terre, ce fut les deux gibets avec les deux « frais » pendus ; et il savait que Colón avait donné ordre à ses alliés indiens de se préparer à attaquer Santo Domingo. C'est une situation qui peut apparaître lourde de menaces quand un simple Don Diego se permet de résister aux lettres patentes du Roi et de la Reine. Et si la mise aux fers reste peut-être une brutalité inutile, l'emprisonnement des trois Colón doit apparaître, dans les circonstances, comme entièrement justifié.

S'étant ainsi emparé de l'Amiral et de son frère, le Gouverneur ordonna à l'Amiral d'écrire à l'Adelantado, qui à Xaraguà « gardait seize Espagnols dans une fosse ou dans un puits, en attendant de les faire pendre », de remettre à plus tard toute décision et de revenir. L'Amiral le fit, ajoutant que l'Adelantado ne devait pas s'inquiéter de son emprisonnement parce qu'ils rentreraient tous en Castille et que le Roi et la Reine arrangeraient tout cela. Don Bartolomé arriva à Santo Domingo et fut aussitôt envoyé à la forteresse et mis aux fers comme ses frères.

Ce fut l'époque de la plus terrible humiliation pour les trois orgueilleux frères. Comme il arrive dans ces cas-là, l'ingratitude des âmes basses se révéla dans toute sa laideur. Personne ne voulut mettre les fers aux pieds de l'Amiral. Le regret et la compassion empêchaient tous ceux qui étaient là de bouger. Ce fut son cuisinier qui le fit, « et avec un air aussi impertinent que s'il lui servait de nouveaux plats précieux ».

Un jour que Colón était dans sa prison, méditant sur sa misère, demandant au Seigneur ce que tout cela signifiait, Alonso de Vallejo, un *hidalgo*, « personne honnête », entra et pria l'Amiral de l'accompagner à la caravelle. L'Amiral « d'un air chagrin et avec une profonde tristesse, qui montrait clairement la violence de sa crainte, demanda : « Vallejo, où me menez-vous ? — Monsieur, répondit l'autre, Votre Seigneurie va embarquer sur le navire. » L'Amiral, méfiant, demanda à nouveau : « Vallejo, est-ce vrai ? » Vallejo répondit : « Sur la vie de Votre Seigneurie, c'est vrai, vous allez embarquer. »

Il fallait qu'il en fût ainsi. Don Quichotte de la Manche n'était-il pas revenu chez lui enfermé dans une cage de bois ? Comment Don Cristóbal de Cipango pouvait-il revenir, sinon dans la prison où la réalité enferme tous les chevaliers qui ne la respectent pas ? Écoutez les lignes qu'il écrivit à bord du navire de l'Aya, les fers aux pieds, et sa couronne d'illusions sur la tête, ces lignes où l'on semble retrouver la voix même du chevalier de la Manche : « Il faut que je sois jugé comme un Capitaine qui porte depuis longtemps ses armes sur ses épaules sans les avoir jamais posées une seule heure ; et par des chevaliers de la conquête et de bon usage, et non de lettres, sauf si ce sont des Grecs ou des Romains, ou bien par ces autres modernes qui sont aujourd'hui si nombreux et si nobles en Espagne, car sinon, je reçois un grand affront. »

Ainsi une journée d'octobre 1500, huit ans exactement après cette autre journée d'octobre où il avait découvert Guanahani, Don Cristóbal de Cipango partit pour l'Espagne les fers aux pieds comme un criminel. « Si j'avais volé les Indes (…) et que je les eusse données aux Maures, je n'aurais pas rencontré plus de haine en Espagne », écrivit-il dans sa cabine. Alonso de Vallejo avait la responsabilité des prisonniers et des volumineux documents où leurs fautes étaient établies par Bobadilla. Ce Vallejo appartenait à la maison d'un noble Sévillan, Gonzalo Gómez de Cervantès, qui était un oncle de l'Évêque Fonseca, circonstance que Las Casas, non sans raison, considère comme un signe de l'intérêt personnel que l'Évêque chargé des affaires indiennes prenait à la procédure. Mais s'il en est ainsi, ou bien Fonseca n'était pas l'ennemi invétéré de Colón que prétend la tradition, ou bien Vallejo fit preuve d'une remarquable indépendance de jugement et de conduite, car lui comme Martin Andrès, le maître de la caravelle, traitèrent les prisonniers avec la déférence et le respect qui leur étaient dus et firent tous leurs efforts pour qu'ils jouissent à bord de la plus entière liberté.

Colón cependant ne voulut accepter aucune faveur. Lorsque Vallejo et Martin vinrent pour lui ôter ses fers, il opposa un ferme refus. Il avait été mis aux fers par ordre du Roi et de la Reine; il ne fallait rien de moins qu'un ordre royal pour le délivrer. Cette attitude était évidemment dans sa manière. Quand il était revenu en Espagne lors de son deuxième voyage, il était apparu devant les Sévillans étonnés en costume de franciscain, cette fois il apparaîtrait devant les Gaditans étonnés traînant ses chaînes de fer — récompense méritée pour les chaînes d'or qu'il avait passées au cou de la Castille et de l'Aragón ! Cet insolent cuisinier et ses mains sentant l'ail n'étaient que de serviles instruments : c'est par les mains de Ferdinand et d'Isabelle que ses fers lui avaient été mis aux chevilles. Que ces mains royales défassent ce qu'elles avaient fait. Il avait la force d'attendre.

Il était venu pour les servir et il leur avait rendu un service comme on n'en avait jamais vu. Le Seigneur l'avait fait le messager du nouveau ciel et de la nouvelle terre dont Il parle par la bouche de saint Jean dans l'Apocalypse, et par celle d'Isaïe dans l'Ancien Testament. Il avait gaspillé sept années à essayer de faire voir cela aux incrédules; il en avait passé neuf — non, huit, mais elles en valaient bien neuf! — à accomplir les choses les plus remarquables et les plus dignes de mémoire. Et à présent, il n'y avait d'homme si bas qui n'osât l'insulter. Saint Pierre et les douze apôtres, qui brûlaient dans le Saint-Esprit, avaient eux aussi combattu ici-bas et souffert des souffrances semblables, mais ils avaient finalement triomphé... Ces perles!... Ces perles!... Il les avait envoyées pour leur réchauffer le cœur, pour qu'ils voient la splendeur de sa découverte ; mais ni les perles ni l'or ne leur faisaient voir la lumière. Les perles ne faisaient que les tenter. Cet Hojeda... Et puis Vincente Yáñez aussi... Et Adrien de Múxica! Celui-ci, cependant, avait trouvé le châtiment qu'il méritait...

Les jours suivaient les nuits et les nuits suivaient les jours et l'Amiral aux fers retournait ces pensées dans sa tête dans une insomnie perpétuelle, maintenu éveillé cette fois non par le devoir, comme si souvent sur le pont, mais par le chagrin. Lui, le découvreur d'Espagnola était exilé de cette terre, qui était sienne et qu'il aurait pu donner à qui il voulait, de par l'autorité de ce Roi et cette Reine à qui il l'avait donnée. Lui, qui avait délivré l'océan de ses entraves, il traversait enchaîné cet océan qu'il avait libéré. Les calomnies des mécontents avaient pesé plus lourd que ses services rendus à la couronne. Qu'importait qu'il eût montré de la négligence à payer les salaires? Il était facile de porter remède à cela ; il avait six cent mille maravédis auxquels il n'avait pas été touché et son tiers sur les mines d'or. Cette pensée l'inquiétait, car il lui était impossible de se justifier d'avoir retenu les salaires de ceux qui y avaient droit. Mais il avait confiance : le Roi et la Reine croiraient que ses erreurs avaient été commises de bonne foi. Et, finalement, Dieu les jugerait tous.

Colón était toujours prêt à s'en remettre au Seigneur, mais il ne se refusait jamais à prêter au Seigneur une main secourable pour tout ce qui le concernait. Cette fois, la profondeur même et l'infamie de sa position étaient — il le savait — sa meilleure défense. Bobadilla était allé trop loin et il avait permis à Colón de se surpasser dans l'art et la technique de l'humilité, où il était maître. Comme preuve d'humilité, les fers aux pieds valaient décidément mieux que des habits de franciscain.

Vers la fin de novembre, ils arrivèrent à Cadix. Colón était resté aux fers pendant tout le voyage. Ces chaînes étaient devenues son orgueil, sa gloire, sa possession la plus prisée. Il les garda toujours avec lui et voulut être enterré avec. En attendant, elles allaient être l'instrument de son rétablissement. Il avait fait la conquête d'Andrès Martin, le maître de *La Gorda*, et avec l'aide de ce dévoué marin, il put envoyer un de ses serviteurs porter des lettres à ses amis de la Cour, et en particulier à l'Aya du Prince Don Juan; dans ces lettres, il exposait son cas, y entremêlant une grande partie des plaintes et des élans religieux qui lui avaient occupé l'esprit durant la traversée. Ainsi, put-il devancer Bobadilla et émouvoir le Roi et la Reine avant qu'ils aient été informés de ce qui se passait.

Ferdinand et Isabelle étaient à Grenade. Lorsqu'ils apprirent que Colón était en prison, ils furent scandalisés. Ils ordonnèrent de le libérer, et envoyèrent de l'argent — deux mille ducats, dit Las Casas — pour lui permettre à lui ainsi qu'à ses frères de venir à la Cour dans un état digne de leur rang. Les Colón arrivèrent à Grenade le 17 décembre 1500. Lorsqu'ils se retrouvèrent en présence du Roi et de la Reine, l'Amiral resta muet pendant un instant, la parole coupée par l'émotion; puis il se jeta à leurs genoux et éclata en sanglots; le Roi et la Reine lui ordonnèrent de se relever; il reprit ses esprits en entendant la voix amicale de Ferdinand et d'Isabelle, et longuement les assura de son loyalisme et leur expliqua que ses erreurs avaient été commises de bonne foi.

Don Bartolomé ne consentit ni à se mettre à genoux ni à pleurer. Il rappela au Roi et à la Reine qu'il se trouvait à l'étranger à l'époque où la découverte avait eu lieu, et que c'était son frère qui lui avait demandé de venir travailler en Castille parce qu'il en retirerait de l'honneur et du profit, ce que Leurs Altesses lui avaient confirmé par lettre à son arrivée; qu'il avait consacré sept années à cette conquête, et que sur ces sept, il pouvait jurer qu'il en avait passé cinq sans dormir dans un lit ni se déshabiller, la mort toujours à son côté, et qu'à présent, le service rendu, on le mettait aux fers et on lui enlevait l'honneur ; et il demandait qu'on lui paie son salaire ; il offrait ses services au Roi et à la Reine s'ils en voulaient, car sinon, il était en mesure de pourvoir à sa subsistance.

Le contraste entre les deux hommes ne pouvait pas être plus évident. Don Bartolomé était un aventurier et rien de plus. Il était venu de France en Espagne parce qu'il pensait qu'il y avait de l'argent et des honneurs à gagner. Si on voulait de lui, il resterait ; sinon, il s'en irait. Il n'était pas inquiet pour son avenir. Il avait trente-neuf ans ; il était habile, fort et brave et il connaissait assez bien les Indes et la découverte en général pour s'élever jusqu'aux sommets où qu'il aille. Il avait les deux pieds sur terre, la tête sur les épaules, et il ne laissait jamais ses rêves monter plus haut que ses yeux au regard d'acier. Don Cristóbal n'était pas fait du même métal. Son âme orageuse et fluide avait quelque chose du ciel et de l'océan. Il avait la tête dans les nuages et ses pieds eux-mêmes étaient plus à l'aise sur les ponts roulants des caravelles que sur les pistes de la terre mère ou les parquets polis des demeures des princes. Il avait des visions et il entendait des voix. Dans son cœur agité, il était la proie des passions de l'imagination — l'ambition, l'envie, le ressentiment, le goût de la vengeance, mais par-dessus tout, l'appétit de pouvoir sur le monde. Le Roi et la Reine étaient ses amis, mais ses amis supérieurs. Il les aimait d'une haine passionnée. Il s'inclinait, il s'agenouillait devant eux avec un orgueil infini. Lorsque son corps se penchait et tombait à leurs pieds, son âme s'élevait triomphante au-dessus de leur tête dans des rêves de victoire. Il pleurait et sanglotait, non de peine et de repentir, mais parce qu'il se sentait impuissant devant leur pouvoir, et au moment où il sombrait, faible et humilié à leurs pieds, son démon intérieur, bien en dessous de la tempête, travaillait, l'œil sec, acharné, à rééedifier sa grandeur sur les bases solides de la pitié royale. Brisé et insulté, l'Amiral-Vice-Roy allait se redresser et vaincre tous ses ennemis.

***

Cette généreuse réception du Roi et de la Reine a fait croire par erreur à plus d'un biographe que Ferdinand et Isabelle désapprouvaient les décisions de Bobadilla et rejetaient son verdict. Mais de nombreuses preuves montrent qu'il n'en était rien. La courtoisie, la reconnaissance, la générosité naturelle de grands monarques pour un sujet qui, après avoir accompli des actions remarquables, était tombé dans de graves erreurs, tous ces sentiments allant presque de soi suffiraient à justifier l'attitude affable des deux souverains à l'égard d'un homme qui était en outre doué d'une grâce et d'un charme singuliers. Mais il y avait loin du cœur au cerveau des deux chefs de la Castille-Aragón, et toutes ces considérations personnelles n'affectaient pas le moins du monde l'opinion royale sur l'administration de Colón à Espagnola. Elle était incontestablement défavorable.

Il ne manque pas de documents pour le prouver : Bobadilla avait confisqué les propriétés de Colón et de ses frères en Espagnola, et l'Amiral et son fils Fernando avaient très violemment protesté. Mais le Roi et la Reine approuvent cette décision dans la mesure où elle s'applique aux biens par eux acquis en tant que gouverneurs, et décident que ces biens resteront confisqués, que les salaires dus par l'Amiral auront une première option sur cette somme, et que le reste ira pour neuf dixièmes à la couronne, pour un dixième aux frères Colón.

Tous les historiens contemporains ont sur Bobadilla un point de vue nettement favorable. Oviedo dit que lorsque « le Roi et la Reine lui retirèrent son poste de Gouverneur, ils lui donnèrent la permission de retourner en Espagne, se tenant pour bien servis par lui le temps qu'il avait été là-bas, car il s'était acquitté de ses devoirs avec justice et en bon gentilhomme dans tout ce qui relevait de sa charge ». Les frères franciscains qui l'accompagnaient lors de son départ, et qui étaient frais débarqués d'Espagne et libres de tous préjugés sur les affaires locales — l'un d'entre eux était français —

prennent tous son parti dans leurs rapports et sont des plus éloquents à déconseiller à Cisneros le retour de l'un ou l'autre des Colón à Espagnola. Le Père Deledeulle écrivait au Cardinal le 12 octobre 1500 que « l'Amiral et ses frères ont essayé de se révolter et de se défendre, ralliant autour d'eux Indiens et Chrétiens »; le Père Juan de Roblès pria le Cardinal, « pour l'amour de Notre-Seigneur Jésus-Christ (…), de travailler à ce que ni l'Amiral ni personne ne lui appartenant ne retourne jamais dans ce pays »; mais c'est le Père Juan de Trasierra qui nous donne le commentaire le plus intéressant : « Pour l'amour de Dieu, écrit-il au Cardinal, puisque votre révérence a été l'occasion (…) de libérer cette terre de la domination du Roi Pharaon, veillez à ce que ni lui ni aucun membre de sa nation ne revienne jamais dans ces îles. » Ces lignes sont pleines d'enseignements. Elles nous apprennent que le responsable de la disgrâce de Colón est le puissant Cardinal-Premier Ministre, fait confirmé par un texte que l'on trouve à la fin de la lettre du Père Deledeulle : « Je signale à Votre Seigneurie que l'Amiral, parlant avec mon compagnon à vingt lieues du port, lui dit entre autres choses que bien que l'Archevêque de Tolède lui eût dit qu'il ne retournerait pas, il retournerait. » Or, Cisneros n'était pas Fonseca. Il n'avait aucune rancune contre Colón; il était au-dessus de l'ambition et de la vanité. Et le fait que Colón ait réussi à amener cet homme désintéressé et animé du souci du bien public à une attitude si fermement hostile doit confirmer d'une manière éclatante l'impression générale : la destitution de Colón était une décision imposée aux souverains réticents par l'échec de l'Amiral au poste de Gouverneur général des terres découvertes.

Mais il y a d'autres preuves. La première est la politique dès lors suivie par le Roi et la Reine; car bien qu'ils aient rendu aux Colón tous leurs honneurs et privilèges, ils ne leur permirent plus de gouverner les Indes ni de remettre le pied à Espagnola. Finalement, il y a une déclaration sans équivoque du Roi Ferdinand lui-même dans une lettre, déjà citée, au fils et héritier de l'Amiral, Don Diego : « Car lorsque la Reine et moi l'avons [Ovando] envoyé comme Gouverneur de cette île après l'échec de votre père au poste que vous occupez à présent, elle était en pleine révolte, perdue et ne rapportait rien. »

La question ne souffre plus la discussion. La chute de Colón ne fut absolument pas un acte de machiavélisme, d'ingratitude ou l'aboutissement de l'intrigue ; ce fut un acte de prudence élémentaire devant l'échec patent de Colón et de ses deux frères. Cette conclusion reste valable, si même l'on accorde toute leur valeur aux difficultés exceptionnelles — et même, à vrai dire, uniques — de la tâche qu'ils avaient à accomplir, difficultés où ils avaient du reste leur part de responsabilité. Mais il y a deux autres mots dans la lettre du Père Trasierra qui doivent arrêter le lecteur attentif. « Ni lui ni aucun homme de sa nation… », écrit le moine. Que veut-il dire par *nation*? Gênes n'était pas alors une nation. L'Italie encore moins. Mais il y avait dans la langage de l'époque une chose comme la nation juive, et le mot *nation* est souvent employé en ce sens, en même temps que le mot *ascendance*, lorsqu'il s'agit des juifs. « Le Roi Pharaon », appelle-t-il l'Amiral. *Faraones* était alors dans l'île le surnom des frères Colón. Personne ne semble avoir été frappé par ce fait. Le mot avait un sens spécial, particulièrement sous la plume d'un Frère franciscain. Car nous savons que les Frères franciscains étaient les plus ardents promoteurs de l'antisémitisme et que le principal pamphlet antisémite de l'époque, les *Coplas del Provincial*, avait été fabriqué par les franciscains. Or, si nous feuilletons les fameuses *Coplas*, nous trouvons les vers suivants, qui sont assez significatifs :

> *A ti frayle Bujarron,*
> *Alvaro Perez Orozco,*
> *En la nariz te conosco*
> *Por ser de los de Pharon.*

Toi, Frère Bujarron, Alvarez Perez Orozco,
A ton nez je te connais pour être du peuple de Pharaon.

Cela veut dire que *faraón* était l'argot franciscain pour

juif. L'accusation de *converso* portée contre eux par la Colonie était restée. Les Colón étaient considérés comme des *conversos* par leurs contemporains, et le fait devait paraître assez évident pour qu'on pût ainsi y faire allusion dans une lettre au Cardinal et Premier ministre, qui devait bientôt devenir le Grand Inquisiteur de l'Espagne.

CHAPITRE XXIX

L'AMIRAL SE LANCE DANS LA PROPHÉTIE ET PART POUR SON QUATRIÈME VOYAGE

Colón ne tarda pas à se rendre compte que sa carrière de créateur était bloquée par l'opposition solide des trois plus puissants personnages d'Espagne : le Roi, la Reine et le Cardinal. Mais il n'était pas homme à jouir paresseusement de ses privilèges et de ses revenus. Il arrive souvent que l'on juge et imagine le caractère des hommes surtout d'après ce qu'ils font, et qu'on oublie purement et simplement la riche gamme des omissions, qui est aussi révélatrice de la forme des caractères que les ombres le sont de la forme physique. Voici un moment crucial de la vie de Colón, un moment auquel on doit accorder toute l'attention qui lui revient, particulièrement si l'on est de ceux qui voient en lui un cupide et un avaricieux. Il n'était pas cupide et il n'était pas avaricieux. Il connaissait la valeur de la richesse et lui attachait une grande importance. Il cherchait à l'acquérir et, ce faisant, il commit des fautes de tact et des fautes contre la morale qui étaient dues à son caractère ardent et impatient ; mais Colón n'était pas essentiellement et fondamentalement attaché à la richesse ; il la voulait comme un instrument de pouvoir et de gloire ; son ambition, bien qu'elle ne fût pas celle d'un saint homme, était d'ordre spirituel ; elle n'était pas sainte, parce qu'elle était égoïste ; mais elle était spirituelle, parce qu'elle cherchait à s'accomplir sur un plan plus élevé que celui de la chair.

A ce moment, le Roi et la Reine eurent à résoudre un problème délicat : ils avaient accordé à ce parvenu les privilèges les plus exorbitants. Il était Vice-Roy et Gouverneur des Indes à vie et les deux postes étaient réservés à ses descendants ; mais, d'un côté, sa découverte se révélait beaucoup plus vaste qu'il n'avait osé l'espérer lui-même dans ses rêves les plus insensés ; et, d'autre part, lui, Colón, se révélait un homme d'État totalement incapable d'administrer la plus petite parcelle de ce qui, théoriquement du moins, devait être son vice-royaume. Il est sot et sentimental d'accuser le Roi et la Reine d'avoir manqué à leur parole parce qu'ils ont dénoncé les Capitulations de Santa Fé et privé Colón de son poste de Gouverneur ; comme si les affaires publiques pouvaient être administrées selon les mêmes principes légaux qu'une vente de terrain. Ferdinand et Isabelle ne pouvaient faire mieux ni traiter Colón plus généreusement, étant donné les preuves qui s'accumulaient devant eux. Mais précisément du fait de la nécessité où ils se trouvaient de lui enlever son poste de Gouverneur, le Roi et la Reine, qui étaient fortement désireux de lui plaire par ailleurs, auraient été prêts à aller très loin dans la voie de la faveur et des honneurs pour l'homme qui leur avait donné un Empire. Il est possible que leur offre d'un marquisat avec une large bande de terre à Espagnola ait été faite dans cet esprit. Il est aussi possible — et cela serait dans la ligne du caractère fier de Colón — que son refus ait été inspiré moins par la raison qu'il a donnée que par son désir de garder intacts ses droits sur la couronne — droits intérieurs de gloire et de pouvoir, pas seulement droits extérieurs d'honneur et de richesse.

Colón avait alors quarante-neuf ans. Si, à cette époque de sa vie, il avait consenti à accepter une situation d'oisiveté dorée au côté du Roi et de la Reine et à jouer le rôle de principal ornement de la Cour espagnole, il n'est rien que Ferdinand et Isabelle n'eussent fait pour le tenir à l'écart de la route des Indes, honoré, satisfait et inoffensif. Mais Colón n'était pas homme à cela, et le fait qu'il n'ait pas accepté cette retraite palatine, ce rôle de Premier Papegai exotique dans la Cage dorée de la Cour, n'est jamais pris en considération, parce que les fautes que nous ne commettons pas ne doivent jamais être dans notre vie portées à notre crédit. Et, cependant, il est significatif que, dès que Colón se fut rendu compte que son époque « espagnolienne » était révolue, il se mit en quête d'autre chose à faire.

« En quête » est une manière de parler. Pour un homme comme Colón, la réalité est toujours dans le monde intérieur de son imagination. Colón regarda dans le vaste monde qu'il portait en lui, et il ne fut pas long à voir l'autre mission pour laquelle il se considérait élu. Il allait délivrer Jérusalem.

*
**

Ce n'était pas chez lui une idée nouvelle. A diverses reprises, depuis ce jour où à Baza il avait vu l'ambassade envoyée par le Grand Sultan, il avait parlé de ce projet au Roi et à la Reine et leur avait même promis que l'argent que rapporterait la découverte des Indes serait consacré à la libération de la maison de Sion. Il y revenait à présent avec une ardeur nouvelle. Ce devait être son échappement. Tout en se reposant à Grenade, protégé par la sagesse royale des effets légaux des papiers envoyés par Bobadilla, il se mit à l'étude de son nouveau projet.

Il ne consulta pas de cartes. Il ne se donna pas non plus la peine de recueillir des renseignements auprès des marchands, des marins et des ambassadeurs sur la force des armées du sultan, ses ports, ses lignes de ravitaillement. Non : il lut *les Prophètes*. Il se mit aussitôt à collectionner tous les prophètes qui avaient prédit que Jérusalem serait délivrée et par l'Espagne. Ses recherches s'orientaient toujours d'abord sur la question de la foi. Pouvons-nous avoir foi en l'entreprise? Oui? Alors, allons-y. Comme il devait bientôt l'écrire au Roi et à la Reine, en leur envoyant son *Livre de Prophéties* : « Saint Pierre, lorsqu'il sauta dans la mer, y marcha tant que sa foi fut solide. Celui qui n'aurait de foi que la grosseur d'une graine de moutarde se ferait obéir de montagnes. Celui qui aurait la foi, qu'il le demande, et tout lui sera donné. Frappez et on vous ouvrira. Nulle entreprise conduite au nom de notre Sauveur ne doit nous faire reculer si elle est juste, menée dans une intention pure et à Son saint service. » Dès lors, pourquoi apprendre ? Pourquoi pâlir sur des livres ? Il avait déjà dit que dans son entreprise indienne, il n'avait tiré aucun profit « ni de la raison, ni des mathématiques, ni des cartes du monde ». Isaïe lui en avait fait la prophétie, et cette prophétie s'était accomplie. Et à présent, il allait appliquer la même méthode — les prophéties — au problème de Jérusalem, « et dans cette entreprise, qui a la foi est sûr de la victoire ».

Cette assurance sur des questions religieuses chez un laïc et dans une lettre au Roi et à la Reine a dû leur paraître tout à fait singulière. Mais la doctrine sur laquelle il s'appuyait était plus singulière encore ; car Colón prétendait que les enfants et les innocents peuvent révéler l'esprit mieux que les savants, doctrine vraiment évangélique, mais qui ne fleurait guère son orthodoxie « vieille chrétienne » ; c'était plutôt le contraire. Cette tendance évangélique à s'adresser aux essences plutôt qu'aux formes et à l'autorité était caractéristique du tour d'esprit *converso*. La principale phrase dans laquelle Colón expose ce point de vue dans sa lettre au Roi et à la Reine trahit le *converso* ; elle est inorthodoxe, ou tout au moins d'une orthodoxie audacieuse, ne serait-ce que par la façon qu'il a de faire aussitôt intervenir les juifs, comme s'il était inconsciemment impatient de briser le monopole de vérité que les chrétiens croyaient détenir : « Je dis que le Saint-Esprit est en œuvre chez les chrétiens, les juifs, les Maures et tous les hommes de toutes les autres sectes et non seulement chez les savants, mais aussi chez les ignorants. » Des déclarations qui étaient loin d'être aussi audacieuses que celle-ci devaient conduire des *conversos* au bûcher pendant la plus grande partie du XVIe siècle. Ce point de vue était révolutionnaire et donnait un avant-goût de la Réforme. Colón, naturellement, n'a pas conscience des profonds problèmes dogmatiques et théologiques que cela implique ; il fonce tête baissée là où les anges se feront brûler les ailes à la génération suivante. Mais il est déjà un protestant ; et cet aspect particulier de sa foi religieuse est une indication supplémentaire de son origine juive.

Ayant rassemblé les prophéties et les textes qu'il considère s'appliquer à son dessein, il écrit au Roi et à la Reine pour les presser de se lancer dans cette entreprise. Son argumentation est relativement simple : l'Ancien et le Nouveau Testament sont d'accord pour annoncer la fin du monde. Saint Augustin et d'autres disent que la fin du monde surviendra au cours des années 7 000. Prenant comme base les calculs faits par Alfonso X, « qui sont considérés comme les meilleurs », Colón croit qu'en 1501, au moment où il écrit, le monde a six mille huit cent quarante-cinq ans. Il s'ensuit que le monde n'a plus que cent cinquante-cinq ans à vivre. Or, notre Rédempteur dit que toutes les prophéties doivent être réalisées avant la fin du monde. Mais il en reste beaucoup. C'est pourquoi le Seigneur presse le monde, comme on le voit au nombre de terres qui s'ouvrent à la propagation de l'Évangile. « Les bienheureux Apôtres Me stimulent continuellement et avec grande hâte. »

La pièce centrale de ce *Livre de Prophéties* est la lettre du Rabbin Samuel Jehudi du Maroc, écrite en 1068, et pressant les juifs de se convertir à la *loi du christianisme*. Elle est précédée d'un titre significatif : *le Rabbin Samuel, dans une Épître ou Lettre traduite de l'arabe en castillan, envoyée par le Rabbin Samuel d'Israël, natif de la ville de Fis, à Maître Ysaach, Rabbin de la Synagogue du Maroc, qui l'un et l'autre furent par la suite de bons et fidèles chrétiens*. Que fait ici cette lettre ? N'est-ce pas encore un de ces retours aux juifs que l'on constate si souvent chez Colón ? Et ne met-elle pas en lumière un nouvel aspect de son empressement à conquérir Jérusalem, savoir son désir d'effacer cette *différence* en unissant chrétiens et juifs dans une même sainte maison ? « Et Jérémie dit encore : *A ce moment, ils appelleront Jérusalem le trône du Seigneur : et toutes les nations seront rassemblées, au nom du Seigneur, à Jérusalem; et désormais elles ne vivront plus selon l'imagination de leur mauvais cœur.* » Cela semble être chez lui une idée fixe. On la retrouve au moins deux autres fois dans le livre — un commentaire de saint Jean et un commentaire du Pape Grégoire, dans lesquels l'accent est mis sur une église bâtie conjointement par les juifs et les chrétiens.

Ce document est suivi d'un certain nombre de citations de la Bible, où son esprit prévenu trouve des prophéties de la découverte des Indes et de la libération de Jérusalem. Isaïe est fréquemment mis à contribution : *Et ce jour-là, il y aura une racine de Jessé qui sera une enseigne pour le peuple : tous les Gentils y viendront; et son reste sera glorieux. Et il arrivera ce jour-là que le Seigneur posera Sa main pour la deuxième fois afin de recouvrer ce qui restera de Son peuple, d'Assyrie, et d'Égypte (...) et des îles de la mer.* Et encore : *Écoutez-Moi, ô îles, et vous peuples, de là-bas, faites silence : (...) Je te donnerai aussi comme lumière aux Gentils, de manière que tu puisses être mon salut jusqu'à la fin du monde. Les Gentils viendront à Toi des confins de la terre.*

Il y a dans cette anthologie de textes bibliques un texte qui mérite une attention spéciale. Colón commente le psaume II de David et signale que le Rabbin Salomon, dans ses commentaires à ce psaume, dit que « nos maîtres », c'est-à-dire les rabbins juifs, prétendaient qu'il s'appliquait au Christ. Toute la discussion dans laquelle se lance ici Colón révèle un esprit essentiellement centré sur l'attitude *converso*, l'homme dont la foi primitive était juive et dont la foi présente est chrétienne. Ainsi, parlant du Rabbin Salomon, il écrit : « Il appelle hérétiques les *conversos* du judaïsme à la foi catholique qui raisonnaient contre ceux qui étaient restés dans leur infidélité, sur la base de ce psaume. » Ceci encore : « Ce qui est évident à en croire les savants qui se sont convertis du judaïsme. »

C'est toujours dans cette région mentale que nous trouvons Colón : à la frontière entre les deux fois. Le problème du juif converti, mais aussi le problème du juif qui ne s'est pas converti. Il ne quitte pas des yeux les frères perdus, se demandant s'ils le suivront au bercail de la vraie foi, à laquelle il croit honnêtement et sincèrement, bien que d'une manière inévitablement juive, avec ce sens de la *promesse* de la *mission*, et de la *catastrophe apocalyptique* que les juifs apportaient et apportent toujours au christianisme.

Le *Livre de Prophéties* était dans son esprit destiné à

constituer les éléments d'un poème. Cela ressort d'une lettre qu'il écrivit au Père Gorricio, lui demandant de se charger de choisir des « autorités » car il n'a pas le temps de le faire lui-même : « Quand je suis arrivé, j'ai commencé à choisir les autorités qui me semblaient s'être occupées de la question [de Jérusalem] pour y revenir plus tard et les mettre en vers. » Nous pouvons être certains que ce poème aurait été médiocre, d'après les vers éparpillés dans le *Livre des Prophéties*. Cependant, à cette époque de sa vie, Colón avait déjà acquis un style vraiment magnifique lorsqu'il était ému. Mais le poème ne prit jamais forme, parce que le futur poète fut appelé à d'autres tâches plus urgentes.

Il n'est pas certain que le *Livre de Prophéties* ait été effectivement soumis au Roi et à la Reine. Certes, il contient le texte d'une lettre à eux adressée. Mais cette lettre ne semble guère être autre chose qu'un brouillon. Elle ne comporte pas de fin et elle n'est pas datée, et ce n'est guère qu'un vague plaidoyer en faveur de l'entreprise qui lui tenait tant à cœur. Il lui manque sa pointe, si l'on peut dire, et elle n'est peut-être jamais arrivée jusqu'aux souverains. Le plan ne semble pas du reste avoir jamais pris forme.

Le fait est que Colón était repris par son appétit de découvertes. Après tout, Jérusalem ne venait pour lui qu'après le Grand Khan. Il savait qu'une foule de « découvreurs » se ruait au travers des grilles de l'océan qu'il avait ouvertes, et que toutes sortes d'étrangers s'introduisaient dans ses îles et dans son continent. Il aurait été d'une perfection inhumaine s'il avait pu assister sans quelque amertume à ce spectacle. En 1499, Pero Alonso Niño et Cristóbal Guerra eurent l'autorisation de couvrir à peu de chose près l'itinéraire qu'il avait tracé au cours de son troisième voyage. Hojeda avait profité de la protection de Fonseca pour aller où bon lui semblait, et aussi du côté des perles. En juin 1499, Rodrigo de Bastidas reçoit charte royale pour aller « découvrir »; en juillet et en août, des capitulations sont passées avec Alonso Vélez de Mendoza : il doit aller avec quatre navires découvrir des îles et continents « en dehors de ce qui a été découvert par Don Cristóbal Colón ». Hojeda reçoit une deuxième commission de vagabondage le 28 juillet 1500 et une troisième le 8 juin 1501 de son protecteur Fonseca. Cette dernière lui donne l'autorisation spéciale de ramener trente quintaux de bois de sapan, dont dix en compensation d'un cheval que l'Amiral lui avait pris « pour les juments qui sont là-bas ». Les perles ramenées par Niño, qui avait été le pilote du navire amiral de Colón à son premier voyage, éblouirent la Cour. Il est probable qu'un certain nombre d'expéditions clandestines furent organisées sans autorisation, par des hommes prêts à tout risquer pour une assiettée de perles ou un baril d'or. Le 22 juin 1497, le Roi et la Reine signèrent une ordonnance invitant leurs magistrats à mettre la main sur deux navires armés et préparés par l'Amiral pour un voyage aux Indes, et dont les maîtres avaient pris la mer sans avertissement.

L'étranger commence aussi à s'agiter et les ambassadeurs de Ferdinand à Londres veillent à avertir le Roi de cette activité suspecte. « Le Roi d'Angleterre, écrit Ruy González de Puebla, a envoyé cinq navires armés avec un autre Génois comme Colón à la recherche de l'île du Brésil et des sept villes. Ils ont des provisions pour une année. On attend leur retour pour septembre. Si j'en juge par la route qu'ils prennent, je suis porté à croire qu'ils en ont après les domaines de Vos Altesses. » Et l'autre ambassadeur, Pedro de Ayala, écrit : « Les gens de Bristol ont aussi armé deux, trois, quatre caravelles, chaque année depuis sept ans, à la recherche de l'île du Brésil et des Sept Villes, étant donné l'imagination de ce Génois. Le Roi s'est décidé à l'envoyer parce que l'année dernière, ils ont ramené l'assurance qu'ils avaient trouvé la terre. »

Le Génois ici mentionné n'était autre que Cabot (ce qui, entre parenthèses, infirme la valeur de nombreux documents qui décrivent Colón comme un « Génois », puisque Cabot était Vénitien). La réponse du Roi à Puebla est digne du plus grand intérêt, car elle montre le désir du Roi Ferdinand de tenir Henry VII à l'écart de ses réserves. « Quant à ce que vous dites qu'un homme comme Colón est venu là-bas offrir au Roi d'Angleterre une autre entreprise comme celle des Indes, sans préjudice pour l'Espagne et le Portugal, s'il [Henry VII] fait comme nous dans l'affaire des Indes, il s'en tirera sans ennui. Nous croyons que ce doit être un agent du Roi de France qui veut détourner le Roi d'Angleterre de quelque autre affaire. Veillez à ce que le Roi d'Angleterre ne soit pas abusé ni sur ce point ni sur d'autres, car les Français essayeront de le faire de toutes les manières possibles. Et ces affaires sont des plus hasardeuses et il vaut mieux ne pas les entreprendre aujourd'hui (...) qu'il est impossible de s'y lancer sans dommage pour les intérêts du Roi de Portugal ou les nôtres. » L'inquiétude que trahit cette lettre réapparaît dans les instructions données à Hojeda en 1501 : « Suivre la côte que vous avez découverte, et qui, semble-t-il, s'étend de l'est à l'ouest, parce qu'elle va dans la direction de cette partie où les Anglais sont en train de découvrir, et dresser des repères avec les armes de Leurs Altesses et les autres signes connus que vous pouvez juger convenables, en sorte qu'il soit connu que vous avez découvert cette terre, et *mettre fin à la* découverte des Anglais dans ces régions [ne serait-ce pas : *prévenir la?*]. »

Tout ce que nous savons du caractère et des actes de Colón donne à penser que ces nouvelles devaient être terribles pour lui. « On se moquait de mon projet autrefois ; à présent, les tailleurs eux-mêmes veulent découvrir », devait-il écrire bientôt avec humeur, faisant d'une manière inattendue allusion au métier de ses cousins de Gênes, au moment précis où ces cousins tailleurs venaient en Espagne partager sa gloire. Son sens de la propriété en ce qui concerne les Indes était si aigu qu'il devait se sentir comme un maître de maison dont l'intimité est violée par des intrus. Son séjour à la Cour ne devait guère être pour lui qu'un calvaire tantôt de requêtes patientes, humbles et suppliantes, tantôt d'exigences orgueilleuses, irritées et même exaspérées : respectez mes droits et rendez-moi mon océan. Heureusement, il y avait deux facteurs qui jouaient en sa faveur. Le premier était que le Roi et la Reine ne voulaient à aucun prix le laisser retourner à Espagnola et cherchaient par conséquent à l'occuper ailleurs ; le second, qu'il lui était venu une idée qui séduisait fort le Roi et la Reine : la recherche d'un détroit conduisant à d'autres mers au travers des terres récemment découvertes.

Colón précurseur de Magellan ! Le Roi et la Reine ne pouvaient voir que des avantages dans ce projet qui, en tout cas, occuperait Colón, et qui, s'il était couronné de succès, placerait sous leur contrôle la voie d'accès la plus rapide aux Indes. Ils encouragèrent l'Amiral à travailler à ce projet et promirent leur appui pour sa réalisation. Colón saisit l'occasion et poussa à fond son avantage. Il avait déjà obtenu le rappel de Bobadilla. Cet homme bien intentionné avait commis une grave erreur, bien que par ailleurs son administration lui ait valu l'approbation générale : il avait accordé aux colons la liberté de ramasser de l'or pendant vingt ans sans être obligé d'en référer à la couronne ni de payer d'impôts. Cette décision, venant s'ajouter aux plaintes continuelles de Colón et de ses frères, semble avoir décidé le Roi et la Reine à opérer un changement. Leur choix se porta sur Don Frey Nicolás de Ovando, chevalier de l'ordre d'Alcantara. C'était, dit Las Casas, « un homme très sage et capable de gouverner beaucoup de gens, mais pas des Indiens (...), de taille moyenne, la barbe très blonde et rousse ; il avait et montrait une grande autorité ; très épris de justice, il était des plus honnêtes dans sa personne et dans ses actes, grand ennemi de la cupidité et de l'avidité, et il ne manquait pas d'humilité, qui est le sel des vertus : et non seulement il en faisait preuve dans tous ses actes, dans sa maison, sa table et son vêtement, ses propos publics et privés, dans lesquels il gardait toujours de la gravité et de l'autorité, mais aussi en ceci que lorsqu'il fut fait Grand Commandeur [de l'ordre d'Alcantara], il ne permit à personne de l'appeler Votre Seigneurie ».

Ovando, nommé Gouverneur le 3 septembre 1501, emmena avec lui comme Alcalde Mayor, « un gentilhomme de Salamanque, un bachelier du nom d'Alonso Maldonado, personne très droite, sage, aimant la justice et très humaine ». Cette description, qui est due à la plume de Las Casas, donnerait à penser que ce Maldonado marquait un progrès substantiel par rapport à Roldán. Trente-deux navires, deux mille cinq cents hommes et douze moines de l'ordre de saint François s'embarquèrent avec eux à Sanlucar le 13 février 1502 ; Antonio de Torrès faisait fonction de Capitaine-Général de cette grande flotte. Ces changements n'étaient qu'une partie de l'effort auquel Colón s'était patiemment consacré pour rétablir sa fortune depuis qu'il avait débarqué à Cadix. Le Roi et la Reine donnèrent à Ovando l'ordre de rendre à Colón et à ses frères les biens personnels qui leur avaient été confisqués par Bobadilla ; ils ordonnèrent à Ximeno de procurer à l'Amiral un état des marchandises emmenées aux Indes, en sorte qu'il puisse participer pour un huitième aux dépenses et par conséquent avoir un huitième des bénéfices ; et ils autorisèrent Colón à nommer un représentant pour vérifier toutes les opérations commerciales et minières et percevoir son dixième, poste de confiance pour lequel il choisit Carvajal.

En octobre 1501, ses affaires à la Cour allaient assez bien pour qu'il pût se permettre de partir pour Séville préparer sa quatrième expédition. Il acheta quatre navires du genre de ceux qu'il jugeait les meilleurs pour la découverte — de cinquante à soixante-dix *tonnels*, c'est-à-dire de quarante-cinq à soixante-trois tonnes — car il jugeait que ce tonnage était le plus approprié à la « découverte » ; et il emmena cent quarante hommes. Ce choix délibéré de sa part fit que sa quatrième expédition fut très semblable à sa première en ce qui concerne le tonnage des navires et le nombre des hommes, et tendrait à montrer que l'importance réduite de la première n'était pas due seulement au manque d'appuis et d'aide. Parmi ses compagnons, il emmenait son frère Don Bartolomé, lequel s'embarquait bien contre sa volonté ; quant à Don Diego, il le laissa derrière, ce qui était significatif. Mais il emmenait avec lui son fils Fernando. Le jeune homme n'avait que quinze ans, mais il était remarquablement grand et brave pour son âge. L'aîné, Don Diego, qui avait vingt et un ans, resta pour défendre ses intérêts à la Cour.

De Séville, il écrivit au Roi et à la Reine ; il voulait qu'on lui accordât l'autorisation de faire escale dans un port d'Espagnola pour y prendre des vivres en cas d'urgence ; il demandait deux ou trois hommes connaissant l'arabe, « car il était toujours d'opinion qu'au-delà ce continent, écrit Las Casas sur le sol américain, s'il devait découvrir un passage maritime, il trouverait les peuples du Grand Khan ». Il demandait que l'on s'occupe de ses fils et de ses frères. Le Roi et la Reine répondirent le 14 mars 1502 de Valencia de la Torre ; ils lui donnèrent pleine assurance au sujet de ses affaires de famille et de ses privilèges ; ils consentaient à lui donner ses interprètes arabes, mais lui conseillaient de ne pas gaspiller de temps à les chercher ; et ils lui interdisaient d'aller à Espagnola à l'aller, bien qu'ils lui permissent de faire escale « en passant, et d'y séjourner peu de temps » sur le chemin du retour. Finalement, ils le pressaient de partir le plus tôt possible. Ils lui donnaient des instructions détaillées : ce sont en grande partie les recommandations habituelles de l'expérience, mais il y a deux notes nouvelles : l'une dans laquelle tout en insistant fortement sur le fait que son état-major et son équipage doivent lui obéir, les souverains lui disent qu'« il doit les traiter comme des personnes qui sont à notre service », et l'autre, encore plus tranchante et plus définitive : « *et vous ne devez pas ramener d'esclaves noirs.* »

Il partit de Cadix le 9 mai 1502.

« Je fus retenu à Cadix par le vent du sud-ouest jusqu'à ce que les Maures mettent le siège devant Arcila, écrit-il de la Grande Canarie au Père Corricio, et de là, contre ce vent, je partis au secours de la ville. » Mais quand il y arriva, les Maures étaient partis et l'Amiral envoya l'Adelantado et les capitaines offrir ses services au Commandant portugais qui était blessé, et qui le remercia et lui offrit de lui rendre sa visite en compagnie de quelques gentilshommes portugais, parmi lesquels il y avait des parents de Doña Felipa Muñiz, la femme de l'Amiral. Le 20 mai, la flotte était aux Canaries et le 25, elle se remettait en route. Colón mit le cap sur le sud-ouest et après une rapide et heureuse traversée, il jeta l'ancre aux îles Matininó le 15 juin. Après trois jours de repos, l'Amiral succomba à la tentation et vogua droit sur Santo Domingo. Ovando, qui avait des ordres stricts du Roi et de la Reine, refusa de le laisser débarquer, et Colón partit pour Puerto Hermoso, à seize lieues à l'est de Santo Domingo, où il chercha abri contre une terrible tempête.

Ses explications sont lamentables. L'un de ses navires était « trop spacieux, et n'avait pas assez de bord pour supporter les voiles » ; il est pourtant bien évident qu'en ses deux traversées de Cadix à Arcila et de Arcila aux Canaries, il avait eu tout le temps de voir les défauts de ce navire. Que le navire fût dangereux était sans doute vrai, car il lui donna souvent beaucoup d'inquiétude au cours de ce voyage agité. Mais tous les faits portent à croire qu'il chercha là le prétexte dont il avait besoin pour faire escale à Espagnola en dépit des ordres formels et répétés du Roi et de la Reine. En outre, il aurait pu facilement changer de navire en l'envoyant sous le commandement d'un de ses capitaines, pendant qu'il attendait dans une des îles.

Le fait est qu'il trouvait l'obéissance irritante, et que son orgueil excessif se révoltait contre la sujétion au Roi et à la Reine dans laquelle il restait. Cet état d'esprit, cette révolte intérieure permanente contre le Roi et la Reine apparaîtront clairement lorsqu'on lira le récit qu'il a laissé de son quatrième voyage et que nous donnons ci-dessous. En attendant, la nature préparait à son esprit vindicatif la plus inattendue et la plus spectaculaire des satisfactions. Les navires dans lesquels Ovando était venu deux mois avant lui étaient dans le port attendant de repartir pour l'Espagne. Bobadilla, Antonio de Torrès et Roldán étaient à bord du navire amiral, ainsi que Guarionex enchaîné. Il y avait également à bord cent mille *castillans* d'or pour la couronne et autant pour des comptes privés. Tout fut englouti par une mer furieuse qui détruisit vingt des navires. Les ennemis de Colón sombrèrent sous le poids de l'or qu'ils transportaient.

Colón continua son chemin. Après bien des vicissitudes dramatiques, il se retrouva à la Jamaïque en juillet 1503. Là, dans une profonde angoisse intellectuelle, mais dans une très grande exaltation de l'âme, il écrivit au Roi et à la Reine une lettre si révélatrice, et qui constitue un portrait si vivant de l'homme tout entier, qu'il vaut mieux lire l'histoire de ce quatrième voyage dans le récit vigoureux, émouvant et parfois magnifique qu'il en a laissé.

CHAPITRE XXX

LA PAROLE EST A COLÓN

Sérénissimes, hauts et puissants princes, Roi et Reine, nos souverains : de Cadix je suis allé à la Canarie en quatre jours, et de là aux Indes. Mon intention était de hâter mon voyage puisque j'avais mes navires en bon état, les gens et les vivres [à bord] et mon cap était l'île de la Jamaïque ; et c'est dans l'île de la Dominique que j'écris ceci[1] ; jusqu'alors, le temps avait été tout ce que je pouvais souhaiter. La nuit que je suis entré là-bas, j'ai essuyé une forte tempête, qui ne m'a pas lâché depuis. Quand je suis arrivé près d'Espagnola, j'ai envoyé le sac de lettres et j'ai demandé comme une faveur un navire que je paierais, car un autre que j'avais tenait mal la mer et ne supportait pas les voiles. Ils ont pris les lettres et pour autant que je sais y ont peut-être répondu. Quant à moi, je me suis vu interdire d'approcher de la terre ; le cœur de mes gens s'est empli de crainte à la pensée que je pourrais les emmener très loin et qu'ainsi s'il arrivait qu'ils courussent quelque danger, ils ne recevraient pas d'aide, mais essuyeraient plutôt un affront. En outre, quelqu'un s'est permis de dire que le Commandeur [Bobadilla] aurait le pouvoir d'accorder les terres que je conquerrais. La tempête était terrible et, au cours de cette nuit-là, elle a démembré mes navires, les entraînant chacun de son côté, sans autre espoir que la mort ; chacun était certain que les autres étaient perdus. Qui est jamais né, sans excepter Job, qui n'est mort de

1. Peut-être s'agit-il du début de la lettre. Mais l'essentiel en a été écrit à la Jamaïque.

désespoir ? [Penser] que pour sauver ma vie, celle de mon fils, celle de mon frère, celle de mes amis, je me voyais interdire l'accès de la terre et des ports que j'avais, avec la volonté de Dieu, conquis à l'Espagne au prix de sueurs de sang !

Et je suis revenu aux navires que la tempête avait éloignés de moi me laissant à moi-même. Notre-Seigneur leur a permis de revenir vers moi quand bon Lui a semblé. Le navire dangereux pour échapper à la tempête avait été jusqu'à l'île La Gallega ; il avait perdu son canot et la plus grande partie de ses vivres ; celui dans lequel j'étais, si volumineux qu'il fût, le Seigneur l'avait épargné, car il n'avait pas perdu un fétu de paille. Dans le dangereux se trouvait mon frère, et c'est lui, après Dieu, qui l'a sauvé. Et c'est avec cette tempête, véritablement en rampant, que je suis arrivé à la Jamaïque ; là la mer de forte est devenue calme et il y a eu un courant rapide qui m'a conduit au Jardin de la Reine sans que je visse la terre. Depuis lors, quand cela était possible, j'ai navigué vers le continent, où j'ai rencontré du vent et un terrible courant contraire ; j'ai lutté contre pendant soixante jours et finalement je n'ai pu leur prendre plus de soixante-dix lieues.

Pendant tout ce temps, je ne suis pas entré dans un seul port, ni n'ai eu la possibilité de le faire, ni n'ai été laissé en paix par des tempêtes du ciel, la pluie, un gros tonnerre et des éclairs continuellement, on aurait dit la fin du monde. Je suis arrivé au cap *Gracias a Dios* et depuis lors Notre-Seigneur m'a donné des vents et des courants favorables. Pendant quatre-vingt-huit jours l'effroyable tempête ne m'avait pas quitté, au point que je n'ai pas vu le soleil ni les étoiles sur la mer ; les navires étaient fendus, les voiles déchirées, les ancres, le gréement et les câbles perdus, ainsi que tous les canots et une grande partie des vivres ; les hommes très malades, tous très contrits, beaucoup ayant promis d'entrer en religion et pas un qui n'eût fait vœu de pèlerinage. A maintes reprises ils se sont confessés mutuellement. Nous avons connu d'autres tempêtes, mais nulle qui ait duré si longtemps et avec tant d'horreur. Beaucoup ont eu peur à maintes et maintes reprises que nous croyions courageux. La peine du fils que j'avais à bord[1] m'arrachait l'âme, d'autant plus que je le voyais si jeune, ayant quinze ans, dans une si grande épreuve et qui durait si longtemps ; Notre-Seigneur lui a donné tant de courage qu'il stimulait les autres, et pour l'ouvrage, il en a fait autant que s'il naviguait depuis quatre-vingts ans, et il m'a réconforté. J'étais tombé malade et j'ai été plusieurs fois à l'article de la mort. D'une petite cabine que j'avais fait construire sur le pont, je dirigeais le navire. Mon frère était dans le plus mauvais navire et le plus dangereux. Grand était mon chagrin et plus grand encore parce que je l'avais amené contre sa volonté ; car tel est mon destin que je n'ai guère profité des vingt ans que j'ai servi au milieu de tant d'épreuves et de dangers, car aujourd'hui je n'ai pas une tuile en Castille ; si je veux manger ou dormir, je n'ai rien, sauf une auberge ou une taverne, et la plupart du temps je n'ai même pas de quoi payer ma part. Un autre chagrin m'arrachait le cœur à travers le dos : c'était Don Diego mon fils que j'avais laissé en Espagne et qui était comme un orphelin, privé de mon honneur et de mes biens ; bien que je fusse certain que le Roi et la Reine, étant justes et reconnaissants, lui rendraient tout à profusion.

Je suis arrivé à Cariay[2] où je me suis attardé pour réparer les navires, me réapprovisionner en vivres et pour donner un répit à mes hommes qui étaient tous malades. Moi, qui, comme je l'ai dit, avais été si souvent à l'article de la mort, j'ai entendu parler là-bas des mines d'or de Ciamba, que je cherchais. Deux Indiens m'ont emmené à Carambaru, où les gens vont nus, avec un miroir d'or qui leur pend au cou, mais ils n'ont voulu ni le vendre ni l'échanger. Ils m'ont nommé de nombreux endroits sur la côte où ils disaient qu'il y avait de l'or, et des mines, dont le dernier était Veragua à environ vingt-cinq lieues de là ; je me suis mis en route avec l'intention de les essayer tous, et à moitié du chemin, j'ai appris qu'il y avait des mines à deux jours de marche d'où j'étais ; j'ai décidé d'envoyer quelqu'un pour les

1. Don Fernando, son futur historien.
2. Peut-être faut-il comprendre *Cathay*, bien que dans cette lettre au moins, il écrive souvent *Cathay : Catayo*.

voir la veille de la Saint-Simon et Judas, jour que j'avais fixé pour notre départ : au cours de la nuit, il s'est élevé une telle mer et un tel vent que nous avons été obligés de nous laisser emporter au gré du vent et le guide indien pour les mines encore avec moi.

Dans tous les endroits où j'avais été, je m'apercevais que tout ce que j'avais entendu dire venait à être vrai : j'ai donc cru ce qu'ils disaient de la province de Ciguare, qu'ils prétendent à neuf jours de marche à l'ouest par terre : là, dit-on, il y a de l'or à l'infini et les indigènes portent du corail sur la tête, des bracelets d'or aux chevilles et aux poignets, très épais, et ils décorent avec et en couvrent des chaises, des boîtes et des tables. On dit aussi que les femmes là-bas portent des colliers qui leur pendent de la tête dans le dos. Sur tout cela, tous les gens de ces régions sont d'accord et annoncent tant de choses que je me contenterais d'un dixième. Ils connaissent aussi le poivre. A Ciguare, ils traitent en foires et marchandises; voilà ce que ces peuples me disent et ils m'ont montré comment se fait le commerce là-bas. Ils disent aussi que leurs navires ont des canons, des arcs et des flèches, et il y a des chevaux dans le pays, et ils ont l'habitude de la guerre et ils portent de riches vêtements et possèdent de bonnes choses. Ils prétendent aussi que la mer entoure Ciguare, et que de là-bas au Gange, il y a dix jours. Il semble que ces pays sont dans la même situation à l'égard de Veragua que Tortosa à l'égard de Fontarabie ou Pise de Venise[1]. Quand j'ai quitté Carambaru et que je suis arrivé aux endroits dont j'ai parlé, j'ai trouvé le même genre de coutumes parmi les gens, sauf que les miroirs d'or, ceux qui les avaient les donnaient pour trois clochettes, bien qu'ils ne pesassent pas moins de dix à quinze ducats chacun. Dans toutes leurs habitudes, ils sont comme ceux d'Espagnola. Leur procédé pour rassembler l'or est différent, bien que les deux n'aient rien de comparable à celui des chrétiens. Tout ce que je dis est ce que j'entends dire. Ce que je sais est qu'en 94 j'ai longé le 24e degré vers l'ouest pendant neuf heures [c'est-à-dire 135°] et qu'il ne peut pas y

---

1. Il veut dire sur l'autre côte d'une même péninsule.

avoir d'erreur parce qu'il y a eu une éclipse : le soleil était dans la Balance et la lune dans le Bélier. En outre, tout cela, que je sais pour l'avoir entendu dire, je le sais depuis longtemps pour l'avoir lu. Ptolémée pensait qu'il avait corrigé la théorie de Marinus [de Tyr], mais nous voyons à présent que celui-ci était très proche de la vérité. Ptolémée situe Catigara à douze lieues [12 × 15 = 180°] de son occident, ce qui fait deux degrés un tiers du cap Saint-Vincent. Marinus limite les terres [émergées] à quinze lignes [225°]. Marinus situe l'Indus en Éthiopie à plus de 24° de l'Équateur, et à présent que les Portugais y naviguent, ils s'aperçoivent qu'il avait raison. Ptolémée dit que la terre la plus méridionale est la première zone et qu'elle ne va pas plus loin au sud que quinze degrés un tiers. Et le monde est petit ; six parts en sont sèches et la septième seulement est couverte d'eau ; l'expérience l'a prouvé et je l'ai écrit dans d'autres lettres avec l'appui des Saintes Écritures, en même temps que j'ai décrit le site du Paradis terrestre, que la Sainte Église approuve ; je dis que le monde n'est pas aussi grand que le croit le commun et qu'un degré de l'Équateur vaut cinquante-six milles deux tiers ; mais cela on le touchera du doigt. Je laisse cette question car mon dessein n'est point d'en parler mais de raconter mon dur et pénible voyage, bien qu'il soit mon plus noble et mon plus profitable.

J'ai dit que la veille de la Saint-Simon et Judas, j'ai été entraîné où le vent me portait, sans pouvoir lui résister. Dans un mouillage, je me suis épargné dix jours de grande exposition à la mer et au ciel ; là, j'ai décidé de ne pas retourner aux mines et de les laisser comme conquises. Je suis reparti, continuant mon voyage, sous la pluie : je suis arrivé au *Puerto de Bastimentos* (Port de Ravitaillement), où je suis entré mais pas de mon plein gré ; la tempête et le courant m'y ont maintenu prisonnier quatorze jours, puis je suis reparti, mais pas avec un beau temps. Quand j'eus fait de force quinze lieues, le vent et le courant m'ont ramené où j'étais parti ; en revenant vers le mouillage d'où je venais, j'ai découvert la *Retraite*, où je me suis réfugié au prix de grands dangers et de beaucoup de difficulté, et très fatigué, ainsi que les bateaux et les hommes ; je m'y suis attardé quinze jours, car le mauvais temps a voulu qu'il en soit ainsi, et quand j'ai cru que j'en voyais la fin, je me suis aperçu que ce n'était que le commencement : là, j'ai changé d'idée [et ai décidé] de retourner aux mines et de faire quelque chose en attendant que le temps [me permette] de continuer mon voyage et d'aller en mer ; mais comme j'avais fait quatre lieues, la tempête est revenue et m'a tant fatigué que je ne savais plus [quoi faire] de moi. Là, ma blessure s'est rouverte : pendant neuf jours j'ai été perdu sans espoir de vie ; nuls yeux n'ont jamais vu la mer si haute, si laide, et si changée en écume. Le vent ne voulait pas nous laisser aller de l'avant, et ne nous permettait pas non plus de tenir un cap. Il me bloquait dans cette mer changée en sang, qui bouillait comme une bouilloire sur un grand feu. Nul n'avait jamais vu le ciel si terrible : un jour et une nuit il a brûlé comme un four ; et il jetait de telles flammes avec ses éclairs que chaque fois je levais les yeux dans la crainte qu'il n'ait emporté mes mâts et mes voiles. Ils [les éclairs] survenaient avec une fureur si épouvantable que nous pensions tous qu'ils allaient faire fondre mes navires. Pendant tout ce temps, l'eau ne cessait de tomber du ciel, tellement qu'il ne faudrait pas la décrire comme une pluie, mais comme un second déluge. Les hommes étaient déjà si moulus qu'ils auraient souhaité être morts pour être débarrassés d'un tel martyre. Les navires avaient déjà perdu deux fois leurs canots, ancres, cordages, et ils étaient à découvert, sans voiles.

Au moment qu'il a plu à Notre-Seigneur, je suis revenu à *Puerto Gordo* [Port Gras] où j'ai tout réparé du mieux que j'ai pu. Je suis reparti une nouvelle fois dans la direction de Veragua, continuant mon voyage, bien que je fusse peu en état de le faire. Les vents et les courants étaient encore contre moi. Je suis arrivé presque au même point qu'avant, et cette fois encore, je me suis heurté aux vents et aux courants, et je suis de nouveau retourné au mouillage, car avec une mer aussi démontée au large d'une côte sauvage, je ne voulais point me risquer à attendre l'opposition de Saturne qui le plus souvent ramène des tempêtes et du mauvais temps. Cela se passait le jour de Noël à l'heure de la messe. Je suis retourné encore d'où j'étais venu avec tant de fatigue ; et après le premier de l'an, j'ai essayé encore, bien qu'à ce moment-là, même par beau temps, mes navires ne tinssent plus la mer et les hommes fussent morts [de fatigue] et malades. Le jour de l'Épiphanie, je suis arrivé à Veragua, hors d'haleine ; là, le Seigneur m'a accordé un fleuve et un mouillage sûr, bien qu'à l'embouchure il n'y eût pas plus de dix mains de profondeur ; je suis entré avec difficulté, et le lendemain, le mauvais temps a recommencé, qui, s'il m'avait pris en mer, m'aurait empêché d'entrer, étant donné les hauts fonds. Il a plu sans arrêt jusqu'au 14 février en sorte qu'il nous a été impossible de débarquer ou de voir quoi que ce soit ; et alors que j'étais déjà en sûreté, le 24 janvier, brusquement le fleuve s'est soulevé, très haut et très fort ; il a brisé mes câbles et mes amarres et a menacé d'emporter les navires qui, à coup sûr, étaient plus en danger que jamais. Mais Notre-Seigneur y a pourvu, comme Il avait toujours fait. Je ne sais pas si homme a jamais souffert un pire martyre. Le 6 février, sous la pluie, j'ai envoyé soixante-dix hommes à terre ; et en moins de cinq lieues, ils ont trouvé de nombreuses mines ; les Indiens qui les conduisaient les ont menés à une très haute colline, et là leur ont montré tout ce que leurs yeux pouvaient voir dans chaque direction, disant que dans toutes il y avait de l'or, et que vers l'ouest, les mines s'étendaient pendant vingt jours, et ils ont nommé les villes et les villages et où il y en avait beaucoup et ceux où il y en avait moins. Plus tard, j'ai appris que le *Quibien* qui nous avait procuré ces Indiens leur avait donné l'ordre de [nous] montrer les mines éloignées, qui appartenaient à un de ses ennemis ; et qu'à l'intérieur de ses possessions, il était possible en un jour de réunir une charge d'or ; j'ai avec moi ses serviteurs indiens et [d'autres] témoins de ce fait. On peut atteindre ses possessions avec les canots des navires. Mon frère est revenu avec ces hommes et tous ont ramené l'or qu'ils avaient ramassé dans les quatre heures qu'ils étaient resté là-bas. Il est de bonne qualité, car nul d'entre eux n'avait jamais vu de mine, ni la plupart d'entre eux de l'or (et pourtant ils l'ont reconnu). La plupart d'entre eux étaient des hommes de mer et presque tous des matelots. J'avais une grande abondance de matériel, d'outils pour bâtir et de vivres. J'ai fondé un établissement et fait de nombreux présents au Quibien, qui est le nom qu'ils donnent au Seigneur de ce pays ; et j'ai très bien compris que notre harmonie ne durerait pas ; [car] ils [sont] très rustres, les nôtres très importuns, et j'ai pris possession de terres dans ses domaines ; dès qu'il a vu nos préparatifs terminés et notre activité si vive, il s'est mis en tête de tout brûler et de nous tuer tous ; les choses ont tourné autrement ; il s'est retrouvé prisonnier avec ses femmes, ses fils et ses serviteurs ; cependant ses jours de prison n'ont pas été très nombreux ; le Quibien a échappé à un honnête homme à qui il avait été confié avec une bonne garde ; et ses fils à un maître de navire à la garde duquel ils avaient été remis.

En janvier, l'embouchure de la rivière s'est fermée. En avril, les navires étaient tous rongés par les vers, et je ne pouvais plus les maintenir à flot. A ce moment, un chenal s'est ouvert dans le fleuve, à travers lequel j'en ai fait sortir trois, vides, avec grande difficulté. Les canots sont revenus chercher du sel et de l'eau. La mer est devenue haute et mauvaise et ne les a pas laissés ressortir : les Indiens sont venus en grand nombre, ensemble, et les ont attaqués et tués. Mon frère et le reste des hommes étaient dans un navire qui était resté à l'intérieur : moi, très seul à l'extérieur, sur une côte aussi sauvage, avec une si forte fièvre, dans cet état ; tout espoir d'en réchapper était mort ; je suis remonté vers là-bas aussi haut que j'ai pu, d'une voix effrayée, pleurant et en grande hâte, j'ai appelé les maîtres de guerres de Vos Altesses, aux quatre vents, au secours ; mais ils ne m'ont pas répondu. Épuisé, je me suis laissé aller au sommeil en gémissant : j'ai entendu une voix très compatissante qui me disait :

Oh sot, homme lent à croire et à servir ton Dieu, le Dieu de tous! Qu'a-t-il fait de plus pour Moïse ou pour David Son serviteur? Depuis ta naissance, Il a toujours pris grand soin de toi. Quand Il t'a vu d'un âge qui Le satisfaisait, Il a donné à ton nom un retentissement mer-

veilleux sur la Terre. Les Indes, qui sont une partie du monde si riche, Il te les a données comme tiennes ; tu les a données à qui tu voulais et Il t'a donné pouvoir d'en faire ainsi. Des entraves de la Mer Océane, qui étaient nouées avec de si fortes chaînes, Il t'a donné les clés ; et tu as été obéi en de nombreuses terres et tu as acquis grand honneur et renom parmi les chrétiens ! Qu'a-t-il fait de plus pour le peuple d'Israël quand Il l'a conduit hors d'Égypte ? Ou pour David que de la condition de berger Il a élevé au rang de Roi de Judée ? Tourne ton visage vers Lui et connais enfin ton erreur : Sa merci est infinie : ton âge ne sera pas un obstacle à de grandes choses : Il a de nombreux et très grands châteaux.

Abraham avait plus de cent ans quand il engendra Isaac, et Sarah était-elle une jeune fille ? Tu réclames une aide incertaine : réponds, qui t'a affligé tant et si souvent, Dieu ou le monde ? Les privilèges et les promesses que Dieu accorde, Il ne les rompt pas, et Il ne dit pas non plus après qu'Il a reçu le service que Son intention était différente et que cela devait être compris d'une autre façon, et Il ne donne pas non plus le martyre à quiconque pour prêter de la couleur à la force pure : Il s'en tient à la lettre ; tout ce qu'Il promet, Il le tient et au-delà : est-ce coutumier ? J'ai dit ce que ton Créateur a fait pour toi et ce qu'Il fait pour tous. A présent, Il va te récompenser pour l'angoisse et les dangers que tu as éprouvés au service des autres. J'entendais tout dans un demi-sommeil, mais je n'avais pas de réponse à des paroles si véridiques, sauf de pleurer pour mes erreurs. Celui, quel qu'il fût qui parlait, termina en disant : *Ne crains point. Sois confiant. Toutes ces tribulations sont écrites sur du marbre et ne sont pas sans cause.*

Je me suis levé dès que j'ai pu et neuf jours plus tard le temps s'est calmé, mais pas suffisamment pour nous permettre de sortir les navires du fleuve. J'ai rassemblé les hommes qui étaient à terre et tous les autres que j'ai pu car nous n'étions pas assez pour rester derrière et pour équiper les navires. Je serais resté pour maintenir l'établissement si j'avais eu un moyen de prévenir Vos Altesses. La crainte de ne plus voir de navires faire escale là-bas m'a fait décider autrement, en même temps que la pensée que, quand nous reviendrions en force, nous serions en mesure de pourvoir à tout. J'ai mis à la voile au nom de la Sainte Trinité la nuit de Pâques, les navires pourris, rongés aux vers, tout pleins de trous. J'en ai laissé un à Belén, ainsi que beaucoup d'autres choses. A Belpuerto, j'ai fait de même. Deux seulement restaient, dans le même état que les autres, sans canot, à court de vivres, pour traverser sept milles de mer, avec un fils, un frère et tant d'hommes. Que ceux-là répondent qui ont coutume de toujours trouver à redire et de gronder, bien tranquilles dans leur sécurité : « Pourquoi n'avez-vous pas fait autrement ? » J'aurais voulu les y voir, dans ce voyage-là. Je crois qu'un autre voyage demandant des connaissances différentes les attend. Pour ceux de notre foi, il n'y en a pas[1].

Le 13 mai, je suis arrivé dans la province de Mango, qui est proche de celle de Cathay, et de là, j'ai mis le cap sur Espagnola ; j'ai eu deux jours de beau temps, puis le temps s'est de nouveau mis contre moi. La route que j'avais choisie devait laisser de côté de nombreuses îles, afin d'éviter leurs bancs. La mer sauvage m'a accablé, et j'ai été obligé de rentrer sans voiles ; j'ai jeté l'ancre dans une île où d'un seul coup j'en ai perdu trois, et à minuit, alors qu'il semblait que le monde fondait, les amarres de l'autre navire se sont brisées net, et il est venu sur moi en sorte que ç'a été merveille si nous n'avons point volé en éclats ; l'ancre, qui a tenu bon, est après Notre-Seigneur ce qui m'a sauvé. Après six jours, avec à nouveau du beau temps, je me suis remis en route ; ainsi, tout le gréement parti et les navires plus perforés par les vers qu'un rayon de miel, les hommes absolument abattus et découragés, j'ai fait un peu plus de chemin que de prévu, puis le mauvais temps m'a encore fait rebrousser chemin ; je me suis arrêté dans la même île, dans un mouillage plus sûr ; après huit jours, je me suis remis en route et suis arrivé à la Jamaïque à la fin de juin, toujours

---

1. Ce passage est très obscur. Peut-être le texte est-il altéré. Mais c'est peut-être aussi une de ces professions de foi elliptiques comme les aimait Colón. Je l'interpréterais ainsi : « Ceux qui me critiquent pour mes erreurs de navigation iront en enfer. Ceux qui comme moi ont la foi ne seront pas obligés de faire ce voyage. »

avec le vent debout et les navires en plus mauvais état que jamais; avec trois pompes, des tonneaux et des chaudières, l'équipage entier n'arrivait pas à triompher de l'eau qui entrait dans le navire, et contre les vers eux-mêmes, il n'y a rien à faire. J'ai pris la route la plus directe possible vers Espagnola, qui est à vingt-huit lieues, mais j'ai vite regretté de l'avoir fait. L'autre navire est entré dans le port presque submergé. J'ai lutté contre la mer avec la tempête. Mon navire a été submergé et c'est par un miracle que Notre-Seigneur m'a amené à terre. Qui pourrait croire ce que je suis ici en train d'écrire? Je prétends que je n'en ai pas dit la centième partie dans cette lettre. Ceux qui étaient avec l'Amiral peuvent en témoigner. Si Vos Altesses veulent bien me faire la faveur de m'accorder un navire de plus de soixante-quatre [tonnes], avec deux cents quintaux de biscuits et d'autres vivres, cela suffira pour nous ramener mes hommes et moi en Espagne. La Jamaïque, comme j'ai dit, est à moins de vingt-huit lieues d'Espagnola. Je n'ai pas voulu y aller bien que les navires eussent été en mesure de le faire. J'ai dit que j'avais des ordres de Vos Altesses de ne point y débarquer. Dieu seul sait si ces ordres étaient bons. J'envoie cette lettre par l'intermédiaire des Indiens; ce sera grande merveille si elle vous arrive.

Au sujet de mon voyage : je dis qu'il est venu avec moi cent cinquante personnes, parmi lesquelles de nombreux hommes assez [capables] comme pilotes et comme marins, aucun ne peut donner une explication précise de la manière dont je suis venu ou retourné, la raison est toute simple : je suis parti dans la ligne du port de Brazil (Brésil); à Espagnola la tempête ne m'a pas permis de prendre la route que je voulais : nous avons été obligés d'aller où nous entraînait le bon plaisir du vent. Ce jour-là, je suis tombé malade; personne n'avait navigué dans ces régions; le vent et la mer se sont calmés au bout de quelques jours et la tempête a fait place au calme et aux forts courants. Je suis allé me mettre à l'abri dans une île connue sous le nom de *Las Bocas* (Les Bouches) et de là, près du continent. Personne ne peut donner un récit véritable de ceci, car la raison n'y suffirait pas; car j'ai été entraîné par le courant pendant de nombreux jours sans voir la terre. J'ai suivi la côte du continent, qui était toute déchiquetée, au compas et par art. Personne ne peut dire sous quelle partie j'étais ou quand j'ai quitté [le continent] pour venir à Espagnola. Les pilotes croyaient qu'ils allaient vers l'île de San Juan [Porto-Rico] et c'était la terre de Mango, à quatre cents lieues plus à l'ouest. Qu'ils répondent, s'ils peuvent, quel est l'emplacement de Veragua. Je dis qu'ils ne peuvent dire autre chose que ceci : ils sont allés dans des terres où il y a beaucoup d'or et ils peuvent certifier ce fait, mais quant à pouvoir y retourner, ils ne connaissent pas le chemin ; il leur serait nécessaire [aux pilotes] de les découvrir comme si c'était la première fois. Il y a une explication et une raison d'astrologie, qui est certaine ; celui qui la connaît la trouve suffisante. La vision prophétique, voilà comme je l'appelle. Les navires des Indes, s'ils ne peuvent pas naviguer sauf devant le vent, cela n'est pas dû au fait que leur forme est mauvaise ni parce que les grands courants qu'il y a là-bas sont trop forts ; en même temps que le vent, les courants empêchent tout le monde de lutter avec la bouline, car en un jour, les navires perdraient ce qu'ils ont gagné en sept ; et je n'excepte pas les caravelles, ni même les latines portugaises. Cette raison les empêche de progresser tant qu'ils n'ont pas trouvé un vent de plein arrière et ils s'attarderont six ou huit mois au mouillage à l'attendre, ce qui n'est pas étonnant, puisqu'en Espagne aussi, cela arrive souvent.

Les peuples dont parle le Pape Pie, à en juger par la situation et la description [qu'il en donne] ont été découverts, mais pas les chevaux, au poitrail et aux mors d'or, et il ne faut pas s'en étonner, car là, sur le bord de la mer, il n'y en a pas besoin, puisqu'il n'y a que des pêcheurs ; je n'ai du reste pas perdu de temps à les chercher car j'étais pressé. A Cariay et dans les terres de la région, ce sont tous de grands sorciers et très timorés. Ils auraient donné le monde pour être sûrs que je ne resterais pas une heure. Dès mon arrivée, ils m'ont envoyé deux fillettes très maquillées ; la plus vieille n'avait pas onze ans et la plus jeune sept ; mais l'une et l'autre étaient si libres de manières que des putains n'auraient pu faire mieux qu'elles : elles apportaient dissimulées des poudres de sorcières ; quand elles sont arrivées, je les ai fait orner de choses à nous et je les ai renvoyées à terre ; sur la colline là-bas, j'ai vu un sépulcre aussi grand qu'une maison et sculpté et, dans celui-ci, le cadavre découvert et à plein ciel. J'ai entendu parler d'autres ruses et de plus excellentes. Il y a des animaux petits et grands en grand nombre et très différents des nôtres. On m'a fait présent de deux porcs et un chien irlandais n'a pas osé leur tenir tête. Un archer a blessé un animal qui ressemble à un putois, sauf qu'il est beaucoup plus gros et qu'il a un visage comme celui d'un homme ; il lui avait traversé le corps d'une flèche de la poitrine à la queue, et comme il était féroce, il lui a coupé deux pattes ; le porc en voyant cet animal a été pris de panique et s'est enfui ; moi, voyant cela, j'ai excité le *begare* (c'est le nom de l'animal dans le pays) contre le porc ; et au moment même où il allait mourir, la flèche encore dans le corps, il a jeté la queue autour du cou du porc et avec une des pattes qui lui restait il a tiré le porc par la tête et l'a renversé comme il aurait fait d'un ennemi. C'est pour la nouveauté de l'action et la beauté de cette scène de chasse que je raconte ceci. Nous avions emmené toutes sortes d'animaux, mais ils meurent tous. J'ai vu beaucoup de poules très grosses et avec des plumes comme de la laine. Des lions, des cerfs, des daims aussi en grand nombre et aussi des oiseaux. Alors que je luttais sur cette mer, quelques hommes se sont pris de cette idée hérétique que nous étions ensorcelés et y croient encore. D'autres peuples que j'ai rencontrés mangent des hommes ; on le devine à la laideur de leur visage. Ils disent qu'il y a là-bas de grandes veines de cuivre ; des hachettes faites avec ce métal et des ateliers avec tout le matériel d'orfèvre, et des creusets. Ils portent des vêtements, et dans cette province, j'ai vu des grands draps de coton ouvragés avec un art très subtil ; d'autres très subtilement peints en couleurs avec des pinceaux. Ils disent qu'à l'intérieur, vers le Cathay, il y a des draps brodés d'or. De ces terres et de ce qu'elles renferment, il n'est pas facile d'être informé, faute d'interprète. Les peuples, bien que très proches, ont chacun leur langue, à telle enseigne qu'ils ne se comprennent pas plus entre eux que nous ne comprenons les peuples d'Arabie. Je crois qu'il en est ainsi avec les peuples du bord de la mer, mais non avec ceux de l'intérieur.

Quand j'ai découvert les Indes, j'ai déclaré qu'elles constituaient la possession la plus riche et la plus grande du monde. J'ai parlé d'or, de perles, de pierres précieuses, d'épices, de commerce et de foires, et comme tout cela n'est pas apparu en un tournemain, on m'a fait honte. Cette leçon me retient de dire plus que ce que j'ai entendu des indigènes. Il n'est qu'une chose de laquelle j'oserai parler, parce qu'il y a de très nombreux témoins, c'est que dans cette terre de Veragua j'ai vu plus de signes d'or dans les premiers deux jours qu'à Espagnola en quatre ans, et que les terres du pays ne peuvent être plus belles ou mieux cultivées, ni les hommes plus couards, et qu'il y a de bons mouillages et un beau fleuve et qui peuvent être aisément défendus contre le monde. Tout cela signifie sécurité pour les chrétiens et certitude de possession et grand espoir d'honneur et de développement pour la religion chrétienne ; et la route pour y aller sera aussi courte que celle d'Espagnola, parce qu'on pourra la faire avec le vent. Vos Altesses sont autant Seigneur et Dame de ce pays que de Xérès ou de Tolède ; quand des navires y viendront, ils iront chez eux. De là-bas, ils ramèneront de l'or. Dans d'autres terres, pour obtenir ce qu'il y a dans celles-ci, il faut y amener l'or, et l'y laisser, sinon les navires retourneront vides, et le temps qu'on y est, il faut faire confiance aux sauvages pour sa sécurité.

Sur l'autre [point] que je ne mentionne pas, j'ai déjà expliqué pourquoi j'ai tenu bon. Non que je soutienne mordicus tout ce que j'ai dit ou écrit, ni [que je prétende] être à la source [de la connaissance ? de l'or ?]. Les Génois, les Vénitiens et tous ceux qui possèdent des perles, des pierres précieuses et d'autres objets de valeur, tous, ils les emportent au bout du monde pour pouvoir les échanger contre de l'or, l'or est fort excellent : c'est d'or que sont faits les trésors, et avec l'or, celui qui le possède fait tout ce qu'il veut dans ce monde et peut même élever des âmes jusqu'au Paradis. Les seigneurs des terres de la région de Veragua, quand ils meurent, l'or qu'ils portent sur eux est enterré avec eux, m'a-t-on raconté : Salomon a reçu en une seule fois six cent soixante-six quintaux d'or, en sus de ce que les marchands et les marins lui ramenaient et de ce qu'on [lui] payait en Arabie. Avec cet or, il a fabriqué trois cents boucliers et la scène qui devait être érigée au-dessus d'eux, il l'a faite aussi d'or et ornée de pierres précieuses, et il a fait de nombreux autres objets en or, et de nombreux vases, et très grands et très riches en pierres précieuses. Josephus [Flavius Josèphe] dans sa chronique *De Antiquitatibus* nous raconte tout cela. On le trouve aussi dans le *Paralipomenon* et dans le *Livre des Rois*. Josephus prétend que l'on avait trouvé cet or en Aurea : s'il en était ainsi, je prétends que ces mines d'Aurea sont les mêmes que celles de Veragua, qui, comme je l'ai dit plus haut, s'étendent pendant plus de vingt journées vers l'ouest et [Aurea et Veragua] sont à la même distance du Pôle et de l'Équateur. Salomon achetait tout cela, l'or, les pierres précieuses et l'argent, vous, vous pouvez l'envoyer chercher si vous voulez. David dans son testament laissait trois mille quintaux d'or des Indes à Salomon, comme contribution à la construction du Temple, et selon Josephus, c'était l'or de ces terres. Jérusalem et le mont Sion doivent être reconstruits par des mains chrétiennes, les mains de qui, Dieu le dit par la bouche du Prophète dans le quatorzième psaume. L'Abbé Joachim dit que cette personne viendra d'Espagne. Saint Jérôme en indiquait le chemin à la sainte femme. Il y a longtemps, l'Empereur du Cathay a envoyé chercher des sages pour l'instruire dans la loi du Christ. Qui sera-t-il celui qui s'offrira pour une telle tâche ? Si Notre-Seigneur me ramène en Espagne, je m'engage à le conduire là-bas sain et sauf.

Les hommes qui sont venus avec moi ont passé au travers d'incroyables dangers et souffrances. Je supplie Vos Altesses, puisqu'ils sont pauvres, de les faire payer sans tarder, car je me porte garant que, dans mon opinion, ils ramènent à Vos Altesses les meilleures nouvelles qu'on ait jamais annoncées en Espagne. L'or du Quibien de Veragua et des autres [seigneurs] du territoire, bien que selon les renseignements que je possède il y en ait beaucoup, je ne tiens pas pour séant ni du bon service de Vos Altesses de le leur enlever par violence : une conduite disciplinée [nous] épargnera tout scandale et toute mauvaise réputation et [finalement] l'amènera tout au trésor, sans en laisser un seul grain [derrière]. Eussé-je eu un mois de beau temps, j'aurais complété mon voyage ; étant donné l'état des navires, je n'ai pas voulu attendre le beau temps pour partir, et pour tout ce qui est de Son service, je mets mon espoir en Celui qui m'a fait, et je me rétablirai. Je crois que Vos Altesses se rappelleront que je voulais faire construire les navires d'une manière différente : le manque de temps ne l'a pas permis, mais il est certain que j'avais trouvé ce dont il était besoin.

Je suis plus fier [d'avoir découvert] cette affaire et ces mines, avec ce mouillage et cette possession, que de tout ce qui a été fait jusqu'à présent aux Indes. Ce n'est pas là un fils dont il faille confier l'éducation à une nourrice. Espagnola, Paria et les autres terres, je ne me les rappelle pas sans pleurer : je croyais que leur exemple aurait été de quelque usage pour celles-ci ; au contraire, elles sont étendues la face contre terre, bien qu'elles ne meurent pas ; leur maladie est incurable ou très longue ; celui qui les a mises dans cet état, qu'il vienne proposer le remède s'il le peut, ou s'il le connaît ; pour détruire, tout le monde est maître. Les remerciements et l'avancement ont toujours été d'ordinaire accordés à ceux qui ont affronté le danger. Il n'est pas juste que celui qui montrait tant d'hostilité à ce projet puisse à présent en retirer les bénéfices — ni ses fils. Ceux qui sont partis des Indes, fuyant leurs souffrances et disant du mal d'elles et de moi, ont retrouvé leurs postes : ainsi en a-t-on ordonné dernièrement à Veragua ; mauvais exemple et sans profit pour l'affaire et pour la justice du monde : cette crainte, avec d'autres cas, trop nombreux, que j'ai bien vus, m'ont fait supplier Vos Altesses, avant que je vienne découvrir ces îles et ce continent, qu'elles m'autorisent à gouverner en leur nom royal : Elles y ont consenti, cela s'est fait par privilège et contrat et, sous sceau et serment, j'ai été nommé Vice-Roy et Amiral et Gouverneur général de tout ; et Vos Altesses ont tracé la limite, à cent lieues des Açores et des îles du Cap-Vert, une ligne allant de pôle à pôle, et sur ceci et tout ce qui pourrait être découvert au-delà ; et Elles m'ont donné pleins pouvoirs ; l'acte dit tout cela avec plus de détail.

L'autre très fameuse affaire[1] nous appelle de ses bras grands ouverts : elle avait été étrangère jusqu'à présent. J'ai passé sept années dans votre Cour royale : tous ceux qui ont entendu parler de cette entreprise disaient que c'était une plaisanterie : à présent, les tailleurs eux-mêmes s'offrent pour partir découvrir. On croirait qu'ils vont cambrioler et [pourtant] l'autorisation leur est accordée, et tout ce qu'ils font, c'est [de porter] grand dommage à mon honneur et grand préjudice à l'affaire. Il est bon de donner Son dû à Dieu et d'accepter le sien. C'est un proverbe juste. Les terres qui ici obéissent à Vos Altesses sont plus grandes que toutes les autres terres chrétiennes et plus riches. Après que, par la volonté divine, je les eus remises en votre haute et royale puissance et placées sur la voie de produire un très grand revenu, brusquement, alors que j'attendais les navires pour venir en votre haute présence avec la victoire et de grandes nouvelles au sujet de l'or, très confiant et très joyeux, j'ai été arrêté et jeté dans un navire avec mes deux frères, chargé de fers, le corps nu, objet de très mauvais traitements sans avoir jamais été convoqué ni condamné par la loi ; qui croirait qu'un pauvre étranger a pu s'élever à une telle place sans une cause, sans le bras d'un autre Prince, seul au milieu de vos vassaux et de vos sujets, et avec tous mes fils à votre Cour royale ? Je suis venu servir à vingt-huit ans, et à présent il n'est plus un cheveu ni un poil de ma personne qui ne soit blanc, et mon corps est malade, et tout ce que j'ai laissé est dépensé et m'est enlevé et vendu, et mes frères ont été complètement dépouillés de tout, même de leurs vêtements, à leur insu, à mon grand déshonneur. Il faut que je croie que cela n'a pas été fait selon vos ordres royaux.

1. Je crois qu'il fait allusion à la prise de Jérusalem.

Le retour de mon honneur et la [réparation] des dommages que j'ai subis et la punition de l'homme qui me les a causés feront célébrer votre noblesse royale ; et autant pour celui qui a volé mes perles et a ravagé cette amirauté. La plus grande vertu, le renom de l'exemple, voilà ce que vous gagnerez si vous faites cela, et l'Espagne conquerra un souvenir glorieux, car on se souviendra de vous comme de Princes reconnaissants et justes. L'intention, si pure, que j'ai toujours eue au service de Vos Altesses et l'affront qui s'accorde si mal [avec] ne permet pas à l'âme de rester silencieuse, malgré les souhaits que je forme pour qu'il en soit ainsi : je prie Vos Altesses de me pardonner.

Je suis aussi misérable que je l'ai dit : j'ai pleuré pour les autres jusqu'à présent, puisse le ciel avoir merci désormais et la terre pleurer pour moi. Dans les affaires temporelles, je n'ai même pas une dîme pour une aumône ; dans les affaires spirituelles, je me suis comporté ici comme j'ai dit ; isolé dans ce chagrin, malade, attendant la mort chaque jour et assiégé par un million de sauvages et d'ennemis pleins de cruauté, et jusqu'à présent privé des Saints Sacrements et de la Sainte Église, qui oublieront cette âme si le corps reste ici. Puissent ceux qui ont de la charité, de la vérité de la justice pleurer pour moi. Je n'ai pas entrepris ce voyage pour gagner les honneurs et la richesse ; cela est vrai, car tout espoir de cela était déjà mort. Je suis venu à Vos Altesses avec une intention pure et un zèle honnête et je ne mens pas. Je supplie humblement Vos Altesses, s'il plaît à Dieu, de me tirer d'ici, de m'autoriser à aller à Rome et en d'autres lieux de pèlerinage. Desquelles puisse la Sainte Trinité maintenir, conserver et accroître la vie et le haut état !

Aux Indes, en l'île de la Jamaïque, le 7 juillet 1503.

CHAPITRE XXXI

ADIEU À LA TERRE PROMISE

L'angoisse dans laquelle cette lettre était écrite était pleinement justifiée. Colón était à la Jamaïque, bloqué là-bas, vivant dans des navires inutiles et au milieu d'hommes d'une loyauté douteuse, d'Indiens qui commençaient à s'agiter, et sans espoir de retour. Mais alors pourquoi cette lettre ? C'est qu'il avait projeté d'envoyer un messager à Espagnola en pirogue. C'était un plan terriblement hasardeux, mais sa situation était elle-même terrible. Il appela Diego Méndez, qui était venu comme premier notaire de la flotte, « personne très sage, droite et de bon conseil ». Cet homme avait déjà prouvé sa fidélité à Colón et son incroyable bravoure en diverses occasions. Colón l'amena progressivement à l'idée, au moins, de discuter le projet. « Monsieur, répondit Méndez, le danger où nous sommes, je le vois fort bien ; car il est plus grand qu'on ne peut l'imaginer. Mais traverser d'ici à Espagnola dans une embarcation aussi petite qu'une pirogue, je tiens la chose non seulement pour difficile, mais pour impossible ; car on a à traverser un golfe de quarante lieues de mer et au milieu d'îles, où la mer est plus impétueuse et plus agitée, et je ne vois pas qui pourrait s'aventurer dans un danger aussi évident. » Colón, cependant, avait décidé que Diego Méndez devait le faire ; aussi, connaissant son homme, ne dit-il rien. Ce silence significatif piqua au vif l'honneur de Méndez. Mais sa réponse fut aussi avisée et spirituelle que brave : « Monsieur, j'ai bien des fois risqué ma vie pour sauver la vôtre et celle de tous les hommes qui sont ici, et Notre-Seigneur m'a miraculeusement épargné ; et cependant, il n'a pas manqué de bavards pour dire que Votre Seigneurie me confie toujours toutes les entreprises d'honneur qui se présentent, alors qu'il y a dans la compagnie d'autres hommes qui aimeraient bien s'en voir confier ; il me semble donc que Votre Seigneurie devrait tous les convoquer et leur proposer cette affaire pour voir s'il y en a un parmi eux qui souhaite l'entreprendre, ce dont je doute ; et quand ils auront tous reculé, j'exposerai ma vie à la mort pour votre service, comme j'ai fait bien des fois. »

L'Amiral suivit ce conseil, et comme Diego Méndez l'avait prévu, personne ne voulut accepter, tous jugeant la chose impossible. Alors Diego Méndez se déclara prêt à y aller, et là-dessus un autre homme, un Génois du nom de Bartolomé Fieschi, surnommé par les Espagnols et même par Colón *Flisco*, se porta également volontaire. On prépara une pirogue, on cloua quelques planches à l'avant et à l'arrière, pour empêcher l'eau d'embarquer, et on dressa un mât et une voile sur la frêle carcasse ; on entassa de l'eau et des vivres dans les étroites limites de l'espace disponible, et la petite expédition partit pour la partie septentrionale de la Jamaïque attendre un vent favorable. Là-bas, cependant, les Indiens décidèrent de se débarrasser de Méndez et de son compagnon. Les chrétiens s'en aperçurent et jugèrent plus sage de revenir dans la pirogue, sous le couvert de la nuit, chercher une escorte qui leur permît d'attendre tranquillement le vent. Nous pouvons imaginer la déception de Colón et de ses hommes, qui avaient perdu quinze jours de patience dans leur situation désespérée. Mais ils n'étaient pas au bout de leurs peines. Colón envoya l'Adelantado lui-même avec des forces suffisantes et bientôt Méndez et ses compagnons s'élançaient hardiment sur l'océan, emportant des lettres pour le Roi et la Reine et pour le Gouverneur d'Espagnola.

Il est impossible que cela ait été une croisière d'agrément sous le soleil tropical de juillet. Les deux « Espagnols » (comme Las Casas les appelle, sans ignorer que *Flisco* était génois) durent prendre des quarts de nuit, car ils n'étaient pas absolument certains de la loyauté des Indiens (il est extrêmement peu probable que ces derniers eussent été volontaires); et ils prenaient souvent les rames. Ils commencèrent bientôt à souffrir d'une soif qui se transformait en supplice de Tantale au milieu de cette immense étendue d'eau; les Indiens avaient bu leur part dans les deux premiers jours; les deux chrétiens leur donnaient avec parcimonie l'eau de leurs propres barils, et au milieu de toutes ces souffrances physiques, le pire de tout, ils étaient torturés par la crainte de manquer leur première étape, la petite île de Navasa, à huit lieues d'Espagnola, par le plus court chemin. Pas de compas; pas de carte marine; simplement une vague notion de la situation des terres et des côtes dans ces mers nouvelles; une pirogue presque sans quille pour tenir la mer; un mât et une voile improvisés; et l'été des tropiques : cette expédition restera comme l'un des plus grands faits de bravoure de l'histoire maritime. Ils naviguaient depuis trois jours et trois nuits. L'après-midi, ils avaient jeté par-dessus bord l'un des Indiens qui était mort de soif, et quelques autres gisaient inanimés, semblait-il, dans le fond de la pirogue; les plus braves d'entre eux étaient tristes et abattus, s'attendant d'une heure à l'autre à un sort semblable; de temps en temps, ils mouillaient leurs lèvres parcheminées avec de l'eau de mer, espérant un soulagement, mais ils n'y trouvaient qu'une souffrance pire, ils rassemblaient ce qui leur restait de forces cependant et tiraient dur sur les rames dans l'espoir de voir Navasa, qu'ils avaient compté trouver la veille au soir; cependant le soleil se couchait à l'occident, derrière leur dos douloureux, et la mer était vide comme un linceul. Ils se laissaient aller au désespoir quand brusquement la lune s'éleva vers l'est; sa face ronde et lumineuse était en partie cachée par un pic noir : Diego Méndez, qui l'aperçut le premier, comprit qu'ils étaient sauvés.

Ils débarquèrent à Navasa à l'aube après une traversée de quatre jours. Il n'y avait pas un arbre dans toute l'île, qui a deux ou trois milles de long. Mais dans les creux de rocher ils trouvèrent assez d'eau de pluie pour étancher leur soif et remplir leurs barils; quelques-uns des Indiens burent tellement qu'ils en moururent. Ils se reposèrent de l'aube au coucher du soleil, et dès que la nuit fut tombée, ils repartirent. Le lendemain, ils débarquaient à Espagnola, au cap San Miguel, le point le plus occidental de ce qui est maintenant Haïti. Méndez engagea six Indiens frais, et après deux jours de repos, repartit le long de la côte : il fit ainsi, dans sa pirogue primitive, trois cent vingt milles. A Azua, on lui dit qu'Ovando était à Xaraguá, et abandonnant la pirogue, il partit pour Xaraguá, à deux cents milles de là. Il ne dit pas comment, mais à l'époque, il y a dix chances contre une qu'il s'y soit rendu à pied.

Il y avait dans ce dévouement, cette bravoure et cette persévérance de quoi faire fondre un cœur de pierre. Mais Ovando était un curieux homme et Las Casas ne semble pas avoir vu le fond de son caractère. Une crainte permanente le rendait méfiant à l'extrême et un excès de prudence le rendait impitoyable. Il retint Méndez pendant tout l'été et l'automne et ne lui permit d'avancer jusqu'à Santo Domingo qu'au printemps. Ce n'est que vers la fin de mai 1504 que le fidèle Méndez put fréter un navire et l'envoyer à l'Amiral ; cela fait, comme son chef lui en avait donné l'ordre, il s'embarqua pour l'Espagne.

C'était, semble-t-il, une personnalité complexe, remarquable à bien d'autres titres que son audace. Son testament révèle un homme cultivé, particulièrement amateur d'Érasme : il laissait : « l'*Art de bien mourir* d'Érasme, un Sermon du même en castillan, le *De Bello Judaïco* de Flavius Josèphe, la *Philosophie morale* d'Aristote, les volumes connus sous le nom de *Lingua Erasmi*, le *Livre de la Terre sainte*, les *Colloques* d'Érasme, un traité sur les querelles de Paix, un livre de contemplations sur la Passion de Notre Rédempteur, un traité sur la vengeance de la mort d'Agamemnon et d'autres petits traités ».

Ce *De Bello Judaïco*, dans une bibliothèque si restreinte bien que choisie, donnerait à penser que Diego Méndez était aussi un *converso*, hypothèse renforcée par sa préférence pour Érasme, auteur très en faveur auprès des *conversos* de l'époque. Cela expliquerait sa fidélité à l'égard de Colón. Cette fidélité semble avoir été mal récompensée car dans son testament, il se plaint de l'ingratitude de Don Diego Colón. Mais il y a un document dans le dossier du célèbre procès des Colón contre la Couronne qui donnerait à penser que ni Méndez ni Don Diego ne se refusaient à profiter des pouvoirs que la loi leur mettait entre les mains pour gagner de l'argent. Dans une liste d'« Innovations » que l'Amiral Don Diego, fils et héritier de Colón, introduisit à Espagnola, contre les lois du Roi Ferdinand, nous lisons qu'il donna à choisir aux hommes mariés entre retourner en Espagne, ou faire venir leur femme, ce qui paraît assez raisonnable ; mais on nous dit aussi que l'Amiral punissait très sévèrement ceux qui se faisaient prier et qu'il consentait ensuite, moyennant finance, à des rémissions de peine : « C'est ainsi que Diego Méndez, Alguazil, grâce à une lettre d'exemption qu'il obtint dudit Amiral, extorqua deux cents pesos d'or à un certain nombre d'hommes mariés de Cuba. »

Cependant, semaine après semaine et mois après mois, l'expédition de Colón demeurait à la Jamaïque dans une oisiveté forcée. Rien n'est plus dangereux que l'énergie non employée. Ses hommes étaient affaiblis par le manque de nourriture et par la maladie. Mais Colón ne savait que trop bien qu'ils étaient encore beaucoup trop forts pour sa sécurité, et cette pensée le tourmentait sur son lit où il était cloué par une sévère attaque de goutte. Les mécontents trouvèrent bientôt un porte-parole et un chef dans la personne de Francisco de Porras, capitaine de l'un des navires. Le 2 janvier 1504, près de six mois après que Diego Méndez les eut quittés pour aller chercher du secours, Porras monta sur le gaillard d'arrière de son navire et cria insolemment à l'Amiral : « Il nous semble, Monsieur, que vous vous refusez à rentrer en Castille et que vous voulez nous faire rester ici, perdus. » L'Amiral comprit ce qui menaçait, et dissimulant sa honte et son humiliation, il reprit doucement le chef des rebelles, mais Porras lui coupa sans ménagements la parole et déclara que l'heure n'était plus aux discours ; il tourna le dos à l'Amiral et s'écria : « Moi, je rentre en Castille ; que ceux qui veulent me suivent ! »

« Moi aussi ! » « Moi aussi ! » hurlèrent les conspirateurs derrière lui. L'Amiral sortit de sa cabine en chancelant, car il pouvait à peine marcher, et l'Adelantado, obéissant à son tempérament impulsif, saisit une lance ; mais leurs fidèles serviteurs les retinrent, et les rebelles s'emparèrent de dix canots que l'Amiral avait amenés et « prirent la mer avec autant d'allégresse et de joie que s'ils eussent débarqué à Séville ». Leur idée était évidemment d'essayer de faire comme l'héroïque Diego Méndez, mais ils échouèrent à deux reprises dans des conditions désastreuses, sacrifiant à chaque fois de nombreux Indiens, et ils durent finalement revenir dans l'île.

Cependant, l'Amiral resté avec les malades, les blessés, les fidèles et les faibles, s'aperçut que la marée de la bonne volonté indigène, qui leur avait permis à ses hommes et à lui de survivre, refluait peu à peu. Par une administration attentive de ses réserves de verroterie et de scrupuleux échanges pour tout ce qu'ils consommaient, il avait jusqu'à présent réussi à maintenir un rythme régulier aux visites des indigènes, qui leur fournissaient des vivres et les autres nécessités de la vie. Mais soit que la familiarité engendrât le mépris, soit que les rebelles montassent les indigènes contre leur ancien chef, les Indiens commençaient à en prendre à leur aise et leurs services devenaient moins réguliers et moins sûrs. Colón avait toutes les raisons d'être alarmé. Il se sortit de cette passe dangereuse par un stratagème ingénieux qui est devenu célèbre. Il avait à bord un exemplaire du calendrier astronomique de Johannès Müller, connu sous le nom de *Regiomontanus*, et il y lut qu'il devait y avoir une éclipse totale de lune le 29 février (1504, année bissextile). Il convoqua tous les caciques indiens pour ce soir-là afin de leur faire une importante communication et s'adressa à eux du ton grave de l'homme habitué à s'entretenir avec le Seigneur. Scène unique dans les annales du monde. La masse sombre du navire inutile, aussi goutteux et aussi mal en point que son capitaine ; l'eau des tropiques, lourde et chaude, battant à ses flancs ; debout sur le gaillard d'avant, le chef des Visages pâles, grand et blême, l'air triste et grave ; et certains sur le rivage proche dans l'herbe haute, certains sur le navire, les indigènes en groupe de deux et trois, statues vivantes, souples et minces, réfléchissant la faible lumière du crépuscule entre leurs muscles brillants et leur dos nu et bien proportionné. Un Indien du navire, debout à côté de Colón, leur traduisait avec ce qu'il avait pu apprendre de leur langue ce qu'il comprenait des paroles du chrétien. Le chef des Visages pâles leur parla du grand Dieu qu'il servait, leur montrant le ciel où Il était censé habiter. Il les avertit que de grandes calamités surviendraient s'ils ne continuaient pas leur commerce pacifique avec les Espagnols, que ce grand Dieu protégeait, et prédit que, pour leur montrer Son mécontentement, le Seigneur leur enlèverait ce soir même leur lune de leur ciel. L'interprète lève les yeux. Il craint d'avoir mal compris. Enlever la lune du ciel ? Ce doit être une plaisanterie. Il sourit montrant ses dents blanches. Mais Colón est sombre et grave ; il n'a même pas remarqué l'hésitation de l'Indien. L'interprète le regarde, il regarde les indigènes, et enfin, ne voyant pas d'autre solution, il traduit la chose aux Jamaïcains. Ils sont d'abord déconcertés, s'étonnent, sourient, certains d'entre eux ricanent, d'autres se mettent à discuter. L'émotion n'est pas encore calmée que la lune se lève à l'est. Une grande allégresse accueille le globe aimable, car tous, y compris ceux qui avaient ri, craignaient au fond d'eux-mêmes que le chef au visage pâle n'eût raison. Le Visage pâle est solennel et silencieux. Les Espagnols qui l'entourent sont également silencieux ; certains d'entre eux sourient. Brusquement le chef des Visages pâles, qui a devant lui un verre à moitié plein de sable, lève la main vers la lune. Tous les yeux se lèvent. Le globe n'est plus un globe. Il y a une légère indentation sur sa partie inférieure. L'étonnement fait s'écarquiller les yeux des indigènes. Bientôt l'ombre grandit sur la face de la lune, comme si elle disparaissait peu à peu dans une fente du ciel ; l'étonnement devient de la crainte, la crainte de la panique. Au milieu des larmes et des hurlements, les indigènes demandent leur pardon et promettent une loyauté absolue au chef des Visages pâles. Colón se retira « pour parler à Dieu » jusqu'à ce que l'éclipse fût presque terminée, et réapparut dès que se montra à nouveau la face de la lune et que la paix fut revenue dans ce petit coin d'humanité effarée.

Cela calma les Indiens pendant un moment, mais pas les Espagnols. Car mois après mois, les yeux douloureux à force de regarder l'horizon obstiné, ils attendaient en vain la caravelle que Diego Méndez avait ordre d'envoyer. Toutes sortes de bruits couraient : ils avaient été assassinés par les Indiens ; ils avaient chaviré ; ils étaient partis pour toujours sans s'occuper d'eux. Un certain Bernal, apothicaire, machina une deuxième révolte, mais au moment où les rebelles allaient frapper, une petite caravelle apparut à l'horizon. Leurs espoirs montèrent très haut, mais devaient retomber bientôt plus bas que jamais. Ce n'était pas le navire de Méndez, mais seulement un éclaireur envoyé par Ovando pour repérer leur position. Pour être sûr que la caravelle ne se prendrait pas de trop de sympathie pour l'Amiral, Ovando, qui avait une crainte mortelle de l'influence de Colón à Espagnola, en avait confié le commandement à un certain Diego de Escobar, qui avait été du parti de Roldán et qui était en très mauvais termes avec Colón. Escobar interdit tout mélange des équipages, et resta à une distance considérable des navires de l'Amiral. Tout ce qu'il apportait comme vivres, après une année entière de famine, c'était un baril de vin et un jambon. Mais il apportait quelque chose qui valait bien des barils de vin et bien des jambons : l'assurance que Méndez était arrivé et que, par conséquent, la délivrance était proche.

L'Amiral donna à Escobar une lettre pour Ovando. C'était une lettre fort civile, presque humble. Aucun reproche, aucune plainte. Des remerciements, des assurances de constance et de fidélité ; une demande de secours. De nouveau, la petite caravelle s'évanouit à l'horizon. De nouveau seuls. De nouveau ces longues, longues journées d'attente, avec des aubes d'espoirs, des couchers de soleil de découragement et des nuits de désespoir. L'Amiral avait envoyé un message aux rebelles de Porras, espérant les ramener par la persuasion. Il aurait bien voulu ne pas avoir à se plaindre d'un autre Roldán à son retour en Espagne. Mais Porras et ses compagnons restèrent inébranlables et quand on leur annonça la venue de la caravelle, ils répondirent qu'un navire si curieux, brusquement surgi, brusquement reparti, que personne n'avait approché, à bord duquel personne n'était monté, était certainement dû à quelque pratique de nécromancie, dont ils tenaient l'Amiral pour un adepte. (Indication supplémentaire, notons-le, qu'on le considérait partout comme juif.) Absolument pas intimidés par ces pouvoirs de l'autre monde, les rebelles déclenchèrent une offensive ; l'Adelantado se mit alors en campagne ; ses hommes étaient moins nombreux et moins entraînés ; en outre, c'était « des gens de palais, plus délicats », comme dit Las Casas, signalant ainsi à nouveau le caractère populaire des révoltes que Colón s'arrangeait toujours pour provoquer, et les attaches avec la Cour de ceux qui lui restaient fidèles. L'Adelantado fut néanmoins vainqueur ; car leur première attaque ayant échoué, Porras et ses compagnons « tournèrent le dos, car c'était des hommes bas et des traîtres ». Porras fut fait prisonnier. Cette victoire finale de Don Bartolomé eut lieu le dimanche 20 mars 1504, près d'un an après le départ de Diego Méndez pour Espagnola. Le lendemain, les vaincus envoyèrent une supplique à Colón, faisant serment de fidélité et demandant s'ils trahissaient qu'on les laisse mourir sans confession, qu'on les ensevelisse en terre non consacrée comme des hérétiques et que l'absolution leur soit refusée par le Saint-Père, les cardinaux, les archevêques, les évêques et les prêtres. L'Amiral fut magnanime, mais il laissa Porras aux fers. Pour les autres, il les laissa errer dans l'île, afin d'éviter les contacts avec le carré des fidèles.

Puis les navires arrivèrent : il y en avait deux. Ils avaient été confiés à Diego de Salcedo, celui-là précisément à qui Colón avait donné le monopole du savon dans ses possessions. Salcedo dit à Colón qu'il avait fallu pour décider Ovando à envoyer les navires de secours que les langues se mettent à s'agiter à la colonie et que les prêcheurs attaquent sa négligence dans leurs sermons. Mais tout est bien qui finit bien, et le séjour à la

Jamaïque, désastreux à bien des égards, se termine le 28 juin 1504, date à laquelle l'Amiral et ses gens s'embarquèrent pour Espagnola. La traversée que Méndez avait faite en quatre jours prit trois semaines à Colón, mais il n'alla pas à Navasa : il s'arrêta dans l'île Beata, non loin de Yáquimo, et là, le 3 août, il écrivit à Ovando une lettre plus que courtoise, flatteuse, obséquieuse même, dans laquelle il déclare ne pas comprendre pourquoi on le soupçonne, ni de quoi. Des vents contraires le retinrent jusqu'au 13, date à laquelle il arriva enfin à Santo Domingo, la ville que son frère avait fondée.

Le Gouverneur le reçut avec de grandes marques d'honneur et de respect, et l'invita chez lui. Mais l'Amiral a des commentaires assez amers sur ce que cachait cette attitude. Porras fut libéré, les événements de la Jamaïque enlevés à sa juridiction. Le fier Amiral des Indes en conçut du ressentiment, y voyant une atteinte à ses privilèges. Mais dans tous les domaines, le sournois Gouverneur fit ainsi litière de ses intérêts et de ses prérogatives, sur les terres mêmes qu'il avait découvertes. Désespéré et humilié par cette situation, l'Amiral s'embarqua pour l'Espagne le 12 septembre 1504, huit ans moins un mois après le jour où il avait posé les yeux sur le Nouveau Monde.

Il ne devait jamais le revoir.

CHAPITRE XXXII

MORT ET TRANSFIGURATION

Le 7 novembre, Colón aborda à Sanlucar de Barrameda, à l'embouchure du Guadalquivir. Il ne devait jamais reprendre la mer, sauf quand la fièvre et le délire lui feraient rêver qu'il était encore sur le gaillard d'avant, luttant contre la nature et les hommes, le corps secoué par le vent et la houle, l'âme par l'espoir et la crainte. Il pouvait à peine bouger; perclus de goutte, il fut transporté à Séville, où il attendit que cette caravelle battue par les vents qu'était son corps ait été radoubée pour se lancer sur les dangereuses mers de la Cour espagnole. Son état de santé lui interdisait de partir pour le nord, pour les froids plateaux de la Castille : on était au cœur de l'hiver, et comme il l'écrivit curieusement à son fils Diego, « le froid est si hostile à cette mienne maladie que je crains de rester en route ».

Il ne perdait pourtant pas l'espoir, et plus d'une fois il annonce son départ immédiat. « Mon départ aura lieu bientôt », écrit-il le 21 novembre. Cependant il reste à Séville, avec l'Adelantado, lequel avait lui-même mal aux gencives et aux dents. Au cours de ce repos forcé, incapable d'écrire, sinon de nuit, il ressasse ses griefs, les injustices qu'il a subies, ses privilèges violés, son revenu tronqué ou même supprimé. Il écrit au Père Gorricio : « Je ne peux plus dire combien est grand le désir que j'ai de vous voir et de vous faire part de quelque chose qui n'est pas pour la plume »; il écrit à son fils lettre sur lettre, envoyant des conseils, de l'argent, des indications sur la manière de défendre ses droits : « Je jure — mais gardez cela pour vous — que la perte que j'ai subie sur les droits à moi accordés par Leurs Altesses [sur les revenus indiens] se monte à près de dix millions par an, et qu'on ne pourra jamais les remplacer. Voyez combien Leurs Altesses doivent avoir perdu, et elles ne s'en soucient pas. »

Son activité n'a de cesse, et il se consacre tout entier à une tâche : retrouver ses biens — moraux et matériels. Il fit quelques progrès au début, car le 21 novembre il écrit à son fils Diego : « J'ai été heureux d'apprendre [les nouvelles que m'apporte] votre lettre et ce que notre Seigneur le Roi a dit et vous lui embrasserez la main pour cela. » Mais le 1er décembre, sa lettre contient une phrase qui exprime sans doute une profonde inquiétude : « Puisse la Sainte Trinité donner la santé à notre Dame la Reine, pour que ce qui a été fait soit établi définitivement. » Curieuse déclaration, par laquelle Colón, avec cette insouciance qui de temps en temps traverse l'armure de sa prudence, trahit l'égoïsme inconscient qu'il cache sous son amour pour la Reine Isabelle. Au moment où il écrivait ces mots, la Reine était morte. En juin 1504, l'annonce de la rupture entre Philippe le Beau et Doña Juana de Castille, et les premiers symptômes de dérangement mental qui s'ensuivirent chez la jeune princesse étaient tombés comme la foudre sur la Cour espagnole. Ferdinand et Isabelle, profondément atteints, tombèrent malades, mais alors que Ferdinand recouvra la santé, Isabelle, déjà si fortement éprouvée, ne pût s'en remettre. Son état ne fit qu'empirer et le mercredi 26 novembre 1504, elle mourait à Médina del Campo.

On a déjà mentionné ses dernières volontés au sujet des Indiens. Il y a dans son testament deux autres points dignes d'intérêt : l'un parce qu'il montre le singulier mélange de grâce et de gravité qui était en elle, l'autre parce qu'il éclaire son attitude à l'égard de la question juive. « Je prie le Roi mon Seigneur qu'il veuille bien faire usage de mes bijoux et de mes biens, ou de ceux qu'il aime le mieux, de manière que les ayant sous les yeux, il garde un souvenir plus continu de l'amour remarquable que j'ai toujours eu pour Sa Seigneurie ; et de manière aussi qu'il se rappelle toujours qu'il doit mourir et que je l'attends dans l'autre vie ; et qu'avec cette pensée il vive plus saintement et plus justement. »

L'autre article se rapporte à Andrès Cabrera, premier marquis de Moya. Dans son testament, la Reine avait annulé de nombreuses faveurs et de nombreux privilèges qu'elle avait accordés durant sa vie, soit qu'elle n'eût pu faire autrement, soit qu'elle eût cédé aux instances des solliciteurs ; elle ne fait qu'une seule exception : après avoir loué les services de Cabrera et de sa femme, elle prie ses successeurs de respecter et d'accroître leurs privilèges. Cela se passait en 1504 ; depuis plus de quatorze ans, l'Inquisition, au plus fort de sa sévérité, purgeait l'Espagne des *conversos* douteux, mais la Reine restait fidèle à son ami *converso*. Pour elle, il n'y avait pas de barrière raciale. Un juif converti était son frère en christianisme.

Telle semble avoir été aussi l'opinion du Roi. Colón avait d'abord entretenu l'espoir que la Reine, avant sa mort, le rétablirait dans ses pouvoirs. « Ici, écrit-il à son fils le 13 décembre, le bruit court que la Reine, qui est avec Dieu, a ordonné dans son testament qu'on me rende la possession des Indes » ; expression dans laquelle se révèle encore le profond sentiment de propriété qui le *possédait* inconsciemment : « Qu'on me rende la possession des Indes. » Rien de moins. Une semaine plus tard à peine, il réclame des lettres quotidiennes pour nourrir son impatience insatiable, et ajoute : « Il faut savoir si la Reine, qui est avec Dieu, a parlé de moi dans son testament. » Mais ses espoirs furent déçus et Colón en fut réduit à essayer de gagner la sympathie de Ferdinand. Le conseil qu'il donne alors, à maintes reprises, à son fils Diego est de rechercher l'aide de Deza et de Cabrera, de s'en remettre à eux, et de toujours les consulter : Deza, Évêque de Palencia jusqu'en janvier 1505, Archevêque de Séville ensuite, et Inquisiteur général d'Espagne après la mort de Torquemada, était juif ; Cabrera premier Chambellan du Roi, était aussi juif. « Vous devez informer l'Évêque de Palencia de tout ceci, avec toute la confiance que j'ai mise en lui et aussi dans le Chambellan » ; « et il faut presser l'Évêque de Palencia, qui fut cause que le Roi et la Reine eurent les Indes et que je restai en Castille, car je m'apprêtais à partir pour l'étranger; et aussi le Chambellan ». « Avec un courrier qui doit arriver ici demain, j'écris longuement et je vous ai envoyé une lettre pour le Chambellan. » Ces deux hommes l'ont toujours soutenu à partir de son arrivée en Castille : pendant la période de lutte, avant la victoire, le temps de sa chute, et pendant les dernières années de son combat terrestre. Ce n'était pas pour rien qu'irrité contre Ximeno, il s'était écrié que les *conversos* étaient « une lignée d'hommes qui s'entraident à la vie à la mort ». Sa correspondance révèle à nouveau ce sens profondément juif de la coopération dans les limites du cercle de famille le plus étroit. « Prenez grand soin de votre frère, écrit-il à son fils Diego, il a un bon naturel et il sort déjà de la jeunesse. Dix frères ne seraient pas de trop. Je n'ai jamais trouvé de meilleurs amis, de droite et de gauche, que mes frères. »

Nous commençons dans ces recommandations à entendre la voix de l'homme pour qui la mort est proche; mais il continue le combat, inlassable, furieux de voir ses droits molestés. Il est inquiet au sujet des trois évêques qui doivent être nommés aux Indes; il veut être consulté et entendu sur ce point. Il s'intéresse encore passionnément à tout ce qui concerne l'administration et l'économie de ses îles de la Mer Océane. Sur ce point, du reste, il ne faisait preuve ni de cupidité, ni de prétentions exorbitantes. N'était-il pas malgré tout le véritable créateur de cet empire ? Et pourtant, il était là à Séville, malade et seul, vivant d'emprunts, ayant dépensé tout ce qu'il avait trouvé à Santo Domingo pour ramener en Espagne les équipages et les soldats partis avec lui pour son quatrième voyage. Son mémoire du 3 décembre est plein de suggestions sur ce qui devrait être fait pour sauver les Indes et l'or qu'on y stocke sans prendre les mesures nécessaires contre le vol et les fuites. Il se lamente sur sa perte et écrit à son fils d'être très exigeant, « puisque Son Altesse dit dans sa lettre qu'elle me donnera tout ce qui m'appartient »; aussi réclame-t-il son tiers, son huitième et son dixième; « car, ajoute-t-il confidentiellement, il sera toujours temps d'en rabattre et d'accepter ce que la personne [le Roi] est disposée à donner ».

Mais le temps passait et il n'avait toujours pas bougé de Séville. Son transport était une question délicate. Il avait pensé à se faire véhiculer comme un infirme, quand il avait imaginé qu'il pourrait aller dans le nord malgré l'hiver. Le chapitre de la cathédrale de Séville lui avait accordé l'usage d'une magnifique litière qui avait été construite deux ans plus tôt pour transporter le cadavre du Grand Cardinal d'Espagne de Tendilla à Séville. Il ne fut cependant pas nécessaire de faire appel à ce solennel et quelque peu rébarbatif véhicule. Le 21 décembre, Colón écrivit à son fils Diego : « Si sans importuner personne il était possible d'obtenir licence de monter une mule, je m'efforcerais de partir peu après le début de janvier. » On trouve dans Bernáldez la clef de ces lignes : « Au cours de l'année 1494, le Roi et la Reine, ayant vu que dans tous leurs royaumes de Castille et de León, ils avaient de la peine à rassembler dix ou douze mille cavaliers pour la guerre contre les Maures, alors qu'il y avait plus de cent mille personnes qui montaient des mules, promulguèrent une loi avec des peines très sévères interdisant à quiconque, chevaliers, ducs, comtes ou tout autre dignitaire, écuyers ou paysans, de monter une mule avec mors et selle sous peine de voir tuer la mule, sauf pour le clergé dans les ordres et les femmes [...] Et le Roi lui-même donnait l'exemple en ne montant jamais une mule, mais toujours un cheval. » Colón était la victime de cet ordre royal, chaleureusement approuvé par Bernáldez qui avait le souci du bien public, — et qui l'avait d'autant plus qu'étant clerc dans les saints ordres, il pouvait monter une mule quand le cœur lui en disait. Le pauvre infirme revient sur ce sujet dans sa lettre du 29 décembre et va même plus loin : « L'autorisation de la mule, si on pouvait l'obtenir sans trop de peine, serait bien accueillie — et une bonne mule aussi. » Don Diego s'occupa de ceci comme de tout le reste, et s'en occupa fort bien, puisque, malgré la lenteur proverbiale de l'administration, il obtint le 23 février 1505 une autorisation royale pour raison de mauvaise santé et de vieillesse *(ancianidad)*. Néanmoins, Colón ne quitta pas Séville avant mai, probablement parce qu'il craignait le froid. Il n'était pas seulement malade de la goutte ; il était malade d'humiliation et de déception, ainsi qu'il devait l'écrire au Roi : « Je crois que c'est surtout l'inquiétude sur les délais imposés à cette mienne affaire qui me tient infirme. » Le fait est que, en dépit de ses affirmations contraires, si sincères qu'elles fussent, il avait toujours été incapable de se détacher de la roue du désir sur laquelle il était supplicié. Ses affirmations, qui ont l'air de renonciations au désir, doivent plutôt être considérées comme des révélations de l'ambition demeurée insatisfaite dans son cœur tourmenté. « Le Seigneur sait, écrivit-il au cours de son troisième voyage, que je ne supporte pas ces malheurs pour amasser et découvrir des trésors pour moi, car à coup sûr, je sais que tout ce qu'on fait dans cette vie est vain, sauf ce qui est l'honneur et le service de Dieu, où l'on ne s'occupe pas de rassembler de richesses ni de *soberbias* ni de ces autres choses dont nous faisons usage dans ce monde et sur lesquelles nous sommes beaucoup plus portés que sur les choses qui peuvent nous sauver. »

Ce mot *soberbia* sous sa plume ! Et le mot *richesses* ! Il dénonce lui-même dans ce paragraphe les deux pôles de son ambition, dans ce style visuel, illogique qui est le sien, et qui lui fait dire *amasser* avant *découvrir*, exactement comme il avait écrit *rassembler* avant *pêcher* en parlant des perles, parce que sa nature passionnée allait droit à l'objet de son désir et voyait le fruit avant l'arbre.

Non, dans son être intime il n'était pas détaché. Son expérience lui avait fait accepter intellectuellement la fatale renonciation. Il était sincère au moment où, dans sa lettre de la Jamaïque, il écrivait au Roi et à la Reine : « Je n'ai pas entrepris ce voyage pour gagner de l'honneur et de la richesse ; et c'est vrai, car tout espoir de cela est déjà mort » ; mais il ne pouvait être que sincère car il ne le savait pas lui-même. Deux ans plus tard, en mai 1505, il envoyait au Roi Ferdinand, qui se trouvait alors à Ségovie, note sur note réclamant totale restauration de ce qu'avec un étrange mélange de son goût des *richesses* et de *soberbia*, il appelle « le capital de mon honneur », c'est-à-dire « le gouvernement et la possession des Indes ».

Le Roi le reçut bien et l'écouta avec sympathie. Il proposa raisonnablement de charger quelqu'un de s'occuper des affaires de l'Amiral afin de les expédier promptement. Et l'Amiral, après la réponse de politesse habituelle : « Que ce soit donc celui qu'ordonnera Votre Altesse », ajouta aussitôt : « Qui ferait mieux l'affaire que l'Archevêque de Séville, puisque, avec le Chambellan, c'est lui qui a été cause que Votre Altesse possède les Indes ? » Sans perdre une minute, Colón avait fait charger son ami *converso* du règlement de ses affaires.

Le Roi, qu'une tradition invétérée, fondée sur Las Casas et sur Fernando Colón, représente à tort comme hostile à l'Amiral, satisfit sur-le-champ à sa requête et l'affaire fut transmise à Deza ; celui-ci décida qu'en ce qui concernait les domaines et les revenus de Colón, il fallait consulter les avocats, mais que pour la question du gouvernement, c'était inutile. Cette réponse fait honneur au bon sens de l'Archevêque. Colón, poussé par sa *soberbia* qui le faisait se considérer l'égal du Roi, voulut que le problème de ses privilèges dans son ensemble fût traité comme un conflit légal ; le Roi et les hommes raisonnables qui l'entouraient consentaient à soumettre tous les litiges matériels à des avocats ou à des arbitres, mais n'admettaient pas que des questions publiques comme le gouvernement des Indes pussent être le sujet d'un conflit, légal ou autre, entre le Roi et l'un de ses sujets. C'est pour cela que Colón est si furieux de l'attitude du Roi Ferdinand. Lui, entre tous les hommes ! Le seul homme au monde qu'il eût si profondément désirer humilier ! Il tomba malade de contrariété et de passion rentrée, et de son lit, il écrivit ces mots révélateurs à l'Archevêque de Séville : « Et puisqu'il semble que Son Altesse n'est pas disposée à faire ce qu'elle a promis sur son honneur et sa signature, en même temps que la Reine (puisse-t-elle être dans sa sainte gloire !), je crois que lutter contre elle, pour moi, qui suis un laboureur, serait comme fouetter les vents, et qu'il sera mieux, puisque j'ai fait tout ce que j'ai pu, que je laisse faire Dieu notre Seigneur, Lui que j'ai toujours trouvé très favorable à mes besoins et prêt à m'aider. »

Colón n'était pas sur ce point un bon interprète des intentions du Seigneur, car s'il est une chose où Il ne se distingue absolument pas de Ses créatures, c'est qu'Il met Ses intérêts au-dessus de tout; et Colón n'était pas totalement ignorant de ce fait, car de temps en temps, il était pris d'inquiétudes. « Je dis encore, sous serment, écrivit-il en cours de son troisième voyage, que j'ai mis plus de diligence à servir Votre Altesse qu'à gagner le Paradis. » Et revenant aux Indiens et au traitement dont ils étaient l'objet depuis que leur était prêché le christianisme, il s'efforçait bien évidemment de se sortir de la position difficile dans laquelle il s'était mis de par son impatience à faire « payer » les Indes : « Il dit, rapporte Las Casas, que les Indiens de l'île d'Espagnola sont sa richesse (...) et il dit plus : que bien qu'il en ait envoyé beaucoup en Castille, et qu'il les ait fait vendre, ç'avait toujours été avec l'intention de les faire revenir pour instruire les autres, après avoir été formés à notre sainte foi et à nos manières, nos arts et nos métiers »; déclaration en contradiction absolue avec ses lettres et sa pratique de l'esclavage.

Sa mauvaise conscience ajoutait à la lourde charge qu'il portait alors. Le clan des Colón, conduit par le vieil et opiniâtre Amiral et représenté à la Cour par le jeune Don Diego, luttait pas à pas pour obtenir leur réinstallation comme chefs *de facto* des Indes. Le Roi Ferdinand, naturellement, était décidé à ne rien accorder de la sorte. Le nombre de commentaires sots, sentimentaux, qu'a provoqués cette attitude du Roi Ferdinand, depuis Las Casas jusqu'aux auteurs modernes, est incroyable. Pourtant les faits sont clairs, bien qu'ils n'apparaissent simples qu'après une étude attentive des documents. Colón possédait un contrat et une lettre de privilèges. Le contrat était le document connu sous le nom de Capitulations de Santa Fé. Il lui accordait le titre et les prérogatives d'Amiral de la Mer Océane, des Iles et du Continent pour lui-même et ses successeurs, et les titres de Vice-Roy et de Gouverneur général *des terres découvertes lors de son premier voyage seulement, et seulement à vie*. Ce contrat était soumis aux lois de la Castille, et par conséquent le Roi et la Reine se réservaient le droit de priver Colón de tout ou partie de ses fonctions si l'intérêt de l'État l'exigeait. La lettre de privilèges était signée du 30 avril ; elle rendait les titres de Vice-Roy et de Gouverneur général héréditaires. En outre, le 23 mai 1493, dans l'allégresse de la découverte, Colón avait obtenu du Roi et de la Reine que la région à laquelle s'appliqueraient les trois titres serait la même que celle accordée à la Castille par le Pape Alexandre VI.

Telle était donc la situation. Colón était Amiral, Vice-Roy et Gouverneur général des Indes par contrat ; ses héritiers seraient Amiraux par contrats ; mais ils ne pouvaient être Vice-Roys et Gouverneurs généraux que par privilège. La répugnance que mettait la couronne à créer un fief aussi énorme, à une si grande distance, en faveur d'une famille d'origine étrangère, était tout à fait naturelle — à ce point même que si le Roi Ferdinand avait tout bonnement accédé au désir de Colón, il aurait mérité d'être accusé d'incapacité. Avec un sens contractuel typiquement juif, et notons-le, une absence de finesse politique vraiment peu italienne, Colón et ses héritiers insistaient pour obtenir le respect de la parole donnée. Ferdinand interpréta d'une manière scrupuleuse et même généreuse ses obligations royales à l'égard de Colón toutes les fois qu'elles n'entraient pas en conflit avec ses devoirs supérieurs à l'égard de l'État. Il fit sonder Colón au sujet d'une éventuelle renonciation spontanée de celui-ci à ses privilèges en échange d'un fief en Espagne — *Carrión de los Condes* ; mais Colón resta inébranlable et fut même furieux. Il voulait à tout prix son fief indien. L'attitude de Ferdinand était cependant claire. Dans les treize jours qui suivirent la mort de Colón, il signa une lettre à Ovando lui donnant l'ordre de remettre tout l'or et les autres biens de Don Cristóbal à « Don Diego, son fils et héritier à l'Amirauté », et dans cette lettre elle-même, le Roi donne à Don Diego le titre d'*Amiral des Indes* ; cela montre que le Roi ne retirait pas les *droits* qu'il avait accordés, mais seulement les *privilèges* qu'il jugeait dangereux de maintenir.

L'orgueil et l'intransigeance des Colón se révélèrent par leur insolence à l'égard du Roi après la mort du vieil

Amiral. C'est ainsi que Don Diego, qui n'avait pas la prudence de son père, écrit — ce qui n'est pas sans jeter quelque lumière sur l'intransigeance de Colón lui-même : « Je suis décidé, écrit Don Diego à l'un des agents du Duc d'Albe, à n'accepter aucun compromis en ce qui concerne mon honneur, et à ne pas le vendre, et je ne peux du reste pas le faire, ni ne veux encourir la malédiction de mon père, et Son Altesse ne peut pas non plus faire autrement que m'accorder ce qui est mon droit (...) Je ne considérerai aucun compromis, et il est inutile d'en proposer, car je me moque de ce que son Altesse me promet et qu'elle ne peut me donner ; d'ici dix ans, je prends Dieu à témoin que j'en aurai acheté autant en Castille grâce à mon revenu [des Indes], et qui sera beaucoup plus sûr que ce que Son Altesse promet. (...) Je prie Sa Seigneurie [le Duc d'Albe] d'écrire à Son Altesse avec beaucoup d'insistance, en la priant de me faire justice selon mes privilèges et ma confirmation, signés de son nom royal, et que cela soit fait bientôt, sans autant de délai que dans le passé, et sans me parler de compromis, qui ne me disent rien (...) Qu'il écrive aussi à Don Fernando [le frère du Duc], mon Seigneur, de hâter mon affaire (...) et de ne pas écouter Son Altesse quand Elle lui parle de compromis. »

Dans ces conditions, cela en dit long sur la magnanimité de Ferdinand qu'il se soit contenté de répondre aux exigences de cet insolent jeune homme : « Comprenez, Amiral, s'il ne s'agissait que de vous, je vous ferais volontiers confiance, mais il m'est impossible d'avoir confiance en vos fils et successeurs. »

Le temps devait prouver que le Roi avait raison au sujet du successeur de Don Diego, qui fut absolument incapable de gouverner non seulement les Indes, mais aussi sa misérable personne. Le Roi a donc agi dans toute cette affaire d'une manière très sage et très équilibrée : les intérêts de la couronne étaient plus importants à ses yeux que son désir sincère d'être généreux à l'égard des Colón ; mais dans les limites que lui imposait sa responsabilité royale, Ferdinand est toujours resté courtois, aimable et même libéral à l'égard de l'homme qui avait découvert les Indes. Il y a également beaucoup à dire en faveur de cet homme. Cloué au lit à Ségovie ou à Salamanque, plus tard à Valladolid, il voyait les rêves de grandeur auxquels sa découverte avait donné une glorieuse réalité s'effondrer peu à peu sous l'impulsion de forces qu'on ne peut s'attendre à le voir juger avec un détachement d'historien. C'était une âme ardente, pas une intelligence froide. Il souffrait et imaginait et souffrait encore. Il ne pensait pas. Et nous pouvons être persuadés que Don Diego disait à la lettre la vérité quand il écrivait que tout compromis de sa part lui aurait attiré de l'au-delà la malédiction de son inflexible père. L'homme qui avait quitté Grenade pour l'exil et la pauvreté plutôt que d'en rabattre d'un iota sur ses exigences exorbitantes à un moment où les Indes n'étaient qu'un rêve fort moqué devait nécessairement être intraitable sur la mort des mêmes privilèges à présent que les Indes étaient une réalité convoitée.

*
**

Au début de l'année 1506 (le 8 janvier), Juana (Jeanne), à présent Reine de Castille et de León et son mari Philippe, qui a rang de Philippe 1er dans la chronologie royale espagnole, s'embarquèrent dans les Flandres pour rejoindre leurs royaumes. Assaillis par une tempête, au cours de laquelle ils perdirent un navire « dans lequel venaient certains pages et beaucoup de linge et de bijoux », ils allèrent se réfugier à Weymouth. Le Roi Henry VII les reçut royalement, et « la Reine Juana trouva grand réconfort auprès de la Princesse d'Angleterre, Doña Catalina, sa sœur ». Ils restèrent plusieurs semaines en Angleterre et débarquèrent finalement à la Corogne le 28 avril 1506. Colón, bien que cloué au lit, ne tarda pas à présenter ses respects... et ses revendications et ses espoirs aux nouveaux souverains de Castille dans une lettre qui devait être la dernière qu'il écrirait. Elle constitue comme la plupart de ses lettres, un document très révélateur, car jamais homme réservé ne se livra plus complètement dans ce qu'il écrivait :

« J'ai confiance que Vos Altesses croiront que jamais je n'ai tant désiré être riche que depuis que j'ai appris que Vos Altesses venaient ici par mer, afin de venir les servir et de leur montrer l'expérience et la connaissance de la navigation que je possède. C'est le Seigneur qui a voulu qu'il en soit ainsi ; je prie donc humblement Vos Altesses de me compter au nombre de leurs loyaux vassaux et serviteurs et d'être certaines que, bien que cette maladie me maltraite présentement sans pitié, je serai encore capable de leur rendre des services dont on n'a jamais vu l'égal. Cette période contraire et d'autres angoisses où j'ai été contre tant de raison, m'ont conduit à une grande extrémité ; c'est pour cela que j'ai été dans l'impossibilité de venir au-devant de Vos Altesses, ni mon fils non plus. Très humblement je prie Vos Altesses de recevoir [l'assurance de] mes bonnes intentions et de ma bonne volonté, comme venant d'un homme qui espère être rétabli dans son honneur et son état, comme les documents que je possède promettent de le faire. Puisse la Sainte Trinité protéger et accroître le très haut et royal État de Vos Altesses. »

L'Adelantado porta cette lettre au jeune Roi et à la jeune Reine. Ils étaient une autre Espagne, une Espagne transitoire et malheureuse, un bref épisode entre l'époque créatrice de Ferdinand et Isabelle et l'ère impériale de Charles-Quint. Philippe allait mourir d'ici peu de mois, et sa mort allait définitivement détruire le précaire équilibre mental de son ardente et jalouse épouse. Colón ne pouvait guère espérer d'intérêt de cette Cour, à la tête de laquelle le jeune Philippe se posait en pétulant rival du Roi Ferdinand.

La maladie de l'Amiral ne faisait que s'aggraver. Le 19 mai 1506, il dicta son testament devant le notaire (*escribano*) Pedro de Hinojedo, et Bartolomé Flisco ou Fieschi. Ce testament confirme sur tous les points les traits de caractère qui nous sont maintenant familiers. Colón commence par confirmer son testament de 1502 et l'acte par lequel il constituait un majorat ; il désigne à nouveau comme son héritier son fils Don Diego, et lui enjoint de ne pas réduire, mais au contraire d'accroître le majorat, et avec ce majorat et sa personne, de servir le

Roi et la Reine et la religion chrétienne ; il rappelle son droit au tiers, au huitième et au dixième, parce que quand il était venu servir le Roi et la Reine il leur avait donné les Indes, comme une chose qui était sienne ; ensuite, supposant sur ces bases que ses héritiers auront un revenu régulier, il se met en devoir de le répartir. Obsédé par l'idée de la continuité, il enjoint à Don Fernando de soumettre lui aussi ses biens au régime du majorat ; puis s'intéressant au passé, il ordonne à Don Diego d'entretenir une chapelle où trois chapelains diront trois messes par jour — une en l'honneur de la Sainte Trinité, une en l'honneur de la Conception de Notre Dame, et une pour l'âme de son père, celle de sa mère et celle de sa femme. Il ordonne à son fils Diego « de veiller au bien-être de Béatriz Enriquez, la mère de Don Fernando, et de veiller à ce qu'elle ait les moyens de vivre comme il convient à une personne qui occupe une si grande place dans ma conscience. Et que cela soit fait comme un soulagement pour ma conscience, car c'est un bien grand poids sur mon âme. La raison de cela, il ne m'est pas permis de l'écrire ici ».

Le *mayorazgo* ou majorat de 1498, bien qu'apocryphe, doit s'appuyer sur le document de 1502, lequel a disparu — précisément pour qu'on puisse mettre à sa place le document apocryphe — et par conséquent, les articles qui ne sont pas controversés, en particulier ceux qui n'ont aucune valeur financière, sont probablement authentiques. Tel est le cas de l'article concernant sa signature, et qui est l'un des traits les plus singuliers du document : « Don Diego, mon fils, ou celui quel qu'il soit qui héritera de ce majorat, après en avoir hérité et en avoir obtenu la possession, signera de la signature que j'utilise à présent, qui consiste en un X, avec un S au-dessus, et un M avec un A romain au-dessus, et au-dessus encore, un S, et ensuite, un Y avec un S au-dessus, avec leurs traits et leurs virgules comme je fais à présent et comme on le verra d'après mes signatures et par celle ci-dessous. Et il ne signera rien que *L'Amiral*, quand bien même le Roi lui donnerait, ou il mériterait, d'autres titres. »

Cette signature a été l'un des terrains de chasse favoris

des amateurs de devinettes, et les solutions proposées vont de l'excessivement ingénieux au presque imbécile. Aucune n'est satisfaisante, et toutes négligent une chose qui, bien que d'apparence futile, est en réalité de la plus haute importance : *Colón écrit toujours ses trois S entre des points*. Il ne pointe jamais les autres lettres de sa signature. Il n'y a pas le moindre doute que la lettre S a pour lui un sens spécial. Nous trouvons de mystérieux S solitaires dans les marges des livres qu'il lisait, et en particulier — ce qui vaut la peine d'être noté dans la perspective de ce qu'on a dit sur son origine juive-catalane — dans les marges des chapitres de d'Ailly relatifs à la Judée et à Majorque.

Ce qu'il faut également remarquer dans cette signature, c'est son caractère strictement géométrique. La volonté de Colón n'a pas été mieux respectée sur ce point que sur d'autres, comme celui de son nom ; c'est ainsi que dans une publication aussi savante que les *Raccolta Colombiana*, cet arrangement précisé par Colón dans son testament et auquel il s'est toujours strictement tenu n'est pas observé par la typographie. On imprime en effet :

. S .
. S . A . S .
X M Y

au lieu de :

. S .
. S . A . S .
X   M   Y

avec les lettres X S, M A S et Y S en strict alignement vertical. La première chose qui frappe l'œil dans cette signature est son caractère triangulaire. Cela fait inévitablement penser à la Cabbale. C'est donc Colón lui-même qui, en s'en tenant rigoureusement à une pratique des plus inhabituelles, conduit l'observateur le moins prévenu à la principale science occulte des juifs. Cela seul suffirait à ajouter une nouvelle indication à celles,

507

abondantes, que nous possédons déjà sur l'origine juive de Colón ; mais il se trouve encore qu'une interprétation cabbalistique de l'arrangement triangulaire, et particulièrement des S « pointés », fait apparaître dans cette signature l'écu de David, double triangle ou hexagramme.

Ainsi le vieux marin revenait-il à sa foi originelle au moment où il sentait la mort approcher. Tout était prêt pour son départ. Ses rêves réalisés, et leur vanité révélée. Ses efforts tenus en échec et brisés comme des lames par le mur inébranlable de l'État royal espagnol. La libération de Jérusalem, qui appelait toujours de ses bras grands ouverts, attendrait encore et encore qu'un autre s'y consacre. Que pouvait faire un vieil Amiral qui aurait voulu lever dix mille cavaliers et cent mille fantassins pour libérer la Ville sainte, quand l'or qu'il aurait consacré à un si noble usage était gaspillé à enrichir des « civils » qui n'avaient pas le moindre sens du bel effort et de l'entreprise chevaleresque ?

Le 20 mai 1506, jour de l'Ascension, Cristóbal Colón partit de Valladolid pour son dernier voyage, celui dont on ne revient pas.

*
**

C'était à présent l'heure de la vérité. A présent, il allait voir le Seigneur et Lui raconter comment le monde lui avait fait endurer injustice sur injustice ; à présent, il allait enfin révéler que le Roi lui avait dénié ses droits et privilèges ; à présent...

Il y avait devant lui un gigantesque Colón fait de rayons de lumière transparente. Il était vêtu d'habits magnifiques de Grand Amiral de la Mer Océane et portait des éperons d'or qui brillaient comme des diamants. Des rangs et des rangs de perles ornaient son manteau couleur de mer et il avait une épée d'éclair. Colón s'abîmait dans la contemplation de cette vision quand, tout à coup, elle se transforma en un Frère de saint François, barbu, pieux et affligé, mais aussi transparent, lumineux et resplendissant que l'Amiral des Indes qui s'était évanoui ; et à peine s'était-il reconnu dans cette silhouette qu'un troisième Colón de lumière se dressait devant ses yeux étonnés, appuyé pesamment sur une table d'éther enflammé, les yeux enfoncés, des larmes de perles de Veragua en coulaient, des fers de feu étaient rivés autour de ses chevilles lumineuses... Et puis, de nouveau le glorieux Amiral, et le Frère franciscain, et le prisonnier, tous trois se succédant de plus en plus vite jusqu'à ce que finalement les trois visions se fondent devant ses yeux, toutes trois parfaitement distinctes, claires, transparentes, et pourtant fondues, non plus trois, mais une. « Au nom de la Sainte Trinité », pensa Colón, par habitude. Alors les visions parlèrent :

Laisse les morts enterrer les morts et laisse la terre être terrestre. Pourquoi s'affliger ? Tu as fait de ton mieux. On ne te demandait pas de faire plus. Un homme peut-il s'élever au-dessus de sa couronne, un arbre attraper des oiseaux qui sont au-dessus de sa tête ? Tu as cru que tu avais de l'importance, et c'est pour cela que tu as connu une si grande souffrance lorsque les jours passaient et que tu n'étais pas au milieu des puissants. Mais tu n'avais pas d'importance. Ce qui en avait, c'était le Grand Dessein, l'union du Continent et du Continent, la découverte de la terre par la terre, de l'homme par l'homme. Le temps était venu où il fallait que l'humanité, qui depuis des siècles vivait les mains jointes dans un geste d'imploration tendu vers le ciel, en forme des vitraux de ses cathédrales, abaisse ses bras, dénoue ses mains et les lance dans des activités terrestres, tumultueuses et créatrices. L'adoration de l'inconnaissable devait laisser la place à la découverte du connaissable ; les fils des hommes allaient enfin entrer dans la pleine possession de leur planète. Il fallait qu'une ère commence où l'homme fouillerait la surface de la planète, puis sonderait ses profondeurs, puis les profondeurs de l'espace infini et de cet autre infini qui est dans le microcosme. Il fallait que l'homme découvre l'homme, pour mieux se connaître ; que les Cannibales créent Caliban dans le génie de Shakespeare ; que le Nouveau Monde fasse surgir le *Novum Organum* dans le génie de Bacon ; que les Arcadiens nus de Guanahani excitent l'imagination de Rousseau et lui fassent chanter les mérites de l'homme naturel et préparer la Révolution française, les droits de l'homme et l'évangile de Karl Marx. Le temps était venu où il fallait qu'un monde meure et qu'un autre naisse. Le Nouveau Monde qu'il fallait découvrir n'était pas seulement le continent américain, mais le monde que la découverte du continent américain devait faire surgir dans l'esprit des hommes. Il fallait quelqu'un pour ouvrir la voie, pour montrer le chemin. Et le premier acte ne pouvait être qu'un acte de foi, la découverte d'un continent par un homme qui n'avait pas la moindre raison de croire en l'existence de ce continent. Ce monde perdu, il fallait qu'il soit trouvé, et il fallait quelqu'un pour le trouver ; mais cela devait nécessairement être le plus grand jour de l'histoire de l'humanité, et si cette tâche avait été confiée à un homme qui savait ce qu'il faisait, cet homme aurait été un danger pour les hommes. Il fallait qu'elle revienne à un homme dont la vision volait au-dessus des eaux de la réalité comme ces oiseaux que tu as entendus passer au-dessus de tes voiles fatiguées la nuit qui précéda la découverte ; et il fallait que cet homme ait une illusion si proche de la réalité qu'il puisse naviguer vers son rêve aussi sûrement que s'il avait été là-bas auparavant et qu'il l'avait enfermé dans sa poitrine. Qu'importe qu'il soit parti pour une mauvaise raison, puisqu'il est parti pour le bon endroit ? L'humanité peut savoir où elle va même quand ses chefs l'ignorent. Tu n'avais aucune importance. Entre l'Europe et l'Amérique, tu n'étais qu'un pont de chair meurtrie. Tu n'as pas découvert l'Amérique, qui est ce que l'humanité fut après ; tu as découvert les Indes, qui n'existaient que dans ton imagination ; et parce que tu as voulu t'assurer de force cette joie, l'esprit t'a refusé l'accès à la connaissance de ce que tu faisais — et le continent ne porte pas ton nom.

La vision s'évanouit.

Colón mourut une seconde fois. Et vit à jamais.

NOTES

Page 27 : *Quant à sa personne et à son physique...*

Il n'existe pas de portraits de Colón dont on puisse affirmer qu'ils reproduisent les traits de l'original tels qu'ils ont été observés par un artiste. John Boyd Thacher (dans son *Christopher Columbus : His Life, His Works, His Remains*, New York, 1903), consacre une étude exhaustive à ceux qui prétendent représenter l'Amiral et les *Raccolta di Documenti* publiés à Rome en 1892 par le ministère de l'Éducation publique ne négligent pas non plus cette question. Le plus ancien portrait, dont on peut raisonnablement supposer que l'auteur a directement observé Colón, donne à celui-ci des caractéristiques généralement associées avec le type juif, notamment les cheveux, le nez, la lèvre inférieure et l'allure générale du visage.

Colón est généralement représenté imberbe. C'est une tradition bien ancrée qui peut être basée sur des on-dit appuyés sur des faits. Mais il est certain qu'à une époque de sa vie, il s'est laissé pousser la barbe. Nous avons là-dessus le témoignage d'Oviedo.

Page 42 : *...originaire de Gênes.*

Colón n'a jamais dit qu'il venait de Gênes. On ne peut accepter comme authentique l'acte de majorat de 1497-1498. C'est évidemment un document fabriqué soit dans l'intérêt de l'école génoise, soit dans celui des plaideurs du procès auquel les querelles entre les héritiers de Colón ont donné lieu au XVIe siècle. Ce n'est pas ici le lieu de s'étendre sur les arguments qui peuvent être invoqués contre cet acte célèbre; il suffit de dire qu'il surgit dans les circonstances et les conditions les plus suspectes au cours d'un procès. Mais c'est un fait curieux que ce document est considéré comme authentique par l'école génoise et comme un faux par ceux qui ne croient pas que Colón était né à Gênes, évidemment sous l'impression qu'il établit la vérité de la thèse génoise. Pourtant si Colón a parlé de Gênes en 1498, comment se fait-il qu'un homme qui avait un sens de la famille si fort qu'il apparaît dans l'histoire entouré de deux frères, de deux fils et de deux neveux, ne parle pas de son père, qui était encore vivant et qui avait besoin d'aide ? Et pourquoi demande-t-il avec insistance que ses héritiers soient « de los de Colón » et non des *Colombo* ? Et pourquoi veut-il que la succession entretienne « à Gênes une personne de notre lignée qui garde là-bas une maison et une femme (...) et prenne là-bas pied et racine », alors qu'y vivaient ses cousins Colombo, dont il ne parle pas, car il n'a jamais parlé d'aucun de ses parents restés dans sa ville natale ?

Si l'on prouvait que ce document est authentique, on prouverait que Colón était génois, mais on prouverait en même temps qu'il n'appartenait pas à la famille des tisserands, à moins de le prendre comme une tentative délibérée de la part de Colón de rompre totalement avec sa famille génoise tout en affirmant ses liens avec Gênes. Ainsi interprété, le document aurait un sens, mais il ne parlerait guère en faveur de la finesse et de l'intelligence de Colón.

Mais il y a d'autres difficultés. Il n'existe aucune référence dans les papiers de Colón ni dans ceux de ses deux fils à ce majorat de 1497-1498, alors que dans une lettre au Père Gorricio, son ami et son conseiller de confiance, lettre datée du 24 mai 1501, c'est-à-dire d'un moment où Colón songeait à écrire le testament de 1502 (qui est perdu), il demande à son ami une copie certifiée d'une « provision qui se trouve là-bas [au monastère de Las Cuevas] et qui m'autorise à établir un majorat (« una probisio q ala esta por q pueda yo hazer mayorazgo »), phrase que Colón aurait certainement rédigée autrement s'il avait déjà établi un majorat et par conséquent déjà utilisé cette « provision » qu'il déterre évidemment pour la première fois en 1501.

Néanmoins, il est impossible que l'Acte de Majorat soit une complète invention. Il doit avoir été fabriqué sur la base du testament de 1502, qui a disparu sans laisser de traces. Et la plupart des clauses exécutoires sont probablement, mais probablement seulement, exactes.

Pour plus amples détails sur ce document, voir Altolaguirre, *La Real Confirmacion del Mayorarzgo fundado por Don Cristóbal Colón*, Madrid, 1926[1]

---

1. De Angel de Altolaguirre y Duvale sur Colón, voir également : *¿Colón Español?*, Madrid, 1923, et *Cristóbal Colón y Pablo del Pozzo Toscanelli*, Madrid, 1903.

Un faux bien connu, qui ne peut avoir d'autre objet que de « renforcer » la thèse génoise, c'est le célèbre Codicille militaire dans lequel Colón décrit la République génoise comme sa patrie la plus aimée. Il faut donc remarquer que des deux seuls documents où Colón parle de lui comme d'un citoyen de Gênes, l'un est un faux bien établi et l'autre ne peut, à tout le moins, inspirer confiance.

Il y a un autre papier de Colón qu'on peut interpréter comme une déclaration d'allégeance à Gênes, c'est sa lettre à la Banque de San Giorgio, qui commence par : « Bien que le corps soit ici, le cœur est continuellement là-bas. » Pourtant, il faut signaler :

1° que c'est tout ce qu'il dit de Gênes, écrivant à la Banque de San Giorgio, qui était à bien des égards à la République ce que la Banque de France est à la France, une institution dont la dignité officielle ne le cédait qu'à celle du gouvernement ;

2° qu'il écrit ces mots en espagnol, comme le reste de la lettre.

En outre, l'authenticité de la lettre est mise en doute, notamment par Luis de Ulloa (*Christophe Colomb Catalan*, Paris, 1927), lequel malheureusement ne fournit pas de preuves. On peut entretenir des doutes sur les points suivants :

a) L'expression « la escuridad del gobierno » semble un anachronisme.

b) Il n'existe pas de trace du legs à la Banque du dixième du total du revenu devant être retiré d'Amérique, que la lettre mentionne, bien que Giustiniani, dans ses *Castigatissimi Annali* (Gênes, 1537), dise : « Et Colôbo nelle morte sua fece come bon patriota, p. que lasso per testameto all'ufficio di S. Georgio la decima parte delle sua entrate in perpetuo, ben que l'ufficio predetto (nô so p. qual cagione) no si ha fatto côto di questo legato ne ha datto opera habberlo. »

c) La lettre dit (2 avril 1502) :

« Y porque yo soy mortal, yo deso a Don Diego mi fijo que de la renta toda que se oviere que os acuda ali con el diezmo de toda ella cada un año para siempre... »

Pourtant, quelques jours plus tôt (fin mars 1502), Colón écrivait à son fils :

« Io te mando y encarguo que tu lo debas tomar mucho a devocion de dar el decimo de todos los dineros que tuvieres que sean de rentas, que sean de qualquiera otra guisa el diezmo de ella, luego, sin dilacion de ora, dadlo por servicio de Nuestro Señor a pobres necesitados, y parientes antes que a otros : e si no estuvieron adó estuvieres, apartalos para se los enviar. »

Est-il vraisemblable :

1° que Colón prenne deux décisions aussi différentes sur l'emploi du dixième de son revenu, en quelques jours et alors qu'il s'agit dans les deux cas de Don Diego ?

2° qu'il ne mentionne pas la plus importante des deux dans son mémorandum à son fils ?

L'argument donné dans les *Raccolta* (Ire partie, vol. II, p. LXXVII), selon lequel le mémorandum de Don Diego n'était pas le lieu où il convenait de traiter cette affaire, qui eut plus tard un caractère testamentaire, se retourne contre les *Raccolta*, car pratiquement tous les articles de ce mémorandum sont de caractère testamentaire : ainsi le paragraphe sur Beatriz Enriquez.

On trouvera le texte de la lettre dans les *Raccolta, loc. cit.*, p. 171 ; le mémorandum à Don Diego à la page précédente.

Page 64 : *...la main secourable de la Providence.*

Il y a deux autres arguments : le premier est que, comme l'ont prouvé les savants italiens, on ne trouve pas le nom de Colón sur les listes des équipages génois ; le second est fort justement invoqué par Ulloa *(loc. cit.)*, qui retourne contre Vignaud[1] un argument témérairement avancé par Vignaud lui-même : Colón légua certaines sommes d'argent à des gentilshommes génois : il se trouve en effet qu'ils étaient parties intéressées dans l'expédition qui connut un sort malheureux au large du cap Saint-Vincent en 1476. Vignaud s'efforce de démontrer par là que Colón était du côté génois. Ulloa fait remarquer que les legs ont été laissés par Colón avec mention explicite de les payer « sans qu'on sache qui donne l'argent » (« Hasele de dar en tal forma que no se sepa quien lo manda dar »), ce qui prouve que c'est là l'argent du remords, très évidemment versé par le corsaire génois aux armateurs génois dont il a attaqué les navires.

Page 70 : *...leur pays d'origine.*

L'idée que Colón était juif a déjà été soulevée plusieurs fois. Don Vicente Paredes, historien espagnol, a soutenu que c'était un juif de l'Estramadure, de la célèbre famille *converso* de Santa Maria. Garcia de la Riega en a fait un juif galicien. Ils ont simplement oublié que Colón était né à Gênes.

Sur ce point, je dois des suggestions et des conseils au

---

1. De Henry Vignaud, sur Christophe Colomb, voir : *Toscanelli and Colombus*, Londres, 1902 ; *Histoire critique de la grande entreprise de Christophe Colomb*, Paris, H. Welter, 1911 ; *Études critiques sur la vie de Christophe Colomb*, Paris, 1905.

Président Morgenstern et au Professeur Marcus, de l'Hebrew Union College de Cincinnati, Ohio ; à M. Léon Huhner, de New York ; au D**r** Cecil Roth, de Londres ; et au Professeur W.J. Martin, de Liverpool. Le D**r** Roth a été assez bon pour me communiquer la liste suivante de juifs italiens portant le nom de Colón, de Colombo ou de Jonas (forme hébraïque de Colombo) :

Colón.	Joseph ben Samuel.
	Josué, Turin, XVII**e**-XVIII**e** siècle.
	Elie, Bologne, XVI**e** siècle.
	Shemariah Jedidish, Fossano, XVII**e** siècle (selon un manuscrit personnel du D**r** Roth).
Jonà.	Josué Hayim, Casale, XVII**e** siècle.
	Michel Salomon, Pontestura (Turin), 1770.
	Salomon, Ivrea (Modène), XIX**e** siècle.
	Salomon ben Joseph, 1631.
	Salvador (c'est-à-dire Josué), Pinorelo, XVIII**e** siècle.
	Siméon, Casale, 1670.
Colombo.	Nom du dernier Rabbin cabaliste de Leghorn. Mort vers 1621.

Page 71 : *...Colombo-Colomo-Colom-Colón.*

Pour cette évolution voir en particulier les premiers chapitres d'Ulloa, *El Predescubrimiento Hispano-Catalan de America en 1473*, Paris, 1928. Se méfier du préjugé catalan d'Ulloa, qui l'induit constamment en erreur. Il imagine par exemple qu'il y a eu un complot de la part du Roi Ferdinand, en qui il voit un démon anti-catalan, pour *castillaniser Colom en Colón* : il oublie simplement l'importance que le découvreur, lui-même attachait au sens de « Colón », ce qui nous est affirmé à la fois par Don Fernando et par Las Casas. Mais quand ce préjugé ne joue pas, les investigations d'Ulloa sont précieuses, et son point de vue sur les origines catalanes de Colón est incontestablement très important.

Page 75 : *...d'un Colón juif.*

Don Ramon Menéndez Pidal m'a aimablement envoyé son manuscrit d'une note qu'il a préparée à ma requête sur cette question de la langue de Colón. Mais je regrette de ne pouvoir accepter les conclusions générales que l'éminent philologue tire de son étude particulière. Les remarques qu'il présente contre l'hypothèse juive me paraissent manquer de force :

1° Las Casas signale à plusieurs reprises que Colón parlait mal la langue de la Castille. La réponse est double :

a) Las Casas dit la même chose de Miguel Ballester : « Esta es su carta, y bien parece que era Catalan, porque hablaba imperfectamente... » Vol. 63, p. 334.

b) On admet généralement que Colón employait un espagnol maladroit, plein d'influences catalanes, portugaises et italiennes. Mais l'hypothèse juive devient d'autant plus inévitable que son castillan est plus imparfait ; car comment expliquerions-nous qu'on puisse utiliser une langue mal connue comme SEUL mode d'expression écrite, même pour son usage personnel et intime ? Les imperfections de son castillan étaient celles d'un fond linguistique qui avait dégénéré en exil ; non pas celles d'une langue récemment apprise.

2º Le castillan de Colón ne ressemble pas aux quelques exemples de castillan juif que nous connaissons. Il n'existe pas d'étalon du castillan juif ; c'est trop évident pour qu'il faille y insister.

3º Les « faits » génois « officiels » habituels, que Don Ramon Menéndez Pidal présente comme absolument certains sans s'aventurer à les critiquer, mais qui sont inacceptables, savoir par exemple qu'il s'est battu du côté génois au cap Saint-Vincent, « fait » basé sur un argument qui est une pétition de principe, et que Colón a *résidé* à Gênes-Savone jusqu'en août 1475, ce qui n'est pas vrai, comme les documents génois eux-mêmes le prouvent quand on les étudie soigneusement (voir notre chapitre III).

Page 80 : ...*dans sa langue par plusieurs auteurs.*

Voir la discussion sur le blason du point de vue de l'ascendance catalane de Colón dans Ulloa (*loc. cit.*, p. 44 *sqq.*). Je dois une note sur cette étude à M. van de Putt, le spécialiste de l'héraldisme catalan. Il ne prend pas position quant aux thèses d'Ulloa, mais il est pour les origines catalanes de Colón.

Par ailleurs, selon ces spécialistes catalans, le cimier des armes de Colón est décrit comme un monde de gueules croisé d'une croix d'or, surmonté d'une croix de gueules ou d'un champ d'or. Telles sont, prétendent-ils, les armes d'une famille catalane de Monros dont on a découvert la parenté avec une des familles Colom, et dont les armes correspondent au cimier adopté par Colón pour son écusson ; en outre, ce qui est plus frappant, le nom Monros, composé de deux mots catalans, *Mon Ros*, signifie Monde Rouge. Or, Las Casas et Don Fernando nous disent que dans leur jeunesse Bartolomé et Cristóbal signaient Colombus de Terra Rubra, c'est-à-dire Colom de la Terre Rouge, ou Colom-Monros. Peu importe qu'une étude plus approfondie établisse que les Colón étaient ou n'étaient pas effectivement apparentés aux Colom-Monros ;

il reste qu'ils ont élevé une vague et discrète prétention à être apparentés à ceux-ci en leur empruntant leur cimier et en signant Terra Rubra. Le Terrarossa des génoïstes me semble avoir été fabriqué pour les besoins de la cause, pour prouver une thèse déjà prouvée.

Page 116 : *...les livres qu'il a laissés.*

Sur les livres de Colón, voir le *Libros y autografos de D. Cristóbal Colón*, de Don Simon de la Rosa, Séville, 1891 ; ou bien les *Raccolta*. Ceux qui nous sont parvenus sont :

Historia rerum ubique gestarum, d'Enea Silvio Piccololomini (Pape Pie II) Venise, 1477.

Ymago Mundi, du Cardinal Petrus de Alliaco ou Pierre d'Ailly : probablement imprimé à Louvain entre 1480 et 1483.

De consuetidinibus et conditionibus orientalum regionum, de Marco Polo : probablement imprimé à Anvers en 1485.

Historia Naturalis, de Pline l'Ancien, Venise, 1489.

Vidas de los Ilustres Varones de Plutarque, traduit en castillan par Alonso de Palencia, Séville, 1497.

Almanach Perpetuum d'Abraham Zacuto : imprimé à Leirea en 1496.

Concordiae Biblia Cardinalis S. P., manuscrit du XVe.

Il est trois autres livres, croit-on, qui lui ont appartenu :

Sumula Confessionis, de Saint Antoine de Florence, Venise, 1486.

Philosophia Naturalis, d'Albert le Grand, Venise, 1496.

Les Tragédies de Sénèque, palimpseste du XVe.

Il est certain que Colón a connu et utilisé le *Catholicon* de Jean de Gênes et les *Étymologies* de Saint Isidore de Séville. C'est dans le premier qu'il a trouvé cette étrange étymologie de Germanie, qu'il note en passant dans la marge du d'Ailly : « Germania, quasi gerens immania. »

Une étude comparative détaillée des notes marginales écrites par Colón dans son *Historia* du Pape Pie II et dans son *Ymago Mundi*, faite par Buron dans son introduction au d'Ailly (Pierre d'Ailly, *Ymago Mundi*, édité par Edmond Buron, Maisonneuve frères, Paris, 1930, pp. 23 *sqq.*) prouve d'une manière définitive que Colón a lu son d'Ailly déjà imprimé en 1481. De plus, comme nous sommes certains que le livre de d'Ailly était bien connu en manuscrit au Portugal avant d'y paraître imprimé, l'influence de d'Ailly sur les projets de Colón est évidente et bien établie.

Page 127 : *...celles de Toscanelli.*

Le point de vue de Vignaud sur Toscanelli et Colomb me semble erroné. La lettre et la carte ont bel et bien existé. Cela découle inévitablement de la discussion d'Altolaguirre et puisque la lettre et la carte ont existé et que le plan de Toscanelli était pratiquement identique à celui de Colón, il s'ensuit qu'elles étaient connues de Colón. De plus, comment ne les aurait-il pas connues, alors qu'il vivait dans un milieu de cosmographes et de marins et qu'il était passionné par le problème qu'elles traitaient?

Page 150 : ...*avec la postérité*.

Mon interprétation de l'épisode Toscanelli est maintenant claire. Curieusement, Vignaud, qui accuse Colón de toutes sortes de mensonges dont il est innocent, refuse de voir que l'auteur de la contrefaçon de la lettre de Toscanelli est Colón lui-même. A mon sens, cela résulte inévitablement de la comparaison des textes italien et latin connus par Fernando Colón et Las Casas avec le texte latin découvert par M. Harrisse sur la page blanche de l'*Histoire* de Pie II. Altolaguirre avait déjà observé que les données qui pourraient être les plus utiles à un navigateur avaient été omises et le chiffre crucial de la distance de part et d'autre de l'eau déplacé avec une intention évidemment délibérée. Cette analyse d'Altolaguirre devrait suffire à établir que l'auteur du faux est Colón lui-même.

Il y a d'autres indications, notamment le mot *populatissima*, italianisme que Vignaud reproche au texte espagnol et qui revient fréquemment dans l'espagnol de Colón.

Finalement, la version que j'ai donnée fournit une explication d'un fait encore inexpliqué. Pourquoi Colón s'est-il enfui du Portugal? Le fait est certain (cf. Vignaud, *Histoire critique...*, vol. I, p. 399), mais personne n'en a fourni une explication plausible. Un homme qui a volé un document important doit s'enfuir. La politique du secret pour tout ce qui touchait à la découverte était déjà bien établie du temps du Roi Jean. Il était impossible à Colón de quitter le Portugal en laissant derrière lui le document ; il lui était impossible de le montrer sans avouer par là même qu'il était un voleur. Il fabriqua la correspondance avec Toscanelli (qui était mort et qui ne pourrait par conséquent la renier) et si une telle invention était sans grand intérêt à Lisbonne, elle pouvait être fort utile à Séville, où il était en mesure de fournir des explications plausibles pour éviter qu'on en parle aux Portugais.

Page 205 : ...*se donne généreusement*.

Cette hypothèse explique tous les faits résumés dans le texte. Le point 3 a été traité dans le texte. Le point 4 découle du 3. Point 5 : vers 1523, une parenté juive-*converso* était positivement dangereuse. Diego était obligé d'être discret. Argument encore plus fort : Diego s'était allié par son mariage à la très haute maison d'Alba. Il valait mieux ne pas rappeler de telles choses.

Point 6 : Fernando, qui était le plus snob d'entre les snobs, a pu garder le silence sur sa mère pour ces deux raisons, illégitimité et sang *converso*.

Point 7 : Colón l'aimait parce que, bien qu'elle se fût donnée en dehors du mariage, elle était pure. Il s'est permis de confier des postes importants aux parents de Beatriz parce qu'il était encore possible de le faire sans danger et parce qu'il lui fallait à tout prix être entouré d'hommes *sûrs*, c'est-à-dire pour lui, d'hommes de sa famille.

Page 220 : *...si Colón n'en avait pas fait un secret ?*

On a proposé deux autres explications :

1º Colón a révélé à Fraï Juan Pérez qu'il a déjà été aux Indes. C'est la théorie d'Ulloa (*loc. cit.*, ch. III). Elle est soutenue, il faut le reconnaître, par une impressionnante richesse d'observations, dont chacune cependant peut être résolue sans avoir recours à cette quelque peu fantaisiste identification de Colón avec Johannes Skolvus, le Danois, ou le Polonais, qui *pré-découvrit* l'Amérique. Cf. la note de la page 236.

2º Il a révélé à Juan Pérez qu'un pilote inconnu lui a parlé de sa découverte de l'Amérique, puis est mort chez lui. Cette fable a été mise en circulation par de nombreux chroniqueurs, parmi lesquels Las Casas. Vignaud est fasciné par elle. Voir Vignaud, *Hist. crit.*, vol. I, p. 513. Elle est à mon avis insoutenable.

L'interprétation que je propose du succès de Fraï Juan Pérez découle de l'ensemble des événements qui se passaient alors en Castille. Elle est singulièrement renforcée par le fait qu'elle fournit une explication qui cadre avec une autre série d'événements jusqu'à présent laissés de côté : la correspondance Toscanelli. Nous savons que la lettre de Toscanelli au chanoine de Lisbonne a été recopiée par Colón sur une page blanche d'un de ses livres personnels, et nous savons également que deux lettres qu'on prétend de la main de Toscanelli et adressées à lui ont été publiées par ses biographes personnels et prouvées apocryphes par les recherches modernes. Mais nous ne savons pas pourquoi ce faux a été commis. S'il faut l'attribuer à Fernando Colón, l'explication serait que, trouvant la copie de la lettre authentique dans le livre de son père et sachant l'importance qu'elle avait eue pour la carrière de celui-ci, il aurait voulu légitimer l'acquisition de cet important document. Personnellement, je préfère l'explication que j'ai donnée dans la note de la page 150.

Page 236 : *...et déçu par ce qu'il voyait.*

Il y a d'autres arguments contre l'hypothèse de la prédécouverte : ainsi l'impossibilité nautique de la traversée suggérée par Ulloa, comme on le verra en comparant ce qu'il imagine avec la carte des routes maritimes et des courants donnée par Nunn (George E. Nunn, *Geographical Conceptions of Columbus*, New York, 1924).

Page 441 : *...ces caractères inconnus...*

La première fois que j'eus connaissance du problème de l'origine juive de Colón, ce fut à New York en 1935, quand M. Maurice David demanda à me voir pour m'en parler. Il m'expliqua les raisons pour lesquelles il croyait que Colón était un juif espagnol. Malgré mon manque d'information sur ce sujet, je pus tout de suite me rendre compte que certains des arguments de M. David étaient fondés soit sur de fausses interprétations, soit sur une connaissance insuffisante de la langue ou de l'histoire espagnoles. Mais je fus profondément frappé par un argument, qui, à mon avis, possédait une incontestable valeur humaine. M. Maurice David m'expliqua qu'il était le fils et le petit-fils de rabbins, et m'affirma que lorsqu'il avait vu le monogramme qui se trouve dans le coin supérieur gauche de toutes les lettres adressées par Colón à son fils Diego sauf une, il y avait reconnu celui que son père et son grand-père inscrivaient toujours au même endroit sur toutes leurs lettres ; c'était une vieille salutation hébraïque, une bénédiction fréquemment employée par les juifs religieux, la combinaison des deux lettres *beth* et *hai* signifiant Boruch Hashem.

M. David reprend cet argument dans son livre (Maurice David, *Who was Columbus?*, The New York Research Company, 1933, p. 66), sans parler malheureusement de son expérience personnelle. Il montre qu'aucune des lettres adressées à d'autres personnes ne porte ce signe, alors qu'on le trouve sur toutes, sauf une qui — son contexte l'implique — risquait d'être montrée au Roi et à la Reine. On peut lui opposer un certain nombre d'arguments :

1° Bien qu'il dise : « N'importe quel graphologue le confirmera », la majorité des graphologues hébraïques que j'ai consultés ne sont pas de son avis et la minorité sont simplement évasifs.

2° Le signe est peut-être un signe de bibliothèque, car toutes les lettres qui en sont marquées viennent de la bibliothèque de Veragua, et la seule lettre qui ne l'ait pas vient de celle d'Alba.

3° Les lettres à son fils, comme toutes les autres, sont surmontées d'une +, ce qui serait illogique dans l'hypothèse de M. David.

D'autre part :

1° Il y a la reconnaissance spontanée du signe par M. David comme d'un monogramme familier employé par ses ancêtres rabbins.

2° M. J. Leveen, du British Museum, me signale un signe Hai-Beth qui « tend » certainement à ressembler au signe des lettres de Colón (Oriental 9165, fol. 36 a).

3° Il est vrai qu'avec une particulière diablerie, le sort a distribué les lettres de Colón à Diego de telle manière que la seule qui puisse s'interpréter comme destinée à être montrée se trouve dans la bibliothèque d'Alba, alors que les secrètes sont dans la bibliothèque de Veragua, mais l'explication « bibliothèque » est inacceptable parce que :

a) Le signe ne se retrouve pas sur toutes les lettres, nombreuses, de la main de Colón que possède la bibliothèque de Veragua, mais seulement sur celles écrites à son fils.

b) Il y a au moins une lettre où la plume qui a tracé le signe s'est mise à écrire le premier mot sans quitter le papier (29 décembre 1504, *Raccolta*, table XXXV).

c) L'épaisseur et la couleur du signe ne sont pas constantes, elles varient avec celles des lettres elles-mêmes.

4° Il se peut que l'emploi de ce signe fût une vieille habitude de famille qui avait perdu son sens religieux et qui était employé par Colón comme simple équivalent de « confidentiel et secret ». Ainsi le seul document où on le trouve et qui ne soit pas une lettre, est un mémorandum adressé « para ty muy caro fijo » (voir John Boyd Thacher, *loc. cit.*, vol. III, p. 330).

J'ai l'impression que la valeur de ce signe a été sous-estimée, mais comme je n'ai pas la compétence nécessaire pour discuter la question, je n'en ai pas fait état dans le texte.

Page 450 : *...du peuple de Pharaon.*

On trouvera cette *copla* dans la *Revue hispanique*, vol. 5, p. 258.

Mes remarques sur le mot « nation » me sont soufflées par un séphardi de Londres, M.J.N. Nabarro, dont les commentaires sont les suivants : « Je ne fais pas profession d'être un spécialiste de l'Espagne, mais d'après les quelques lectures que j'ai pu faire, la phrase entière me semble refléter un préjugé anti-juif. Si Colomb était coupable, il y avait une bonne raison de l'empêcher « de revenir dans ces îles ». Mais cette interdiction ne s'applique pas seulement à lui, elle s'applique aussi à « tous les membres de sa nation », ce qui est la méthode habituelle de l'antisémite. Le frère n'aurait jamais écrit ces lignes si Colomb avait été un Vieux Chrétien né à Gênes. Dans nos archives publiques, il y a le testament d'un juif séphardi fait dans ce pays en 1675. Il laissait un legs de 1 000 livres sterlings à investir au bénéfice d'une jeune orpheline *de sa nation* qui vivait ici même à Londres. Le tribunal décida qu'« une jeune orpheline de sa "nation" voulait dire une jeune orpheline juive et jusqu'à nos jours cette dot a été annuellement payée. Le juif séphardi, un certain Rodriguez Marquez, était un marrano naturalisé anglais, et cependant le tribunal n'a pas interprété les mots "de sa nation" au sens d'anglais ou d'espagnol, mais au sens de juif. »

Page 506 : *Aucune n'est satisfaisante...*

C'est ainsi que Maurice David, dans son *Who was Columbus?* explique cette signature comme un Kaddisch utilisé par Colón pour soulager sa conscience juive. Je crois qu'il se trompe, comme on peut facilement le montrer, car son interprétation implique l'intégration de la dernière ligne de la signature « X. p. o.Ferens » dans le Kaddisch, pour lui faire dire :

« Shaddai, Shaddai, Adonoy, Shaddai Yehdra, molai, chesed, Nanthai o'vou pesha, chatuo. »

Mais, pour Colón, la signature comportait une partie immuable

et obligatoire, et une variable :
$$\begin{array}{c} .S. \\ .S.A.S. \\ X\ M\ Y \end{array}$$ était fixe, mais

en dessous de cette partie qui était toujours la même, ses signatures variaient et il écrivait parfois, en capitales, un X. p. o. Ferens, ou bien il traçait un tempétueux et grandiloquent *El Almirante*, tout croisé et recroisé de lignes, de vagues et de vents. Il faut donc rejeter cette explication. Le Professeur Moïse Bensabat Amzalak dans *Una Interpretacao da Assinatura de Cristovam Colombo*, Lisbonne, 1937, par une sorte de traduction des lettres employées par Colón dans leur quivalent hébreu le plus proche, interprète la signature *Dieu des Armées* et *Dieu saint et un*. Cela n'est pas impossible. Mais il n'est pas certain que Colón connaissait l'hébreu, bien qu'il y ait une ressemblance obsédante entre le caractère hébreu *din* et la forme particulière de l'Y de Colón qui y correspondrait.

Selon le Professeur J.R. Marcus, Professeur d'histoire juive à l'Hebrew Union College of Cincinnati, dans l'Ohio, la transcription en caractères latins du kaddisch donnerait :

Shadai

Shadai — Adonoi — Shadai

YHWH —— male —— chesed

Nose — Ovon — pesha — chata'ah

On trouvera encore une intéressante étude sur l'interprétation cabalistique de la signature de Colón dans un livre par ailleurs sans grande utilité de Patronicio Ribeiro : *A Nacionalide Portuguesa de Critobam Colombo*, Lisbonne, 1927. L'étude en question est du Dr Barbosa Sueiro, pp. 167 *sqq*.

NOTES DE LA DEUXIÈME ÉDITION

I

Depuis la publication de la première édition du présent ouvrage, un certain nombre de livres et d'articles ont vu le jour qui traitent du même sujet ; certains d'entre eux confirment, d'autres critiquent, et l'un au moins prétend avoir réfuté l'hypothèse sur laquelle il est fondé : celle de l'origine sephardi de Cristóbal Colón. Je signalerai notamment la *Lengua de Cristóbal Colón*, de Don Ramon Menéndez Pidal (Buenos-Aires, 1942) ; la *Vie de Christophe Colomb* du Professeur Samuel Eliot Morison (Boston, 1942) ; une autre *Vie* publiée par Don Armando Alvarez Pedroso (La Havane, 1944) ; l'article *Who was Columbus?* publié par le Dr Cecil Roth, lecteur d'études hébraïques à l'Université d'Oxford, dans le *Menorah Journal*, vol. XVIII, octobre-décembre 1940. Je commenterai, avec grand profit, l'*Ultima Thulé* de Vilhjalmur Stefansson (Londres, 1942), où le problème du voyage de Colón en Islande est étudié avec beaucoup de compétence et de talent. Enfin, je profiterai de l'occasion pour retoucher certains passages où l'on a relevé de petites erreurs.

Le Professeur Morison parle de mon livre à deux reprises : dans sa propre *Life* et dans sa note sur mon *Christopher Columbus* parue dans l'*American Historical Review* (vol. 45, p. 653). Il écrit : « Plus récemment, Salvador de Madariaga, échafaudant un considérable ensemble d'hypothèses et d'insinuations qui ne repose sur rien d'aussi vulgaire que les faits, a présenté Colón comme le descendant de réfugiés juifs catalans convertis. » Or, ma thèse, loin de tourner le dos aux faits, est précisément fondée sur l'existence de deux séries de faits incompatibles : ceux qui sont établis par les documents prouvant que Colón était génois, et ceux qui montrent que Colón ne s'est jamais exprimé en italien, n'a jamais fait preuve d'aucun patriotisme génois, et a changé de nom quatre fois. Aucune biographie n'a jusqu'à présent concilié ces deux séries de faits. Le Professeur Morison a écrit une biographie des plus intéressantes du point de vue du yachtman. Je n'ai en disant cela aucune intention péjorative. Tout ce qu'il dit des voiles et de la navigation est à la fois nouveau et vrai, et quel meilleur compliment peut-on faire d'une œuvre littéraire ? Mais cela ne lui donne pas le droit d'écarter, en prétendant qu'ils ne se posent pas, des problèmes qu'il a été incapable de résoudre. L'histoire serait trop facile si on l'écrivait d'une manière aussi aérienne. Tant que le Professeur Morison ne propose pas de solution meilleure que la mienne à la contradiction qui existe entre les données « génoises » et les données « espagnoles » que nous possédons sur Colón, il n'a pas la parole dans ce débat.

***

Dans la préface qui orne la biographie du Señor Pedroso, le Professeur Haring (qui est lui aussi de Harvard) a la bonté de faire la louange de la « réfutation » que présente le Señor Pedroso de ma thèse. Voyons ce qu'entend le Professeur Haring par réfutation.

Le Señor Pedroso n'admet même pas que je puisse être sincère et objectif dans mes recherches. Il commence son chapitre XXIII, page 403, en disant que dans mon livre, « sous prétexte de faire connaître la biographie de l'Amiral, toutes les pages sont consacrées à un plaidoyer pour une thèse et à la poursuite d'un but unique : montrer l'origine juive catalane de la famille Colombo ou Colón, l'origine hébraïque de l'Amiral et sa condition de juif *converso* ». Le livre dont on écrit cela est entre les mains du lecteur, qui pourra voir de lui-même dans quelle mesure le Señor Pedroso joue avec les faits. Tous ceux qui prétendent que ce livre a pour but de prouver que Colón était juif ne savent pas lire. Il fallait écrire une biographie de Colón. Le premier devoir d'un biographe est d'essayer d'organiser les données de manière à dresser un portrait cohérent de la personne dont il écrit la vie. Dans ce cas, les données historiques proposées au biographe montrent dès le départ un fossé. Il faut donc établir un pont. C'est ce que fait mon hypothèse. Toutes les autres *Vies*, y compris celle du Señor Pedroso, ne sont pas des Vies : ce ne sont que des récits décousus de faits décousus, relatant des faits mal reliés. Il nous faut par conséquent conclure au sujet du Señor Pedroso de la même façon qu'au sujet du Professeur Morison : qu'il propose

525

une solution de la contradiction existant entre les documents génois et les documents espagnols, et si elle vaut mieux que la mienne, je serai le premier à le dire. Mais un livre où des contradictions des dimensions de celles que le Señor Pedroso avale sans sourciller restent irrésolues, avec la bénédiction du Professeur Haring, ne peut être tenu pour une réfutation d'un livre où elles le sont, résolues.

Je ne considérerai qu'un point de la critique du Señor Pedroso, parce que c'est le seul où il signale une erreur que je doive rectifier. Il m'accuse (p. 405) de « préparer le terrain, avec le but que nous verrons bientôt, en affirmant que Fraï Bartolomé de Las Casas (...) était un ami intime du découvreur ». Qui a dit à mon critique que j'ai écrit cette phrase « pour préparer le terrain » et avec tel « but » plutôt que tel autre ? Cette phrase, comme toutes celles du livre, a été écrite de bonne foi. Mais elle contient effectivement une erreur. Le Señor Pedroso dit à juste titre qu'« il n'y a pas une seule assertion de Las Casas pour fonder une telle affirmation » ; mais il reconnaît implicitement que Las Casas connaissait intimement les deux frères et les deux fils de Colón, ainsi que Diego Méndez. Qu'il ait connu ou non Colón personnellement n'est pas prouvé, bien qu'il soit probable qu'il ne l'ait pas connu. J'ai fait dans mon texte un certain nombre de légères corrections pour effacer cette erreur signalée par le Señor Pedroso ; mais du moment que Las Casas avait accès à tous les documents de Colón et connaissait ses frères aussi intimement, il est évident que l'erreur matérielle n'infirme en rien la valeur des arguments fondés sur l'intimité de Las Casas avec la famille Colón.

Une conclusion analogue s'applique à toutes les autres remarques que fait le Señor Pedroso, et par conséquent je ne les réfuterai pas, puisqu'elles ne contiennent aucun facteur nouveau dont je doive tenir compte. Je veux cependant donner un autre exemple de sa réfutation : il s'agit de la signature de Colón. Selon le Señor Pedroso, « Colón voulait indiquer [par ces lettres] les initiales de ses titres et de ses dignités. C'est-à-dire :

. S .	signifie Señor : c'est ainsi qu'on appelait un Amiral.
. S . A . S .	signifie Su Alta Señoria : c'est ainsi qu'on appelait un Vice-Roy.
. X . M . Y .	signifie Excellent, Magnifique, Illustre : ce qui était la manière de s'adresser aux gouverneurs, aux capitaines généraux, et aux membres du Conseil ».

Mais cette explication néglige le fait évident qu'un signataire ne se donne pas ses titres à la troisième personne. En outre, les points auxquels Colón attachait tant d'importance ne sont pas expliqués, ni la disposition triangulaire, également importante pour lui.

***

Avec le Señor Menéndez Pidal, nous arrivons sur un terrain plus solide. Ici encore, mon livre, une fois corrigé sur un point de peu d'importance qui ne touche en rien à la validité de la thèse principale, garde sur le problème de l'origine de Colón exactement la position que j'ai définie. L'éminent savant espagnol mentionne mon livre dans sa note de la page 10 dans les termes suivants : « Sur la question de la langue, il suppose que les ancêtres de Colón étaient des juifs catalans ou mayorquins qui avaient émigré d'Espagne à Gênes au moment de la persécution de 1391, emportant avec eux "le castillan du XIVe siècle", parce que dans quelques régions, particulièrement Tortosa et Mayorque, "le castillan était déjà la langue prédominante". J'ignore l'origine de cette nouvelle extraordinaire. En outre, l'espagnol parlé par Colón, aussi fondamentalement *aportuguesado* que celui des Portugais du Cancionero de Resende, reste inexpliqué. » Mon erreur consistait à avoir pris dans une de mes lectures, sans le vérifier, ce détail sur le castillan langue déjà prédominante à Tortosa et Mayorque. Je l'ai supprimé de la présente édition. Mais le détail n'affecte absolument pas la validité de mon argumentation. Les juifs sephardi expatriés parlaient castillan. Ce fait est confirmé par un voyageur espagnol, Juan Ceverio de Vera, qui écrit en 1598 : « Tous les juifs du Levant parlent castillan, et lorsque j'étais à Tripoli, j'ai demandé pourquoi à un Rabbin : il m'a répondu que ce n'était pas à cause de la qualité de langue, mais à cause de son obscurité, car les Turcs comprennent l'hébreu, le chaldéen, l'italien et le grec, mais pas l'espagnol; ainsi pour pouvoir parfois communiquer devant eux ils l'ont appris à leurs enfants, car il a été emporté d'Espagne par les juifs exilés. »

Le Señor Menéndez Pidal, dans sa magistrale étude, aboutit aux résultats suivants :

1º Colón a toujours écrit en latin ou en espagnol, jamais en italien ou en portugais.

2º Son latin était plus espagnol que génois (Streicher; Pidal, p. 49) et quand il fait des fautes en latin, ce sont des hispanismes (Lollis).

3º Son espagnol est très *aportuguesado*, mais sans italianismes.

4º « L'apprentissage de la plume ne fut évidemment fait par Colón qu'en espagnol et en latin » (Pidal, p. 24).

5º « On peut juger à quel point l'espagnol était pour Colón sa langue de pensée, et surtout d'écriture, habituelle au fait que ses notes manuscrites répètent en espagnol dans la marge les mots mêmes qui sont imprimés en italien dans le texte » (Pidal, p. 23).

6º « Vivant neuf ans au milieu de Portugais, Colón apprend sans doute le portugais parlé, mais pas la langue écrite » (p. 27). Puis-je ajouter que le Señor Pidal écrit « sans doute », mais que nous n'avons aucune preuve que Colón parlait le portugais, bien que ce soit probable.

7º « La première langue moderne que Colón ait appris à écrire était l'espagnol » (Pidal, p. 27). Ici encore, le Señor Menéndez Pidal parle de la *première* langue moderne, mais nous devrions dire la *seule*.

8º « Quinze ans avant de choisir l'Espagne par ambition, le futur génie de la découverte l'avait choisie comme sa patrie linguistique, sa patrie culturelle, puisqu'il lui avait emprunté la langue moderne dans laquelle il écrivait » (Pidal, p. 27).

L'explication du Señor Pidal est que « Colón choisissant au Portugal l'espagnol comme langue écrite, est l'un des premiers à rejoindre les rangs du mouvement castillanisant qui se développa au Portugal vers la fin du XVᵉ siècle ». La mienne est que Colón savait et écrivait l'espagnol avant de venir au Portugal. Ce sont deux hypothèses. Le Señor Menéndez Pidal ne peut prouver que Colón « a choisi » l'espagnol ; je ne peux prouver que Colón le connaissait en débarquant au Portugal. Mais je ferai deux remarques :

1º Les conclusions du Señor Pidal telles que je les ai analysées ci-dessus ne présentent pas la moindre incompatibilité avec ma thèse.

2º Ses conclusions strictement linguistiques s'expliquent plus facilement de mon point de vue que du sien.

Car il est plus naturel pour un étranger juste débarqué au Portugal et n'ayant pas la moindre idée de son avenir espagnol, d'écrire dans la langue du pays que dans celle du pays voisin, même si la mode était à l'époque au Portugal d'écrire et de parler le castillan ; du reste la mode n'était certainement pas impérieuse, puisque le Señor Pidal lui-même nous dit que Colón fut l'un des premiers à suivre cette tendance. Si, par conséquent, il écrivit en espagnol, cela prouve qu'il y avait une cause pré-déterminante. Il était normal que son espagnol fût *aportuguesado* puisqu'il vécut neuf ans au Portugal. Enfin, si nous devions accepter l'explication du Señor Pidal, savoir que Colón apprit l'espagnol au Portugal et n'écrivit jamais d'autre langue que le latin et l'espagnol, il nous faudrait admettre qu'il n'écrivit jamais en d'autre langue que le latin avant vingt-neuf ans.

L'étude de la langue de Colón par conséquent, sur la base des conclusions rigoureusement scientifiques du Señor Menéndez Pidal, conduit plutôt à une confirmation qu'à une réfutation de la thèse des origines séphardi de Colón. Je dois ajouter que le Señor Menéndez Pidal lui-même en arrive à avoir des doutes lorsqu'il se heurte à des données concrètes qui rendent sa thèse précaire : il déclare que Streicher « fait une remarque sur l'usage de la cédille par Colón qui peut être d'importance. Colón écrit en latin avec une cédille, *çe, çi*, et il écrit même *çi* pour le latin *ti* suivi d'une voyelle ; les exemples sont très nombreux, notamment ses notes sur le livre de Marco Polo : *lapides preçiosas, equinoçiali, çivitas, çeli* ». Et voici son commentaire : « Était-ce une habitude italienne d'écrire le latin ? Je l'ignore, mais je présume que non. En Espagne et au Portugal, c'était fréquent. Dès lors, Colón apprit-il le latin génois comme je l'ai suggéré, ou un latin hispanique, ou se contenta-t-il de perfectionner son latin au Portugal ? Question importante pour la connaissance de la formation culturelle du Découvreur. »

Voilà pour la langue. Mais il reste les deux autres problèmes : le nom de Colón, son patriotisme. Et avant de quitter le Señor Menéndez Pidal, puis-je dire qu'il étaie sa théorie sur un fait dont j'ai montré l'inexactitude : « La première période doit durer jusqu'en août 1473. Colón réside à Gênes et à Savone jusqu'à sa vingt-deuxième année ; il y travaille aux côtés de son père comme lainier, cabaretier, marchand de fromages et tisserand. » Il n'en est rien. Les documents génois prouvent exactement le contraire, comme je l'ai montré dans le texte. Le Señor Menéndez Pidal ne peut renouveler une telle affirmation sans réfuter d'abord ma démonstration.

*
**

L'article du Dr Cecil Roth apporte au débat un certain nombre d'observations tirées de sa connaissance des sources et de la vie hébraïques, qui viennent renforcer d'une autorité indépendante la thèse qui attribue à Colón une origine séphardi.

De tous mes commentateurs, le Dr Roth est le seul qui s'occupe de la question du nom. « C'est un fait extraordinaire, écrit-il, que parmi les juifs italiens, le passage de "Colón" à

"Colombo" et vice versa, qui réclame tellement l'explication, était non seulement possible, mais invariable. Le nom de famille "Colombo" est aujourd'hui encore fréquent en Italie. C'est simplement parfois une traduction italienne du nom hébreu "Jonah", Colombe [...]. On peut généralement supposer que les personnes appartenant à cette famille sont d'une origine levantine relativement récente. Mais il y avait aussi des juifs italiens très anciennement établis qui portaient ce nom, particulièrement dans le Piémont et les provinces du Nord. Dans leur cas, l'équivalent (ou plutôt l'original) hébreu était en fait "Colón". Je ne veux pas dire par là qu'il n'y ait qu'un rapport accidentel. Je veux dire qu'un homme qui signait des lettres hébraïques "Colón" était *invariablement* connu en dehors sous le nom de "Colombo", ce qui était l'approximation qu'un Italien à la voix douce pouvait le plus facilement atteindre. Telle est par conséquent la transition entre les deux formes que le Señor de Madariaga a tant de peine à découvrir. »

Le Dr Roth dit encore que cette forme « Colón » « ne se rencontre, semble-t-il, que chez les personnes d'origine française », et donne des exemples qui montrent que la zone de pénétration de ce nom était précisément l'arrière-pays de Gênes. Il écrit en conclusion : « Le lecteur ne doit pas sauter aux conclusions. Nous ne voulons pas dire que Colomb appartenait nécessairement à la famille juive des Colón. Mais ce qui peut être établi d'une manière définitive est que, alors que d'autres personnes du nom de "Colombo" auraient normalement contracté leur nom en celui de "Colóm" s'ils avaient voulu lui donner une allure espagnole, seul un juif ou une personne au courant de la tradition juive l'aurait naturellement et automatiquement considéré comme l'équivalent de "Colón" et rendu de cette manière. Le fait que Colomb ne se contenta pas de faire cela, mais aussi qu'il rabâcha la chose avec tant d'insistance, et avec une volonté mystique, conjurant ses enfants de ne jamais changer le nom sous aucun prétexte, semble certainement corroborer la théorie de ses associations juives. »

Le Dr Roth fait aussi remarquer qu'un certain nombre d'incursions de Colón dans des domaines juifs semblent indiquer une connaissance de première main de la littérature hébraïque. Il affirme à juste titre que « sur ce point le spécialiste juif peut fournir à la thèse du Señor de Madariaga des arguments bien meilleurs que les siens propres ». Voici un exemple cité par le Dr Roth : « Mais la plus extraordinaire de ces indications se trouve dans une note de Colomb à l'*Historia rerum ubique gestarum* de Pie II. Il calcule dans cette note l'âge du monde "selon les juifs", en l'année 1481, ce qui fait 5 241 *anno mundi*. Cela était parfaitement exact, et pas très difficile à déterminer. Mais examinons la note de plus près : *y desde la destrucción de la 2a casa segundo los judios fasta agora sciendo el año del nacimiento de nuestro Señor de 1481 son 1413 años*. C'est-à-dire : "Et depuis la destruction de la seconde maison selon les juifs jusqu'au jour présent, savoir l'année de la naissance de Notre-Seigneur, 1481, il y a 1 413 ans." Par la "Seconde Maison", Colomb entend le second temple de Jérusalem : les mots sont la traduction littérale de l'expression hébraïque toujours employée — les Gentils parlaient de la "Destruction de Jérusalem". »

Voici donc une indication nette, après tant d'autres, de la tendance de Colón à employer des expressions et à adopter des attitudes caractéristiques du peuple hébreu. Il ne dit pas « la destruction de Jérusalem », comme les chrétiens, mais « la destruction de la Seconde Maison », comme les juifs. Mais le Dr Roth va plus loin : « Jérusalem fut détruite en l'année 70. Mais, selon la tradition juive (tout à fait inexacte, on peut l'ajouter), universellement utilisée dans la loi et la chronologie juives, ce tragique événement eut lieu deux ans plus tôt, en l'année 68 — l'année précisément qui est indiquée dans ce texte (1481 moins 1413, égale 68, pas 70). » Nous voyons encore une fois Colón suivre tout naturellement une tradition exclusivement juive. On peut répondre que Colón reconnaît explicitement qu'il calcule l'âge du monde « selon les juifs »; mais il semblerait que dans ce cas particulier au moins, où la tradition chrétienne se trouve avoir raison contre la tradition juive, il aurait pu remarquer l'erreur. Cependant, il accepte au contraire le chiffre sans discussion et même tacitement.

Il y a un autre point sur lequel le Dr Roth est en mesure d'établir ma thèse mieux que je ne pourrais le faire moi-même. Voici ce qu'il dit : « Les juifs furent obligés de quitter l'Espagne le 31 juillet, bien que certains se soient arrangés pour obtenir une grâce de deux ou trois jours, et les navires qui les emmenaient étaient mouillés juste à côté de la petite flottille de Colomb qui se préparait à prendre la mer. Elle partit en fait le 3 août, juste avant l'aube, *c'est-à-dire durant la nuit qui suit le Neuf Ab, le Jour de Jeûne qui commémore la destruction de Jérusalem à la fois par Nabuchodonosor et par Titus*. Personnellement je refuse d'attacher une importance excessive à de tels détails, mais je dois avouer qu'au moment même où j'écris, je ne laisse pas d'être sensible au sens de telles coïncidences. Tout le monde était embarqué, tout était prêt pour partir le 2 août, le Neuf Ab. Pourquoi, alors, attendit-il le Dix de ce mois, une demi-heure avant le coucher de soleil ? Nul juif ne voulait se lancer dans une entreprise ce jour-là, jour maudit. Celui qui travaille le Neuf Ab, disent les Rabbins, ne verra plus désormais une bénédiction. Se peut-il que Colomb ait connu l'anniversaire, et connu la vieille tradition ? Cela paraît excessif, mais cela expliquerait un petit mystère qui n'a jamais été jusqu'à présent interprété d'une manière satisfaisante. »

*
**

Les arguments pour et contre la thèse séphardi ont été donnés. Que le lecteur décide. Personnellement, je résumerais l'état présent de la question comme suit :

1º On n'a rien publié montrant que la thèse séphardi est inexacte ou incompatible avec les faits.

2º De nouvelles données sont apparues qui la renforcent.

3º On n'a pas donné d'autre explication pour combler le fossé entre les documents espagnols et les documents génois, et par conséquent, si l'on refuse la thèse séphardi, les biographies que l'on peut faire de Colón sont totalement absurdes.

II

Le voyage de Colón à Ultima Thulé fait l'objet d'une remarquable discussion de Vilhjalmur Stefansson dans le livre qui porte ce titre. Implicitement l'auteur admet que les historiens nordiques affirment que Colón est allé en Islande alors que les « latins » le nient, parce que ceux-là souhaitent prouver et ceux-ci nier une révélation scandinave au Découvreur avant la Découverte. Cependant, l'auteur du présent ouvrage, bien que « latin », est convaincu que Colón est allé en Islande. M. Stefansson présente des textes et des observations du plus haut intérêt qui confirment mon point de vue. De la comparaison entre les affirmations de Colón et la célèbre carte de Juan de la Cosa faite par Miss McCaskill, qu'il cite péremptoirement, M. Stefansson conclut qu'il faut réhabiliter Colomb et son fils Ferdinand : le premier disait la vérité, le second était un chroniqueur exact. Je suis parfaitement d'accord sur ce point. L'hypothèse la plus satisfaisante pour expliquer le paragraphe de l'*Historie* de Fernando relatif à ce voyage est qu'il se réfère à trois îles, une des Shetlands ou des Foroë, l'Islande et Jan Mayen. Miss McCaskill remarque que, à la fois en ce qui concerne la distance et les conditions de navigation hivernale, l'île de Jan Mayen cadre parfaitement avec le récit de Colón et la carte de Juan de la Cosa. Étant donné que cette carte est de loin la meilleure de toutes les cartes de cette période, il n'est qu'à naturel que Juan de la Cosa ait tiré les connaissances qu'il possédait de cette région de son intimité avec Colón, ce qui confirmerait le voyage de Colón. Cette supposition est confirmée par deux faits : Juan de la Cosa dessine les contours de Jan Mayen avec une exactitude frappante ; et les seules îles qui sur sa carte ont un nom sont celles que Colón prétend avoir visitées : l'Islande et Illa Tile, situées presque exactement à l'endroit où se trouve Jan Mayen et possédant la même forme, mais portant le nom que Colón lui avait donné.

Il semblerait par conséquent que la conclusion que j'ai adoptée soit confirmée par la compétente étude de M. Stefansson, bien qu'avec une correction importante, dont je lui suis reconnaissant. J'avais écrit que lorsque Colón prétendait avoir navigué cent lieues au-delà de l'Islande, il entendait cent lieues à l'ouest et non pas au nord. M. Stefansson a prouvé qu'il voulait dire au nord et non pas à l'ouest. J'ai corrigé en ce sens le passage correspondant dans ce texte.

III

Une relecture des *Origenes de la Dominación Española en America* de Don Manuel Serrano Y Sanz m'a permis de déceler une autre erreur à la fin du chapitre XV, et m'a conduit à adoucir un passage à la fin du chapitre XI. La première erreur avait été commise sur la foi d'une assertion de Kayserling, qui écrivait que le Roi Ferdinand avait accordé à Santángel une garantie contre les futures persécutions de l'Inquisition. Le Señor Serrano y Sanz prouve que Kayserling est dans l'erreur. Mais le privilège accordé à Santángel et à ses héritiers par Cédula royale, signé par Fernando à Medina del Campo le 30 mai 1497, n'était pas moins exorbitant, car ce juif converti et sa famille recevaient le privilège de considérer comme leur propriété tous les biens confisqués par le Saint Office aux hérétiques et aux apostats du Royaume de Valence. Il va sans dire par conséquent que la modification que j'ai été obligé d'apporter à mon texte n'affaiblit en rien, mais plutôt renforce l'argument.

Quant à l'autre passage, j'ai jugé bon d'adoucir mes remarques au vu des faits signalés par le Señor Serrano y Sanz montrant que des ordres sévères furent donnés, qui enjoignaient de confisquer les biens des juifs expulsés.

IV

Le Professeur Kahle a publié un pamphlet reproduit du *Journal* de l'Université d'Aligarh Muslin, volume II, sur la carte dessinée par Colón en 1498 et découverte dans une carte turque de 1513. Il fait remarquer à juste titre que cette découverte implique un certain nombre de conséquences sur Colón, et peut-être sur l'épisode Toscanelli. Il est bien connu que F. Streicher dans son étude, *Die Kolumbus Originale, eine paläographische Studie*, publiée dans *Spanische Forschungen der Görres Gesellschaft*, Munster, 1928, prétend que la copie de la lettre de Toscanelli écrite sur l'*Historia Rerum* appartenant à Colón n'est pas de la main de Colón. Le Señor Menéndez Pidal, dans l'essai cité ci-dessus, laisse les conclusions de Streicher très affaiblies sinon totalement détruites. Le droit de rejeter cette copie comme authentique n'est donc pas établi. Le pamphlet du Professeur Kahle laisse une impression analogue. A plusieurs reprises, il attire l'attention sur le fait des coïncidences entre la carte de Colón, telle qu'on peut la deviner d'après la carte turque de Piri Re'is, et celle de Toscanelli, telle qu'on peut se la représenter d'après les instructions contenues dans la lettre copiée par Colón (si elle est authentique) (voir p. 42, 43, 45 du pamphlet du Professeur Kahle). Le Professeur Kahle, qui semble avoir accepté les conclusions négatives de Streicher sur l'authenticité de la lettre de Toscanelli, finit néanmoins par dire dans son analyse qu'étant donné les coïncidences entre la carte découverte en Turquie (et qui incarne les idées de Colón) et les idées de la lettre de Toscanelli, l'opinion de Vignaud est difficilement acceptable, du moins *in toto*. On verra par conséquent que le Professeur Kahle, de son point de vue, en arrive à une conclusion presque identique à celle d'Altolaguirre, qu'il semble ignorer.

APPENDICE

Il y a un océan de livres sur Colón. Nous nous contentons ici de donner la référence des chroniqueurs ou des auteurs contemporains que nous avons les plus fréquemment cités :

BARROS : JOAM DE BARROS : *Da Asia. Dos fectos que os Portugueses fizeram no descubrimento e conquista dos mares e terras do Oriente.* Lisboa, MDLII.

BERNÁLDEZ : ANDRÉS BERNÁLDEZ : *Historia de los Reyes Catolicos Don Fernando y Doña Isabel, escrita por el bachiller Andrés Bernáldez, cura de los Palacios y Capellan del Arzobispo de Sevilla, Don Diego Deza,* edición de la Sociedad de Bibliófilos Andaluces. Sevilla, MDCCCLXX.

D'AILLY : PIERRE D'AILLY : *Ymago Mundi,* édité par Edmond Buron, Maisonneuve frères. Paris, 1930.

LAS CASAS : BARTOLOMÉ DE LAS CASAS : *Historia de las Indias.* Volumes 62, 63, 64 de la *Colección de Documentos Inéditos para la Historia de España por el Marqués de la Fuensanta del Valle y D. José Rayón.* Madrid, 1875.

OVIEDO : GONZALO FERNÁNDEZ DE OVIEDO : *Coronica de la Indias. La hystoria general de agora nuevamente impressa, corregida y aumentada.* Partes I y II, Juan de Junta, Salamanca, 1547. F. Fernandez de Cordóba. Valladolid, 1557.

TABLE DES MATIÈRES

PROLOGUE

Chapitre Premier.	— La Croix et la Bannière	9
Chapitre II.	— Cristóbal : La Croix. Colón : La Bannière	25

PREMIÈRE PARTIE

CHRISTOPHE COLOMB PREND LA MER

Chapitre III.	— Les Colombo de Gênes	35
Chapitre IV.	— Colombo contre Colón	44
Chapitre V.	— La clé du mystère	57
Chapitre VI.	— Colombo. Colomo. Colom. Colón	71

DEUXIÈME PARTIE

CHRISTOVÃO COLOMBO ÉTUDIANT AU PORTUGAL

Chapitre VII.	— L'épreuve de l'eau et du feu	89
Chapitre VIII.	— L'appel de la mer occidentale	103
Chapitre IX.	— Leçons et rêves	116

| Chapitre X. | — Don Quichotte Colón échoue au Portugal | 134 |

TROISIÈME PARTIE

CRISTOBAL COLOMO AVENTURIER DE CASTILLE

Chapitre XI.	— Juifs, chrétiens et *conversos*	153
Chapitre XII.	— Ducs et moines	174
Chapitre XIII.	— Le saint et le héros	185
Chapitre XIV.	— Colón-le-poète trahit Colón-le-chevalier	200
Chapitre XV.	— *Ad augusta per angusta*	213

QUATRIÈME PARTIE

LE TRÈS MAGNIFIQUE SEIGNEUR DON CRISTOBAL COLÓN

Chapitre XVI.	— Vers l'Ouest	231
Chapitre XVII.	— La découverte	250
Chapitre XVIII.	— La découverte de Cipango	268
Chapitre XIX.	— Colón rapporte la nouvelle	288
Chapitre XX.	— La gloire	304

CINQUIÈME PARTIE

LE GRAND AMIRAL DE LA FLOTTE OCÉANE

| Chapitre XXI. | — Le deuxième voyage de l'Amiral | 325 |
| Chapitre XXII. | — Amiral contre Vice-Roy | 341 |

Chapitre XXIII.	— Retour contrit en Espagne	355
Chapitre XXIV.	— Nouvelle victoire de l'Amiral	370
Chapitre XXV.	— L'amour et la mort à Cipango	390
Chapitre XXVI.	— La découverte du Paradis terrestre et la première révolution américaine	406

SIXIÈME PARTIE

CHUTE, MORT ET TRANSFIGURATION

Chapitre XXVII.	— L'échec du Vice-Roy	423
Chapitre XXVIII.	— Retour en Espagne dans les fers	437
Chapitre XXIX.	— L'amiral se lance dans la prophétie et part pour son quatrième voyage	452
Chapitre XXX.	— La parole est à Colón	466
Chapitre XXXI.	— Adieu à la terre promise	484
Chapitre XXXII.	— Mort et transfiguration	494

Notes 511

Notes de la deuxième édition 524

Appendice 537

*Achevé d'imprimer en décembre 1991
sur les presses de l'Imprimerie Bussière
à Saint-Amand (Cher)*

PRESSES POCKET - 12, avenue d'Italie - 75627 Paris Cedex 13
Tél. : 44-16-05-00

— N° d'imp. 3377. —
Dépôt légal : décembre 1991.
Imprimé en France